U0920583

中国机械工业年鉴系列

# 2019
# 中国机械工业集团
# 年鉴

CHINA NATIONAL MACHINERY
INDUSTRY CORPORATION
YEARBOOK

机械工业出版社
China Machine Press

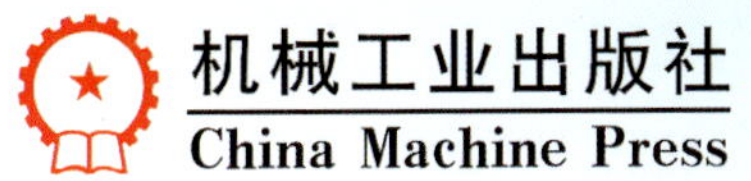

《中国机械工业集团年鉴2019》分为重要文献、集团公司发展概况、子公司发展概况、规章制度选编、荣誉汇编、重大经营项目汇编、大事记、附录和国机集团形象展示九部分，集中反映了2018年国机集团的发展情况，详细记录了国机集团及其主要子公司党的建设、战略布局、生产发展、产品产量、市场销售、科技成果及新产品、标准与质量、基本建设和技术改造，以及国机集团、各子公司及员工个人所获得的荣誉等情况。

《中国机械工业集团年鉴》主要读者对象为政府决策机构、机械工业相关企业决策者，从事市场分析、企业规划的中高层管理人员以及国内外投资机构、贸易公司、银行、证券、咨询服务部门和科研单位的机电项目管理人员等。

**图书在版编目（CIP）数据**

中国机械工业集团年鉴．2019/中国机械工业集团有限公司编．--北京：机械工业出版社，2019.12

（中国机械工业年鉴系列）

ISBN 978-7-111-64493-4

Ⅰ．①中…　Ⅱ．①中…　Ⅲ．①机械工业－工业企业－中国－2019－年鉴　Ⅳ．①F426.4-54

中国版本图书馆CIP数据核字(2019)第296408号

机械工业出版社（北京市西城区百万庄大街22号　邮政编码　100037）

责任编辑：赵　敏

编　　辑：万鲁信

责任校对：李　伟

责任印制：徐志敏

美术编辑：刘　青

北京宝昌彩色印刷有限公司印制

2019年12月第1版第1次印刷

210mm×285mm・27.25印张・29插页・846千字

定价：580.00元

凡购买此书，如有缺页、倒页、脱页，由本社发行部调换

服务咨询电话：(010)88361066

购书热线电话：(010)68326643、88379812

网络服务：年鉴网：http://www.cmiy.com　机工官网：http://www.cmpbook.com

封底无机械工业出版社专用防伪标均为盗版

# 编辑说明

一、《中国机械工业集团年鉴》(以下简称《国机集团年鉴》） 于2010年首次出版，由中国机械工业集团有限公司(简称国机集团)主管、主办，《国机集团年鉴》编委会编纂，机械工业出版社编辑出版。

二、《国机集团年鉴》是一部全面记载国机集团改革与发展的大型资料性、工具性年刊。《国机集团年鉴》2019版主要记载上年国机集团在新常态下的改革、创新和发展情况。

三、《国机集团年鉴》坚持面向市场、面向读者，提供准确、翔实的数据、信息和资料，忠实地反映国机集团和国机人上年度取得的新发展、新进步、新成就和新风貌。

四、《国机集团年鉴》2019版内容分为重要文献、集团公司发展概况、子公司发展概况、规章制度选编、荣誉汇编、重大经营项目汇编、大事记、附录和国机集团形象展示九个部分，数据截至2018年12月31日。

五、本年鉴在编纂过程中得到了国机集团总部各职能管理部门和子公司的大力支持和帮助，在此深表谢意。

六、未经中国机械工业集团年鉴编辑部的书面许可，本书内容不允许以任何形式转载。

七、由于水平有限，难免出现错误及疏漏，敬请批评指正。

中国机械工业集团年鉴编辑部

2019年11月

1949年

中华人民共和国成立

1952年

一机部成立

1958年

一机部、二机部、电子制造工业部合并为一机部

1993年

经过三次机构改革，机械电子部分拆为机械工业部和电子工业部

1997年

机械工业部组建中国机械装备（集团）公司（国机集团原名称）

# 奋斗新时代

**1998年**

机械工业部改组为国家机械工业局

**2005年**

中国机械装备（集团）公司更名为中国机械工业集团公司

**2009年**

更名为中国机械工业集团有限公司

**2019年**

国机集团国有资本投资公司试点改革方案获国资委批复

国机集团
SINOMACH

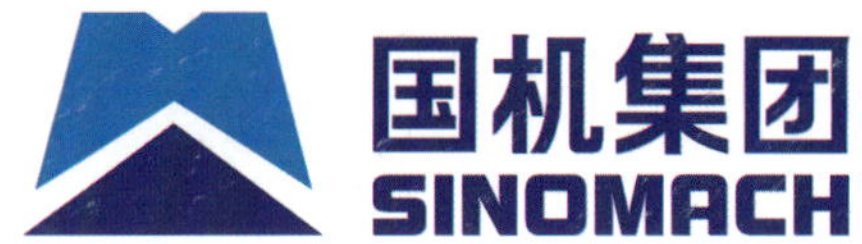

# 领导工作掠影

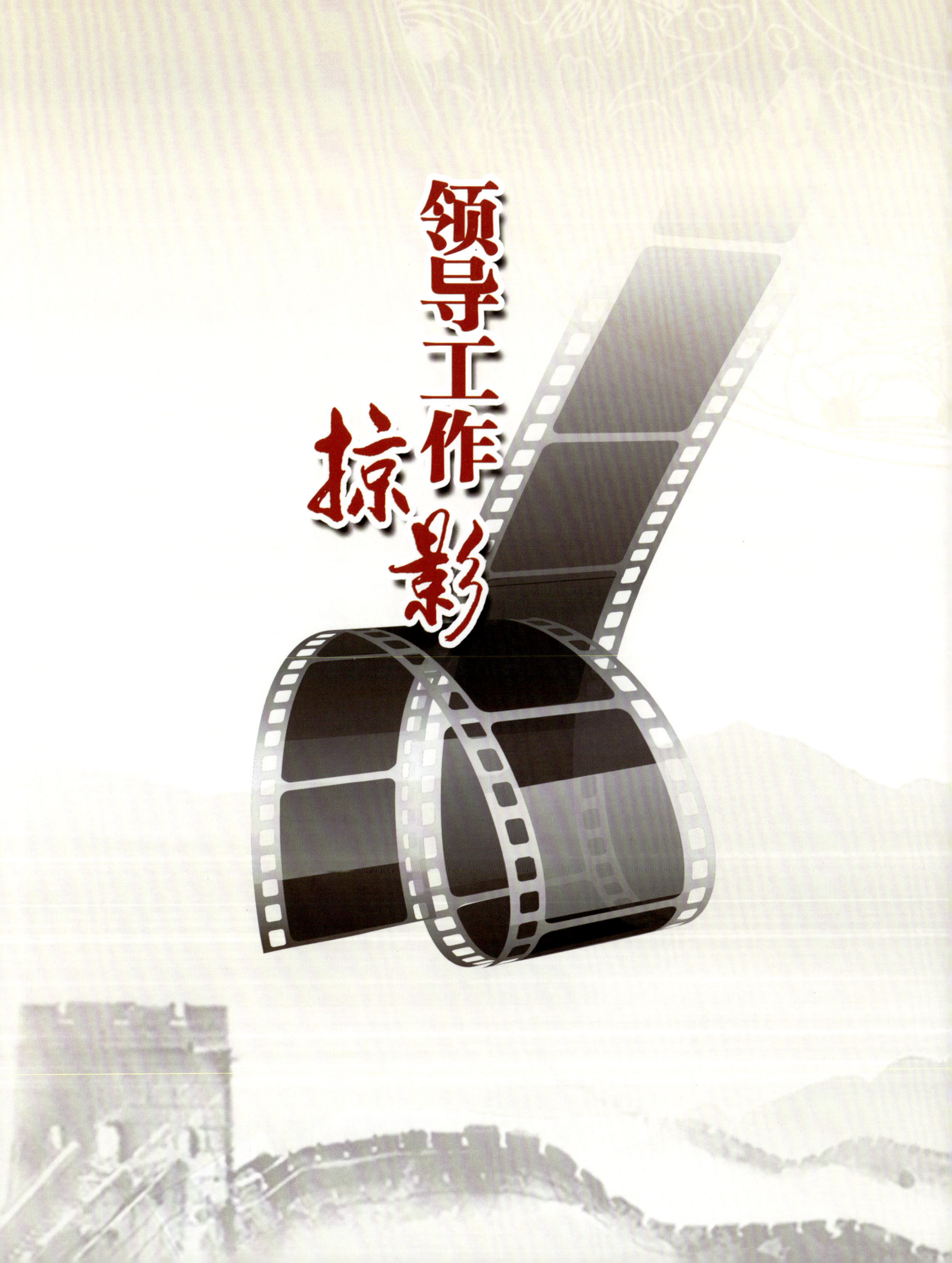

2018 年 10 月 15—16 日，任洪斌董事长率队调研山西平陆定点扶贫工作。

2018 年 11 月 8 日，任洪斌董事长出席中国 - 乌克兰经贸论坛暨中国 - 乌克兰双边企业家理事会第三次会议。

2018 年 11 月 20 日，任洪斌董事长出席新大洋造船有限公司成立系列活动。

2018 年 12 月 10 日，任洪斌董事长出席 2018 年中国国际商会理事会会议。

2018 年 2 月 7 日，石柯书记走访慰问老党员、中国恒天集团有限公司退休职工。

2018 年 2 月 9 日，石柯书记参加中国农业机械化科学研究院领导班子 2017 年度民主生活会。

2018 年 4 月 15 日，石柯书记在中设广场调研。

2018 年 6 月 5 日，石柯书记在中国机械设备工程股份有限公司驻巴基斯坦代表处调研。

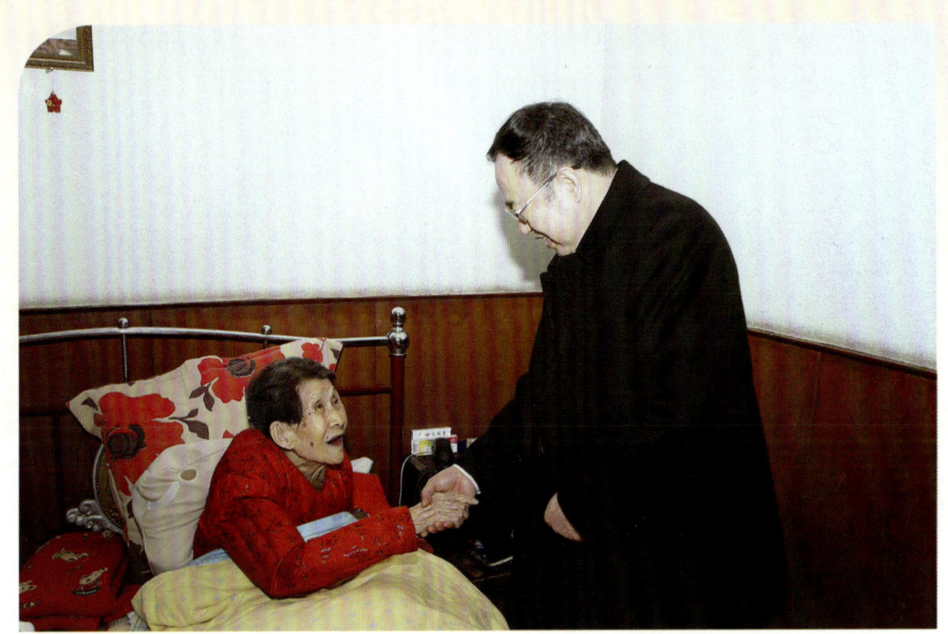

2018 年 2 月 6—8 日，徐建总经理走访慰问老干部老党员。

2018 年 4 月 25—26 日，徐建总经理到经纬纺机榆次分公司调研。

2018 年 5 月 3—4 日，徐建总经理到常德纺机调研。

2018 年 5 月 22 日，徐建总经理到国机集团在甘肃企业调研。

2018 年 9 月 28 日，张晓仑总经理到中国地质装备集团有限公司调研。

2018 年 10 月 10 日，张晓仑总经理到中国农业机械化科学研究院调研。

2018 年 10 月 17—18 日，张晓仑总经理在固始县国机励志学校调研。

2018 年 11 月 1 日， 张晓仑总经理在重庆材料研究院有限公司调研。

2018 年 10 月 11—12 日，党委副书记宋欣到幸福国机小学调研并与贫困生交流。

2018 年 10 月 30 日，党委副书记宋欣到国机重型装备集团股份有限公司和中国第二重型机械集团公司调研。

2018 年 9 月 27 日，曾祥东副总经理出席国机集团主办的中国最大规模机器人、智能装备展览会开幕式。

2018 年 11 月 13 日，曾祥东副总经理到国机重型装备集团股份有限公司镇江公司调研。

2018 年 3 月 28 日，邬小蕙副总经理出席国机集团与南方电网签署战略合作协议。

2018 年 3 日 28 日，邬小蕙副总经理到中国电器科学研究院有限公司调研。

2018 年 9 月 26 日，高建设副总经理到桂林电器科学研究院有限公司调研。

2018 年 12 月 6 日，高建设副总经理到中国海洋航空集团有限公司所属企业和项目进行安全检查。

2018 年 8 月 14 日，白绍桐副总经理视察中工国际工程股份有限公司埃塞俄比亚项目。

2018 年 10 月 29 日，白绍桐副总经理到甘肃蓝科石化高新装备股份有限公司上海研发中心调研。

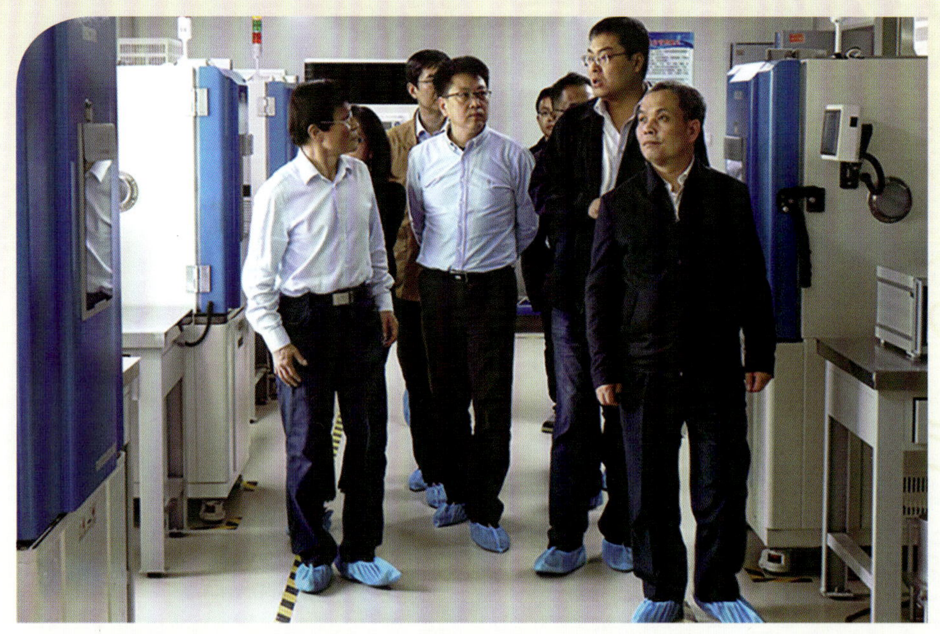

2018 年 4 月 17 日，骆家駹总会计师到洛阳轴研科技股份有限公司调研。

2018 年 8 月 9 日，骆家駹总会计师会见大连市副市长靳国卫一行。

2018 年 4 月 26 日，丁宏祥副总经理会见捷豹路虎负责人。

2018 年 11 月 6 日，丁宏祥副总经理在首届中国国际进口博览会国机集团专场签约仪式上致辞。

2018 年 7 月 16 日，刘敬桢副总经理考察非实体经营科特迪瓦国家电网发展与改造项目。

2018 年 8 月 8 日，刘敬桢副总经理考察调研国机集团在西安企业。

2018 年 5 月 18 日，纪委书记雷光华到苏美达股份有限公司缅甸双赢项目开展海外工程项目巡察。

2018 年 8 月 22—23 日，纪委书记雷光华赴平陆县调研督查扶贫领域作风问题专项治理工作。

# 中国机械工业集团年鉴编辑工作人员

**主　　编：**宋　欣　中国机械工业集团有限公司　党委副书记

**执行主编：**从　容　中国机械工业集团有限公司　党委工作部部长

**执行副主编：**冯雪峰　中国机械工业集团有限公司　团委书记

**编　　辑：**刘　维　于雪娟　楼明慧　魏晨光

**撰　稿　人（按姓氏音序）：**

陈　达　陈玉珊　程思榕　崔　静　丁　珺　丁大伟　杜　彬
房　正　符　蓉　郭建波　郭毅怡　姜雅楠　李　丹　李　婷
李　伟　李　岩　李　阳　李晶晶　刘　鹏　刘　维　刘　跃
楼明慧　陆兴培　乔忠义　宋晓博　苏晓秋　苏文凤　孙　超
孙玉峰　谭丽玲　王　谦　王　旭　王东善　王鹏妍　魏晨光
吴　匡　吴　鑫　杨　晨　杨玲玲　于雪娟　詹晓红　张　韧
张秋娜　张天祎　张晓健　赵　思　赵国君　赵明芝　郑晓艳
周　斌

# 目 录

## 第一篇 重要文献



## 第二篇 集团公司发展概况



## 第三篇 子公司发展概况

## 第四篇　规章制度选编



## 第五篇　荣誉汇编



## 第六篇　重大经营项目汇编

## 第七篇　大事记



## 第八篇　附　录



## 第九篇　国机集团形象展示

# CONTENTS

## Chapter I. Important Literatures



## Chapter II The Development Overview of the Group



## Chapter III The Development Overview of the Subsidiaries

## Chapter IV Selected Regulations and Rules

## Chapter V Honors and Awards



## Chapter VI Compilation of Major Business Projects



## Chapter VII Milestones



## Chapter VIII Appendices

## Chapter IX SINOMACH Images

# 第一篇

# 重要文献

# 聚焦问题精准发力　紧扣战略狠抓落实 奋力开创国机集团高质量发展新局面

## ——在国机集团2019年工作会议上的讲话

张晓仑

（2019年1月18日）

这次会议的主要任务是，以习近平新时代中国特色社会主义思想为指导，全面贯彻党的十九大，十九届二中、三中全会和中央经济工作会议、中央企业负责人会议精神，总结2018年工作，分析形势变化，部署2019年重点任务，动员广大干部职工奋力开创集团高质量发展新局面。下面，我讲五个方面内容。

### 一、扎实工作，有效保持2018年生产经营平稳运行

事非经过不知难。2018年，国际市场调整加快，贸易摩擦升级，国内部分行业市场低迷不振，国机集团的经营工作面对巨大的压力和挑战，集团广大干部职工坚持以习近平新时代中国特色社会主义思想为指导，树牢“四个意识”，坚定“四个自信”，坚决做到“两个维护”，认真落实党中央、国务院决策部署及国资委工作要求，奋力拼搏，攻坚克难，各项工作扎实推进，努力保持了生产经营的平稳运行。

#### （一）业务发展总体平稳

**1. 整体收入利润保持平稳**　2018年，集团实现营业收入3 017.5亿元，同比增长4.7%；实现利润总额100.3亿元，同比下降10.5%，在消化了部分历史包袱和支付相关改革成本后继续保持利润过百亿元；实现EVA 18.9亿元，同比下降46.7%。其中，营业收入前五名的企业是苏美达、恒天集团、国机汽车、中设集团、中国联合；利润总额前五名的企业是恒天集团、中设集团、苏美达、中工国际、国机汽车；利润总额同比增长的有21家，增加额或增长速度相对突出的企业主要包括恒天集团、中国电器院、中国联合等。

**2. 板块企业营业收入总体呈现上升态势**　贸易服务板块企业实现营业收入1 379.1亿元，同比增长4.2%，占集团收入的45.5%；装备制造板块企业实现营业收入734.9亿元，同比增长4.0%，占集团收入的24.3%；工程承包板块企业实现营业收入602.3亿元，同比增长4.1%，占集团收入的19.9%；科研院所板块实现营业收入302.8亿元，同比增长20.7%，占集团收入的10.0%；金融投资板块企业实现营业收入9.8亿元，同比基本持平。

**3. 板块企业盈利贡献分化明显**　工程承包板块企业实现利润总额45.7亿元，同比增长11.4%，完成考核指标的106.2%，贡献了集团利润的40.6%；贸易服务板块企业实现利润总额28.2亿元，同比增长4.0%，完成考核指标的130.6%，贡献了集团利润的25.1%；装备制造板块企业实现利润总额18.2亿元，同比下降47.0%，完成考核指标的57.7%，贡献了集团利润的16.2%；科研院所板块实现利润总额15.1亿元，同比增长31.7%，完成考核指标的134.9%，贡献了集团利润的13.4%；金融投资板块企业实现利润总额5.2亿元，同比增长12.3%，完成考核指标的156.5%。

**4. 市场开拓稳步推进** 2018年，集团新签合同额513.4亿美元，合同成交额464.1亿美元。其中，新签合同额或合同成交额超过20亿美元的企业有苏美达、国机汽车、恒天集团、中设集团、中汽工程、国机重装、中国联合；新签合同额增长速度排名前五位的企业是国机智能、蓝科高新、中汽工程、中国海航、国机重工；合同成交额增长速度排名前五位的企业是国机智能、蓝科高新、中汽工程、中国中元、中国联合。

**5. 国际化经营有序开展** 2018年，集团实现进出口总额149.8亿美元，同比增长8.4%；境外企业实现营业收入250.4亿元，实现利润总额9.7亿元。中白工业园各项建设工作有序开展，园区一期8.5$km^2$基础设施全面建成，已入园企业41家，协议投资总额约11亿美元。集团新设驻外机构35户，首个海外区域中心授权经营试点工作在白俄罗斯及周边地区启动。集团组织中国机床等所属企业深度参与进口博览会，是唯一一家负责整馆招展组展的中央企业。

**6. "两金"规模得到有效控制** 2018年年底，集团"两金"余额1 131.3亿元，较年初下降0.2%，低于收入增幅4.9个百分点，完成国资委下达的"两金"压控考核指标。应收账款周转率为5.7次，存货周转率为4.4次，与上年基本持平，好于机械工业行业大型企业平均值。其中部分企业"两金"压降效果明显，综合成绩最突出的是中工国际。

**7. 整体风险可控在控** 开展债务风险排查工作，及时清理不合规担保事项，积极推动降杠杆减负债工作，2018年年末集团资产负债率为67.5%，同比下降0.4个百分点；中国福马等企业资产负债率同比下降4个百分点以上。严格落实安全生产责任制，全年未发生较大以上生产安全事故和恶性环境污染事故。有效发挥审计监督作用，全年审计资产3 327亿元，基本做到审计全覆盖。推动企业主要负责人履行法治建设第一责任人职责，全链条式的法律风险防范机制不断完善。

**（二）全面深化改革取得新突破**

**1. 国有资本投资公司试点获批启动** 集团积极承担机械工业领军企业的责任，履行振兴我国装备制造业的使命，抢抓政策机遇，被国务院国资委确定为新一批国有资本投资公司试点企业。这将为集团进一步全面深化改革、整合行业战略性资源、优化管控模式、提升资本运作能力提供强有力的政策资源支持和发展机遇，将开启国机集团运营模式转型升级的新篇章。

**2. 公司治理更加规范高效** 把加强党的领导与完善公司治理有机统一，全面落实基层企业党建进章程工作，集团二级企业全部完成、三级企业90%以上完成党建工作要求纳入公司章程。提高董事会决策效率和科学性，坚持把党组织研究讨论作为董事会决策重大问题的前置程序，坚持充分发挥各专门委员会作用，为董事会审慎科学决策提供有力支撑。深化企业内部"三项制度"改革，稳步推进集团党委授权试点企业董事会选聘经理层副职工作，企业法人治理结构更加科学有效。

**3. 混合所有制改革深入推进** 集团切实加强混合所有制改革顶层设计和工作部署，以优化业务资源结构和拓展新兴产业为引导，加强制度建设，引导企业规范改革。四家企业以混合所有制改革（简称混改）为核心内容的综合改革纳入国企改革"双百行动"。全年集团企业涉及混合所有制改革项目约20项，通过多种方式引入非公资本资金14亿元。混合所有制员工持股改革工作有序推进，改革成效突出，经验总结得到国资委高度评价。中国电器院和哈成套所职工积极性明显提升，都实现了较改革前利润翻番。

**4. 历史遗留问题加快解决** 扎实推进"三供一业"分离移交工作，当年获拨国有资本经营预算资金0.7亿元，职工家属区38万户已全部签订分离移交协议，移交完成总户数达28万户。3家二级企业全面完成社区、市政移交工作，教育医疗机构改革工作有序推进，42家厂办大集体企业完成改革，消防机构改革基本完成。中国二重以较小的成本在集团率先完成了社区、市政移交及退休人员社会化管理等企业办社会工作的剥离。

（三）创新驱动迈上新台阶

**1. 科技创新有序开展** 2018 年，集团不断提升科技创新能力，加快形成结构合理、富有活力、运行高效的产学研用协同创新体系，在部分关键领域形成自主可控能力，促进科技与发展深度融合。全年集团技术投入比率为 2.3%；新增国家科研项目 73 项，新增国拨科研经费 3.92 亿元；新获批省部级以上科研平台 25 家；获国家科技进步奖二等奖 1 项（中国农机院），省部级一等奖十余项，省部级和全国性行业以上各类优秀成果奖 303 项；申请专利 1 857 项；556 项标准正式发布实施，数量为近 15 年最高水平。智能工厂技术协同创新联盟牵头完成《智能工厂规划与技术标准》，新材料产业技术协同创新联盟成立运行。

**2. 获批牵头筹建国家重大技术装备创新研究院** 组建国家重大技术装备创新研究院是国家实行"新型举国体制"的试验田，是国家提升重大技术装备体系化创新能力的重要举措，也是带动集团技术创新发展的一个重大机遇。国机集团充分发挥央企引领作用，站在维护国家利益、满足国家需求、支撑国家战略、完成国家任务的政治高度，积极研究形成筹建方案，并争取各相关部委的支持，最终获得国家发改委批准，担负起牵头组建国家重大技术装备创新研究院的历史重任，并将举全集团之力做好筹建工作。

**3. 军民融合深度发展** 军民融合是兴国之举、强军之策，为深入贯彻落实党和国家关于军民融合深度发展的决策部署，集团制定了《推进军民融合产业发展的指导意见》，明确目标，部署任务，加强保障，切实推进国家重大战略在集团的落实。集团企业军工科研生产保持上升势头，年实现收入 16.3 亿元，同比增长 8%。军品配套科研保持稳定，军品装备开发取得重大成果，军工业务渠道取得突破（核废料处理领域），军工基础能力进一步加强，更多工程承包领域优势资源参与军事设施建设，不断向高端引领、深度融合、机制完善的军民融合产业发展体系迈进。

（四）资源结构持续优化

**1. 资本运营持续推进** 通过资本运营不断优化布局、调整结构，努力提升集团资源对核心主业的支撑能力。增量方面，稳步推进对外重组，围绕重大技术装备、机床工具等领域，积极探索与业务关联度高、协同性好的中央企业、地方优秀企业开展战略性重组和股权合作；同时，聚焦主业和战略性新兴产业开展投资并购，重点发展具备国内技术领先优势的项目，并严格控制不具备战略意义的非主业投资。存量方面，以上市公司为平台整合优质资源、促进关联企业融合发展的工作有序开展，国机汽车与中汽工程、中工国际与中国中元、中国浦发与蓝科高新的重组方案均已报证监会待批，中设集团实现对天津电气院的托管。国机重装科工贸一体化平台正式挂牌运行，并完成增资扩股，将国机集团债权转为股权，同步引入东方电气、三峡控股、中广核、中国国新和中国诚通等企业作为战略投资人，为提升重型装备业务市场竞争力、加快国机重装重新上市步伐创造了条件。中国农机院所属中机试验在新三板挂牌。通过重组整合、股改上市，积极推进了集团企业资产证券化，2018 年年底集团资产证券化率达到 61.4%（含三板挂牌企业）。

**2."瘦身健体"扎实推进，压减工作高效推进** 2018 年累计减少法人 258 户，减少比例为 19%，管理层级已从最初的 7 级缩减至 5 级。其中，压减户数最多的三家企业是恒天集团、苏美达、国机汽车；压减比例最大的五家企业是国机资产、中工国际、中国一拖、国机汽车、恒天集团。"处僵治困"工作取得实效，当年获中央特困企业专项治理补助资金 1.2 亿元，91 家僵困企业职工安置工作完成率为 92%，高于国资委要求的 80% 标准，达到主体完成或治理工作基本完成标准。

（五）基础管理水平稳步提升

**1. 战略规划体系进一步健全** 集团制定了三年滚动规划和国际化经营战略规划，发布实施品牌战略规划和装备制造业务、贸易服务业务、工程承包业务、科研院所板块业务、金融与投资业务发展规划；制定战略评价细则，并开展了集团“十三五”战略规划中期评估。

**2. 投资管理进一步规范** 严格制度执行，规范决策投资事项，2018 年集团审批和备案投资项目 157 项，涉及投资金额 145 亿元。研究制订了集团投资管理指导意见，明确规范企业投资边界条件。修订了集团投资管理办法，在规范投资决策程序及防范投资风险的前提下进一步放权，同时加强日常监管，力求做到放权适度、监管有效。

**3. 财务管控有力强化** 资金管控力度不断增强，截至 2018 年年末，成员企业资金集中规模为 309.3 亿元，全口径资金集中度为 41%，同比提高 4.5 个百分点，平均可归集资金集中度为 70.8%，资金集中规模和集中度均创历史新高；资金集中度超过 80% 的所属企业有 6 家，为中国一拖、中国电器院、中机六院、中国中元、中装集团、国机汽车；剔除关联交易影响，中设集团、中工国际、轴研科技可归集资金集中度达 100%，苏美达为 90%。账户清理及授权工作扎实推进，截至 2018 年年末，成员企业提交银行账户授权资料 3 170 份，占应授权户的 83%；其中，中机六院、中国农机院、国机资产、中国中元、中国联合、中国电器院等 13 家企业已完成全部账户授权，国机汽车、中设集团等账户量较大的企业完成度超过 90%。

**4. 干部管理和人才队伍建设有序推进** 持续加强所属企业领导班子建设，完善干部选拔任用工作程序。推动落实集团人才队伍建设规划，开展多层级的人才选拔推荐及培养。落实中央“精准扶贫”“对口支援”等战略部署，精心选派干部到扶贫县及西部地区、老工业基地开展工作。坚持严管与厚爱结合、激励和约束并重，加强对干部和各类人才的日常管理。

**5. 质量提升和资质管理持续开展** 坚持质量立企，深入开展质量提升行动，科研院所产业化质量提升专项工作取得实效。做好各类资质申报工作，101 项甲级资质成功获批，是集团近五年来甲级资质获批最多的一年。

**6. 信息化集约共享能力和管控能力加快建设** 推进集团云计算平台、专网系统、境外视频监控平台和数据中心升级，搭建了“境外企业和对外投资联络服务平台”，建立了“集团海外工程项目风险管理数据库”。

**（六）党的领导、党的建设不断加强**

**1. 旗帜鲜明坚持党对国有企业的领导** 进一步落实党组织在公司治理中的法定地位，促进党组织发挥作用组织化、制度化、具体化，各级党员领导干部党建意识明显增强。积极推进建立董事会制度的所属二级企业党委书记、董事长由一人担任，目前，集团直接管理的所属二级企业已基本实现了“一肩挑”。

**2. 扎实开展“党建质量提升年”深化行动** 集团贯彻落实“中央企业党建质量提升年”的部署要求，全面压实党建责任、全面深化党建工作、全面健全党建制度、全面加强党建基础。将党的建设要求细化为党建指标体系，全面启动党建工作考核评价，各级企业抓党建强党建的氛围更加浓厚。立足抓基层、打基础，推动全面治党向基层延伸，大力加强境外党的建设，探索混合所有制企业党建工作，推动“四同步、四对接”工作要求落地，基层党组织凝聚力、战斗力不断提升。

**3. 全面推动党风廉政建设和反腐败工作** 不断强化“两个责任”，形成“一级抓一级、层层抓落实”的责任体系。不断强化作风建设，深入摸底排查形式主义、官僚主义问题，紧盯领导人员、关键岗位，紧盯突出问题，紧盯节假日重要时间结点，加强监督防范。不断强化反腐败工作震慑作用，推动“一案双查”，强化责任追究。不断强化巡视巡察工作，制定出台《国机集团党委巡视巡察工作规划（2018—2022）》，组织开展 3 轮 18 家所属企业巡视工作，积极推进所属企业巡察工作试点。

总的来看，2018 年集团在艰难中拼搏奋进，在重压下勇于担当，保持了平稳发展态势。成绩来之不易，总结起来，关键在于“五个坚持”。

一是坚持党的领导。集团充分发挥党组织的

领导核心和政治核心作用，用国有企业的这一独特优势不断推动集团改革创新、转型发展。集团各级党组织不断加强党的思想建设、组织建设、作风建设、制度建设和反腐倡廉建设，落实从严治党要求，围绕中心服务大局，为集团改革发展提供坚强政治保障。

二是坚持改革探索。集团按照党中央、国务院关于深化国有企业改革的一系列部署要求和国有企业改革“1+N”系列文件的精神，大胆探索、攻坚克难，着力抓重点、抓典型、抓实效，在二重改革振兴、中国电器院员工持股改革等工作中，勇于探索，下狠功夫、花大力气，激发企业经营活力，将企业改革向纵深推进。

三是坚持海外拓展。国机集团的国际化经营有着深厚的历史积淀和独特的竞争优势，集团企业持续深入践行“一带一路”倡议，不断在海外市场取得新的突破。截至目前，集团在“一带一路”沿线已完工或正在执行的项目700多个，合同金额近800亿美元；中白工业园等海外重大项目稳步推进。坚持海外拓展，为我们赢得了更多的市场空间和发展机遇。

四是坚持文化引领。“合力同行、创新共赢”的“和”文化，“不畏艰难、务实行动、争取胜利”的丹棱精神，以“价值、创新、绿色、责任、幸福”为内涵的“五个国机”发展理念，在集团2018年的改革发展进程中发挥了统一思想、凝聚人心、激励前进的巨大作用。

五是坚持真抓实干。2018年，广大干部职工面对不利的外部形势，讲政治、讲大局、讲担当、讲奉献，主动作为、真抓实干，力求各项工作既为一域争光、又为全局添彩，推动了集团实现平稳发展。在此，我代表集团领导班子，向各级领导、向各企业负责同志及广大干部职工表示衷心的感谢！

在充分肯定成绩的同时，也要清醒地看到，集团利润总额、EVA等指标与国资委、董事会年度经营考核目标相比均存在差距，当前经营发展中面临一些突出矛盾和问题，主要体现在：一是运营质量亟待提高。截至2018年年底，上报经营财务快报的1 143家企业中，亏损户数238家，亏损面为20.8%；亏损子企业亏损额合计高达50.9亿元。其中，装备制造板块是亏损重灾区，亏损户数达102户，占亏损企业户数的42.9%，亏损额37.4亿元，占亏损额的73.4%。应收账款、存货周转率与行业加权平均水平存在较大差距。集团整体成本费用占营业收入的比重为97.39%，高于上年0.37个百分点。二是资源配置仍有优化空间。集团产业资源“散、乱、弱”的格局尚未从根本上改变，覆盖面过宽，主业不够聚焦，同类资源散布在不同板块企业，不利于打造资源整体优势。三是创新能力有待进一步提升。自主创新与原始创新能力相对不足，在破解“卡脖子”技术方面“央企领头羊”作用发挥不够，代表国家水平的重大项目、关键设备攻关水平与集团行业地位不匹配。科技创新体制机制不够灵活，在吸引和培育科技创新人才、促进科技成果转化等方面依然存在制度性约束，导致高水平领军科技人才长期缺乏，部分关键岗位核心研发人员流失。四是集团协同效应发挥不足。集团资金集中度与国资委要求仍存在较大差距，资金集中度低于50%的所属企业有10家，部分企业资金集中度下行明显。集团统一集中的采购管理体制尚未建立，集团成员企业间的优先采购机制尚待健全。协同创新力度不够，企业各自为阵，存在同水平重复研发等问题。五是风险管控能力尚需提高。对所属企业运营质量的预警机制尚待健全，信息传递失真问题依然存在。部分企业资产负债率过高，风险较大。部分企业仍然从事“空转走单”贸易等高风险业务，造成重大损失。六是部分企业历史包袱沉重。僵困企业低效无效资产处置难、人员安置难、债务清理难、损失消化难、资金缺口大的问题仍较为突出，部分僵困企业因法律诉讼、担保、手续不全等历史遗留问题导致处置治理艰难。

**二、审时度势，深刻认识和把握重要战略机遇期**

2019年是新中国成立70周年，是全面建成小康社会关键之年。当前我国经济运行稳中有变、变中有忧，外部环境严峻复杂，经济面临下行压力。我们既要直面挑战，也要把握好战略机遇。

**（一）世界面临百年未有之大变局，危和机同生并存**

国际力量对比的变化、全球治理体系的变革、新技术革命的兴起，使得世界政治、经济格局处于百年未有之大变局。从不利方面看，一是整个世界经济的增长动力在减弱，一些主要发达经济体和新兴经济体的主要指标增长出现回落，国际货币基金组织对 2019 年世界经济增长的预期进行了下调，预计 2019 年发达经济体经济增速为 2.1%，较 2018 年下降 0.3 个百分点。二是国际贸易增长有所放缓，通常用来衡量国际贸易的波罗的海干散货指数，2018 年 11 月份日均值环比下降了 350 多个点；贸易紧张局势的加剧以及由此带来的政策不确定性上升可能挫伤商业和金融市场情绪，引起金融市场动荡，并导致投资和贸易减缓，贸易壁垒的增加正在破坏全球供给链。三是一些先行指标出现了比较明显的回落，2018 年四季度全球贸易景气指数只有 98.6，比三季度回落了 1.7 个点；一些主要经济体和新兴经济体的 PMI 等先行指标，也出现了不同程度的回落。综合这些情况来看，当前世界经济形势的变数、挑战和不确定性与过去相比有所增加。从有利方面看，经济全球化大势不会逆转，多重利好仍将维持世界经济向好态势，包括全球积极拥抱第四次工业革命、新兴市场工业化步伐依旧、全球新旧动能转换加快、“一带一路”倡议不断提升区域发展潜力等，总体来看，全球经济仍处在中速增长阶段。

**（二）我国经济面临下行压力但韧性和潜力巨大**

我国经济正由高速增长阶段转向高质量发展阶段，长期积累的矛盾与新问题新挑战交织，经济增长速度换挡期、结构调整阵痛期、前期刺激政策消化期“三期叠加”的压力并没有减少，反而有所上升；经济周期、金融周期、房地产周期“三个周期”相互影响；加上经贸摩擦、技术短板等新的因素，经济下行压力有所加大。

但我们也要看到，我国经济长期向好的基本面没有变，我国发展仍然拥有足够的韧性和巨大的潜力。我国是世界最大的单体市场之一，市场需求处于上涨状态，而且市场会越来越大，整个消费的潜力还相当巨大。制造业投资从 2018 年 4 月份开始持续回升，民间投资年累计增速在 8% 以上，仍保持较快增长，2019 年投资总体平稳或者稳中略升的态势有望延续。服务业平稳增长，高技术制造业、装备制造业增势良好，国民经济运行继续保持总体平稳、稳中有进态势。

**（三）相关行业增速整体放缓但不乏结构性机会**

集团主业相关行业面临不同程度调整，部分行业增速放缓，但总体保持平稳态势，不乏结构性机会。

**1. 机械行业** 机械行业 2018 年保持了平稳发展态势，增速低于上年，但仍高于工业平均水平。2019 年更加复杂的国际环境、更加严峻的挑战对机械行业发展带来的影响不可低估，行业转型升级进入攻坚期，困难更多，任务更重，发展压力加大。预计 2019 年机械工业增速下行压力大于上年，增速与上年相近或略低。党和国家高度重视发展壮大实体经济，重视装备制造业发展，把机械工业发展列入国家战略。国家连续出台调整振兴产业政策，机械工业的基础性战略性产业地位更加彰显。

**2. 工程承包行业** 国际关系格局变化、地缘冲突、宗教冲突等给国际工程承包带来了巨大风险和挑战，但总体来看，国际工程承包市场需求依然旺盛：发达国家投入更多资源进行基础设施更新和绿色能源建设，发展中国家不断加速城市化和工业化进程，对外来的投资仍比较欢迎。同时，“一带一路”倡议的落实对工程承包行业的拉动效应十分明显。中国对外工程承包商会的数据显示，2018 年对外承包工程完成营业额 1 216.7 亿美元，同比增长 2.5%；其中，“一带一路”国家业务贡献率为 53.7%，较上年同期增加 13.6 个百分点。可以预见，“一带一路”的政策红利还将持续释放。同时，中

央经济工作会议作出了促进形成强大国内市场的决策部署，为集团拓展国内相关工程承包市场提供了重大机遇。

**3. 汽车行业** 国内汽车市场在经历了20多年的高增长后，开始进入微增长时代，进入调整期。2018年，中国汽车销量完成2 808.1万辆，同比下降2.8%，是自1990年以来的首次负增长。中汽协预测2019年中国汽车市场将停止增长。与此同时，在新能源、智能化技术的推动下，汽车产业本身也在经历着一场前所未有的变革，集团汽车企业应抓住这一战略机遇，大力推进业务的转型。

**（四）国家重要战略机遇期也应是集团发展的重要机遇**

中央经济工作会议明确指出，我国发展仍处于并将长期处于重要战略机遇期，这是党中央全面分析当前形势和任务得出的重要结论、做出的重大判断。会议要求，要善于化危为机、转危为安，紧扣重要战略机遇新内涵，加快经济结构优化升级，提升科技创新能力，深化改革开放，加快绿色发展，参与全球经济治理体系变革，变压力为加快推动经济高质量发展的动力。这为集团更好推动高质量发展指明了方向、开阔了视野、坚定了信心。

集团要紧紧抓住国家经济结构优化升级带来的新机遇，在全球新一轮科技革命和产业变革浪潮中勇立潮头，构建起面向未来的业务结构；要抓住国家提升科技创新能力、谋求在相应重大技术装备领域解决“自主可控”能力所带来的新机遇，充分利用国家出台的针对科技人员的股权激励、成果分享、以及人才队伍建设等方面的体制机制改革政策，发挥好集团创新资源的作用，迅速加大研发投入，争取在关键核心技术创新上取得重大突破，为我国经济发展增添新的动能和优势，也实现集团装备产业链水平的提升；要抓住国家深化改革开放带来的新机遇，把改革之路走得更快、“走出去”步子迈得更大，以深化改革和国际化经营的新突破带动集团整体实力的大跃升；要抓住信息经济发展带来的新机遇，加快布局智能制造、云制造，推动业务模式创新与转型升级；要抓住国家加快绿色发展带来的新机遇，加大绿色设计、绿色制造、绿色工程推进力度，为我国经济可持续发展贡献力量。

总之，我们要按照中央要求，正确认识、紧紧抓住、全面把握我国发展的重要战略机遇期，既要有分析问题的智慧，更要有采取行动的勇气，要站在高处看全局，增强信心，主动作为，变压力为加快推动集团高质量发展的强大动力。

**三、迎难而上，切实完成好2019年经营目标任务**

结合国内外环境变化和集团自身发展状况，2019年集团经营工作的总体要求是：以习近平新时代中国特色社会主义思想为指导，全面贯彻党的十九大，十九届二中、三中全会和中央经济工作会议、中央企业负责人会议精神，紧紧抓住我国发展重要战略机遇期，统筹推进“五位一体”总体布局，协调推进“四个全面”战略布局，坚持稳中求进工作总基调，贯彻新发展理念，落实推进高质量发展要求，全面深化改革开放。坚持以供给侧结构性改革为主线，在“巩固、增强、提升、畅通”上下功夫，持续巩固“一治三降两提高”成果，大力增强企业发展活力，加快提升企业创新能力和水平，不断畅通资源配置渠道，聚焦问题精准发力，紧扣战略狠抓落实，努力保持集团平稳健康发展，为建设成为世界一流综合性装备工业跨国集团奠定坚实基础，为促进国家经济社会持续健康发展做出新贡献，以优异成绩迎接中华人民共和国成立70周年。

国机集团要在打赢三大攻坚战、主动服务国家战略、带头落实宏观调控政策、保障经济平稳运行的基础上，努力完成2019年生产经营主要目标任务：根据集团董事会的部署安排，2019年集团生产经营主要目标任务是利润总额确保目标100亿元，争取目标102亿元。根据中央企业负责人会议上国资委的部署要求，2019年中央企业净利润同比增长7%、力争达到9%（利润总额同比增长8%、力争达到10%），归属母公司净利润与净利润同步增长，流动资产周转率同比提高 0.1 次，资产负债率同比下降 0.7 个百分点。所以，我们要共同努力，争取超额完成董事会目标，积极向国资委的要求看齐。同时，要更加注重经营指标的含金量，重点关注净利润和经营性现金流匹配度、非经常性损益占比等盈利质量指标。

做好 2019 年经营工作，关键要贯彻落实好中央企业负责人会议“一个确保，六个强化”的部署要求，努力做到“一个稳健、三个强化、七个着力”。

**（一）坚持稳健经营，努力推动集团高质量发展**

**1. 做好两个市场拓展，要积极贯彻落实中央经济工作会议关于做大国内市场需求的战略部署，高度重视国内市场变化情况，进一步开拓国内市场** 在做强做优做大传统市场业务的同时，要围绕中央重点关注的产业，寻找集团业务结合点，谋求发展机会。依托集团在智能制造、关键基础零部件等领域的研发优势，通过自主创新和集成创新，加快在人工智能、工业互联网等重点领域的创新发展。依托集团在医疗工程、汽车租赁、物流、索道、园区开发、景点建设、设施建设的优势资源，积极发展大健康、旅游服务等产业，拓展服务国内市场的能力。依托集团在民用市政、轨道交通、农业、环境等工程设计与承包领域的丰富经验和优质资源，积极参与国内城际交通、物流、市政基础设施以及农村基础设施和公共服务设施建设工程，提升集团国内工程承包业务的市场份额。境内新签合同额要力争达到 320 亿美元以上，合同成交额达到 330 亿美元以上。

（1）要继续落实“一带一路”倡议，积极开拓海外市场。不断加大工程承包市场开发和属地化经营力度，积极探索“EPC+”模式，联合承揽区域综合开发等大型海外项目，大力拓展机电产品、汽车、纺织品出口贸易业务，加快推动优势产品“走出去”，提升集团境外业务质量和规模。经营发展好已并购相关境外企业的同时，围绕集团主业发展战略要求，积极拓展海外并购、合作和创新活动，推动集团产业链向高端迈进。要做好在手项目的执行，树立集团在海外的良好形象。要扎实推进海外区域中心试点，推进重点区域市场信息共享、品牌维护、公共关系通畅、业务协同发展。境外新签合同额力争达到 200 亿美元以上，合同成交额达到 140 亿美元以上。

（2）要密切跟踪形势变化，妥善应对中美经贸摩擦。对国内外形势的严峻性复杂性要有充分估计，密切跟踪中美经贸摩擦形势演变，充分做好预案。要加强对大宗商品价格、重要生产经营指标、重要经济动态的监测，及时发现异常，有效研究应对，确保企业平稳运行。

（3）要开好局起好步，努力实现一季度“开门红”。开好局、起好步对于提振信心、引导预期、完成全年目标任务十分关键，要抓紧对一季度工作进行周密谋划和安排，理清工作思路、明确阶段目标、突出工作重点，采取扎实有效措施，努力实现高开稳走、高开高走，为完成全年目标任务打下坚实基础。

**2. 改善运营质量** 要牢牢把握高质量发展整体要求，紧密结合行业企业特点，突出重点、抓住关键，加快构建高质量发展的监测指标体系，设置反映更高质量、更有效率、更可持续的监测指标，持续巩固治理亏损、降成本、降两金、降资产负债率、提高资金集中度、提高采购集中度“一治三降两提高”成果。①要狠抓亏损企业治理。紧扣三年扭亏的工作目标，强化预算、考核、分配同向联动，综合施策，坚持实时跟踪、重点督导，坚决控制住“出血点”，2019 年要实现亏损面、亏损额各降 50%。要强化扭亏治亏的手段，对长期亏损的低效无效资产，要通过关停并转实现有效退出。②要着力降成本。各企业要牢固树立成本效益原则，深入推进成本管理，强化全员、全过程、全要素的成本费用目标责任制，将成本管理的责任和压力传递到各作业环节和岗位，确保成本费用得到全面管控。③要着力降低资产负债率。要高度重视资产负债率过高、债务规模增长过快、债务结构不合理等问题；严控造成企业资产负债率超高的投资，坚决管住过剩产能行业、过度竞争行业投资；要拓宽融资渠道，扩大权益资本的市场化补充。④要着力压降“两金”。出台“两金”压控管理办法、考核管理办法等制度，狠压存量、严控增量，确保完成2019年国资委“两金”压降指标。⑤要着力提高资金集中度。各上市公司要加强与财务公司的合作，充分发挥财务公司平台功能。推进银行账户的压减，2019年清理压减账户不少于20%。加强对资金集中度下行和大额结算不到位的企业监督，500万元以上资金对外支付要通过财务公司办理，努力降低集团总体财务成本，提升金融运营收益。⑥要着力提高采购集中度。研究建立协同采购激励机制，加大对集团所属企业装备等产品的自采力度，实现分散资源的有效链接。

**3. 防范重大风险** “聪者听于无声，明者见于未形”，防风险重在“防患于未然”。各企业要健全内控体系，明确落实主体责任，强化流程管控，加强风险评估监测，制订处置应对预案，着力抓好重点领域风险防控，进一步筑牢不发生重大风险底线。①要严防管理失效风险，建立健全运营质量预警机制，畅通信息传递，消除决策信息失真，防止企业经营问题由量变到质变的发生。②要严控债务风险，高度重视资金链安全，严禁短贷长投，严防资产负债率过高带来的偿债能力风险。③要严控担保风险，严格担保管理制度的执行，杜绝不合规担保事项发生。④要严控国际化经营风险，加强海外项目全生命周期的风险管控，加强合规风险和汇兑风险防范，确保境外资产安全可控、有效运营。⑤要严控安全风险，进一步健全完善全员安全生产责任制，建立健全安全风险分级管控与隐患排查治理“双重”预防机制，筑牢全员、全过程、全方位的企业安全磨练生产预防事故防线。要密切关注工程现场的稳定，防止群体性事件发生。要关注高风险地区员工的人身安全，做好境外安全事件和突发事件的应急处置预案。⑥要加强高风险业务管控，严禁融资性贸易和“空转”贸易，确保令行禁止，对于集团公司明确不能干的，坚决不干，对有令不行、有禁不止造成损失和不良后果的予以严肃追责。

**4. 增强国机品牌的市场影响力** 要加大品牌推广投入，推动建立国机品牌在组织架构、资源投入、传播推广等方面的长效机制。着力推动品牌融合工作，通过试点探索具有针对性的融合路径，积极构建母子公司品牌体系。要在相关重要国际活动中积极树立国机集团品牌形象。要加强对品牌的经营，通过品牌营销，提升国机集团产品与服务的整体市场竞争力。

**（二）强化战略引领，积极对接落实国家重大战略要求**

**1. 做好战略研究与滚动优化** 要加强对市场环境的研判，认真做好对企业战略的评价工作，科学制订三年滚动规划，并抓好战略执行工作，确保企业战略对当期生产经营的有效指导。

**2. 大力推动共建“一带一路”走深走实** 要认真贯彻落实习近平总书记在“一带一路”建设工作5周年座谈会和2018年中非合作论坛上的讲话精神，积极参与“一带一路”建设，争当对外开放的排头兵，组织实施好集团国际化经营战略。要针对“一带一路”倡议，制订专项行动计划。深化与“一带一路”沿线国家和地区政府部门及企业合作，主动对接沿线国家和地区发展规划，以重大项目建设和产能合作为核心，以先进产能和优势产能为牵引，推动产业融合，重点在装备和产能契合度高、合作意愿强、合作条件基础好的区域进行业务布局。

**3. 积极参与国家重大区域战略** 积极参与京津冀区域发展战略，加大对雄安新区建设的参与力度。积极参与粤港澳大湾区建设，在智能装备产业、汽车零部件展览、新能源车检测等领域开展更加深入和广泛的合作。积极参与海南自贸区建设，落实双方战略合作协议，并尽快启动海南区域总部建设项目。

**4. 深化落实军民融合战略** 组织召开集团军民融合工作会，推进集团军民融合指导意见和配套政策措施落地。要抓好在手军品配套科研项目、国防军工固定资产投资项目和核设施退役治理项目的组织实施；继续拓展国防科工局、军队系统以及工信部有关国防任务渠道，积极开展军工领域对外合作交流。

**（三）强化改革落地，加快向国有资本投资公司转型**

**1. 抓好国有资本投资公司试点方案完善与实施** 把国有资本投资公司试点作为国机集团全面深化改革的战略依托，抓紧完善并组织实施国有资本投资公司试点改革方案，积极探索有效的运营模式。要以国有资本投资公司试点为契机，加大国机集团各项改革力度，推动在一些关键领域实现突破。

**2. 加大布局结构调整力度** 着重发挥国有资本投资公司产业调整、产业引领、产业整合、产业培育的功能作用，推动布局优化和结构调整，提高国有资本配置和运营效率。要精干明晰主业，全面梳理内部资源，聚焦核心业务，持续推进以主业板块核心企业或上市公司为平台的资源整合，打造核心产业发展平台；同时，坚决退出竞争力弱、盈利能力弱、运营效率低的低效无效业务领域，努力甩掉包袱，实现轻装上阵。要以补充完善主业产业链为目标，积极重组并购战略性资源，提升竞争优势。要更好对接资本市场，依托集团电子电器、智能制造等领域具备较好发展基础的企业，通过股改、增资扩股以及尝试登陆主板、科创板、新三板等方式，引入内外部资源。

**3. 优化集团管控** 要做强集团总部，积极争取相关政策支持，按照国有资本投资公司的管控要求，优化总部职能，研究完善集团总部组织架构，注重打造集团战略管控能力、投资管理能力、并购整合能力、金融和财务能力、统筹监督能力、全面风险管控能力。要合理授权，将更多的决策权交给听得见炮声的指挥员，为基层企业应对市场变化提供科学合理的空间。“欲知平直，则必准绳”，要完善推动高质量发展的考核制度，科学构建年度考核与任期考核相结合、结果考核与过程评价相统一、考核结果与奖惩相挂钩的考核制度，进一步突出效益效率、创新驱动、开放发展、服务保障等考核导向，强化分类考核、精准考核，健全国际对标、行业对标，更好发挥业绩考核对推动企业高质量发展的“指挥棒”作用。

**4. 全面深化企业改革** 要以抓好“双百行动”和混改试点企业改革为重点，积极促进所属企业全面改革进一步深化。要大力推动所属企业混合所有制改革实施，加快引入资源匹配度高、业务协同性强的非公资本企业，以混合所有制推动企业转型升级和体制机制改革；同时，积极探索通过混合所有制方式，实现在战略性新兴产业发展方面的突破。要着力健全激励机制，用好国有资本投资公司平台的激励政策，特别是进一步总结员工持股改革试点经验，研究制订集团政策制度，有序推动在人力资本贡献高的企业中推进员工持股改革。

**（四）强化自主创新，在创新型国家建设中当好顶梁柱**

**1. 全力抓好国家重大技术装备创新研究院筹建工作** 按照国家发改委的要求，联络汇聚各方力量，充分借鉴国内外优秀平台机构在组织运行、协同研发、成果应用等方面的机制和经验，完善国家重大技术装备创新研究院的组建方案并按时上报。要通过国家重大技术装备创新研究院平台建设，充分发挥集中力量办大事的体制优势和市场机制的作用，聚焦重大技术装备研发创新和首台套示范应用关键环节，建立新机制、探索新路径。

**2. 大力开展关键核心技术攻关** 要瞄准“卡脖子”问题，认真梳理重大技术装备领域战略性需求，凝练关键核心技术攻关方向，着力在“自主可控”上下功夫。加大研发投入，抓好重大科技专项的组织实施，研发一批具有核心自主知识产权的关键技术成果。要加强科技协同创新，落实“合力同行，创新共赢”的价值理念，充分发挥科研院所的优势特别是集团中央研究院的作用，策划提出重点项目，组织集团各方力量协同攻关。继续推动集团内部的产业技术创新联盟建设和发展，加强关键共性技术联合攻关。

**3. 建立健全人才激励机制** 事业因人而兴，人才因事业而聚。要坚持人才引领发展，深化人才发展体制机制改革，更好实施人才强企战略。完善以创新、质量、贡献为导向的科技人才评价和正向激励机制，加大中长期激励力度，综合运用好国有控股上市公司股权激励、国有科技型企业股权和分红激励、国有控股混合所有制企业员工持股等不同的激励路径及相关激励工具，充分调动创新人才积极性。

**（五）着力抓好几项重点工作，助推集团开创经营发展新局面**

**1. 着力抓好农机板块振兴** 牢牢把握我国小农经济向大农经济和现代农业经济转型的趋势，抓住中央加快推进农业机械化和农机装备产业转型升级的机遇，以农业农村市场的新需求为出发点，按照“智能驱动、发展成套、协同创新、增加效益”的战略思路，着力解决我国农业装备领域的产品缺口，并大力发展智能农机装备，积极探索智慧农业成套解决方案；要结合重大院筹建抓紧推进国家农业装备技术创新中心建设，促进农机板块振兴发展。

**2. 着力抓好中国二重改革脱困收官工作** 中国二重扭亏脱困方案的实施，得益于各方面的共同努力，已见成效。目前还需抓紧实施完成镇江基地扭亏盘活等两项重要工作，积极争取国家相关部门的支持，提高码头等资源的使用效率，并通过加快自身市场能力的建设，争取早日实现经营扭亏。

**3. 着力抓好中白工业园建设** 要认真落实习近平总书记的要求，针对中白工业园的开发建设和运营发展做好中长期规划，全力推动项目建设取得积极进展，真正将园区项目打造成丝绸之路经济带上的明珠和中白双方互利合作的典范。

**4. 着力抓好“处僵治困”** “处僵治困”是国资委布置的重要任务，2019 年是收官之年。要确保僵困企业治理效果，对于已完成处置治理主体任务的僵困企业，强化监督，压实责任，及时发现和解决问题，防止反弹；进一步深挖潜力，继续做好困难企业职工安置工作，力争圆满完成特困企业治理任务。

**5. 着力抓好投资管理** 投资是企业运行中至关重要的活动，重要投资决策的正确与否、投资执行的质量，往往关系到企业的兴衰。我们应当秉承“量腹而受，量身而衣”的理念来进行投资项目取舍，健康有序地实施投资扩张，坚决防止超能力投资而使企业背上沉重负担。集团公司刚刚下发了投资管理制度（试行），对企业投资行为进行了规范，希望各企业认真执行。集团职能部门要及时跟踪相关情况，帮助企业解决问题并总结经验教训，进一步修订完善好制度体系。

**6. 着力抓好市值管理** 集团控股上市公司 12 家，上市公司市值管理直接关系国有股东回报，也影响国机集团整体形象。要高度关注上市公司运行质量，努力实现上市公司健康发展。要大力提升上市公司经营业绩，把上市公司做强做优做大，提高资本市场认可度。要研究探索熨平股价市场化运作机制，有效应对上市公司股价非理性波动；积极探索盘活存量上市公司股权资产的方式方法，挖掘存量资产潜在价值。

**7. 着力抓好产融结合发展** 金融与投资业务作为国机集团“四轮驱动”战略中的重要一轮，在集团业务体系中发挥着独特的作用。目前金融板块相对薄弱，服务主业发展能力不足。2019 年要大力拓展产融结合发展的深度和广度，梳理金融板块企业现有业务发展瓶颈，研究提出解决方案，推动业务做精做专；积极培育融资租赁和产业投资基金业务，争取保险经纪、金融租赁等集团主业发展所需的牌照资源，不断完善金融业务链。要充分发挥内部业务协同效应，积极探索金融服务主业发展的新模式新机制。

## 四、履职尽责，认真把握好新时代新要求

**（一）提高政治站位**

习近平总书记指出：“我们党作为马克思主义政党，必须旗帜鲜明讲政治，认真严肃开展党内政治生活。”政治问题任何时候都是根本性的大问题。作为国有企业的干部员工，我们必须提高政治站位，在推动企业发展中不断强化“四个意识”。

**1. 必须坚定政治立场**　秉纲而目自张，执本而末自从。要始终在思想上政治上行动上同以习近平同志为核心的党中央保持高度一致，坚决维护习近平总书记党中央的核心、全党的核心地位，坚决维护党中央权威和集中统一领导，真正把认同核心、拥护核心、维护核心落实到具体行动上。

**2. 必须破除本位主义**　要跳出单位、部门和个人的局限与利益，做到心里有中央，脑里有大局，不折不扣执行党中央决策部署。作为中央直接管理的国有重要骨干企业，我们既要承担好经济责任，又要承担好政治责任和社会责任，推进党和国家重大决策部署的贯彻落实。

**3. 必须提升境界情怀**　要牢固树立和践行“以人民为中心”的发展思想。要打好精准扶贫攻坚战，对接扶贫地区做好工作，确保集团负责的贫困地区的脱贫工作高质量、高水平开展。要按照中央“六个稳”的要求，多措并举做好“处僵治困”过程中的职工安置工作。要解决好困难企业困难职工的民生问题，充分利用集团资源优势和行业影响力，通过加强内外部市场和资源协同，帮助困难企业创造条件，实现扭亏脱困，走上健康发展的轨道。

**（二）保持战略定力**

习近平总书记指出：“中国共产党人的初心和使命，就是为中国人民谋幸福，为中华民族谋复兴。”“不忘初心，牢记使命”是激励中国共产党人不断前进的根本动力。具体到国机集团，我们的任务和责任，就是以振兴中国机械工业为己任，以跻身世界先进行列为目标。

“初心”和“使命”就像一条红线，贯穿在我们的全部实践之中。这些年来，国机不断外引内联、聚核铸强，先后与6家中央一级企业、7家中央二级企业、11家地方国有企业实现了重组。特别是近几年，与中国二重、恒天集团的重组，使得国机集团在打造主业更加集中、产业链条更加完善、竞争优势更加突出的综合性装备工业集团的道路上迈出了新步伐。同时，我们不断强化创新、苦练内功，围绕重型装备、农林装备、基础件等10大技术领域，组织了一大批重大科研项目的攻关，取得了大批国际先进、替代进口、填补空白的具有自主知识产权的科技成果，为我国创造了超过1 000项“中国第一”“首台套”装备，为各行业提供了超过百万台的大型装备。

现在国家又将牵头组建国家重大技术装备创新研究院和国有资本投资公司试点的重任交给国机集团，给予我们为国家打造重大技术装备创新举国体制试验田的机会，我相信，重大院的建设和发展，必将为国机集团的创新能力建设与提升带来巨大机遇，为集团“建设以装备制造业务为核心，延伸发展现代制造服务业务的世界级多元化投资控股集团，在装备工业若干领域孕育世界一流产业实体”愿景的实现起到巨大的助推作用。

“不忘初心，方得始终”。在新的发展阶段，我们面对的问题将更多、情况将更复杂，更要强调“初心”和“使命”，更不能忘记为什么出发，要到何处去。我们要在变幻的市场环境中保持战略定力，发扬“钉钉子”精神，持续用力、久久为功，在高质量发展的轨道上做一名优秀的长跑者。

**（三）传承国机文化**

“万物各得其和以生，各得其养以成。”国机集团脱胎于原机械工业部，成长于中国机械工业的沃土上，传承了机械工业坚忍不拔、自强自立、创新合作的文化与精神。在改革发展过程中，我们以机械工业文化为内核，形成了“合力同行，创新共赢”的“和”文化，提出了“价值、创新、绿色、责任、幸福”为内涵的“五个国机”发展理念和“不畏艰难、务实行动、争取胜利”的丹棱精神。

“民齐者强”，这些企业文化与精神，在国机的发展中发挥了统一思想、凝聚人心的巨大的作用，促进了不同背景的企业在国机平台上获得更好的发展，激励了国机人攻坚克难的决心，推动了国机集团综合实力的大幅提升。

“一个不记得来路的民族，是没有出路的民族”，国机文化是国机的光荣传统和独特优势，它将继续像灯塔一样指引着国机的航行。在新的历史时期，我们要继承和发扬国机文化，把更多优秀因子融入国机文化，让国机的文化更丰厚、更有力量、更有生机。

**（四）勇于担当作为**

历史车轮滚滚向前，时代潮流浩浩荡荡。历史只会眷顾坚定者、奋进者、搏击者，而不会等待犹豫者、懈怠者、畏难者。党的十八大以来，以习近平同志为核心的党中央始终强调领导干部要敢于担当，希望广大干部奋发有为，撸起袖子加油干。国机的事业就是干出来的，是广大干部员工勇于担当作为的结果。在深化改革的新的历史时期，国机的事业对干部员工“担当的宽肩膀”和“成事的真本领”提出了更高的要求。

一方面，我们要进一步涵养斗争精神、担当精神，锤炼斗争能力、担当能力。既要敢于斗争、敢于担当，又要善于斗争、善于担当，着力增强适应新时代发展要求的本领能力，涵养担当作为的底气和勇气。当前集团经营形势稳中有变、变中有忧，越是这种时候，越能看得出我们的干部职工到底是不是敢担当、能担当、善担当，也越能磨练我们干部的意志、提升履职尽责的能力。要以钉钉子精神一件任务一件任务落实，一个时间节点一个时间节点推进，一棒接着一棒干，坚决把党中央决策部署和改革发展各项任务抓紧抓实、抓出实效。弄潮儿向涛头立，手把红旗旗不湿！要把能扛事的干部，在逆境中敢斗争、勇担当、有办法、有作为的干部，放到重要岗位上锻炼，激励他们迅速成长，切实担负起推进集团改革发展的重任。

另一方面，要进一步强化担当激励。2018年中共中央办公厅印发了《关于进一步激励广大干部新时代新担当新作为的意见》，要求为敢于担当的干部担当，让踏实干事的干部实惠，形成褒优贬劣、激浊扬清的正向激励。集团党委贯彻党中央决策部署，近期制订发布了《国机集团党委关于进一步激励广大干部新时代新担当新作为的实施意见》。希望总部各部门、各所属企业进一步认真贯彻落实文件精神，特别是习近平总书记“三个区分开来”的重要要求，工作上精准容错，对于干部在改革创新中的失误错误，该容的大胆容，不该容的坚决不容，完善鼓励干部干事创业的纠错容错和正向激励机制，形成干事创业的良好氛围。

**五、强基固本，全面提高新时代集团党的建设质量**

**（一）坚持政治建设为统领，坚决做到“两个维护”**

坚持党的领导、加强党的建设，必须旗帜鲜明讲政治，以习近平新时代中国特色社会主义思想为指导，发挥党的政治建设对党的各项建设的统领作用，树牢“四个意识”，坚定“四个自信”，坚决做到“两个维护”。

**1. 学懂弄通做实习近平新时代中国特色社会主义思想** 要坚持系统全面学、持续跟进学、联系实际学，将学习成效体现在推动企业改革发展的实践行动中。同时，要按照中央要求，谋划好“不忘初心、牢记使命”主题教育。

**2. 增强践行“两个维护”的自觉性坚定性** 要深刻认识维护习近平总书记党中央的核心、全党的核心地位，维护党中央权威和集中统一领导是我们党的政治命脉，自觉在思想上政治上行动上同以习近平同志为核心的党中央保持高度一致。

**3. 进一步严明政治纪律和政治规矩** 要坚持民主集中制，增强全局观念和责任意识，在研究工作时充分发表意见，在形成决议后坚决执行，勇于担当、敢于斗争、善于作为，在履职尽责中体现党员作用。

**（二）坚持党对国有企业的全面领导，不断完善公司治理结构**

集团作为国有资本投资公司试点企业，要在全面深化改革中坚持和加强党的全面领导，在健全完善公司治理结构和体制机制中强党建、促改革、谋发展。

**1. 持续强化法人治理结构** 进一步强化责任，分类指导，持续推动三级及三级以下企业党建进章程工作。

**2. 持续完善企业领导体制** 建立董事会的二、三级企业，要全面推进党组织书记、董事长由一人担任，党员总经理兼任党组织副书记。

**3. 持续健全议事决策机制** 进一步明确各治理主体的权责边界，充分发挥党委的领导作用、董事会的决策作用、经理层的经营管理作用，切实做到各司其职、各负其责、协调运转、有效制衡。

**（三）坚持加强“三基建设”，全面提升基层党建工作质量**

要开展“基层党建推进年”专项行动，推动全面从严治党向基层延伸，努力把每个基层党组织建设成为坚强战斗堡垒，努力让每名党员发挥先锋模范作用。

**1. 全面夯实基本组织，建设坚强战斗堡垒** 要切实抓好基层组织全覆盖，做到应建必建、应换必换。加强对所属企业党建工作的研究谋划、部署推动、督促检查。广泛开展示范党支部建设，打造基层党建工作标杆。

**2. 全面建强基本队伍，筑牢事业发展基础** 突出抓好基层党组织书记、党务干部队伍和党员队伍建设，不断提升党的基层组织凝聚力和战斗力。

**3. 全面健全基本制度，推动基层党建常态长效** 要持续强化党建责任体系，探索完善制度规则，建立健全党建评价体系和考核机制，发挥党建考评指挥棒作用，推动党建责任制考核评价向基层延伸，切实提升制度执行力，使基层党建制度真正成为硬约束。

**（四）坚持正风肃纪，巩固发展反腐败斗争压倒性胜利**

集团党风廉政建设和反腐败工作要持之以恒正风肃纪，扎实推进纪检监察体制改革，深化政治巡视巡察，一体推进不敢腐、不能腐、不想腐，巩固发展反腐败斗争压倒性胜利。

一是认真贯彻中央精神，稳步推进集团纪检监察体制改革。集团总部相关部门和各所属企业党委、纪委要按照《关于推进集团纪检监察体制改革的实施方案》的责任分工，确保高质量完成集团纪检监察体制改革各项任务。二是提高政治站位，忠实履行管党治党政治责任。集团各级党委要严格执行《国机集团各级党委履行全面从严治党主体责任清单》，严格落实“一岗双责”。纪委要认真履行协助职责和监督责任，把严管厚爱落实到监督执纪问责的各项工作中。三是以党的政治建设为统领，持之以恒落实中央八项规定精神，坚决破除形式主义、官僚主义。要严明政治纪律和政治规矩，集中整治形式主义和官僚主义，持续整治享乐主义和奢靡之风，构建作风建设长效机制。四是深化政治巡视，健全巡视巡察联动机制。要推进巡视全覆盖，创新巡视方式，持续加强巡察工作，抓实抓好巡视巡察整改，强化巡视巡察成果运用。五是一体推进不敢腐、不能腐、不想腐，深化标本兼治。坚决惩治腐败，持续强化不敢腐的震慑；加强制度约束，持续扎牢不能腐的笼子；加强纪律教育，持续增强不想腐的自觉。六是践行忠诚干净担当，建设政治过硬、本领高强、作风严实的纪检监察干部队伍。

最后，我重点强调安全稳定工作。世间事，做于细，成于严。从严是我们做好一切工作的重要保障。各企业一定要牢固树立安全发展观念，坚守安全红线，严格落实安全生产责任，严防重特大安全事故发生。抓好信访维稳工作，防止不稳定事件发生。倡导勤俭文明过节新风尚，广大干部职工要遵守廉洁自律各项规定，度过一个风清气正、欢乐祥和的新春佳节。

同志们，逆水行舟，一篙不可放缓；滴水穿石，一滴不可弃滞。越是伟大的事业，往往越是充满艰难险阻，越是需要开拓创新。让我们更加紧密团结在以习近平同志为核心的党中央周围，以习近平新时代中国特色社会主义思想为指导，上下同心，迎难而上，开拓进取，奋力开创国机集团高质量发展新局面，用改革发展新成果迎接中华人民共和国成立70周年！

# 第二篇

# 集团公司发展概况

# 经济运行概况

**【发展综述】**

2018年，国际市场调整加快，贸易摩擦升级，国内部分行业市场低迷不振，国机集团的经营工作面临巨大的压力和挑战，集团广大干部职工坚持以习近平新时代中国特色社会主义思想为指导，增强“四个意识”，坚定“四个自信”，坚决做到“两个维护”，认真落实党中央、国务院决策部署及国资委工作要求，奋力拼搏，攻坚克难，各项工作扎实推进，努力保持了生产经营的平稳运行。

2018年，集团实现营业收入3 004.7亿元，同比增长4.3%；实现利润总额101.9亿元，同比下降8.9%，在消化了部分历史包袱和支付相关改革成本后继续保持利润过百亿元；实现经济增加值（EVA）17.5亿元，同比下降52%。蝉联“中国机械工业百强”首位；位居世界500强企业排行榜第250位，较2017年跃升6位。

**【主要指标】**

2018年国机集团主要经济指标见表1。

**表1　2018年国机集团主要经济指标**

| | 2018年 | 2017年 | 比上年增长（%） |
|---|---|---|---|
| 资产总额（亿元） | 3 944.4 | 3 815.7 | 3.4 |
| 所有者权益（亿元） | 1 285.7 | 1 225.9 | 4.9 |
| 营业总收入（亿元） | 3 004.7 | 2 881.7 | 4.3 |
| 利润总额（亿元） | 101.9 | 112.1 | -8.9 |
| 净利润（亿元） | 67.3 | 81.4 | -17.0 |
| 归属母公司所有者的净利润（亿元） | 32.3 | 31.9 | 1.3 |
| 科技支出投入（亿元） | 66.6 | 62.0 | 7.4 |
| 利税总额（亿元） | 223.6 | 242.7 | -7.8 |
| 应交税金总额（亿元） | 135 | 121.4 | 11.2 |
| 全员劳动生产率〔万元/（人·年）〕 | 26.9 | 23.6 | 13.9 |
| 净资产收益率（%） | 5.4 | 4.7 | 14.8 |
| 总资产报酬率（%） | 3.8 | 4.1 | -7.3 |
| 国有资本保值增值率（%） | 102.6 | 103.1 | -0.5 |
| 经济增加值（EVA）（亿元） | 17.5 | 36.1 | -52 |

注：本表数据为企业决算数据。

【主要领导变化】

2018 年国机集团领导变化情况见表 2。2018 年国机集团二级子公司名录见表 3。

表 2 2018 年国机集团领导变化情况

| 姓名 | 职　务 |
|---|---|
| 任洪斌 | 董事长、党委书记（2018 年 6 月任党委书记） |
| 石　柯 | 党委书记、副董事长（2018 年 5 月退出领导岗位） |
| 徐　建 | 董事、总经理、党委副书记（2018 年 9 月退休） |
| 张晓仑 | 董事、总经理、党委副书记（2018 年 9 月任职） |
| 宋　欣 | 董事、党委副书记（2018 年 9 月任职） |
| 曾祥东 | 党委常委、副总经理、装备制造事业部总经理 |
| 郊小慧 | 党委常委、副总经理、总会计师、金融投资事业部总经理（2018 年 1 月任党委常委、副总经理，2018 年 10 月任事业部总经理，2018 年 9 月任总会计师） |
| 高建设 | 党委常委、副总经理（2018 年 8 月任职） |
| 白绍桐 | 党委常委、副总经理、工程承包事业部总经理（2018 年 10 月任事业部总经理） |
| 骆家駹 | 党委常委、总会计师、金融投资事业部总经理（2018 年 8 月调离） |
| 丁宏祥 | 党委常委、副总经理、贸易服务事业部总经理 |
| 刘敬桢 | 党委常委、副总经理、工程承包事业部总经理（2018 年 8 月调离） |
| 雷光华 | 党委常委、纪委书记 |
| 陈学东 | 总工程师、科研院所事业部总经理 |
| 王　强 | 总法律顾问 |
| 刘祖晴 | 总经济师、职工董事、工会主席 |
| 王锡岩 | 纪委副书记 |
| 孙　淼 | 董事会秘书 |
| 全华强 | 副总会计师（2018 年 12 月任职） |

表 3 2018 年国机集团二级子公司名录

| 序号 | 企业名称 | 序号 | 企业名称 |
|---|---|---|---|
| 1 | 中国机械设备工程股份有限公司 | 16 | 国机集团科学技术研究院有限公司 |
| 2 | 中工国际工程股份有限公司 | 17 | 国机资本控股有限公司 |
| 3 | 中国恒天集团有限公司 | 18 | 中国国机重装股份有限公司 |
| 4 | 中国福马机械集团有限公司 | 19 | 中国一拖集团有限公司 |
| 5 | 中国海洋航空集团有限公司 | 20 | 苏美达股份有限公司 |
| 6 | 中国地质装备集团有限公司 | 21 | 中国浦发机械工业股份有限公司 |
| 7 | 中国机械工业建设集团有限公司 | 22 | 中国联合工程有限公司 |
| 8 | 中国机床总公司 | 23 | 机械工业第六设计研究院有限公司 |
| 9 | 中国自控系统工程有限公司 | 24 | 沈阳仪表科学研究院有限公司 |
| 10 | 中国国机重工集团有限公司 | 25 | 合肥通用机械研究院有限公司 |
| 11 | 国机财务有限责任公司 | 26 | 洛阳轴研科技股份有限公司 |
| 12 | 国机汽车股份有限公司 | 27 | 中国电器科学研究院有限公司 |
| 13 | 中国机械国际合作股份有限公司 | 28 | 国机智能科技有限公司 |
| 14 | 国机资产管理有限公司 | 29 | 济南铸造锻压机械研究所有限公司 |
| 15 | 中国农业机械化科学研究院 | 30 | 桂林电器科学研究院有限公司 |

【改革发展】

**1. 国有资本投资公司改革试点获批** 国机集团积极承担机械工业领军企业的责任，履行振兴我国装备制造业的使命，抢抓政策机遇，被国务院国资委确定为新一批国有资本投资公司改革试点企业。这将为集团进一步全面深化改革、整合行业战略性资源、优化管控模式、提升资本运作能力提供强有力的政策支持和发展机遇，将开启国机集团改革发展新篇章。

**2. 推进“双百行动”相关工作** 积极落实国务院国资委“双百行动”要求，成功推荐恒天集团、中工国际、中国联合、中国中元四家企业入选“双百企业”，成为入选“双百企业”户数最多的中央企业之一。制订《国机集团“双百行动”实施方案》，并指导4家“双百企业”分别制订综合实施方案报送国资委。适时开展了企业深度关切的改革问题培训。

# 董事会运行情况

2018年，国机集团董事会严格贯彻落实党中央、国务院国资委的各项工作要求，紧密结合企业实际，始终坚持规范高效运行，不断加强战略引领，深入推动改革创新，高度重视风险防控，切实维护出资人利益，企业生产经营平稳运行。

【机构设置】

国机集团董事会下设常务委员会、提名委员会、薪酬与考核委员会、审计与风险管理委员会4个专门委员会。其中，薪酬与考核委员会、审计与风险管理委员会全部由外部董事组成。

2018年国机集团董事会成员变化较大。年初，董事会共有董事8人。其中，外部董事4人（京外董事1人），非外部董事4人（含职工董事1人），分别为：董事长任洪斌，副董事长、党委书记石柯，董事、总经理徐建，外部董事张来亮、吴晓根、高福来、盛世英，职工董事刘祖晴。年内，根据党中央、国务院决定，原董事长任洪斌调离国机集团；原副董事长、党委书记石柯退出领导岗位；原董事、总经理徐建到龄退休；张晓仑同志调入国机集团，担任董事、总经理职务；宋欣同志调入国机集团，担任董事、党委副书记职务。

截至2018年12月31日，国机集团董事会共有董事7人。其中，外部董事4人（京外董事1人），非外部董事3人（含职工董事1人），分别为：董事、总经理张晓仑（主持全面工作），董事、党委副书记宋欣，外部董事张来亮、吴晓根、高福来、盛世英，职工董事刘祖晴。

【制度建设】

国机集团根据《公司法》等法律法规和国资委最新制订的一系列指导性文件，不断健全完善公司治理各项制度和运行规则。目前，形成了包括公司章程、董事会工作制度等8个治理文件以及分类授权、决议落实、议案管理、高管考核等配套文件制度体系，全面系统规范董事会的议事规则、运作流程和决策程序，为董事会规范运行、科学决策提供了制度保证。

为不断加强董事会制度体系的科学性和完整性，提升董事会运作的合规性和有效性，国机集团董事会每年都对治理文件进行系统梳理，并根据规范要求和运行实际进行修订完善。2018年，国机集团进一步深化落实全国国有企业党的建设工作会议精神，继续深入加强党的领导和公司治理有机结合的运行机制，对董事会工作制度等7个治理文件进行了修订，将坚持党的领导有关要求落实到具体的工作制度和议事规则中，使党组织发挥领导作用更加组织化、制度化、具体化。同时，国机集团修订完善了“三重一大”决策制度实施办法，将党委研究讨论前置程序有效融入公司治理结构中，进一步规范了重大决策、重要干部任免、重大项目安排和大额度资金运作的决策行为。

**【主要工作及成效】**

2018 年，国机集团董事会认真贯彻落实习近平新时代中国特色社会主义思想和党的十九大精神，严格按照公司章程和相关治理文件规范运行，在战略引领、深化改革、推动发展、防控风险等方面做了大量工作，取得了良好成效。国机集团董事会运行情况在国资委外部董事培训班上进行了经验交流，国机集团董事会运行综合评价结果在中央管理企业中排名第八。

**1. 规范高效召开董事会会议** 2018 年，国机集团共召开董事会会议 14 次，审议议案 59 项，听取各类汇报 2 项；召开董事会专门委员会会议 9 次（其中，薪酬与考核委员会 4 次、审计与风险管理委员会 5 次），共听取和审议议题 16 项。此外，授权董事长审批事项 5 项。

从会议内容来看，国机集团董事会审议讨论的议案涉及机构人事、并购重组、投资融资、资产处置、基本制度、战略规划、风险内控等事项，充分体现了董事会关注重大决策、重要项目、重大风险的核心内容。

从议事过程来看，各位董事在会议前认真审阅议案材料，会议中对所议事项充分讨论，民主表决，党组织意见、外部董事意见、经理层意见及职工董事意见得到充分反映，确保了董事会的科学决策。针对复杂、重大的议题，在正式上会审议前，由董事会办公室组织召开董事会专题汇报会，协调下属企业提前向（外部）董事介绍议案相关背景情况，解答相关疑问，个别重大议案在决策前组织外部董事到一线专题调研，提高了董事会决策效率和科学性。此外，董事会每次会议均邀请纪委书记、国家监委驻国机集团监察专员列席。

坚持做好董事会决议落实跟踪检查，严格执行董事会决议落实定期报告制度。通过两次定期报告、两次季度汇报，实现了对董事会审议通过议案落实情况的横向全面检查、纵向全程跟踪，董事会决议跟踪落实检查率达到 100%。

**2. 充分发挥外部董事作用** 2018 年，国机集团外部董事以薪酬与考核委员会、审计与风险管理委员会为平台，围绕高管考核、风险防范等开展了大量工作，为董事会科学决策及相关专项工作提供了有力支撑。工作中，外部董事坚持分工不分家，两个专门委员会会议都邀请非委员外部董事列席会议，非委员外部董事列席专门委员会会议成为工作常态。全体外部董事共同参加专门委员会会议，既有利于外部董事更好地熟悉国机集团各方面工作情况，又能够促进相互之间的意见沟通和工作交流，充分吸收各位外部董事的智慧和贡献。

国机集团积极组织外部董事参加集团工作会议、深改领导小组扩大会议等集团内部重要会议，并就集团重大事项有关情况做好与外部董事的信息沟通工作。一方面，帮助外部董事全面深入了解集团改革发展情况；另一方面，借助外部董事经验智慧来促进集团改革发展。国机集团主要领导还不定期与外部董事进行座谈交流，个别沟通，增进共识，有效推动工作顺利开展。

**3. 务实开展董事会调研活动** 2018 年，国机集团董事会继续坚持问题导向，密切结合经营实际，关注重点企业、重要项目，有针对性地开展考察调研工作。非外部董事的考察调研结合日常工作开展，外部董事则以调研组的形式，针对下属企业在生产经营中出现的突出问题，选取部分重点关注企业开展了调研。

2018 年 3 月，董事会调研组针对 2017 年以来中国一拖出现的经营困难局面，赴洛阳开展专题调研，实地考察企业主导产品技术研发、生产制造以及市场营销等情况，与企业各层面人员深入交流，全面、客观了解掌握中国一拖生产经营工作中存在的问题。调研结束后，董事会经过认真研究讨论，形成了对中国一拖的调研意见建议并提供给国机集团经理层。

2018 年 7 月，根据国机集团“再造海外新国机”战略部署，董事会调研组前往白俄罗斯、德国，选取关系国机集团海外业务布局的重要项目、重点企业开展境外调研。详细了解相关项目运行情况，企业在当地的运行及市场开拓情况，国外相关行业的发展情况等，为下一步董事会科学决策海外项目积累经验、提供支撑。

2018年9月和10月，董事会调研组针对国机集团部分生产制造型企业受行业形势、经济环境的影响，生产经营出现一定滑坡，年中经营指标完成情况不理想的情况开展集中调研，督促、指导相关企业抓好下半年有利因素，加大市场开拓力度，抢抓订单，推动企业确保完成全年任务目标。

2018年年底，董事会调研组就集团担保管理办法修订方案开展专题调研，与重点企业进行座谈交流，详细了解该办法对企业经营发展的影响，并提出相关意见建议，形成专题报告提供给集团经理层。

国机集团董事会的调研工作行程紧凑、内容丰富、务实高效，有力地推动了相关下属企业和国机集团的改革经营发展工作，为不断提升董事会科学决策，推进下属企业深化改革，实现生产经营平稳运行提供了有力支撑和保障。

**4. 继续强化高管考核监督**

（1）坚持发挥高管考核导向作用，做好高管年度个人绩效合约制订工作。2018年，国机集团董事会继续加强高管考核的针对性和有效性，坚持加强量化考核，有针对性地对研发投入、“处僵治困”、压减层级、“两金”清理和扭亏减亏等集团年度重点工作任务设定了定量考核目标，要求经理层加快推进各项重点工作任务，通过定量指标和定性事项的结合，不断提升企业发展质量。

（2）适应集团领导班子深度调整，做好高管年度个人绩效合约及考核方案调整工作。2018年，国机集团经理层及董事会多位领导任职情况发生变化。根据经理层变化情况，国机集团董事会坚持“不加压、不减责”的原则，与相关经理人员签订了绩效合约、补充协议，确保了高管考核工作的连续性；根据董事会成员变化，国机集团董事会对2018年高管考核坚持国资委和集团确定的考核原则不变，提出符合实际的考核办法，做好衔接，确保考核工作客观、公正、实事求是。

（3）加强董事会对经理层工作的过程监督和指导支持。2018年，国机集团董事会严格按照有关制度要求，结合企业实际情况，组织高管人员对半年工作情况以及年度重点指标完成情况进行总结。11月底，针对集团“两金”压控任务艰巨的情况，董事会薪酬与考核委员会召开专门会议，听取关于国机集团2018年度“两金”压控情况的汇报，对完成全年“两金”压控任务从严要求，督促加大措施力度，进一步落实责任，更有效地抓好“两金”清理工作。在各下属企业及总部各部门的共同努力下，国机集团全面完成了国资委下达的2018年“两金”零增长的考核目标。

**5. 稳步推进下属企业规范董事会建设** 2018年，国机集团深入贯彻落实国企改革有关要求，以《国务院办公厅关于进一步完善国有企业法人治理结构的指导意见》（国办发〔2017〕36号）为指引，努力推进下属企业规范董事会建设。

（1）积极探索党管干部原则与董事会选聘经营管理人员有机结合的途径和方法。国机集团坚持党管干部原则与董事会依法选择经营管理者和经营管理者依法行使用人权相结合，不断推进集团党委授权试点企业董事会选聘经理层副职工作。截至2018年年底，已先后选取15家企业作为试点企业，共授权试点企业董事会选聘经理层副职94人次。其中，任职74人次，免职20人次。同时，坚持和完善“双向进入、交叉任职”领导体制，国机集团下属企业基本实现党委书记、董事长由一人担任，党员总经理担任党委副书记，积极推进落实进入董事会的党组织领导班子成员人数等相关要求。

（2）健全完善向下属企业派出外部董监事制度。通过派出外部董监事依法行使股东权利，在参与企业重大决策中贯彻集团战略意图，加强对企业运行的监督，防止内部人控制。2018年年底，国机集团向下属企业派出外部董事40人、外部监事25人。为加强对派出外部董监事信息服务，更好地支撑派出外部董监事履职，国机集团修订了派出外部监事信息沟通实施办法，调整了派出外部董事信息沟通目录。同时，通过组织派出外部董监事培训、述职交流等工作，有效推动派出外部董监事恪尽职守、履职尽责。

（3）完善授权经营体系，逐步落实下属企业董事会职权。按照提高效率与有效管控相结合的原则，国机集团建立了自董事会、经理层到下属企业各个层级的逐级授权经营体系，积极支持下属企业董事会依法行使权利。2018 年，国机集团结合工作实际，修订完善集团投资管理办法，坚持“放管结合”的工作思路。一方面，进一步扩大了下属企业自主投资决策权限；另一方面，对实施投资项目设定限制条件，加强投资管控，增强集团风险防范能力。此外，考虑恒天集团实际管理需要，国机集团授权恒天集团董事会依照规范法人治理体系对投资项目进行决策。

（4）深入了解下属企业董事会运行情况。2018 年，国机集团组织召开了下属企业董事会建设交流座谈会，促进总部相关部门与下属企业的沟通交流；建立了集团总部列席下属企业董事会工作机制，下属企业召开董事会会议，集团总部相关职能部门派员列席，深入了解企业董事会规范运行情况，为集团进一步推动完善企业法人治理结构、开展授权经营工作打好基础。

# 主业经营

**【经济运行情况】**

**一、主要指标**

2018 年，国机集团各项主要经营指标完成情况见表 1，国机集团获得的各项主要排名情况见表 2，国机集团新签合同额和合同成交额见表 3、表 4。

**表 1　2018 年国机集团各项主要经营指标完成情况**

| 序号 | 指标名称 | 金额 | 同比增长（%） |
|---|---|---|---|
| 1 | 营业总收入（亿元） | 3 004.7 | 4.3 |
| 2 | 利润总额（亿元） | 101.9 | -8.9 |
| 3 | 经济增加值（亿元） | 17.5 | -52 |
| 4 | 进出口总额（亿美元） | 149.8 | 27.6 |
|  | 其中：出口额（亿美元） | 70.4 | 0.5 |
|  | 进口额（亿美元） | 79.4 | 67.5 |
| 5 | 新签合同额（亿美元） | 513.4 | 12.3 |
| 6 | 合同成交额（万美元） | 464.1 | 18.2 |

**表 2　2018 年国机集团获得的各项主要排名情况**

| 评选单位 | 国际工程新闻记录 | 国际工程新闻记录 | 中国对外经济贸易统计学会 | 中国企业联合会 | 中国机械工业联合会 | 世界财富 500 强 |
|---|---|---|---|---|---|---|
| 评比项目名称 | ENR 全球 250 家最大国际工程承包企业 | ENR 全球 225 强国际工程设计咨询企业 | 中国对外贸易企业 500 强 | 中国企业 500 强 | 中国机械工业百强 | 美国《财富》杂志 |
| 名次 | 19 | 50 | 23 | 65 | 1 | 250 |

表 3　2018 年国机集团新签合同额

| 业务类别 | 当年累计（万美元） | 上年同期（万美元） | 同比增长（%） |
|---|---|---|---|
| 工程成套 | 1 700 866 | 1 882 746 | -9.7 |
| 设计咨询 | 129 262 | 112 061 | 15.3 |
| 进出口贸易 | 1 116 644 | 819 323 | 36.3 |
| 国内贸易 | 1 593 219 | 1 518 016 | 5.0 |
| 研发生产 | 594 094 | 238 645 | 148.9 |
| 合 计 | 5 134 085 | 4 570 791 | 12.3 |

表 4　2018 年国机集团合同成交额

| 业务类别 | 当年累计（万美元） | 上年同期（万美元） | 同比增长（%） |
|---|---|---|---|
| 工程成套 | 1 181 254 | 1 138 681 | 3.7 |
| 设计咨询 | 150 409 | 120 623 | 24.7 |
| 出口贸易 | 1 068 835 | 808 619 | 32.2 |
| 国内贸易 | 1 632 007 | 1 630 090 | 0.1 |
| 研发生产 | 608 669 | 226 405 | 68.8 |
| 合 计 | 4 641 174 | 3 924 418 | 18.3 |

## 二、主业及构成

国机集团主业具体包括装备研发与制造、工程承包、贸易与服务、金融与投资四大主业，涉及机械、能源、交通、汽车、轻工、船舶、冶金、建筑、电子、环保、航空航天等国民经济重要产业，为全球 170 多个国家和地区提供专业化服务。国机集团的经营特点是规模大、覆盖面广、研发能力强，在众多的领域具有影响力。

（一）装备研发与制造

**1. 发展概述**　2018 年，面对机械工业增速下行压力不断加大的形势，国机集团装备制造板块处于新旧动能转换的过渡期、产业转型升级的关键期、新兴业务培育的战略机遇期，在不断加大装备制造板块的业务协同、海外市场拓展、新兴业务的培育与开发等方面，取得了一定成效。

**2. 经营情况**　2018 年度，国机集团装备制造板块实现营业收入 722.01 亿元，同比下降 18.38%；实现利润总额 19.43 亿元，同比下降 43.93%；实现经济增加值 -10.98 亿元，同比下滑 203.14%。2018 年度装备制造板块主要经营指标完成情况见表 5。

表 5　2018 年度装备制造板块主要经营指标完成情况

| 序号 | 指标名称 | 2018 年累计（万元） | 2017 年累计（万元） | 同比增长（%） |
|---|---|---|---|---|
| 1 | 营业收入 | 7 220 135 | 8 846 072 | -18.38 |
| 2 | 利润总额 | 194 339 | 346 571 | -43.93 |
| 3 | 经济增加值 | -109 843 | 106 496 | -203.14 |

**3. 重点工作**

（1）强化战略引领，编制完成国机集团装备制造业务三年发展规划并宣贯实施。此举旨在深入贯彻党的十九大报告提出的“加快建设制造强国，加快发展先进制造业”的要求，明确国机集团装备制造业务的发展定位及方向，打造具有国际竞争力的世界一流综合性装备工业企业。

（2）加强业务协同，发挥资源协同效益。持续推进国机集团相关企业与西门子集团的对标学习，组织国机重工、中装集团与西门子集团开展在电传动、智能制造等技术领域的交流与合作；组织中国一拖和南京煜辰公司共同探讨激光熔敷技术在锻模再制造中的应用研究；推动中国一拖、国机重工与玉柴集团积极开展在股权、产品配套等方面的业务合作；加快推进中装集团引入中国科学院，在重庆产业园区共同搭建地球资源装备产业研究院；推动中装集团与重庆环卫三所在环卫环保领域的业务合作，做大做强环卫环保装备业务。

（3）以“再造海外新国机”为核心，充分发挥板块协同优势，创新业务合作模式，加快集团装备制造“走出去”步伐。为加快国机集团装备制造国际化业务的统筹布局，积极推进装备制造国际业务协同发展，促进制造板块与研发和工贸等板块企业进一步对接，立足创新“走出去”模式，加强与兄弟企业的资源协同，国机集团组织装备制造企业、贸易企业一同前往美国，重点考察对接国机集团“海外运营平台”，探讨筹划“国机集团跨境电商共享平台”和“海外仓 + 综保区”互动平台，引导装备制造企业充分利用集团海外资源加快培育新的经济增长点，实现转型升级，逐步探索由“制造加工模式”向“综合化集成服务模式”转变，进而提升国机集团装备制造企业的国际化经营和服务能力。

（4）借助北京冬奥会的契机，积极开展冰雪装备产业调研和业务洽谈，发挥冰雪装备的杠杆作用，盘活闲置资产，探索向其他产业转型的方式。成立国机集团冰雪装备产业工作组，组织下属企业参加冰雪产业相关活动，前往芬兰、奥地利、德国、意大利调研冰雪装备产业龙头企业，并开展业务洽谈，积极推进合资合作。

（二）工程承包

**1. 发展概况** 传统市场和新市场同时发力，实现业务平稳增长；内部协同与国际合作同步推进，促进业务转型创新；社会责任与合规经营有机结合，保障可持续发展；人才培养与制度建设相辅相成，推进属地化经营。

在手执行项目情况：截至 2018 年年底，国机集团在手执行工程成套及设计咨询项目合同总金额 605.1 亿美元，其中境外项目合同总金额 432.5 亿美元，工程项目收入中来自海外业务的比例为 71.5%。2018 年国机集团在手执行的对外工程承包项目情况见表 6。

**表 6 2018 年国机集团在手执行的对外工程承包项目情况**

| 合同金额 | ＞1 000 万美元 | ＞5 000 万美元 | ＞1 亿美元 |
| --- | --- | --- | --- |
| 项目数量（个） | 559 | 214 | 123 |
| 其中：境外项目（个） | 246 | 139 | 91 |
| 合同总金额（亿美元） | 571.4 | 491.1 | 425.6 |
| 境外项目合同金额（亿美元） | 429.4 | 402.1 | 366.3 |

**2. 主要工程领域** 2018 年，国机集团境外工程承包业务按合同金额统计，涉及行业领域中超过 50% 为电力工程，其次为交通运输、房屋建筑、水利建设、工业建设、石油化工、制造加工、通信工程和废水（物）处理。

**3. 主要区域和国别市场** 从项目所处国别地区看，国机集团和下属企业的商务网络遍布全球，形成了以亚洲、非洲、拉美国家为主，辐射欧洲、北美、大洋洲等高端市场的多元化市场格局，特别是“一带一路”沿线，国机集团已在其中的 48 个国家开展业务，为海外工程业务奠定了良好的基础。

**4. 非实体经营** 国机集团非实体经营项目在手执行的 7 个，合同金额 27 亿美元，整体进展正常，风险可控。新签合同金额 4.84 亿美元，处于融资阶段。

内部协同与国际合作同步推进，促进业务转型创新。2018 年，CMEC 与美国公司合作，利用国际融资渠道开发的非洲清洁能源项目顺利生效；与国内企业合作的俄罗斯炼油厂项目，首次采用“EPC+ 投资 + 产能合作”的综合运作主导型开发模式；中工国际的芬兰生物炼化项目，采取“投资 + 总包 + 贸易”三相联动，通过国际化、多元化的合作，从“产、供、销”各环节为项目实施提供保障。

（三）贸易与服务

**1. 整体情况** 2018 年以来，在整体外部环境不利、贸易份额竞争加剧的情况下，国机集团贸易业务奋力开拓，总体保持稳定，贸易服务板块呈现稳定发展的态势。2018 年，国机集团在中国对外贸易 500 强企业排行榜中名列第 20 位，进出口总额为 149.8 亿美元，其中进口 79.42 亿美元，出口 70.38 亿美元；是中国机电产品出口、国外先进技术和产品引进的骨干企业，中国机械工业最大的进出口贸易企业。

**2. 经营情况** 2018 年，国机集团贸易服务板块企业在发展质量、战略引领、结构优化、完善模式、风险控制、内部协同等方面取得明显进步，5 家企业主要经济指标均实现较快增长，全年累计实现营业收入 1 382.5 亿元，同比增长 4.2%，占集团合并比重 45.8%；利润合计 27.3 亿元，同比增长 5.3%，占集团合并比重 27.8%。全面完成当年考核目标。

**3. 重点工作**

（1）高质量完成首届中国国际进口博览会相关工作。国机集团深度参与首届中国国际进口博览会，独立负责智能及高端装备（3 号馆）招展工作，合计招展面积 1.6 万 $m^2$，是唯一一家负责整馆招展的中央企业；6 家下属企业与来自 16 个国家的企业签署了 21 项合同，签约总金额 84 亿美元，是签约项目涉及范围较广、金额较大、排在前列的中央企业。相关工作受到国务院国资委和商务部、进口博览局高度肯定。

（2）国机智骏新能源车项目积极推进。首款车型完成试验验证并进入小批量试生产阶段，第二、三款车型进入试制验证阶段；赣州基地完成初步建设，进入生产调试期；工人突破 1 000 人，签约网络渠道 30 余家，赣州和江苏区域种子用户开拓达数百名。

（3）展览业务平台化发展模式取得新进展。板块企业中机国际与国际展览巨头达成多项合作，自办展培育取得良好效果；重点展会取得丰硕成果，展会面积、经营收入均有较大提升；加大境外展览开拓力度，努力成为推进“一带一路”倡议的大展览平台。

（4）深入开展贸易与服务板块发展战略推进及宣贯工作。在 2017 年制订板块规划的基础上，召开战略规划推进和宣贯会，取得良好效果。规划实施以来的情况表明，国机集团贸易服务业务战略规划基本符合外部环境变化，适应各公司实际，在集团中发挥了积极作用。

**4. 竞争优势** 2018 年，国机集团贸易服务业务竞争优势进一步加大，核心业务子板块大多处于国内领先位置，有的已具有国际竞争力。

（1）贸易业务形成独特的竞争优势。多家公司从以“贸”为主过渡到“贸工技金”经营模式，主要贸易产品扩展到服务贸易、高端机床、融资租赁等，在商业模式和抗风险能力等方面形成独特的竞争优势。

（2）汽车业务产业链条逐渐完善。汽车贸易、汽车工程、汽车整车生产制造、其他相关业务均具备较强竞争力，在进口车批售、汽车工程等领域处于国内领先地位。

（3）展览业务综合实力稳居行业领先地位。形成境内外自主办展、代理出国展览、展览工程服务、大型活动组织等完整的展览业务体系，在展览规模、展览品牌、综合影响力、专业团队、业务体系等方面具备独特的竞争优势。

（四）金融与投资

**1. 基本概况** 国机集团金融与投资业务已形成“3+2+N”业务格局，其中“3”指国机财务、国机资本、国机资产三家二级成员企业，是金融与投资板块的主要企业；“2”是一拖财务和中融信托两家持牌金融机构；“N”指三级及以下成员企业因特定投资目的设立的基金公司、融资租赁公司、投资公司等，包括国机租赁、汇益融资租赁、国机基金等企业。

2018 年国机集团金融与投资业务相关企业情况见表 7。

表 7 2018 年国机集团金融与投资业务相关企业情况

| 单位名称 | 所属层级 | 业务类型 | 营业收入（亿元） | 利润总额（亿元） |
|---|---|---|---|---|
| 国机财务 | 二级 | 银行类金融 | 7.79 | 3.66 |
| 国机资产 | 二级 | 资产管理 | 3.38 | 1.43 |
| 国机资本 | 二级 | 融资与投资 | 0.04 | 0.38 |
| 一拖财务 | 四级 | 银行类金融 | 1.85 | 0.64 |
| 中融信托 | 五级 | 信托、资产管理 | 56.98 | 27.06 |
| 汇益租赁 | 三级 | 融资租赁 | 1.64 | 0.50 |
| 国机租赁 | 三级 | 融资租赁 | 0.04 | 0.04 |

此外，国机集团有 9 家成员企业参与了 29 家基金管理公司的设立，其中，具有私募基金管理人资格的基金公司有 21 家，其中，中国恒天旗下私募机构 18 家，原国机所属有 3 家。

**2. 主要经济指标** 2018 年国机集团金融与投资业务（含中融信托、一拖财务、汇益租赁等）实现营业收入 69.83 亿元，占国机集团整体营业收入的 2.4%；实现利润 33.07 亿元，占集团整体利润的 29.8%。其中，国机财务、国机资本、国机资产三家企业共实现营业收入 11.21 亿元，占集团整体营业收入的 0.4%；实现利润总额 5.47 亿元，占集团整体利润的 6.4%。

**【经营管理】**

**1. 外部排名情况** 2018 年，国机集团面对严峻的经营环境，不断增强整体实力，社会影响力持续提升，蝉联中国机械工业百强首位，位列 2018 年全球 250 家最大国际工程承包商第 19 位、国际工程设计企业 225 强第 50 位，世界 500 强第 250 位，均为历史最好水平。

**2. 国机集团对下属企业的考核** 按照国机集团《全资、控股企业主要负责人经营业绩考核暂行办法》和《“经营管理指标”考核实施细则》的规定和要求，依据企业 2018 年度财务决算和相关指标完成情况，在相关部门的配合下，资产财务部对所属企业 2018 年度经营业绩考核完成情况进行了核算，并将相关核算结果下发下属企业进行核对及确认，在核算完成后，按照国机集团相关工作流程和规定，将核定结果提交人力资源部。

**【国际化经营】**

国机集团全面贯彻落实国家“走出去”战略，积极利用两个市场、两种资源，海外业务从一般贸易、设备成套，到工程总承包、海外投资运营，再到境外并购逐步发展，成为行业国际化经营的探索者和引领者。截至 2018 年年底，国机集团下属 23 家企业共设立驻外机构 335 户，涉及 92 个国家和 2 个地区；启动集团首个海外区域中心授权经营试点工作。

2018 年，国机集团共完成境外投资 12.8 亿元，涉及项目 38 个，占 2018 年投资总额的 5.45%。

作为中国在海外最大、合作层次最高的经贸合作区，由国机集团开发、联合招商局集团共同运营的中白工业园招商工作稳步开展。截至 2018 年年底，入园企业总数达 42 家，协议投资总额近 11 亿美元。其中，中方 25 家、白方 10 家，其余 7 家为德国、美国、奥地利、立陶宛、以色列等国企业，园区的国际化特色初步显现。有 23 家企业动工建设，14 家企业投产运营。

**【安全生产与节能减排】**

2018 年，国机集团未发生较大以上生产安全事故和恶性环境污染事故，安全生产和环境保护总体保持平稳态势。

**1. 贯彻落实党中央国务院及国家部委会议及文件精神** 组织下属企业开展安全环保工作，共下达国机集团红头文件 20 个、函件 92 个；起草安全环保专题汇报 14 个、安全生产动态 4 期；向国资委等有关部委报送总结、方案、专题汇报 42 个。

**2. 召开安全生产会议，总结部署工作** 先后在年初、年中、年底组织召开国机集团2017年度安全生产责任目标考核情况总结视频会议、安全生产办公室成员会议、安全风险管理专题汇报会、安全生产责任目标考评会议，分析问题、部署工作、提出措施、进行综合评价考核。

**3. 加强境外人员安全管理，确保人员安全** 组织召开国机集团境外安全会议，针对一些国家和地区发生政治动荡、恐怖袭击，发布数十份境外人员安全风险提示函，与相关企业专项研究境外人员安全保护工作。与国家相关部门保持密切联系，随时了解掌握最新国际局势，加强对“一带一路”沿线项目人员的安全保护。

**4. 完善规章制度，加强安全环保管理** 制定印发《国机集团贯彻落实<中共中央 国务院关于推进安全生产领域改革发展的意见>实施方案》《国机集团党政领导干部安全生产责任制规定》《国机集团加强节能减排工作的指导意见》，修订印发《国机集团安全生产管理办法》《国机集团安全生产责任目标考核办法》等3项管理制度。

**5. 组织开展危险因素和环境污染因素辨识，提升安全隐患和环保问题排查治理能力** 组织下属企业从下至上，对生产经营全过程逐级进行危险因素、环保问题的辨识和评价。将17家存在较大危险因素的企业列入国机集团重大危险源监管企业，将9家企业的23项生态环境保护主要问题纳入集团监管，初步构建集团总部、下属企业重大安全风险、环保风险分级管理体系。

**6. 加强监督检查，强化重大安全环保风险排查治理** 组织开展特种设备、预防高坠、预防坍塌、密闭空间作业、汛期等专项检查，逐级自查自纠和治理整改，及时消除安全隐患。全年共16次派出安全生产检查组，监督检查存在重大危险源的企业，共发现并督促企业整改各类安全问题约160项；对5家环保重点监管企业的11项环保主要问题治理情况开展督查督办，保证治理取得实效。

**7. 加强安全和环保宣传教育培训** 在2018年“安全生产月”和“安全生产万里行”活动中，组织开展主题宣讲活动316场次、警示教育534场，制作安全宣传展板4 368块；组织生产一线人员培训12.9万人次，应急演练1 320个，参演人数52 876人次。组织开展“2018年节能宣传周及低碳日”活动，举办专题讲座，利用多种手段普及相关知识、政策。举办培训班，提升安全生产管理人员专业素质和管理水平。

**8. 建立完善安全生产管理信息系统** 建立安全生产管理信息系统，基本实现信息报送无纸化，提高了时效性。截至2018年年底，国机集团156个1 000万元以上的国内项目和139个1 000万美元以上的国外项目以及135家境内外生产制造企业，纳入集团安全监管信息系统，对在高风险国家（地区）的工程项目进行HSE计划备案管理、动态监管。

**9. 严格责任追究和责任考核，促进安全生产责任制落实** 组织对发生亡人事故的下属企业领导班子进行集体约谈，对发生分包方安全事故企业的分管领导进行诫勉谈话，下发事故通报，提出整改要求，同时责成下属企业严格按照“四不放过”原则对相关责任人进行责任追究。完成对下属企业年度安全生产责任目标完成情况的考核评价，考核结果总体良好。

**【其他重要管理制度及重大事项或举措经营管理】**

**1. 强化考核，落实责任，确保完成“处僵治困”工作目标** 通过严格“瘦身健体”专项考核、签署僵困企业“工作目标责任书”，强化执行监督等一系列措施，一企一策，保障治理效果可持续、不反弹。深挖潜力，克服资金匮乏、历史遗留问题复杂等困难，扎实落实职工安置工作，目前僵困企业整体职工安置完成比例已经超过92%，高于80%的工作任务目标。

**2. 持续督导，高效推进，打好压减工作攻坚战** 2018年，国机集团顺利完成国资委关于压减工作第二个年度考核任务。截至2018年12月底，国机集团累计压减258户法人，压减比例达19.47%，净压减152户，法人总数已由1 325户降至1 184户，为完成三年压减目标奠定基础。

# 科技发展

**【科技创新】**

2018年，国机集团采取有力措施，积极引导与推进科技创新，深入实施创新驱动发展战略，加快形成结构合理、富有活力、运行高效的产学研用协同创新体系，科技创新实力稳步提升，在部分关键领域形成自主可控能力，有力推动了高质量发展。全年获得省部级和全国行业性以上各类优秀成果奖370项，其中科学技术奖118项(含国家科技进步奖二等奖1项)，勘察设计咨询奖159项。申请专利2 233项，其中，发明专利900项。授权专利1 798项，其中，发明专利458项。登记软件著作权241项。主持或参加标准制（修）订328项，其中，国际标准15项、国家标准106项。获批牵头筹建国家重大技术装备创新研究院，智能工厂技术协同创新联盟牵头完成《智能工厂规划与技术标准》，新材料产业技术协同创新联盟成立并运行。

**【科研成果产出情况】**

国机集团2018年成果奖励、专利、论文、标准、软件著作权等科研成果产出情况见表1。

**表1　2018年科研成果产出情况**

| 序号 | 成果名称 | 数量（项） |
|---|---|---|
| 1 | 获得省部级以上各类成果奖 | 370 |
| | 科学技术奖（含国家科技进步奖） | 118 |
| | 勘察设计咨询类奖 | 159 |
| | 其他 | 93 |
| 2 | 申请专利数量 | 2 233 |
| | 其中：发明专利数量 | 900 |
| 3 | 授权专利数量 | 1 798 |
| | 其中：发明专利数量 | 458 |
| 4 | 制修订标准数量 | 328 |
| | 其中：国际、国家标准数量 | 121 |
| 5 | 发表论文数量 | 2 697 |
| 6 | 软件著作权登记数量 | 241 |

**【科技创新体系及平台建设】**

2018年，国机集团共申请省部级以上科研与服务平台27家，其中，国家级平台3家。国家级科技创新平台建设有新突破，中国汽车工业工程有限公司国家企业技术中心、桂林电器科学研究院有限公司国家企业技术中心、合肥通用院国家创新人才培养示范基地、中国电器院国家技术标准创新基地4个平台获批。截至2018年年底，国机集团拥有国家工程技术研究中心7家、国家工程研究中心4家、企业国家重点试验室6家、国家工程实验室6家、国家企业技术中心16家、国家级技术创新联盟7家、国际合作基地5家、博士后工作站20家、国家生产力促进中心6家、国家级质检中心24家、全国标准化委员会61家(其中，分会15家)。国家级科研及服务平台数量超过160家，标志着国机集团在相关技术领域处于科技创新优势地位。

在推进省部级研发及科技服务平台建设方面，中国机械设备工程股份有限公司“湖南省电机测试系统工程技术研究中心”、合肥通用机械研究院有限公司“压缩机技术安徽省实验室”、中国电器科学研究院有限公司“国家技术标准创新基地”、国机智能科技有限公司“广东省中高端工业机器人技术工程实验室”、中国农业机械化科学研究院“内蒙古新能源装备企业重点实验室”等16家省部级科研平台获批建设，涉及智能制造、工程建筑、检测服务、节能环保等诸多领域，进一步夯实了技术创新与产业发展基础。2018年新获批的省部级以上科技创新及服务平台见表2。

**表 2　2018 年新获批的省部级以上科技创新及服务平台**

| 序号 | 科技平台名称 | 单位名称 |
|---|---|---|
| **国家级科研及服务平台** | | |
| 1 | 国家企业技术中心 | 中国汽车工业工程有限公司 |
| 2 | 国家企业技术中心 | 桂林电器科学研究院有限公司 |
| 3 | 国家创新人才培养示范基地 | 合肥通用机械研究院有限公司 |
| 4 | 国家技术标准创新基地 | 中国电器科学研究院有限公司 |
| **省部级科研及服务平台** | | |
| 5 | 湖南省电机测试系统工程技术研究中心 | 中国机械设备工程股份有限公司 |
| 6 | 江苏省工业设计中心 | 中国福马机械集团有限公司 |
| 7 | 河南省智能农机装备工程研究中心 | 中国一拖集团有限公司 |
| 8 | 江苏省服务机器人控制系统及装备工程研究中心 | 苏美达股份有限公司 |
| 9 | 江苏省能源物联网工程研究中心 | 苏美达股份有限公司 |
| 10 | 压缩机技术安徽省实验室 | 合肥通用机械研究院有限公司 |
| 11 | 甘肃省企业技术中心 | 中国电器科学研究院有限公司 |
| 12 | 广东省中高端工业机器人技术工程实验室 | 国机智能科技有限公司 |
| 13 | 广东省中高端工业机器人技术企业重点实验室 | 国机智能科技有限公司 |
| 14 | 智能装备及机器人集成应用公共技术支撑平台 | 国机智能科技有限公司 |
| 15 | 四川省企业技术中心 | 洛阳轴研科技股份有限公司 |
| 16 | 内蒙古新能源装备企业重点实验室 | 中国农业机械化科学研究院 |
| 17 | 北京市设计创新中心 | 中国中元国际工程有限公司 |
| 18 | 纺织行业非织造布装备技术创新中心 | 中国恒天集团有限公司 |
| 19 | 聚酯短纤维成套装备研发中心 | 中国恒天集团有限公司 |
| 20 | 纺织行业聚乳酸纤维重点实验室 | 中国恒天集团有限公司 |

**【科技投入】**

通过充分利用国家支持自主创新方面的有关税收优惠政策、集团技术开发专项经费引导、争取国家项目与资金支持等多种有效途径，2018 年度国机集团科技投入达 66.59 亿元，占集团主营业务收入比重为 2.22%，其中，科技型企业科技投入达到 30.10 亿元，占其主营业务收入比重为 7.21%；国机集团研发投入 42.05 亿元，占集团主营业务收入比重为 1.40%，其中，科技型企业研发投入达到 17.51 亿元，占其主营业务收入比重为 4.19%。

**【重大事件和重要工作】**

**1. 获批牵头筹建国家重大技术装备创新研究院**　组建国家重大技术装备创新研究院是国家提升重大技术装备体系化创新能力的重要举措，也是带动国机集团技术创新发展的重大机遇。国机集团筹建方案获国家发改委批准，担负起牵头组建国家重大技术装备创新研究院的历史重任。

**2. 羊肉梯次加工关键技术装备获国家科学技术进步奖二等奖**　项目研发设计了可调倾斜导轨、分层自动冲淋系统，发明了羊机械化同步去皮（扯皮）、羊胴体在线分层清洗技术与装备，研制了气动双轨和圆轨道岔，研发了分级分割设备，并与其他技术装备集成，建立了羊肉梯次加工技术体系，形成了羊屠宰加工生产线，突破了羊肉加工特性不清分级分割准确率低、品质劣变重货架期短、工业化程度低品质保持难的三大技术瓶颈，支撑了六大类系列新产品开发及产业化。

**3. 国家项目的申报、管理和重大项目的实施工作**

（1）国家资金补助项目的申报工作。2018 年度累计获批国家项目 94 项，新增国拨资金 4.08 亿元。

（2）编制国机集团 2018 年科技项目综合计划。2018 年度，国机集团下属企业执行的国家项目、省市项目、集团重点项目以及企业自立项目共计 727 项，项目总投入 138.80 亿元，其中，专项资金 18.49 亿元。其中，国家重点项目（包括国家自然科学基金项目、国家科技重大专项项目、国家重点研发计划项目等）197 项，累计总投入 20.75 亿元，其中，国家专项资金 7.56 亿元。国机集团科技发展基金项目 21 项，总投入 1.92 亿元，其中，集团支持 0.26 亿元。国机集团技术开发专项经费项目 39 项，总投入 18.01 亿元，其中，集团支持 2.85 亿元。中国二重长线产品项目 19 项，总投入 6.72 亿元，其中，国家专项资金 3.82 亿元。省市项目 150 项，总投入 71.10 亿元，其中，财政资金 6.89 亿元。企业自立项目 301 项，总投入 20.30 亿元。

（3）国家项目管理工作。2018 年先后完成 99 项国家项目的验收，为项目交付使用、发挥效益、规范运营提供了保障。

**4. 国机集团技术开发专项经费工作** 2018 年度组织了技术开发专项经费项目申报与评审工作，共受理项目 38 项，其中，重大技术专项 14 项、重点研发项目 22 项、平台建设项目 2 项。经评审，确定立项 19 项，其中，重大技术专项 7 项、重点研发项目 10 项、平台建设项目 2 项，国机集团共支持经费 1.44 亿元。

**5. 推进中国二重长线产品研发相关工作** 2018 年，中国二重在研长线产品研发项目 19 个，涉及核电装备、环保装备、石化装备、生物质装备、电力装备和军民融合装备领域。

**6. 开展科技奖励工作** 完成 2018 年“中国机械工业集团科学技术奖”的评审与奖励工作，共奖励项目 23 项，其中，一等奖 4 项、二等奖 7 项、三等奖 12 项，奖励个人近 200 人。2018 年度“中国机械工业集团科学技术奖”获奖项目清单见表 3。

**表 3 2018 年度“中国机械工业集团科学技术奖”获奖项目清单**

| 一等奖项目（4 项） | | | |
|---|---|---|---|
| 序号 | 项目名称 | 完成单位 | 主要完成人 |
| 1 | 极端环境承压设备安全性能测试仪研发与应用 | 合肥通用机械研究院有限公司、中机试验装备股份有限公司、华东理工大学、卓然（靖江）设备制造有限公司、哈尔滨汽轮机厂有限责任公司 | 王 冰、庄庆伟、刘孝亮、孙艳明、陈学东、马双伟、庄力健、崔 军、徐 鹏、轩福贞、王 慧、江慧丰、范志超、陈庆峰、彭建强 |
| 2 | 农机智能测控技术装备与云管理平台研发 | 中国农业机械化科学研究院、中联重机股份有限公司、吉林省农业机械化管理中心、河南科技大学、山东五征集团有限公司 | 苑严伟、郑铁志、杨学军、魏本同、赵 博、李瑞川、金 鑫、伟利国、周利明、张俊宁、刘立晶、姬江涛、刘玉梅、牛学智、李政平 |
| 3 | 航空钛合金大型框梁类关键构件整体模锻技术研究 | 中国第二重型机械集团德阳万航模锻有限责任公司 | 张 鹏、向 伟、王卫红、曾 菁、谢 静、熊运森、魏明刚、闵 武、尹 慧、张蘅彬、匡银春、莫安军、罗恒军 |
| 4 | “一带一路”沿线国家特殊地质条件研究与工程应用 | 机械工业勘察设计研究院有限公司、中国机械设备工程股份有限公司 | 张 炜、刘争宏、唐国艺、郑建国、杨永林、于永堂、刘 智、夏玉云、张继文、张苏民、石剑涛、唐立军、廖燕宏、戴彦雄、王路东 |

（续）

| 二等奖项目（7 项） | | | |
|---|---|---|---|
| 序号 | 项目名称 | 完成单位 | 主要完成人 |
| 1 | 核级锆材智能化挤压工艺及设备 | 中国重型机械研究院股份公司、国核宝钛锆业股份公司 | 荆云海、董晓娟、权晓惠、王　伟、张立波、邱立朋、刘　鹏、葛东辉、张　峻、张明祥 |
| 序号 | 项目名称 | 完成单位 | 主要完成人 |
| 2 | 多冷域自适应变容量供冷系统的研发 | 合肥通用机械研究院有限公司、合肥通用环境控制技术有限责任公司 | 周俊海、昝世超、郑传经、樊海彬、张　伟、葛　坦、刘贵芳、朱丰雷、魏　昇、倪　健 |
| 3 | 轻量化超高速陶瓷 CBN 砂轮关键技术开发及应用 | 郑州磨料磨具磨削研究所有限公司、富耐克超硬材料股份有限公司 | 闫　宁、鲁　涛、彭振宇、杨　威、李学仁、李学文、田书跃、马少彬、王　帅、赵盟月 |
| 4 | 高级别生物安全实验室工程关键技术研究及应用 | 中国中元国际工程有限公司、中国科学院武汉病毒研究所、中国农业科学院兰州兽医研究所 | 陈自明、吴东来、严向炜、袁志明、赵　侠、张亦静、唐江山、李　顺、刘鼎纳、宋冬林 |
| 5 | 三峡升船机大模数齿条制造技术研究 | 二重（德阳）重型装备有限公司、三峡机电工程技术有限公司、郑州机械研究所有限公司、上海交通大学 | 史苏存、吴小云、刘继全、陶凤云、路卫兵、陈国民、付建平、宁德林、陆　皓、王永成 |
| 6 | 东方红 -LF1004/LF1104/LF1004-C/LF1104-C 轮式拖拉机 | 中国一拖集团有限公司、第一拖拉机股份有限公司、洛阳拖拉机研究所有限公司 | 王东青、康　健、徐书雷、王世强、郭振杰、杨桂香、刘俊杰、张永明、赵传扬、魏志宏 |
| 7 | 高品质特殊钢特超厚板坯连铸技术及创新平台 | 中国重型机械研究院股份公司 | 刘赵卫、徐学华、关　杰、高　琦、何　博、周士凯、温　恒、屈薛勇、米进周、王红涛 |

**三等奖项目（12 项）**

| 序号 | 项目名称 | 完成单位 | 主要完成人 |
|---|---|---|---|
| 1 | 高效超薄液晶电视绿色设计与关键技术研发及产业化 | 中国电器科学研究院有限公司、广州创维平面显示科技有限公司 | 王　玲、沈思宽、符永高、刘　阳、万　超 |
| 2 | 生活垃圾焚烧发电先进设计技术及关键装备研发 | 中国联合工程有限公司、光大环保技术研究院（南京）有限公司、浙江大学 | 赵光杰、邵哲如、严建华、冯志翔、沈林华 |
| 3 | 基于热转印铝型材粉末涂料用新型聚酯树脂的合成与应用研究 | 广州擎天材料科技有限公司、广东睿智环保科技有限责任公司、华南理工大学、中国电器科学研究院有限公司 | 李　勇、刘　亮、谢　静、顾宇昕、王文军 |
| 4 | 930 压力筒制造技术研究及应用 | 二重（德阳）重型装备有限公司 | 王志峰、郑建能、王迎君、张明建、杜军毅 |
| 5 | 智能化信息化绿色汽车工厂设计技术研究与应用 | 中国汽车工业工程有限公司、机械工业第四设计研究院有限公司 | 阮　兵、涂贵田、王金剑、王红彦、朱昌强 |
| 6 | 核反应堆控制棒驱动机构磁致伸缩新型棒位探测器 | 重庆材料研究院有限公司、中国核动力研究设计院 | 张登友、王　宏、杨百炼、于天达、李　维 |
| 7 | 4.5t 纯电动厢式运输车研发及物联网应用 | 湖北新楚风汽车股份有限公司、北京恒天鑫能新能源汽车技术有限公司 | 石　春、徐昊卿、孙丁柱、吴智勇、毛俊鑫 |
| 8 | 安徽省烟草公司阜阳市公司卷烟物流配送中心建设项目 | 机械工业第六设计研究院有限公司 | 景兴淇、弓建峰、武浩杰、许相华、侯　克 |
| 9 | 高性能系列钨铼热电偶材料开发及工程应用研究 | 重庆材料研究院有限公司 | 刘　奇、陈德茂、薄新维、王小宇、唐洪斌 |

（续）

| 三等奖项目（12项） | | | |
|---|---|---|---|
| 序号 | 项目名称 | 完成单位 | 主要完成人 |
| 10 | 高效节能及智能化中等马力平地机 | 国机重工集团常林有限公司 | 朱武强、廉红梅、张　超、赵培兴、李　靖 |
| 11 | 大型电站空冷散热器高效全自动清洗技术及装备 | 沈阳仪表科学研究院有限公司 | 曾艳丽、赵　陨、张振洲、刘　锋、吕　艳 |
| 12 | 高速大运量脱挂式客运索道规模制造关键技术研究 | 北京起重运输机械设计研究院有限公司、河北工业大学 | 黄越峰、潘俊萍、尹世琛、张　玉、汤秀丽 |

2018 年度推荐“农机智能测控技术装备与云管理平台研发”为 2019 年度国家科技进步奖候选项目。

**7. 扎实推进知识产权工作**　2018 年度，国机集团及下属 27 家单位共获得授权专利 1 798 项，其中，发明专利 458 项、实用新型专利 1 186 项、外观设计 154 项；登记软件著作权 241 项。2018 年度所属单位授权专利和软件著作权情况见表 4。

**表 4　2018 年度所属单位授权专利和软件著作权情况**（以授权发明专利数量排序）　单位：项

| 序号 | 单位名称 | 授权专利合计 | 发明专利 | 实用新型 | 外观设计 | 软件著作权 | 合计 |
|---|---|---|---|---|---|---|---|
| 1 | 洛阳轴研科技股份有限公司 | 125 | 87 | 38 | 0 | 2 | 127 |
| 2 | 国机重型装备集团股份有限公司 | 196 | 68 | 128 | 0 | 8 | 204 |
| 3 | 合肥通用机械研究院有限公司 | 51 | 48 | 3 | 0 | 9 | 60 |
| 4 | 中国恒天集团有限公司 | 288 | 29 | 237 | 22 | 14 | 302 |
| 5 | 中国农业机械化科学研究院 | 79 | 27 | 45 | 7 | 2 | 81 |
| 6 | 中国一拖集团有限公司 | 122 | 22 | 76 | 24 | 2 | 124 |
| 7 | 中国联合工程有限公司 | 113 | 22 | 91 | 0 | 7 | 120 |
| 8 | 中国机械设备工程股份有限公司 | 93 | 18 | 66 | 9 | 34 | 127 |
| 9 | 中国电器科学研究院股份有限公司 | 72 | 18 | 46 | 8 | 25 | 97 |
| 10 | 桂林电器科学研究院有限公司 | 19 | 15 | 4 | 0 | 0 | 19 |
| 11 | 苏美达股份有限公司 | 107 | 15 | 62 | 30 | 4 | 111 |
| 12 | 国机集团科学技术研究院有限公司 | 21 | 15 | 5 | 1 | 0 | 21 |
| 13 | 国机汽车股份有限公司 | 98 | 13 | 85 | 0 | 23 | 121 |
| 14 | 中工国际工程股份有限公司 | 65 | 12 | 52 | 1 | 20 | 85 |
| 15 | 国机智能科技有限公司 | 63 | 10 | 49 | 4 | 33 | 96 |
| 16 | 沈阳仪表科学研究院有限公司 | 32 | 9 | 23 | 0 | 1 | 33 |
| 17 | 中国浦发机械工业股份有限公司 | 57 | 9 | 48 | 0 | 5 | 62 |
| 18 | 中国地质装备集团有限公司 | 33 | 8 | 25 | 0 | 4 | 37 |
| 19 | 中国国机重工集团有限公司 | 66 | 6 | 51 | 9 | 3 | 69 |
| 20 | 中国福马机械集团有限公司 | 24 | 3 | 16 | 5 | 4 | 28 |

（续）

| 序号 | 单位名称 | 授权专利合计 | 发明专利 | 实用新型 | 外观设计 | 软件著作权 | 合计 |
|---|---|---|---|---|---|---|---|
| 21 | 机械工业第六设计研究院有限公司 | 64 | 1 | 29 | 34 | 30 | 94 |
| 22 | 中国海洋航空集团有限公司 | 5 | 1 | 4 | 0 | 0 | 5 |
| 23 | 中国机械工业建设集团有限公司 | 4 | 1 | 3 | 0 | 1 | 5 |
| 24 | 中国机械工业集团有限公司 | 1 | 1 | 0 | 0 | 0 | 1 |
| 25 | 中国机床总公司 | 0 | 0 | 0 | 0 | 6 | 6 |
| 26 | 中国自控系统工程有限公司 | 0 | 0 | 0 | 0 | 3 | 3 |
| 27 | 中国机械国际合作股份有限公司 | 0 | 0 | 0 | 0 | 1 | 1 |
| 总计 | | 1 798 | 458 | 1 186 | 154 | 241 | 2 039 |

**8. 落实重大技术装备财税补贴政策** 继续用好国家重大技术装备进口税收政策，组织中国一拖、国机重工、现代农装等单位认真编制政策落实情况，并提出2018年的免税需求，2018年度共获得2.15亿元免税额度。

**【新产品开发】**

2018年，国机集团新产品开发经费支出11.03亿元，开展新产品研发912项，完成新产品新技术700项，实现新产品销售收入139.15亿元，其中，出口46.59亿元。2018年实现技术转让收入3 047.65万元，其中，专利转让与授权收入1 190万元。

**【科研院所板块】**

**1. 发展概述** 2018年，国机集团科研院所板块全年累计实现营业收入299.3亿元，同比增长23.9%；实现利润总额14.9亿元，同比增长53.9%。板块全年科技投入23.7亿元，其中，研发投入14.7亿元，分别占集团的35.6%和7.2%；新获批国家科研项目68项，占集团的72.3%；获得省部级以上成果奖励192项，占集团的51.9%，其中，中国农机院参与完成的“羊肉梯次加工关键技术及产业化”获得2018年国家科学技术进步奖二等奖；获得授权专利756项，占集团的42.0%，其中，发明专利273项，占集团的59.6%；登记软件著作权93项，占集团的38.6%；制（修）订国际、国家、行业等各级标准473项，占集团的70.8%；发表科技论文1 801篇，占集团的66.8%。

**2. 主要工作**

（1）强化战略实施管理，推动板块健康发展。一是组织开展《科研院所板块2018—2020年规划》宣贯，推动规划顺利落地。二是开展板块企业“十三五”发展规划中期评估工作，及时引正纠偏，强化企业规划执行力度。三是配合做好国机集团总体规划中期评估工作。

（2）加强板块内资源集聚协同，探索融合发展之道。一是面向智能制造整体解决方案组织专题研讨，加快培育国机特色的智能制造核心竞争力。二是探讨组建国机集团先进制造创新联盟，打造覆盖机械工业主要领域、产业链主要环节的创新联合体，服务区域经济、促进企业战略协同。三是开展特检资源整合相关调研和探索。

（3）深入推进板块间协同，支撑集团整体发展。一是继续推进科研院所与中设集团科技成果协同转化工作，在电站远程运维、新能源电池、智能微电网、无人机等领域开展合作。二是做好2017年度成果转化协同项目的实施管理，高铁制动盘和特种合金焊材两个项目均有序推进。三是搭建平台进一步推动科工贸需求对接。

（4）持续推进“发现行动”，培育新兴技术产业。做好有关新兴技术领域的先期项目对接、储备和遴选，并适时向集团择优推送。先后跟踪调研十余项新技术，组织企业详细论证评价相关技术，推动优质项目在国机集团落地。轴研科技与大唐新能源联合开发的新型长寿命风电主轴轴承试制成功；国机智骏与空天高科公司围绕新能源汽车用大极数高效节能电机技术开展联合研发与测试。

（5）多渠道组织技术宣传与展示，积极推进成果转化。一是组织新技术发布活动，促进技术成果优先在国机集团内部推广；二是以技术成果对接军品需求，发掘新用户新市场，与火箭军研究院、解放军陆军工程大学、武警总部在若干方向达成合作意向。

（6）积极参与顶层规划布局，争取转型发展机遇。一是密切关注国家科技创新平台改革情况，提出制造领域国家重点实验室布局建议。二是继续参与中央企业工业互联网课题研究。

（7）强化企业经营监督管理，保障板块稳健运营。一是做好科研院所板块问题整改；二是组织板块企业做好央企审计共性问题自查自纠工作；三是落实国资委中央企业境外风险防控专题会议精神，制订相关风险防控工作措施，并在板块内做好宣贯。

**3. 技术市场开拓情况**

（1）落实高质量发展要求，开拓生态治理与环保大市场。中国中元承接长白山山水林田湖草生态保护修复工程打捆项目。合肥通用院研制出煤化工废水处理小型撬装式机械蒸汽再压缩（MVR）中试装置，在国内石化、煤化工等领域成功推广；在环巢湖区域承接多个水质提标改造工程。

（2）以技术创新为先导，加强传统业务市场。中国农机院针对埃塞俄比亚农业生产紧急需求，定制化研发苔麸机械化生产成套设备并试验推广；沈阳仪表院新型弹性波纹管在苏通 GIL 综合管廊工程项目大面积应用；重材院实现航空用除冰装置用电极环独家批量供货；中机六院承担中国科学院两大科学装置项目配套工程，为国家核物理前沿技术研究提供服务保障；中国中元承接福州世茂 108 大厦设计咨询项目，跻身国内超高层设计一流企业行列。

（3）依托技术升级与业务转型成果，开拓新兴业务市场。中国农机院成功开发商用车油耗检测市场和专用车检测市场。重材院自主研发的核级温度仪表获得国内首个三代压水堆核电站 1E 级测温产品“民用核安全电气设备设计、制造许可证”并实现供货。合肥通用院在国内首次成功完成新能源电池高镍材料过滤输送系统集成项目。中国电器院研发的新能源汽车动力电池后处理智能制造系统不断扩大领先优势，树立行业标杆。国机智能“大型装备在线润滑监测与远程运维系统”在三峡电站成功应用并全面装机；高端密封件取得国内新能源汽车电池密封配套市场 80% 的份额，产品进入行业前五名新能源电池厂家目录。国机研究院下属北强所推动载荷谱分析测试技术进军高铁领域，由单一军工项目向民用领域拓展。

（4）通过技术创新和业务延伸提升设计咨询服务价值。各设计院积极探索开展全过程咨询业务，大力推动“咨询 + 造价 + 设计 + 项目管理 + 总承包 + 监理”等菜单式的全过程工程服务模式，有效推动市场开拓和订单获取。中机六院开展了一系列“互联网 +BIM”路桥建设管理平台技术服务项目，延伸了业务服务链条，获得良好经济效益。

# 资本运营

**【外部重组】**

依托国机集团在机械工业领域的龙头地位和综合优势，围绕电力装备、重大装备、机床工具、汽车研发等业务领域，加强与国务院国资委、相关中央企业及地方政府的沟通，进一步吸纳中央企业及优秀地方国企加入集团，完善业务布局，优化产业链条。

**1. 稳步推进与恒天集团的融合工作** 推进下属企业与恒天集团的管理对接和业务协同，研究制订恒天集团重组整合初步方案，持续深化恒天集团改革工作。

**2. 积极推进多家中央企业及优质地方企业的重组工作** 完成与重大技术装备领域企业重组方案的前期论证及内部决策程序，启动与某重型机械集团重组的前期准备工作，开展与某核电装备公司重组的方案论证，开展与多家机床企业重组事项的前期论证。

**3. 配合国务院国资委开展重组整合专项督查工作** 对十九大以来国机集团与中国二重、恒天集团两家重组企业业务资源整合情况进行梳理，配合国资委开展重组专项督查。

**【内部重组】**

**1. 推进实施中设集团对天津电气院的重组托管** 采用“先托管，后重组”的方式推进实施中设集团与天津电气院的整合。重组后带动天津电气院相关业务的发展，提升中设集团在相关领域的核心竞争力。

**2. 扎实推进国机汽车与中汽工程资产重组工作** 2018 年 4 月启动国机汽车与中汽工程资产重组工作，通过发行股份收购资产方式，使中汽工程成为国机汽车的全资子公司。项目于当年 12 月 18 日通过上市公司股东大会审议，并提交证监会审核。

**3. 着力推进中工国际与中国中元资产重组工作** 2018 年 4 月启动中工国际与中国中元资产重组工作，12 月 24 日项目方案通过上市公司股东大会审议，并上报证监会审核。

**4. 协调推进中国能源与蓝科高新重组工作** 2018 年 12 月 20 日项目已完成资产评估、进场挂牌、资产转让、集团内部决策等一系列程序，并向证监会提交简式重组报告书和豁免要约收购。

**5. 协同推进其他内部重组工作** 以优化资源配置为目的，推进部分下属企业通过重组、收购、增资扩股等多种方式加快内部资源调整。国机重装下属重装制造业务资源调整，中国浦发下属中机炼化股权结构调整，国机智能重组中汽零，优化法人治理结构。

**【改制工作】**

**1. 扎实推进剥离企业办社会职能和解决历史遗留问题改革工作**

（1）大力推进“三供一业”分离移交工作。国机集团与各级国资委积极沟通协调，争取政策和资金支持。截至 2018 年 12 月底，供水、供电、供热、供气及物业管理项目已基本完成协议签订。累计争取到国有资本金 7.12 亿元，全部拨付企业；集团配套资金 6.1 亿元，已累计拨付 2.01 亿元，“三供一业”分离移交工作完成户数占总户数的 75%。

（2）企业办市政社区职能和消防机构改革方面。截至 2018 年年底，国机集团下属企业已全部完成社区、市政、消防移交工作。

**2. 稳步开展混合所有制改革工作** 2018 年，国机集团开展混合所有制改革项目约 20 项，引入非公资本资金 14 亿元。鼓励和引导下属企业结合自身实际，采用投资新设、增资扩股、上市公司定向增发及资产重组等多种方式，稳步推进混合所有制改革工作。先后启动中设集团重组浙江水电院、兰电所引入战略投资者以及中设集团所属中成套、中农投公司等部分企业开展混合所有制改革等项目。推荐中工国际、中国联合两家企业，向国家发改委申报作为国有企业混合所有制改革第四批试点企业。

**3. 深化员工持股改革试点工作** 按国务院国资委部署，做好第一批员工持股改革阶段性总结及经验交流，为国机集团深化员工持股改革探索可推广、可复制的经验。哈尔滨电站设备成套设计研究所有限公司作为黑龙江省地方员工持股改革试点企业，完成改革实施方案制订，审计评估、进场挂牌，战略投资者遴选及引入、员工持股平台搭建等一系列工作，于 2018 年 12 月 26 日完成工商变更登记，改革工作取得实质性成果。

**【投资工作】**

**1. 严格投资项目审核与备案** 截至 2018 年 12 月 31 日，国机集团审查投资项目 153 项，其中集团审批项目 22 项，备案项目 131 项。

2018 年，国机集团实际完成投资总额 235.07 亿元，比上年增加 65.99 亿元。其中，固定资产投资完成 71.5 亿元，比上年增加 14.25 亿元；股权投资完成 163.57 亿元，比上年增加 51.74 亿元。在投资总额中，完成主业投资 231.64 亿元，占 2018 年投资完成总额的 98.54%；非主业投资 3.43 亿元，占 2018 年投资完成总额的 1.46%。其中，境内投资 222.27 亿元，境外投资 12.8 亿元。按资金来源分，使用自有资金 214.66 亿元，贷款 11.05 亿元，国有资本经营预算资金等其他资金 9.36 亿元。

**2. 持续开展投资后评价工作** 继续对重大投资项目开展后评价工作。完成对重材院功能材料产业化基地建设项目和三磨所国家超硬材料及制品工程技术研究中心产业化基地建设项目的后评价，根据评价结果督导下属企业整改。

将后评价工作从投资并购项目延伸至重组项目。完成 7 项投资及重组项目的自查自评工作，并启动对天津电气院新能源设备及相关电气产品产业化一期工程项目、中工国际参与武大设计院改制项目和中设集团重组中机国际工程设计研究院项目的独立后评价工作。

**3. 严控投资风险** 根据国务院国资委要求开展投资风险管理体系评价。国机集团对近 5 年 31 个并购项目的决策流程、实施过程、实施效果等进行核查，并重点核查其中涉及对赌条款的项目，对部分下属企业的风险隐患进行提示。

**4. 启动投资管理信息系统的升级改造工作** 落实国务院国资委对中央企业投资管理信息化的管理要求，启动投资管理信息系统的升级改造，形成逻辑清晰的投前流程及投后管理信息化手段，充分对接国资委监管和集团投资制度要求。

**【其他重要事项】**

**1. 有序推进国机重装重归资本市场** 国机集团将 41 亿元债权转为股权，降低企业资产负债率，改善财务状况，提升企业盈利能力。同步引入东方电气、三峡控股、中广核、中国国新和中国诚通 5 家中央企业战略投资人，强化国机重装与上游用户的合作关系，推动国机重装重新上市。

**2. 加快培育多个优势业务上市平台** 2018 年推动中国农机院下属中机试验在新三板挂牌，并通过实施定向增发，重组国机资产所属江苏华隆兴；中机国际开展后续业务资源整合工作，推进解决同业竞争及逾期应收账款问题；中国建设下属中机钢构启动股份制改造工作，为尝试登陆新三板创造条件。

**3. 匹配做好上市公司国有股权管理基础工作** 按照国资监管体制改革要求，完成与国务院国资委国有股权管理信息系统对接工作。完成下属上市公司账户树设立、持有上市公司股份数据审核、下属企业国有股东标识界定、系统维护等工作。

# 综 合 管 理

**【战略管理】**

**1. 科学制订战略规划** 以国机集团“十三五”规划为总体指导和框架，在上一期三年滚动规划的基础上，编制完成《国机集团 2018—2020 年发展规划》并进行宣贯；在扎实访谈、调研，充分吸收各方意见的基础上，编制完成《国机集团国际化经营暨落实“一带一路”倡议规划（2019—2025）战略》；发布实施品牌战略规划和装备制造业务、贸易服务业务、工程承包业务、科研院所板块业务、金融与投资业务发展规划。

**2. 完成“十三五”中期战略执行情况评估报告** 为全面客观分析、掌握国机集团“十三五”发展规划落实情况，加强对规划实施的监督控制，更好推进规划下半期的执行，确保规划目标顺利实现，组织开展了“十三五”规划的中期评估，并形成3万字的评估报告。报告对“十三五”期末的完成情况进行预判，并对五类企业上半期的经营指标完成情况进行评价。选取10家具有代表性的重点企业，对其存在的问题进行分析并提出解决思路。

**3. 完善战略管理制度体系** 按照国务院国资委对中央企业发展战略和规划的相关管理要求，结合集团战略管理工作实际，研究制订并发布了《国机集团发展战略和规划评价细则》，明确了国机集团战略体系中各类规划的评价主体、时间和实施程序，进一步优化了集团战略闭环管理。

**4. 拓展新的战略合作** 2018年，国机集团共计签署12份对外战略合作协议。积极参与京津冀区域发展战略、粤港澳大湾区建设、海南自贸区建设。一方面，宣贯国家政策，组织召开专题会议，推荐探讨投资、经营机会，引导所属企业投资；另一方面，积极对接当地政府，讨论确定战略合作领域，共同推进战略合作协议落地。

**【信息化】**

**1. 持续加强信息系统建设和应用** 持续推进信息集成管理平台建设。强化国际化经营信息化建设，推进信息化与海外经营业务深度融合，建成海外工程项目风险管理数据库、境外项目信息管理系统、境外机构管理模块；推进“互联网+评审”建设，建成国机集团科学技术奖评审管理系统。

持续优化内网门户系统应用。开通党委书记信箱、董事长信箱和总经理信箱，畅通领导密切联系企业、收集企业意见建议的网络渠道；打造国机集团“大门户”，实现集团全信息、全应用、全数据的集中发布、展示和管理，做到“让企业办公少跑腿，让信息数据多跑路”。进一步深化协同办公平台在国机集团各企业的推广，积极推进移动APP应用，功能得到进一步完善，用户覆盖面进一步提高。

持续推进网站群项目建设，平台集约成效显著。年内建成15个站点，国机集团网站群在运行网站189个。截至2018年年底，网站群项目建设整体投入356.1万元，节约总体建设成本700余万元。

**2. 扎实推进信息化基础管理** 一是健全网信工作体系。调整国机集团网络安全和信息化组织机构和人员，制订和实施国机集团党委网络安全工作责任制，加强党委对网络安全工作的统一领导。二是夯实信息化基础设施。优化国机集团总部到二级企业的网络系统，同时以较低投入实现网络向三级以下（含三级）企业的延伸和覆盖，继续推进基于云计算、大数据的数据中心建设，增强国机集团对内提供云计算服务、灾备服务和视讯服务能力。三是强化信息化治理，保障信息化应用成效。规范信息化项目管理，强化软件项目立项、执行和验收管理。四是推进软件正版化工作。组织2018年办公软件、操作系统等软件的集中采购，利用集中采购机制协助集团各企业处理正版化纠纷。

**3. 不断强化网络与信息安全保障** 一是落实“依法用网、依法管网”要求，开展重要信息系统网络安全等级保护工作，完成国机集团总部8个系统的定级备案工作。二是完善网络安全工作机制，建立健全网络安全规章制度，修订网络安全应急预案，开展网络安全应急演练，强化信息通报能力。加强日常监控预警，年内处置网络安全和运维事件249次，通报下属企业4起网络安全事件，开展信息系统灾备应急演练2次，做好重大活动、节假日网络安全现场值班值守工作10次，做到零重大网络安全事件。三是加强网络安全培训，提升网络安全能力。2018年，召开网络安全工作培训会，组织开展等级保护操作、网络安全应急体系、专网管理培训，同时选拔人员参加公安部、国务院国资委网络安全技能大赛2次，取得较好成绩。在2018年公安部网络安全执法检查中，国机集团网络安全工作得到肯定，同时获得2018年国家网络安全和信息通报中心先进单位、先进个人表彰。

**4. 开展信息化专项建设** 一是贯彻落实中办、国办《推进互联网协议第六版（IPv6）规模部署行动计划》，国机集团门户网站按期开通对IPv6访问的支持，通过国资委组织的IPv6支持度评测验证。二是根据国务院国资委关于国资监管信息化工作部署，启动企业大额资金动态监测平台和“三重一大”信息系统的建设，按时完成系统对接和数据上报工作。

【人力资源管理】

2018 年，国机集团通过完善选人用人工作制度、规范干部选拔任用程序、推进干部挂职交流、促进优秀年轻干部发现培养选拔、从严干部监督、突出正向激励、加强人才选拔与教育培训等举措，着力打造忠诚干净担当的高素质专业化干部人才队伍，逐步形成“选育管用”一盘棋的工作格局，为集团改革发展提供重要的人才保障和智力支持。2018 年国机集团职工队伍构成情况见表 1。

**表 1　2018 年国机集团职工队伍构成情况**

| 分类 | | 人员数量 | 备注 |
|---|---|---|---|
| 人才资源 | 管理人才 | 12 249 | |
| | 专业技术人才 | 53 242 | 含在管理岗位的 12 249 人 |
| | 技能人才 | 50 741 | |
| 从业人员数 | | 143 306 | |

**1. 持续推进下属企业领导班子建设**　深入学习贯彻落实党的十九大、全国组织工作会议和全国国有企业党的建设工作会议精神，围绕国机集团党建和改革发展实际需要，有序推进下属企业行政领导班子换届、党组织换届及有关考核、干部调整工作，扎实推进所属企业领导班子建设。

在选人用人工作中，重点做好三方面工作：

（1）不断完善制度，规范程序。根据中央关于选人用人工作的新精神新要求，先后制（修）订并印发多项制度文件，特别是认真贯彻落实《中央企业领导人员管理规定》精神，对《集团全资、控股企业领导干部管理办法》《集团所属企业领导班子和领导干部综合考核评价办法》等干部管理制度进行了全面系统的修订，将习近平新时代中国特色社会主义思想、新时代党的组织路线、“20 字”要求、“凡提四必”、激励干部新时代新担当新作为、经常性谈心谈话机制等精神要求列入制度，为规范集团选人用人工作提供遵循和依据。同时，在集团领导的带领、指导下，全面、系统修订完善国机集团党委选拔任用领导干部工作程序，进一步规范动议酝酿工作，不断加强党委对干部选拔任用工作及人选的动议、研究和酝酿。在组织考察环节，突出政治标准，严格执行“凡提四必”、任前公示、廉洁背书、任免前谈话、工作纪实等制度，加强对入选干部人事档案的任前审核，确保将忠诚干净担当的高素质专业化干部选拔到领导岗位上来，积极营造“干事、创业、守规矩”的氛围。

（2）进一步规范国机集团党委授权试点企业董事会选聘经理层副职工作。进一步修订完善国机集团党委授权试点企业董事会选聘经理层副职工作流程，强化国机集团党委在确定标准、规范程序、参与考察、推荐人选等方面的作用，加强选聘工作的规范性。有力服务企业改革发展大局，激发企业活力，调动干部的积极性、主动性和创造性。

（3）加强对企业领导班子和领导干部的日常管理。认真落实国机集团党委要求，不断加强对下属企业领导班子日常运行情况和干部日常表现的关注、研判及管理。2018 年，首次开展对下属企业领导班子的年度考核，特别是加强考核结果反馈及运用，有针对性地对班子存在的问题提出整改要求，并限期提交整改报告，同时，对考核结果较差、干部职工反应较大，特别是不担当不作为、经分析确属不胜任的干部，进行组织谈话或调整，做到及时了解情况、及时发现问题、及时做出调整，切实推进干部能上能下，激励干部担当作为。

**2. 落实国家战略，开展多层次干部挂职交流**　持续推进国机集团和中央国家机关、地方政府挂职交流，特别是按照中央关于“精准扶贫”“对口支援”等重大战略部署，精心选派素质过硬、专业对口、能力突出的干部到扶贫县及西部地区、老工业基地开展工作，选派干部赴四川、宁夏、河南等地挂职工作，组织选派博士服务团成员赴新疆、云南挂职服务，履行央企社会责任，促进当地经济发展。组织对援藏干部、扶贫干部、博士服务团成员进行考核及慰问，加强对交流干部日常工作生活的关心与关注。

为进一步加强系统内人才交流，为企业各类人才开拓视野、拓展思维提供成长锻炼平台，根据相关企业和集团总部的工作需要，2018 年继续开展下属企业到总部以及所属企业之间的人才交流，加强人才的多岗位锻炼，加深企业间相互了解，推动企业业务协同互补。

**3. 加强调查研究，促进优秀年轻干部发现培养选拔** 认真贯彻落实中央《关于大力发现培养选拔优秀年轻干部的意见》精神，结合干部管理日常工作需要，不断加强对各层级、各类别干部队伍年龄结构的分析研究，2018年下半年，结合国机集团承接中组部“中管企业年轻干部队伍建设”课题研究工作，系统盘点国机集团干部队伍现状，总结干部成长路径和规律，并对国机集团下一步优秀年轻干部队伍建设提出具体的目标和措施，提交的《国机集团优秀年轻干部队伍建设研究报告》受到中组部课题组的好评。同时，组织起草《国机集团党委关于大力发现培养选拔优秀年轻干部的意见》，积极推进优秀年轻干部培养选拔工作，注重推动选拔70后、80后优秀干部进入领导岗位。此外，通过选调年轻干部参加中青年干部行动学习、赴台湾台塑精益管理等培训班，持续提升年轻干部的素质能力。

**4. 坚持严管与厚爱，认真做好干部监督工作** 以关心爱护干部、促进干部健康成长为出发点，强化重在防范约束理念，从严监督管理干部，努力引导促进干部更好地干事创业守规矩。持续做好领导干部个人有关事项报告“两项法规”宣讲并开展有关培训，引导和帮助领导干部全面准确了解掌握政策要求，提高如实报告水平。组织完成2018年领导干部个人有关事项报告集中填报，根据中组部要求，认真开展随机抽查和重点查核，并按规定做好抽查结果的比对核实和相应处理，有效落实了从严管理、从严监督干部的要求。对存在不如实报告个人有关事项的领导干部严肃处理。

提醒函询诫勉工作方面，针对查核发现的领导干部不如实报告个人有关事项、审核分析发现的领导干部违规因私出国（境）等问题，及时提醒有关领导干部，共开展提醒谈话46人次，函询4人次，诫勉1人次。

配合中组部完成集团“一报告两评议”工作，在下属二级企业开展了“一报告两评议”工作，对评议数据进行了汇总分析，提出了相关重点关注问题和意见建议。

**5. 发挥考核导向作用，突出正向激励**

（1）做好三个层面考核。配合董事会办公室完成董事会对经理层2017年工作的考核和2018年高管绩效合约的签订。确保量化考核指标权重，继续将“处僵治困”、压缩管理层级、“两金”清理指标分解落实到各位高管的考核指标中，有效推动相关工作任务的落实。在对下属企业领导干部考核中，突出对各类信息的综合研判和系统分析。结合任期经济责任审计、年度经营业绩考核、签订年度经营目标责任书等方式，确保下属企业领导班子的运行质量。同时，在年度先进单位、单项奖评选中，综合考虑企业年度经营业绩考核、党建责任考核、任期考核得分，集团年度重点工作推进度等各种因素，不断提升评选结果的科学性和公认度。总部部门考核突出战略导向，注重与高管考核指标和年度重点工作任务有效对接，充分体现任务导向、降低成本、提质增效的核心要求。同时，加大总部员工季度考核和试用期考核力度。

（2）优化收入分配工作。一是规范做好国机集团高管薪酬管理工作。根据国务院国资委要求，结合国机集团高管考核和薪酬管理办法，完成国机集团高管2017年度薪酬方案的测算并履行相关决策程序。结合2018年国机集团领导班子成员调整较大的实际情况，加强与相关央企的沟通配合，确保高管薪酬有序兑现。二是稳步推进总部员工薪酬改革。确定改革方向、明晰工作目标，组织成立总部职工薪酬改革工作小组，并通过公开招标遴选专业机构，确保改革方案公开、公平、公正。三是在国机集团近年利润总额没有明显提升的情况下，积极与国务院国资委考核分配局沟通争取，实现集团工资总额稳步提升，为企业改革发展提供有力支撑。

（3）配合深化改革推进分配改革。一是结合中国电器院员工持股试点，探索授权其董事会决定工资总额和负责人薪酬，充分激发企业活力；二是结合集团内部重组整合，对中汽工程、中国中元、北起院等企业进行三类人员费用预提审核批复；三是积极开展上市公司股权激励，国机汽车激励方案获国资委批复，轴研科技激励方案正在履行内部决策程序。

（4）提升企业年金管理水平。启动国机集团企业年金公开招标，组织召开首次集团系统培训，上线年金信息管理系统，全面修订管理机构考核评价办法，全面提升年金整体管理能力和水平，降低管理人费率和管理费用。同时，根据人社部和国资委要求，组织开展对全集团企业年金方案的重新梳理和修订。

**6. 落实国家重大人才工程和人才工作重点任务**

（1）专业技术人才选拔推荐方面，做好“千人计划”专家、“万人计划”专家、创新人才推进计划的评选推荐以及集团职称评审工作。

（2）技能人才选拔推荐方面，入选享受政府特殊津贴人员 5 名，在第十四届高技能人才评选表彰活动中，国机集团有 3 人荣获“全国技术能手”称号，恒天集团所属恒天重工荣获“国家技能人才培育突出贡献单位”称号。

（3）内部人才选拔方面，组织开展集团首席专家、首席技师、青年干部和“青年高潜”人才的选拔，选聘集团第五批首席专家 6 名、第五批首席技师 8 名，同时选拔青年干部、青年高潜人才 117 名，进一步完善人才队伍结构，有力支撑集团重点业务的发展。

（4）人才调配服务方面，做好在京单位接收应届高校毕业生、调干进京、解决夫妻分居、退役士兵和军转干部接收安置等工作。根据有关政策要求，做好院士退休，博士服务团成员的选派、慰问、考核，各类津贴和项目资助的拨付，各类评审专家、行业专家推荐，以及领导干部出入境登记备案、因公出国（境）审批、因私出国（境）审批、驻外干部任职审批等工作。

**7. 围绕人才队伍建设规划，精心组织各类教育培训** 2018 年，共完成 244 人次参加的中组部、国务院国资委、人社部、国家发改委等相关部委的外部调训任务，参训学员中，国机集团总部 62 人次、下属企业 182 人次。培训内容涵盖党的十九大精神、企业管理、国际产能合作、装备制造、投资、法制建设、组织人事、风险管理等多个方面。组织内部培训 8 548 人次，其中，国机集团总部自办培训班 713 人次、讲座论坛 784 人次，在线学习 7 051 人次。

在教育培训中做到两个注重：一是注重加强理论学习和党性教育。将习近平新时代中国特色社会主义思想和党的十九大精神作为各培训班次的必修课程，积极组织参加中网院十九大精神、习近平新时代中国特色社会主义思想网上专题班，推出在线学习专题课程，不断强化广大干部的理想信念和党性观念，提高政治理论素养，加强“四个意识”，坚定“四个自信”。二是注重针对性和实效性。全年自办 13 期培训班。针对领导干部，为提高专业能力开展财务总监班、扶贫专题班、领导力提升赴美培训班等；针对中青年干部，继续开展以行动学习为特色的中青班，继续组织中青班优秀学员参加台塑“合理化”管理理论与实践研讨班，实现中青年干部的连续跟踪培养；针对青年人才，首次组织开展以“素质提升”“项目管理”为主题的青年人才班；针对国际化人才，首次组织开展驻外干部培训班，提升境外机构主要负责人的国际化经营管理水平，促进相互之间的交流与合作。注重培训工作细节，不断完善管理和服务，提升培训满意度。

此外，组织参加人才培养荣誉评选和微课大赛等工作。在中央企业高管培训联盟 2018 年度荣誉项目评选中，国机集团的“中青年行动学习研修班”项目获优秀管理类培训项目奖，中汽工程的“项目经理能力提升培训”项目获优秀国际化人才培训项目奖。

**8. 调整机构编制，补充人员力量，激发总部活力** 2018 年是国机集团总部“大部制”改革后运行的第二年，为使总部组织机构更加匹配集团战略发展要求，优化总部组织氛围，提高组织绩效，促进“价值总部”“创新总部”建设，更好地发挥好总部作为集团“神经中枢”和“司令部”的作用，国机集团围绕“持续优化总部组织机构、提升总部人员整体管理服务水平”这一主线，积极分析研判应对日常工作中出现的新情况、新挑战。

为落实党中央关于加强党建、精准扶贫等重大决策部署，国务院国资委深化国企改革的要求，以及国机集团提升管理精细化水平的内在需求，进行了总部机构编制的三次局部调整。

为满足国机集团总部编制增加后人员紧缺的实际情况，及时开展两轮面向社会的公开招聘，坚持公开、公平、公正原则，严格人员选拔程序。人员到位后，及时通过新员工培训和分享知识经验的“丹棱课堂”，助力新员工更好地适应总部、融入总部。

**【财务管理】**

**1. 夯实基础管理，提升财务信息质量** 通过采取“深化标杆管理、推动会计核算标准化、强化财务信息质量考评、加强信息管理过程控制”等措施，整体信息质量不断提高。通过召开财务风险案例分析研讨会，给财务总监们上了一堂生动的案例课，进一步提升了财务总监的风险意识和履职能力；向下属企业逐户下达年度决算批复，提出整改意见，强化闭环管理，持续督促企业落实整改有关问题，规范业务操作流程，完善规章制度，强化内部控制的有效性，切实推动各企业提升经营管理水平。通过加强内部交流学习、加大业务培训力度，提高基层财务人员业务水平。通过持续完善优化经营和财务系统，信息发布效率大幅提升，为集团决策提供及时有效的支撑。

**2. 资金管控能力不断增强，做好经营发展资金保障**

（1）深化资金集中管理工作，提高资金运营效率。全年可归集资金集中度达到 70.8%，上市公司可归集资金额度同比提高 11.3%。

（2）持续强化债务风险管控，国机集团整体资产负债率逐年明显改善，2018 年年底为 67.5%，同比继续下降 0.4 个百分点。个别企业存在的资金风险，已通过合理控制贷款规模、严控资金流向、加强日常监督、拓宽融资渠道等形式，化解资金风险。

**【审计稽查】**

2018 年国机集团审计工作以风险为导向，以内部控制为主线，突出审计重点，做到应审必审、凡审必严，强化审计问题整改落实工作，不断促进企业提升管理和防范风险的能力。全年共完成审计项目 641 项，其中，财务收支审计 46 项、效益审计 37 项、经济责任审计 88 项、基本建设项目及工程审计 185 项、内部控制评审 106 项、专项审计及其他 179 项，审计资产额 3 327 亿元，提出审计意见和建议被采纳 1 811 条。

**1. 制度修订** 结合国机集团机构调整，对《中国机械工业集团有限公司内部审计工作规定》《中国机械工业集团有限公司委托中介机构审计管理办法》《关于下属企业领导人员任期经济责任审计的规定》《国机集团关于下属企业监事会工作的指导意见》等 11 项制度进行了修订。

**2. 审计整改** 针对审计署任期审计报告、审计决定中提出的问题，认真查找问题根源并逐一整改、及时落实；认真总结经验教训，巩固审计整改成果，不断完善企业管理体制机制和各项规章制度，夯实管理基础。针对国务院国资委融资性贸易审计报告中提出的问题，要求企业细化工作措施、责任到人、认真整改，严禁开展融资性贸易业务。配合审计署相关部门对中白工业园开展专项审计、对恒天集团开展任期经济责任审计，有力保障了审计工作的顺利开展。

**3. 审计重点工作**

（1）任期审计工作。任期审计工作围绕企业重点领域和关键环节，对国机研究院、天津电气院、中国电器院、中国一拖、中国重型院、中国重型公司、国机智能、中国农机院、中机国际 9 家企业进行了审计。重点关注企业依法依规经营、经营指标完成情况、国有资产保值增值情况、重大投融资事项、重大经营管理活动、风险防控等，有效发挥了审计的监督和增值功能。

（2）工程承包项目审计。对中设集团阿根廷铁路项目及中工国际玻利维亚乌尤尼 35 万 t/a 钾盐工厂项目进行了专项审计，针对资金风险、安全生产、分包采购招投标、项目验收移交等方面存在的问题，提出 12 条审计建议。

（3）基本建设项目审计。实施基本建设项目审计 5 项，包括国机重工洛阳产业园项目、苏美达会东二期光伏电站项目、中联西北院办公楼装修项目等。重点对工程造价、施工单位和材料设备供应商的招标等环节进行审计监督，促使企业在降低建设成本的同时规范项目运作，实现投资建设目标。对部分项目在事前、事中、事后进行全过程审计监督，将风险控制关口前移。

（4）任期审计意见整改落实情况的跟踪检查。督促12家企业整改落实2017年下达的任期审计意见，并进行现场跟踪检查，确保被审计单位不断改善生产经营中的薄弱环节，有效防范风险，避免发生重大经济损失。

（5）专项审计。组织开展“2017年度国机集团重点研发项目”决算审计等专项审计工作，对规范重点项目研发经费使用管理、防治腐败、节约开支等方面起到积极作用。

**4. 多措并举提升审计监督能力**

（1）组织开展内部审计人员业务培训，培训内容涉及审计署对央企审计政策的最新解读、公司舞弊案例分析、PPP业务风险防控、并购重组中的风险问题等，达到预期效果。

（2）加强外派监事管理，发布《关于做好外派监事信息沟通与述职工作的通知》，明确外派监事重要事项要及时与集团沟通并进行年度述职的要求。加强国机集团监事队伍建设，通过组织培训、召开外派监事述职交流会等举措，不断提升监事队伍任职能力。

**5. 加强对下属企业审计工作的领导与指导工作** 通过审计制度建设、安排部署审计工作重点、现场指导、组织内部审计经验交流、评优示范引导、审计负责人述职等多种方式，督促企业完善内部审计制度和流程，提高审计工作质量，督促下属企业充分发挥主体责任，加强对本单位财务收支和各项经营活动的有效监督。

**【质量与资质工作】**

**1. 资质管理** 2018年，国机集团通过开展资质自查自纠专项工作、现场指导下属企业综合甲级资质申报工作、修订《资质管理办法》、协助下属企业应对突发情况等举措，强化1 400多项资质的使用、维护管理，共有101项甲级资质得到批复，一大批资质升级，是近五年来甲级资质获批最多的一年。

**2. 质量管理** 2018年，国机集团进一步完善质量管理体系建设，加强重点工程和重大设备的质量监管，推进企业发展的质量变革，不断提高产品质量、工程质量和服务质量。

（1）深入推进质量提升行动，开展科研院所产业化质量专项提升，在11家产业化任务较重的科研院所开展现场质量检查，形成调研分析报告，梳理企业在产业化工作中质量管理优势和短板，剖析质量方面的难点和痛点。召开科研院所产业化质量提升座谈会，共同寻求解决问题的有效方法。起草印发《科研院所产业化质量提升指导意见》，对下属企业质量工作进行有针对性的指导，着力推动形成全面质量管理长效机制。

（2）“四标一体化”管理体系持续有效运行。组织完成国机集团总部管理体系4次外审、1次管理评审、1次内审和1次内审员培训。

（3）加强重点工程和重大设备的质量监管。2018年，国机集团质量风险处于总体可控水平。质量风险管理延伸到海外项目现场，到塞尔维亚KOSTOLAC-B电站二期项目、柬埔寨达岱水电站项目、老挝南俄4水电站项目进行现场质量检查，进一步夯实了重点工程和重大设备的质量工作。

（4）参与高水平标准的研究与制定。2018年，国机集团下属企业编制标准数量为历年之最，质量明显提升，编制国际标准10项（过去10年国机集团累计编制国际标准7项）、国家标准288项，作为主编单位的标准294项，属于新制定的标准323项。

（5）获得多项奖项荣誉。中国联合、合肥通用院编制的多项标准获得标准科技创新奖、中国标准创新贡献奖。国机集团32支队伍参加首届中央企业QC小组成果发表赛，恒天集团、国机智能、国机重工选派的3支队伍分获一、二、三等奖。组织下属企业参加中央企业全面质量管理知识竞赛，推动提高全员质量意识，共23 783名干部职工参加竞赛，取得良好成绩，获国务院国资委通报表扬。

**【法律管理】**

2018年，国机集团认真贯彻落实国务院国资委法治央企建设要求，注重强化法治组织领导体系和法律风险防控体系建设，加强法律支撑保障和法律人才队伍建设，推进“法治国机”建设取得新进展。

**1. 强化组织领导责任，提升法治建设定位** 把推动落实《国机集团企业主要负责人履行推进法治建设第一责任人职责规定》（简称《规定》）作为年度工作的“一个核心”。一是以《规定》为行动纲领，加强法治工作组织领导体系建设，引导各级领导干部依法经营、依法决策、依法管理，自上而下全面增强各级领导干部法治意识。二是推动章程修改和制度建设，完善国机集团制度体系顶层设计，把“依法治企”内容纳入公司章程；规范完善规章制度的废、改、立、释程序和制度评审信息化流程。三是组织自查和督查，查漏补缺，持续全面落实《规定》要求。2018 年 10 月国务院国资委开展法治建设专项检查，国机集团获得 89 分的优良成绩。

**2. 强化法律风险防范，提升法律风险控制水平** 一是事前加强法律审核力度，完成国务院国资委提出的合同、制度、重大决策法律审核率 100% 的要求。二是事中加强风险防控和风险提示。重点加强下属企业涉外合规风险管理，组织合规风险排查 5 次；就防范知识产权侵权风险、工程承包合同“背靠背支付条款”风险、境外项目投标管理、环境保护风险及欧盟数据法颁布引发的风险等下发风险提示函 9 份。三是事后加强案件备案管理以及重大案件跟踪管理力度。印发国机集团《关于进一步加强法律纠纷案件管理工作的通知》；严格要求、监督督促下属企业进行案件报备，做到“有案必报、大案专报”；将下属企业上报的涉诉情况进行数据量化，提供决策参考依据；组织召开案件汇报会，掌握重大、特大案件相关情况。通过以上方式确保国机集团整体法律诉讼风险可知、可防、可控。

**3. 强化支撑保障作用，提升法律服务水平** 一是为企业重大决策提供法律意见，涉及企业重大资产处置、兼并重组、破产改制、中白工业园、PPP 项目。二是为下属企业提供诉讼支持与服务，帮助企业化解重大诉讼风险。三是参加重大课题研究，参与重大改革事项进程，包括济南铸锻所改革脱困专项工作、国机集团混改工作课题研究等。四是加强商标注册管理，提升企业品牌价值。2018 年共在 14 类商品 / 服务中取得 78 件国机注册商标。同时，印发关于国机商标境外扩展注册的通知，加强国机商标境外保护力度，维护国机品牌在境外的合法权益。五是协助配合其他部门和企业，提供多方位法律支持。

**4. 强化人才队伍建设，提升人员素质水平** 依托公司律师管理、对标管理和国机法律讲堂“三个平台”，抓好法律人才队伍建设。一是正式启动国机集团公司律师的申请注册工作，强化人才保障措施。二是组织召开 2018 年度对标管理交流会，促进全集团法律人员互学互进。三是组织下属各企业人员参加国务院国资委“中央企业法治讲堂”共 6 次。举办“国机法律讲堂”系列讲座共 3 次，总参加人数近 2 000 人次。四是组织全集团开展“七五”普法宣传周和“12.4”宪法宣传周等主题普法活动，引领“依法治国、依法治企”理念深入人心。五是利用外部智力资源，多渠道、多方式提高法律人员知识能力和专业素养。

**【风险管理】**

2018 年，国机集团强化对重点风险的排查和监督，将风险管理和企业经营管理紧密结合，确保整体风险可控，不发生系统性的风险事件。

**1. 开展内控评价、管理工作** 组织 2017 年度内部控制评价工作，对国机集团 21 家下属企业开展现场评价检查，未发现重大缺陷，检查中发现的缺陷问题全部整改落实。开展专项风险监督检查，督促各企业对内部控制评价、重点风险检查情况进行整改落实。审议《国机集团 PPP 项目风险管理办法》和《国机集团违规经营投资责任追究实施办法》。

**2. 开展重点风险全面排查** 一是开展 PPP 业务风险全面排查。制订《国机集团 PPP 项目风险管理办法》，对 5 家下属企业的 10 个 PPP 项目进行现场风险检查和监督指导；配合国资委开展 PPP 专项检查，检查评价认为：国机集团 PPP 业务管控不存在重大缺陷，能做到“事前算赢、事中监控”，对业务进行全过程风险控制。二是加强“两金”风险管理。将两金压控的目标考核纳入企业绩效考核体系，制订《2018 年“两金”压降考核方案》和《国机集团“两金”管理办法》，全面完成国资委“两金”压控目标。三是重点关注高风险业务管理。对房地产业务、P2P 业务、保理业务、股票投资、债券投资、基金投资、定期产品投资、银行理财投资等高风险投资业务进行专项检查。四是加强境外风险管控。开展 2018 年度境外风险排查，梳理汇总国机集团境外工程承包类和投资类项目风险统计表，编制国机集团境外十大风险报告和《国机集团境外风险管理实施方案》，提出境外风险管控重点任务和工作举措。实地检查境外项目风险管控情况。搭建国机集团“境外企业和对外投资联络服务平台”，境外 46 个重大项目已全部纳入平台管理，7 个项目实现视频沟通；建立“国机集团海外工程项目风险管理数据库”，梳理出境外风险清单、境外风险点 600 多项。

**3. 开展风险专项检查** 2018 年，国机集团二级企业风险检查覆盖率达到 80% 以上，提出风险问题及改进建议 300 多条，完成专项风险及内控报告 36 项。针对企业出现的风险苗头和倾向，采取约谈、下发风险提示函、制止违规、经验交流等方式，警示、规避、管控风险，减少损失。

**4. 贯彻落实违规经营责任追究机制** 编制《国机集团违规经营投资责任追究实施办法（试行）》，成立国机集团违规经营投资责任追究领导小组和工作小组，建立健全责任追究工作体系，提升合规经营水平；加强对下属企业责任追究工作的监督，指导下属企业制订本企业违规经营投资责任追究制度和配套制度，形成职责明确、流程清晰、规范有序的工作机制；建立违规责任追究报送机制。

**【品牌管理与建设】**

**1. 加强规划建设** 在 2018 年 5 月 10 日“中国品牌日”当天，正式发布《国机集团品牌战略规划（2018 ～ 2020）》并召开品牌规划宣贯大会。规划以国机集团战略目标为指引，清晰描绘集团品牌建设的愿景，确立了国机品牌建设的核心战略和重点任务，以全方位培育和提升国机品牌价值。

**2. 开展品牌宣贯** 制作展板、海报、宣传片，利用自有媒介平台开展专题策划与报道，宣传国家品牌战略，对新的品牌规划进行全方位解读、宣传和动员，提升全员品牌意识。

**3. 推进品牌融合** 开展品牌融合工作研究，就品牌融合工作的重大意义，目标，实施的时间、进度、方式方法等进行系统安排和部署，制订《国机集团关于推进品牌融合工作的指导意见》，指导各企业品牌融合工作的开展，着力推进品牌规划重点工作任务的落地实施。

**4. 入围国资委第二届中央企业品牌故事大赛“典型品牌故事”** 2018 年，国机集团积极组织参加国务院国资委“2018 年中央企业第二届品牌故事大赛”，展现国机集团在品牌建设方面的成果与良好形象。由集团报送、集团下属中国中元制作的视频作品《心中的金腰带》成功入围中央企业 22 个典型品牌故事，较好传递出中国中元服务品牌的优质形象，也为传播国机集团品牌的良好形象做出了突出贡献。

**【社会责任】**

**1. 编制并发布社会责任报告（2017）中英文版** 2018 年 8 月，正式发布《国机集团社会责任报告（2017）》，这是国机集团正式对外发布的第八份企业社会责任报告，荣获“金蜜蜂 2018 优秀企业社会责任报告·长青奖一星级奖”。报告全面系统地展示了 2017 年集团在经济、社会和环境方面的履责理念、实践和绩效，在坚持反映国机集团年度重点社会责任实践和最新社会责任发展趋势的同时，从报告内容编制、报告设计版式等多个方面求新求变，提升了报告的阅读体验和宣传效果。

**2. 加强履责绩效宣传** 一是参加“2018 对外承包工程企业社会责任绩效评价”活动，荣获社会责任“领先型企业”荣誉称号。二是参加“2017 金蜜蜂企业社会责任 · 中国榜”评选活动，荣获“金蜜蜂企业（一星）”荣誉称号。三是参加“实现可持续发展目标 2018 年企业最佳实践”评选活动，国机集团申报的“坚持教育为根、打造国机教育帮扶模式”案例入选“实现可持续发展目标 2018 年企业最佳实践”奖。四是参加 2018 实现可持续发展目标中国企业峰会，策划设计集团宣传展板，围绕“五个国机”理念，展现集团履行社会责任、为可持续发展助力的品牌形象。

【宣传工作】

**1.《国机集团报》出版发行** 2018年，《国机集团报》以习近平新时代中国特色社会主义思想为指导，围绕改革开放40周年等重大主题宣传活动以及集团重点工作开展宣传报道，策划新栏目，推出新版面，积极宣传国机集团党建成果、发展成就和先进典型，将报纸建设成学习习近平新时代中国特色社会主义思想和党的十九大精神的重要平台，建设成传播正能量、凝聚国机人的坚实平台。共编辑出版《国机集团报》22期，合计192版，折合标准期数24期。

（1）常规新闻报道及时、准确、全面。报道涵盖国机集团经营、科技、党建、人才建设等方面，展现了国机集团全年发展情况，是富有参考价值的文献资料。

（2）围绕重点工作，创新宣传报道。创建“党建”版，宣传国机集团党建工作情况，并在建党97周年之际，推出12个版的党建专刊；围绕年度重点宣传主题，推出重磅策划，打造“改革开放40周年”“新时代 新国企”“隐形冠军”“弘扬爱国奋斗精神 建功立业新时代”“师说·匠心”等新栏目；开辟“视点”专栏，加强策划和深度报道，多篇关于国机集团承建重大项目的宣传报道生动、立体地展现了国机成就、国机情怀、国机风采。

（3）精心打磨重点选题报道。把握重要节点、围绕重点工作，精心制作国机集团年度工作会、运动会等特刊；围绕社会热点，服务各级企业和总部各部门，用心制作近20个专版。在进口博览会结束后，推出专题“进博会，我们来啦！”，以5个版面的容量，全面介绍国机集团深度参与博览会的亮眼成绩以及由此产生的媒体关注和社会影响。

（4）加强线上线下联动。《国机集团报》与国机集团网站、微信公众号加强线下活动与线上传播相结合、相呼应，共同发力。“丹棱留声机”专栏以及多个重点策划，通过线上线下的互动，共同奏响国机宣传的美好和声。

**2. 对外宣传工作** 2018年，对外宣传工作把握重大节点，加强媒体沟通，持续开展日常动态新闻报道、深度专题采访报道、品牌传播等宣传活动。大力宣传企业党建成果、经营发展成就，成效显著。主流媒体和网站累计发稿千余篇，各类品牌和形象宣传12次。

（1）积极参与中宣部、国务院国资委重大宣传活动，借力高端平台，展示国机形象。多次参加国务院国资委组织的新闻通气会、集中采访报道等，涉及“一带一路”建设、国有企业和其他所有制企业共同发展、混合所有制改革等主题，向国内外媒体充分展现了国机集团参与“一带一路”建设、国际化经营、下属中国电器院员工持股改革等工作的成果和经验，备受媒体关注。围绕中国电器院混改，125家网站和媒体进行了198篇次的相关报道，人民日报、光明日报、经济参考报等中央主流媒体均参与报道。

（2）主动策划，针对国机集团大事、要事组织集中采访报道。围绕国机集团工作会、全国“两会”、达沃斯论坛、国机重装挂牌成立、国机集团深度参与首届进口博览会等重点工作，通过开展媒体走近国机、召开新闻发布会等多元形式，邀请人民日报、新华社、中央电视台、中央人民广播电台、经济日报、光明日报、农民日报等中央主流媒体及凤凰卫视、第一财经、东方网等数十家知名媒体开展了丰富多彩的报道，数百家网站媒体予以数千篇次的跟踪报道和转载。

（3）做好改革开放40周年的宣传策划。经济日报、学习时报对国机集团主要领导进行专访，并进行整版刊发；经济日报、学习时报、中国政协报等主流媒体刊发文章，介绍国机集团改革开放40年取得的成绩。

**3. 舆情管理工作**

（1）强化日常监测，把握舆论动态和趋势，确保第一时间掌握负面舆情信息，掌控舆情应对主动权。根据监测内容完成季度报告，研判舆情趋势，为集团工作提供参考。

（2）强化关键时点、重点工作监测。2018年重点针对国机集团重要工作和活动进行密切监测，并撰写专报。

（3）妥善应对突发负面舆情。2018年，国机集团舆情整体平稳，发生5起较为重大的突发负面舆情，由于监测到位、预警及时、措施得力，应急工作效果良好，负面舆情均得到妥善、有效应对。

（4）加强制度建设。为加强舆情研判工作，在国机集团总部层面开展部门间的沟通协商，形成共识，在实际工作中发挥积极效果；做好下属企业负面舆情备案工作。

**4. 集团官方微信运营** 国机集团微信公众号致力于打造成为发出国机声音、传递国机价值观、激发国机基层党建新活力的媒体平台。2018年共发送微信 154 期，共计 415 条。订阅粉丝数 25 119 名，新增 4 188 名，增长率 20%。全年阅读总人数 83.13 万人，最高单篇阅读量 4.65 万人，单日最高阅读量 6.4 万人。据中国新媒体大数据权威平台清博指数的统计，国机集团微信公众号 2018 年平均微信传播指数（WCI）值为 510.54，同比提高 20 个数值。

（1）打造宣传新思想的“金话筒”。国机微信以企业学习贯彻落实党的思想、在党的领导下推进业务工作为重点，用生动案例与榜样力量诠释新思想，“广播纪实梁家河”“党建引领”“听见马克思”等有特色、有分量的宣传报道与专题，推进习近平新时代中国特色社会主义思想“天天新、天天深”；“党员故事”“感动国机十大人物”“高温中那些可敬的身影”等鲜活案例把思想政治教育变得有声有色、有滋有味；“我读梁家河”“师说”“院士荐书”专题让国机人的所思所想得以展现，让意识形态宣传更接地气，引导企业干部职工坚定“四个自信”，保证企业改革发展的正确方向。

（2）精品栏目持续发力。“丹棱留声机”自 2017 年 3 月启动，至 2018 年年底共发布 117 期内容。“阳早、寒春的故事”“坐 C919，一定要坐机翼位置 ”“跨越半个世纪的‘三线’爱情”等优秀作品深入人心，让党和国家提倡的、企业倡导的思想文化深入人心，不断激发广大干部职工为创造美好生活而奋斗的热情。

（3）着力建设“多媒体多介质的立体传播”。一是综合运用文字、图片、视频、H5 等传播手段，全面、立体宣传国机集团党建、经营、文化建设等成果。一系列推送创下高阅读量。二是发挥渠道功能，履行社会责任，在微信平台创建的特色活动“国机购物节”期间，引入国机集团扶贫点电商，通过流量引流、舆论引导等手段，全力支持脱贫攻坚战。三是有效运用微信群互动功能。在国机运动会期间，通过微信线上交流与有奖征集，参与者众多，共征集作品数千、文案数百，极大地提升了国机微信的传播力与影响力。

**5. 网站建设和信息发布** 2018 年，国机集团内网和官方网站共采写、编辑发布稿件 2 700 余篇，字数超过 160 万字，全面宣传国机集团生产经营、党的建设、改革发展、精准扶贫等成果，深入报道金砖国家峰会、博鳌亚洲论坛、达沃斯论坛、建党 97 周年、联合国契约组织领导人峰会、中国国际进口博览会等重大活动。全年点击量超过 5 991.4 万次，同比增长 82%，工作日日均点击量超过 25.8 万次，同比增长 95%。

（1）2018 年，国机集团网站新闻稿件质量、时效性等都有明显提升。强化截稿日制度，工作日日均发布量 13.6 条次；加强指导，在内容和形式上创新突破，落实信息来源责任制，错漏情况低于千分之二。

（2）做好网站改版与维护。一是“党的建设”栏目调整到网站首页突出显示，加强党建宣传；二是在国机集团官网首页增设“重点关注”栏目，突出下属企业生产经营亮点；三是将“行业动态”栏目调整为“形势任务”，更全面地发布国内外宏观政治经济形势和行业形势。

（3）强化专题深度报道，提高网站综合传播能力。配合时政热点和集团大事，策划制作了《学习新时代》《弘扬爱国奋斗精神 建功立业新时代》《庆祝建党 97 周年》《国机普法宣传》《国机集团节能减排宣传》《丹棱留声机》等六个专题网站，持续提升宣传效果和影响力。

**6. 海外传播**

（1）英文杂志质量提升。2018 年，国机集团英文杂志《SINOMACH TODAY》编辑出版 4 期，刊发稿件 93 篇、10 万余字。一是把握时事热点和集团亮点，主动进行议题设置，制作了“国机集团海外社会责任”“国机集团在非洲”“改革开放 40 周年”“国机集团进博会成果丰硕”等提升海外影响力的专题；二是增设《合作与交流》《国际大工程》《国机红榜》等栏目，将装备制造、贸易服务业务和各类海内外交流纳入海外传播，用宏观、壮阔的图片展示国机集团工程形象和责任担当，提升国机集团整体形象；三是最大程度挖掘子公司宣传重点、亮点，加大服务子公司宣传力度；四是扩充、建强通讯员队伍，实现更广范围的海外业务定制化报道；五是拓展发行渠道，在中国国际机床工具展览会、北京国际汽车展览会、中非合作高峰论坛央企创新成就展上进行发放，并实现向政府部门发放，获中宣部国际局肯定。

（2）有序推动4个外语网站平稳运行。英文网站更新220篇要闻、2.8万余字。俄法西小语种网站上线运行，向更多国家发出国机声音和央企声音，为更广泛的潜在全球客户提供了全面深入了解国机集团的平台。

（3）开设海外社交媒体账号，向海外新媒体领域延伸。完成《中国机械工业集团有限公司外宣工作舆论引导预案（试行）》。以中设集团巴基斯坦项目为基础和优势，开通巴基斯坦facebook账号。

# 党建工作

**【党组织基本情况】**

截至2018年12月31日，国机集团共有党组织2 366个，其中，党委198个、党总支121个、党支部2 047个；共有党员49 290人，其中，在岗党员32 699人、离退休党员15 749人、女性党员12 072人。

**【持续加强党的政治建设】**

国机集团党委始终把党的政治建设摆在首位，严守党的政治纪律和政治规矩，坚持党的领导不动摇，增强“四个意识”、坚定“四个自信”、坚决做到“两个维护”，落实全面从严治党要求，充分发挥好把方向、管大局、保落实的领导作用。

**1. 大力加强政治学习** 认真落实《国机集团党委理论学习中心组学习实施意见》，发挥党委理论学习中心组的领学促学作用，全年共组织10次中心组学习，及时传达学习习近平总书记在全国两会、纪念改革开放40周年大会的重要讲话精神、《习近平关于国有企业改革发展和党建论述摘编》和中央经济工作会议精神、中央企业党的建设工作座谈会精神，专题学习《中华人民共和国宪法》《中国共产党纪律处分条例》《中央企业领导人员管理规定》等，不断强化政治责任，提高政治站位，提升政治能力。

**2. 贯彻落实中央重大决策部署** 国机集团党委始终把贯彻落实中央决策部署作为重要政治任务，坚定不移贯彻落实新发展理念，着力推动创新驱动发展，集中力量为国家解决关键核心技术“卡脖子”问题，积极推进国企改革“双百行动”，统筹推进综合性改革。坚定不移把精准扶贫作为重要政治任务，按照“扶智力、扶志气、扶产业、扶民生”的工作思路，直接投入帮扶资金3 437万元用于投建扶贫车间、捐建“爱心教室”、培训基层教师等74个重点扶贫项目。

**3. 完善重大事项决策程序** 修订完善国机集团党委会和董事会会议制度，建立重大事项决策管理程序，明确党委常委会研究“三重一大”事项的内容标准和前置要求，完善党委常委会、总经理办公会、董事会工作机制，发挥党委把方向、管大局、保落实作用，支持董事会和经理层履职尽责，发挥企业法定决策主体和经营主体的作用。

**4. 推进二级企业党委书记、董事长由一人担任** 截至2018年年底，国机集团直接管理的下属二级企业党委书记、董事长均由一人担任，党员总经理任党委副书记，规模较大下属企业配备专职副书记，适当增加进入董事会的党组织领导班子成员人数。

**5. 落实基层企业党建进章程工作** 对二、三级企业党建进章程进行分类指导和专项督查，全面推进国有独资、全资和绝对控股企业党建进章程，国有资本相对控股的混合所有制企业党建进章程工作取得明显进展。2018 年，国机集团二级企业全部完成、三级企业 90% 以上完成了党建工作总体要求写入公司章程的工作。

**【深入学习贯彻习近平新时代中国特色社会主义思想和党的十九大精神】**

**1. 领导班子作表率** 国机集团党委班子成员坚持走在前、作表率，在个人自学的基础上带头开展集体学习和专题研讨，深入基层企业讲专题党课，以实际行动带动广大党员干部职工深入开展学习活动，不断提升政治素质和理论水平。

**2. 切实做到"五个全覆盖"** 国机集团各级企业党组织严格落实"五个全覆盖"要求，实现集中宣讲全覆盖、学习研讨全覆盖、干部授课全覆盖、学习培训全覆盖、学习宣传贯彻活动全覆盖。各基层党支部创新活动形式、开设支部园地、借助互联网媒体，加大学习宣传力度，不断拓宽宣传的广度和深度。

**3. 引领企业改革发展** 坚持理论联系实际，以培育具有全球竞争力的世界一流企业为目标，修订《国机集团 2018—2020 年发展规划》以及装备制造业务、贸易服务业务、工程承包业务、金融与投资业务和科研院所板块发展规划，进一步将学习成果转化为引领企业改革发展的动力。

**【压实各级企业党建责任】**

研究制订各级党委履行全面从严治党主体责任清单，进一步强化各级企业党建责任，出台《国机集团党委关于全面落实管党治党主体责任和监督责任促进企业治理效能进一步提升的实施意见》，推进党建和业务有机融合，各级党组织和党员干部抓党建、强党建的主责主业、主角主动意识明显增强。

**1. 注重统筹谋划党建工作** 2018 年年初召开全系统党建工作会议，结合中央部署和国务院国资委年度党建重点任务，对国机集团全年党建工作进行总体部署；年中召开半年工作会议，总结梳理半年党建工作进展，对重点任务、关键工作进行再动员再推进。落实"中央企业党建质量提升年"整体要求，采取了一系列提升党建工作质量的举措，始终做到党建工作和业务工作同步谋划、同步推进、同步落实。

**2. 注重建立健全制度体系** 制（修）订涉及党组织建设、党风廉政建设、干部管理、巡视巡察以及意识形态工作等方面制度 30 多项，在全集团范围内进行宣贯，并将制度建设作为各级班子党建考核内容，积极推动各级企业配套健全党建基本规则和实施细则，国机集团全面从严治党的制度体系基本形成。

**3. 注重发挥集团领导班子示范作用** 2018 年，国机集团党委召开专题会议听取班子成员党建履职情况报告，在 OA 系统设立党建履职专栏，将班子成员专题研究党建、参加中心组学习、到基层指导检查党建工作、开展谈心谈话等纳入规定动作，让党建履职看得见、摸得着。

**4. 注重用好考核评价"指挥棒"** 认真落实《国机集团党建工作考核评价暂行办法》，全面启动党建工作考核评价全覆盖，建立对下属企业党建工作全面考核评价的工作机制和指标体系，构建下属企业党委书记党建述职评议考核、下属企业党委班子成员党建工作述职、基层党组织负责人述职评议"三个层面"的述职评议体系，全面强化党建责任落实。

**【夯实基层党组织党建基础】**

国机集团党委紧紧围绕习近平总书记指出的"四化"问题，坚持问题导向，坚持在打牢基础、补齐短板上下功夫，压茬推进基层党建工作重点任务，基层党建工作基础得到全面加强。

**1. 严格党组织管理** 制订印发《关于在企业改革中进一步坚持和落实党的建设"四同步""四对接"要求的意见》，积极推动下属企业建立适应业务发展的党组织动态调整机制，使党的组织和党的工作"无死角、全覆盖"。严格落实党组织应建必建要求，修订《国机集团全资及控股企业党组织换届选举工作实施办法》，进一步加强集团基层党组织建设，促进基层党组织换届选举工作制度化、规范化。

**2. 加强境外党组织建设** 针对境外业务较多的特点，2018 年国机集团重点推动境外强基工程，对境外机构、境外党员、境外组织进行全面梳理，坚持境外业务规模大、驻地固定、党员人数多的单位单独设置党组织，业务规模较小、党员人数较少的不同单位成立联合党支部，同一企业分布相近的机构设置区域联合党组织三个原则，实现党的组织同步建设，党的活动同步开展，党的要求同步落实。

**3. 拓宽党员学习教育渠道** 督促党员干部积极参与“国机大讲堂”“丹棱课堂”学习，充分利用在线学习平台和各类学习资源随时随地进行自学；开通“国机党建”微信公众号，设立“先锋课堂”栏目，方便党员随时学习党的理论知识。举办下属企业党委书记培训班、党委工作部长和基层党组织书记示范培训班，进一步推动国机集团全系统党支部书记集中轮训和党员教育培训工作。

**4. 搭建党建信息平台** 积极运用信息化平台，将党建工作纳入平台管理，将党员信息管理、组织机构管理、“三会一课”在内的 14 项内容纳入在线管理和监督，不断提高基层党建工作科学化、规范化水平。

**5. 建立经常性督查指导机制** 把党支部建设作为最重要的基本建设，探索建立基层党组织工作经常性督查制度和基层联系点制度，加大对基层党组织工作检查和指导工作力度。

**6. 广泛开展走访慰问活动** 健全党内关怀帮扶机制，2018 年走访慰问在京企业 222 名老党员、困难党员，发放慰问金 48 万元，帮助在艰苦环境中工作的党员、生活困难党员和老党员排忧解难，进一步增强党组织的凝聚力。

**【纪检监察】**

**1. 把政治建设摆在首位，自觉用习近平新时代中国特色社会主义思想和党的十九大精神武装头脑、指导实践、推动工作** 2018 年，国机集团通过党委常委会、党委理论中心组学习会、纪委办公会、纪检监察系统会、专题会、座谈会等多种途径，运用走访调研、检查督导、交流研讨、谈心谈话等方式，采取讲党课、办培训班等形式，把习近平新时代中国特色社会主义思想和党的十九大精神落到实践中。

**2. 坚决扛起全面从严治党政治责任，压紧压实“两个责任”** 压紧压实全面从严治党主体责任。2018 年，国机集团召开党风廉政建设和反腐败工作会议，制订和落实年度工作要点任务分工；签订年度党风廉政建设责任书，明确责任；抓好党建责任制考核评价反馈问题整改落实，研究制订《“党建质量提升年”深化行动方案》，推动落实《国机集团党建工作责任制实施意见》《党建工作责任制考核评价暂行办法》；贯彻落实中央纪委有关工作建议，将办案成果转化为治理效能；推进体制改革，研究制订国机集团纪检监察体制改革实施方案；严细考核，对二级企业落实“两个责任”和党风廉政建设责任制落实情况开展年度检查，检查结果与先进单位评选和领导班子成员薪酬、奖惩、任免挂钩；建立国机集团党委常委会听取集团纪委工作汇报的报告机制。

压紧压实全面从严治党监督责任。研究制订《国机集团纪委 2018 年工作要点》；及时传达上级精神，结合国机集团实际研究制订具体措施，把中央最新精神落实到纪检监察工作中；规范履职管理，制订《二级企业纪委书记（纪检组长）履职专项考核暂行办法》，开展二级企业纪委书记年度述职考评；开展重点督查，对国机集团扶贫领域腐败和作风问题专项治理工作开展监督检查，重点对 4 个定点扶贫县和对口帮扶单位进行“五查”；开展“一企业一专项”监督检查，促进企业改革发展；组织开展廉洁风险点排查、制订落实防控措施，形成国机集团廉洁风险目录，健全廉洁风险防控机制；制订落实《国机集团党委党风廉政建设和反腐败工作协调小组工作规则》，发挥有关职能部门的监督作用，健全“大监督”机制。

**3. 坚决纠“四风”树新风，巩固拓展落实中央八项规定精神成果**

（1）研究制订《国机集团党委关于进一步改进工作作风的若干意见》，从集团党委常委做起，坚决纠“四风”、改作风。

（2）持续强化重要节点监督检查，紧盯重点对象、重要时间节点，紧盯“四风”新动向和隐形变异问题。

（3）对集团存在的形式主义、官僚主义问题开展摸底排查和集中整治，着力解决深层次问题。

（4）制订《国机集团纪委关于查处违反中央八项规定及其实施细则精神问题通报曝光规定》，加大查处和通报曝光力度。

（5）开展进一步落实中央八项规定精神加强督查整改完善相关制度“回头看”，把落实中央八项规定精神抓得越来越紧、越来越严。

**4. 强化政治巡视巡察，有效发挥利剑作用**

（1）通过开展常规巡视，发现了一批领导干部违规违纪问题线索，强化了管党治党政治担当。

（2）针对巡视发现的问题，明确整改措施和时限，督促被巡视企业党委落实主体责任、纪委落实监督责任。

（3）在部分规模较大、具有集团性质的二级企业开展巡察工作，建立上下联动监督网，打通全面从严治党“最后一公里”。

（4）有针对性地对国机集团境外党建情况、“两个责任”落实情况、廉洁风险防控情况等进行调研，探索加强境外党风廉政建设和反腐败工作的有效途径和管用办法。

（5）研究制订、推进落实《国机集团党委巡视巡察工作5年规划》和《关于所属企业党委开展巡察工作的意见》。

（6）制订落实《集团党委巡视巡察工作领导小组工作规则》等4项规章制度，推进巡视巡察更加规范有效。

**5. 加大监督执纪力度，保持反腐败高压态势**

（1）严肃查处违规违纪问题、有效运用“四种形态”。制订落实《国机集团党委深化运用监督执纪“四种形态”实施办法（试行）》，严肃对待信访举报、问题线索处置，在提醒谈话、约谈函询、批评教育上下功夫，严格依规依纪依法开展执纪审查，做好组织处理、纪律处分。

（2）认真落实“三个区分开来”要求。坚持严管和厚爱结合、激励和约束并重，制订落实《国机集团党委关于建立容错纠错机制鼓励担当作为干事创业的若干意见（试行）》，各级纪委以正式回函、谈话反馈等形式为相关同志了结澄清信访举报问题。

**6. 加强纪律教育，筑牢拒腐防变的思想堤坝**

（1）组织开展“廉洁宣传教育月”活动。国机集团总部开展“六个一”活动，即举办一场主题报告会和警示教育大会、通报一批违规违纪典型案件、组织阅读一批忏悔录、推出一期廉洁宣传专栏、开展一次主题征文、举办一期“新风讲堂”专题辅导讲座、组织一次纪检监察系统干部集中学习培训，所属企业也组织了各具特点、生动多样的宣传教育活动。

（2）创新教育载体。开办“新风国机”微信公众号与“新风讲堂”，传达学习中央精神、解读阐释政策规定、研讨交流重点工作、介绍前沿知识重要信息。

（3）开展廉政谈话。组织新提任领导干部廉政谈话、新任纪委书记任职谈话，签订《廉洁承诺书》。

（4）加强日常教育。把党章党规党纪作为党员干部教育培训的必修课，开展落实中央八项规定精神、纪律建设等专题党课，邀请专家辅导新修订的党章、纪律处分条例等党规党纪。

**7. 加强纪检监察干部队伍建设，提高履职能力**

（1）着力加强组织建设，增强国机集团总部纪检监察力量。较好解决了二级企业纪委书记兼职影响聚焦主责主业问题。开展二级企业纪委书记、副书记备用人选推荐和纪检监察、巡视巡察人才库建设工作，掌握、储备了一批骨干力量。

（2）持续强化能力建设。国机集团纪委举办学习贯彻党的十九大精神和《国家监察法》培训班，在“廉洁宣传教育月”期间举办业务培训班，实现了集团纪检监察和巡视巡察系统全员集中轮训，进一步提高了纪检监察干部素质能力。

**【共青团和青联工作】**

截至2018年年底，国机集团共有35岁以下青年35 431人，其中，28岁以下团员13 409人，团组织915个，专兼职团干部2 299名。集团青联委员87名。

2018年，国机集团团委以习近平新时代中国特色社会主义思想和党的十九大精神为指导，进一步强化青年思想引领，引导青年矢志奋斗，搭建青年成长平台，充分激发团员青年的干事创业的热情，积极为企业高质量发展贡献青春力量。

**1. 引领青年，强化理想信念教育** 开展“青年大学习”，组织团员青年深入学习习近平新时代中国特色社会主义思想和党的十九大精神，将思想和行动统一到中央决策部署上来。共青团十八大会议之后，组织团员青年认真学习宣传贯彻习近平总书记“7.2”讲话精神和共青团的十八大精神，加强青年理论武装。持续开展“雷锋精神大讨论”“书香丹棱 书话青春”青年读书会等系列品牌活动，增强团员青年对社会主义核心价值观的情感认同、价值认同。

**2. 立足本职，发挥青年生力军作用** 主动适应企业全面深化改革的要求，引导团员青年围绕创新创效、科技攻关、管理提升、扶贫攻坚等发挥生力军和突击队作用。推选团员青年参加“振兴杯”全国青年职业技能大赛荣获佳绩，并接受中国青年报专访，展示国机青年精神风貌。大力宣传“航天科工杯”中央企业青年创新奖的获奖项目和团队，发挥典型引路作用。举办“心愿漂流”活动，给对口帮扶县河南固始的孤儿送去儿童节祝福，助力国机集团扶贫工作。

**3. 搭建平台，提升青年获得感** 开展全国及省部级先进个人和集体的推荐工作、全系统“两红两优”团内评比表彰活动，帮助青年岗位建功；组织观摩互联网科技公司，鼓励青年跨界交流；开展单身青年关爱弱势儿童活动等一系列青年联谊活动，促进同频青年实现情感交流，扩大交友渠道。

**4. 从严治团，增强团组织活力** 组织开展中央企业系统（在京）共青团十八大代表推选工作，成功推选冯超良当选代表；另有朱永生、方鹏飞、叶兰 3 名国机青年由地方推荐当选为代表。推动制度建设，制订《国机集团党委关于进一步加强和改进群团工作的实施意见》。健全团委学习、议事机制，定期开展团委工作会议、片区团组织交流活动，全面提升国机集团团组织的工作质量和效率。督促二级企业团组织按期换届，90% 二级企业团组织均完成换届工作。贯彻落实团干部学习制度，举办第七期团干部培训、开设团干部网络课堂，提升团干部履职尽责能力。大力推进智慧团建工作，初步建立面向全系统团组织、团员、团干部的基础数据库，推动团组织自身建设的互联网转型。

**5. 注重宣传，构建良好的舆论氛围** 借助国机集团微信公众号、青春央企等集团内、外部新媒体平台，讲好国机青年砥砺奋斗故事，传播青春正能量。协助出版《国机集团报》（五四特刊），积极弘扬五四精神。改进《国机集团青年通讯》版面，全年共编发 10 期，在青年中营造良好舆论氛围。

**【统战、精神文明建设及军转干部工作】**

**1. 将群团、统战工作纳入党建考核范畴** 制订《国机集团党委关于进一步加强和改进群团工作的实施意见》《国机集团党委关于进一步加强和改进统一战线工作的实施意见》《集团党委常委联系统战代表人士制度说明》等制度，为群团统战工作的开展提供制度依据和组织保障。

**2. 发挥国机集团侨联的桥梁纽带作用** 组织京津委员工作会议，集中学习党的十九大、全国归侨侨眷第十次代表大会等重要会议精神，总结研讨工作、听取意见建议。

**3. 坚持对统战代表人士的走访联系和慰问关怀制度** 通过重大节日期间的走访联系、对生病住院的干部及家属的探视看望，帮助解决具体困难，传递集团关怀。

**4. 在全系统开展党外人士“爱企业、献良策、做贡献”主题活动** 近 1 400 人参与活动，提出建议 700 余条，内容涉及企业改革重组、创新发现、管理提升等方面。

**5. 首次举办党外干部理论培训班和党外干部座谈会** 35 家企业近 40 名党外干部参与培训，系统学习党的统战理论和经济管理知识。

**6. 开展院士逢五逢十从业纪念活动** 为关杰、闫楚良两位院士送上从业祝福，营造尊崇科学、尊崇人才、尊崇创新的氛围。

**7. 积极发挥党外知识分子智力优势** 组织推动恒天集团、国机重工、轴研科技、重材院建立党外代表人士建言献策工作室，为企业改革发展打造凝心聚智的平台。

**8. 定期开展军转干部数据年度统计工作** “八一”建军节期间，组织开展主题活动，走访慰问困难军转干部代表。

**9. 促进精神文明建设常态化、长效化** 对中工国际、中国二重和苏美达股份三家荣获“全国文明单位”荣誉称号的下属企业进行年度检查，实现系统内全国文明单位检查全覆盖。将精神文明创建与企业实际相结合，组织中工国际、国机汽车两家首都文明标兵单位开展精神文明主题创建活动，积极向外界展示国机文化，传播社会正能量。

**【老干部管理工作】**

**1. 夯实基础管理** 开展2018年度离退休干部年报统计，截至2018年年底，国机集团共有离休干部825人；退休干部27 117人，其中：在京4 919人，党员12 035人。

**2. 落实老干部待遇** 认真贯彻落实中组部、财政部等关于离休干部护理标准的要求，为10家企业向财政部申报并获得545万元离休干部医药费补助资金，解决离休干部生活难题。为减轻企业费用负担，国机集团为下属困难企业拨付补助资金，确保60名离休干部医药费和津（补）贴及时发放。丰富老干部的政治文化生活，为各企业离退休党支部订阅《学习参考》，同时做好老同志待遇信访督办工作。

**3. 根据中组部有关要求，在离退休干部中开展“我看改革开放新成就”专题调研活动** 通过集体学习、主题党日、座谈交流等形式，组织全系统老干部围绕主题深入交流。

**4. 强化精准服务，聚焦并积极解决老同志关心的问题** 协助办理医疗证、定点医院变更等工作；做好国机集团总部新增退休人员的服务衔接工作，积极优化流程、简化手续为老同志提供便利，开展医药费报销等工作，全力提供周到细致服务。

**【工会工作】**

**1. 学习贯彻中央精神** 国机集团组织工会主席（扩大）会议，专题学习研究党的十九大、中国工会十七大以及中国妇女十二大精神，确保工会工作的政治方向。号召并组织集团2万余职工观看改革开放四十周年系列直播节目“改革开放巾帼力量”访谈。

**2. 规范工会组织** 国机集团工会指导下属企业推进工会组织建设。2018年，国机集团工会先后研究批复多个二级企业工会完成换届选举工作，同时，对各单位推进工会组织建设给予了及时必要的指导和支持。

**3. 构建和谐劳动关系，依法维护职工权益** 国机集团工会将维护职工合法权益作为工会工作的基本任务，下属各单位认真履行职责，在争议调解、民主管理、帮扶救助、服务体系建设等方面均取得新的进展。健全以职代会为基本形式的民主管理制度，不断提升民主管理水平，进一步畅通职工维权诉求渠道，让“有困难找工会”变成真实的帮扶案例，让职工随时感到工会就在身边。

**4. 加强工会干部自身队伍和职工队伍建设**

（1）组织开展“工会工作先进集体和优秀工会工作者”评选活动，评选出10家工会工作先进集体和20位优秀工会工作者，进一步激励广大工会干部新时代新担当新作为。

（2）为打造政治坚定、业务精湛、爱岗敬业的高技能人才队伍，国机集团工会积极推动制订《国机集团贯彻落实〈关于提高技术工人待遇的意见〉实施方案》，激发职工岗位成才的积极性和主动性。

（3）持续推动职工技能素质提升，分别在洛阳、西安举办了两期优秀班组长培训班，采取培训和实践观摩相结合的办法，培训了145名基层优秀班组长。

**5. 职工关爱帮扶**

（1）加强帮扶体系建设。组织爱心基金收缴及申报、发放。2018年，共筹集爱心资金579.53万元，向311名下属企业职工及子女发放各类资助、慰问金151.1万元，向中地装张探厂发放特别帮困资金20万元，较大程度上缓解或解决了部分困难职工家庭在资金方面的迫切需求。

（2）加强女工关爱工作。国机集团工会高度重视女工工作，继续贯彻落实《女职工劳动保护特别规定》，坚持以女职工需求为导向，切实解决女职工最关心的问题。一是全面加强工会干部队伍建设，举办第二期女工委员培训班，推动国机集团女工工作创新发展；二是开展“双比双争”巾帼建功活动，鼓励女职工在新时代有新作为，争做建功新女性，共评选出 10 个巾帼示范岗和 15 名巾帼岗位明星；三是组织京内企业女职工开展“激情三月天·魅力音乐节”主题活动，庆祝第 108 个国际妇女节，打造幸福国机画卷中的亮丽色彩。

**6. 职工文体活动**

（1）开展“感动国机十大人物”主题宣传活动。年初举行“感动国机十大人物”颁奖典礼，国机集团主要领导参加会议并为获奖人员颁奖；组织开展“大国顶梁柱暨感动国机十大人物事迹巡回宣讲活动”，深入中国一拖、国机重装、中国二重、苏美达等企业的车间班组，并在国机集团总部举办北京专场，生动介绍“感动国机十大人物”的动人事迹，诠释了“合力同行，创新共赢”国机文化的基本内涵。

（2）继续推出职工喜爱的品牌赛事。举办主题为“和你在一起，共赢新时代”的国机第六届职工田径运动会，共有 38 支代表队 1 700 多名运动员参加比赛，是历届运动会参赛单位最全、人员最多、规模最大的一届，创造了国机运动会新的历史。运动会还特别邀请东电集团、西电集团两家兄弟央企参加。

# 第三篇

# 子公司发展概况

# 中国机械设备工程股份有限公司

**【基本概况】**

中国机械设备工程股份有限公司（CMEC），于2011年1月18日由中国机械设备进出口总公司通过整体改制正式更名，于2012年12月21日在香港正式上市。CMEC成立于1978年，是中国第一家大型工贸公司，由中国机械工业集团有限公司（国机集团）控股。

2018年是CMEC成立40周年。面对内外部环境的深刻变化，CMEC上下以“两个一以贯之”为统领，坚持稳中求进的工作总基调，按照高质量发展的战略要求，主动作为，扎实工作，发展改革持续推进，经营、财务等各项指标继续保持良好状态，实现了稳定发展。在国机安全生产责任目标考核中，CMEC再次被评为优秀企业，这已是连续第八次获此称号。

**【经营业绩与财务分析】**

2018年CMEC主要经济指标见表1。

**表1　2018年CMEC主要经济指标**

| 项目 | 2017年 | 2018年 | 同比增长（%） |
|---|---|---|---|
| 资产总额（万元） | 5 635 045.91 | 5 611 461.85 | -0.42 |
| 净资产（万元） | 1 738 074.89 | 1 651 325.41 | -4.99 |
| 营业收入（万元） | 2 739 347.55 | 2 888 408.68 | 5.44 |
| 利润总额（万元） | 236 092.49 | 282 576.80 | 19.69 |
| 技术开发投入（万元） | 100 277.44 | 69 491.24 | -30.70 |
| 利税总额（万元） | 350 526.85 | 409 379.80 | 16.79 |
| EVA值（万元） | 78 903.61 | 114 864.93 | 45.58 |
| 全员劳动生产率〔万元/（人·年）〕 | 46.43 | 73.51 | 58.32 |
| 净资产收益率（%） | 10.86 | 12.62 | 增加1.76个百分点 |
| 总资产报酬率（%） | 4.88 | 5.33 | 增加0.45个百分点 |
| 国有资产保值增值率（%） | 110.74 | 111.64 | 增加0.90个百分点 |

变动原因：

（1）资产总额和净资产同比下降，主要由于溢价收购中电工导致。

（2）营业收入同比增加，主要因为工程承包业务增长。

（3）利润总额同比增加，主要由于汇兑收益增加。

（4）技术开发投入同比下降，主要由于工程施工业务技术服务费有所下降。

（5）EVA增加，主要由于当年净利润同比增幅较大。

（6）净资产收益率增加1.76个百分点，主要由于净利润同比增长20.22%。

（7）总资产报酬率增加0.45个百分点，主要由于利润总额同比增长19.69%。

（8）国有资产保值增值率上升，主要由于国有资本享有的经营积累增加。

【改革改制情况】

2018 年，CMEC 托管企业哈尔滨电站设备成套设计研究所有限公司（简称哈成套）积极推进混合所有制及员工持股改革试点工作。哈成套于 2016 年开展混合所有制改革可行性论证工作，2017 年获得混合所有制改革的主体资格，确定改革的评估基准日为 2017 年 9 月 30 日。2017 年 10 月制定完成混改初步方案，并获得国机集团批复；同步开展精算、审计、评估和寻求战略投资者等各项工作，并开始逐步制定“混改实施方案”和“员工持股管理办法”；2018 年 5 月开始在上海联合产权交易所挂牌增资，同步完善“混改实施方案”和“员工持股管理办法”，并于 2018 年 9 月获得国机集团批准。2018 年 9 月 30 日与各战略投资者完成增资协议的签署，同步完成持股职工入资协议的签署。2018 年 10 月 30 日前，各股东和持股职工完成实际入资，并于 11 月 1 日起享有股东权益。

哈成套现注册资本 3 630 万元，此次增资引入资金 4 351.34 万元，其中 1 970 万元计入公司新增注册资本，其余金额计入公司资本公积。增资完成后，哈成套注册资本增加至 5 600 万元。

增资部分全部由两家外部战略投资者（黑龙江大正集团和杭锅集团）与持股员工（含预留股）认购，混改完成后，大正集团持股 5.00%，杭锅集团持股 10.00%，员工持股 20.18%，国有股占 64.82%。

【重大决策与重大项目进展情况】

**1. 党的建设开创新局面** 2018 年，在国机集团党委的领导下，CMEC 党委认真贯彻落实全国国有企业党的建设工作会议、全国组织工作和宣传工作会议精神，切实加强党的领导，切实加强党的政治建设、思想建设、组织建设、作风建设、纪律建设和制度建设，切实发挥 CMEC 党委的领导核心和政治核心作用、党支部的战斗堡垒作用和共产党员的先锋模范作用，CMEC 党委的政治领导力、思想引领力、党建组织力有较大提升，党建工作迈上新台阶。

2018 年，CMEC 党委以学习贯彻落实习近平新时代中国特色社会主义思想和党的十九大精神为主线，引领 CMEC 党的建设、战略发展、经营管理取得累累硕果。广大干部员工增强“四个意识”，坚定“四个自信”，坚决做到“两个维护”，政治站位明显提高，思想境界显著提升，精神面貌焕然一新，推进 CMEC 改革发展不断深化，推动 CMEC 经营业务创新突破。

**2. 战略布局实现新的突破** 2018 年，CMEC 通过国家战略、行业趋势、企业改革发展目标“三角定位”，全面优化、系统地更新了 CMEC2018—2020 年新战略。将愿景调整为“国际领先的工程承包与综合服务商”，并确定近三年的发展定位是以工程承包业务为基础，以科技和创新为驱动，全球布局的多元化综合服务商。这为 CMEC 全面落实新发展理念、实现高质量发展、加快培育具有全球竞争力的世界一流企业制定了更加明确、切实的路线图，锁定了 CMEC 业务拓展和管理提升的方向。

2018 年，CMEC 持续加大与“一带一路”建设和“走出去”国家战略的对接力度，响应习近平总书记关于“一带一路”建设“今后要聚焦重点、精雕细琢，共同绘制好精谨细腻的‘工笔画’”的指示，重新梳理了重点市场项目开发方向，将资源集中以突出重点、突出精品、突出长效、突出创新，实现了巴基斯坦塔尔煤田 II 区块新项目等一大批新的大项目的签约，也实现了在韩国等诸多新市场的重大突破。

CMEC 全力落实央企供给侧结构性改革任务，通过改革的方式、创新的手段、市场化的目标、多元化的配套支撑，着力激发企业内部活力，提升科技创新对业务转型升级的支撑作用，为推动高质量发展创造了良好氛围。2018 年，在 CMEC 党委领导下，公司发展改革领导小组梳理、确定了第一批 13 个现阶段发展改革重大事项，各重大事项的实施策划方案已基本完成上会审核。区域化试点已经明确，新加坡、迪拜区域公司开始在当地扎根并辐射周边，均已取得当地银行授信。

**3. 管理再上新台阶** CMEC 以合规管理为前提，通过顶层设计与容错试错相结合，结合不同业务模式改革与发展的目标和特点，持续深化有公司特色的现代企业管理体系建设。2018 年，CMEC 人才结构不断完善，培养力度持续加大；“两金”管理成效明显；安全生产警钟长鸣，全年无重大事故发生。2017 年工作报告分解细化的 131 项重点工作完成率超过 95%。

【业务进展情况】

**1. 市场开拓、产品销售、签约、重大项目进展**

在工程承包业务领域：

（1）传统市场和新市场同时发力。针对“一带一路”等国家政策和市场的变化趋势，CMEC 及时对业务开发的方向进行了梳理，确定了重点市场，整合资源向符合国策、主权信用好、生效可能大的国家倾斜，取得一定效果。

在巴基斯坦签署塔尔煤田 II 区块坑口燃煤电站项目；在乌克兰签署了保障性住房建设项目；在马尔代夫签署了旅游岛等多个项目；在赤道几内亚签署了大陆高压电网扩建、运维等一大批项目。这些项目的签署，是 CMEC 积极落实“一带一路”倡议，深耕传统市场、滚动开发的丰硕成果，进一步提升了 CMEC 在传统市场及周边地区工程承包市场的影响力。

同时，在新市场取得进展，在韩国签约并生效了平昌房地产建项目；在刚果（金）签署饮用水处理厂等相关项目；在塞拉利昂签署铁矿项目；在圣多美和普林西比签署 LNG 接收站等多个项目；在澳大利亚签署公寓楼建设项目；在塔吉克斯坦签署水泥厂项目等。

（2）新模式开发有进展。与平煤集团合作的俄罗斯伊尔库茨克炼油厂项目，采用了“EPC+投资 + 产能合作”的综合运作主导型开发模式，取得较好效果。斯里兰卡汉班托塔港燃机电站项目，采用“投资 +EPC”模式，是 CMEC 首个海外控股项目，已完成当地公司注册等程序。与 GE、西门子等外部战略伙伴已经形成了多层次、多领域、多模式的合作关系，从传统的 EPC 模式到联合开发总包模式，再到共同投资、共同融资、支持 IPP 项目的开发模式，合作模式更加深入、合作关系黏度更高。与西电、东电等国内伙伴缔结产业联盟，通过产业链的纵横联通，同行间的长短互济，合作范围更加广阔，伙伴关系更加紧密。

（3）紧跟国际能源趋势。顺应国际能源市场变化趋势，着力捕捉新能源类项目。在肯尼亚签署了地热项目，该项目是 CMEC 的首个地热电站项目，为打开地热新能源市场奠定了基础；肯尼亚风电项目也已生效。在乌克兰签约并生效了光伏项目，该项目建成后将成为欧洲最大单体光伏电站。在孟加拉国、马来西亚也分别签署光伏项目。待到巴基斯坦吉航电站项目完工后，CMEC 将拥有从 E 级到 H 级系列燃机电站、太阳能光伏、风能、地热等各类清洁能源、绿色能源的项目业绩，基本实现对新能源类别项目的全覆盖。

（4）抢抓外交机遇，充分利用多双边合作机制。牢牢把握新建交或复交、重大外交活动等机遇，拓展了圣多美、多米尼加等新市场；因提早部署，在中非论坛、进博会中均有斩获；利用 G20 峰会、亚太经合组织领导人非正式会议、高层访问等契机，寻求相关基础设施建设项目机遇，并达成多项共识。

在贸易与服务业务领域：

CMEC 业务开发多措并举，传统市场继续稳固，新兴市场逐渐形成规模。装备公司进一步向市场、客户、产品多元化方向发展，目前已打开欧洲市场、国内市场；在高端铸锻件产品开发、技术投入等方面加大力度，高铁制动盘进入批量化生产，铸锻件工程技术研发中心开始建设。中经东源成功进入北美加拿大市场，The one 项目、东渥太华戴夫蔻尔项目执行顺利。

**2. 科研成果** 2018 年，CMEC 着力激发企业内部活力，提升科技创新对业务转型升级的支撑作用，科技创新对企业发展的支撑作用日益明显，工厂模块化、电站远程监控进入验收评审阶段；高端铸锻件在产品开发、技术投入等方面加大力度，高铁制动盘进入批量化生产，铸锻件工程技术研发中心开始建设；专项科技孵化项目有序推进，海绵城市、智能制造和空天地信息化等专项已形成一定的市场转化能力，正在不断完善新技术向工程成熟技术的嫁接与转化。

科技创新成果丰硕。中机国际跻身于湖南省首批全过程工程咨询试点单位，获批了省级科技创新平台，荣获了全国 BIM 应用先进企业；机勘院入选陕西省的国家重点实验室培育计划，获批国家博士后科研工作站，荣获国机集团科学技术奖一等奖。

2018 年，两院新获得专利授权 37 项、软件著作权 22 项，获得省部级以上奖励 15 项。

**3. 产业化发展情况** CMEC 通过打造 EPC 开放型平台，扩大“朋友圈”，推进“大协同”，不断融入国际产业链和价值链，这是打造“升级版 CMEC”的一条重要思路。2018 年，CMEC 相关产业资源整合工作从内部协同、对外合作、并购重组三个维度梯次铺展，成效明显。

在内部协同维度上，板块间资源协调与共享的高墙被打破，工程、贸服、设计咨询、物流间均有自发性的项目合作，经营业务取得 1+1 ＞ 2 的加成效果初步显现，发展道路更宽广、项目执行更顺畅。

在对外合作维度上，2018 年，CMEC 积极参加我国四大主场外交活动，充分利用建交或复交等市场机遇，持续向新老朋友推介 CMEC 品牌与服务。与西门子、GE、BV 等全球领军企业的合作不断深化升级，与西电、东电建立的产业联盟更加紧密。CMEC 还与杭锅集团、中原对外、青建集团等新签署了战略合作协议，围绕海外投资工业化、非洲智能电网及新技术海外应用等领域展开紧密合作，建立起包容联动式发展的新模式。

在并购重组的维度上，在国机集团的支持下，2018 年，CMEC 如期完成了中电工重组工作，完成了哈成套混合所有制改革工作，托管天津电气院，参股江苏庞沃完成交割。长沙汽电与中机国际的重组也正式启动。

2018 年，CMEC 对工程承包产业链的把控能力增强，中南公司、哈成套、兴电国际等自身队伍快速成长，并购庞沃取得重大进展；售后管理处正式设立，产业链持续向后端延伸。采购管理水平不断提升，实现工程项目的完整覆盖。工程承包业务管理平台建设取得阶段性成果，EPC 项目全生命周期管理体系继续完善。

**【主要管理经验】**

（1）公司治理。完成董事会、监事会换届，聘任经营层及关键岗位等相关工作。加强董事会对经营层的考核，开展经营层正副职半年述职工作。董事会切实承担起重大决策、薪酬分配等方面的责任。进一步加强了投资者维护和市值管理特色化建设。

（2）战略管控。编制完成 CMEC 新战略，开展国机 EPC 产业联盟、“一带一路”重点区域工程总承包市场国别战略研究等课题。与西门子、杭锅集团、中原对外等签署了战略合作协议。

（3）专项工作。持续推进“两金”压降、资产负债率压降工作，全面完成压减工作及子公司层级提升工作；CMEC 本部带息负债的金额已压降为零；“三供一业”分离移交工作稳步推进；亏损企业治理工作有成效；资金集中工作取得进展。

（4）财务管理。不断发挥预算管理的价值引领作用。优化境外现场财务管理，不断完善区域公司财务管控体系，推动财务区域化、属地化管理。持续深化管理职能前移，积极参与投资业务前期调研、决策。创新财务管控措施，提升集团化财务管理水平。持续夯实财务基础，升级财务工具，通过海外报账、发票模块上线对公司海外资金收支以及发票管理中的各项财务风险实现了更加有效的管控，CMEC 财务信息化水平迈上了一个新的台阶。

（5）人力资源管理。重新制定了干部选拔任用规定，完成了到任期的子公司和下属党委的换届工作，完善了公司组织构架，选任 14 名相关岗位的干部，优化了干部队伍年龄结构，建立了后备干部库。创新培训方法，加大培训力度，持续加强“六支人才队伍”建设。调整年金方案，保障了员工的切身利益。

（6）法律与风险管理。成立 CMEC 法治建设领导小组和工作办公室，扎实推进公司法治建设工作。坚持法律风险防范、合规管理和法律监督三位一体管控。修订完成多个法律合同范本，持续推进法律职能前移。做好重大诉讼仲裁案件专项工作，加拿大学生公寓项目逾期应收账款全额收回。

（7）投融资管理。不断拓宽 CMEC 融资渠道，力促多个重大项目实现投融资不同阶段的突破。此外，香港华盛昌公司作为境外投融资平台为境外子公司提供上亿美元资金支持，助推 CMEC 区域化、属地化的落地实施。推动

CMEC投资业务多元化。建立投资退出机制，顺利完成巴基斯坦塔尔一期项目股权转让各项审批程序及预交割。

（8）审计工作。履行审计监督职责，实现审计意见及建议闭环管理。积极配合完成国机集团巡视、纪检、审计中心相关工作。全年完成及正在开展的审计项目共47个，总金额约为426亿元。

（9）投资管理。完成哈成套混合所有制和员工持股改革，启动对中国国际农业投资有限公司的混改工作，推进国有资本与其他各种所有制资本取长补短、相互促进、共同发展。

（10）重组并购。全面履行上市承诺，完成中电工重组工作，目前，中电工业务开发活力回升，经营状况逐步稳定。参股江苏庞沃公司完成交割工作，托管了天津电气院。

（11）协同工作。板块间业务协同呈现良好势头，工程、贸服、设计咨询在马来西亚光伏项目、委内瑞拉中央电厂新建变电站、巴基斯坦塔尔二期、柳州市公共交通配套工程总承包招标代理、赤道几内亚房建、深圳中设广场造价咨询、安哥拉LAUCA连接线等多个项目上展开了合作。

（12）安全生产。成立安全生产部，逐级建立了安全生产责任制。强化危险源监督管理，加强隐患排查治理，加大应急管理力度，切实提升风险防控能力和安全生产保障能力。加强宣传教育培训，举办两期安全培训，修订发布13个相关制度，顺利通过三体系外部审核。

（13）出口管制。出口管制办公室单列，积极应对国际形势和中美关系带来的出口管制风险，严密跟踪出口管制法律的变化。完成了第一次出口管制外审工作，并将投资业务纳入出口管制管理和审核范畴。

（14）综合管理及信息化。全力提升综合管理和服务水平。持续推进信息化建设，对现有信息化基础架构环境进行全面诊断、规划、再设计；积极筹划搬迁工作，提前做好新大楼信息化相关界面的划分等工作。

**【社会责任】**

2018年，CMEC积极履行社会责任，践行绿色发展理念，树立中国企业责任品牌形象，不断挖掘、提炼和传播海内外优秀履责实践，获得利益相关方认可。发布了2017年社会责任报告，荣获国际SOS组织颁发的远程医疗奖，成为获此殊荣的第一家也是唯一的中国企业，还荣获“2018海外可持续实践卓越企业奖”、中国证券金紫荆“一带一路最佳实践上市公司”奖、“对外承包工程企业社会责任绩效评价领先型企业”及“信用等级评价AAA级企业”称号。

# 中工国际工程股份有限公司

**【基本概况】**

中工国际工程股份有限公司（简称中工国际）成立于2001年5月，隶属于中国机械工业集团有限公司（简称国机集团）。中工国际于2006年6月在深交所成功上市，是IPO全流通第一单。中工国际具有对外工程承包资质，是国家高新技术企业，连续多年被中国对外承包工程商会和中国机电产品进出口商会评为AAA级信用等级企业。

中工国际的核心业务为国际工程承包、投资和贸易。中工国际以“做国际知名投资发展与工程服务商”为愿景，以“传递中国工程价值”为使命，在海外市场完成了近百个大型交钥匙工程和成套设备出口项目，涵盖工业工程、农业工程、水务工程、电力工程、交通工程、石化工程及矿业工程等业务领域，业务范围涉及亚洲、非洲、美洲及东欧地区，已完成的项目获得了所在国家业主的广泛认可和好评，为所在国家的经济社会发展做出了突出贡献。

截至2018年12月，中工国际已在海外设立了50余家驻外机构（含子公司、分公司、代表处），构建了遍布全球各地区的高效快捷、反应灵敏的国际营销网络，积累了大量有价值的客户和渠道资源，在一些重点市场具有突出的品牌影响力。中工国际的行业影响力也在不断提升。近年来，中工国际新签合同额及完成营业额在中国对外承包工程业务行业排名中基本保持在20位左右。

**【主要指标】**

2018年世界经济形势复杂多变，对外工程承包行业增速放缓，竞争不断加剧，国际贸易保护主义有所抬头。中工国际全体员工在“把握‘一带一路’建设机遇，加强重点市场和大项目开发，落实海内外投资，迈上公司发展新台阶！”的思想指引下，团结一致，砥砺奋进，各项工作取得一定成绩。2018年中工国际主要经济指标见表1。

**表1 2018年中工国际主要经济指标**

| 项目 | 2017年 | 2018年 | 同比增长（%） |
|---|---|---|---|
| 资产总额（万元） | 1 856 008.33 | 1 812 023.25 | -2.37 |
| 净资产（万元） | 866 207.83 | 932 968.32 | 7.71 |
| 营业收入（万元） | 1 090 850.66 | 1 015 038.33 | -6.95 |
| 利润总额（万元） | 150 780.97 | 137 953.83 | -8.51 |
| 技术开发投入（万元） | 37 425.87 | 33 501.91 | -10.48 |
| 利税总额（万元） | 21 162.88 | 29 411.44 | 38.98 |
| EVA值（万元） | 90 463.28 | 64 287.89 | -28.93 |
| 全员劳动生产率〔万元/（人·年）〕 | 87.08 | 64.18 | -26.29 |
| 净资产收益率（%） | 16.72 | 13.10 | 下降3.62个百分点 |
| 总资产报酬率（%） | 8.43 | 8.03 | 下降0.40个百分点 |
| 国有资产保值增值率（%） | 128.88 | 105.63 | 下降23.25个百分点 |

**【改革改制情况】**

2018年8月，中工国际被纳入国企改革“双百企业”名单。按照国务院国资委关于国企改革“双百行动”的具体部署，结合公司实际，中工国际制定了“双百行动”综合改革实施方案并完成上报。2018年10月，正式启动“双百行动”工作，进一步明确了“双百行动”的核心任务，探讨了下一步聚焦的领域和发展模式。中工国际拟通过增发方式引入与公司形成较好业务协同，在“一带一路”区域或国内有投资意向、实力雄厚、愿意长期持有公司股份的战略投资者，实现优势互补。同时，在公司及子公司层面探讨员工持股、股权激励等，进一步释放企业内部活力。

**【重大决策与重大项目进展情况】**

**1. 重组工作有序展开** 根据国机集团整体部署，中工国际与中国中元重组工作正式启动，并于2018年12月24日通过股东大会审议。从中工国际领导到部门，进行全方位对接，推动相关业务尽快启动合作。同时，中工国际成立了医疗板块和索道板块两个专业研究小组，对两个行业进行了深入研究。各事业部积极开发海外医疗领域市场，创新业务模式，积极探索业务协同。

**2. 中白工业园效果显著** 园区开发取得积极成效，社会影响力和知名度不断提升。招商方面，新引入企业18家，入园企业总数达41家，协议投资总额约11亿美元。入园企业中，有中国企业24家、白俄罗斯企业9家，其余8家来自美国和欧洲地区，园区的国际化特色初步显现。园区建设方面，一期发展区5km$^2$“七通一平”完成主体工程；中白工业园区公司投资建设的1.25万m$^2$办公楼已投入使用；已建成3栋标准厂房，总计2.55万m$^2$；管委会“一站式”服务中心投入运营；中国政府援助的成套住宅楼及科技成果转化合作中心大楼在园区举行开工仪式，进一步提升了园区投资的软硬件环境。2018年5月27日，国家副主席王岐山莅临园区视察，对园区3年来的巨大变化和取得的成绩表示肯定。2018年9月21日，中共中央政治局常委、中央纪委书记赵乐际视察园区并肯定了园区工作，对园区提出了坚持绿色发展、高质量发展等工作要求。作为众多境外经贸园区唯一的实体展品，中白工业园一期8.5km$^2$沙盘入选了国家博物馆举办的“伟大的变革，庆祝改革开放40周年大型展览”，成为“一带一路”倡议从理念变为行动、从愿景变为现实的标志性项目，也是我国改革开放40周年的重要成果体现。

**【市场开拓及产业发展情况】**

**1.市场开拓情况** 2018年,中工国际把握“一带一路”建设政策机遇，大力推动项目签约及生效工作，在巩固传统市场的同时，加大新市场开发力度，取得一定成果。

中工国际海外业务实现新签合同额20.7亿美元。在菲律宾、埃塞俄比亚、厄瓜多尔等传统市场实现了新项目及部分补充合同的签署。在阿塞拜疆、毛里塔尼亚实现了新市场开发的突破。其中，中工国际签署的阿塞拜疆钢铁综合体建设项目合同金额11.7亿美元，是在“一带一路”沿线国家成功开发的最大项目。截至2018年年末，中工国际在手合同余额为89.73亿美元。

**2.产业发展情况** 2018年，全球经济复苏缓慢，区域经济发展分化态势增强，国际多边投资、贸易规则酝酿深刻调整。“一带一路”倡议提出5年来，随着多双边政策协定和具体合作项目的落地，为我国对外承包工程行业的发展提供了有力的支撑。据商务部统计，2018年我国对外工程承包行业完成营业额1 690.4亿美元，同比增长0.3%；新签合同额2 418亿美元，同比下降8.8%。其中，“一带一路”沿线国家完成营业额893.3亿美元，同比增长4.4%，占同期总额的52.8%；新签合同额1 257.8亿美元，同比下降12.8%，占同期总额的52%。

**【产权制度改革及管理措施】**

2018年，中工国际落实高质量发展总体部署及国机集团相关要求，完善产权登记财务内部管理制度与流程，切实将产权管理工作有效落到实处，提高产权管理水平，促进公司产权管理能力提升。产权登记项目完整，不遗漏登记，不违规登记；按产权登记相关制度要求，严格按照资料所载信息进行登记，真实、客观、实效地反映产权管理情况；对产权登记资料进行整理，装订成册，按照产权登记类别归档保管；产权工作自查常态化，认真梳理，边查边改，即查即改，年末形成正式报告提交国机集团；系统学习产权登记、资产管理文件，进一步理顺了产权登记工作业务流程，做好国有资产有关的制度宣贯，及时采集经济行为决策依据，夯实产权报备基础，提高产权登记工作效率。进一步提高产权管理水平，产权管理形成闭环。2018年年末，产权登记数据完整率和准确率达到100%，有效推动了公司产权配置的优化和资源的合理流动。

**【主要管理经验】**

**1.经营管理**

（1）战略管理狠抓落实，运营管理持续完善。2018年1月，中工国际召开战略质询会，对全年战略重点做出明确部署。2018年7月，召开高层头脑风暴会，探索创新发展思路。持续推进完善公司运营管理体系及事业部管理，积极组织运营分析会。不断完善投资管理办法、投资管理流程和投审会议事规则，有效地提升了投资管理规范化水平。

（2）完善人力资源管理，加强企业文化建设。中工国际不断完善人力资源管理体系，将短期绩效和中长期激励相结合，在提升员工工作积极性的同时，引导员工更加关注企业长期发展。推出项目经理领导力课程，有效提升核心骨干员工的管理水平和专业能力。加大优秀人才引进力度，持续发挥企业文化在公司发展过程中的文化先行作用，采用多种形式，将企业文化工作与党建工作紧密结合。

2014 年 5 月，中工国际实施了首期限制性股票激励计划。在全体员工的不懈努力下，公司各项业绩目标均达到解锁业绩要求。首期限制性股票激励计划全部顺利完成，对于中工国际核心骨干人员起到了较好的激励作用。

(3)有效提供财务支持，加强财务风险检查。中工国际加大了对 EPC 业务和投资业务的财务支持力度。进一步加强了对子公司财务工作的管理与支持。中工国际连续 3 年被评为北京市退税一类企业。“两金”压降和“瘦身健体”工作成效显著，均超额完成国机集团任务，中工国际荣获“财务信息管理先进单位”二等奖。

中工国际高度重视防范各类财务风险，组织开展财务（审计）大检查，对公司总部、子公司及境外分支机构进行全面检查，对加强财务规范管理、控制公司整体财务风险起到了良好的作用。

(4)强化项目执行管理，优化项目管理体系。中工国际按照精细化管理理念，不断强化项目执行管理，实现风险有效管控。继续优化项目管理体系，修订项目专项管理计划模板。编制完成安全生产管理办法等多项制度，安全生产管理体系不断完善。贯彻安全生产隐患排查治理和“党政同责、一岗双责”要求，开展安全检查工作，促进项目安全管理提升。严格落实国机集团采购管理要求，积极参与国机集团年度采购管理考核，并优异成绩（A 级）。成功召开合作伙伴交流大会，进一步加强了资源整合能力。

（5）多元化融资稳步实施。中工国际稳步推进落实融资多元化部署，全年实现多个项目贷款协议生效。融资服务进一步前移，创新思维，设计合理可行的融资方案。加大与中外金融机构的交流力度，组织参加金融机构高层交流，积极搭建国际化融资平台。

(6)技术支持深入一线，加强知识产权申报。中工国际充分发挥专业优势，为项目开发、执行提供有效的技术保障。在业务开发阶段，对开发项目的可行性进行深入分析；在项目执行阶段，积极参与项目管理计划和前期策划文件的审核。针对“三新”项目管理要求，整理了新领域风险识别清单。继续做好知识产权申报工作，2018 年新获得发明专利 1 项、实用新型专利 8 项。

(7)风控体系不断完善，法治建设扎实推进。中工国际加大推动全面风险管理与内部控制体系的实施力度，有效防范各类重大风险。开展重大风险评估，加强对重大风险的管控力度。对中工国际经营管理的重点内控流程进行评价并针对薄弱环节进行了整改。加强对在执行项目的法律支持，深入研究国内外法律法规，切实保障公司合法权益，严格把控业务风险。进一步推动法治中工建设，制定了“企业主要负责人履行推进法制建设第一责任人职责规定”。

(8)品牌建设不断强化，资本市场形象良好。继续加大力度推动品牌建设，加大信息投放的频率和密度。以联合国全球契约组织（UNGC）的核心工作和十项原则为工作标准，探索建立完善的风险管理体系。编撰完成并发布了《中工国际 2017 年度社会责任报告》。

2018 年，中工国际连续 8 年获得深交所信息披露考核 A 级最高评价，并获得金智奖“2018 年度中国上市公司最受尊敬董事会”奖和“2018 年度中国上市公司治理实践”奖等重要奖项。

**2. 党建工作**

（1）持续深入学习贯彻习近平新时代中国特色社会主义思想和党的十九大精神。中工国际党委全力以赴贯彻落实十九大各项工作任务，在国机集团统一部署下，积极开展“五个全覆盖”和“五个做到位”系列工作，通过中心组学习、支部专题学习、集中培训、讲党课、购置辅导材料等方式，在公司上下，国内外各分子公司、代表处、项目组持续推进深入学习贯彻十九大精神，把习近平新时代中国特色社会主义思想作为公司党委各项工作的行动指南。

（2）认真贯彻落实全国国有企业党建工作会议精神。中工国际党委认真贯彻落实国企党建工作会议精神，对子公司章程修订工作进行全面梳理和指导，13 家境内企业全部完成了党建工作纳入公司章程的工作，实现党的领导与公司治理结构有机统一；制定《中工国际‘三重一大’决策制度办法（暂行）》《中工国际党委会议制度》《中工国际党委会议议事督办管理办法》，明确了党委研究讨论“三重一大”事项程序前置，规范了公司党委会议议事及督办程序，确保会议决定事项落到实处。

（3）坚持党管干部原则，加强人才队伍建设。中工国际党委严格落实“信念坚定、为民服务、勤政务实、敢于担当、清正廉洁”20字方针，对拟提拔人选严格执行“凡提四必”“廉洁背书”制度，为中工国际改革发展创造公平公正的选人用人环境，同时以中高层管理人员竞聘为契机，选拔一批忠诚干净担当的优秀人员走向领导干部岗位，打造了高素质的干部人才队伍。

（4）推进精准扶贫工作，彰显政治责任担当。中工国际党委积极响应国机集团精准扶贫号召，参加扶贫现场调研，签订帮扶责任书，全年扶贫投入45万元，帮助对口扶贫点提升当地教师的教育水平和解决农田耕地难的问题，其中，40万元帮扶资金用于采购30台旋耕机捐赠给当地乡政府供村民免费使用，另外5万元用于支持当地教师到北师大培训，树立企业履行社会责任的央企形象。

(5)层层压实主体责任，推动党风廉政建设。中工国际党委严格落实党风廉政建设“两个责任”，与各级领导干部签署《党风廉政建设责任书》和《廉洁承诺书》，提醒党员领导干部时刻绷紧“廉政弦”。全年重点对海外项目招投标、公务用车、清理农民工欠薪等专项工作进行监督检查，有效防控风险。持续落实中央八项规定精神，紧盯节假日重要时间节点，做好党员干部警示提醒工作。同时，强化执纪问责，深入查处违纪违法案件，全年办结国机集团纪委转办案件4件。

（6）固本强基创新提升，抓实党建基础工作。中工国际党委坚持以问题导向，全面梳理基层党组织建设情况，及时组织开展基层党组织换届选举工作。同时，逐步加强海外基层党组织建设，充分发挥基层党组织在海外工程建设中的战斗堡垒作用。全年各基层党支部认真落实“三会一课”制度，抓好党员日常教育和管理，积极开展主题党日活动，拓展基层党支部建设内容，丰富思想教育形式。以党员教育培训为契机，组织召开公司基层党支部书记、委员座谈会，分享基层党组织建设工作特色亮点，分析存在的问题，研讨交流新形势下工作的方式方法。

(7)深化党群共建桥梁，营造和谐发展环境。中工国际党委持续深入推进精神文明单位创建工作，2018年再次被首都精神文明建设委员会授予“首都文明单位标兵”称号。同时，组织参加国机集团第六届职工田径运动会，并荣获多个奖项；加强与统战代表人士联系，开展“爱企业、献良策、作贡献”主题活动，听取广大统战人士意见建议。积极开展“国机爱心日”捐助、重要节日慰问、青年员工座谈会、志愿服务等活动，充分发挥党建带工建、党建带团建，促进中工国际和谐稳定持续发展。

**3.信息化建设** 2018年是中工国际“砥砺奋进”年，信息化工作紧密围绕公司整体战略规划和全年工作部署要求，制定了信息化整体工作计划并推进各项工作。在上年度全面升级和建设重要信息系统的基础上，着重围绕提升应用水平、加强协同整合、强化安全建设等方面开展和推进工作：

（1）进一步完善办公类信息管理系统。完善KOA办公系统等各办公应用模块功能，解决各应用信息系统功能缺陷；核对和梳理现有各类审批流程并进行了优化，进一步提高公司行政办公审批的效率。推动公司邮件系统和邮件归档系统全面升级工作，实现邮件系统的单点登录功能，扩充邮件系统存储容量，并依据员工岗级和实际情况分配存储容量，满足每位同事的日常工作需要。

（2）加强IFS项目信息管理应用和推广。完成项目管理系统升级后的消缺、优化和项目验收，实现系统升级后的平稳运行；同时完成系统软硬件平台升级，使系统IT方案与主流技术接轨，提升系统运行速度和稳定性，增加台账报表等功能，改善界面友好度和用户操作体验。

（3）有序开展财务软件升级与实施工作。优化财务和业务系统流程，提高审批效率。打通国机财务公司银企联通道，为资金归集提速。搭建预算管理系统，提高预算的精确性，充分发挥预算指导作用。在总账、资产、费用、应收应付、账龄分析、合并报表功能上开发新功能，为今后公司信息核算、数据的实用性夯实了基础。增加资金模块软件核算，核算事业部内部银行资金盈余情况，为公司提供准确、科学的资金信息分析数据。

（4）重点加强项目文档管理系统应用。通过管理系统生成数据编制上传情况报告，反馈至相关领导和项目部成员，督促各项目加强应用，开展项目文档管理工作评价和考核。完成项目文档管理系统的单点登录功能。

（5）建设人力资源管理信息系统。建设人力资源系统，使人力资源数据管理更加规范和标准化，方便各个分子公司直接进入系统查询所需数据，减少沟通成本，实现员工请休假和考勤数据自助管理，为公司人力资源的相关决策提供数据支撑。

（6）建设档案信息管理系统。作为国机集团档案管理信息化建设试点单位，完成办公系统公文自动归入档案管理系统的工作。该系统将实现档案数字化、自动化和网络化管理，提高文档整理、鉴定和归档的工作效率。

（7）信息安全建设工作。全面梳理和检查软硬件环境，对公司信息安全环境进行评估，加强电子机房空调、消防和UPS、SSLVPN访问、病毒防护、安全认证、异地数据备份等建设和升级工作。继续深化信息安全体系建设，强化安全责任，结合公司信息系统安全现况积极推进信息系统等级保护测评工作。

**【企业文化建设】**

中工国际不断加强企业文化建设工作，2018年围绕公司“砥砺奋进”年的主题，确定了“砥砺奋进 聚力前行”的年度企业文化主题。以企业文化建设为抓手，在事业部、部门、子公司各范围内大力开展形式多样的企业文化活动，同时还与党、工、团等平台和阵地相结合，积极开展跨部门的交流学习工作。在国内外共组织140余次交流学习和活动，深化企业文化理念，增强员工凝聚力及向心力，提高员工的社会责任感和担当精神，让员工深刻领悟企业文化精神的精髓。

**【社会责任】**

在传递中国工程价值的同时，中工国际始终不忘初心、牢记使命，将祖国发展的重托、人民幸福的使命放在心头。牢记当好积极履行社会责任、推动世界可持续发展的友好使者这一使命，使社会责任工作取得实效。中工国际积极参与各项公益事业，穿越国界，同心协力，共同绘制人类新希望，在国内外树立了良好的企业形象。

2018年2月16日，乌兹别克斯坦PVC综合体建设项目组向当地政府捐赠价值2万美元图书。2月25日，中工国际承建的安哥拉古印巴农场项目所在地区遭到狂风暴雨袭击，项目组捐赠了彩钢板、床垫、蚊帐、雨衣和雨鞋等建筑和生活物资。5月20日，乌干达代表处联合中兴通讯乌干达有限公司和中国第18批援乌干达医疗队在乌干达卡贝卡中学举办了联合义诊活动，捐赠了约8 000美元的医药和生活用品。7月23日，老挝阿速坡省沙南赛县桑片－桑南内水电站大坝发生垮塌，组织向灾区捐款、捐物，共计4万元。9月14日，菲律宾吕宋岛东北部卡加延省引发洪水、泥石流及山体滑坡等灾害，项目部向卡加延省府捐款5 769美元，用于购买赈灾物资。

作为国家“走出去”战略的排头兵和深刻践行“一带一路”倡议和实现“互联互通”的生力军，中工国际心怀天下，在传递中国工程价值事业中履行企业应尽的义务和责任。

# 中国恒天集团有限公司

**【基本概况】**

中国恒天集团有限公司（简称恒天集团）成立于1998年，是国内唯一以纺织装备为核心主业的中央企业。2017年6月29日，经国务院批准，恒天集团整体并入中国机械工业集团有限公司，成为其全资子企业。目前恒天集团拥有二级全资及控股子公司24家，境内外控股上市公司3家，员工4.6万余人，成员企业分布在国内20多个省、市、自治区，及境外近20个国家和地区。已经成为资产规模稳定在900亿元、利润规模在30亿元左右的大型企业集团。

恒天集团组建以来，通过股权划转、并购重组、战略合作等多种方式，整合了境内外20余家纺织机械、商用汽车、纤维材料、纺织服装、金融信托等企业，规模实力迅速增强，业务范围不断拓展，已形成纺织机械、商用汽车、纺织及贸易三大主业，涵盖纺织机械、纺织贸易、新型纤维材料、商用汽车及工程机械、金融投资、文化、资产管理等业务单元。其中，纺机业务在国内综合实力第一、业务规模全球最大、成套能力全球最强，具有较强的行业影响力和话语权；贸易业务具备了细分行业领域内较强的市场地位和影响力，从纺织原料、服装到农产品、化工产品，贸易产业链不断延伸；新材料业务完成了莱赛尔、莫代尔、聚乳酸、碳纤维等新型纤维产品的规划布局、技术储备，形成了生产装备、技术研发和工程设计优势；新能源汽车业务实现了快速发展，成为国内产品种类、资质最为齐全的新能源汽车企业集团之一；金融投资业务已逐渐发展成为涵盖信托、证券投资、融资租赁、私募股权基金的综合金融业务板块，多功能的恒天金融新格局正逐步形成；文化业务大力推动发展生态、人文、旅游相结合的综合体项目，实现了从传统地产向文化产业的转型。

恒天集团正以“聚焦主业、战略转型、价值创造”为工作方针，逐步构建“高端制造、金融创新、文化服务”一体两翼发展格局，探索“总部＋职业经理人＋专职董监事”三位一体的专业化管理模式，创新“资本投入＋人力资源＝资产价值＋现金流回报”的总部价值创造模式，运用科技创新与资本运作两个轮子推动企业持续快速增长，努力成为全球最具盈利能力和影响力的纺织装备制造企业，全球纺织贸易和新型材料业务细分市场最具影响力的供应商，中国具有较高知名度的商用车细分市场的领先者。

**【经营业绩】**

2018年恒天集团主要经济指标完成情况见表1。

**表1　2018年恒天集团主要经济指标完成情况**

| 项目 | 2017年 | 2018年 | 同比增长（%） |
|---|---|---|---|
| 资产总额（万元） | 9 260 684.67 | 9 624 723.14 | 3.93 |
| 净资总额（万元） | 2 843 666.66 | 2 655 319.05 | -6.62 |
| 营业总收入（万元） | 4 602 697.58 | 4 631 275.61 | 0.62 |
| 利润总额（万元） | 268 426.00 | 286 802.87 | 6.85 |
| 技术开发投资（万元） | 75 954.99 | 64 211.88 | -15.46 |
| 利税总额（万元） | 530 377.92 | 544 197.65 | 2.61 |

（续）

| 项目 | 2017 年 | 2018 年 | 同比增长（%） |
|---|---|---|---|
| EVA 值（万元） | 40 989.90 | 69 060.06 | 68.48 |
| 全员劳动生产率〔万元 /（人·年）〕 | 22.43 | 28.41 | 26.67 |
| 净资产收益率（%） | 6.27 | 7.97 | 上升 1.70 个百分点 |
| 总资产报酬率（%） | 4.84 | 4.90 | 上升 0.06 个百分点 |
| 国有资产保值增值率（%） | 80.81 | 93.73 | 上升 12.92 个百分点 |

截至 2018 年 12 月 31 日，恒天集团资产总额为 962.47 亿元，同比增长 3.93%，实现营业总收入 463.13 亿元，同比增长 0.62%，完成年度目标的 98.34%；利润总额 28.68 亿元，完成年度目标的 102.39%；EVA（经济增加值）6.91 亿元，比年度目标增加 2.91 亿元；成本费用总额占营业总收入的 96.68%，比年度目标减少 1.32 个百分点；流动资产周转率 0.81 次，比年度目标提高 0.01 次。

**【改革改制情况】**

2018 年，恒天集团推动公司发挥党组织在国有企业法人治理结构中的法定作用，贯彻执行国务院国资委“三重一大”决策制度的相关规定，落实新修订的《中国恒天集团有限公司章程》，坚定不移深化改革，融合协同效应进一步凸显。

**1. 积极推进混合所有制改革** 完成国企改革“双百行动”试点企业申报并纳入了“双百企业”名单，组建了专职工作机构，配备了相关专业人员，正式启动混合所有制改革。制定恒天集团混改初步方案，加强沟通对接，初步形成了产业规划总体框架。完成了财务顾问招标的阶段性准备工作。

**2. 持续推进战略升级** 恒天集团充实管理融合和业务协同内容，调整更新未来三年发展战略目标。结合发展战略开展主动性研究，完成优秀战略研究课题 14 个；与浙江绍兴、河南商丘等 15 个地方政府和优秀企业签订战略合作框架协议，在新材料、新能源汽车、文化创意等领域开展合作，推动恒天集团既定战略落地。

**3. 深入推进与国机集团融合协同** 拟定报送国机集团对恒天集团的管控方案，并最终在投资、人事等方面获得书面授权。完成公司产权过户，推动工商变更、章程修订。积极利用国机集团研发资源，解决 21 项纺织机械技术难题，其中 12 项已经形成了初步方案。按照国机集团统一组织要求，参加首届进博会，国务院国资委主要领导莅临恒天集团展位参观并指导工作，中央电视台等多家主流媒体对恒天集团参展情况及签约仪式进行多次报道。把与国机集团业务协同纳入恒天集团战略落地“十大工程”，与国机重工、苏美达、国机智能、中国一拖、国机财务公司等兄弟单位开展对接交流，在纺织机械、重工、汽车、贸易、新材料、文化等业务领域推动资源共享，产生了 11 亿元左右协同价值。

**【重大决策与重大项目进展情况】**

2018 年，恒天集团加强发展战略的梳理，积极打造价值创造型总部，在公司原有的六大业务基础上逐步聚焦发展，以纺织及新能源汽车为核心主业，以金融业务为纽带，通过金融创新、产融结合，助推产业转型升级，完成了《恒天集团 2019—2021 年滚动规划》《中国恒天集团有限公司 2018 年度投资计划（草案）》等编制工作，召开了恒天集团 2018 年高层战略研讨会，推动汽车子集团建设和业务、产权的整合，完成 17 个战略研究课题，内容涵盖管控体系搭建、研发能力建设、商业模式创新、业务发展战略等，与 15 个地方政府和优秀企业签订战略合作框架协议，初步制定了恒天集团国际化战略规划，编制了《恒天集团国际化经营行动计划》。

2018 年，恒天集团推动完成组建汽车子集团的初步方案，确定恒天汽车为管理和产权整合平台，并完成将恒天汽车迁往天津的审批程序；积极推进北美大客车业务、墨西哥公司对外合作及升级改造；凯马汽车赣州项目基本完工，即将进行试生产；北京新能源天津恒天新能源汽车研发产业化基地项目（一期）进展顺利，已全面竣工并投产；恒天汽车有序推进雅安项目后续建设，为产品批量生产做好准备；立信中山项目稳步推进；顺平6万t莱赛尔退城进园项目设备安装基本完成，1万t聚乳酸短纤项目生产线正在进行测试优化。

**【市场开拓、科研成果、产业化发展情况】**

2018年，恒天集团在金融政策加强监管、环保政策趋紧、中美贸易摩擦一波三折的不利局面下，上下齐心协力，加强与国机集团的全面对接融合，积极开拓国内外市场，推进产品结构调整，加快国际化经营步伐，千方百计提升发展质量，营业收入、利润总额实现双增长，超额完成国机集团下达的年度奋斗目标。

**1. 市场竞争力不断增强** 国内市场占有率稳步提升，经纬智能梳棉机达到75%，细纱机、清梳联达到65%；郑州纺机大容量粘胶短纤成套设备达90%，其中日产200t涤纶短纤维数字化成套设备达100%。恒天立信Tec系列染色机、拉幅定型机、染色前处理设备处于国际领先水平，三大产品国际市场占有率分别达到25%、30%、20%以上。对外公司实现棉纱进口全国第三、机织布进口全国第一和棉纺机械出口全国第一的好成绩。恒天纤维绿色产品Lyocell纤维市场供不应求，产量占国内市场的30%。新楚风新能源汽车销售7 387辆，保持了全国行业前三名的领先地位。中融信托获得行业最高评级A级、监管最高评级A-。国际化经营能力明显提升。中纺机集团实现海外销售收入31.79亿元，同比增长7.4%；汽车业务海外整车销售3 773.79万美元，同比增长43.38%，其中百路佳客车全年实现海外销售同比增长23%；北京新能源出口同比增长153%。海外企业利润显著增长，奥地利控股利润总额同比增长300%，恒天北美利润总额同比增长275%。

**2. 扎实推进创新驱动，市场竞争力进一步增强** 强化科技创新，坚持自主创新，在重要领域和关键环节的新产品研发取得突破性进展。纺机智能化棉纺成套设备研发成效显著，新材料莱赛尔产品关键核心技术得到巩固和完善，新能源汽车电控关键技术、整车控制系统进一步提升，达到国内先进水平。目前恒天集团累计拥有专利总数2 197项，其中2018年新增授权专利384项，较上年大幅增长。修订《科学技术奖励办法》和《质量工作评选与奖励办法》，积极引导企业创新，着重解决“卡脖子”关键技术，2018年支持科技项目资金近4 000万元。指导企业积极争取外部资金支持，从国家、地方省市共获得科技项目支持及奖励资金近亿元，获得省部级以上各类奖项30项。

**3. 推进业务模式转型升级** 中纺机集团围绕业务板块特色推动全方位、综合性的产业聚集，构建“制造服务型”企业，“以服务促管理”，稳步推进“五大平台”建设。纺织贸易企业积极探索纺织行业供应链创新和试点，投资成立中纺华南纺织交易市场，改善贸易业务链条，重塑业务模式。恒天纤维集团以新材料工程公司为平台，以核心技术开发和样板工艺应用为龙头，以装备开发和工程设计为两翼，构建恒天特色工程总包模式，培育新的利润增长点。新楚风与货拉拉、EMS、京东等49家优质大客户建立战略合作关系，继续扩大区域领先优势。

**【公司产权制度改革情况】**

根据《中共中央国务院关于深化国有企业改革的指导意见》（中发〔2015〕22号）、《关于国有企业发展混合所有制经济的意见》（国发〔2015〕54号）、《关于规范国有企业混合所有制改革的通知》（发改经体〔2014〕2555号）、《关于国有控股混合所有制企业开展员工持股试点的意见》（国资发改革〔2016〕133号）、《企业国有资产交易监督管理办法》（国务院国资委、财政部令第32号）等文件精神，恒天集团积极推进混合所有制改革。

**1. 积极推进混合所有制改革** 2018年，恒天集团完成国企改革“双百行动”试点企业申报并被纳入“双百企业”名单，正式启动混合所有制改革的同时，制定了双百行动实施方案及台账。推动汽车子集团建设和业务、产权整合，完成恒天汽车迁址天津的审批程序，推进恒天汽车收购恒天新能源汽车项目。

**2. 大力推进“处僵治困”** 3年累计完成37户僵困企业治理任务，分流安置职工1.55万人，获得财政补助资金7.6亿元。依法合规推动浙江汇丽、沈阳中恒、恒天动力等企业陆续进入破产清算或重整，经纬纺机已收回咸阳经纬破产清算资金 0.90 亿元。加快解决衡阳纺机、咸阳纺机、常德益高、经纬合力、赤峰毛业等企业历史遗留问题，青岛宏大、常德纺机等企业全面实现扭亏脱困。全部僵困企业亏损总额由 2015 年年末的 10.1 亿元下降为 2018 年年末的 1.7 亿元。57 个“三供一业”项目已全部签订分离移交协议，其中 40 个项目已累计获得预算补助资金 3.3 亿元，46 个项目基本完成移交。扎实开展压减工作，全年压减企业 30 家（累计压减 72 家），完成了国务院国资委要求的压减任务。

**3. 扭亏控亏扎实推进** 制定和落实 2018 年度扭亏控亏专项治理工作方案，实施动态过程监控，按月通报扭亏控亏进展情况。对重点企业开展督导检查，对 10 户企业进行了现场督导。截至 2018 年 12 月末，恒天集团所属全级次企业亏损面 22.44%，较上年降低 18.22%；亏损额较上年降低 34.84%，均超额完成国机集团下达的“双十”目标。

**【主要管理经验】**

**1. 发挥党建政治优势，为恒天改革发展提供坚强保证** 组织举办以学习贯彻习近平新时代中国特色社会主义思想为主题的领导干部学习培训班，教育引导党员干部增强“四个意识”，坚定“四个自信”，坚决做到“两个维护”，始终与以习近平同志为核心的党中央保持高度一致。坚定不移落实“两个一以贯之”。制定和落实了《关于进一步加强企业党的建设的实施意见》，全面修订了《党委议事规则》，严格落实重大问题决策前置程序。全面推进正风肃纪。制定印发《“纪律建设规范年”实施方案》，加强经常性纪律教育，集中开展“廉洁宣传教育月”活动，不断增强全体干部职工的纪律意识。落实“两个责任”实施办法，签订主体责任书和监督责任书，开展党风廉政建设考核，层层压实责任。创新监督方式，“大监督”格局基本形成，监督委员会工作稳步推进，按期组织对 9 家企业开展内部巡视。

**2.“两金”压控高效推进** 制定和落实 2018 年“两金”压控工作方案，加强过程监控，按月通报“两金”压控进展情况。对郑州纺机、恒天嘉华、中纺对外公司等 8 户重点企业进行了现场督导检查。截至 12 月末，恒天集团“两金”占用绝对额较年度预算低 15 亿元；剔除国务院国资委允许扣除的特殊因素，“两金”占用较 2017 年年末降低 17.77 亿元，优于国务院国资委、国机集团要求的“零增长”目标。降本增效不断提升。推进实施精益管理，指导企业创新成本费用管控方式和机制，提高人工、采购、生产、市场推广等关键环节的节约化水平。推进采购管理，印发《恒天集团采购管理暂行办法》及《关于加强采购管理有关工作的通知》，提出加强管理体系建设、督查考核等具体要求，并积极推进落实。积极与国机集团财务公司进行全方位探讨和对接，就资金集中管理方式和步骤达成初步共识。

**3. 加强境外企业监管，指引境外风险管控工作有序开展** 严格担保管理，对企业担保预算首次进行单独批复并提出管控要求，对重点担保企业采取资金上划恒天集团总部或定期报告资金使用情况进行监管。严控非主业投资规模和投向，进一步规范恒天集团总部对子公司的借款行为。

**4. 严格融资预算管理，合理安排融资规模，不断优化资产负债结构** 规范编制、审批和调整年度投资计划，严格履行投资项目审批决策程序。先后组织 5 次投审会，对 7 项重大项目进行审核，完成 16 个项目的决策审批、4 个项目的内部备案、3 个项目的商务部申报备案，按计划完成 5 个重大投资项目的后评价。

**5. 强化审计监督** 坚持问题与风险导向，围绕提高发展质量和效益这两个中心，完成审计项目 244 项，直接形成各项成效总额 6 675 万元，审计子企业覆盖率达到 60%。积极配合国务院国资委完成 4 家企业的专项督导和 8 家企业的专项审计，全力配合国家审计署开展审计工作。

**6. 强化安全环保管理** 设立安全生产管理部，健全完善安全生产组织机构和责任体系。落实安全生产责任制，逐级签订《2018 年度安全生产、节能减排责任书》。开展安全生产大检查，组织安全调研，推进境外企业安全管理。对安全生产管理人员开展再教育培训，强化职业健康管理。2018 年，恒天集团安全生产实现了“三无”目标。

**7. 加强干部人才队伍建设，为高质量发展提供人才支持** 不断完善干部选任管理。严格执行《党政领导干部选拔任用工作条例》，制定《干部选拔任用工作纪实办法》，细化动议、民主推荐程序，严格按照动议、民主推荐、组织考察、讨论决定、任职等程序进行干部选任，对干部选任全过程进行工作纪实。启动实施“十百千人才工程”。制定《十百千人才工程方案》，印发《关于选拔优秀年轻干部的通知》，以更高的站位、更宽的视野发现人才、使用人才、配置人才，建立百人规模的年轻干部人才库和中长期后备人才库，初步形成以老带新、老中青相结合的干部队伍结构。大力选拔培养年轻干部。选派优秀年轻干部到对口扶贫县山西平陆、北京市商务委等挂职，落实精准扶贫战略，加强中央地方干部之间的交流；有计划、有步骤地选拔年轻干部进入企业领导班子和总部中层，充分发挥各年龄段干部积极性，不断增强干部队伍活力和凝聚力；组织“十百千人才工程”专题培训班，提升年轻干部综合素质，打造恒天集团未来发展的中坚力量。加快专业人才队伍建设。印发恒天集团《加强科技人才队伍建设的指导意见（试行）》，打造科技人才发展双通道，完善科技人才管理机制。通过科学选拔评选，再次有 4 名专业技术和高技能人才获得国务院政府特殊津贴，恒天集团享受国务院政府特殊津贴的专家累计达到 103 名。开展恒天集团首席专家评审，组建评审专家委员会。经过层层推荐、层层选拔、综合评审，从 45 名候选人中评选出 7 名首届恒天集团首席专家。制定并落实《“恒天工匠”评选管理暂行办法》，组织评选和表彰 10 名“恒天工匠”。

**8. 开展群团和统战工作，认真履行定点扶贫政治责任** 推进落实职代会职权，组织召开恒天集团职代会，完成了职工代表补选和提案征集、办理、落实工作。举办恒天集团第七届职工职业技能大赛，开展第二批“金牌”班组和班组长评选表彰活动。组织和注册了共青团“小蜜蜂志愿者”活动与品牌，组织开展了赴平陆义务支教活动。建立了“恒天集团党外代表人士建言献策平台——吴继发工作室”。组织 28 家帮扶单位投入扶贫资金 450.52 万元，在平陆县及 32 个乡（镇）、村、校开展电商产业扶贫、民生工程、教育扶贫等六类 34 个扶贫项目，直接帮扶 9 459 户 23 953 人，资助贫困中小学生 285 人。

# 中国福马机械集团有限公司

**【基本概况】**

中国福马机械集团有限公司（简称中国福马）前身是林业部林业机械公司，成立于 1979 年，总部位于北京。1994 年，公司被列为国务院百家建立现代企业制度试点单位之一。1999 年 1 月与国家林业局脱钩，划归中央企业工委管理。2003 年，成为国务院国资委监管的中央企业。2007 年 11 月，与中国机械工业集团有限公司重组，成为中国机械工业集团有限公司（简称国机集团）的全资子公司。2010 年年底以来，根据国机集团关于工程机械业务重组的总体部署，中国福马所属的工程机械企业和业务与国机集团其他工程机械业务进行了重组。

中国福马有二、三级企业 19 家，其中，林海股份公司为在上海证券交易所上市的上市企业。

中国福马是中国专用设备研发、制造、销售的大型企业，是中国林业机械协会的会长单位。中国福马以“动力装备、林业装备、工程与贸易”为三大主业，积累了动力机械、人造板机械等几十年的生产经营经验，产品处于国内领先地位，多次被中国质量协会用户委员会认定为“全国用户满意产品”。产品出口到美国、加拿大、日本、欧洲、东南亚等 130 个国家和地区，享有较高的市场声誉。“十二五”以来，大力推进“绿色能源开发”项目，建设了宁夏、江苏、河北、甘肃等地多个大型地面光伏电站，并结合西部地区沙漠治理，建设、持有宁夏振启 30MW 地面光伏电站，为地区的发展做出应有的贡献。

中国福马以产品出口、工程总承包等业务方式，已成功进入欧洲、南美洲、非洲、东南亚等地区，成为国内外客户放心的合作伙伴。

【主要经济指标】

2018 年中国福马主要经济指标见表 1。

**表 1 2018 年中国福马主要经济指标**

| 项目 | 2017 年 | 2018 年 | 同比增长（%） |
|---|---|---|---|
| 资产总额（万元） | 289 107 | 276 729 | -4.28 |
| 净资产（万元） | 151 727 | 147 690 | -2.66 |
| 营业收入（万元） | 196 100 | 165 951 | -15.37 |
| 利润总额（万元） | 1 174 | 2 053 | 74.91 |
| 技术开发投入（万元） | 4 711 | 4 562 | -3.16 |
| 利税总额（万元） | 8 705 | 7 196 | -17.33 |
| EVA 值（万元） | -7 886 | -6 401 | -18.83 |
| 全员劳动生产率〔万元 /（人·年）〕 | 10.15 | 10.56 | 4.04 |
| 净资产收益率（%） | 0.02 | 1.08 | 增长 1.06 个百分点 |
| 总资产报酬率（%） | 1.40 | 1.67 | 增长 0.27 个百分点 |
| 国有资产保值增值率（%） | 97.25 | 98.02 | 增长 0.77 个百分点 |

【改革改制情况】

2018 年，中国福马继续推进福马木业调整退出工作。根据调整退出方案，2018 年福马木业完成土地房产转让，取得法院受理破产清算通知书，进入破产清算程序；完成美国林海动力机械有限公司让渡控股权的事项；完成福马（广州）光伏发电有限公司的设立事项；完成收购宁夏振启光伏发电有限公司 30% 股权的事项。

【重大决策与重大项目】

中国福马抓住国家推进“军民融合”战略的有利时机，积极稳妥地开展特种发动机创新项目，通过充分的项目前期分析和技术架构设计，按照国机集团加强内部合作的要求，联合中国一拖，组成 6 家联合共赢的战略联盟，项目已经启动，取得了初步进展，按照 2020 年完成样机研发、2021 年实现批量销售的日标推进。以“一带一路”沿线国家和中国周边市场为重点，强化海外市场开拓，积极参与国际市场的分工和竞争，海外业务扎实的推进，为更好地进入国际市场逐步奠定基础。推进连续压机生产线控制系统智能化切入及工艺数据库开发，完善设备管理、生产实绩管理、生产配方管理、远程监控等功能，搭建通信平台，逐步推进连续压机产品智能化水平。主动融入国家“乡村振兴”战略，积极进入小型农业机械领域。完成高速插秧机样机的开发试制，即将进入批量生产；对六轮果园车进行了现场推广；按计划推进梯田车。水田车全年实现销售预计可达 1 000 万元，农业机械板块在逐步发展成形之中。

【市场开拓、科研成果、产业化发展】

**1. 市场开拓** 林海集团积极加大与美国伙伴的合作力度，强化市场调研和营销活动，快速适应美国市场对 UTV 等新产品的需求，持续拓展销售渠道，努力扩大市场份额，在增加 25% 关税的不利情况下，1—11 月特种车辆销售量比 2017 年增长 277%，销售金额同比增长 311%。在进入美国市场的同时，坚持资源向重点市场、重点客户倾斜，巩固法国、捷克等原有市场，积极开拓葡萄牙、新加坡等新市场，1—11 月特种车辆累计实现出口数量和销售收入分别同比增长 36.4% 和 43.4%，创 2008 年以来的新高。及时推出摩托车等新品，进一步拓宽销售渠道，出口实现了量价齐升。加大插秧机、森防等产品销售网络密度，产品推广重心逐步下移，在国内插秧机市场销量下降近 40% 的情况下，销售逆势上扬，同比增长 50% 以上；社区消防车销售量同比增长 107%。

苏福马公司、镇江中福马公司积极适应客户提档升级增效的新变化，抓住国内市场需求，努力开拓国际市场，在国内人造板行业投资明显减退的不利情况下，拿下了较多的项目和合同。连续压机事业部在认真分析福马自主品牌的竞争优（劣）势、精准营销的基础上，强化市场开拓，连续签下印度等市场 3 条生产线合同，实现了连续压机产品销售范围的持续扩大和数量的稳定增长。针对砂光机、砂锯线、削片机、刨片机、热磨机等优势产品，不断改进完善产品设计，抢抓合同。产品继续保持国内市场的领先地位，并获得了更好的市场美誉度。

工程贸易事业部精心组织，确保南非 FX 刨花板及生物质电厂项目建设按序时推进，并为后续业务积累了经验；福马南非公司分析市场需求，提升技术团队服务能力，加大产品宣传和市场推广力度，实现规模销售。宁夏振启公司强化设备管理，积极争取挂牌交易电量，发电量保持了较高水平；跟踪电价补贴，及时拿到补贴款，提高了盈利水平。

**2. 科研成果** 中国福马“森强项目”连续压机产品获得工信部 2018 年度首台（套）重大技术装备保险补助。

林海集团“T-BOSS 系列全地形车”项目荣获“2018 年江苏省工业设计产品金奖”。

**【主要管理经验】**

**1. 经营管理方面** 中国福马继续开展“质量、成本、服务”专题活动，2018 年进一步明确了“质量、成本、服务”活动年度考核指标，完善了考核体系；在年初的年度工作会议上对采购管理进行了专门培训；各子企业和事业部推动“质量、成本、服务”活动的深入开展，取得了一定的成效。

（1）大力推进产品质量提升，增强产品和业务的竞争力。林海集团制定“质量年”专项工作计划并作为 1 号文件下发；及时组织学习“就差这么一点点”专项活动，引导大家坚持“质量第一”；每月对特种车辆开箱安全合格率、性能合格率、外观合格率和市场投诉率进行分析考核，质量状况不断向好；插秧机生产直行率（一次装配合格率）由 85% 上升到 89%，市场报修率下降 58%。通过质量控制，林海集团全年质量损失率控制在 0.36% 以内。

苏福马公司通过与德国辛北尔康普公司的深度交流，实现了自主品牌砂锯线与德国主机的配套出口，并以此为契机，实现了产品外观质量的较大幅度提升；推进砂锯线全生命周期升级提档，对所有砂锯线管线排布固化，对砂光机主关件进行工艺攻关，提升主关件质量保证能力；成立砂锯线模块化设计验证检查小组，对规格锯图样进行检查和闭环改错，提高设计质量。镇江中福马公司结合经营工作，针对质量提升、成本控制中的薄弱环节，分解落实 6 项指标，突出考核重点，推进提质降本增效；组织环式刨片机和新型 48in（1in=0.025 4）热磨机现场检测，对 52EX 热磨机质量策划和风险管控措施检查落实，提升产品质量；主动组织现场抽查、复检，严查实物质量，专项通报，提升员工工作质量。天津林工公司调试运行热处理在线检测系统，并纳入生产工艺，为车间产品质量考核提供依据。

工程贸易事业部通过精细化管理，推进业务流程标准化建设，提高执行力和工作效率，提升项目完成质量。宁夏振启公司对光伏组件进行了 5 次全面检测，处理汇流箱和光伏组件发电缺陷 180 处、逆变器缺陷 5 处、SVG 高压设备故障 2 处，更换光伏组件 35 块，升级电能采集装置程序 1 次，使主设备完好率达 96%、组件完好率达 99%，保证了电站的高质量运转。

（2）积极强化降本措施，提升企业盈利水平。林海集团顶住当前原辅材料普遍上涨的压力，与供应商积极洽谈，特种车辆生产争取到延长付款 60 天；通过召开插秧机质量与成本座谈会、更换配置及第二厂家，使手推式插秧机合计降低成本 126 元 / 台；UTV 事业部推进 AB 角采购，实现降本增效。

苏福马公司全面落实新的采购管理制度，坚持以销售价倒逼采购价，形成钢材价格与采购价格联动机制；抓住增值税率下调的有利时机，采购协议价在原价格的基础上实现了总价下调。镇江中福马公司推进设计降本，通过估算设计成本，控制采购价格，选择质优价低供方；强化外购外协的价格和进度控制，扩大分供方调研，及时掌握外部配套件价格，确保价格稳定。

工程贸易事业部进一步推进业务流程标准化，提高团队的执行力和工作效率，降低经营成本，提升盈利水平。

（3）打好服务攻坚战，促进经营水平的提升。林海集团强化插秧机售前、售中和售后服务，在插秧机作业季，派出 30 多名三包人员，巡回参与机器的维修与保养；对森防产品安排专人负责产品服务，及时解决用户的问题，提高用户对产品的满意度；UTV 事业部配件完成率达 100%，满足了客户需求。

苏福马公司推行十张表工作法，规范现场报告制度，强化现场安装精度检测，提升了安装调试的一致性。镇江中福马公司在售后部门推行服务定期报告制，并对服务人员进行岗前培训，保障项目服务水平；转变服务理念，提高服务响应能力和服务及时性，要求一般事项不超过 24h、特殊事项不超过 48h 解决。

**2. 制度建设方面** 2018 年新制定规章制度 17 项，修订规章制度 3 项。

**3. 信息化建设方面** 中国福马总部技术中心负责开发的“中国福马经营管理系统”获得国家知识产权局颁发的计算机软件著作权登记证书。经营管理系统是中国福马总部经营业务流程化、信息化的具体实现，在规范公司经营业务流程、增强采购信息化程度、提高经营工作效率和管理水平以及数据决策支持等方面将发挥积极作用，并会有效改变经营数据的碎片化状态，为提升中国福马核心竞争力带来有益帮助。

**4. 人力资源开发与培训** 根据中国福马 2017—2020 年人才队伍建设规划，2018 年年初，中国福马对 2017 年规划执行情况进行了自查评估，并提出了 2018 年的工作要求。在此基础上，结合中国福马高端人才短缺的实际情况，经过对中国福马高技术人才、高技能人才现状的认真调研，编制了规划期内高端人才申报计划，计划的各项内容在 2018 年逐项进行了落实。2018 年推荐享受国务院政府特殊津贴人员候选人两名、申报 1 名，参加国务院国资委举办的“全国技术能手”评选活动，推荐上报两名同志参加国家科技奖评审专家的评选；推荐 1 人参加国机集团第五批首席专家评选、1 人参加第五批首席技师选拔、1 人参加国机集团第一批资深专家评，入选“青年高潜”项目两人；4 人通过正高级工程师评审，2 人通过高级工程师评审，1 人通过高级政工师评审。

2018 年，总部共参与、自办培训 23 班次，参加培训 161 人次。外部培训主要以国机集团举办的培训为主，如中青年干部培训、国机大讲堂、赴美培训、赴台培训等；推进总部在线培训体系建设。根据中国福马重大人才工程人才类别，2018 年，共举办有管理能力提升、技术带头人培训、专业骨干人才培训、青年英才及总部员工培训等 8 个在线培训班，入选中国福马重大人才工程的人员培训率达到 100%。截至 2018 年年底，入选中国福马第一批、第二批专业骨干人才及青年英才的两年培训计划已全部完成。

**5. 承担社会责任方面** 2018 年，中国福马对帮扶点一次性拨付 15 万元扶贫款，帮扶孙鹏村村部办公场所修缮项目全部完成，修建完成了党建办公室、党员学习室、便民服务室、图书阅览室、文化娱乐室、数字资源室、矛盾纠纷调解室等综合办公场所。

**6. 党建工作** 2018 年，中国福马深入学习宣传贯彻习近平新时代中国特色社会主义思想和党的十九大精神，按照“五个全覆盖”的要求，中国福马领导班子成员和所属企业领导班子成员进行了十九大精神宣讲，并结合企业改革发展开展了专题研讨。各基层党支部也组织了专题学习。中国福马还举办了学习习近平新时代中国特色社会主义思想和党的十九大精神学习集中轮训班。

中国福马借深入贯彻落实国有企业党建工作

会议精神、国机集团巡视、国机集团党委考核中国福马党建工作之际，系统梳理了党建工作责任清单，修订完善规章制度10余项，全面完成党建工作进章程工作和“三重一大”党委研究讨论前置规定补充到党委议事规则中，制定对所属企业党建工作考核方案，不断夯实从严治党的责任。党建工作与生产经营融合不断深入，各单位开展“成本质量服务 我是党员我先行”活动，基层党组织的战斗堡垒作用和党员的先锋模范作用成效显现。巡视整改的阶段性工作初步完成，已上报巡视整改措施和党组织负责人抓巡视整改工作报告。党风廉政建设责任不断增强，组织开展廉洁风险点的排查和国有企业人员廉洁从业贯彻落实情况监督检查。群团工作成效显著。在国机集团第六届职工运动会上，全体福马人不畏艰难、勇于拼搏、团结一心、勇往直前，取得优异的成绩，获得团体总分第八名、最佳方阵创意奖、最佳组织奖和最佳宣传报道奖。

# 中国海洋航空集团有限公司

**【基本情况】**

中国海洋航空集团有限公司（简称中国海航）于1999年9月在国家工商局登记注册，前身是海军所属的中国海洋航空公司，成立于1985年，主营通用航空、海洋运输和国际贸易等。1999年，根据党中央关于军队不再经商办企业的决定，经国务院批准，原海军直属的3家企业、4个地区企业管理局及所属共68家企业并入中国海洋航空公司，成立中国海洋航空集团公司，由海军移交中央企业工委管理。2003年由国务院国有资产监督管理委员会管理，2007年12月与中国机械工业集团有限公司重组，成为其全资子公司。2013年12月，中国海航本级顺利完成公司制改制，更名为中国海洋航空集团有限公司。

中国海航主营业务为工程承包、航运航空、研发制造、文化旅游、区域开发及国际经贸。总部设在北京，子公司及分支机构主要分布于中国沿海地区。在工程建设方面，中国海航大力培育发展水工工程，拥有5个总承包或专业承包一级资质、9个二级资质，集港口与航道、建筑与装饰、市政公用、设备成套等于一体，施工建设能力雄厚，工程管理经验丰富，以过硬的实力建设完成大批国内外港口、码头、道路、桥梁、清淤疏浚、工业与民用建筑等国家或地区重点项目。在航空航运方面，作为最早获得通用飞行资质的企业，中国海航参股的中国中海直有限责任公司为海洋石油勘探开发提供直升机专业飞行服务；所属3家航运公司拥有油船和散杂货船，可承运原油、矿石、煤炭、散杂品以及各类集装箱等货物。在研发制造方面，拥有两家制药企业，研制生产80余类中、西药品，设有企业博士后科研工作站，荣获国家高新技术企业认定；自主研发的铜铝焊接技术具有国际领先水平，并荣获“世界博览会银奖”和“中国专利金奖”等多个奖项。具有区域开发的有关资质和能力；所属出租车公司、国际旅游企业及分布在沿海城市的数十家宾馆可为社会各界提供优质服务。国际经贸业务涉及工业成套设备、医疗设备、电子设备、建筑材料等诸多领域，客户分布于50多个国家和地区。拥有外派劳务权，可向世界各国和地区外派研修生和各类技术劳务人员。

中国海航注重建立质量、环境、职业健康安全管理体系，陆续通过ISM规则认证，GMP认证，ISO9001、ISO14001及ISO18001等认证。截至2018年年底，中国海航拥有员工2 818人。

2018 年，面对错综复杂的宏观经济形势，中国海航在国机集团稳增长方针的指引下，沉着应对各种困难和挑战，在不断深化管理和严控系统风险的同时，抓市场、促经营，内外并重，改革创新，聚焦重点难点，生产经营总体保持平稳，营业收入和利润指标不断增长。

【主要指标】

2018 年中国海航主要经济指标见表 1。

**表 1　2018 年中国海航主要经济指标**

| 项目 | 2017 年 | 2018 年 | 同比增长（%） |
|---|---|---|---|
| 资产总额（万元） | 432 361.33 | 451 213.94 | 4.36 |
| 净资产（万元） | 75 460.98 | 75 163.72 | -0.39 |
| 营业收入（万元） | 426 324.78 | 467 633.72 | 9.69 |
| 利润总额（万元） | 2 388.74 | 3 417.95 | 43.09 |
| 技术开发投入（万元） | 2 658.25 | 4 326.76 | 62.77 |
| 利税总额（万元） | 18 024.38 | 19 531.51 | 8.36 |
| EVA 值（万元） | -3 389.03 | -1 752.09 | 48.30 |
| 全员劳动生产率〔万元 /（人·年）〕 | 13.03 | 14.75 | 13.20 |
| 净资产收益率（含少数股东权益）（%） | 0.40 | 1.01 | 提高 0.61 个百分点 |
| 总资产报酬率（%） | 1.42 | 1.50 | 提高 0.08 个百分点 |
| 国有资产保值增值率（%） | 103.15 | 97.51 | 下降 5.64 个百分点（消化历史遗留问题） |

截至 2018 年年底，中国海航资产总额 45.12 亿元，负债总额 37.60 亿元，少数股东权益 7.52 亿元，归属于母公司所有者权益 6.89 亿元。

【改革改制】

中国海航进一步推进混合所有制改革进程，与两家在行业内拥有技术、渠道优势资源的民营企业强强联合，投资设立中海航（北京）信息技术有限公司，进军智慧城市信息化领域。所属上海海虹投资参股设立上海人和海虹建筑科技有限公司，进入装配式可移动房屋研发和市场销售业务，并对上海都市建筑设计有限公司增资 216 万元，提升经济效益延伸工程板块产业链，有效提升资本效能。所属海南中洋加强市场分析研判，积极推动业务模式由开发型向资本整合经营型转变，考察、论证、评估收购项目可行性。

【重大决策】

5 月 30 日，中国海航董事会四届十八次会议审议通过“集团公司变更章程及注册地址：中国海航章程中的法定地址变更为‘北京市丰台区南四环西路 128 号院 2 号楼 9 层 1006 房间’，同意授权经营班子就所属企业公司章程中的股东地址变更事项进行审批事宜”。

9 月 10 日，中国海航董事会四届二十四次会议审议通过“上海海虹投资设立上海人和海虹建筑科技有限公司事宜”。

9 月 10 日，中国海航董事会四届二十四次会议审议通过“投资设立中海航（北京）信息技术服务有限公司事宜”。

10 月 30 日，中国海航董事会四届二十六次会议审议通过《关于制定中国海航“三重一大”决策制度实施办法（暂行）》议案。

【重大项目】

积极参与“一带一路”建设，所属中海工程建设总局有限公司 2016 年正式签署并实施第一个海外工程总承包项目——巴基斯坦卡拉奇 K-2/K-3 核电站取排水工程履约顺利。主体工程之一取水围堰已完成合拢，排水工程按进度有序推进。项目执行过程中，多次得到业主的肯定和赞扬。

**【市场开拓】**

工程承包业务：全年新签合同额59.04亿元，同比增长10.23%，水工工程占比36.4%。合同额1亿元以上的项目有10个。国外项目新签合同额1.5亿美元，1亿美元以上的项目是巴基斯坦大件码头工程。所属中海总局获批特种工程专业承包资质；中粮肇东生物能源改造项目签订合同3份，依托此项目的执行，中国海航正式进入国内生物能源工程行业。

文化旅游业务：总部增量开发正式启航，广东河源项目启动在即；福建龙岩文旅项目已签订合作协议；广西防城港航空小镇项目开发取得进展。广东新海俊发展有限公司海外服务业务再上新台阶，在持续做好柬埔寨和巴基斯坦等项目营地服务的同时，探索业务转型，与中国机械国际合作股份有限公司和广州立升展览服务有限公司联合有序推进昆明、广州、上海三地应急消防展，展会面积达8万$m^2$，参展商有1 000余家，观众达7万人次，三站联袂打造展示、交流、贸易三位一体的国际大安全平台。

**【产品销售】**

研发制造业务：所属青岛海青机械总厂着力提升工艺技术与创新，现拥有两铜铝管材间焊接及压力管路扩缩径独特技术，依靠扩径异径螺纹管增加收入4 000万元，并研发设计自动热刀割管设备，在创新生产自动化方面取得一定成果。所属制药企业营业收入首次突破7亿元，利润总额大幅增长。所属今辰药业有限公司持续加快结构调整，突出重点产品，加大生物医药产业发展培育力度，氯化钾缓释片单品销售收入超过7 000万元，营业收入同比增长16.13%。所属天龙制药有限公司优化生产流程，提高生产能力，加大营销力度，营业收入同比增长24.24%，旗下乐珠·珍珠明目滴眼液单品销售超500万瓶，并获得年度最具市场潜力眼科用药新锐奖。

区域开发业务：所属海南榆海实业发展有限公司加大房产尾盘销售力度，同时探索企业转型，积极考察房地产开发和租赁酒店经营改造项目；装修改造榆海小区，推进房屋租赁，出租率提升100%，租赁价格提高1倍。

**【科研成果】**

按照国务院国资委《关于进一步推进中央企业创新发展的意见》，实施创新驱动发展战略；加大科技创新力度和科技投入，成立“中国海航科学技术委员会”，强化科技引领业务发展的关键作用，通过梳理工法、沉淀专利、积累奖项、培养人才，推动企业走科技创新之路。

所属制药企业加大技术创新力度，研发投入超4 000万元，是上年的2倍。所属今辰药业有限公司阿莫西林胶囊、阿奇霉素胶囊、氯化钾缓释片、头孢克肟胶囊4个药品的一致性评价进入关键阶段；技术中心改造基本完成硬件建设，软件升级及流程优化有序进行。所属天龙制药有限公司获得左氧氟沙星滴眼液生产批件，获得曲伏前列素滴眼液CDE发补。所属青岛海青机械总厂进一步优化产品及工艺，结合计算机应用软件进行理论探索，实现可用信息的有效积累。

**【贸易服务】**

航运航空业务：“中海航11”轮在转变经营模式、提升营运效益的基础上，与苏美达船舶工程有限公司进行对标交流，寻求在船舶建造和船队经营管理等多个领域的合作。“海孚”轮业务通过调整航线、提前锁定油价等措施，继续保持盈利，为企业现金流和货源组织做出贡献。

国际经贸业务：所属北京国际经贸有限公司着力拓展新市场，LED灯具出口业务发展迅速，营业收入同比大幅增长；军品代理业务实现新增长，与德国汉莎阿尔采公司签署发动机维修项目协议，合同金额1 380万美元，实现军品业务新突破。

**【产权改革】**

在公司制改制收官阶段，扎实做好产权登记工作。按照国务院国资委、国机集团工作部署，先后三次开展产权信息梳理和重新采集工作，高效完成新旧产权管理系统数据转换，持续提升登记数据的及时性、完整性和准确性；为强化资产管理，加快推进低效无效资产处置，提高资产质量，着手开展清产核资遗留问题清理工作，查实并处理资产损失419.12万元，清产核资历史遗留问题得以全面解决；集中力量进一步盘活低质无效资产，按照“盘活存量，主动减量”的工作要求，加快实现两户低效无效资产减量处置，有序完成 3 个股权转让项目评估备案。

【管理经验】

**1. 经营管理** 紧密围绕学习贯彻党的十九大精神，以习近平新时代中国特色社会主义思想为指导，按照党委和董事会决策部署，全面深化企业改革，有序推进“十二五”战略规划落地，攻坚“五大战役”，稳步开拓市场，有效防控风险，夯实基础管理，团结一心、攻坚克难，圆满完成 2018 年度经营考核目标。

完善内控体系建设，充分利用审计署、国机集团等专项审计契机，对风险内控及内部管理体系进行全面审视，高度关注企业重大经营决策、重大投资、高风险业务、“三重一大”决策程序、内部控制、法律诉讼、职务消费、薪酬发放、两金管理等事项，加强对整改落实结果的跟踪检查，促进内部控制和风险管理能力逐步提升。

落实全面预算管理，将预算指标分解到月度节点进行实时监控，并通过利润月度滚动预测，及时掌握企业经营动态，提前预案、提前部署，注重现金流和风险管理，突出扭亏增盈、降本增效措施的贯彻落实。

健全法治建设组织体系，推进企业主要负责人履行法治建设第一责任人职责；成立法治建设领导小组，组织召开法治工作专题会议；建立务实高效的法律纠纷案件管理机制；梳理总部及各所属企业法律诉讼案件，并按期跟踪重大案件进展情况；开展全系统 PPP、BT 和 BOT 业务风险排查，积极对接国机集团主管部门，协助把握 PPP 项目风险点；总部加强法律风险事前审查，合同审核率及重大事件出具法律意见均为 100%，进一步巩固法律根基，提高企业的风险防范意识和水平。

以“一杜绝、两降低、三强化”为主线开展质量提升行动，并开展工程建设类企业资质自查专项工作；对全系统主要工程项目、产品和服务满意度展开调查，2018 年度满意度得分 96.2 分；以“加强合规管理、提升质量水平、铸就卓越绩效”为主题开展“质量月”活动，促进全系统进一步提高产品、服务和管理质量，营造全员关注质量、重视质量的良好氛围，达到活动开展预期目的，取得积极成效。

**2. 企业文化及品牌** 创新文化传播途径，精心运营“中国海航”微信订阅号，以员工喜闻乐见的方式传理念、播思想、沐文化。宣传视角侧重一线，分别就中国海航的核电水工发展、昆明消防展的成功举办、秦皇岛海企“两金”压控工作取得新进展、新乡领海酒店的周边红色文化旅游、经贸公司与德国汉莎公司的成功签约、上海海虹为首届进博会作出的完善服务、中凯公司与华海公司的成功扭亏为盈等主题进行策划宣传，取得“聚焦发展重点、分享创新经验”的良好效果。文化活动精彩纷呈。通过组织开展读书会、“学雷锋”系列活动、座谈会、教育基地现场学习等丰富职工精神生活，塑造良好的企业文化氛围。在国机集团2016—2017年度共青团评比表彰中，中国海航 1 个团组织、3 名团员获得表彰。

中国海航所属上海海虹苏州天龙制药有限公司专注眼科用药及新型递药系统领域，是国家重点支持的高新技术企业、江苏省科技型中小企业、苏州工业园区高新技术企业。公司秉承以科技创新促进企业发展的原则，不断加大科技研发投入，以药品质量为立业之本，以诚信经营为行为准则，坚持走品牌发展之路，旗下乐珠®珍珠明目滴眼液（胶体溶液）是国内首个含玻璃酸钠的中药眼用制剂，为江苏省高新技术产品，在“2018 年度中国医药新锐榜”评比活动中脱颖而出，荣获“2018 年度最具市场潜力眼科用药新锐品种”。

**3. 信息化建设** 完成诺德中心办公楼机房建设，建立定期巡查机制，部署网络防护与管理设备，加强网络安全及无线网络管理；不断提升总部效能管理水平，进行协同办公系统效能管理模块开发；完成云视频会议系统建设，进一步提高沟通效率，降低差旅费用，提升内部管理水平。

**4. 安全生产** 坚持“安全第一、预防为主、综合治理”的指导方针，坚决贯彻落实国家相关政策法规，落实安全生产工作系列决策和部署，履行主体责任，进一步健全安全生产组织机构，完善安全生产规章制度与操作规程，加强安全生产监督管理，保证安全生产投入有效实施；按计划开展系列安全检查，健全应急管理体系，加大宣传教育培训力度，安全生产继续保持平稳态势。所属各级单位共支出安全生产费用 3 358.27 万元；开展综合性安全生产检查 71 次，发现一般安全隐患 681 项，投入整改资金 1 773.99 万元；举办宣传教育培训活动 130 余项，参加培训人员 17 305 人次；组织开展应急预案演练 107 次。中国海航连续 9 年被国机集团评为安全生产 A 类企业 A 级。

**5. 人才培养**　进一步加强人才队伍建设，全年组织参加、主办培训共 20 批、150 余人次。同时，组织开展推荐“青年干部”“青年高潜”人才工作，中国海航 2 人入选国机集团 2018 年度“青年干部”“青年高潜”队伍；组织相关人员 50 余人次参加国机集团领导力、财务总监、青年干部人才、新入职员工等专业培训。

**【党建工作】**

**1. 深入开展学习贯彻党的十九大精神活动**　坚持把学习贯彻十九大精神作为首要政治任务，深刻领会习近平新时代中国特色社会主义思想的精神实质和丰富内涵，增强政治自觉，提高政治站位。组织中国海航所属企业领导班子成员、总部各部门负责人、驻京企业党支部书记和来自中国自控和国机汽车的领导干部，举办了十九大精神集中培训班，围绕“贯彻落实十九大精神，增强‘四个意识’，促进党建工作和经营品质提升，推动中国海航高质量发展”等主题进行交流座谈和经验分享；组织观看《将改革进行到底》等教学专题片，实地参观《真理的力量——纪念马克思诞辰 200 周年》主题文化展览。2018 年度组织开展集体学习 5 次，每次一个专题，分别作了“以党的十九大精神为指导，全面落实从严治党，扎实推进中国海航巡察工作”、执纪问责四种形态等主题的发言。同时，各级领导干部在深入企业调研、考察和交流时，将十九大精神与员工工作、生活实际紧密联系，共讲党课 50 人次，覆盖党员 400 人次。

**2. 扎实推进巡视巡察工作**　2018 年 5 月，根据国机集团党委和巡视巡察工作领导小组的工作部署和安排，中国海航党委成立巡察工作领导小组，启动了对海南榆海和海南中洋两家企业的巡察试点工作。在此过程中，严格落实巡察各项工作要求，认真做好工作小组成员的选拔和集中培训工作，对巡察工作中发现的问题，督导其及时整改。2018 年 10 月，落实国机集团党委对中国海航的巡视安排，积极配合工作组巡视期间的各项安排，在巡视期间针对自身发现的问题，落实责任分工，立行立改。

**3. 稳步提升党建工作质量**　落实全国国有企业党的建设工作会议精神，全面加强党的领导，坚持“四同步、四对接”，完成党建工作要求入章程，完善企业董事会、党委会、总经理办公会议事程序，制定《中国海洋航空集团有限公司“三重一大”决策制度实施办法（暂行）》，积极探索党委决策前置程序的方式方法，及时学习传达国机集团印发的相关制度文件，明确学习要求，提出落实举措。中国海航领导班子成员分别在联系企业、分管部门或项目现场讲党课。以“党建质量提升年”为契机，坚持问题导向，围绕“提升党建工作质量、严格党建工作要求”，第一时间成立党建工作自查和整改工作小组，开展党建自查工作，细化党建考核指标 367 项，并逐项自查整改，整理了 200 余份基础资料。同时根据国机集团统一部署，建立完善党建信息平台，进行各级党组织、党员的基本情况数据更新，完成了三级企业的账号登录、权限分配及党员信息管理子系统的维护工作，为持续推动党建工作信息化水平奠定了基础。

**4. 扎牢扎实党风廉政建设和反腐败工作**　传达学习贯彻国机集团 2018 年党建工作暨党风廉政建设工作会议精神，组织与各所属企业签订《党风廉政建设责任书》和《领导人员廉洁承诺书》，逐级传导责任压力。全面贯彻“把纪律挺在前面”的总要求，及时了解掌握党员干部的思想、工作和生活情况，分析梳理苗头性、倾向性问题，加强对各级领导干部的廉政约谈、诫勉谈话和提醒监督。深入贯彻中央八项规定和“反四风”精神，持续开展党风廉政建设和反腐败警示教育，持续把好重要节假日等节点的廉洁关口，做好“廉政宣传教育月”等系列活动，严肃查处发生在职工身边的腐败问题和其他违法违纪问题。

**【社会责任】**

根据国机集团完善全区教育扶贫、有针对性

地支持特色产业、立足医疗卫生扶民生、立足基层强党建、完善鱼鳞村基础设施建设等目标任务，中国海航积极参与，投入24万元扶贫资金用于朝天区脱贫攻坚干部专题培训班项目。同时做好职工帮扶工作，全年慰问退休干部职工27人，慰问困难党员与军转人员17人，落实助学资助1人，帮困资助4人，在“国机爱心基金”捐助与申报中，捐赠14.8万元。

# 中国地质装备集团有限公司

**【基本情况】**

中国地质装备集团有限公司（简称中装集团）成立于1987年，前身是原地质矿产部中国地质机械仪器工业公司，1999年并入中国机械工业集团有限公司（简称国机集团），为国机集团所属全资子公司。

中装集团作为全国最大的地质专用设备生产企业，近些年始终跻身于行业技术发展的前沿，并发挥着引领和带头作用，在经济总量不断提升、经济效益不断提高的同时，充分发挥了大型国有企业应该承担的社会责任和行业主力军的作用。

中装集团的产品涵盖了地质勘探的主要流程。从地面地球物理勘探，到地质钻探、取岩心，再到井中探测，以至于矿产的化学分析。业务主要包括物探仪器（重力、磁法、电法、地震、放射性和井中仪器等）、钻探机械（岩心钻机、汽车钻机、水井钻机、工程钻机、泥浆泵、钻塔、钻机配件等）、钻探工具（钻杆、钻头、孔底钻具、凿岩钎具、人造金刚石及制品、硬质合金及制品等）、分析仪器（原子吸收、原子荧光、等离子光谱仪、电化学分析仪、测汞仪等）等产品的研发、制造与销售。产品的应用领域覆盖地质、冶金、有色、煤炭、石油、核工业、国防、建筑、水利水电、交通、环保等多个行业，总生产能力和市场占有率居国内地质装备制造行业前列。

中装集团作为我国地质装备制造行业的龙头企业，多项产品为国内外首创：在地质机械领域，研发生产了国内首台全电驱电控岩心钻机、首台立轴式岩心钻机、首台变量泥浆泵、首台机械动力头式基础工程施工钻机；在地质仪器领域，研发生产了世界首台全自动双道氢化物发生原子荧光光度计、唯一采用直流塞曼技术背景的原子吸收分光光度计、亚洲唯一的高精度石英弹簧重力仪。中装集团的磁力仪和绳索取心钻具等产品居国内领先水平。中装集团有20多项产品获得了国家银质奖，50多个产品获得了省部级优质产品奖和科技成果奖，其主导产品在国内地质装备市场占主导地位，直接服务于多项国家重点建设项目。

近年来，中装集团积极拓展新的经营领域，实施“走出去”战略，充分发挥企业自身在行业内的优势，延伸产业链，拓展工程承包和贸易业务，构建外贸经营平台。中装集团先后承担了50多项国家技术创新项目和重点新产品开发项目，有多项产品运用于国家重点建设项目中，取得了良好的经济和社会效益。

中装集团拥有地质装备行业唯一“国家认定企业技术中心”，建有我国唯一的、并具国际先进水平的超低磁实验室和电子测试实验室，担负关键技术装备的研究、开发、试验工作。中装集团有5家下属企业获得省级科技创新企业称号。中装集团与自然资源部、中国地调局以及一些大专院校、科研院所保持了长期紧密的合作关系，在产品发展方向和技术创新等方面得到了大力支持和具体指导。

中装集团牵头申报的“深部地质矿产勘查产

业技术创新战略联盟”，被国家科技部列入第三批联盟试点单位，致力于提升勘查技术和装备的国产化水平。中装集团作为联盟理事长单位，对外承担主体责任。中装集团是第一批由国家23个部委联合认定的国家级工程实践教育中心，是“中国矿业联合会地质与矿山装备分会”的理事长单位。

中装集团总部现设有8个职能部门，下属有9家子全资子企业：中地装（北京）科学技术研究院有限公司（简称中研院）、张家口中地装备探矿工程机械有限公司(简称张探公司)、衡阳中地装备探矿工程机械有限公司（简称衡探公司）、中地装重庆探矿机械有限公司（简称重探公司）、中地装（北京）地质仪器有限公司（简称北仪公司）、中地装重庆地质仪器有限公司（简称重仪公司）、无锡钻探工具厂有限公司（简称无锡公司）、北京海光仪器有限公司（简称海光公司）、北京奥地探测仪器有限公司（简称奥地公司）。1家全资机构：衡阳工业职工大学（简称衡阳职大）；1家控股公司：中机高科环境装备资源有限公司（简称中机高科）；有1家参股子公司：派力工程有限公司（简称派力公司）。

**【主要指标】**

截至2018年12月31日，中装集团资产总额141 982.01万元，比上年同期增长3 421.70万元，同比增长2.47%；负债总额80 817.83万元，比上年同期降低536.95万元，同比下降0.66%，其中流动负债61 489.49万元，占负债总额的76.08%；资产负债率56.92%，比上年同期降低1.79%。

经济效益状况。2018年中装集团实现营业收入60 216.84万元，比上年增加3 965.64万元，同比增长7.05%，其中：主营业务收入55 365.72万元，比上年增加5 840.40万元，同比增长11.79%；其他业务收入4 851.12万元，比上年减少1 901.76万元，同比下降28.28%。利润总额2 330.32万元，比上年增加6 965.04万元，同比增长150.28%。

成本费用状况。2018年中装集团营业总成本63 672.81万元，比上年减少12 076.03万元，同比下降15.94%。其中：营业成本36 804.96万元、期间费用23 514.06万元、税金及附加1 656.93万元。成本费用总额占营业收入的105.74%。

**表1 2018年中装集团主要经济指标**

| 项目 | 2017年 | 2018年 | 同比增长（%） |
|---|---|---|---|
| 资产总额（万元） | 138 560.31 | 141 982.01 | 2.47 |
| 净资产（万元） | 57 205.54 | 61 164.18 | 6.92 |
| 营业收入（万元） | 56 251.20 | 60 216.84 | 7.05 |
| 利润总额（万元） | −4 634.72 | 2 330.32 | 150.28 |
| 技术开发投入（万元） | 4 032.70 | 4 102.23 | 1.72 |
| 利税总额（万元） | 357.57 | 7 381.66 | 1 964.40 |
| EVA值（万元） | −4 371.94 | 1 530.19 | 135.00 |
| 全员劳动生产率〔万元/（人·年）〕 | 5.06 | 13.28 | 162.45 |
| 净资产收益率（%） | −6.07 | 3.53 | 增加9.60个百分点 |
| 总资产报酬率（%） | −3.02 | 1.95 | 增加4.97个百分点 |
| 国有资产保值增值率（%） | 93.93 | 103.91 | 增加9.98个百分点 |

**【重大决策与重大项目】**

**1. 张探公司老厂土地盘活和新园区建设** 张探公司老厂土地盘活补偿款共计5.92亿元（其中通过调整协商和签订两个补充协议，增加土地盘活资金和停产搬迁补偿款2 406万元），已收到4.45亿元。新园区主体结构基本完成，正在加紧其他工程建设。

**2. 重庆两个公司土地盘活和重庆产业园建设** 重探、重仪老厂土地盘活工作正与相关意向开发商进行合作洽谈。重庆产业园主体工程进入全面装修收尾阶段。

【市场营销】

**1. 市场开拓** 中装集团总部及各所属企业注重分析把握行业规律、市场变化和客户需求，积极寻求机遇，一手稳固传统市场，一手努力开发新市场，培育新的增长点。ZP30DB 地热钻机成功打入台湾市场；XD600/800 系列新型全液压便携式钻机在“难进入地区”“绿色勘察示范项目”等领域应用中受到好评；非开挖、盾构等泥浆泵市场份额持续巩固，约占全国市场的 40%，工勘市场销售收入占比 70% 以上；抽油杆产品顺利入围国内三大油田区块的甲级供应商序列，保持石油系统前 5 家重要供应商地位；分析仪器在行业领域连年保持领先优势，原子荧光产品的市场占有率高达 45% 以上，销售数量、产值位居同行业第一；OBS 海底地震仪在国产仪器市场占有率达 90% 左右；重力仪等产品以军品市场为中心，逐步向民品市场渗透拓展，营业收入较上年增长 6.4%。

**2. 生产、销售分析** 按产品类型分，钻机产品销售收入同比增长 2.8%；抽油杆产品销售收入同比增长 56.9%；泥浆泵产品销售收入同比增长 9.8%；钻探工具及超硬材料产品销售收入同比下降 22.5%；物探仪器销售收入同比增长 10.1%；分析仪器销售收入同比下降 7.8%，但仍保持市场占有率 45% 的份额。按产业板块分，装备制造板块毛利率同比增长 8.1 个百分点；贸易板块毛利率同比增加 1.5 个百分点；服务板块毛利率实现 67%，同比略有下降。

钻探设备产值（包括钻机及辅助设备、配件）11 427 万元，同比降低 7.8%；完成销售收入 14 836 万元，同比增长 20.5%。仪器板块产品完成产值 16 975 万元，同比增长 14.4%；完成销售收入 20 783 万元，同比下降 2.5%。钻采工具板块产品完成产值 9 754 万元，同比下降 0.08%；完成销售收入 9 495 万元，同比下降 1.95%。

【科技创新】

坚持以创新能力建设为核心，重点推进创新平台建设与资源整合，科技管理成效突出。一是着眼长远，抓平台建设，完善科研项目管理制度，进一步加强以中研院为主体的科研平台建设，并加入了华北地质科技创新中心。二是集中力量抓国家项目，中装集团及所属企业承担的 4 个国家“863”计划课题顺利完成结题验收，在研的 5 个国家科技计划项目课题进展顺利。统筹组织中研院、海光公司、奥地公司、衡探公司、无锡公司等单位积极协同，新申报国家和国机集团各类科技计划项目课题 9 项，获批 8 项，累计获批专项支持经费 2 495 万元，创历史新高。三是科技成果再创佳绩。2018 年共获得专利授权 26 项，其中发明专利 8 项；新增软件著作权 4 项；发布了 2 项国家标准，参与制定 2 项行业标准；行业标准制定计划“地热钻机型式与规格系列”被自然资源部纳入立项计划；“钻探机具防护与延寿关键技术及工程应用”项目获得国土资源科学技术奖二等奖。四是稳步推进质量提升，全面贯彻实施质量提升行动方案，强化全流程质量管理，完成有关质量管理体系认证及审核，获得首届“中央企业全面质量管理知识竞赛”优秀组织企业奖。

【改革改制】

**1.“处僵治困”工作** 提前实现国务院国资委“处僵治困”人员安置达到 80% 的考核指标；部分不再上岗人员待进一步安置。厂办大集体单位已清算关闭了 7 家，剩余 2 家正在处理外部债权债务。

**2. 瘦身健体、压减层级工作** 完成北京龙星健身俱乐部有限公司 50% 股权和西安科创海光仪器有限公司 49.02% 股权的转让，对北京华钻公司、北京中地装公司的税务清算工作正在进行，统筹推进了重庆九州探矿机械技术开发有限公司的压减工作。

**3. 教育医疗机构改革工作** 开展了前期调研，并将医疗机构改革方案上报国机集团审批，教育机构改革方案正在制定之中。

**4.“三供一业”分离移交工作** 按时完成“三供一业”分离移交正式协议的签订工作，共获得补助资金867万元。其中，中央财政补助资金235万元，国机集团拨付资金632万元。

**5.衡阳职大深化教学改革，提升办学质量工作** 争取到“湖南省技工院校校企合作研修平台建设项目”和“湖南省重点产业技能人才培训实训基地建设项目”，获得财政资金支持350万元；与10多家单位签订了用人协议，保障了学生就业率。

**【主要管理经验】**

**1.压实责任抓经营** 一是按照年度经营目标任务，各企业签订生产经营和重点工作（项目）责任书并进行层层分解，从总部和企业两个层面制定了落实计划和措施。二是修订了企业负责人经营业绩考核、薪酬分配、奖惩激励等制度办法，发挥“指挥棒”作用，强化正向激励和约束，并把有关工作执行落实、内部审计整改等情况与经营业绩绑在一起，同步考核，促进了责任融合。

**2.按照党建要求，进一步完善法人治理结构** 完成所属企业党建工作进章程，健全修订有关董事会和监事工作制度，形成了党委前置与行政经营决策的制衡机制。

**3.强化全面风险管控** 召开专题研讨培训会，对相关风险点进行梳理分析；通过抓好全面预算管理、投资论证决策、风险评估识别、法律合规审查、过程跟踪检查、内部审计、巡察检查等工作，坚持事前、事中、事后全程跟踪，加强了风险提示和防控；对“保兑仓”等案件持续跟踪关注，积极做好依法维权工作。

**4.进一步规范完善资产财务管理** 做好费用收支和财务成本分析，持续加强“两金”压控和资金集中管理，严格审批使用专项资金，资金集中度达到79%（目标值为70%）。

**5.扎实抓好安全生产管理** 全年实现无事故、无伤亡的目标，在国机集团年度安全工作考核中，连续4年达到A级水平。

**【党的建设】**

**1.深入学习贯彻习近平新时代中国特色社会主义思想和党的十九大精神** 党的十九大以来，中装集团党委始终把学习贯彻习近平新时代中国特色社会主义思想和党的十九大精神作为最重要的政治任务，通过多种方式，实现了“五个全覆盖”。中装集团党委结合实际制定了《推进“两学一做”学习教育常态化制度化实施细则》、落实“两个维护”具体措施等，加大了传达贯彻中央和上级重大决策和重要部署的力度。在2018年基层党建工作检查考核和巡察工作中，将这项工作列入检查的重要内容，让中央的声音和要求及时贯彻到基层。两级企业将“两学一做”活动引向深入，纷纷开展“戴党徽、亮身份”、设立“党员模范示范岗”等系列活动，党员干部和各级党组织切实增强“四个意识”、坚定“四个自信”、做到“两个维护”。

**2.深入扎实推进“党建质量提升年”深化行动** 按照国有企业党建工作会议精神和《国机集团党委“党建质量提升年”深化行动方案》要求，进一步强化“根”和“魂”的意识，抓好“两个一以贯之”工作落实。制定了《中装集团党委关于“党建质量提升年”深化行动实施细则》，提出了38条重点任务。目前已完成36项，有2项工作正在推进中。积极探索不同层级党组织发挥作用的有效途径和方式，总结和推广衡探公司所属党支部“五化”建设经验，大力推动党的基本组织、基本队伍、基本制度建设，将《中国共产党支部工作条例（试行）》具体化，编发了《基层党组织工作一本通》，涵盖了基层党支部各项工作，提高了支部工作规范化水平。

**3.深入扎实推进作风建设** 持续巩固作风建设成果，锲而不舍、驰而不息地推进作风建设。一是持之以恒落实中央八项规定精神、反对“四风”。认真贯彻落实习近平总书记关于作风建设的批示精神，严格执行中央八项规定精神和实施细则，制定了《中装集团党委关于进一步改进工作作风的实施意见》《中装集团总部员工履职待遇、业务支出管理实施细则》等制度，对公车管理、业务招待费管理等制度进行了修订。制定了《中装集团关于贯彻落实习近平总书记重要指示精神，集中整治形式主义、官僚主义的实施方案》，组织开展了集中整治工作。纪委在重大节日通过发文、短信、微信等多种方式，及时进行廉政提醒。二是积极组织参加国机集团开展的“廉洁宣传教育月”集中培训。开展总部关键岗位廉洁从业培训会，组织党员干部观看警示教育宣传片等，用身边的典型案例给与会人员以警示。组织党员干部学习新修订的《中国共产党纪律处分条例》，严格执行请示报告制度、个人重大事项报告制度，严格政治纪律和政治规矩。

**4. 全面加强党风廉政建设和反腐败工作** 一是抓好巡视反馈意见的整改落实。中装集团党委根据国机集团巡视反馈意见，梳理、分解、细化了 46 项具体工作，制定了整改措施，深入开展巡视整改工作，实行销号式管理，完成一项销号一项，目前已全面完成整改，并持续推动巩固落实。这项工作得到国机集团的肯定，并在国机集团工作会上作了经验交流。二是抓好巡察工作。根据《国机集团党委关于所属企业党委开展巡察工作的意见》，中装集团党委结合实际，认真抓好内部巡察工作。制定了《中装集团巡察工作规划（2018—2022）》以及有关巡察工作 3 项制度，编制了巡察工作手册，组织 50 余名相关人员参加了巡察业务培训。开展了对无锡公司的巡察工作，就巡察中发现的问题及时进行了反馈，推动无锡公司落实巡察问题整改。三是抓好党风廉政建设责任制。以完善惩治和预防腐败体系为重点，在健全反腐倡廉建设的制度和机制上下功夫，将党风建设和反腐败工作责任制落实情况纳入年度考核目标，党委召开专题会，研究部署党风廉政建设和反腐败工作，层层签订责任书，与业务工作同部署、同落实、同检查、同考核，反腐倡廉建设的制度框架基本建立。

**5. 扎实推进企业领导班子建设和人才队伍建设** 认真贯彻落实“党管干部”原则和上级有关干部管理工作要求，按照从严管理、从严选拔、从严约束、从严监督的要求，抓好所属企业领导班子和人才队伍建设。一是选优配强领导班子。组织完成了衡探公司、无锡公司、中研院、张探公司 4 家单位的行政领导班子换届，无锡公司党委书记任职考察，重探公司、中机高科主要领导调整及总部中干考察聘任等工作。二是严格执行“领导干部报告个人事项”和“一报告两评议”制度。对干部选拔任用突出政治素质的考核。三是着力培养忠诚干净担当的高素质专业化干部队伍。建立适应发现人才、培养人才的机制，分层次、有重点地培养选拔高层次管理人才、科技领军人才和高技能人才。

**6. 抓基层、打基础，积极推动基层党组织建设** 坚持把夯实党的组织作为企业党建的基础性工程，努力把基层党组织建设成为坚强的战斗堡垒。一是“把方向、管大局、保落实”的作用得到进一步强化落实。全面推进完成党建工作进章程工作，截至 2018 年 8 月，中装集团所属三级以上 11 家企业全面完成党建工作进章程，建立形成党委前置审议决策机制。同时，充分利用每年各所属企业党组织书记述职评议的机会，推动企业党建工作经验交流。二是规范党员发展工作。制定党员年度发展计划，组织做好入党积极分子的培养、教育，抓好发展对象的培训、考察，严格发展党员，严把党员入口关。2018 年，中装集团及各所属企业共发展 12 名党员，为党组织的壮大注入了新生力量。三是规范党组织基础性工作。汇编了国机集团、中装集团两级党委颁布的党内制度文件，制作了基层党组织会议记录本、谈心谈话记录本、党员学习记录本、党建活动记录本，基层党组织工作得到进一步规范，科学化水平得到进一步提高。

# 中国机械工业建设集团有限公司

**【基本概况】**

中国机械工业建设集团有限公司（简称中机建设，SINOCONST）前身是始建于 1953 年的中国机械工业建设总公司，是我国成立最早的大型国有施工企业之一。公司注册资金6.7亿元。具备住建部批准的工程施工总承包特级资质、建筑行业设计甲级资质、商务部批准的对外经营权和AAA级资信等级。通过了ISO9001质量管理体系、ISO14001环境管理体系和GB/T 28001职业健康安全管理体系审核认证。公司现有15个全资子公司、4个工程事业部、19个分公司、8个参股公司和1所国家示范性技师学院。公司员工总数10 000余人，其中各类专业技术人员3 000多人。

改革开放以来，中机建设积极面向国际市场，适时调整经营结构，全面创新管理机制，在全球40多个国家和地区承建了一大批具有重要影响的工程建设项目，在国际工程承包与项目管理方面积累了丰富的经验，形成了为业主提供从经济技术咨询、项目规划设计、技术设备成套、项目施工管理到人才技术培训、产品达产达标的一揽子服务的竞争优势。

中机建设与国内外的科研院所、知名企业和金融机构建立了全方位、深层次的战略合作关系。以市场为导向，以创新为动力，着力提升市场营销、项目管理、技术工程和资本运营“四个能力”，重点打造机电工程、电力工程、矿产工冶炼程、化工石油工程、公共与民用建筑和基础设施“六大业务板块”，主要经济技术指标连续多年保持持续快速增长。

【主要指标】

2018年，公司资产总额63.57亿元，全年营业收入70.16亿元，利润总额1.18亿元。成本费用占主营收入的98.93%，经济增加值（EVA）4 998.91万元，净资产收益率9.85%。完成进出口总额6 453.57万美元，合同成交额100.83亿元。2018年中机建设主要经济指标见表1。

项目履约情况良好，截至2018年12月底，全系统在建项目858项，实现企业总产值113.31亿元，其中境内项目实现产值占64%，境外项目实现产值占36%，整体进展情况良好。完工项目获得项目业主好评。

**表1　2018年中机建设主要经济指标**

| 项目 | 2017年 | 2018年 | 同比增长（%） |
|---|---|---|---|
| 资产总额（万元） | 613 794.09 | 635 711.97 | 3.57 |
| 净资产（万元） | 92 770.55 | 106 563.00 | 14.87 |
| 营业收入（万元） | 681 057.89 | 701 631.92 | 3.02 |
| 利润总额（万元） | 4 247.74 | 11 836.73 | 178.66 |
| 技术开发投入（万元） | 9 866.89 | 10 524.48 | 6.66 |
| 利税总额（万元） | 20 005.36 | 28 071.77 | 40.32 |
| EVA值（万元） | −1 948.30 | 4 998.91 | 356.58 |
| 全员劳动生产率〔万元/（人·年）〕 | 12.64 | 14.17 | 增加1.53个百分点 |
| 净资产收益率（%） | 2.93 | 9.85 | 增加6.92个百分点 |
| 总资产报酬率（%） | 2.46 | 3.41 | 增加0.95个百分点 |
| 国有资产保值增值率（%） | 101.87 | 111.36 | 增加9.49个百分点 |

【重大决策及重大事项】

**1. 中机建设召开2018年工作会议**　1月29日，中机建设2018年工作会议在北京召开。中机建设首次在工作会议期间开展了转型发展主题论坛，就“业态角色转型”“板块协同转型”“板块项目管理模式转型”“承包模式转型”4个话题展开研讨。

**2. 中机投资揭牌仪式成功举行**　2018年2月1日，中机建设集团（北京）投资管理有限公司揭牌。中机建设中机投资提出了专注发展、合规经营的要求。

**3. 吴振国获评感动国机十大人物** 中机建设所属中国三安的吴振国同志，以忠于岗位、精益求精、执着奉献的工匠精神，在平凡的岗位上取得了不平凡的成绩，获评2017年度国机集团感动国机十大人物。截至2018年，吴振国累计参与公司重点项目建设16次，获工程质量优秀奖9次，项目工程质量合格率100%。他所在的施工班组多次荣获中机建设“优秀施工队”“先进集体”等荣誉称号，他本人也先后荣获国机集团“技术能手”“首席技师”，公司先进个人、西安市劳动模范、陕西省劳动模范等荣誉。

**4. 中机建设与蓬莱市政府签署合作框架协议** 2月26日，中机建设与蓬莱市政府举行战略合作框架协议签约仪式。签署的合作框架协议对蓬莱市政府与中机建设就蓬莱市棚户区改造、产业园投资建设项目合作进行了安排。

**5. 中机建设签署蒙古国肉制品加工检疫厂建设和技术改造项目合同** 4月11日，中国－蒙古国商务论坛在北京举行。在蒙古国总理呼日勒苏赫等人的见证下，中机建设与蒙古国食品农业和轻工业部签署了蒙古国肉制品加工检疫厂建设和技术改造项目商务合同。

**6. 实现零突破，中机建设中标援赞比亚玉米粉加工厂总承包项目和突尼斯本·阿鲁斯青体中心援外项目** 2018年，中机建相继中标中国政府援非项目——援赞比亚玉米粉加工厂EPC总承包项目和突尼斯本•阿鲁斯青体中心援外项目。该项目是坚定执行中机建设转型发展战略、实现承包模式转型的硕果，是“一带一路”倡议下援外工程项目开发的首次重大突破，是自中机建设2012年5月18日取得援外工程资质后，经过7个项目的投标，锲而不舍的坚守回报。

**7. 中机建设举办安全生产专题会议及培训，强化红线意识** 为切实加强全系统的安全生产工作，中机建设于6月28日召开安全生产专题会议，并于29日全天举行安全生产专题培训。

**8. 中机建设中标山东潍坊生物基新材料产业园滨恒民生热电联产项目** 7月24日，中机建设中标山东潍坊生物基新材料产业园滨恒民生热电联产项目。本项目作为潍坊生物基新材料产业园的公用工程以及民生采暖项目，已被列为潍坊市重点工程项目。该项目是继公司5月28日中标“山东潍坊生物质高性能纤维研发平台及产业化项目原液、纺练、酸站车间设计土建施工总承包工程”后的又一项目。该项目的中标和实施为生物质产业园后期项目的承接以及扩大中机建设在山东地区的市场开发奠定了坚实基础。

**9. 中机建设与韩国HITECH公司签订战略合作协议** 8月22日，中机建设与HITECH公司正式签署了战略合作协议。根据协议，双方将在中东、马来西亚、泰国、越南、印度尼西亚等一系列区域市场进行全方位合作，形成市场开拓、工程施工、技术研发、装备制造、技术服务等业务的常态互动，建立战略联盟，实现优势资源共享，促进企业共同发展。

**10. 中机建设党委召开国机集团《党建工作考核评价暂行办法》暨党内制度宣讲会** 8月27日，中机建设党委组织召开贯彻落实国机集团“党建质量提升年”深化行动暨《中国机械工业集团有限公司党建工作考核评价暂行办法》等党内制度宣贯专题视频会议，全系统共计152人参加会议。会议指出，国机集团建立和完善党建考评机制是落实“党要管党，从严治党”的重大举措，党建工作与国企经营是相辅相成的，要将党建工作与生产经营融为一体，使党组织真正在企业发展中发挥核心作用。

**11. 中机建设召开企业级工法、科技进步奖评审会议** 中机建设2018年度企业级工法及科技进步奖评审会议于9月12—13日在北京召开。现场评审采用“视频”模式拉近了评审专家与技术攻关团队的距离。答辩过程中所有分会场均组织专业技术人员观摩、学习，为促进项目施工现场技术攻关水平，提升奖项申报质量、申报材料编撰能力以及专业技术人员的演讲技能搭建了舞台。

**12. 中机建设举办第三期深入学习习近平新时代中国特色社会主义思想和党的十九大精神培训班** 9月16日，中机建设第三期深入学习习近平新时代中国特色社会主义思想和党的十九大精神培训班在德阳安装技师学院正式开班。来自中机建设总部部门副职以上领导干部，所属企业领导班子成员，总部及所属企业部分党委和纪委委员、党委工作部、党委组织部、纪检监察室工作人员、专职党支部书记共 67 人参加了本次培训。

**13. 中机建设中标商丘市睢阳区南部新城安置区 B07、B13、B14、B16 地块项目** 该项目包含 29 栋高层住宅，总建筑面积为 799 717.35$m^2$，中标价约为 15.26 亿元。

**14. 中机建设与胶州市人民政府签署合作框架协议** 10 月 17 日，中机建设与胶州市人民政府在青岛市签署合作框架协议。

**15. 中机建设举办巡视反馈问题整改工作专题培训** 10 月 31 日，中机建设巡视反馈问题整改工作专题培训在郑州举行。

会议围绕巡视组反馈问题，对照党内法规和相关文件的规定要求，结合中机建设党建工作实际和自身的实践经验，对整改问题清单进行了逐条分析与讲解，厘清了工作思路，给出了工作方法。

**16. 中机建设与中化商务签订战略合作协议** 11 月 29 日，中机建设和中化商务签订了战略合作协议。签约前，双方在项目管理、项目投融资以及国内外工程承包市场等领域深入交换了意见，两家企业将在市场和技术方面加强合作，共同发展，携手共进。

**17. 中机建设召开领导干部调整宣布大会** 12 月 10 日，中机建设领导干部调整宣布大会在中机建设总部举行。会议传达了国机集团的任免文件：徐衍林同志任中国机械工业建设集团有限公司党委书记，王二龙同志任中国机械工业建设集团有限公司纪委书记，党委书记杨建辉同志调任国机集团巡视专员。

**【生产经营】**

2018 年，中机建设全系统积极应对复杂的经济形势和激烈的市场竞争，调整经营思路，转变经营手段，提升经营品质，不断加大开发力度，市场开拓成效显著，国内市场“六个转型”成效显著。在市政基础设施、公共与民用建筑以及 PPP 模式和棚改项目上抢抓机遇，签约了商丘市睢阳区南部新城安置区 B07、B13、B14、B16 地块项目、开鑫花园二期棚改项目、濮阳县御井片区二期城中村改造项目，标志着公司在公共与民用建筑领域迈出了坚实的一步。相继中标了雅安永兴水厂建设工程和南充市文峰污水处理厂二期工程 EPC 标段，丰富了市政板块的工程业绩。

**1. 业态转型** 中机建设各单位在投融业务开发中较好地贯彻了年初提出的审慎规范理性择优的方针，在金融环境比较困难的情况下推动了安庆大观区海绵城市 PPP 项目的融资交割，化解了项目风险，为推动项目顺利执行扫清了障碍。该项目的承接和执行为下一步 PPP 业务的开发积累了经验，并为进一步推动当地区域市场开发打下了良好基础；通过深入和地方政府的合作，创新业务模式，以少量投资拉动工程承包业务，中机建设成功承接了山东蓬莱棚改项目，在风险识别和有效防控的前提下，预计可以实现良好收益；云南抚仙湖径流区植被恢复项目在改变融资模式后，确定了以落实的资金规模确定开工规模，以收定支，规避了项目的资金风险，确保了项目分步有序推进。

对于原已中标融资未落地的项目，各单位严格按照政府部门的文件以及国机集团的要求，已开工的坚决踩住刹车，避免了更大规模的资金投入，同时积极与当地政府部门和金融机构沟通，推动项目的融资交割工作。新承接的 PPP 项目在融资未交割前不再开工，不产生较大的前期投入，严格控制投融业务风险。

**2. 板块转型** 2018 年中机建设各单位顺应建筑市场变化，继续推动从传统工业工程板块向市政基础设施、公共与民用建筑板块转型，新签合同额比重由 37% 增长至 43%。在建的孟加拉国帕德玛日处理 45 万 t 供水项目、喀麦隆日处理 30 万 t 供水项目，已签订的雅安永兴水厂建设工程和中标的南充市文峰污水处理厂二期工程 EPC 标段，为市政施工资质的升级积累了业绩，创造了条件。在公共与民用建筑板块，深圳光明文化艺术中心项目完成了主结构封项、白俄罗斯商业综合体项目完成了主体结构施工、达州马踏洞棚改项目、山东齐河开鑫花园项目进展顺利，新中标的商丘睢阳区南部新城项目实现了 80 万 $m^2$ 房建项目和 15.2 亿元的合同额。这些项目的承接和执行将极大地丰富集团房建板块的业绩，提高了板块的竞争能力，提升了品牌影响力，并将有力地推动市场开发工作。

**3. 项目执行模式转型** 以推动项目执行模式转型为抓手，推动整体转型工作。围绕以防控项目风险、保持项目平稳可控、提高项目收益和执行品质为目标，推动项目执行模式转型，并通过执行模式转型带动人才培养、项目管理团队建设、板块能力打造和企业整体能力的提升。2018年中机建设项目执行的粗放状态得到较大改善，项目执行模式转型的理念和目的被广泛理解和接受，在建项目的管控普遍得到加强，项目收益率等各项指标呈现总体向好的趋势。

**4. 协同转型** 2018 年中机建设内部协同得到较大提升，使用中机建设经营资源新签合同额、营业收入和利润形成等反映业务集中度的主要指标大幅提高，新签合同额同比提高 26.5%，营业收入同比提高 37%，利润同比提高 127%。在充分调研的基础上，中机建设总部大力推动“放管服”工作，简化业务审批流程，减少审批节点，缩短审批时间，方便大家在总部办理业务。在外部协同上，以合作共赢、开放共享的理念继续加大集团经营平台开放力度，吸引了更多的合作伙伴。中机建设在支持和服务的基础上，重视风险防控，完善相应的制度和审批流程，为外部协同项目指派项目总监和关键岗位管理人员，确保项目的执行可控。

**5. 链位转型** 围绕工程承包主业和打造核心竞争力，中机建设各单位在专业承包和总承包定位上更加清晰，形成了具有自身特色、兼顾行业定位“大专”与专业定位“小专”的优化组合和搭配。中机钢构在钢结构安装上、澳门公司在建筑机电上、成都公司在污水治理业务上继续保持良性发展，体现出较强的专业化优势。一公司、二公司、三公司、四公司、五公司、中机工程在公共与民用建筑、化工石油、市政、建材、矿冶等板块的总承包能力持续加强，专业分工和定位更加准确，核心竞争力得到持续提升。

**6. 区域经营模式转型** 2018 年中机建设总部和各单位继续推动了由总部经营向总部 + 区域经营的转型，在有一定市场基础的国家重点经济发展区域和国别开展区域经营，走进市场、靠近客户，提高市场开发的效率。中机建设在 2018 年新设立了重庆分公司、昆明分公司，推动广州分公司回归工程承包业务，支持山东分公司扩大在山东半岛的市场开发工作。在海外市场，依托在建项目和已经取得的当地资源，推动白俄罗斯、乌兹别克斯坦、印度尼西亚、孟加拉国、科威特等区域的市场开发工作，深入当地市场，提高获取信息的质量以及同客户互动的效率。

**7. 在建项目总体执行平稳** 白俄罗斯酒店商务办公综合体项目各单体均已进入装饰装修和机电设备安装阶段；乌兹别克斯坦纳沃伊 PVC、烧碱、甲醇生产综合体项目已进入安装工程高峰期；阿尔及利亚电站项目克服诸多不利因素，目前已经具备余热锅炉模块安装的条件；孟加拉国水厂项目净水厂净水部分已具备调试条件；埃塞俄比亚瓦尔凯特糖厂项目一期工程已接近完工，二期工程按计划推进；印度尼西亚赛得利项目克服诸多困难，实现顺利竣工投产；伊拉克卡尔巴拉精炼项目工程复工后进展顺利，已进入安装工程高峰期；达州马踏洞棚改项目堰湾安置点已经实现主体封顶，其他安置点进展顺利；广州乐金显示广电科技（中国）有限公司显示器件建设项目已顺利完工，正在进行竣工结算。

**【产权制度改革】**

**1. 推动“破、立、降”，优化企业资源配置** “破、立、降”是推进供给侧结构性改革的手段，是有质量发展的动力。“破”就是破除无效供给，即影响企业发展的体制和机制、不足的供给、低端供给和错配的配给。2018 年中机建设把中机建重工资产出让作为重点，经过将近一年的时间，成功签署产权转让合同，通过减负为企业的发展腾出更大空间。“立”是加大转型发展的力度，通过改革和创新为企业找到新的发展空间和发展动力。“降”是降成本，提质增效，提升企业的发展质量。2018 年中机建设董事会组织了对建筑行业一些先进企业的调研工作，通过对比在企业管理、业务组织、奖惩机制、劳动生产率上的差距公司找到了努力的方向，也进一步验证了推动转型发展方向的正确性。

**2. 推动资本运营，中机钢构 IPO 取得突破** 在资本运营方面，推动中机钢构的 IPO 工作是中机建设的年度工作重点。中机钢构作为具有专业特色和核心竞争力的企业，具有良好的盈利能力和成长性。2018年6月，中机钢构完成股改审计、评估工作，出具正式审计报告、评估报告经审批后，2019年1月，国务院国资委通过对中机钢构股改评估工作，计划在2019年3月底前完成新三板挂牌上市。中机钢构的上市必将推动企业的管理上一个层次，为企业迎来更好的发展机遇。

**3.“两金”规模得到有效控制，完成年度压减任务** 在深化资金管理方面，中机建设加大“两金”清理力度，加强财务“两金”核算与业务的有机衔接，及时明晰各部门和下属单位的“两金”状态，提示“两金”风险，加强应收账款、存货核算的精细化和准确性，完善对账及盘点程序，夯实基础管理，制定《中国机械工业建设集团有限公司“两金”管理办法》，对两金管理流程及职责，监控与统计，清收清欠以及考核奖惩等工作进行了系统的规范；强化“两金”压降的责任考核，下达考核指标，强化考核责任，有效控制“两金”资金占用规模，预防“两金”损失的发生。截至2018年12月末，该公司“两金”余额27.56亿元，占公司流动资产余额的55%，占资产总额的46.1%。较年初的28.3亿元下降2.61%；其中，应收账款净值为15.17亿元，较年初的15.46亿元下降1.85%；存货12.39亿元，较年初的12.84亿元下降3.51%。12月末“两金”同比减少2.61%，公司“两金”的增长低于营业收入增长2.93个百分点。

**【科技创新】**

2018年中机建设保持科技创新发展投入的整体规模，依托承建的大中型重点工程项目开展技术攻关，在施工技术领域取得多项科技创新技术成果，全系统实际申报各类技术质量奖、工法、专利、课题及标准共149项，已获得省部级以上科技奖3项、质量奖14项。其中：已受理专利27项，获授权专利4项（发明专利2项，实用新型专利2项），获国机集团奖励专利8项、省部级以上优质工程奖4项、全国优秀焊接工程奖4项、市级优质工程奖6项、省部级QC小组成果奖6项、地市级以上BIM技术应用奖4项、企业科技进步奖12项、企业级工法15项（其中5项将推荐申报省部级工法）。

根据年度管理体系升级换版工作计划，组织对8个重点工程项目进行管理体系内审，其中3个大型项目接受了外审，没有出具不符合项，荣获中国检验检测认证联盟颁发的“建筑业卓越质量管理体系（卓越级AAA）认证”。在全系统开展以“深入开展质量提升行动，努力建造精品工程”为主题的“质量月”活动。组织系统单位参加了中国质量协会举办的“首届中央企业QC小组成果发表赛”和“中央企业全面质量管理知识竞赛”活动，进一步提升了全体员工的质量服务意识和创新意识，提升了质量管理团队的专业技术水平，确保质量管理工作的精细化和规范化。总部土建工作室和BIM工作室业务进一步贴近一线，为孟加拉国帕德玛水厂项目建立土建BIM模型，首次通过Revit软件对乌兹别克斯坦PVC项目化工项目管道工程进行BIM模型创建和管道二次深化设计，协助重庆中地装工业孵化楼装修工程。推进总部资质维护工作，组织开展全系统工程建设类企业资质自查自纠，研讨和策划市政特级资质申报，完成中国钢结构制造企业特级资质延续换证。

**【主要管理经验】**

**1.适应新的外部条件，修订“四五”战略规划** 面对复杂多变的外部形势，围绕“六个转型”，中机建设对2016年发布的《中国机械工业建设集团有限公司四五战略规划》进行了修订。修订后的战略规划中，将原六大主导战略调整为转型发展、国际化经营、技术工程和人力资源四大主导战略，并在战略规划中增加了党建目标，紧扣党建与公司业务结合点，明确把党建工作成效转化为企业发展优势；结合板块转型，对业务结构目标做出了调整，最后增加了战略规划实施保障措施，在强化战略引领的同时，确保战略落实落地。

**2.人力资源管理不断加强** 结合国机集团党委巡视工作，以习近平新时代中国特色社会主义和十九大精神为指导，中机建设党委将干部管理作为加强党的领导的一项重点工作，树立正确的选人用人导向，重点抓好完善制度、规范选拔任用程序、加强日常监督管理等方面的工作，促进干部管理工作的组织化、正规化、科学化；修订《企业主要负责人薪酬管理暂行办法》，将党建工作考核评价结果与所属企业党委领导班子成员绩效年薪挂钩；推进干部交流，加强总部部门之间和与所属单位的交流，积极推进总部职能部门人员到项目一线交流锻炼。加强人才队伍建设，拓宽招聘渠道，在社会招聘方面对外加强猎聘和建筑英才对接沟通。围绕提升管理素质、支撑企业经营活动，组织实施执业资格考试培训和继续教育、从业资格考试和培训工作，共组织全系统 267 人参加北京市建委组织的岗位证书考试，通过率为 95% 以上；组织参加各类业务培训 238 人次，参加国机大讲堂 159 人次。引进设计注册人员 2 人、设计非注册人员 22 人，形成面向市场的建筑设计能力。

**3. 加强风险管控，推进企业合规体系建设** 防控风险是中机建设“三大攻坚战”之一，总体上中机建设可控在控。在合规体系建设方面，2018 年，中机建设成立了“合规委员会”，调整了内部组织机构，明确资产财务部为全面风险管理的责任部门，独立设立“法律合规部”和“安全生产部”，明确了法律风险与合规风险的管理职责，配备了安全总监及安全管理人员，为安全生产风险管理提供保障；成立了以总经理为组长的专项工作小组，统筹处理与应对受世行制裁相关事项，做好舆情监测；聘请专业律师事务所，协助公司与世行的沟通，指导公司开展合规性体系建设等相关合规整改工作；在全系统开展法律合规专题培训，提高企业的合规管理能力。

在项目执行管控方面，一是强化大型项目的标前审查，规范子公司内部协同项目的经营开发及执行管理，严格执业人员和从业人员管理，规范项目合同、项目资金等管理；二是加强境外项目执行监控，组织境外项目成本分析或现场巡检，梳理和预判项目问题，严控国际化经营风险。

在法律风险方面，公司继续加强对业务合规性法律风险的管控。按照“审慎、规范、理性、择优”原则，组织山西临汾师范学院新校区 PPP 项目、汝州汽车装备产业园 PPP 项目及山东蓬莱棚户区改造等项目的法律前置审核；推进重点诉讼项目处理，跟进庆华项目诉讼案件；越南钢厂保函诉讼完成了上诉河南高院的二审庭审，密切关注后续裁判结果；深圳中机副楼确权案和股权执行异议案件取得了实质性进展。

在审计工作上，防范风险，降本增效，积极开展工程完工审计、过程跟踪审计和项目前期审计。通过审计，客观评价项目的收益情况，对存在的项目风险点做了风险提示；对 2017 年所属企业主要负责人任期经济责任审计中发现的问题进行现场整改落实，增强了经营者的经济责任意识，进一步强化对权力运行的制约和监督。

**4. 加强安全管理，提高安全生产管理水平** 完善安全生产管理机构，增加人员配置。中机建设将安全生产部从技术中心独立出来，抽调具有安全管理经验的人员任安全部长，并配置 6 名专职安全管理人员，形成安委会、分管领导、安全总监、安全生产部、各子分公司和项目部的分层安全生产管理结构。加强安全培训工作。深刻吸取伊拉克卡尔巴拉炼油项目“6.3”事故教训，召开全系统领导干部安全生产会议，邀请安全生产专家针对企业领导安全生产责任进行专题培训，强化安全生产意识，明确“一岗双责、党政同责”，加大公司领导层对安全生产的关注、支持和监控力度。强化安全责任制的有效落实。二级单位、总部各业务部门均签订安全生产责任书，覆盖率 100%，落实了领导主体责任，明确了安全工作任务。加大对安全责任目标的考核奖惩力度。成立中机建设安全生产考评小组，对上一年度所属企业和总部事业部 2017 年度安全生产责任目标进行了考核，考核结果纳入经营者年度绩效考核体系，实行一票否决制。推动安全生产标准化工地的建设，扎实开展项目巡查和隐患排查治理专项行动。结合安全生产月活动，组织对全系统在建工程现场进行了安全生产互查。3 个检查组对 10 个在建项目进行安全生产检查，共发现隐患 134 项，发出隐患整改通知单 10 份。中机建设总部和各所属单位安排领导带队开展项目巡查活动，向各项目部强调安全生产要求，检查安全生产存在的隐患和问题，提出整改要求，并督导落实。

**5. 加强财务管理，保证资金链安全和经营生产平稳运行**

（1）扎实推进全面预算管理工作，加强对外部经营形势的分析研判，科学编制、合理安排，充分发挥预算工作对年度经营业绩考核目标的保障和支撑作用。持续深化成本费用管控，继续深入推进目标责任成本等管控手段，积极寻找成本改善空间。

（2）抓资金管理，严控资金风险。一是管控企业债务风险，重点关注各级企业年度资金及带息负债规模，督促各单位控制带息负债不合理增长，加强企业资金管理，防范资金风险。二是加强“两金”监管，下达各单位“两金”压降指标，确定应收账款和存货压降计划；按季度督导各单位的“两金”压控落实情况，推动已竣工项目结算、工程款回收，缓解中机建设资金和“两金”压力。三是加强担保管理和特殊业务的风险管理，严禁对中机建设外担保，严控内部担保规模，加强担保业务的后续跟踪及检查。四是不断完善内控流程，及时堵塞管理漏洞和内控缺陷，避免损失的发生。

（3）以巡视整改为契机，强化内控工作，提升财务管理水平。要求各级财务人员认真学习国家会计法律法规及公司现行会计规章制度，进一步严肃财经纪律。以巡视发现问题为突破口，组织开展全系统的专项检查工作，认真清查其他方面违规违纪问题，加强内控和审计监督力度，推动财务管理规范化工作。

（4）圆满完成2017年度财务决算。中机建设合并报表范围企业，全部出具标准无保留意见审计报告。进一步加大财务决算成果应用，深入分析财务决算反映的经营运行与财务管理问题，制定整改措施，推动整改落实。财务信息化管理工作获得国机集团财务信息管理先进企业三等奖。

**6. 提升经营管理能力，推动“放管服”工作** 经过近一年的调研及策划实施，“放管服”工作已实施到位。对子公司内部协同项目的所有总部审批流程进行了梳理优化，减少了不必要及交叉重叠的审批环节，缩短审批时间，提高业务运行效率。目前综合管控系统中的业务流程已调整到位，财务管控系统流程正结合制度修订有序推进。总体按照“简政放权、放管结合、优化服务”的宗旨，改进了对子公司内部协同业务的支持和服务。在优化流程的同时，中机建设修订了《内部协同项目管理办法》，规范子公司内部协同项目的经营开发管理，规范项目合同、资金及核算管理，规范分公司印章、合同及日常管理，规范项目执业和从业人员管理，规避业务合规性风险。

**7. 集中采购工作初见成效** 一是完善全系统采购电子商务平台，加强平台应用问题的排查和修正，精简平台业务流程，提高采购业务效率，确保各所属单位平台采购业务的正常开展。截至12月底，中国一建、中国三安、中国四建、中机工程4家单位已上线应用，实现国内物资采购业务的全平台操作和境外项目物资采购数据的实时补录，各项功能及流程运行正常。平台采购金额达19.95亿元，较上年同期增长24.96%；中机钢构、成都公司、中机澳门及中机水务的上线工作都在全面对接和部署过程中，计划春节前实现系统应用。二是努力积累供方资源。一方面积极参加国际工程采购联盟的峰会、杭州阿里巴巴峰会，扩大中机建设品牌知名度，加快吸纳供应商资源注册入库；另一方面，在系统内深挖内部资源，统计和收集各所属单位优质的供应商名录，督促供应商平台注册，逐步扩充合格供应商数量，发挥资源共享优势，以获得充分竞争的低价成本，为下一步集中采购的深入开展做好资源保障。三是加强中机建设管控力度，成立中机建设集团招标领导小组，加强中机建设集团招标采购工作的组织领导，规范工程招标和物资采购行为。组织全系统各单位的年度采购考核，进一步推广采购集约化和平台化。

**8. 企业文化宣传工作** 在企业文化方面，中机建设坚持以弘扬和践行社会主义核心价值观为主线，以社会公德、职业道德、家庭美德、个人品德建设为抓手，以典型示范为引领，不断提升企业文化的带动力和影响力。公司通过网站、微信、微博等发布“榜样3”“巡视利剑”等学习资讯，深入生产经营一线挖掘采访，汇集并宣传了许多优秀党员和优秀党支部事迹、精准扶贫报道、优秀项目部专访等经典故事。结合公司成立

65 年，回顾发展历程，讲述风云人物，充分展示广大员工无私奉献的精神风貌和改革发展的丰硕成果，讲好中机建设故事，传播正能量，激发大家干事创业的热情。

在新闻宣传方面，一是制定印发《新闻宣传报道工作管理办法（试行）》，细化宣传报道激励机制，推进新闻宣传报道工作走向规范化、制度化；二是在原有专职宣传岗位上增配人员，同时要求各所属单位指定通讯员，更新总部各部门与所属单位通讯员台账，建立反应迅速、上下协同的新闻宣传组织体系；三是加强通讯员工作职责，遇重大主题或党建活动时主动汇报、踊跃报道，将报送稿件频次明确化；四是公司网站增设“党建专栏”，及时更新党建相关新闻，全系统（包括国内外党支部）组织收看“庆祝改革开放 40 周年大会”实况，做到全覆盖。

**【党建工作】**

**（一）政治建设提升新高度**

**1. 系统组织习近平新时代中国特色社会主义思想和党的十九大精神学习宣传贯彻工作，党员干部队伍政治意识明显提高** 中机建设各级党委高度重视习近平新时代中国特色社会主义思想和党的十九大精神的学习宣传贯彻工作，多次召开专题会议研究制定有关方案和措施。2018 年中机建设党委牵头组织了两期县处级领导干部集中培训，总部及所属企业党务干部、部分党支部书记共 175 人参加培训。按照国机集团党委“五个全覆盖”的要求，全系统各级党委组织学习习近平新时代中国特色社会主义思想和党的十九大精神 51 场，参加人员 1 771 人次；各党支部组织学习 227 场，参加人员 4 026 人次，党员干部队伍的政治意识明显提高。

**2. 认真学习传达和贯彻落实党中央重大决策部署、国务院国资委和国机集团党委工作要求，党员干部队伍服从意识明显增强** 结合实际制定实施方案和工作举措，自觉地在政治上思想上行动上同党中央保持高度一致。党员干部队伍“四个意识”进一步增强。围绕党的中心工作，以主动姿态投身党中央提出的“三大攻坚”之中，企业“六大转型”稳步推进，狠抓“两金”压控，加强资金管理，避免发生系统性风险，成立法律合规部；加大施工现场扬尘治理和文明工地创建工作，防止环境污染；积极参与国机集团和地方扶贫攻坚工作。

**3. 深入贯彻落实全国国有企业党的建设工作会议精神，坚决做到两个“一以贯之”** 中机建设党委制定《贯彻落实全国国有企业党的建设工作会议精神重点任务实施细则》，将 80 项工作按部门职责进行分解，与相关责任部门负责人签定《落实国有企业党建工作重点任务责任清单》，党委工作部在规定完成的时间点对各部门的实施情况进行检查。

**4. 发挥党委领导作用，企业重大事项党委决策前置要求得到有效落实** 制定了《关于“三重一大”事项决策党委会前置的管理办法（试行）》等相关制度，健全党委参与重大问题决策机制，严格落实重大问题决策前置程序，重大经营管理事项必须经党委领导班子研究讨论后，再由董事会或经理层作出决定。前置就是把关，把关重点是看决策事项是否符合党的理论和路线方针政策，是否契合党和国家的战略部署，是否有利于提高企业效益、增强企业竞争实力、实现国有资产保值增值，是否维护社会公众利益和职工群众合法权益。2018 年中机建设党委讨论“三重一大”事项共计 76 项，目前全系统各单位按照要求建立了党委决策前置程序，完成了党委会、董事会和总经理办公会等议事制度的修订工作。

**5. 全面落实党委履行全面从严治党主体责任和“一岗双责”要求，党委领导班子职责分工更加明确** 中机建设党委根据国机集团党建工作会议精神和 2018 年党建工作要点，研究制定公司党建工作年度安排和工作考核机制。通过健全完善党建工作责任制，压紧压实全面从严治党政治责任，抓住“关键少数”，真正把落实管党治党政治责任作为最根本的政治担当，把主体责任一贯到底。

**6. 严格落实党内政治生活准则，民主生活会和组织生活会质量显著提高** 领导班子成员坚持以问题为导向，把自己摆进去，既以普通党员身份参加所在支部的组织生活会，又以领导干部身份参加民主生活会。2017 年度公司领导班子民主生活会共收集意见 14 条，班子成员主动认领，有时间节点的已经完成，需持续改进的制定具体措施；针对国机集团巡视反馈意见，中机建设党委召开了领导班子巡视整改专题民主生活会，针对反馈问题清单，进行了深入讨论，民主生活会的质量明显提高，目前已完成巡视整改报告报送。

**7. 积极推进“两学一做”学习教育常态化制度化** 根据不同阶段党的中心工作，组织基层党组织开展主题教育和实践活动，中机建设领导干部坚持带头学习，认真撰写读书笔记和学习心得，积极参加所在支部的组织活动，带头讲党课，并与党员互动交流，发挥了示范引领作用。各基层党支部在“两学一做”学习教育活动中也主动作为，通过建立支部活动园地、开展专项主题党日活动、组织座谈交流、党员撰写读书笔记等多种方式，把学习教育与日常工作相结合，激发了广大党员的工作热情，提高了普通员工的思想觉悟。

**8. 围绕中心，服务大局，党建工作与企业改革发展有机融合** 一年来，中机建设党委围绕企业六大转型，把做好企业经营管理工作作为党建工作的重要内容，用企业的改革发展成果检验党建工作成效。通过修订企业发展规划、部署年度工作等方式，把习近平新时代中国特色社会主义思想落实到企业改革发展工作之中。特别是公司在经营上紧跟国家“一带一路”建设，拓展国际市场，抓住区域发展机遇，开发国内市场，立足供给侧结构性改革，加快业务转型升级，大力推动绿色施工，积极参与环境治理工程建设，在推进依法治企、合规经营等方面取得显著成效，实现了党建与企业改革发展的有机融合。

**（二）思想建设强化新武装**

**1. 抓好中心组学习，加强理论武装** 年初各级党委制定《2018年理论学习中心组学习计划》，针对不同时期党中央和国机集团的要求，对学习内容进行动态管理。进一步改进学习方式，倡导研讨式、专题式学习，增强互动式交流，在深钻细研上下功夫。坚持个人自学与集体学习有机结合，力求学习形式多样化，坚持知行合一、以知促行，切实用习近平新时代中国特色社会主义思想指导工作实践，以新发展理念引领破解党建主要矛盾，集中发力解决公司党建体制机制性重大问题，2018年中机建设全系统共组织中心组学习69次，参加人员597人次。

**2. 加强意识形态管控，把握正确舆论导向** 中机建设党委高度重视意识形态和思想政治宣传工作。8月，党委会组织学习了国机集团意识形态和网络意识形态工作责任制相关文件；10月，在郑州组织全系统党务干部56人，学习传达国机集团宣传思想工作会议精神，下发了领导干部意识形态分工文件，形成党委抓意识形态的工作机制；健全党委会定期听取意识形态工作汇报及研讨机制，将意识形态工作纳入党委的常态化工作中，确定专人负责意识形态和网络意识形态的舆情监控，制定了《信息发布安全预案》，建立舆情和维稳工作突发事件多部门联动应急预案。

**3. 弘扬和践行社会主义核心价值观，建设优秀企业文化** 各级党组织通过网站、微信、微博等宣传媒体发布党建工作的各类学习讯息，深入经营生产一线挖掘采访优秀人物事迹，结合公司成立65年历史回顾中的榜样宣传，充分展示公司广大员工无私奉献的精神风貌和改革发展的丰硕成果，传播正能量，激发干事创业热情。2018年上报各类征文100篇。

**4. 开展形势任务教育** 先后举办纪念中国共产党成立97周年等形势教育会63场；参加人员2 365人次。澳门公司党支部组织员工参加澳门国家安全展览；12月18日召开庆祝改革开放40周年大会，全系统及部分国内外项目部共640余人收看大会实况。

**5. 紧盯突出问题，做好维护稳定工作** 中机建设党委成立了维稳工作领导小组，对往年出现的问题进行了分析，采取有针对性的措施，层层压实责任，及时妥善处理反映问题，抓早抓小，避免事态的扩大和演变，把稳定因素消除在萌芽时期。

**（三）组织建设迸发新活力**

**1. 坚持党管干部原则，建设高素质专业化领导人员队伍** 贯彻全国组织工作会议精神，健全完善相关工作机制。认真学习全国组织工作会议精神，深入领会习近平总书记对选人用人工作提出的一系列新理念新思想新要求。一是认真贯彻落实新时代党的组织路线，坚持党管干部原则，完善选人用人制度，修订了《干部管理办法》，切实将对党忠诚、勇于创新、治企有方、兴企有为、清正廉洁的标准纳入管理制度，贯穿选人用人全过程，树立正确的选人用人导向。二是突出“关键少数”管理，保证党对干部工作的领导权和对重要领导人员的管理权。规范选任程序，突出政治标准，严把政治关、作风关、能力关、廉洁关，匡正选人用人风气，营造风清气正的用人生态。三是完善“双向进入、交叉任职”领导体制。2019 年 6 月底前，该项工作全部落实到位。四是重新划分中机建设领导工作分工，明确班子成员各自的党建责任。

**2. 坚持党管人才原则，加强人才队伍建设** 2018 年，成功申报国机集团首席技师 1 人，入选国机集团青年干部 2 人，青年高潜 3 人；参加国机集团中青年干部行动学习班 2 人，青年人才研究班 4 人，赴台塑学习 1 人；通过高级职称评审的有 44 人，中级职称的有 144 人。

**3. 落实“三会一课”** 中机建设党委开展以理想信念是否牢记、“四个意识”是否牢固、“两学一做”是否经常坚持等内容的党员民主评议，全系统共 1 192 名在职党员参加。利用网站、微信、微博等充分开辟党建宣传栏，设立《支部园地》，宣传展示各类学习情况、支部活动情况、党建活动开展情况，展示“一先两优”风采，树立先进典型。2018 年全系统开展“一先两优”评选，荣获国机集团先进基层党组织 2 个、优秀共产党 4 人、优秀党务工作者 2 人；荣获中机建设先进基层党组织 7 个、优秀共产党员 18 人、优秀党务工作者 9 人。

**4. 健全基层党的组织机构，推动党建信息化管理** 2018 年中机建设共有 27 个支部进行了换届，各级党组织加大年轻支部干部选拔力度，把年富力强的业务骨干选拔到各支部任书记，推动党务业务双向交流，努力培养复合型人才；中机建设总部调整了组织机构，单独成立纪检监察部（巡察办公室）；目前全系统专职党务干部共 56 人，占职工总数的 1.13%。推广运用党建信息平台。在参加国机集团党建信息平台宣讲培训后，及时召开党信息平台宣贯会，对所属企业、支部进行宣讲和推进。完成各支部和全部党员的信息确认维护。

**5. 坚持高标准发展党员，强化党员教育管理工作** 中机建设党委在党员发展工作上坚持严格程序、严格考察、严格调控，把好党员发展关口，确保党员发展质量。2018 年全系统共发展党员 61 人，其中发展生产一线党员 34 人。通过有计划有组织地开展“三会一课”、主题党日、创先争优等活动，加强党员日常教育工作，教育引导党员加强党性锻炼，提高政治素养，增强组织观念和组织意识，营造正气充盈的政治生态。

**（四）作风建设展示新气象**

**1. 认真落实中央八项规定精神，发挥示范带动作用** 中机建设党委认真组织全系统党员领导干部认真学习中央八项规定精神要求，印发了《关于进一步改进工作作风的若干意见》，在公务用车、履职待遇等涉及个人利益方面，该公司领导班子成员都能从自身做起、从小事做起，严格按制度办事，严格按程序办事，建立并实施领导干部基层联系点工作制度。一是设立“党委书记”“董事长”和“总经理”信箱，畅通与基层员工的沟通渠道。二是加强职代会建设，发挥民主监督作用；特别是在力戒形式主义和官僚主义方面，扎实推进转作风、正学风、改作风，发挥示范带动作用。要求纪检监察部门把作风建设作为监督检查的重点，加大对领导干部这一“关键少数”的监管，防止回潮反弹。

**2. 加强对群团工作领导，做好基层统战工作** 中机建设党委始终把群团工作作为一项重要工作来抓，支持工会独立组织开展各项活动，春节期间对坚守施工现场的职工亲属进行慰问；为职工申报国机集团爱心基金共 35 人次约 16 万元，组织参加国机集团优秀班组长第八期、第九期培训；以在建工程项目为载体开展各类技能竞赛；积极参加国机集团第六届职工运动会并获得“最佳组织奖”和“最佳方阵创意奖”；全系统各级工会，定期召开职工代表大会，听取企业工作报告，讨论与职工切身利益相关的规章制度，发挥好职代会民主管理职能；2018 年中机建设共青团完成换届选举工作。

**（五）纪律建设凸显新亮点**

**1. 建立党风廉政建设责任体系，实现监督全覆盖** 中机建设党委认真学习贯彻中纪委二次全会、中央企业党风廉政建设和反腐败工作会议、国机集团党风廉政建设工作会议精神，制定符合公司实际的相关制度和年度工作计划，严明政治纪律和政治规矩，保证公司党风廉政建设工作的正确政治方向。通过签订《党风廉政建设责任书》和《廉洁自律承诺书》的方式，构建起党风廉政建设责任体系，开展以“不忘初心使命，忠诚干净担当”为主题的“廉洁宣传教育月”活动。

**2. 加强执纪监督，强化反腐震慑力** 中机建设纪委认真把握运用监督执纪“四种形态”，突出抓早抓小，帮助党员干部打好“预防针”、牢筑“防火墙”、增强“免疫力”。把好干部选拔考核的廉洁关，严防干部“带病”提拔、“带病”上岗。加强执纪监督，整合审计、财务、纪检等监管手段，加大对公务费用支出的专项检查工作，搞好廉洁谈话，不断强化领导干部廉洁从业的自律意识。

**3. 认真抓好巡视整改落实，提升党建工作科学化水平** 2018 年 7 月 23 日至 9 月 22 日，国机集团党委对中机建设开展政治巡视后，反馈了 7 个方面的 27 条意见。中机建设党委召开专题会议，研究部署整改工作。制定下发《关于认真做好国机集团党委巡视中机建设反馈意见整改工作的通知》，成立了整改领导小组、工作小组、专项整改工作组等工作机构，逐条分析意见清单，按部门职责进行工作分解，明确责任领导、责任部门、责任人和完成时限。10 月 31 日，召开全系统专题培训会议，全系统党务干部共 56 人参加，会议对照整改问题清单，逐条分析讲解，要求各单位厘清工作思路，举一反三，自查自纠，切实把所有问题整改到位。

**（六）制度建设彰显新举措**

中机建设党委加强党的制度建设，把健全完善党全面领导的制度机制作为重中之重，确保党的领导坚强有力。一年来，中机建设党委将以往零散的、碎片的党建工作一项项串起来，查漏补缺，健全完善了党建工作责任制，共制定和修订党建制度 47 项，出台了《中机建设党建制度汇编》，确保党建工作有章可循。同时抓好各项规章制度的贯彻执行，保证各项制度落到实处。

**【社会责任】**

积极发挥国有企业在脱贫攻坚战中的生力军作用，以实际行动扛起国有企业的责任和担当。利用德阳安装技师学院技能教育优势“扶智”脱贫，已承接扶贫技术培训 1 010 人，包括国机集团对口帮扶点朝天区的 169 名贫困生，其中 48 名贫困学生已到国机集团及所属单位实习或就业；利用当地特色农产品、捐资建厂、产业扶贫，中机建设总部出资 40 万元为广元市朝天区鱼洞乡东沟村打造前胡（中草药）种植产业园；中国三安向元潭村捐助 44 万元，兴建中药材“天麻”加工厂，增强“造血”功能；结对帮扶，中国三安不仅派出 3 名驻村干部，还组织公司 27 名中层以上干部结对帮扶元潭村 65 户贫困家庭，工作成绩显著。2018 年帮助 72 户 252 人成功脱贫，剩余的 45 户 65 人将在 2019 年全部实现脱贫。全系统已累计帮助建档立卡贫困户成功脱贫 282 人。

# 中国机床总公司

**【基本概况】**

2018 年，中国机床总公司在国机集团的领导下，按照公司发展规划及 2018 年度工作计划，坚持“凝心聚力开拓创新 攻坚克难 阔步前进”，开创中国机床总公司发展的新局面。同时，不断奋力拼搏、开拓进取，努力夯实管理、强化执行意识、实施激励措施、改善办公环境、改变工作作风，不断提升公司综合实力和竞争优势，圆满完成各项目标任务，取得可喜成绩，取得“打牢基础”“提质增效”“创新转型”攻坚克难的阶段性成果。

**【主要指标】**

截至 2018 年 12 月 31 日，中国机床总公司合并范围内共完成经营收入 25 234.76 万元，完成利润总额 272.35 万元，EVA 实际完成值 834.9 万元。2018 年中国机床总公司主要经济指标见表 1。

**表 1 2018 年中国机床总公司主要经济指标**

| 项目 | 2017 年 | 2018 年 | 同比增长（%） |
| --- | --- | --- | --- |
| 资产总额（万元） | 48 552.43 | 48 532.72 | -0.04 |
| 净资产（万元） | 15 630.88 | 15 817.87 | 1.20 |
| 营业收入（万元） | 29 818.47 | 25 234.76 | -15.37 |
| 利润总额（万元） | 5 866.00 | 272.35 | -95.36 |
| 利税总额（万元） | 6 583.10 | 1 472.43 | -77.63 |
| EVA 值（万元） | 4 937.88 | -834.90 | -116.91 |
| 全员劳动生产率〔万元 /（人・年）〕 | 3.33 | 31.10 | 833.93 |
| 净资产收益率（%） | 45.70 | 1.19 | 减少 44.51 个百分点 |
| 总资产报酬率（%） | 10.50 | 0.56 | 减少 9.94 个百分点 |
| 国有资产保值增值率（%） | 159.65 | 101.20 | 减少 58.45 个百分点 |

**【产权制度改革情况】**

按照《国机集团产权登记管理暂行办法》及国家关于国有资产的相关规定进行产权登记管理，资产财务部设有专人负责产权登记工作，做到应登即登，保证产权登记的及时性、规范性和完整性。国机集团将所属专机公司无偿划转给中国机床销售公司，已完成相关产权变更登记的系统上报；按国机集团要求核对产权管理系统升级信息，保证产权登记信息的正确，并完成对中巽云科技公司以前产权登记事项的补录登记。

**【重大决策与重大项目进展】**

2018 年，中国机床总公司抓战略规划落地，积极开拓市场，转变经营理念，狠抓重点项目，取得一定成效。

**1. 建设中国机床工具云平台** 中国机床总公司在 2017—2020 年战略规划中明确了平台化发展、由贸易企业向服务型企业转型的发展方向。经国机集团批准，机床工具云平台于 2018 年正式试运行。截至 2018 年 11 月，中国机床总公司借助该平台与多家供应商签订战略合作协议，并与数家刀具、量仪公司洽谈产品销售许可事宜。此外，平台已获得 8 项软件著作权证书。

**2. 持续开拓俄罗斯市场** 中国机床总公司利用赴俄参加“莫斯科国际金属加工展览会”的机会，带动国内机床及工具的对俄出口。2018 年 5 月，该公司组织国内机床及机床工具生产厂家参展，参展规模、产品技术水平、参展企业数量均创历史新高。

此外，中国机床总公司开拓的在俄投资建厂项目已列入 2019 年度中俄总理定期会晤纪要，作为两国政府重点推进的工业项目。

**3. 全力以赴做好首届进口博览会项目** 国机集团深度参与首届进博会，不仅是唯一负责整馆招展组展的中央企业，也是进口采购中签约项目涉及范围较广、金额较大的中央企业。中国机床总公司作为智能及高端装备展区展中展品现场成交的唯一承办单位，与参展的国外企业进一步加深了合作基础，也使得自身在品牌宣传和贸易领域的溢出效应达到最大化。

**4. 传统业务不断开拓创新** 中国机床总公司以进口液压件、出口大铸钢件和污泥干燥机等业务为主，不断提高售后服务质量，努力开拓新的环保设备，扩大污泥干燥机出口业务，争取更多外资外贷项目。

**【经营管理】**

2018 年，中国机床总公司通过开展精细化管理、提质增效、创新转型等工作，参与第一届中国进口博览会，营造积极向上的企业精神风貌；通过一系列的激励措施，稳定员工队伍。

为确保完成国机集团下达的经营指标，监测经营状况，中国机床总公司自 2017 年起，每季度召开经营工作分析会，这对完成指标起到了推动促进作用。

**【党建工作】**

**1. 深入学习宣传贯彻十九大精神，用习近平新时代中国特色社会主义思想武装头脑、指导实践**

（1）深入学习宣传贯彻习近平新时代中国特色社会主义思想和党的十九大精神，做到“五个全覆盖”。中国机床总公司班子成员带头讲党课，开展二、三级班子成员专题研讨；组织公司中层干部进行了 5 ～ 7 天的集中轮训，丰富学习方式，提高学习培训的效果。同时运用习近平新时代中国特色社会主义思想和十九大精神指导实际工作，在宣讲、解读的同时，结合重点项目，利用党员大会等，号召全体党员和领导干部统一思想，着眼大局，上下齐心。

（2）坚持围绕中心、服务大局，将十九大的精神与公司经营工作紧密结合，统筹谋划推进党建和改革发展，充分发挥公司党组织的战斗堡垒作用和党员的模范带头作用。

对公司开展的重点工作，党委积极参与决策，开展动员推动，做好人员队伍保障和各方协调工作。党员骨干充分发挥先锋模范作用。中国机床总公司本部共有 4 个业务部门，经营业绩突出部门的党员骨干占比在 75% 以上。

**2. 贯彻全面从严治党要求，狠抓管党治党工作落实**

（1）党委认真学习传达和贯彻落实党中央重大决策部署、国务院国资委党委及国机集团党委工作要求，加强和维护党中央集中统一领导，增强“四个意识”，做到“两个维护”，坚持“四个服从”。及时召开会议，传达中央重要会议和文件精神，同步研究落实措施，做到规定工作不走样；狠抓措施到位，通过会议、调研、谈话、工作汇报等多种方式，定期听取工作落地情况，并进行督导和检查。

（2）党委履行全面从严治党主体责任，严格按照党建工作责任制实施办法及党委工作规则，贯彻落实国机集团党建工作会议精神和党建工作要点，结合中国机床总公司实际谋划和推动党建工作。对重大的党内活动及时召开专题会议，研究落实措施、做好实施方案抓好跟踪落地；常态化工作不打折扣。年初做好年度工作清单，在每季度末中层干部会议上听取党建工作情况，在半年工作会议上进行汇报。年中安排党建专题会议，研究问题，拟定解决措施，年末召开党建工作总结会议，并开展党建工作述职。

（3）在思想上下功夫，在行动上抓实效，保证党建责任落实。严格执行党委理论学习中心组学习制度，将中心组学习内容真正落地，推动经营工作；通过党委会议、中心组学习会议、中层干部会议，围绕中央重大决策部署、重要会议、重大活动，开展形势任务教育；中国机床总公司党委对重大问题及时研究对策，对历史遗留问题重点考虑，对干部队伍的日常情况随时关注，营造良好和谐的生产经营环境。

（4）健全党委组织机构，顺利完成党委换届工作。中国机床总公司党委已有 22 年没有换届，2018 年按照国机集团工作部署顺利完成换届工作。

（5）完善党建基础制度建设。自 2016 年以来发布相关制度 18 项，按照国机集团制度执行 26 项，汇编成制度手册。

（6）抓好党建重点任务落实。完成党建入章程工作，落实重大问题党委会议研究讨论前置。修订“三重一大”集体决策制度实施细则，党委会、董事会、总经理办公会的议事规则。

（7）扎实推进“两学一做”学习教育常态化制度化。结合办公区条件，把学习内容融入日常工作环境中；结合公司党员布局，把经常性学习内容和要求明确部署到每个层面；结合

“不忘初心、牢记使命”主题教育，以中博会等专项重点工作为落脚点，让党员干部切实能够学以致用、学做结合。

（8）抓好党建工作力量配备和保障落实。设立党群工作部，负责公司党建、党务、纪检监察、信访、工会、群团、企业文化及部门离退休干部管理等工作。2017 年起按照比例落实党组织工作经费。

**3. 坚持党管干部、党管人才**

（1）结合公司实际，不断健全有关制度。出台《后备干部选拔管理办法》《关于增设部门经理助理岗位的管理办法（试行）》等制度；修订《领导干部管理暂行办法（试行）》《企业负责人履职待遇、业务支出暂行办法》。

（2）干部任免严格把关，按规定履行程序。近 3 年共提拔聘任中层以上干部 10 人，积累后备人才 13 名，提拔部门经理助理 11 名。连续 3 年的一报告两评议，选人用人工作的基本和总体满意率均在 96% 以上。

（3）经常性教育和日常监管并行，规范党员干部行为。采取以专项检查、定期汇报、调研调查、谈心谈话、工作约谈等方式，加强对党员干部的日常监督和管理。

**4. 以提升组织力为重点，全面加强党的基层组织建设**

（1）及时调整支部设置，完善基层党组织建设。对党支部的设置进行调整，完成各党支部委员会的选举工作。

（2）严格执行基层党组织制度。拟定下发基层党组织工作程序和纪实模板，对基层党组织的工作，事前有要求、事中有指导、事后有检查。

（3）加强党员队伍自身建设。通过不同层级的会议、网络、视频、微课堂等多种学习方式开展培训；制定党员教育培训的工作计划，针对不同层次安排学习内容；着重在一线、骨干和年轻职工中发展党员。

（4）严格执行有关规定，做好党费收缴。

**5. 不断加强党风廉政建设，坚定不移推进反腐败工作**

（1）落实党风廉政建设“两个责任”。一是贯彻上级精神部署工作。二是党委明确目标任务，细化责任分解，推动主体责任和“一岗双责”的落实。三是加强对党员领导干部、关键岗位人员的教育和监督，严明党的政治纪律和政治规矩，把执行纪律的监督工作融入日常。积极提醒党员领导干部在职务消费、公车使用、重要节假日中应注意的问题，并对微信微博等网络客户端的使用提出了相应要求；通过任前谈话、工作约谈等方式，给中层干部讲明纪律规矩，强化政治定力和党性意识。

（2）中国机床总公司纪委对“三重一大”决策事项和选人用人工作全程监督。

（3）贯彻中央八项规定精神，纠正“四风”。在重要节假日时点，对公司本部超标准公务接待、领导干部职务消费等进行检查，未发现不按审批流程执行的问题。

（4）推进构建“不敢腐、不能腐、不想腐”的体制机制，加强纪检监察队伍建设。一是结合公司实际，坚持做到教育为先、关口前移。二是强调把纪律规矩列在首位，把“底线、红线”划出来，力求提升各级党员干部自觉遵循的思想意识。三是严格规范领导干部履职待遇和业务支出。四是严肃党内政治生活。

（5）坚定不移深化政治巡视。积极配合国机集团党委开展巡视工作；落实巡视组反馈意见，组织开展巡视整改落实。

**【社会责任】**

**1. 推进责任融入企业经营管理**　推进社会责任融入公司整体战略，切实把节能减排、安全生产等责任指标列入公司总体战略目标，从战略高度将企业社会责任与公司战略规划紧密结合起来。

进一步梳理公司有关制度，深入推进社会责任理念与全面风险管理、安全生产、节能环保、员工关怀等方面的制度建设相结合，提升公司社会责任管理的规范化、制度化。

**2. 积极参加社会责任活动，提升社会责任能力**　近几年，中国机床总公司以国机集团推行的企业文化活动为契机，组织并开展了“帮困助学”“爱心基金”等活动。2018 年“国机爱心日”，中国机床总公司共捐款 14 210 元。

中国机床总公司认真贯彻习近平总书记新时

期扶贫开发战略思想，以及国机集团扶贫工作总体部署，认真参加上级党组织的扶贫工作会议和实地调研，落实有关会议精神；积极参与对口的河南省固始县扶贫工作，研究制定教育扶贫工作方案，多次捐款捐物，全力支持固始县脱贫。

**【企业文化】**

**1. 文化培训** 2018 年 9 月，中国机床总公司企业文化启动大会召开。公司党委书记作动员讲话，通过动员活动，以及制定多层次的培训计划，职工对于公司价值观有了新认识，明确了奋斗目标。

**2. 文化传播与展示** 通过中国机床总公司网站、团队活动宣传展览板等传播渠道，及时深入报道公司重大决策、重大活动，并开展讨论。

**3. 专项文化建设**

（1）安全文化。中国机床总公司大力创新安全文化建设模式，营造浓厚的安全文化氛围。积极组织各类安全教育培训，加强突发事件应急演练，与各部门及所属企业签订安全生产责任书，切实将安全文化落实到广大员工的日常工作和生活中去。

（2）廉洁文化。贯彻国机集团“企业廉洁文化建设指导思想”，在中国机床总公司内部进一步深化集团“廉洁从业、诚信守法、行为规范、道德高尚”的廉洁理念，对党员领导干部开展廉政文化教育，通过中心组学习、中层干部学习中央《关于新形势下党内政治生活的若干准则》和《中国共产党纪律处分条例》等相关规定，结合案例教育，积极引导广大员工自觉化廉于心、践廉于行。

（3）绿色文化。中国机床总公司积极传播绿色文化，使每位员工都能够从小事做起，最终实现中国机床总公司的节能减排目标。

**【审计与法务管理】**

**1. 落实企业主要负责人履行推进法治建设第一责任人职责，依法建立、健全公司各项制度、落实议事规则和决策机制，确保企业依法治企** 按照企业主要负责人履行推进法治建设第一责任人职责规定，对公司相关制度进行修订、完善。在中国机床总公司“三重一大”制度、党委会会议制度、董事会审议制度中增加审议事项涉及法律问题的，应当要求总法律顾问列席会议并听取法律意见。中国机床总公司组织实施对公司党委书记（党委负责人）、董事长、总经理履行法治建设责任职责进行自查，形成自查报告上报国机集团。完善、修订公司合同管理办法、法律工作管理办法、法律纠纷案件管理办法、外聘律师管理办法、内部控制评价管理办法等 5 项制度。审计法规部对公司重大合同、公司制度、公司章程的法律审核率 100%。

**2. 不断完善内部审计机制，规范内审工作流程** 2018 年中国机床总公司开展了内部控制自评价、任期经济责任审计、投资后评价管理审计、市场开发基金使用情况审计等专项审计工作。以风险为导向，关注公司风险，查找管理漏洞，充分发挥内部审计的职能。对审计报告中发现的问题，持续关注后续整改落实工作，把整改工作落到实处，形成内审工作闭环管理。

**【人力资源管理】**

**1. 按照中国机床总公司发展需要，进行干部调整** 根据中国机床总公司以往党委换届的实际情况，按照国机集团相关规定，2018 年，完成了党委换届选举工作，选出了新一届党委、纪委成员。

为了加强对所属公司的管理，集中解决专项问题，中国机床总公司派出干部，对 2 家所属公司的法定代表人、总经理，1 家所属公司的副总经理职务进行了调整。为促进业务部门的工作开展，按照公司考核提拔干部相关规定，对部分业务部门的部长、副部长进行了调整。

**2. 适应中国机床总公司人才需求，建设公司自身人才队伍** 中国机床总公司按照《后备干部选拔管理办法》及《部门经理助理岗位管理办法》，2018 年推荐提拔部门经理助理 4 人。根据中国机床总公司对履职待遇及业务支出的管理要求，结合国机集团近期发布的违反八项规定的负面清单，修订了《企业负责人履职待遇、业务支出管理办法》及新制定了《本部员工履职待遇、业务支出管理办法》。为落实国机集团选人用人工作要求，拟定了《干部选拔任用纪实工作办法》。

**3. 选择招聘渠道，提高招聘精准度** 通过使用、分析不同的招聘渠道，最终选择与高校就业指导中心的老师直接联系，了解应届毕业生的生源情况和在校表现，达到了缩短招聘周期、提高招聘精准度的效果。

2018 年招聘应届毕业生 5 人，招聘社会人员 2 人。向用人部门提供有效简历 29 份，其中参加初试 19 人，进入复试 11 人，平均招聘周期为 0.8 个月。

**4. 结合公司需求，组织开展各类培训** 2018 年共组织内部培训 3 项，共 96 人参加，包括邀请外部老师进行外贸流程培训、2018 年青年员工参加机床展会学习培训、商务礼仪培训暨中博会、信息会行前动员。

参加国机集团组织的青年人才研修班、驻外干部培训班、“台塑”合理化管理理论与实践研讨班等各类专题培训 12 项，共有 19 人次参加。

参加中国机电商会、劳动法讲习所、前程无忧等社会培训机构组织的外贸风险管理培训班、2018 年新法律环境下的劳动争议风险预防、统计继续教育培训等外部培训 6 项，共 15 人次参加。

# 中国自控系统工程有限公司

**【基本概况】**

中国自控系统工程有限公司（简称中国自控）前身是成立于 1981 年的原国家机械工业部直属的中国自动化控制系统总公司，现隶属于中国机械工业集团有限公司（简称国机集团），是以工程承包为核心业务，集贸易、研发以及技术服务为一体的国有独资公司。

中国自控自成立以来，完成工程承包、设备成套、进出口贸易、软件开发、技术服务等国内外项目数千余项，市场遍及亚洲、非洲、美洲等的 100 多个国家和地区，业务范围涵盖输变电工程、新能源与环境工程、自动化工程、智能建筑工程、安防工程及信息系统集成等，业务领域涉及交通、石化、建材、电力、市政、信息处理与应用、智能制造和智慧行业。其工程业绩曾多次荣获国家及省市级各类奖项。

**【主要指标】**

截至 2018 年 12 月 31 日，中国自控累计实现营业收入 5.06 亿元，利润总额 752.58 万元。2018 年中国自控主要经济指标见表 1。

**表 1 2018 年中国自控主要经济指标**

| 项目 | 2017 年 | 2018 年 | 同比增长（%） |
|---|---|---|---|
| 资产总额（万元） | 78 103.69 | 104 729.29 | 34.09 |
| 净资产（万元） | 21 590.26 | 21 398.54 | -0.89 |
| 营业收入（万元） | 36 141.05 | 50 691.00 | 40.26 |
| 利润总额（万元） | 215.49 | 752.58 | 249.24 |
| 技术开发投入（万元） | 172.78 | 174.60 | 1.05 |
| 利税总额（万元） | 1 656.30 | 1 632.58 | -1.43 |
| EVA 值（万元） | -1 269.59 | -847.62 | 33.24 |
| 全员劳动生产率〔万元 /（人·年）〕 | 13.74 | 22.67 | 6.50 |
| 净资产收益率（%） | 0.03 | 1.89 | 增加 1.86 个百分点 |
| 总资产报酬率（%） | 0.72 | 1.44 | 增加 0.72 个百分点 |
| 国有资产保值增值率（%） | 96.99 | 101.37 | 增加 4.38 个百分点 |

【重大决策】

**1. 完成党委、纪委换届** 在国机集团党委的领导、指导下，中国自控党委把换届选举工作作为严肃党内政治生活、增强基层民主政治建设的有效举措，顺利召开了改制更名后的第一次党员代表大会，选举产生第一届党委和纪委。

**2. 滚动优化发展战略** 内强“专、精、特”能力，外塑“国”字号企业形象，在巩固成熟业务的同时，瞄准战略性新兴业务，主动放弃低端、占领中端、争取高端，走“平台化、高端化、资本化、专业化、特色化”五位一体的“内生”与“外延”并举的发展道路，努力成为一流的智能、智慧系统解决方案提供商，在为客户提供价值的同时，成就自身价值。

**3. 进一步优化部门设置** 立足公司业务现状与市场前景，根据新三年发展规划的需要，中国自控对本部业务部门优化调整，形成“5 个工程事业部 +1 个市场开发部”的格局，为实现“专、精、特”发展之路创造条件。

**4. 获得保密资质** 中国自控成功获得国家保密资质甲级证书和北京市保密乙级证书，并设立保密领导小组、保密办公室等配套的保密管理机构，为在涉密领域开辟新业务、优化现有业务结构奠定技术基础。

**5. “三供一业”移交** 根据国务院国资委和财政部关于开展国有企业“三供一业”移交工作的要求，中国自控本部完成职工家属区“三供一业”分离移交的前期工作。

【重大项目】

**1. 北京市延庆区政务服务中心网络智能化系统建设项目** 该项目汇聚“互联网 +”网上政务大厅、物联网智慧楼宇管理系统、安全技术防范系统、综合布线及网路系统、导视系统、排号系统、便民服务及紧急救助系统等若干智慧楼宇需要的子系统，以及政务云基础服务、政务云增值服务系统和智慧政务虚拟指导员系统，延庆政务服务中心成为“万物互联，互为传感”理念的应用系统。

**2. 山东淄博医院新区项目** 该项目为重点民生工程，总投资 15.88 亿元。项目建成后，将成为全市疑难危重病症的诊疗中心，并承担起淄博市医疗教学科研指导作用。中国自控通过承建门诊医技楼、病房楼肿瘤中心、全科医生临床培养基地、体检楼、后勤辅助楼等一期项目及康复楼等二期项目智能化系统工程，在智慧医疗领域持续提供贴近用户的服务能力得到进一步提升。

**3. 东营港联化潍广管道工程广饶库区项目** 该项目主要承接广饶罐区自控及电信工程，自控及电信系统包括基本过程控制系统（BPCS）、安全仪表系统（SIS）、消防控制系统（FCS）、水击保护 PLC 系统、数字化系统、火灾自动报警系统、分布式感温光纤火灾报警系统、振动光纤周界入侵报警系统、应急通信系统、工业电视监控系统、软交换系统与局域网广域网系统。

**4. 斯里兰卡 Polpitiya—Hambantota 220kV ACSR 导线三相双回双分裂双接地线输变电线路项目** 该项目成为所属企业中缆公司成功开拓斯里兰卡市场的契机，为中国自控进一步扩大“一带一路”沿线市场奠定良好的基础。

【市场开拓】

**1. 积极开拓海外市场**

（1）拓展海外新能源市场，逐步成为提供海、陆风电项目全过程解决方案的第三方服务商。继实施泰国（Sarahnlom）和巴基斯坦（Zephyr）风电现场技术服务之后，与国机集团兄弟单位合作，年内签约海外新能源项目累计合同额约 1.5 亿美元。

（2）所属中缆公司经历收缩调整期后，新签合同重现上升趋势。年内共参与投议标项目 72 个，总计金额约 6.4 亿美元，完成新签合同额共计 6 352 万美元；在传统的玻利维亚及阿根廷市场共中标 14 个项目（中标率约 44%），已签约 12 个，合同额约 2 000 万美元。

**2. 升级细化国内市场**

（1）中国自控在智慧医疗领域取得突破，签订淄博妇幼保健院智能化和信息化项目，合同额约 3 340 万元，为用户提供系统集成的同时，推动智慧医疗整体解决方案业务再上新台阶。这类纯粹软件型的信息化项目对公司发展意义重大，体现出公司在建筑智能化与信息化融合领域的实力，为未来云平台、物联网等新技术在信息化项目中的运用起到关键作用，发挥技术运用对市场开拓的引领作用。

（2）为服务国家战略，强化和提升基础设施水平，中国自控积极投身部队各军种油料保障以及国家战略物资储备建设类项目。继在东部战区同时开展两个军油项目的实施，年内又中标两个省区的国家储备油库自动化和安防工程项目，合同额约 5 000 万元。

（3）紧扣公司发展战略，加强顶层设计，挖掘内部潜力。2018 年成功签订交通部示范项目 —— 京唐港智慧库区合同，积极推进具有一定前瞻性的自有软件产品和工程解决方案的开发，在转换发展动力、培育核心竞争能力方面取得明显成效。

**【管理经验】**

**1. 完善建章立制，推动战略落地** 中国自控自改制后，按照公司章程对执行董事职责进行梳理，在 OA 办公系统和线下管理流程中同步设置执行董事审批权限，使公司管理权责更加清晰，提升管理效率。同时加强民主决策，所有“三重一大”事项，经党委会前置讨论后，提交总经理办公会研究决定。

为推动战略实施落地，各职能部门对现有管理制度进行全面梳理，共制定、修订 48 项制度。其中，总经理办公室制修订的《“三重一大”决策制度实施办法》《领导干部履职待遇、业务支出管理办法》，经营管理部的《项目投标管理办法》《项目立项管理办法》，人力资源部的《经营业绩考核及奖励管理办法》，质量安全部的《安全生产责任制度》，资产财务部的《费用支出管理办法》《提奖利润内部核算管理办法》《资金支付授权审批管理办法》，以及审计法律部的《外聘律师管理办法》和《内部控制管理办法》，分别从企业合规经营、项目管理、安全生产、风险防控、考核激励等方面强化管理，对规范员工行为、战略落地提供有力支撑。

**2. 优化市场，推动公司业务有质量发展** 根据发展战略明确主业方向，国内聚焦自动化、信息化、公共安全领域，海外聚焦新能源和输变电领域。

坚持有质量可持续发展要求，筛选投标项目时，严把项目规模和项目毛利率两个评判标准，主动放弃低端、低效项目，并取得明显收效。全系统新签合同额达到 2.6 亿美元，其中工程类项目占比超过 80%；单体合同额大幅增长，国内千万元以上的项目成为主流；合同质量显著提高，项目平均利润率有较大提升。

**3. 强化资质申报维护，提升市场能力** 中国自控经国家保密主管机构审定，取得涉密信息系统集成双项甲级资质和一项乙级资质，取得产能分析调度系统、设备智能运营监管系统、无线定位巡更对讲管理系统 3 项软件著作权，对承接部队和国储项目、进一步提升项目信息化建设能力起到推动作用。建立完善的 OHSAS 18001 职业健康及安全管理体系，完成监督审核工作。

所属中缆公司成功取得中国机电产品进出口商会“企业信用等级评价 3A 级”证书，在获得行业协会认可的同时，为今后市场开拓和项目执行创造条件。

**4. 扎实推进风险管控工作，为业务发展保驾护航** 中国自控共修订完善《费用支出管理办法》等 12 项财务管理制度，全面提高提质增效和风险防范的管控水平。按照国机集团要求，采取多种措施大力开展“两金”清理工作，制定分阶段清理计划，将压降指标分解到各公司考核指标项下，面向全系统开展基准日清查，努力完成国机集团布置的清理任务。

为响应国机集团关于清理低效资产、压减企业层级的号召，中国自控加强管理“处僵治困”工作并收效显著。完成对参股的中自控华东有限公司的股权转让工作，并办妥中国自控化控制系统北京销售成套公司的破产申请。针对原有 9 家参股公司现状及面临的问题做充分调研，完成摸底和分析工作，经总经理办公会讨论形成解决方案。

中国自控高度重视安全生产工作，围绕强化“红线”意识，坚持“党政同责、一岗双责、失职追责”责任制，严格安全检查和隐患排查治理，落实各级各岗位人员的安全生产责任。全系统安全生产形势持续保持稳定，无安全生产责任事故发生，获得国机集团年度安全生产责任目标考核 A 级。

中国自控与所属企业、各部门签订“安全生产责任书”，召开年度安全生产工作会，并在每季度召开安全生产工作专题会，通报情况，提出改进工作意见和建议，对全系统国内外37处项目现场进行隐患排查和安全检查，对查处的52处隐患问题督促落实整改，完成率100%。

【信息化建设】

**1. 建立信息化工作长期目标** 中国自控深入学习贯彻全国网络安全和信息化工作会议精神，将网络安全和信息化纳入公司长期发展战略。立足培养一批理论扎实、素质过硬的信息化人才，建立健全信息化管理制度，切实保障信息化工作的健康长效发展。

**2. 提升硬件和平台建设** 中国自控为满足日益增长的数据交互需要，将业务网架构改为星形架构，更换交换机，提高数据吞吐能力，简化了网络结构，显著降低数据拥塞概率和网络故障。项目管理模块在OA办公系统上线运行，业务审批流程可视且评审过程可以追溯，提高项目立项和合同审核效率，为项目管理、财金管理互通互联的既定目标打下坚实基础，管理由数字化向信息化、智能化升级稳步迈进。

中国自控继续加大软件正版化投入，积极维护知识产权，并将长期推进软件正版化、国产化工作。

**3. 加强信息化推广工作** OA办公系统已覆盖中国自控主要业务审批流程，管理全方面自动化、智能化是OA系统不断改进的目标。经过长期运行，员工OA在线时长稳中有增，审批流程更加合理便捷。OA移动端授权以及VPN的应用，使得OA系统的移动办公服务能力大幅提升。

【党建工作】

**1.持续深入学习宣传贯彻党的十九大精神，以习近平新时代中国特色社会主义思想为指导，推动企业改革发展** 完成党委换届，提高党委的战斗力。通过组织专题研讨、谈心谈话等方式，深刻剖析制约发展的深层次原因，专题研讨新形势下如何通过加强党建与业务深度融合，实现公司有质量、可持续的发展。召开党委会18次，审议议案41项，其中7项按要求落实党委会前置讨论，既确保重大事项党委会前置，也有效发挥总经理办公会等的作用。

**2. 落实全国国企党建工作会议任务，打牢党建工作基础** 制定《中国自控党建责任制实施细则》，将党建责任细化到党支部层面。制定领导干部基层联系点制度、党委会议制度、中心组学习制度、民主生活会制度等基础性文件，提高党建工作规范化水平。按照“两个1%”规定配备专职党务工作者，安排党组织工作经费。注重把双高人员和业务骨干发展成为党员，把团员青年中的优秀分子吸收到党员队伍中来，年内择优发展新党员5名。

**3. 用十九大精神武装头脑、指导实践** 组织全系统中层干部20人集中轮训5天，党务干部28人集中轮训3天，邀请中央党校、企业党建专家解读党的十九大精神和习近平新时代中国特色社会主义思想；与国机集团兄弟单位联合办学，深入开展业务交流，加强党建与业务协同发展；各级领导干部下基层讲党课，引导党员干部学思践悟，把思想收获和学习成果转化为推动企业改革发展的强大动力。

**4. 落实党风廉政建设“两个责任”，为公司经营保驾护航** 通过签订《党风廉政建设责任书》《党风廉政建设承诺书》和集体廉洁约谈等方式，让党员领导干部、关键岗位人员明确党风廉政责任，增强自我约束意识。通过专题学习培训、发放自学材料等形式，组织学习法律和党内法规制度，及时把握党风廉政建设的形势任务。

**5. 配合国机集团巡视，落实整改要求** 将国机集团党委第二巡视组反馈的意见分解为立行立改和长期巩固两大类各8项内容，研究制定整改措施25条，并建立整改台账。制定《党建工作责任制实施细则》《领导干部基层联系点工作制度》，明确领导干部、各级党组织及负责人的党建责任，通过年初定计划、年中督查、年末述职等形式，层层传导压力，确保责任落实。

【企业文化建设】

坚持以党建带动群团建设，加强党对宣传思想工作的全面领导，旗帜鲜明坚持党管宣传、党管意识形态。完成团委换届选举，先后组织“青年大学习”“青年读书会”“青年进现场”“团十大”专题学习等活动，增强团员青年的责任感和使命感，树立创新意识，激发奋斗热情。工会设立妈咪屋，开展春季踏青拓展、浓情三八、六一亲子、职业病防治等活动，关爱职工健康，增强员工的使命感和责任心，进而转换为企业发展的动力。

【社会责任】

贯彻落实党中央精准脱贫战略部署和国机集团党委要求，积极参与扶贫工作，向淮滨县拨款10万元。组织2018年度“国机爱心日”募捐活动，向国机集团“爱心基金”捐款29 431元。

# 中国国机重工集团有限公司

【基本情况】

2018年，中国国机重工集团有限公司（简称国机重工）以“十三五”战略发展规划为指引，围绕“三确保、四出清、五突破”的核心工作任务总要求，坚决贯彻落实国机集团的统一部署，积极应对错综复杂的内外部形势，坚持稳中求进，奋力攻坚克难，不断推进供给侧结构性改革，努力出清历史遗留问题和化解改革发展中的新情况、新矛盾，在公司各级党组织、广大干部职工的共同努力和支持下，生产经营和党的建设各项工作取得来之不易的成绩。

【主要指标】

2018年，国机重工全面完成国机集团考核目标任务，经营规模创历史新高。实现营业收入42.94亿元，同比增长36%；利润总额同比减亏17%，完成考核目标值的100.4%；实现经济增加值-2.39亿元，完成国机集团考核目标的132%，完成国机重工董事会考核目标的100.3%。2018年国机重工主要经济指标见表1。

**表1　2018年国机重工主要经济指标**

| 项目 | 2017年 | 2018年 | 同比增长（%） |
|---|---|---|---|
| 资产总额（万元） | 783 131 | 648 067 | -17 |
| 净资产（万元） | 243 360 | 149 351 | -39 |
| 营业收入（万元） | 315 058 | 419 938 | 33 |
| 利润总额（万元） | 3 185 | -92 562 | -3 006 |
| 技术开发投入（万元） | 6 967 | 15 769 | 126 |
| 利税总额（万元） | 11 430 | 5 788 | -49 |
| EVA值（万元） | -12 450 | -99 046 | -696 |
| 全员劳动生产率〔万元/（人·年）〕 | -27 668.80 | -195 695.02 | -607 |
| 净资产收益率（%） | -0.71 | -9.10 | 减少8.39个百分点 |
| 总资产报酬率（%） | 2.09 | -3.14 | 减少5.23个百分点 |
| 国有资产保值增值率（%） | 101.82 | 92.52 | 减少9.3个百分点 |

注：净资产收益率、总资产报酬率、国有资产保值增值率均按剔除股票因素计算。

2018年三大业务平稳发展，海外拓展稳步提升。制造业务实现营业收入15.15亿元，略高于上年同期，其中，主导产品中常林公司平地机销量实现15%的增长；工贸业务实现营业收入25.96亿元，同比增长69%；服务业务实现营业收入1.83亿元，同比增长73%；海外业务全年实现出口总额4.28亿美元，同比增长66%，国际装备有限公司于2018年上半年正式挂牌，全年实现净营业收入4.65亿元，同比增长11%；大客户业务实现营业收入1.41亿元，同比增长52%。

**【改革改制】**

**1.“处僵治困”** “处僵治困”均达到国务院国资委的主体验收标准；压减法人户数提前超额完成；亏损企业治理成效显著，亏损面低于国机集团装备制造板块9个百分点；全面梳理历史遗留问题96项，其中12项作为国机重工重点出清目标，完成5项出清工作；鼎盛重工盘活存量资产5.7亿元。

11户僵困企业均已按时完成处置治理任务，累计安置职工4 864人，完成计划安置人数的96.82%；累计支付安置费用30 037万元，累计收到国补资金14 256万元，其中2018年安置职工144人，支付安置费用6 972万元，收到国补资金3 995万元。

**2. 资产处置** 鼎盛重工厂区整体收储工作顺利实施，资金已到位30 000万元，完成权证注销，取得了收讫证明；长起公司289亩（1亩=666.6m$^2$）土地实现收储，资金已到位8 000万元；洛阳公司收回已处置的280亩土地余款，174亩土地及地上建筑物处置已取得国机集团批复，剩余300亩土地及地上建筑物处置已报请国机集团审批。

**3. 压减企业法人户数** 按照国机集团压减工作的要求，至2019年5月31日需完成6户企业的压减，截至2018年12月31日，国机重工共计完成8户企业的压减工作，其中2018年完成4户。

**4. 亏损企业治理** 国机重工合并企业24家，亏损企业8家，合并企业数量较上年减少4家，亏损企业数量较上年减少2家，亏损企业亏损额3.72亿元，较上年度减少1.02亿元。

**【重大决策和项目】**

2018年部署的重点专项任务基本完成。荣获“国机质量奖”1项；获得中国机械工业科技进步奖、国机集团科技进步奖、天津市科学技术奖等共6项；液压机械无级变速器等近20项重大科技创新项目立项研发或正在研发之中；首次获得中央企业QC成果发表大赛三等奖；完成国机集团采购管理考核指标并获得“A级”；资金集中管理实现不在贷款银行存款的资金一律存入财务公司的目标；品牌建设按照年度综合计划目标如期完成，品牌推广及宣传曝光度创历史新高，在全球50强中位列第36位；埃及现代农业项目克服诸多重大困难，实现一期顺利开棚。

**【市场开拓】**

2018年，在国内市场方面，国机重工开展“奋战三月份，超越四百台”劳动竞赛活动。公司高层不断走访供方，确保配件供应。市场部门针对销售旺季开展春季促销活动，有效刺激国内市场的销量。国机重工与内蒙古北方重型汽车股份有限公司签订了24台矿用车出口刚果（金）合同，合同总金额1.48亿元。成功签订亚行贷款汾阳市杏花村镇小城镇建设项目车辆采购项目，合同总金额约540万元。

在海外市场，国机重工为联合国援助缅甸基础建设项目提供近120台路面施工设备，涉及压路机、装载机、摊铺机、沥青搅拌站等，销售额1 000多万美元。50余台装载机批量出口苏丹，100余台装载机批量出口俄罗斯，14台起重机批量出口哈萨克斯坦。SINOMACH垃圾压实机首次出口俄罗斯。出口伊拉克军方30台大功率推土机，为中国建设伊拉克卡尔巴拉炼油厂供货2台履带式起重机，中标伊拉克援外项目，涉及装载机、平地机、挖掘装载机、随车起重机4种机型，共计37台。

**【科技管理与创新】**

**1. 经典产品** 经过广泛深入研讨，充分考虑市场营销、技术升级、质量提升、生产管理等多方面因素，确定10项经典产品的打造工作方案，开展经典产品“SINOMACH”标准的试验验证工作，并在科技管理信息系统中对推进落实情况进行监督。常林公司 717T 平地机、GE220H 液压履带挖掘机被确定为江苏省重点推广应用产品；常林公司 20 吨级和 30 吨级液压挖掘机被工信部列为工业强基工程重点产品；洛阳公司 4 款压实机械产品顺利入选 2018 年第一批河南省首台（套）重大技术装备。

**2. 创新技术** 积极开展前沿技术研究，着力突破一批关键核心技术。开展电传动关键技术及在推土机的示范应用研究；液压机械无级变速器项目完成液压无级变速器传动方案设计、关键液压部件选型、变速器尺寸设计等工作；完成北斗终端开发和 WEB 平台开发。新产品研发支撑市场需求，开展系列产品国Ⅳ升级前期研究、基于智能化和操作舒适性的第 5 代单钢轮振动压路机研制、遥控推土机研制、河道淤泥治理装备研制、一体化污水处理设备、船体除锈除尘设备等。

**3. 科技研发** 组织申报省部级以上项目 7 项；总部牵头联合 17 家高校和企业申报国家科技部重点研发专项 1 项，天工院与高校和企业联合申报的科技部国家重点研发专项 4 个项目中的 3 项通过初评；两个工信部项目已签署合同；承担的国家“十二五”科技支撑计划项目两项课题通过中国机械工业联合会验收，其中，“工程机械节能减排共性技术研究”填补了工程机械行业产品可靠性试验方案及装备等多项技术和产品空白；“基于制动能量回收的液压混合动力技能技术研究”项目可实现能量回收率大于 25%、装载机节油 10%；承担的国机集团重大科研专项“流域环境综合整治关键技术与装备研究及示范”项目 4 项课题均按计划推进，部分装备进入试制或装配阶段。

**4. 科技成果及专利** 国机重工重点开展科研和新产品开发计划项目 20 项，在执行科技开发基金项目 9 项，其中 1 项完成验收；申请专利 45 项，其中发明专利 15 项；获授权专利 57 项，其中发明专利 5 项；完成 30 项国家标准、47 项行业标准和 9 项国机重工企业标准的编制；设立“发现行动”项目，共遴选出 18 个项目，已有 12 项技术得到应用。“基于高效节能与智能化研究的中等马力平地机研究及产业化”项目获得中国机械工业科学技术奖三等奖；天工院“中国工程机械走出去标准需求研究”“GB 14781—2014《土方机械 轮胎式机器 转向要求》”分别获中国机械工业科学技术奖二等奖、三等奖，“非道路车辆智能化关键技术研究与应用”“发射平台机电液综合匹配台架实验系统”项目分别获得天津市科学技术进步奖二等奖、三等奖；洛阳公司 GYS30 型单钢轮振动压路机荣获“中国工程机械年度产品 TOP50（2018）”技术创新金奖。

**【管理经验】**

**1. 战略管理** 召开国机重工装备制造业务战略研讨会，对装备制造业务进行深入研讨，充分揭示当期存在的问题和工作中的难点，对后续业务的发展方向、目标和路径提出了一系列意见和建议，也对国机重工下一步决策和制定 3 年改革振兴方案提供参考和帮助，各基地分别编制了 3 年生存方案或经营性盈利方案。

密切跟进国机重工战略深化实施重点工作任务的进展情况，组织梳理出历史遗留问题 96 项，重点关注的 12 项中有 5 项彻底解决，其余 7 项因资金等问题部分完成；二维齿厂完成工商注销，35 家厂办大集体单位做到基本出清。

有序推进“一个总部、两个中心”建设。在调研的基础上编制产品经营中心建设方案初稿，建立首家综合销售平台；同时加强两级研发体系建设，制定中央研究院建设方案，推动科技研发基金项目的顺利实施；根据工作需要，成立科技发展部（重大项目办公室），统筹科技信息工作。

**2. 财务管理** 确保“两级”资金安全，做好资金滚动平衡，实时关注集团公司整体资金状况，加强对资金困难企业的监控；统筹常林公司、天工院和鼎盛重工等全集团资源，多渠道、多途径筹措各类资金，确保经营资金供应。

协调各种资源，全力支持企业经营发展。国机重工完成对长起公司 4 098 万元、洛阳公司 2 566 万元的资金支持；协助所属企业调贷及生产资金借款累计 4.59 亿元。

落实各项压降担保措施，推进常州基地、洛阳公司、长起公司反担保工作；协助办理常林公司股票抵押事项。截至 2018 年年末，集团公司实际担保总额 11.50 亿元，低于董事会下达的目标 2.51 亿元。

积极推进资金集中管理，按照国机集团要求组织完成国机重工全级次控股子公司保留账户与国机财务公司关联工作。截至 2018 年年末，国机重工在国机财务公司的资金集中度达到 50% 以上（扣除保证金等不可动用资金，资金集中度达到 80% 以上）。

加强应收账款催收与存货压降，实现年末应收账款比年初下降 2 324 万元，年末存货比年初下降 1 038 万元，完成国机集团“两金”净额较年初零增长的考核任务。

**3. 风险管控** 健全并完善分级风险监控预警体系，建立国机重工各级风险清单；召开按揭和融资租赁销售业务风险管理专题会议，提出负面清单管理模式；对中美贸易争端进行相关风险提示；完成 2018 年度全面风险报告的编制。

积极落实国家审计署、国机集团相关审计要求，加强内部审计监督。国机重工审计应整改 124 项，已完成整改工作 68 项，完成率 55%，其中，外部审计应整改 50 项，已全部完成。

建立法律纠纷案件定期分析和报告机制，尤其是对重大法律纠纷案件开展专案研究；健全法务风控体系，对普遍性问题进行提示并提出整改要求，做好两级法务人员的工作互动和相互支撑；中工马泰克合资公司清算完成，诉讼案和解，化解了重大法律风险。

强化安全环保风险管控，严格落实“党政同责、一岗双责、齐抓共管、失职追责”的责任体系，对国机重工内部安全生产和节能减排进行检查全覆盖，以多种形式组织开展安全生产月、节能宣传周等专项活动；结合经营业务延伸带来新的安全问题，重点加强对埃及现代农业温室大棚项目的安全监管；全年安全形势平稳，未发生重伤及以上生产安全事故，安全生产风险可控，节能减排指标稳中有降。

维稳工作基本保持稳定态势，全年未发生到国机集团和国机重工的群体上访事件。

**4. 人力资源管理** 继续推动国机重工“85X”人才队伍建设，选拔第二批青年英才 43 人，评选产生首席专家 3 名、技术带头人 11 名、首席技师 8 名、青年科技先锋 29 名，洛阳公司王拥军被评为全国技术能手。

出台《国机重工关于进一步完善科技人才激励机制的指导意见》，提高技术人员待遇，调动科技人才的积极性、主动性、创造性。

加强干部管理，共有 6 人在总部与企业、企业与企业之间进行交流；坚持能上能下，有 4 名 80 后年轻干部通过竞聘或组织选拔走上领导岗位，全集团有 7 名中层干部受到免职或降职处理。

**5. 品牌文化** 国机重工品牌建设工作委员会全年召开了 3 次会议，发布年度品牌建设综合计划及 8 项子计划，修订《集团公司品牌管理制度》，结合国机集团品牌发展建设要求，推进品牌一体化工作。

策划实施以微信平台为主体、以媒体报道和事件传播为主要形式的品牌传播体系；主要领导积极发声，接受中央电视台、人民网、《经济日报》和《国资报告》等媒体和工程机械行业媒体采访；埃及农业温室大棚项目被埃及国家电视台、中国国际电视台和国内主流媒体报道；联合中央电视台拍摄泸州污水处理项目专题片及环境业务宣传片，媒体报道量创历年最好成绩。

积极打造“与行业共进、与集团共荣、与客户共赢、与员工共享”共生文化体系，广泛宣传并深入人心。

加强舆情监测，有效破解“山东常林破产事件”对集团公司及所属相关企业在行业中的负面影响。

参加上海 2018BAUMA 展、应急消防展和广交会，参与国机集团组织的首届中国进口博览会中央企业采购团等国内展会；参加法国 INTERMAT 展及马来西亚、墨西哥、俄罗斯、乌克兰、迪拜、苏丹等海外展会。

**6. 社会责任** 国机重工职工人均工资同比增长 8.8%；积极落实开展入户慰问和扶贫项目对接，助力定点帮扶村修路、捐赠过冬生活用品等，其中长起公司定点帮扶村成功脱贫；“SINOMACH”设备积极投身南方暴雪除雪、西藏地区修路等。

**【党建工作】**

2018 年，国机重工党委在国机集团党委的领导下，坚持以习近平新时代中国特色社会主义思想为指引，深入贯彻党的十九大精神和全国国有企业党建工作会议精神，按照新时代党的建设总要求和国机集团党委“党建质量提升年”行动方案系列部署，全面推进党的政治建设、思想建设、组织建设、作风建设、纪律建设，把制度建设贯穿其中，深入推进反腐败斗争，全面落实从严治党各项工作要求，扎实抓好基层党建工作，不断提高党的建设质量，为国机重工决胜2018年的目标做出了积极贡献，在国机集团年度考核中综合得分排名第六，获得良好等级。

**1. 提高政治站位，坚定不移地学习贯彻习近平新时代中国特色社会主义思想和党的十九大精神** 2018年，按照落实“五个全覆盖”的学习要求，围绕学习贯彻习近平新时代中国特色社会主义思想和党的十九大精神，以党委中心组学习、“三会一课”、专题党课、网络课堂、专题研讨会等为主要载体，开展了形式多样的集中轮训和研讨，实现了党的十九大精神培训在国机重工的“五个全覆盖”。2018年两级企业党委召开中心组学习共计59次；举办学习贯彻习近平新时代中国特色社会主义思想和党的十九大精神轮训班23期，累计培训1 032人次；公司两级领导班子成员带头到基层一线、所在支部进行宣讲，全年累计讲党课50余次。

**2. 贯彻全面从严治党要求，狠抓管党治党工作** 落实重点工作任务安排。2018年，严格按照《国机重工贯彻落实全国国有企业党的建设工作会议精神重点任务实施方案》，定期开展完成情况自查自检；按照“四同步”要求，在年度工作会议期间同步召开党建工作和党风廉政建设暨反腐败工作会议，在年中工作会议期间进行检查纠偏，对问题突出的企业约谈党委主要负责人；修订完善了党委会议制度，对党委前置事项进一步细化；各所属企业也同步建立健全党委会议制度，厘清党委和其他治理主体的权责边界，严格落实党委会“三重一大”前置程序要求；所有新设企业党组织同步建立到位，所有符合条件的党总支和党支部基本实现了“三重一大”事项授权管理。

加强党建工作责任考核。2018年，严格对照党建责任清单“200条”，首次对二级企业考核检查实现全覆盖，累计检查5个党委、3个党总支和1个党支部，所属企业党委对于不断加强党建工作、落实全面从严治党工作要求在思想意识上有了明显的提高，特别是在枣庄党委书记座谈会后，党委（总支）书记对于党建工作责任制的落实较之前有明显提升。

**3. 坚持党管干部和人才，坚定不移地打造高素质干部人才队伍** 建立健全干部选拔任用考核体系。高度重视干部队伍建设，完成5家所属企业党委书记、董事长“一肩挑”；制定了《干部选拔任用纪实工作办法》规范干部选拔任用管理，大胆使用优秀年轻干部。坚持能上能下，出台了《国机重工领导干部综合考核评价办法》，开展了对所属企业党政主要负责人和总部部门主要负责人年度工作的“五看四评”；出台了《董事会对领导班子副职任职考评办法（试行）》，加强对领导班子成员的任职考核。

建立健全人才培养体系。强化人才梯队建设，通过多渠道培养人才。通过线上线下全年培训党建、科技、经营等“85X”人才累计392人，累计18 864学时；出台《国机重工关于进一步完善科技人才激励机制的指导意见》，提高技术人员待遇，调动科技人才的积极性、主动性和创造性。

**4. 突出基层党组织政治功能，坚定不移地夯实基层党建基础，筑牢坚强战斗堡垒** 抓基本组织建设，以提升基层组织力为重点，持续优化基层党组织建设。按照国机集团党委“党建质量提升年”行动方案的要求，结合实际，持续推进国机重工基层党组织2017—2019三年提升工程，审核定级产生了首批11个“五星支部”；对基层党组织按期换届情况的进行全面排查，并建立工作台账；优化“三会一课”流程和方法，确保基层“三会一课”规范化、制度化；严格按标准发展党员，2018年新发展党员17名；规范党员活动室建设，为党支部开展党建活动提供了阵地。

抓基本队伍建设。严格落实1%的要求，1%的专职党务干部基本配备到位，全集团专职党务干部39人，兼职党务人员149人；加强党务干部培训，全年通过线上线下培训党务干部130多人次，涉及课程20多门；组建巡察人员人才库并进行了业务培训。

抓基本制度建设，推进党建工作制度化。2018年制修订党建制度17项；根据国机集团党委党建考核评价办法“177”条，制定《国机重工党建工作责任清单200条》，全面细化承接党建工作目标任务；修订印发了《国机重工党建工作考评管理办法》，把党建工作考核结果与所属企业党组织书记薪酬及任职挂钩；进一步规范党费收缴管理，开展了党费收缴、使用和管理专项检查，对检查出的不合规问题及时责成相关党组织进行了整改。

**5. 落实全面从严治党要求，坚定不移地推进党风廉政建设** 强化干部队伍廉洁教育，加强宣传警示教育，积极推进廉洁文化建设，深入开展“廉洁宣传教育月”活动和日常教育活动，1 026人次参与活动，夯实了党员干部拒腐防变的思想防线，增强了干部廉洁自律意识。

强化党组织抓党风廉政建设的主体责任。坚持党风廉政建设与生产经营工作同部署、同落实、同检查。党委定期听取纪委工作汇报，党委书记对重点工作亲自部署、重大问题亲自过问、重要事项亲自协调、重要案件亲自督办；加强对腐败问题易发多发关键环节重点部门和人员的有效提醒、日常监督，对问题线索进行认真核查处置；坚持违反中央八项规定精神和“四风”问题月报制，做好关键时点和每个重要节假日的廉洁提醒，全年共开展提醒谈话91人次、干部任前谈话74人次、诫勉谈话2人次。

抓紧抓实巡察巡视工作。按照国机集团党委的巡察工作要求，及时成立巡察工作领导小组和巡察办，制定了巡察工作管理暂行办法、操作规程和管理细则，严格程序，积极落实国机集团5年内巡察工作全覆盖的要求。已完成天工院和常林公司两家所属企业的巡察工作。精心准备接受国机集团党委第二巡视组的巡视，对国机集团党委巡视组提出的立行立改问题及时进行了整改。

**6. 坚持党建带群建，发挥群团组织作用，构筑和谐企业** 积极支持群团组织发挥作用。总部和所属企业利用重要节假日，组织开展爱国主义教育实践活动、“三八”女工专题活动和“五四”青年拓展活动等，组织开展了“两红两优”“感动国机重工人物”评选表彰等活动，积极组织参加国机集团运动会，承办文艺汇演，切实发挥了群团组织在企业改革调整期的凝心聚力和桥梁纽带作用，增强了员工之间的交流融合。

加强统战工作，发挥党外人士的作用。加强各级党组织对统战工作的领导，建立了统战人士工作台账，不定期组织召开统战人士座谈会，听取意见和建议；开展了“爱企业、献良策、做贡献”主题活动，为国机重工改革发展建言献策；成立了以统战人士命名的“李玉河工作室”，充分发挥党外人士参政议政作用。

积极开展精准扶贫工作。组织召开了扶贫工作会议，严格按照国机集团和所属企业属地政府的要求，坚持国机集团“扶智、扶志、扶产业、扶民生”四翼并举的扶贫工作模式，及时做好定点扶贫工作的对接和落实，为定点扶贫单位直接提供资金约22万元。同时在内部加大关爱帮扶力度，坚持开展“爱心一日捐”活动，募集爱心捐款16.2万元，为国机重工困难职工及其子女争取爱心基金36.1万元，惠及人数39人。

安全生产和维稳信访工作稳步推进。党委定期听取安全生产和维稳信访工作，所属企业加强与属地政府联动；连续被评为国机集团安全生产A级企业，安全生产形势持续好转；高度重视维稳工作，落实维稳信访工作责任制，及时处理信访信件和上访事件，未发生重大不稳定事件。

# 国机财务有限责任公司

【基本情况】

国机财务有限责任公司（简称国机财务）于2003年7月经中国银行业监督管理委员会批准成立、是具有企业法人地位的非银行金融机构。国机财务股东为中国机械工业集团有限公司（简称国机集团）及25家集团成员单位，注册资本15亿元。

2018年，国机财务按照国机集团和公司董事会的整体安排和工作要求，继续深化改革，同心协力，以产业链金融综合服务商为愿景，以团队化工作机制迅速响应客户个性化需求，积极创新产品和服务手段，力求打造差异化、特色化、产融结合的品牌优势，坚持以价值创造、结构调整、金融创新、精益管理为工作重点，外优服务，内强管理，围绕产业链支持国机集团及成员企业实体经济发展。

【经营业绩与财务分析】

2018年国机财务经济指标见表1。

表1　2018年国机财务经济指标

| 项目 | 2017年 | 2018年 | 同比增长（%） |
|---|---|---|---|
| 资产总额（万元） | 2 789 401 | 3 019 088 | 8.23 |
| 净资产（万元） | 237 565 | 248 106 | 4.44 |
| 营业收入（万元） | 75 208 | 80 903 | 7.57 |
| 利润总额（万元） | 35 112 | 36 621 | 4.30 |
| 利税总额（万元） | 47 917 | 50 331 | 5.14 |
| EVA值（万元） | 11 656 | 11 909 | 2.17 |
| 全员劳动生产率〔万元/（人·年）〕 | 649 | 745 | 14.85 |
| 净资产收益率（%） | 11.53 | 11.40 | 减少0.13个百分点 |
| 总资产报酬率（%） | 1.31 | 1.26 | 减少0.05个百分点 |
| 国有资产保值增值率（%） | 107.46 | 106.47 | 减少0.99个百分点 |

【市场开拓和产品销售情况】

2018年国机财务以国机集团战略发展为主线，继续深入成员企业经营链条，扩大金融品种和金融服务规模，积极发挥自身金融服务平台的作用。在稳定存款规模、优化信贷结构的基础上，国机财务做精做细产业链金融服务产品，为成员企业提供生产销售环节的全产业链金融服务综合解决方案，不断提升价值服务能力。

**1. 积极推进资金集中结算，努力提高资金集中度，不断提升存款稳定性**　2018年国机财务以提升企业日均存款与资金结算量为重点，采取多项有效措施。一是大力推进与上市公司金融合作。针对各上市公司的业务特点、金融需求及不同交易所的监管要求，与上市公司共同确定个性化金融服务方案和工作推进策略，不断突破关联交易难题，积极争取上市公司存款。二是完善结算产品体系。围绕成员企业的日常经营资金流、项目资金流提升结算活跃度；围绕成员企业收付款环节，提高结算的有效性；围绕成员企业结算便利性需求，大力拓展网银结算和财企直连结算，提高结算的依存度。三是强化综合服务能力，发挥资产业务对存款的带动作用，不断深化与成员企业的合作紧密度。

**2. 坚持产融结合，积极服务国机集团实体经济发展** 国机财务持续深化产融结合，深入为成员企业产业链提供金融支持，积极支持国机集团实体经济发展。一是大力推广产业链金融产品。以“一头在外”票据贴现、融资租赁为主的产业链金融产品规模持续增长，为成员企业节省财务费用，促进成员企业产品销售。二是深入了解企业和项目，为成员企业提供差异化、特色化的金融支持。三是建立排忧解难、雪中送炭的信贷文化，在完善风控措施的基础上，为暂时有业务困难的企业提供业务支持，协助企业爬坡过坎和经营发展。

**3. 坚持拓展外汇业务，不断提升国机财务发展空间** 国机财务积极研究成员企业经营特点和外汇业务需求，制定特色化外汇金融服务方案，解决内部企业换汇需求，在缓释汇兑波动风险的同时，提高本外币资金集中，逐步建立外汇资金池。通过深化同业合作，为成员企业海外工程项目发放外汇银团贷款。

**4. 审慎开展投资业务，合理调整投资结构** 国机财务严格按照监管要求，优化投资结构，坚持穿透原则，严控SPV投资，加强投后跟踪管理，分类管理在手业务，慎选投资品种，适当增加优质中长期债券投资和流动性投资，保证投资资产安全，确保国机财务投资业务稳健开展。

**【主要管理经验】**

**1. 经营管理**

（1）加强合规风险管理，提升持续健康发展能力。强化合规对经营管理的保障作用，不断提升风险管控水平。2018年国机财务组建风险防范工作小组，定期评估潜在各类风险，及时采取处置措施，保证平稳运行；认真研究把握监管新规内涵，增强监管制度与业务融合度，进一步提高业务执行管理的合规性；开展风险专项培训，强化业务人员风险合规意识。

（2）积极推进法治企业建设，不断提升依法治企能力。积极推进法治建设，进一步完善法治机制，完善工作领导机制和合同管理机制。广泛深入开展以宪法为核心的普法宣传活动，开展宪法专题讲座、发放书籍等方式。围绕改革发展工作，开展针对性的集体法律学习研究，以专题讲座、法律工作交流会等形式，结合行业案例、自身法律实践，为相关部门在票据贴现、贷款、合同管理等具体业务环节中防范化解法律风险提供针对性的指导，不断深化法治建设与经营的融合度。

（3）扎实做好各项基础性管理工作，不断提升管理精细化水平。进一步健全信息系统建设，更加凸显信息系统对经营管理的支撑作用。加强员工培训，分层次、分类别组织开展员工培训。加强日常经营动态分析，进一步提高预算工作的精细化和动态跟踪力度。完善内部审计工作机制，实现对整体经营风险的全覆盖审计。

**2. 党建工作与企业文化建设** 2018年，国机财务深入学习宣传贯彻习近平新时代中国特色社会主义思想和党的十九大精神，党员领导班子成员带头宣讲，认真开展理论中心组学习，创新开展“学讲十九大”活动，组织井冈山教育培训、十九大精神集中学习、“不忘初心，牢记使命，重温入党誓词”主题党日活动等，实现“五个全覆盖”要求。国机财务认真贯彻落实中央决策部署，积极开展扶贫攻坚、扫黑除恶、反洗钱、打击非法集资等专项工作，加强意识形态引领和形势任务教育，把维稳、统战和群团工作纳入党委议事日程。认真履行党建工作责任制和党风廉政建设主体责任，组织签订《党风廉政建设责任书》，不断完善制度，健全工作机制，加强廉洁教育，强化监督检查，认真接受国机集团党委巡视组巡视和党建检查组现场检查，认真研究制定整改措施和方案，立行立改，为国机财务持续健康发展提供了坚实保障。

同时，国机财务秉承国机集团“和”文化，坚持以党建工作引领企业文化发展，崇尚“务实、创新、合规、敬业”的企业文化。2018 年国机财务以业务拓展、产品创新、模式创新、服务提升、管理优化、风险防控为切入点，开展专项课题研究活动，营造企业创新文化；强化内部培训，举办合规专题讲座，夯实合规文化；组织文体活动，关爱青年员工和困难员工，为国机财务创新发展汇聚正能量。

**3. 信息化建设** 2018 年，国机财务票据管理系统与上海票交所及国机集团成员企业网银系统、外汇管理系统与中国外汇交易中心、资金管理系统与国务院国资委大额资金支付报送系统分别完成直连对接，通过与 17 家主要合作银行构建的直连查询系统，为国机财务充分发挥平台功能，协助国机集团加强资金管控提供有力支撑。

**4. 社会责任** 国机财务积极开展互助帮困送暖工作，向“国机集团爱心基金”捐助一日工资 14 424 元，向对口帮扶地区河南省固始县投入 23 万元，用于固始县丰港乡三口大塘清淤工程。

# 国机汽车股份有限公司

**【基本情况】**

国机汽车股份有限公司（简称国机汽车）是中国机械工业集团有限公司（简称国机集团）控股的 A 股上市公司（股票代码：600335）。

2011 年 11 月，根据国机集团汽车板块战略规划，通过资产置换方式，将其所属企业中国进口汽车贸易有限公司（简称中进汽贸）整体注入鼎盛天工工程机械股份有限公司，并更名为国机汽车。“中进汽贸”品牌、管理及业务体系保留，成为国机汽车全资二级企业。

2013 年 5 月，国机汽车以增资方式，持有中进汽贸原所属企业中进汽贸（天津）进口汽车贸易有限公司（简称中进进口）71% 控股权；2013 年 10 月，以增资方式，持有中进汽贸原所属企业中进汽贸服务有限公司（简称中进租赁）53% 股权，并将两家公司管理层级调整为国机汽车二级企业。

2013 年 9 月，国机汽车出资 5 000 万元设立二级企业国机汽车发展有限公司（简称国机发展）。

2013 年 12 月，国机汽车收购宁波宁兴投资有限公司 51% 股权，并将其更名为宁波国机宁兴汽车投资有限公司（简称国机宁兴），为国机汽车二级企业。

2014 年 7 月，国机汽车完成对中国汽车工业进出口有限公司（简称中汽进出口）的改制重组工作，中汽进出口成为国机汽车二级企业。

2015 年 6 月，国机汽车出资 3 000 万美元成立汇益融资租赁（天津）有限公司（简称汇益融资），为国机汽车二级企业。

2017 年 4 月，国机汽车联合国机资本、中国电器院、中机国际、深圳国基、共青城欣盛鑫、上海龙创等 6 家企业，注册资本 8 亿元，设立国机智骏汽车有限公司（简称国机智骏）。国机汽车为第一大股东，持有 40% 股权。

2018 年 4 月 3 日，国机汽车停牌启动中国汽车工业工程有限公司（简称中汽工程）重组项目，于 2018 年 12 月 26 日正式上报证监会审核。

**【2018 年经营业绩】**

2018 年，在习近平新时代中国特色社会主义思想和党的十九大精神指引下，在国机集团和国机汽车董事会的领导下，国机汽车领导班子带领全体员工，凝心聚力，攻坚克难，落实“开拓年”各项任务，扎实推进管理提升，圆满完成国机集团和国机汽车董事会制定的各项目标任务，营业收入和利润总额均在国机集团二级企业中排名前五，继续蝉联国机集团先进单位荣誉称号。

截至2018年12月31日，国机汽车实现营业收入442.53亿元，比上年下降11.92%；实现利润总额7.91亿元，比上年下降13.31%。2018年国机汽车主要经济指标见表1。

**表1　2018年国机汽车主要经济指标**

| 项目 | 2017年 | 2018年 | 同比增长（%） |
|---|---|---|---|
| 资产总额（万元） | 2 590 994.47 | 2 486 667.70 | -4.03 |
| 净资产（万元） | 758 954.68 | 795 144.68 | 4.77 |
| 营业收入（万元） | 5 024 013.97 | 4 425 275.84 | -11.92 |
| 利润总额（万元） | 91 264.61 | 79 119.15 | -13.31 |
| 技术开发投入（万元） | 81.49 | 217.76 | 167.23 |
| 利税总额（万元） | 468 186.00 | 405 452.15 | -13.40 |
| EVA值（万元） | 18 034.47 | 5 010.24 | -72.22 |
| 全员劳动生产率〔万元/（人·年）〕 | 114.75 | 108.21 | -5.70 |
| 净资产收益率（%） | 8.92 | 7.08 | 下降1.84个百分点 |
| 总资产报酬率（%） | 4.76 | 4.88 | 上升0.12个百分点 |
| 国有资产保值增值率（%） | 109.54 | 106.89 | 下降2.65个百分点 |

**【改革改制情况】**

2018年，国机汽车继续积极推进解决温州中汽和鸿汽车销售有限公司（简称温州和鸿）、长沙汽电汽车零部件有限公司（简称长沙汽电）、莱州华汽机械有限公司（简称莱州华汽）涉及的资产重组历史遗留问题，具体情况如下：

2017年12月，国机资产管理公司持有的莱州华汽70%股权、长沙汽电100%股权、温州和鸿40%股权无偿划转中汽工程，2018年国机汽车起动资产重组中汽工程，前述3家公司作为中汽工程子公司纳入本次重组范围。

莱州华汽。为了落实解决莱州华汽特困企业专项治理工作，国机汽车成立专项工作组落实莱州华汽经营管理的改造提升工作，为莱州华汽恢复经营、实现减亏奠定重要基础。截至2018年12月31日，莱州华汽已实现减亏，符合国务院国资委关于特困企业主体完成标准。

温州和鸿。申请破产并于2018年12月28日取得法院下发的《民事裁定书》，符合国务院国资委关于特困企业主体完成标准。

**【重大决策与重大项目】**

**1. 重大决策**

（1）对外投资。2018年，国机汽车围绕主业、延伸产业链条，开拓增量项目，促进业务转型；全年共审议23个项目，其中19个项目取得国机集团审批/备案。2018年国机汽车实际固定资产投资48 416万元，实际股权（产权）投资67 599.54万元。

（2）清理整合。2018年，根据国机集团关于压减专项工作的要求和精神，国机汽车加大对低效无效资产的压减工作，全年共组织实施清理整合23家企业，其中低效无效资产清理17家、层级调整2家、特困企业治理4家。完成国机集团压减专项5家，4家特困企业均达到国务院国资委认定的主体完成标准。

**2. 资产重组项目进展**　根据国机集团汽车业务板块整合规划，为进一步推进国机汽车“贸、工、技、金”一体化的战略再迈上新台阶，并为国机汽车的可持续发展注入新动力，国机汽车于2018年4月3日停牌，增发股份购买国机集团持有的中汽工程100%股权（中汽工程100%股权价值为310 529.70万元），并配套募集不超过239 813.00万元资金。

在国机集团的指导与支持下，国机汽车领导统筹规划、中汽工程全力配合，国机汽车组织中介机构全力推进落实资产重组工作。及时与国资监管部门沟通方案，履行相关决策程序，完成募投项目规划设计并形成整体重组方案，按照时间规划稳步完成资产重组各阶段工作。

2018年8月31日，国机汽车召开此次资产重组第一次董事会，审议通过重组预案并披露；11月23日取得国有资产评估备案表，完成加期审计及国机集团党委会审议；11月28日召开此次资产重组国机汽车的第二次董事会并正式上报国机集团重组方案；12月8日国机集团批准并出具审批文件；12月18日国机汽车召开股东大会审议重组方案，并于2018年12月26日正式上报证监会审核。

**3. 重大业务项目进展**

（1）捷豹路虎进口、物流、批售项目。2018年，捷豹路虎进口、物流、批售项目稳步开展。成功开拓库存缓冲服务项目，完成140辆车辆的采购；积极推进天津港CAL（客户接受线）业务，完成3 074辆车辆检查；推进混动插电车辆（PHEV）仓储整备服务，完成PHEV车辆操作2 569台；平行进口方面获批揽胜（UJFC）车型的平行进口CCC证书。全方面延伸捷豹路虎项目服务体系，为后续合作创造更多有利因素。2018年批售7 718辆，批售收入46.17亿元；服务收入8 892万元。2018年，中进汽贸荣获捷豹路虎全球优秀供应商银奖，成为中国唯一一家非生产性供应商获奖者。

（2）Tesla物流服务项目。中进汽贸为Tesla提供报关报检、仓储、物流运输服务。2018年完成天津港物流服务合同（2+1年）续签，运输达标率为98.15%，同比提升8%，运输服务质量、效率管控效果明显提升。同时，中标上海港物流服务项目，增加中进汽贸对Tesla的服务份额，为后续深度合作奠定基础。

（3）阿斯顿马丁项目。2018年批售421辆，实现批售收入5.46亿元；服务收入1 151万元。同时，中进汽贸协助阿斯顿马丁公司取得全系列车型的CCC证书，完成全系列车型的国家环保排放认证工作并进入国家环保目录，使阿斯顿马丁成为国内首家全系列车型获得国Ⅵ（b阶段）排放标准目录的超豪华品牌。

（4）菲克进口车项目。2018年，完成批发贸易协议（2+1年）、物流服务协议（3.5年）的续签工作。实现批售11 368辆车辆，批售收入40.61亿元；服务收入1.3亿元。在关税调整期高效完成菲克进口车接港通关工作，为厂家节省近亿元关税成本。2018年11月6日，在中国国际进口博览会上，中进汽贸与菲亚特克莱斯勒汽车公司就未来3年（2019—2021年）的战略合作签署协议，助力菲克品牌开拓和深耕中国市场。

（5）大众进口车项目。2018年，中进汽贸继续配合大众汽车（中国）销售有限公司在上下游资金支持、返利实施、经销商服务等方面进行精细化管理和服务提升。成功续签2018年全年批售协议（1年），并按原条件继续延期半年。全年批售41 060辆，批售收入114.7亿元；服务收入4 649.45万元。改装车业务方面，进口大众改装救护车批发项目及时根据市场变化调整销售策略，2018年共完成车辆销售170辆，同比增长约12%，销售收入4 505万元。通过优质服务赢得上游厂家和下游合作改装企业的信任，为未来新产品上市后的深入合作奠定基础。

（6）保时捷物流服务项目。积极配合保时捷厂家在众多供应商中率先优质完成了仓储系统的自动对接功能，得到厂家的高度认可。随着GB 1589—2016《汽车、挂车及汽车列车外廓尺寸、轴荷及质量限值》标准的过渡和全面执行，国机汽车积极制定相应的激励政策，实现平稳过渡，满足厂家的KPI要求。2018年，实现服务收入6 469万元。

（7）福特进口汽车项目。中进进口与福特中国续签福特进口整车分销合同，合同采用“1+1机制”，有效期至2019年12月31日，届时如福特中国主体或业务框架不变，合同自动延续至2020年12月31日；续签福特及林肯进口车港口服务合同，林肯项目续约至2020年12月31日，福特项目续约至2019年12月31日；签订福特进口车《授权质量提升协议》，2018年共完成4 542台次福特在库车辆的质量提升服务，实现福特进口车合格率提升37%；新签福特Ranger车型采购合同。福特Ranger车型的直接进口是中进进口与跨国公司合作模式的创新，为国机汽车后续业务拓展、扩大与跨国公司合作奠定了基础。

**【市场开拓、产品销售、重大项目、科研成果、产业化发等展情况】**

**1. 市场开拓**

（1）汽车批售及贸易服务业务。2018年，国机汽车在汽车批售及贸易服务领域开拓的业务项目有：捷豹路虎库存缓冲服务项目、Tesla整车上海港物流服务项目、蔚来汽车运输服务项目、玛莎拉蒂车辆销售支持服务项目、阿尔法罗密欧港口全链条服务项目等。

（2）汽车零售业务。充分发挥“批发、仓储物流、零售”协同优势，构建面向各主机厂和新零售平台的一体化供应链服务体系。与28个汽车品牌开展合作，建立38座区域中心库，覆盖全国21个省市；租赁使用北斗定位设备及车辆定位系统，对车辆进行定位跟踪管理。

加大新品牌开拓。2018年共获得8个厂家授权，有4家新店开业。完成玛莎拉蒂唐山、天津2家店股权收购，中航融展东北区域15家店托管协议已经签署并启动托管工作。

（3）汽车租赁业务。常规租赁业务参与全国性招标，累计中标50余次；公务通业务拓展了30余个优质长租客户；厂商通业务开拓宝马中国公务用车项目，成功进入宝马中国供应商体系；开拓特斯拉服务代步车项目、阿斯顿马丁试驾车项目等。进一步探索个性化租赁业务，新增房车84辆。继续发展新能源车业务，2018年底运营新能源车656辆。大力推广汽车衍生业务，已覆盖29个重点城市，采购车辆近千台。

（4）进出口贸易业务。2018年，国机汽车在整车出口业务上获得突破进展，全年出口整车751辆，合同金额1 550万美元。加大零部件出口业务开拓，加强与博世公司合作，实现零部件出口4 874万美元，同比增长5%。顺利完成9个展览组展工作，首次获得拉斯维加斯展广告经销权，在增加新的利润增长点的同时，宣传了企业形象。

（5）汽车平行进口业务。“总对总”平行进口模式取得进展。成功引进福特Ranger车型，独立开展车辆认证、海外采购、进口、物流、分销等全链条操作，全年采购1 065辆车、销售400辆，实现销售收入1.03亿元。

一般平行进口业务规模大幅增加，全年采购整车5 848辆，销售3 888辆，同比增长266%，销售收入21.4亿元，同比增长246%。

**2. 制造业务稳步推进**

（1）国机智骏新能源汽车项目研发和基地建设顺利推进。国机智骏已建成冲压、焊装（车身）、涂装、总装、轻量化、电池工厂6大车间，涂装设备已投槽，建成A0级、A00级和A级3个自主车型开发平台，销售体系建设积极推进；首款车型目前处于小批量试制阶段，各项性能指标表现良好。

（2）上海晶耀产能扩容顺利完成。2018年，上海晶耀光电科技有限公司完成迁址扩建，厂房面积由1 285$m^2$增加到4 100$m^2$，新增3条高标准SMT生产线，产能达到900万片/年的LED模组。

**【产权制度改革】**

2018年，结合新版国务院国资委产权管理综合信息系统上线的契机，国机汽车按照国务院国资委及国机集团的要求，在全级次企业范围内开展了国务院国资委产权管理综合信息系统数据暨国机汽车产权检查工作，确保系统初始化数据的准确性。

国机汽车依据《国有产权登记管理暂行办法》，并借助国务院国资委产权管理综合信息系统，实现了产权登记的信息化、网络化和对所属企业产权状况的动态监管；持续加强对二级企业产权管理工作的业务指导，切实提高了国机汽车产权管理工作的总体质效。

**【主要管理经验】**

**1. 集团化管理**

（1）持续完善国机汽车治理结构。国机汽车持续规范运作、提高信息披露质量、构建良好的投资者关系管理体系，不断提升价值创造能力，赢得监管机构及资本市场的广泛认可。一是及时召开股东大会、董事会、监事会，保证国机汽车重大事项决策的合法合规。二是启动发行购买中汽工程100%股权工作，推进国机汽车向“贸、工、技、金”一体化、具有行业综合优势的国际化新型汽车集团转型升级。三是真实、准确、完整地披露各类临时公告104份，确保投资者对国机汽车重大事项享有充分知情权并积极回应股东关切。四是保持与投资者定期沟通，赢得资本市场的认同与支持。五是维护上市公司良好的舆论氛围，推动资本市场价值创造。六是持续关注资本市场、行业热点及股价走势，定期发布专题报告，形成资本市场研究报告体系。七是加强与上交所、天津证监局、天津上市公司协会等各级监管机构的沟通交流，按时上报监管文件、报告，积极参加其组织的培训、调研等活动，构建顺畅的沟通渠道，及时掌握政策走向。

（2）加强国机汽车财务管理能力体系建设，推动价值创造，加强与所属公司的协同与共享，实现国机汽车资源、效率最大化。一是拓宽融资渠道，丰富融资产品，优化融资结构，降低融资成本，保障经营发展合理资金需求，充分借助银企总对总合作优势，逐步培育二级公司自身融资能力。二是规范产权管理，有效维护国有资产权益。三是加快内部资源整合，推进低效、无效资产的处置，积极改善、提高资产质量。四是深化财务创新转型，加强协同，提升管理，强化财务价值创造功能，实现财务创新。五是持续强化财务信息质量管理，提升对经营管理的支撑能力。六是不断加强财务基础管理和内控建设，建立健全财务管理体系，持续提升风险防范能力。

（3）紧密围绕“开拓年”的三大核心任务精耕细作贯彻落实好“四位一体”的人力资源管理工作要求。一是根据工作需要，持续对组织机构、部门职责、岗位设置进一步优化，设立和调整专项工作组。二是持续修订管理制度，开展后评价工作，制定干部管理有关制度，进一步完善制度体系。三是持续加强干部管理工作，配优配强干部队伍。四是首次组织开展“调动广大干部积极性、主动性、创造性”的大讨论活动。五是首次发布《公司人才队伍建设规划（2018—2020年）》，创新开展有针对性的各项培训工作。六是首次组织召开全系统组织人事工作会，及时宣贯、落实新时代党的组织路线，整体部署干部人才队伍建设工作。七是协同支持二级企业开展工作。

（4）行业研究水平持续提高。强化行业研究对经营、项目拓展等支持，根据国机汽车战略，推出中国出口汽车市场季报，把握新能源汽车补贴、关税下调、中美贸易摩擦等热点，及时、准确地推出分析报告，为国家有关部委、集团研究政策和公司业务开展提供参考。

（5）完善内部审计机制，审计工作规范化不断加强。一是将审计监督关口前移，筑牢风险管理的第一道防线。2018年，国机汽车内部审计的广度和深度有了实质性的延伸，内部审计的内容从财务审计转向风险控制、绩效提升、发展战略、反舞弊等方面。内部审计的作用也从查漏防弊和事后的评价延伸到合规性评价、内控评价、效能评价、流程评价、经济效率评价等。对审计发现的问题及早关注并延伸到同类公司，更大程度地减少损失。二是完善审计问题的整改落实，提升审计成果的运用，提升审计的监督和服务职能。审计项目完成后，向被审计单位下发审计意见整改落实的通知，要求被审计单位按照整改时间和整改要求，及时将整改情况进行上报，并不定期进行审计整改落实情况的现场检查，促进审计成果的运用和转化，加强审计工作的闭环管理，进一步提升审计的监督服务职能。

（6）创新工作机制，拓展工作领域，推动法治建设工作纵向延伸。一是继续完善法治建设体制，健全法律工作机制。制定了有关法治建设第一责任人、法律工作办法等制度，加强了法治建设的组织领导，进一步完善法人治理结构。二是深化协同管理，积极开展法律支撑与服务工作。切实遵循支持、服务、管理和价值创造“四位一体”的工作原则，积极开展经济合同、企业章程、规章制度的法律审核工作，为企业重大项目和重要决策提供法律支持。三是积极延伸法律工作链条，探索从合规管理和风险控制的角度保障公司稳健发展。以风险防控的视角，提供贯穿业务全过程、全链条，覆盖事前、事中和事后的法律风险管控与服务。

（7）优化总部办公资源，推进档案系统建设。落实“减少浪费”管理理念，优化总部办公用房，涉及 9 个单位，调整面积总计 1 903m$^2$，总部办公楼人均面积（含公共部分）从 41.8m$^2$ 降至 33.6m$^2$，办公楼利用效率得到提升。有序推进覆盖国机汽车总部与所属二级企业的档案系统建设工作，完成总部及 6 家所属企业档案系统部署及业务权限配置。

**2. 信息化建设**

（1）推进信息系统对业务板块的覆盖。2018 年，国机汽车持续推进信息系统对业务板块的覆盖，各所属企业系统建设稳步推进。完成中汽进出口贸易 ERP 项目上线，汇益融资租赁业务系统上线，捷豹路虎、保时捷等厂家系统的对接，进口大众品牌融资管理模块和国产车批售管理系统上线；完成中进租赁业务系统立项。

（2）推进正版化工作，持续提升软件正版化率。2018 年，国机汽车采购的办公软件类包括：微软 Office 2016 中文标准版 43 套，金山 WPS Office 2016 专业版 13 套，福昕 PDF 中文企业版 8.0 版 11 套。涉及国机汽车所属企业 4 家，其中，中国进口汽车贸易有限公司 8 套，中进汽贸服务有限公司 25 套，天津市良好投资反战有限公司 18 套，汇益融资租赁（天津）有限公司 14 套。国机汽车总部实现软件正版化全覆盖，所属企业软件正版化根据本企业具体情况，逐步推进正版化工作。

（3）提升信息安全防护水平。2018 年 3 月，国机汽车启动“国机汽车本部数据机房及 IDC 机房基础设施改造项目”，项目建设内容主要包括：国机汽车本部数据机房防水及物理安全方案设计施工、机房网络及安全方案设计及实施、备份容灾系统设计与实施；硅谷亮城 IDC 机房网络及安全方案设计与实施、备份容灾系统设计与实施。项目总投入 3 151 340 元，其中设备采购及系统集成费为 2 805 500 元，机房及线路租用费用为 345 840 元 / 年。2018 年 7 月 10 日完成 IDC 机房网络及安全设备的上架、调试；2018 年 8 月 8 日、16 日完成国机汽车本部数据机房的网络及安全设备的割接工作。通过该项目建设，排除了国机汽车本部数据机房存在的物理安全隐患；对国机汽车本部数据机房原有网络结构进行了优化，提升了网络安全防护能力，达到全程可查、部分可管可控的建设目标；通过 IDC 机房建设，在解决了国机汽车本部数据机房物理空间不足的问题的同时，实现了本部机房与 IDC 机房之间的数据互备，提升了数据的安全性。

**3. 承担社会责任**

（1）价值国机汽车 —— 创造价值，保障利益相关者。一是在国机汽车治理方面，致力于进一步健全公司治理制度，完善公司治理结构，充分发挥董事会和各专业委员会在国机汽车治理结构中的引领、推动、保障、监督的作用。二是在信息披露方面，严格遵循法律法规开展信息披露工作，确保真实、准确、完整。三是在投资者关系方面，打造“请进来”“走出去”的投资者互动模式，并在投资者关系管理工作模式中实现了创新与变革，建立起投资者关系信息化、标准化、常态化的管理体系。四是在价值创造方面，对内构建核心员工和公司利益共同体，推动股权激励项目实施。对外通过树立国机汽车的良好形象，提升投资人信心，从而正向推动企业市值提升。

（2）责任国机汽车 —— 责任担当，夯实管理基础。一是积极践行行业责任，为行业政府主管部门持续提供进口汽车市场数据分析支撑服务；协助开展市场调研、参与政策调整意见征求活动，并提供专业化数据分析，促进政策调整。持续提供具有行业权威的市场研究成果，包括月度、季度、年度进口汽车市场分析报告，策略研究、专题性分析等，是从事进口汽车业务企业制定发展战略的重要参考。二是履行企业责任，2018 年，国机汽车缴纳各类税金 350 413.63 万元；从社会招聘 1 028 人，招纳应届毕业生 120 人。

（3）创新国机汽车 —— 创新发展，驱动转型升级。国机汽车稳步开拓核心业务，在进口汽车贸易服务业务、汽车零售服务业务、汽车后市场及进出口业务等传统业务领域不断创新增值服务，实现固本增效；此外，国机汽车制造业务稳步推进，形成创新发展关键因素；国机汽车还抓住海南自贸区发展机遇，推动海南业务新布局，为建设海南“智慧出行”综合服务平台打下基础，依托海南自由贸易港政策优势，积极推进构建汽车贸易服务业务，获得平行进口试点企业资质，成为海南自贸区首批车辆保税企业。

（4）幸福国机汽车——和谐氛围，坚持以人为本。一是保障员工权益。二是秉持“人才第一”的理念，完善的人才培养机制，促进员工发展。三是国机汽车注重以实际行动关爱员工，不断改善员工的工作和生活条件，开展各类文体活动，丰富员工的文化生活。四是弘扬企业文化，积极参与扶贫、开展志愿服务，履行社会公民责任。2018 年荣获“首都文明单位标兵”荣誉称号。

（5）绿色国机汽车——低碳理念，履行社会价值。一是健全绿色管理体系，深入探索绿色管理新模式，持续完善节能减排统计体系、监测体系和考核体系建设，紧密围绕“节能有我，绿色共享”的活动主题，将绿色环保理念贯穿设计、生产、应用等运营的全过程，致力于打造全产业链的绿色管理，树立低碳环保的“绿色国机汽车”品牌形象。二是倡导绿色环保行动，积极树立和普及生态文明理念，努力建设资源节约型、环境友好型社会，推动建设美丽家园、转变生产生活方式的进程。2018 年，国机汽车进一步完善了节能减排管理制度，层层落实责任，严格考核管理，能耗较 2017 年降低了 4.32%。

**4. 企业文化建设** 2018 年国机汽车以党建引领企业文化，为企业发展营造风清气正的良好氛围，获得了“首都文明单位标兵”荣誉称号。充分发挥工会和共青团的桥梁纽带作用，不断增强政治性、先进性、群众性。一是加强企业氛围建设。践行“幸福国机”“企业发展成果由全体员工共享”的理念，将党建工作与企业发展和人才成长相结合。推行“公开化、公平化、和谐化”的管理作风和务实高效的工作方法，强化主动、创新、“先、早、快、实”的工作原则，激励干部新时代新担当新作为。二是工会工作着力增强职工的幸福感、获得感。加强企业精神文明建设，参加国机集团第六届职工运动会，取得历史最好成绩，荣获“广播体操比赛优胜奖”和“最佳组织奖”；组织 4 家 4S 店开展“国企开放日”公益活动，增进了公众对国有企业的认识和信赖；以“国机购物节”为契机，进一步推动企业形象的提升和对成员企业的宣传。做好职工关爱及帮困解难工作，制定《国机汽车股份有限公司爱心帮扶管理办法》，对职工帮困、助学、疾病帮扶作出了制度性安排。三是加强党对青年工作的领导，引导青年员工健康成长。通过举办题为“发现青年榜样、弘扬奋斗精神”的青年发现行动，开展题为“共话前途、担当未来、齐筑奋斗、共享事业收获”的青年头脑风暴会等活动，号召广大青年在国机汽车发展新征程中勇于担当、锐意进取、不懈奋斗，引导青年员工到艰苦岗位实践锻炼，到业务一线开拓奋斗。四是推进精准扶贫工作迈上新台阶。成立国机汽车扶贫工作领导小组及办公室，先后 4 次委派相关领导和工作人员赴河南省固始县开展对口扶贫工作。对 2018 年帮扶项目进行考察调研，拟定 2018 年帮扶项目及资金安排等相关事宜。国机汽车已向固始县捐赠扶贫资金 60 万元。五是认真做好统战工作。制定《国机汽车统战工作方案》，建立统战人员数据库；组织召开统战人士“爱企业、献良策、做贡献”主题座谈会，充分调动了国机汽车统战人士的积极性、主动性和创造性。

**5. 党建工作** 2018 年，国机汽车党委在国机集团党委的坚强领导下，以党的十九大精神和全国国有企业党的建设工作会议精神的学习贯彻落实为根本，以认真落实国机集团“党建质量提升年”工作要求和与本企业实际相结合为原则，以价值党建、成效党建的工作为出发点，努力做到强党建、促成长，强党建、促竞争力，形成党建与业务深度融合、党建引领发展的结果导向，努力实现新时代党建工作高质量发展，为国机汽车完成年度目标任务、推进企业改革发展发挥了引领作用。

（1）把党的政治建设摆在首位。国机汽车党委始终把政治建设摆在首位，严守党的政治纪律和政治规矩，坚持党的领导不动摇，树牢“四个意识”、坚定“四个自信”、坚决做到“两个维护”，立场坚定，旗帜鲜明。全年召开会议21次，共研究议题91项，任免中层以上干部51人次，充分发挥党委把方向、管大局、保落实作用。落实基层企业党建工作要求进章程工作，积极开展对国机汽车二、三级企业进行分类指导和专项督查，完成4家二级公司以及57家三级公司党建工作要求进章程工作。

（2）持续深入学习宣传贯彻习近平新时代中国特色社会主义思想和党的十九大精神。一是把学习宣传贯彻习近平新时代中国特色社会主义思想和党的十九大精神作为党建工作的核心任务，切实做到“五个全覆盖”，以“强党建、促成长，齐奋斗、共幸福”为主题，以“六大建设”为内容制定年度党建工作规划。举办“习近平新时代中国特色社会主义思想和党的十九大精神”认识与实践培训班、“不忘初心、牢记使命”红旗渠干部学院培训班共4期，组织国机汽车各级党组织书记、中层以上干部以及总部党员学习培训，累计培训190余人次。二是注重做好整体氛围营造工作，创新建设“国机汽车党建”微信公众号，累计推送习近平新时代中国特色社会主义思想和党的十九大精神要点及宣传报道41次，内容120篇，订阅人数2 400余人；为相关人员配发《习近平新时代中国特色社会主义思想三十讲》等辅导教材18类220册、光盘100张，党员学习记录本412册；在国机汽车总部一楼大厅设置3块党建专题展板并定期更新，深入宣传习近平新时代中国特色社会主义思想要点；制作38块党支部党建工作展板，将学习贯彻活动延伸到最末端。三是将建党97周年主题党日暨党建工作会，改进为全系统庆祝建党97周年主题党日，360余名党员参加会议。通过《理论指导实践、落地现实管理》党课等特色活动的开展，营造了学习宣传贯彻习近平新时代中国特色社会主义思想和党的十九大精神的浓厚氛围。

（3）强化全面从严治党要求，深化党建责任落实。强化党员领导干部党建工作责任。研究制定《国机汽车股份有限公司领导工作分工》，细化15项党建工作并明确了具体负责人，压实领导干部党建工作责任；制定《国机汽车股份有限公司党员领导干部基层联系点制度》，明确了党员领导干部联系点，主要领导亲自挂帅联系困难企业；组织8名党委班子成员开展党建履职情况述职，强化党员领导干部党建工作责任。建立党建工作责任考核评价机制，与所属6家二级企业党组织及总部3个党支部签订党建质量提升年目标责任书，并开展了述职评议考核，推动党建责任落地。

（4）以加强“三基建设”为重点，提升基层党组织建设质量。一是加强基本组织建设。持续强化调研指导，2018年实现4S店党组织调研指导全覆盖，召开3次“价值党建”研讨会，各4S店均汇报了关于“价值党建”和引领经营发展的认识和实践。此外，党委工作部深入一线党支部开展“价值党建下沉实践活动”，对8个党支部工作进行了点对点，手把手地指导、帮建。二是加强基本队伍建设。全面建强基本队伍，打造关键时刻的过硬依靠力量。建立“业务充实党建、党建充实业务”机制，把党务干部岗位作为人才培养、储备的“蓄水池”。2018年以来，党建和业务干部双向交流及下派一线4人次，其中业务充实党建1人，党委工作部门下派一线支持基层党建3人。推动发展党员工作向4S店倾斜，努力把党员培训成业务骨干，把业务骨干发展成党员。三是加强基本制度建设。完善长期性、稳定性和约束力的基本制度体系，推动基层党建常态长效。2018年以来，制修订党建制度26个，一以贯之中央及国机集团党委相关制度16个，初步建立了具有国机汽车特色的党建制度体系。

（5）坚持党管干部原则，建设高素质专业化干部队伍。按照从严管理、从严选拔、从严约束、从严监督的要求，推进领导干部的选配和管理工作，加快干部培养，落实干部监督管理。一是顶层设计，谋划全系统干部人才工作。通过成立国机汽车干部和人才队伍建设委员会，协同全系统干部人才工作，发布国机汽车人才队伍建设规划（2018—2020年），为干部人才工作明确了方向。二是加强干部配置，提升培训力度。坚持党管干部原则，坚持好干部标准，鲜明树立重实干、重实绩的用人导向。严格按照规定程序进行提任考察，将动议、民主推荐、民主考察、廉洁自律情况调查、档案审核、考核情况调查、任职公示等程序一一落实。首次启动对二级企业班子成员后备干部的选拔、推荐工作，初步建立了后备干部人才库。注重对干部队伍自身素质的培养，组织了中层干部对标培训、骨干人才能力提升培训、“领航者计划”培训，效果明显。三是加强干部考核和监督。对绩效考核制度实施后评价工作，在 2017 年的基础上，修订、发布了新的考核激励制度；完成干部管理工作“一报告两评议”，国机汽车主要领导分别在年度工作大会上对干部工作情况进行总结报告，中层以上领导干部 45 人参与民主评议工作，对国机汽车干部工作整体情况和 2017 年度新提任的干部进行了评议；完善干部人事档案 85 份，建立了档案台账。

（6）加强政治建设，认真做好党风廉政建设和反腐败工作。国机汽车党委、纪委围绕构建“不敢腐、不能腐、不想腐”的体制机制，做好国机汽车党风廉政建设和廉洁从业各项工作，营造良好经营环境，保证企业健康、可持续发展，全年未发生重大违纪违法案件。一是通过党委中心组学习、专题研讨会、形势任务教育活动、重点案例警示分析等形式，抓好党员领导干部政治思想建设，使党员干部牢固树立“四个意识”、坚定“四个自信”，自觉做到“两个维护”和“四个服从”，把纪律挺在前面，全面落实好党委主体责任。二是制定《国机汽车党委关于加强党风廉政建设和反腐败工作的方案》《国机汽车纪委 2018 年工作要点》，将党风廉政建设和反腐败工作融入企业改革发展全过程；组织召开“廉洁宣传教育月”专题报告会暨新风讲堂，传达国机集团党委“廉洁宣传教育月”活动主题报告会暨警示教育大会上的讲话精神并提出工作要求。三是层层签订《党风建设和反腐败工作责任书》，全面落实“一岗双责”，抓好党风廉政建设工作考评；开展对所属二级企业纪检作风建设工作检查，启动资产减值计提和核销“一企业一专项”等监督检查工作；参与干部考察过程监督，把好选人用人关；切实落实好纪委党风廉政建设监督责任。四是充分用好监督执纪“四种形态”，在教育预警上下功夫，着力抓早抓小，防微杜渐。全年完成 6 件 2017 年度留存信访件的初核、了结处置工作；2018 年共收到信访件 6 件，其中，自收件 1 件，由上级转办件 5 件；对 6 人核实有关问题并开展预警教育；全部完成初步核实、了结处置和上报工作。五是贯彻落实“党风廉政建设出效益”理念，在国机集团系统内率先启动巡察工作，国机汽车党委巡察组按照“发现问题、形成震慑、推动改革、促进发展”的工作方针，已完成对 15 家所属三级企业的巡察工作，共发现各类问题 343 条，提出整改意见 163 条，这对企业规范经营、健康发展、廉洁从业发挥了积极作用，不仅营造了风清气正、干事创业的良好氛围，也有力地促进了国有资产保值增值。

# 中国机械国际合作股份有限公司

**【基本情况】**

中国机械国际合作股份有限公司（简称中机国际）是大型中央企业集团、世界 500 强企业——中国机械工业集团有限公司的控股子公司。公司坚持商业会展与国际贸易“双擎驱动”的总体定位，致力于打造中外企业技术交流与贸易促进综合服务平台。

中机国际拥有 20 多家分子公司。近年来，中机国际连续获得“中国会展业十大影响力会展公司”“中国十佳品牌展览工程企业”“中国最佳出展组织奖”等荣誉，已经发展成为我国会展界年度展览规模最大的中央企业。

商业会展是中机国际的核心主业。中机国际拥有超过60年办展经验的专业化团队，已形成境内外自主办展、代理出国展览、展览工程服务等完整的展览业务体系。每年举办80多场高质量展会，总规模超过350万$m^2$。特别是参与主承办的“北京国际汽车展览会”和“上海国际汽车零配件、维修检测诊断设备及服务用品展览会”双双跻身2018年世界商展100强排行榜前50名。同时，中机国际是我国最大的境外组展机构，每年在境外100多个国家和地区，组织180多场自办展和代理展。每年组织专业买家50万人次，拥有广泛的优质客户资源。

在国际贸易领域，中机国际积极开展全球性经济技术合作，市场范围遍及亚、欧、非及拉丁美洲等众多国家和地区。结合国家“一带一路”倡议，中机国际依托国机集团强大的资源优势和品牌效应，开发国内外贸易业务，以及汽车相关主题的文化园区、产业园区的建设项目。

秉承“责任、创新、协同、共享”的核心价值观，中机国际致力于“引领中国会展业发展，助力中国制造业进步，推动中国装备企业全球化进程”。伴随着世界经济一体化发展，中机国际愿与社会各界加强合作，为中国和世界经济的繁荣作出贡献。

**【主要指标】**

2018年，中机国际实现营业收入15.10亿元，同比增长31.92%；实现利润总额731.77万元，同比下降84.71%；实现经济增加值-2 569万元。2018年中机国际主要经济指标见表1。

**表1　2018年中机国际主要经济指标**

| 项目 | 2017年 | 2018年 | 同比增长（%） |
|---|---|---|---|
| 资产总额（万元） | 103 248.06 | 102 833.57 | -0.40 |
| 净资产（万元） | 45 558.88 | 45 575.91 | 0.04 |
| 营业收入（万元） | 114 471.69 | 151 015.27 | 31.92 |
| 利润总额（万元） | 4 786.89 | 731.77 | -84.71 |
| 技术开发投入（万元） | | | |
| 利税总额（万元） | 6 786.94 | 2 939.05 | -56.70 |
| EVA值（万元） | 791.82 | -2 569.22 | -424.47 |
| 全员劳动生产率〔万元/（人·年）〕 | 27.41 | 32.07 | 17.00 |
| 净资产收益率（%） | 8.30 | 0.86 | -89.64 |
| 总资产报酬率（%） | 5.33 | 1.60 | -69.98 |
| 国有资产保值增值率（%） | 108.09 | 99.83 | -7.64 |

**【业务发展】**

**1. 商业会展**　国际会展业务是支撑公司发展的核心主业和特色业务。2018年是中机国际的展览大年，是国机集团展览资源整合后承上启下的重要一年。中机国际不断增强会展业务的核心竞争力，中机国际及其所属企业的境内外自主办展项目共84个，数量创到历史新高。境外代理展项目165个，预计将连续第七年位居全国首位。

（1）境内自办展。2018年，在境内自办展方面，我们进一步巩固在手的品牌核心项目、培育具有潜力的项目、积极开拓新项目，共举办自主展览项目67个。

1）核心品牌项目进一步巩固。对于在手的核心项目，如上海汽配展、北京国际车展、北京机床展、全国汽配会、全国摩配会、沈阳车展、杭州车展、东莞车展和深港澳车展等项目，中机国际进一步稳固在这些展览中的地位。同时做精做细做深，进一步寻找这些项目新的盈利点，增强这些展览的知名度和影响力，部分项目已经成为享誉世界的品牌展览。特别是主承办的上海汽配展和北京国际车展分别跻身2018年世界商展100强排行榜第8位和第44位，其中上海汽配展已经成为全球展览面积最大的汽车零配件类展会。北京机床展是继德国EMO、美国芝加哥IMTS展会之后，展览规模世界第三的国际机床工具展览会，而且聚集各国顶尖工业水平，引领机床行业新风向。全国汽配会、全国摩配会作为各自行业内历史最悠久的展览，继续保持行业领先地位。

2）潜力项目得到进一步培育。对于呼和浩特车展、柳州车展、广州新能源车展、广州零部件展、广州机床展、广州机器人展、海南咖啡展、郑州易损件展、佛山车展、广州职业教育展和上海应急消防展等潜力项目，中机国际进一步加大挖潜力度，在做大规模、提升项目盈利能力、增强行业影响力方面，狠下功夫。2018年，中机国际许多潜力项目实现了盈利能力和品牌提升的双丰收。如呼和浩特车展发展至今，已经成为内蒙古地区汽车行业发展的晴雨表，正稳步向国内一线车展行列迈进；广州零部件展历经四年的深耕细作，总体实力优势显著，品牌影响力持续增长，被誉为“中国华南地区规模最大的汽车零配件、汽车改装与用品、汽车维修与保养展览会”。

3）新项目开发取得显著成果。2018年，在开拓和开发新项目、新展览时，中机国际打开思路，迈出更大更坚定的步伐。进一步引进来，走出去，整合公司内外部资源，联合国机集团科研院所和国内外知名展览公司共同办展。在巩固机械、汽车及其细分行业的展览基础上，探索跨行业、跨领域的展览。

2018年，中机国际新增11个全新的境内自办展项目。它们分别是，中国（石家庄）汽车工业展览会，中国（昆明）东南亚、南亚消防安全暨应急救援技术展览会，中国（广州）国际消防安全与应急装备展览会，中国（江门）摩托车工业博览会，中国（广州）国际磨料磨具磨削展览会，北京国际时尚生活博览会，中国沈阳国际新能源、节能及智能汽车展览会，首届海南国际新能源汽车展暨中国汽车清洁能源展览会，内蒙古味道－内蒙古绿色农畜产品展览交易会，浙江（温州）进口消费品博览会，中国教育创新成果公益博览会（珠海）。

（2）境外展览。2018年，中机国际充分利用政府的公共资源，借助境外使领馆大力开拓境外业务。非商业展和商业展相结合，取得良好效果。

境外代理展方面，进一步巩固传统项目，同时加大新项目的开拓。全年执行境外代理展项目165个，预计2018年度将连续第七年位居全国出国组展单位第一名。

境外自办展方面，紧跟国家“一带一路”倡议，重点打造“一带一路”节点国家和地区的系列自办展。同时，发挥国机集团兄弟公司境外网点资源的作用。2018年，中机国际共举办17个境外自办展项目，其中新项目6个，数量达到历史新高。

2018年，重要的境外自办展项目有，中国机械与智造技术（工业4.0）展览会（马来西亚），中国橡塑机械技术装备展览会（意大利），伊朗国际汽车零配件展览会，中国工程技术展（巴拿马），中国工程及矿山机械装备展（南非），中国制造品牌展（哥伦比亚），尼日利亚国际汽车及零部件展览会，第八届澳门车展、游艇展和第七届澳门公务航空展，中国汽车及船舶用品（澳门）展览会，第六届澳门休闲科技展等。

（3）会展工程与服务。西麦克和国机联创全年共计完成26个主场项目，运营面积达到100多万 $m^2$。为不断完善展览现场管控，推行节能降耗，中机国际升级现场管理系统，提高了效率，实现了资源优化配置，真正做到绿色办展。

此外，展台、展厅的设计搭建业务从国内延伸到国外，全年完成项目近百个。这些项目结合现代科技和绿色环保要求，不断提升了公司的设计搭建水平。

（4）大客户定制服务与会议论坛。2018年，中机国际在大客户定制服务、会议论坛、延伸会展产业价值链方面进一步加大投入力度，取得了更大的突破。会展业务在做好传统的境内外自办展、境外代理展、会展工程与服务业务的同时，不断完善全产业链的服务链条，加强了大客户定制服务的开发与升级，拓展了会议论坛的主承办。

在大客户定制服务方面。以会展业务为抓手，打造国际技术交流、贸易促进服务的平台，提供包括市场调研、品牌推广、宣传推介、展览展示、贸易对接和贸易服务为主的全产业链、菜单式的大客户服务。

在会议论坛方面。一方面继续提升展览项目同期活动的质量和数量，放大展览项目的交流平台作用，提升展览品牌价值；另一方面，开发培育在行业内或者国内外具有一定影响力的公司自办会议论坛，将会议论坛逐渐发展成为中机国际的一项新型盈利业务。

2018 年，中机国际各展会的同期活动共有 400 多场，其中自办会议论坛 40 多场。通过自办会议论坛，中机国际增强了行业话语权，提升了行业地位和影响力。

**2. 国际贸易** 近两年，面临外部的新形势新变化，中机国际的古巴、伊朗业务受到较大影响，贸易成套业务亟待寻求转型升级。2018 年，中机国际积极开发新项目、新市场、新模式。今后，随着 IPO 进程的推进，以及风险管控的加强，传统汽车整车及相关贸易业务将逐步缩小规模，转向非汽车整车贸易。

2018 年，加特可变速器的进口业务进入快速发展阶段，全年共计完成交货 8.5 万台，实现营业收入 5.65 亿元。印度 2×350MW 电站项目整体进展较为顺利，商务谈判取得阶段性成果，项目风险进一步释放。

在开发新业务、新项目方面，中机国际全力推进特种环保车项目，以泰国为起点，逐步向“一带一路”沿线的中东、非洲、拉美等国家和地区推广。中机国际加大力度开拓多米尼加共和国、厄瓜多尔、巴拿马等加勒比及美洲地区的市场，已经达成相关五金建材、整车和汽配等项目的合作意向。除传统产业外，中机国际积极着眼于新能源汽车的发展机会，研发具有自主品牌的新能源汽车零部件，探索科工贸一体化的业务模式。此外，中机国际还积极尝试新营销模式，借助于电商平台，开拓汽车后市场新业务。

【战略合作】

**1. 拓展外部战略合作，提升合作空间** 2018 年，中机国际与政府、国内外企业、行业组织、媒体等开展多层面的战略合作，推动业务发展不断迈上新台阶。持续推动已有战略合作不断落地，新的合作不断开启，签订一系列新的战略合作协议。与石家庄人民政府、济南人民政府、长沙人民政府、广东省人力资源和社会保障厅等政府单位签署了战略合作协议，推动合作不断深入。

与法国驻华大使馆、广州工业和信息化委员会、天津滨海新区等政府部门，与励展集团、东风汽车集团等企业，与中央企业电动车产业联盟等行业组织进行业务合作，巩固已有合作基础，并探讨新的合作空间。

**2. 加强与国机集团内部资源的协同合作** 中机国际受国机集团委托作为广交会中央企业交易团（国机）分团秘书处，负责交易团组织管理工作。2018 年第 123、124 两届广交会组织展位合计 664 个，服务参展企业近 200 家，参展商近 1 600 人，参展代表 800 人。圆满完成了交易团的运行工作，促进了国机集团下属企业的协同发展。

中机国际成功策划并执行了国机集团第六届职工田径运动会，取得非常好的效果。与恒天重工集团签署战略合作协议，在汽车贸易、展览业务等方面开展合作。与恒天文化产业投资集团合作举办北京国际时尚生活博览会。继续加强与国机集团兄弟单位的内部协同，在三磨（磨料、磨具、磨削）展、机器人展、新能源车展和消防展等项目上进行了深化合作，取得了良好的效果。

**3. 加强投资并购，拓展业务版图** 2018 年，中机国际根据公司产业布局，由西麦克在海南投资成立国机会展（海南）有限责任公司。海南公司的设立是中机国际以战略合作推动业务落地的重要举措，重点做好“中国（海南）国际商品博览会”和“国际咖啡大会暨咖啡及饮品展览会”等会展项目，并将国际、国内的知名展览和相关文化活动等引入海南省。

【改革发展】

**1. 研判相关政策，推进深化改革工作** 中机国际积极了解国家和国机集团的改革政策，结合公司实际推进改革工作。跟踪国企改革“双百行动”各项政策，了解国务院国资委和国机集团提出的国企改革的共性问题，研究国企改革政策要求，结合公司实际，谋划布局改革方案。

**2. 加强三项制度改革，创造良好的人才环境** 加强组织领导，根据国务院国资委及国机集团要求，中机国际第一时间成立专项领导小组，领导公司用工、人事和分配三项制度改革。强化制度建设，修订了中机国际薪酬福利、员工竞聘上岗、绩效考核、教育培训和差旅费等方面的管理制度。优化组织架构，加强岗位体系建设，修订完善《职位说明书》。完善考核体系，确保“三项制度”改革落地。

**3. 加强降本增效工作** 为贯彻国机集团降本增效的要求，2018 年中机国际专门召开专题会议，分析了公司三年主要财务指标和与对标企业的管理差异情况，制定“以降本为抓手，以增效为目标，以提质为重点”的总目标。

【管理经验】

**1. 加强战略管理** 2018 年，中机国际发展进入新阶段，业务面临新的机遇和挑战。中机国际积极调整发展战略和方向，通过头脑风暴会、调研座谈、行业企业深入分析等多种形式，在新项目开发和新业务开拓方面进行布局调整，进一步凝聚发展共识、明确发展目标、推动转型升级，以积极适应新形势新要求。

2018 年，中机国际结合战略规划的年度任务，将相关目标任务分解到重点经营管理工作中，并与年度绩效考核相挂钩。此外，重点对公司的人才建设、信息化建设、品牌建设三个子规划进展情况进行评估，跟踪公司三个子规划的进展。

**2. 加强投资管理** 目前，中机国际所属全资、控股及参股子公司共计 22 家。中机国际通过外派高管、董事和监事，不断加强对被投资企业日常监管，增进与控股和参股公司的联系，确保被投资企业健康稳定发展。

根据国机集团投资管理有关规定，结合中机国际的实际情况，2018 年对境外参股公司澳门南光会展和泰国泰纳开展了投资后评价工作，同时对中机国际境外机构古巴办事处进行了现场检查。

**3. 加强人力资源管理** 2018 年，根据中机国际人才规划和年度工作部署要求，结合实际情况，全面推进人力资源管理工作，对构建具有中机国际特色的人才工作机制，改善人才环境，激发人才队伍活力起到了积极作用。

中机国际人才规划取得阶段性成果，推动实施了人力资源信息化建设、优化薪酬和考核制度、内部讲师计划等 11 项工作。

着力做好领导班子任免、领导干部个人事项报告、干部考核、“青年干部”和“青年高潜”选拔推荐、因私证件管理等管理工作。做好人事异动检测、应届毕业生接收、劳动合同管理和岗位梳理等工作。

改进培训工作，分层次、分模块针对公司各个业务板块的领导和员工开展培训工作。2018 年，公司各项培训总计 820 人次。

**4. 加强财务与资金管理** 严格按要求完成中机国际的财务工作，为公司的总体平稳运行提供财务支撑。加强对公司财务和经营的监控，通过编制财务月报、经营快报，对公司经营运行状况进行动态分析，为经营层决策提供参考。做好银行授信及融资、出口信用保险等工作，为业务开展做好资金保障。2018 年，中机国际在国机集团财务信息管理先进单位评比中获得三等奖。

**5. 加强信息化管理** 2018 年，完成了中机国际协同办公系统、官网和计算机网络软硬件的全面升级维护，为公司业务协同、职能协同以及业务和职能工作的协同打下了基础。

升级完善“汽配展专业展会服务平台”，做好业务协同平台的建设；完成“绩效考核管理系统”的系统设计、实施、部署和测试等工作。完善职能协同平台的建设，为公司业务和管理提供强力支持。

**6. 加强品牌与新闻宣传** 结合公司实际，加强与国机集团品牌融合，主动申报了国机集团第一批品牌融合试点企业。并结合自身情况，制定了品牌融合工作计划。启用“国机会展”品牌，实现了母子品牌融合试点。

2018 年，中机国际结合实际，加强公司专利和软件著作权的申请，新增“北京车展”和“AAG 展会管理”两个软件著作权。截至 2018 年年底，公司共获批 9 个软件著作权，1 个专利。

依托网站、报纸、微信等方式，多渠道、多角度宣传公司重大事项、重要节点、重点工作，对内传播资讯，对外提升公司品牌形象和行业地位。

2018 年，中机国际及所属企业在各行业中表现突出，得到行业协会和社会各界的高度认可，喜获 11 项殊荣；尤其是，获得了“最具影响力展览主办机构”“改革开放 40 年，中国会展领军企业”等重量级奖项。

**7. 加强风险管控** 2018 年，中机国际广泛收集内外部风险信息，经过加工和转化，发布风险提示和预警。及时关注与业务相关的时局政策变动，力争规避相关政治、经济等原因带来的业务风险。着力控制汇率变动风险，密切关注汇率动态。创新办法，利用合同约定、金融工具、自然对冲等方法规避汇率波动带来的风险。

**8. 加强安全生产工作** 2018 年，中机国际上下落实安全责任，夯实安全基础，强化检查和专项隐患整治。对展台搭建、展会现场、观众参观、展台拆除等环节的重大危险源及安全事故风险点进行监督检查，做到公司主要会展项目全覆盖。

**【党建工作】**

**1. 深入学习贯彻落实习近平新时代中国特色社会主义思想和党的十九大精神** 2018 年，是全面贯彻落实党的十九大精神开局之年。按照党中央、国务院国资委和国机集团党委的决策部署，中机国际深入落实“中机国际党委贯彻落实党的十九大精神工作方案”。一是组织专题培训。6 月 25 至 27 日，组织开展了习近平新时代中国特色社会主义思想和党的十九大精神学习培训，邀请中央党校、中国社会科学院的领导专家来公司进行专题学习辅导。二是认真组织党委理论学习中心组学习。年度完成 11 个习近平新时代中国特色社会主义思想和党的十九大精神专题学习，其中集体学习 4 次。三是领导班子成员带头讲党课。中机国际领导班子成员下基层、走展会，带头学习宣传习近平新时代中国特色社会主义思想和党的十九大精神，全年共计讲党课 17 次。四是大力营造良好氛围。通过微信群、报刊、网站、宣传栏等方式及时发布上级精神和要求，登载各种学习交流文章。五是突出基层党组织在学习教育中的基础作用。各基层党组织分别制定学习习近平新时代中国特色社会主义思想和党的十九大精神的年度工作安排和学习计划，积极开展形式多样、内容丰富的配合工作。

**2. 提高政治站位，积极配合国机集团党委对中机国际党委的政治巡视** 根据国机集团党委的统一部署，2018 年 4 月 12 日至 6 月 11 日，国机集团第三巡视组对中机国际进行了为期两个月的政治巡视。中机国际党委高度重视，认真进行巡视工作动员，精心安排部署相关工作，以高度的政治自觉、思想自觉和行动自觉，全力配合国机集团党委巡视组工作。成立工作小组，明确责任分工，及时报送工作资料。巡视情况反馈结束后，中机国际党委及时召开专题会，贯彻落实国机集团巡视反馈意见和建议，逐条进行了梳理，认真研究整改措施，制定详细整改方案。做到了统一思想认识、从严从实抓整改。

**3. 落实中机国际党委全面从严治党责任清单，扎实推进党建工作大格局建设** 加强党委班子建设。一是重视政治思想建设，抓实以领导班子成员为重点的政治理论学习。始终把抓好党委理论学习中心组的学习作为加强领导班子建设的重要抓手，紧跟形势发展、紧密结合实际、认真制定计划、严格落实制度。全年安排专题学习内容 12 项，组织集体学习 8 次。为各级各类人员发放学习材料 26 种、500 余册。通过中心组集体学习、组织专题学习培训、开展专题研讨、倡导个人自学、参观见学等多种形式，开阔学习视野、增强学习效果，实现了党员领导干部、党员骨干参加理论学习全覆盖。二是严格落实党内政治生活各项制度。高标准、高质量地召开党员领导干部专题民主生活会，形成了良好的组织生活氛围、严格的组织原则和严谨的工作作风，保证了民主集中制在公司的贯彻落实。三是贯彻全面从严治党要求，落实从严治党责任清单。按照中机国际贯彻落实全面从严治党、建设党建工作大格局实施意见的 8 个方面要求和《中机国际党组织党建责任清单》10 项具体内容，明确职责、强化责任、加强督查，保证“两个责任”和“一岗双责”落到实处。

着力抓好基层建设，打牢党建工作基础。以推进“两学一做”学习教育常态化、制度化建设为抓手，以落实“三会一课”为根本，突出抓好基层党组织建设。一是认真抓好“两学一做”学习教育的成果转化。及时召开经验交流会、工作学习对接会等，使各基层党组织能够相互之间取长补短、集思广益，达到了互相学习、互相提高的效果，促进了“两学一做”学习教育成果的转化；二是大力提高基层党组织建设水平。完善中机国际基层党组织党建工作责任制及考核实施细则，开展基层党组织负责人党建述职评议工作。严格落实“三会一课”，提高“三会一课”质量水平。拓宽渠道、创新思路，结合工作实际，抓住各种有利时机，开展多种形式的主题党日活动。三是坚持党建引领，不断促进党建与业务工作的有机融合。重视党组织、党员在重大项目、业务一线发挥“两个作用”。在第十七届中国沈阳国际汽车工业博览会期间，举行了“辽宁中汽党支部成立仪式”和“展会一线重温入党誓词”专题活动；北京车展、上海零配件展、澳门车展等重大项目成立临时党支部，开设党员服务窗口。四是抓好入党积极分子培训教育和组织发展。各党支部重视对青年员工的政治思想教育，积极引导他们向先进同志学习、向党组织靠拢。五是实现党组织和党内组织生活全覆盖。成立辽宁中汽党支部，指导他们按照规定开展组织生活。解决了辽宁中汽公司成立以来无党组织、党员参加组织生活困难、党员脱离组织生活的问题。

重视制度建设和落实。贯彻落实党中央、上级党委关于加强党建和党风廉政建设要求，结合巡视整改和党建检查考评意见，修订完善制度10 余项。及时进行制度宣贯，注重对制度执行情况的监督检查，不断提高制度执行力。

**4. 突出“两个责任”落实，压紧压实管党治党政治责任** 党委、纪委认真履行“两个责任”。党委、纪委分别召开专题会议，及时学习传达上级党风廉政建设会议精神和有关规章制度，提出公司贯彻落实的方案措施，明确责任，强化担当。组织部门及子公司负责人以上人员签订了《党风廉政建设责任书》，分解落实党风廉政建设责任，确保“一岗双责”要求在中机国际各级党员领导干部中落地，提高了党员领导干部的廉洁从业意识。开展以党风廉洁为主题的党委中心组理论学习。开展警示教育，不断增强党员干部拒腐防变意识。指导基层党组织进行各种形式的党风廉政建设专题学习，深入学习领会上级指示精神，带领党员群众自觉抓好贯彻落实。

开展专项监督检查。根据中机国际党委、纪委工作计划，组织联合专项监督检查小组，赴公司驻古巴办事处围绕全面从严治党、党风廉政建设以及贯彻落实八项规定精神等方面进行专项监督检查。上半年组织综合考核组，按照“德、能、勤、绩、廉”，对 3 名外派高管进行了专项考核。开展岗位廉洁风险排查工作，针对重点业务领域、重要工作环节和关键岗位查找可能存在的廉洁风险，评定风险等级，制定防控措施。

提高政治站位，以最高的标准、最严的要求坚持不懈地抓好中央八项规定精神的贯彻落实。重大节日、重要时节及时进行警示提醒，明确落实中央八项规定精神职责和具体要求。梳理完善公司相关制度，完善程序流程。出台党建和党风廉政建设以及督促制定其他管理制度 10 多项并设置相应的程序、流程。

**5. 积极发挥群团组织作用** 2018 年，为加速重组改制后的融合发展，更好地凝心聚力，党政工团齐努力，借助群团工作所独有的桥梁纽带作用，以党建带群建，开展了丰富多彩、极富成效的各种活动。组织参加了国机集团第六届田径运动会；举办了“六一”大家庭聚会活动，召开了 3 次职代会。指导公司团委进行了换届选举和组织开展主题团日暨青年大学习、大交流活动。

# 国机资产管理有限公司

**【基本概况】**

国机资产管理有限公司（简称国机资产）前身为北京华隆进出口公司，2011 年正式更名为国机资产管理公司，2017 年 9 月完成公司改制，名称变更为国机资产管理有限公司，是中国机械工业集团有限公司（简称国机集团）下属专业化综合性资产管理战略平台。

国机资产注册资本 13.5 亿元，由国机集团全额出资，属法人独资有限责任公司，经营范围包括投资与资产管理；产权经纪；房屋租赁；进出口业务；机械产品、电子产品的销售；汽车销售；技术开发、技术推广、技术服务、技术咨询。

截至 2018 年年底，国机资产全资／控股拥有国机投资管理（上海）有限公司（简称上海投资）、华隆（香港）有限公司（简称香港华隆）、国机投资管理成都有限公司（简称成都投资）、国机时代置业（北京）有限公司（简称北京置业）、国机时代置业成都有限公司（简称成都置业）、江西中汽进出口有限公司（简称江西中汽）、机翔房地产开发有限公司（简称机翔公司）等多家下属企业，并参股万向钱潮股份有限公司、福建龙溪轴承（集团）股份有限公司、中国光大银行股份有限公司、中机试验装备股份有限公司、国机资本控股有限公司、江苏苏美达资本控股有限公司等多家上市和非上市公司。国机资产资产总额达 26.52 亿元，总部在岗员工 46 人，已逐步发展成为以资产处置、资产运营、资产投资为核心主业的专业化综合性资产管理公司。

**【主要指标】**

国机资产全面完成国机集团下达的 2018 年各项经营考核指标。国机资产合并口径利润总额 14 252 万元，实际管理公司完成考核指标利润总额 436 万元，优于国机集团 2018 年年初考核指标（0 万元）；总资产报酬率 0.46%，优于国机集团考核值（-0.28%）；资产负债率 16.3%，优于国机集团经营考核指标值（45.0%）；两金占流动资产比重 3.9%，优于国机集团经营考核指标值（5.0%）。2018 年国机资产主要经济指标见表 1。

**表 1　2018 年国机资产主要经济指标**

| 项目 | 2017 年 | 2018 年 | 同比增长（%） |
|---|---|---|---|
| 资产总额（万元） | 260 541.77 | 265 220.01 | 1.80 |
| 净资产（万元） | 185 481.88 | 169 349.05 | -8.70 |
| 营业收入（万元） | 30 171.62 | 33 778.82 | 11.96 |
| 利润总额（万元） | 7 641.06 | 14 252.08 | 86.52 |
| 技术开发投入（万元） | | 596.22 | - |
| 利税总额（万元） | 9 082.12 | 15 644.20 | 72.25 |
| EVA 值（万元） | -2 451.67 | 1 479.86 | 160.36 |
| 全员劳动生产率〔万元 /（人・年）〕 | -15.30 | 25.52 | 266.80 |
| 净资产收益率（%） | 4.78 | 7.08 | 增加 2.30 个百分点 |
| 总资产报酬率（%） | 3.02 | 5.49 | 增加 2.47 个百分点 |
| 国有资产保值增值率（%） | 109.38 | 98.44 | 减少 10.94 个百分点 |

【要事与重大决策】

1 月 15 日，国机资产第一届董事会第三次会议同意投资购置住宅作为国机集团高端人才在京周转住房项目。

3 月 27 日，国机资产与中国农机院签署战略合作协议。

4 月 11 日，国机资产与中国汽车工业进出口有限公司签署《解除托管协议》，解除中国汽车工业进出口有限公司对江西中汽进出口有限公司的受托管理，江西中汽正式成为国机资产实际管理的子公司。

4 月 19 日，国机资产第一届董事会第四次会议同意修订公司章程，注册资本由 125 000 万元增加至 134 980 万元。

7 月 25 日，国机资产第一届董事会第五次会议同意参与投资建设国机欧亚研究院项目。

9 月初，国机资产完成参股企业万向传动轴有限公司股权转让工作。万向传动轴股权转让项目是国机资产首个参股股权投资的退出项目，其顺利实施为后续企业参股股权退出提供了有益经验。

12 月 26 日，国机资产第一届董事会第七次会议同意对企业领导职务进行任免；同意修订国机资产 2018—2020 战略规划的议案，重点对战略选择、战略目标和战略举措进行战略修订。

【资产管理和运营】

国机资产以完成国机集团“压减”和“瘦身健体”专项工作为重心，提前一年完成“压减”任务；对历史遗留的疑难项目攻坚克难；梳理国机资产成立以来的资产处置成果，为公司战略调整和国机集团规划制定提供支持。

4 月，完成中汽国华文化发展有限公司 70% 股权挂牌转让项目的工商变更备案登记；完成深圳中汽进出口有限公司清算房产的回购及权证变更。

5 月，完成无偿划转莱州华汽机械有限公司 70% 股权、长沙汽电汽车零部件有限公司 100% 股权的工商变更登记；中国汽车工业进出口湖南公司取得破产清算受理裁定，至此“压减”任务提前一年完成。

6 月，完成上海竺能工程技术有限公司 67% 股权转让的工商变更登记工作；完成无偿划转温州中汽和鸿汽车销售服务有限公司 40% 股权的工商变更登记工作；四川中汽进出口有限责任公司 40% 股权确权诉讼二审取得胜诉。

7 月，中国汽车工业进出口重庆公司位于重庆的两套房产完成拍卖；签署《南通公司股权转让意向协议》，中汽进出口南通有限公司转让取得进展。

8 月，与京泰机械有限公司大股东及委托律师进行对接谈判，双方一致同意京泰公司处置方案。

11 月，中国汽车工业进出口湖南公司、深圳中汽进出口有限公司破产清算工作完成。

12 月，中国汽车工业进出口重庆公司位于成都的 1 套房产完成拍卖。

【资产投资】

截至 2018 年年底，国机资产实际投资项目 3 个，其中，固定资产投资项目 1 个，股权投资项目 2 个，投资金额 41 751.63 万元。

**1. 购买高端人才周转住房，助力国机集团改革发展** 根据国机集团要求，国机资产购买熙悦诚郡 10 套住宅用于国机集团高端人才在京周转住房。其中，购房金额为 9 980 万元，由国机集团向国机资产注资；配套资金 551 万，由国机资产自筹解决。

**2. 开展中机试验装备股份有限公司与江苏华隆兴机械工程有限公司股权重组，加强国有资产有效流转** 国机资产联合中国农业机械化科学研究院对江苏华隆兴机械工程有限公司和中机试验装备股份有限公司实施股权重组，将江苏华隆兴机械工程有限公司 60% 股权作价 6 220.63 万元向中机试验装备股份有限公司增资。

**3. 收购甘肃蓝科石化高新装备股份有限公司所属企业，助其成功“保壳”** 根据国机集团要求，国机资产采取非公开协议转让方式，收购甘肃蓝科石化高新装备股份有限公司持有的机械工业上海蓝亚石化设备检测所有限公司 100% 股权，收购金额 25 000 万元。

【重大项目及业务发展】

**1. 国机西南大厦项目** 成都公司（含成都置业和成都投资）不断加强国机西南大厦商业配套

建设，构建一体式商业办公和一站式配套解决方案，用市场化运营模式开展物业租赁和商业招租，陆续引入 8 家国机集团所属企业、13 家成华区政府委办局、中国蓝田和中大万国投资等单位入驻大厦。截至 2018 年年底，成都公司累计实现营业收入 2 989 万元，出租面积逾 5 万 $m^2$，大厦出租率达到了 76%。2018 年 6 月以后，大厦实现月度经营性现金净流入为正，较可研报告《二重成都工程技术中心项目运营方案》提前 18 个月实现经营性现金流盈亏平衡，全年累计实现经营性现金净流入 1 783 万元。

**2. 传动轴股权转让项目** 国机资产基于多方面原因决定退出参股。从 2018 年年初决定退出，到 5 月份获国机集团批准，再到 9 月初实现转让价款（1.2 亿元）到账，全部历时仅 8 个月，过程中开展股权运营评价，研讨税务、外汇监管、资金流转、交易流程和设计严谨的转让方案，确保项目圆满完成，当年实现利润 7 907 万元，有力保障战略目标的顺利达成。

**3.H 股基石投资项目** 国机资产以下属香港华隆公司作为境外投资平台服务国机集团 H 股投资，按照国机集团总体部署，完成中国铁塔 H 股基石投资项目 31 144.4 万股，金额 3.96 亿港元。

**4. 业务发展方面** 一是市值管理方面，面对资金外流、二级市场行情疲软、新股发行减速等一系列不利因素，积极应对，全面完成绩效任务，2018 年累计实现收益 854 万元。二是产权经纪方面，持续提升专业运作能力，2018 年累计完成项目 12 项，实现收益 48 万元，服务标的 5.6 亿元。三是参控股方面，一方面着力搭建全方位管控体系，国机资产总部创新成立直管企业管理中心，对壳公司优化分类管理，防范潜在风险、提升资产价值。另一方面控股公司经营稳定，其中成都置业运营国机西南大厦取得突破性进展，现金流比计划提前 18 个月实现平衡；北京置业业务稳步开展，积极探索外拓，服务质量显著提高；江西中汽于 4 月解除托管，截至 2018 年年底完成 4 项不动产确权。

**【主要管理经验】**

**1. 国机资产战略** 国机资产以国机集团金融投资战略发展规划制定为契机，结合国机集团发布的 2018—2020 年发展规划，评价过往三年战略执行情况，开展战略修订工作。明确“一体两核三支撑”战略核心要义，突出“国机集团唯一的专业化综合性资产管理战略平台”主体地位；强调国机资产具有服务和创利两个核心功能；明确公司以资产处置、资产运营和资产投资为三大主业支撑。2018 年，国机资产创新引入战略地图工具，将战略目标细分为财务、客户、流程、学习成长四个层层递进的方面。新版战略发布后，国机资产通过多形式多手段进行战略宣贯，确保战略落地执行。

**2. 人力资源管理**

（1）加强干部管理工作。开展总部所有中层干部岗位公开竞聘工作。公开竞聘中严格执行国机资产《干部管理办法》规定的程序并接受国机资产纪委全程监督。为确保公开竞聘公开、公平、公正，专门委托第三方人才机构中智公司全权负责笔试、经历及业绩评定、面试、职业性格测试环节。国机资产总部 20 名员工参与竞聘，参与率较高。

（2）完善制度体系。国机资产制定 1 项制度《海外项目常驻人员津补贴及休假办法》；修订 6 项制度《薪酬管理暂行办法》《子公司负责人业绩考核及薪酬管理办法》《董监事管理办法》《临时聘用及劳务派遣人员管理办法》《教育培训管理办法》和《企业年金实施细则》。国机资产人力资源制度体系更加完善。

（3）加强人才队伍建设。国机资产总部招聘 7 名社会人员，1 名应届毕业生，弥补离职人员造成的岗位缺口。社会招聘向关键骨干岗位倾斜，引进高级经理 2 人，经理 1 人。根据国机资产年度考核结果，提高 5 名员工的岗位级别，提高 6 名员工的薪酬档次，公司内部员工得到激励。通过外部社会招聘和内部人才培养，国机资产人员结构得到优化，关键骨干岗位专业技术人员得到充实。

（4）完善收入分配工作。国机资产将供暖费补贴、公务交通补贴等纳入工资总额管理，降低税务风险，便捷薪酬福利管理。通过修订薪酬管理暂行办法，进一步加大对业务人员的激励力度。对创造经济效益，为国机资产带来现金流入的工作给予更高奖励，促进资产管理、资产运营、资产投资业务更好发展。

**3. 财务管理** 国机资产财务工作围绕国机集团财务管控总体要求，以公司战略为导向，以全面预算管理为基础，以价值提升和风险管控为宗旨，不断提高财务服务质量，积极助推主业的发展。

（1）全面预算管理。将财务预算工作与公司战略紧密结合，实现全程闭环管理，预算管理坚持以战略导向和价值引领为原则，将企业的全部经营业务纳入预算管理，加强预算的执行、监控与分析。

（2）核算信息化管理。不断提高财务信息化管理，借力资产管理系统，将财务 NC 系统与资产管理系统直接链接，实现财务核算与业务的对接，不断提升财务信息化和工作效率。

（3）在资金管理方面，采取制度严明、上调集中和月度监控的管控模式，资金支付权限分明，严格按照三重一大和日常管控制度执行，每月编制资金状况分析报告，进行现金流量分析，提高资金集中度和闲置资金理财收益水平；以国机财务公司为主，深化银企合作，为业务发展提供资金保障；推进资金管理平台建设，落实银行账户清理任务。

（4）在全面风险管理方面，将内部控制评价与公司主业深度结合，强化风险识别、风险评估、风险管控，2018 年识别出 86 项风险点，确定 11 项重大风险、制定管控措施，提出重点管控项目，作为 2018 年的风险管理工作着眼点，将全面风险管理要求落实到实际工作中，不断提升财务全面风险防控功能。同时采取措施，降杠杆，压“两金”，解除已转让国机汽车的贵州中汽 2 000 万元担保，降低资产负债率和资金占用，防范债务和担保风险。

**4. 企业文化建设** 为进一步促进国机资产企业文化深入人心，发挥企业文化在公司发展过程中的引领作用，结合公司“十三五”发展规划和公司发展战略，国机资产制定并发布实施《国机资产管理有限公司企业文化建设实施意见》。根据《意见》精神和年度工作计划，以企业文化建设责任年为有利契机，积极推进企业文化建设，组织开展了 4 期“国机资产领导接待日”，组织召开了一次国机资产领导与全体员工的交流座谈会，组织开展了企业文化责任年主题征文、团队建设长走、企业文化答题等活动，促使企业文化深入人心，营造良好的企业文化氛围。

**5. 内部控制** 围绕国机资产战略发展管理现状，落实全面风险管理各项工作，按照“完善规章制度，深入重点领域，监控关键环节”的工作思路，通过总结、整理总部各职能部门对其主责风险的评估，制定应对措施，同时结合巡视巡查、内部评价、内部审计等工作中发现的问题及提出的意见和建议，通过各个层级的监督与改进，持续完善、深化内部控制体系建设工作，构建内部控制体系运行的长效机制；以“持续完善内控体系建设，不断提升公司风险防控能力”为导向，根据 2018 年内控评价结果和风险评估结果，完成年度内控缺陷整改；加强合同评审，监控合同执行与风险把控；不断完善修订公司规章制度和业务流程，新增及修订规章制度 30 项。

**6. 安全生产** 国机资产不断夯实安全生产工作基础，强化安全生产责任落实，组织全员签署安全生产责任书、承诺书，强化红线意识；起草并发布国机资产党政领导干部安全生产责任制规定，明确党政领导干部安全生产责任，做到安全责任纵向到底、横向到边。由国机资产领导带队，对公司所属北京置业、成都置业的不动产和物业管理项目，如机械大厦，国机西南大厦，熙悦诚郡项目，工体西里小区等商业、住宅项目的重点领域、关键节点的安全工作进行了全面督查，对检查结果进行了通报，提出了整改要求，确保安全生产无事故。

**7. 社会责任** 积极履行中央企业社会责任，树立中央企业良好形象，响应国机集团号召，组织全系统职工参与“国机爱心日”捐助活动，共募集爱心基金 3.17 万元，为社会公益贡献力量。

**【离退休人员管理服务】**

**1. 落实政治待遇** 国机资产加强退休党支部的建设工作，严格落实“三会一课”有关要求，落实“两学一做”有关学习内容。国机资产退休人员年龄整体偏大，为保障退休党员对党内事务的知情权、参与权和监督权，充分发挥退休党员在推动公司发展、凝聚人心、促进和谐中的作用，退休支部充分发挥网络的优势，把党员连在线上，把支部建在线上。

**2. 落实生活待遇** 国机资产积极落实党和国家关于离退休人员生活待遇的相关政策，建立补充医疗保险、组织年度体检和集体教育学习活动，解决离退休人员的后顾之忧，确保离退休人员老有所养、老有所医、老有所乐、老有所为。

**3. 做好慰问走访工作** 对离退休人员坚持做到“五必访”。重大节日必访、患病住院必访、生活困难必访、来信必访、告别仪式必访，把组织的关怀和温暖送到离退休人员及其有关人员身边。为患病职工送温暖，鼓励他们保持积极的心态和疾病抗争，把对生活的热情和正能量传递给身边人；为生活困难职工送上慰问金，鼓励他们树立信心，勇于面对困难，祝愿他们渡过难关，过上幸福生活。

**【党的建设】**

**1. 深入学习宣传贯彻习近平新时代中国特色社会主义思想和党的十九大精神** 国机资产党委把学习习近平新时代中国特色社会主义思想和党的十九大精神作为当前和今后一个时期的首要政治任务，积极推进“两学一做”学习教育常态化制度化，并根据“五个全覆盖”的要求，在全系统持续深入学习宣传贯彻。一是国机资产领导班子成员结合参加国机集团党委十九大精神集中培训的学习成果和体会，走进基层进行宣讲，做到了集中宣讲全覆盖。二是国机资产党委通过中心组学习、子公司班子成员和党支部书记通过集中轮训的主题研讨，做到了专题研讨全覆盖；三是国机资产党委委员党支部进行党课辅导，达到主题党课全覆盖。四是举办十九大精神培训班，以国机资产党委委员宣讲、专家教授视频讲座、分组交流及研讨成果汇报为主要方式，分批分层集中教育培训，做到集中轮训全覆盖。五是通过在《国机资产通讯》开设“党建专栏”，设立“党的十九大精神学习专栏”，在国机资产总部办公区设立十九大精神宣传栏，在公司网站、微信群及时宣传报道系统内学习贯彻十九大精神情况，做到了学习宣传全覆盖。

**2. 加强党的领导，确保党的核心地位** 国机资产党委认真贯彻落实全国国有企业党建工作会议精神，不断增强“四自”能力，确保党成为公司改革发展的坚强领导核心。一是将党建工作要求纳入公司章程，明确和落实党组织在公司法人治理结构中的法定地位，充分发挥党组织在企业的领导作用。在国机资产总部章程修订的基础上，完成子公司章程修订工作；二是健全党委议事决策机制，党委会前置把关“三重一大”事项。研究修订《中共国机资产管理有限公司委员会党委会会议制度》，同步修订《国机资产贯彻落实“三重一大”决策制度实施办法》，完善子公司“三重一大”事项决策依据，确保党委把方向、管大局、保落实；三是坚持新时代党的组织路线，着力加强干部管理和人才工作。修订《国机资产干部管理办法》和《国机资产后备干部管理办法》，开展总部中层干部公开竞聘工作，推动干部选拔任用工作更加严谨、科学和规范。

**3. 落实党建责任，筑牢党建基础** 一是制定党建职责任务书，扎实推进党建工作责任制落实。国机资产党委制定《国机资产党委2018年党建职责任务书》，签订党风廉政建设责任书，开展包括工会主席和团委书记在内的全系统党群干部述职述廉工作和民主测评。二是开展党建质量提升深化行动，努力提升公司党建水平。国机资产党委以落实中央企业党建工作责任制为抓手，制定全面提升党建质量38条，明确详细的责任领导和责任部门，形成务实管用长效机制，推动公司党建工作高质量发展。三是创新监督检查机制，主动开展党建工作检查。为促进基层党组织的党建工作开展，提升基层党组织的组织力，国机资产党委书记带队深入所属企业党支部进行党建工作检查，实现了计划—实施—检查—整改的全链条管理，为下一步全力打好“三基工作”奠定良好基础。

**4. 推进全面从严治党，做好巡视整改和党建考核工作** 2018年1月12日，国机集团党委第一巡视组对公司反馈了巡视意见。国机资产党委召开党委会进行专题研究，将反馈意见细化为32个问题，由党委委员分别认领，同时制定了《国机资产党委巡视反馈意见整改方案》及任务台账，将巡视整改措施具体化为49项工作任务。为确保巡视整改工作落实有力、整改到位，5月份国机资产党委对巡视整改情况进行"回头看"，补充制定了7条整改措施。56项整改措施全部按计划落实。2018年12月4日，国机资产接受了国机集团党委的党建工作考核现场检查，严格对照反馈意见制定了21条整改措施，使国机资产党建工作迈上了新台阶。

【廉洁从业】

以习近平新时代中国特色社会主义思想和党的十九大精神为指导，通过开展巡视整改、落实监督责任、加强专项检查、进行反腐倡廉教育等方式持续深入推进作风建设，促进廉洁从业。一是持续严格贯彻落实中央八项规定精神，严肃财经纪律，做好节前廉政提醒，开展"集中整治形式主义、官僚主义问题"工作，严防"四风"反弹回潮。二是积极协助党委开展巡视整改，对"国机集团党委第一巡视组对国机资产巡视情况反馈意见整改落实工作"进行专项检查，经查，国机资产针对巡视反馈意见制定的56项整改措施已全部按要求落实到位。三是有效运用监督执纪"四种形态"，严肃执纪问责，及时处置问题线索2件次。四是以全面风险管理和内部控制制度为依托，以岗位风险防控为基础，开展全系统廉洁风险点梳理工作，加强廉洁风险防控，保障企业健康发展。五是建立反腐败形势定期研判工作机制，通过深入剖析王晓林严重违纪违法案件典型特征及其他违反中央八项规定精神问题典型案例，举一反三查找反腐败工作面临的问题，巩固落实中央八项规定精神成果。六是扎实推进党风廉政建设，开展"廉洁宣传教育月"活动，通过全员警示教育大会、党委中心组学习扩大会，廉洁教育微课堂、反腐倡廉教育片等活动，进一步筑牢党员干部反腐倡廉思想防线。2018年，开展反腐倡廉教育19场次，接受反腐倡廉教育340人次。

# 中国农业机械化科学研究院

【基本概况】

中国农业机械化科学研究院（简称中国农机院）成立于1956年，是我国农业机械领域成立的第一家国家级综合科研机构。

60多年来，中国农机院始终秉承推动中国农业机械技术进步及产业升级的历史使命，建立了较为完善的科学研究与成果转化体系，建有1个国家重点实验室，2个国家工程实验室，2个国家工程技术中心和3个国家质量监督检验中心，是农业装备产业技术创新战略联盟、国家饲草料牛产科技创新联盟、食品装备产业技术创新战略联盟等国家级创新战略联盟的理事长单位，是国家首批创新型企业。作为国务院首批博士、硕士学位授予单位，累计培养硕士、博士300余名，是我国农业机械及相关领域不可或缺的高端人才培养机构。

21世纪以来，中国农机院坚持科研与产业并进的发展格局，以农业机械及相关技术为基础，逐步发展成为拥有6家全资子公司、12家控股子公司的大型高新技术企业。业务涵盖高端装备、农业工程、信息技术与服务三大板块，成为我国农业机械行业战略策源中心、技术创新中心、产品辐射中心和国际交流中心。

进入新时代，中国农机院正以"价值型农机院"为引领，全面构建"创新农机院、智慧农机院、幸福农机院"。立志通过深化体制机制改革，加快创新驱动发展等方式，将中国农机院打造成为集高新技术研发、高端装备制造、工程项目承包于一体的，具有国际竞争力的现代化综合型高科技企业。

【主要指标】

2018 年中国农机院主要经济指标见表 1。

表 1　2018 年中国农机院主要经济指标

| 项目 | 2017 年 | 2018 年 | 同比增长（%） |
|---|---|---|---|
| 资产总额（万元） | 573 383.80 | 579 643.28 | 1.09 |
| 净资产（万元） | 115 266.78 | 124 707.67 | 8.19 |
| 营业收入（万元） | 350 044.59 | 411 916.53 | 17.68 |
| 利润总额（万元） | 2 604.81 | 4 329.64 | 66.21 |
| 技术开发投入（万元） | 19 455.94 | 22 508.41 | 15.69 |
| 利税总额（万元） | 22 864.57 | 29 361.49 | 28.14 |
| EVA 值（万元） | 2 974.10 | 8 996.40 | 202.49 |
| 全员劳动生产率〔万元 /（人·年）〕 | 15.98 | 17.29 | 8.19 |
| 净资产收益率（%） | -1.63 | 1.50 | 增加 3.13 个百分点 |
| 总资产报酬率（%） | 2.32 | 2.92 | 增加 0.60 个百分点 |
| 国有资产保值增值率（%） | 95.88 | 95.12 | 减少 0.76 个百分点 |

【改革改制】

**1. 企业改制与重组顺利推进**　顺利完成长春机械科学研究院有限公司（现名“中机试验装备股份有限公司”）股份制改制及“新三板”挂牌与定向增发工作，在此基础上成功收购江苏华隆兴机械工程有限公司 60% 股权，为国际化发展奠定了坚实基础。

**2. 亏损治理成效显著**　通过清算注销、股权转让等方式完成 7 户法人企业的退出，提前完成压减法人户数 20% 的三年总体目标。截至 2018 年年底，中国农机院下属 3 户僵尸及特困企业比 2015 年减亏 4 亿元，减亏幅度达 91%，其中，现代农装科技股份有限公司实现扭亏。冗员裁减方面，2016—2018 年累计完成分流安置人员目标 1 228 人，实际分流安置 1 903 人，有效降低了企业负担，企业运营效率明显提升。

**3. 重构科研体系，优化创新激励**　为适应新时代产业升级及科技创新需要，经过近 1 年时间的研究与完善，以“立足企业、面向行业、产学研结合”为前提，统筹设计了面向“基础共性、工程应用、关键产品”的组织架构，通过建立“开放、流动、无边界、公益性”的运行机制，优化了人才、技术、资本等创新要素配置方式，正努力建设具备战略前沿技术研究、重大装备研发、国内资源集聚、国际交流合作、创新人才团队培育功能的国际化科研体系。同时，通过优化纵向项目及经费管理办法，不断完善管理制度和创新激励政策，激发科研人员创新活力。

**4. 创新管理机制，建设人才队伍**　加强市场化人才选聘力度，拓宽人才选拔半径和渠道，促进人才交流；推行市场化人力资源管理理念，创新管理思维，发挥薪酬考核的正向激励作用，建设以价值创造为目标导向的干部人才队伍；全力打造学习型组织，建立领导干部业务培训学习常态化机制，更新干部人才的理论知识体系；规范干部选拔管理流程，严格落实干部试用期考核，树立新时期、新时代好干部标准，鼓励干部干事担当、创新创业。

【市场开拓、产品及发展情况】

**1. 拳头产品打造效果显现**　按照院“十三五”战略要求，中国农机院高端装备产业专注中高端细分市场，着力培育拳头产品，通过充分挖掘现有技术储备，增加产品科技含量，提升产品附加值，提高产品质量和可靠性，取得了以下主要成果：

（1）中国农机院呼和浩特分院打捆机由传统机型向宽幅多功能高密度机型拓展，小圆捆向大圆捆机型延伸，创新外观设计，塑造“华德”高端农机品牌形象，实现打捆机销售 1 567 台，销售收入 17 132 万元，同比增加 28%，市场占有率稳步上升，达到 15%。

（2）中机美诺科技股份有限公司 9265A 大功率高端青饲机 2017 年首次投放市场，性能稳定，市场反馈良好，2018 年强化质量保障，继续放量增长，全年销售 124 台，实现销售收入 5 481 万元，同比增长 55%，市场占有率 15%，同比增长 5 个百分点；继续巩固配套动力 360 马力(1 马力 =735.499W）和 458 马力的大型青饲机，致力于打造国内高端青饲机第一品牌。

（3）现代农装科技股份有限公司积极把握新疆棉花主产区市场需求，首次批量推出三行采棉机，聚焦新疆市场，实现销售 44 台，销售收入 4 036 万元，同类产品市场占有率达到 16%。

（4）北京天顺长城液压科技有限公司宽幅超大型摊铺机系列产品综合性能持续提升，市场占有率稳步提高，16m 以上高端摊铺机达到国际先进水平，以先进技术性能和优良制造品质夺得细分市场 70% 的市场占有率，成为其产品销售收入的主力机型。

**2. 整体对外形象提升**

（1）在 2018 年 3 月春季郑州农机展上，中国农机院以“高端装备，智能引领，推动中国农业机械技术进步及产业升级”为主题，集中展出打捆机、大型青饲机、三行采棉机等拳头产品，院机电技术应用研究所现场演示面向未来的“互联网 + 现代农业”智能化成套解决方案。

（2）在 2018 年 10 月秋季武汉农机展上，中国农机院以“农业装备创新支撑乡村振兴”为主题，集中展出 11 款高端农业装备；“好收成”合作社管理云平台暨 APP 上线；农业装备二维码注册认证中心揭牌；农业机械杂志社《农业机械使用手册》首发。大型青饲机、方捆机获产品金奖，马铃薯联合收获机、自走式灌木联合收获机和圆草捆打捆机获产品创新奖，“美诺”品牌获最具影响力品牌奖，中机美诺科技股份有限公司获制造企业年度新锐奖，共 7 项大奖。

（3）在 2018 年 9 月中国（广州）国家机器人、智能装备及制造技术展览会上，中国农机院展示了自主开发的农机虚拟设计交互系统、“现代农业智能生产全程解决方案”互动沙盘，集中展现中国农机院信息技术产业化领先成果。

（4）2018 年 9 月中国农机院策划主办首届畜牧业现代化暨畜禽粪污资源化利用论坛（设施装备专场），把握政策窗口期，主动运作，商业创新，集中展示“畜禽粪污资源化利用整体解决方案”。

**3. 推进可持续创新** 围绕研发一代、储备一代、应用一代的发展思路，2018 年中国农机院针对 120 多项在研项目的目标任务及技术特点，分类施策、逐项指导，着力推进项目研究与人才团队培养、技术研究与产品开发结合，推进机电、信息与装备研发的优势融合，玉米穗茎联合收割机、六行采棉机、青饲料收获机、切段式甘蔗联合收获机、高效饲草打捆机和马铃薯联合收获机等向智能化发展并进行考核试验，重型车桥校直机继续保持行业领先，农机云服务平台助力智慧农业发展，逐步形成以信息技术引领的全程农机化解决方案能力。

**【经营管理】**

**1. 加强产业协同，联动增效显著** 基于中国农机院农业工程板块全产业链条的优势资源，着力推进农业工程综合业务开发，提供信息化引领的现代农业智能生产全程解决方案，努力打造中国顶级、最专业的现代农业项目规划、设计、工程实施和运营管理服务商，把农业工程综合体开发打造成为具有独特竞争优势的“知识型”拳头产品。规划咨询先行带动成套工程业务发展模式逐步形成，完成工程咨询单位资质改革后的首批资信申报，成功获得农业 / 林业、机械（含智能制造）、轻工 / 纺织三个专业方向的工程咨询甲级专业资信。把握乡村振兴战略契机，跨专业整合，聚集资源，培育规划咨询带动产品销售与工程成套业务发展的新模式、新路径。2018 年咨询、规划各类项目合同总额达到 1 350 万元，同比增长超过125%。规划咨询项目先行，推动院属相关单位业务协同，带动农业工程板块发展。

**2. 完善产业管理，强化质量控制** 推进质量管理体系建设，顺利通过质量管理体系2018年度监督审核。完善安全生产工作体系，做到全员签订《安全生产责任书》。制定发布《田间试验安全管理暂行办法》。建立ISO 50001能源管理体系，编制能源管理手册和16个控制程序文件。体系建设通过内部评审和外部认证审核，获得ISO 50001能源管理体系证书。

**【科技创新】**

**1. 积极参与国家和行业有关政策研究，为行业发展提供决策支持** 围绕“卡脖子”问题，参与策划国家重点研发计划应急专项“智能农业装备”项目；应对中美贸易摩擦，参与策划并牵头编制国家重点研发计划“大豆及其替代作物产业链科技创新”等项目建议及实施方案；组织完成“十二五”国家科技支撑计划“农产品产地商品化处理关键技术与装备”重大项目实施与验收，承担国家重点研发计划“智能农机装备”重点专项组织实施动态监测等相关工作。全年为科技部、农业农村部、国家发改委、工信部等部委提供各类规划、战略调研、评估报告、项目建议等重要文件30余项。

**2. 及时掌握各类政策项目信息，及时反馈和应对，积极拓展申报领域和渠道，科技立项小年见大成效** 面对“十三五”后期国家总体科研任务少、经费少、竞争更加激烈的情况，中国农机院发挥各类平台资源优势，统筹部署、多方发力，全年申报落实各类项目29项，其中，国家级项目（课题）16项，部委及地方科技项目13项，合同国拨经费3 474万元。全年度到款科技专项经费9 666万元。

**3. 创新效能不断提升，科技成果获奖等级和数量创历年之最** 2018年中国农机院获国家科技进步奖二等奖1项；省部级科技进步奖8项，其中，一等奖4项、二等奖3项、三等奖1项，首次获得中国专利优秀奖；行业奖励及评价12项；人才及团队奖励3项。

**4. 强化以发明专利为主导的知识产权布局，国际专利申请取得新突破** 2018年中国农机院申请专利111件，比上年增加30件，其中发明专利53件，增加16件；国际专利2件（“一种苔麸脱粒清选机”和“一种苔麸联合收割机”申请埃塞俄比亚发明专利）。制（修）订标准50项，其中，国家标准12项，行业标准35项，地方标准及企业标准3项。发表核心期刊论文132篇，其中EI/SCI收录24篇。

**【国际科技合作】**

**1. 国际科技合作** 依托国际农业工程科技合作示范基地平台，稳步推进国际科技合作项目的开展，提升国合基地项目孵化和合作成果产业化能力。激光光谱小麦品质信息智能在线获取技术合作研发等3项国际科技合作项目顺利验收结题；继续执行实施瓦努阿图饲养技术工程中心项目。作为中美农业科技合作专家委员会秘书处，继续承担中美农业科技合作相关工作；与国际农业与生物系统工程学会、亚洲农业工程学会通过签署合作协议、参加会议、交流互访等方式进一步深化合作。

**2. 国际援外培训** 执行10期科技部、商务部委托的援外培训班项目，内容涉及农机具工作原理与技术、农业机械、农业工程与农产品加工技术、农产品加工和食品工程、农田水利技术、农机化官员研修、农产品质量监控和垃圾电站开发等领域，共有来自亚、非、欧、拉美、大洋洲37个国家的234名代表参加培训，为中国农机院和国机集团兄弟企业优势装备技术和成套设备“走出去”搭建资源共享和项目孵化平台。

**3. 海外项目开拓** 承揽海外工程项目，开展对外经贸业务，打造国际工程承包业务平台，与苏丹、埃塞俄比亚、尼泊尔、阿尔巴尼亚等国家开展农业机械研发及农业工程建设项目，加速农业装备“走出去”步伐。

（1）援苏丹屠宰厂项目：作为《中国—苏丹农业合作三年行动计划（2017～2019）》中方实施单位，中国农机院继续参与实施援苏丹屠宰厂项目建设与运营一体化推进工作。2018年，成功组织安排苏丹项目组来华就屠宰厂项目实地调研和谈判，并派专家组赴苏丹顺利完成项目专业技术考察，与苏方就技术方案初步达成一致，为进一步推进项目落地实施奠定基础；随后配合政府项目组赴苏就实施协议和运行协议进行谈判，推进项目逐步落实。

（2）埃塞俄比亚苔麸生产机械化推广项目：2018 年年初，中国农机院将自主研制的小型苔麸脱粒清选机和收获机各 8 台捐赠给埃塞农业部进行适用性验证，经推广使用后得到当地农民和政府部门的认可。时任埃塞总理海尔马里亚姆阁下曾莅临设备演示现场，并多次表示中国农机院研制的苔麸机械设备将彻底改变埃塞的主粮生产模式，是改变埃塞农业发展的历史性创举；埃塞农业部对中国农机院研发设计的苔麸设备颁发了鉴定证书，认为它们是迄今为止研发应用效果最好且便于操作的苔麸机械。应埃塞农业部要求，中国农机院专家团队在现有小型苔麸设备的基础上，进一步研发试制了效率更高、效果更好的中大型苔麸设备，获得埃塞农业部高度赞扬，希望双方能够继续加快苔麸机械化合作项目落地。

（3）尼泊尔国家奶业发展计划项目：尼泊尔奶业发展助推农村社区减贫项目契合尼泊尔政府对外经济合作的重点领域，也符合中尼双方农业产业政策发展规划。中国农机院将运用中国技术、设备、设施以及高产奶牛及冻精等在尼泊尔建立一个现代化奶牛养殖示范场及配套设施，从而提高当地奶业技术水平、促进农业产业升级，增加就业和减贫脱困。该项目已列入尼泊尔政治高层优先发展项目清单。

（4）援阿尔巴尼亚农机项目的准备性技术研究：完成并向国家国际发展合作署正式提交援阿尔巴尼亚农机合作示范中心项目准备性技术研究报告，配合阿农业部和中国驻阿使馆经商处工作，推动该项目的尽快落实。

（5）援缅甸农产品质量控制中心和杂交水稻研究中心可行性研究：在国家国际发展合作署和商务部的指导下，中国农机院派出专家组赴缅甸完成该成套项目的可行性研究报告及项目立项建议工作，积极争取并协助有关部委开展援外成套项目创新实施及后续其他援缅农业项目工作，积极拓展缅甸农业工程成套项目市场，为中国农机院实施“一带一路”战略搭建平台。

【信息化建设】

**1. 切实做好网络运维，保障办公环境的网络基础**　完成 2 000 人规模的园区网络和 70 台服务器的日常运维工作以及近 200 台计算机的维修、管理工作。做好应用系统运维，保障业务系统稳定运行，针对中国农机院全系统 ERP 财务，院属湖州安达汽车配件有限公司、中机试验装备股份有限公司、北京天顺长城液压科技有限公司、中机美诺科技股份有限公司、内蒙古华德牧草机械有限责任公司 ERP 财务 / 业务一体化 ERP 系统进行重点支撑。完成 ERP 系统克隆、数据库运维及服务器扩容等相关工作。支持全院月结工作，解决处理 ERP 生产支撑问题近 5 000 个 / 次。落实机房运维工作，保障基础环境稳定可控。完成 KVM 远程管理系统的实施与调试，强化对服务器的远程管理。完成 Zabbix 免费网络监控系统的部署与实施，实现对基础网络核心节点流量的全时监控。

**2. 安全为基，工作方向向“问题驱动”转型**　完成 DDI 系统的更新升级，以加强基础网络服务的稳定安全。完成 UPS 电源主机的更换和 UPS 老化电池的更换，以加强机房供电环境的安全。完成虚拟池 SAN 存储扩容的一期、二期工作，以加强业务系统硬件环境的安全。完成磁带库扩容及备份策略调整等工作，以确保核心业务数据安全。制定并检验系统应急恢复预案，以确保核心业务数据备份安全可用。成本为王，推动机房向节能化、虚拟化转型。中心机房继续以虚拟化平台为手段，以 6 台物理服务器承载近 30 个应用系统（网站），节省物理服务器 20 余台，节省大量电力等能源和资源消耗，同时提高故障时系统的存活率和数据的安全性。

**3. 加强同各院属单位以及国机集团的沟通交流**　与院属中机十院国际工程有限公司、中国包装和食品机械有限公司、现代农装科技股份有限公司等单位就信息化相关工作进行沟通交流，了解在系统使用中遇到的问题，并给出建议。与国机集团保持积极、有效的沟通，落实、完成信息化相关工作要求，参与软件集中采购、互联网电子邮件系统摸底调查等各项工作，组织人员配合国机集团参加中央企业网络安全技术大赛。重视人才培养，注重人员眼界和专业技能的双提升。

强化中国农机院信息化队伍“效率服务”意识和“团队协作”精神，明确分工、鼓励协作，引导队伍由IT运维向PM转变，组织部门员工开展多次技术专题培训，部门两名员工参加OCP、CCNA认证培训。鼓励信息化从业人员以各种形式深度参与管理、制造、设计、互联网等专业领域的信息化咨询工作。

**【党建工作】**

**1. 深入学习贯彻党的十九大精神，切实加强党对全院工作的领导，强化党建质量提升** 按照党的十九大对深化国有企业改革提出的明确任务和新的更高要求，中国农机院党委把深入学习活动同指导企业发展有机结合起来。

（1）拓宽学习渠道。院党委连续4个季度把学习贯彻习近平新时代中国特色社会主义思想和党的十九大精神作为中心组学习重点；举办“领导干部十九大精神集中学习培训班”，组织中层以上领导干部及重要岗位人员学习研讨、共谋发展；开展“学习新党章党规，贯彻十九大精神”知识竞赛；在院网、院报、微信和楼宇电视连续刊登、播放党的十九大内容。

（2）拓展学习维度。领导干部带头下基层讲党课、开展有针对性的调研，对其中反映出来的典型问题及时提出建议和指导性意见，落实“五个全覆盖”。

（3）进一步落实党组织在公司治理中的法定地位。除破产、清算等特殊情况外，院属二级、三级企业已全部完成党建工作进章程；修订《党委会会议制度》《院长办公会会议制度》和《“三重一大”决策制度实施办法》。

（4）推动全面从严治党向基层延伸。启动二级单位党组织书记党建述职工作；将党的建设细化为党建指标体系，积极探索党建工作考核评价；启用党建信息平台，提升规范化水平；制（修）订《中国农机院党委基层联系点制度》《中国农机院党委关于进一步改进工作作风的若干意见》，制作《党群工作掌中宝》。

**2. 落实党风廉政建设责任，构建职能联动的大监督格局，坚定不移推进反腐倡廉工作**

（1）认真落实党风廉政建设责任制，压实党委主体责任和纪委监督责任。全年组织各级党组织签订“党风廉政建设责任书”381份，组织新任领导干部签订廉洁“承诺书”133份，发布《院所属企业纪委书记、副书记及监察机构正职提名考察办法》。

（2）完善责任体系和制度体系建设，构建大监督格局。2018年新制定党风廉政有关制度6项，并重新调整党风廉政建设和反腐败工作领导小组。

（3）综合运用四种形态，严肃监督执纪问责。依规依纪开展问题线索处理，确保程序规范性和及时性，全年共处置各类问题线索21件，深化运用监督执纪“四种形态”严肃执纪问责，运用第一种形态谈话提醒2次、运用第四种形态开除党籍1人。

（4）加强宣传教育和监督检查，营造风清气正良好氛围。全年通过院纪委短信平台共发送廉洁短信476人次，开展“三重一大”、形式主义、官僚主义、八项规定、履职待遇和业务支出、岗位廉洁风险点排查等专项检查或整治工作10余次，形成不敢腐的震慑。

**3. 强化党的组织领导工作，打造忠诚干净担当的干部职工队伍**

（1）建设学习型组织，打造专业化高素质干部人才队伍。建立领导干部业务培训学习常态化机制，每月定期举办1期，主题涵盖国家政策解读、专业技术发展、现代企业管理等领域，以提升领导干部专业素养、提高战略决策能力，着力强化学习型组织、学习型团队建设。

（2）坚持正确选人用人导向，全面推进干部队伍建设。思想上，把作风建设融入日常工作要求，让“讲政治、讲大局，讲责任、讲担当，讲规矩、讲纪律”成为行动自觉。制度上，修订《中国农机院领导干部管理办法》，制定《院属企业财务总监管理暂行办法》。行动上，严格执行院管干部谈话管理制度。

（3）立足中长期人才发展，夯实人才体系基础性工作。发布院“十三五”人才队伍建设规划，完成机械设计及理论、农产品加工与贮藏、农业机械化工程3个学位授权点的预评估，均获得优秀评价。其中，机械设计及理论博士学位授权点得到国务院学科评议组专家的高度认可，认为具备一级学科设置条件。

【企业文化】

党工群团齐抓共管，营造和谐幸福的企业文化氛围。定期向困难职工发放补助；组织“一日工资”捐助活动；与中科院附属实验小学建立联系，加强幼儿园建设，解决职工子女入学入托问题；举办“魅力女性”“儿童心理健康”讲座，关爱职工身心健康；开展群众体育活动，以体育比赛为载体，强化团队建设。开展多种形式的创先争优活动，鼓励广大青年员工岗位建功，创造价值；定期举办青年活动 Y-Talk（青年说），为青年人提供展示自我、共同学习的平台；在“五四”青年节、中秋节等节日开展丰富多彩的集体活动，增强归属感。

【社会责任】

（1）响应国机集团党委扶贫号召，主动承担社会责任，先后两次召开院党委会，专题研究扶贫攻坚各项工作，安排部署定点帮扶具体内容。中国农机院党委书记、院长王博，党委委员、副院长屈大伟先后到定点扶贫县淮滨县调研当地产业，结合企业与行业优势，促进扶贫工作有效开展。

（2）签署淮滨县定点扶贫项目责任书，落实对淮滨县肖营小学基础设施项目帮扶款 20 万元；党委书记、院长王博作为央企特邀代表出席京蒙产业扶贫合作项目签约仪式，并向北京市国务院国资委汇报中国农机院在蒙产业扶贫情况。近年来，通过立足区域发展需要，提升农牧业装备研发及产品支撑力度，充分利用中国农机院在策划、咨询、规划、设计、工程施工、设备成套及运营服务方面的综合实力，为内蒙古自治区提供农牧业全程解决方案，帮助内蒙古 10 余旗、县申报获得国家农牧业产业发展经费数亿元，真正实现以项目带动产业、以产业推动扶贫良性循环。

（3）院属中机十院国际工程有限公司在对口单位嵩县纸坊镇马驹岭村派驻驻村第一书记，组织安排设计师、景观师、建筑师“三师下乡”，通过促进产业发展真正实现精准扶贫、乡村振兴；北京金轮坤天特种机械有限公司继续开展对贵州省紫云苗族布依族自治县猴场镇冗瓦小学的精准扶贫项目，极大地改善了这一贫困地区儿童的就学条件；中国农机院工会组织中国包装和食品机械有限公司、中机十院国际工程有限公司的行业专家赴河北省康保县，就畜禽屠宰生产线的设计及肉制品工厂的设计施工方面提供技术支持；院属中国老区建设画报社制作的《同呼吸·共命运》荣获全国脱贫攻坚公益广告作品电视类二类作品。

# 国机集团科学技术研究院有限公司

【基本情况】

国机集团科学技术研究院有限公司（简称国机集团中央研究院）成立于 2010 年，以打造创新型国机为使命，以助力国机集团“当好制造强国的排头兵”为目标，紧紧围绕“作为国机集团‘国家项目对接平台、高端人才交流平台、科技资源协同平台、院所改革依托平台’等四大平台，完成‘技术发展战略研究、关键共性技术研究、战略新兴技术研究、技术定制服务’等四大任务”的发展定位，协同机械工业领域优质创新要素，聚焦机械工业创新价值链前端技术研发，突破核心瓶颈技术，开拓新兴产业技术，为集团做强做优，成为具有国际竞争力的世界一流企业提供技术支撑，在技术创新层面肩负起国机集团“引领机械工业前进方向，创新机械工业发展道路”的使命。

国机集团中央研究院（以下简称中央研究院）拥有一家全资子公司——国机集团北京飞机强度研究所（简称北强所），持有国机工业互联网（河南）有限公司30%股权，持有国机智能科技有限公司3.21%股权；作为院所改革依托的平台，拥有混合所有制改革后哈尔滨电站设备成套设计研究所有限公司（简称哈成套）64.82%的股权（根据集团安排，哈成套已托管给CMEC）

院本部及全资子公司共有职工70余人，其中包括中国科学院院士1人，中国工程院院士1人，博士生导师3人，入选百千万人才工程计划3人，享受政府特殊津贴专家4人。曾获得国家技术发明奖二等奖1项、国家科技进步奖二等奖2项。

**【主要指标】**

2018年，中央研究院资产总额40 234万元，营业收入3 296万元，实现利润总额5 256万元，EVA值2 423万元。2018年中央研究院主要经济指标见表1。

**表1　2018年中央研究院主要经济指标**

| 项目 | 2017年 | 2018年 | 同比增长（%） |
|---|---|---|---|
| 资产总额（万元） | 71 960 | 40 234 | -44.09 |
| 净资产（万元） | 64 754 | 31 012 | -52.11 |
| 营业收入（万元） | 2 669 | 3 296 | 23.49 |
| 利润总额（万元） | -345 | 5 256 | 1 623.48 |
| 技术开发投入（万元） | 5 010 | 479 | 0.90 |
| 利税总额（万元） | -306 | 63 | 120.59 |
| EVA值（万元） | -666 | 2 423 | 463.81 |
| 全员劳动生产率〔万元/（人·年）〕 | -47.70 | 36.35 | 176.21 |
| 净资产收益率（%） | -0.55 | 10.98 | 增加11.53个百分点 |
| 总资产报酬率（%） | -0.50 | 9.37 | 增加9.87个百分点 |
| 国有资产保值增值率（%） | 6.69 | -52.11 | 2018年中央研究院所持中国电器院股权无偿划转国机集团，减少长期股权投资34 159.86万元 |

注：主要经济指标范围为中央研究院本部和北强所。

**【改革改制】**

继2017年6月配合集团战投部完成中国电器院混合所有制改革（简称混改）后，中央研究院继续配合集团启动哈成套混改工作。2018年8月9日，上报集团《关于哈尔滨电站设备成套设计研究所有限公司混合所有制改革员工持股实施方案和管理办法的请示》获批。按照国务院国资委、国机集团有关混改工作要求，先后完成了哈成套国有资产评估备案，引入外部战略投资者及实施员工持股、公司章程修订、董事监事任命等工作。2018年12月26日，哈成套混改工作如期完成。混改完成后，中央研究院对哈成套出资额为3 630万元，出资比例为64.82%；外部战投投资者：杭州锅炉集团股份有限公司出资560万元，出资比例10%，黑龙江省大正投资集团有限责任公司出资280万元，出资比例5%，职工持股平台哈尔滨成联企业管理合伙企业（有限合伙）出资1 130万元，出资比例20.18%。

**【重大决策】**

**1.全力参与“国家重大技术装备创新研究院”项目筹建工作，积极对接国家战略需求**　为解决我国重大技术装备产业基础薄弱、创新能力不强、高端装备、核心零部件、关键技术受制于人等问题，2018年4月，国家发改委等八部委联合下发《关于促进首台（套）重大技术装备示范应用的意见》（发改产业〔2018〕558号）文，提出组建“国家重大技术装备创新研究院”（简称重大院），以加强国家重大技术装备创新顶层设计，构建重大技术装备创新体系。组建国家重大院，作为对“新型举国体制”的一次有益尝试，同时也是国家提升重大技术装备研究能力的重大举措。按照集团的统一部署和领导，中央研究院正牵头落实国家重大院各项筹建工作。国家重大院的组建，不仅对于集团服务国家重大战略需求具有重要意义，建成后，也将成为我国重大技术装备创新发展与首台（套）应用的重要抓手。

**2. 多措并举，大力推进国机集团智能制造业务协同发展** 中央研究院积极与集团战投部、装备制造部及院所事业部协同推进国机集团智能制造业务发展，组织了“国机集团智能制造业务发展研讨会”。集团院所板块科技、装备制造板块、工程贸易板块相关单位科技工作主管领导及智能制造相关专业技术负责人，科研院所事业部、装备制造事业部、中央研究院相关人员共计 60 余人参会。

积极参与推进国机工业互联网研究院项目建设工作。中央研究院参与由中机六院牵头成立的“国机工业互联网（河南）研究院有限公司”项目。该公司注册资金 1 500 万元，中央研究院出资 450 万元，股权占比 30%。公司致力于搭建智能工厂协同设计云平台、智能工厂全生命周期数字化公共服务云平台 / 工业互联网平台，并基于以上平台为制造业企业提供智能工厂咨询、设计、仿真优化、可视化项目管理、数字化交付、数字孪生集成应用等服务。

策划启动了“国机集团先进制造装备创新联盟”筹建工作。针对院所及集团骨干企业科技创新的现状及市场需求，策划启动了“国机集团先进制造装备创新联盟”筹建工作，专门组织研讨会针对联盟组建方式、体系架构、运行模式、功能定位、主要任务、保障措施等方面展开了充分的研讨，以期实现集团内部科技力量抱团取暖，并与市场及地方政府需求对接。

**【重大项目】**

努力争取国家重点研发计划项目，实现承接国家科研计划重大突破。2018 年，中央研究院新领导班子到位后，积极联合集团内外科研院院所申报 2018 年相关领域国家重点研发计划，获批四项，实现了中央研究院对接国家科研计划的重大突破。

（1）与合肥通用院联合申报获批国家重点研发计划“国家质量基础的共性技术研究与应用”重点专项中“氢能储运装备性能检测及质量评价技术研究”项目。

（2）与中国石油天然气集团公司管材研究所等单位申报获批国家重点研发计划“公共安全风险防控与应急技术装备”重点专项子课题“极端环境下承压设备概率安全评价方法”。

（3）与天津大学等单位联合申报获批国家重点研发计划“公共安全风险防控与应急技术装备”子课题“严苛环境下典型承压类特种设备结构安全性评价及失效预防技术”项目。

（4）与华东理工大学申报获批国家重点研发计划项目“严苛环境下典型承压类特种设备结构安全性评价及失效预防技术”子课题“严苛环境下安全性能衰退在线感知和失效预警”项目。

（5）北强所 2018 年承担了运 * 大型运输机载荷 / 环境谱实测与研制项目，项目经费约 1.5 亿元。该项目时间跨度长（长达 5 年），技术难度大，工作量大，是该所承担的最大项目。

**【科技创新】**

代表集团开展七项重大科技专项任务，积极发挥科技资源利用平台的功能与作用。

根据《中国机械工业集团有限公司技术开发专项经费管理办法》的有关规定，中央研究院全力配合集团开展重大科技专项实施工作。2018 年，中央研究院代表集团与兄弟单位以委托研发的方式共同开展以下七个方面的重大技术研究：清洁能源利用高端装备研发、大型飞轮储能装置研制、智能化棉纺成套纺纱设备、F 级重型燃气轮机试验条件装备研究、高端装备用典型基础材料技术提升与应用开发（一期）、宽幅高品质铝合金板带高效冷轧机制安置及应用和粮食生产机械作业智能测控与大数据应用。

**【经营管理】**

**1. 完成中央研究院独立门户网站建设工作** 高效完成研究院网页的编制，加强了中央研究院了形象宣传，同时在中央研究院与所属企业之间建立紧密的信息通道，提高内部管理效率，增强管控力度。

**2. 完成北强所领导班子换届工作，完善业绩考核管理办法，签订经营业绩目标责任书** 通过严格的组织考核、民主测评、员工谈话等组织程序，顺利完成北强所领导班子的换届工作，为全年业务的稳定发展打下了基础。制定了《国机集团科学技术研究院有限公司直属子公司 2018 年度目标责任制考核办法》，签订经营目标责任书，建立了工资总额与效益联动强化业绩考核导向的收入分配机制，充分调动管理人员和科研人员积极性。

**3. 完成北强所闫楚良总经理任期经济责任审计工作，进一步规范并加强管理** 整改落实审计报告中相关存量问题的同时，督导北强所制定和完善相关会议制度、合同评审制度、劳务合同制度以及财务报销制度等相关制度，加强财务队伍建设和财务管控，进一步强化内控执行，促进北强所稳定健康持续发展。

在新一届班子的领导下，北强所全年企业经营效益取得显著提高，营业收入达 3 200 万元，同比增长 37%；实现利润 85 万元，同比增长 83.9%；管理费用支出占比同比 2017 年下降 9%。项目工作有序推进，国家运 * 大型飞机载荷谱研制项目进入实施阶段，合同总金额预计 1.5 亿元；2 个型号飞机正在部队飞行实测；完成 3 个型号飞机载荷谱研制项目验收。同时积极拓展业务领域，由单一军工项目向民用领域拓展，2018 年与中车长客达成意向合作协议，为进军高铁领域奠定了基础，实验室的建设也在稳步推进。

**【党建工作】**

**1. 加强思想政治建设**

（1）把党的政治建设摆在首位。2018 年，中央研究院临时党委坚持以习近平新时代中国特色社会主义思想和党的十九大精神学习为主线，以坚决执行“两个维护”、牢固树立“四个意识”、严肃党内政治生活为着力点，统筹安排中央研究院理论学习中心组学习内容和“三会一课”内容，教育引导广大党员干部把维护以习近平同志为核心的党中央权威和集中统一领导作为明确的政治原则和根本的政治要求，保证党中央重大决策部署、国务院国资委党委及国机集团党委工作要求在研究院全面贯彻执行。深入贯彻落实全国国有企业党的建设工作会议精神，院总部及所属北强所按期完成把党建工作要求纳入公司章程工作，确保党组织在公司法人治理结构中的法定地位。

（2）扎实推进党的思想建设。中央研究院临时党委高度重视习近平新时代中国特色社会主义思想和党的十九大精神的学习宣传贯彻工作，按照集团党委要求，通过系统安排，精心组织，强化工作指导、强化监督检查，严格落实“五个全覆盖”的要求。临时党委积极创新教育形式和方法，专门申请开通了微信公众号“国机研究院临时党委党建在线”，自 2018 年 3 月份起，在每个工作日推送一道有关习近平新时代中国特色社会主义思想和党的十九大精神知识问答。通过日积月累，常抓不懈，把学习融入日常、抓在经常。

**2. 切实履行管党治党主体责任，强化全面从严治党要求**

（1）落实全面从严治党责任。研究院临时党委书记履行党建第一责任，全面负责院党的建设，亲自主持制定研究院临时党委 2018 年党建工作计划和理论学习中心组学习计划，并经常性召集党群工作部、所属支部书记共同研究党建工作，对集团党委布置的党建工作考核评价、基层党组织建设等重点工作积极部署、有序推进、及时督查。院班子成员履行“一岗双责”，结合分管工作抓好党的建设工作，并以普通党员身份参加总部支部的组织生活会。

（2）推动党建工作与企业改革发展有机融合。坚持党委“把方向、管大局、保落实”的领导核心和政治核心作用，紧紧围绕发展这一中心，统筹谋划推进企业党的建设和改革发展，做到两手抓、两手硬。2018 年，选优配强北强所新班子，推动了其薪酬制度改革，促进其业务由单一军工领域向民用领域拓展，推动其与集团内相关院所开展联合申报国家科技项目，促成北强所在集团申报重点专项的获批。同时，积极推进筹建“国家重大技术装备创新研究院”、组建“国机集团先进制造装备创新联盟”、中关村翠湖科技园建设项目跟进、组建“国机工业互联网研究院”等各项工作。

**3. 加强基层党建工作，不断规范和创新基层党的建设**

（1）建强基层党的组织，选优配强基层党组织班子。2018 年 3 月推动北强所支部完成换届。

（2）严格党内组织生活。严格执行基层党支部制度，认真落实“三会一课”，加强党员经常性教育、管理和监督。对各支部学习宣传贯彻习近平新时代中国特色社会主义思想和党的十九大精神暨“三会一课”落实情况开展了专项检查；对所属北强所支部党建工作进行了现场检查。

（3）创新党建工作方法。在“三会一课”讲党课环节，授课形式不断创新。积极探索符合中央研究院业务特点和党员队伍实际的各类主题党日活动，先后组织开展参观“世纪伟人腾飞梦——周恩来与两弹一星”全国巡回展、“真理的力量——纪念马克思诞辰 200 周年”主题展览。

**4. 坚持党管人才原则，加强人才队伍建设**

（1）严格干部管理，坚定落实党管干部、党管人才原则。在 2018 年年初北强所班子调整时，坚持把国有企业“20 字”好干部标准作为选人用人的工作导向，突出考察政治标准，严格规范动议提名、组织考察、讨论决定等程序，对提任的干部执行“凡提四必”，并做好相应的记录，形成文书档案。

（2）加强人才队伍建设。积极探索符合中央研究院所属企业发展要求的人才工作机制，充分调动员工的主观能动性和首创精神。2018 年推动北强所薪酬制度改革，以正向改革为原则，强化“充分激励、有效约束”。

（3）加强群团建设，发挥群团组织凝聚员工的作用。2018 年成立了院本部第一届工会委员会，推动北强所工会成立和团委换届工作。支持工会积极参加国机集团职工运动会等各项文体活动，展现研究院职工良好风貌，营造和谐氛围，推动青年健康成长。

**5. 强化党风廉政建设，持之以恒抓好作风建设**

（1）落实主体责任。临时党委担负起党风廉政建设主体责任，与所属企业和个人签订党风廉政建设责任书。及时传达学习中央纪委、集团党委、纪委党风廉政建设和反腐败工作会议精神。组织所属各支部委员集中观看了中央纪委国家监委通报的违反中央八项规定精神的典型案例，安排理论学习中心组学习（扩大）会开展作风建设专题学习，组织参观海淀区廉洁文化教育基地，临时党委书记领读《中国共产党廉洁自律准则》。

（2）持续抓好作风建设。研究院临时党委制定了《关于进一步改进工作作风密切联系群众的实施意见（试行）》，在重要节假日，及时提醒广大党员干部，紧盯隐形变异“四风”问题，严防“四风”反弹回潮。

**【社会责任】**

坚持对困难党员职工进行关爱帮扶，持续开展“国机爱心日”活动，2018 年爱心捐款 17 282 元，积极参与国机集团河南省淮滨县定点帮扶工作，投入 10 万元用于集团教育扶贫基金，履行央企社会责任。

# 国机资本控股有限公司

**【基本概况】**

国机资本控股有限公司（简称国机资本）成立于 2015 年 8 月，是由中国机械工业集团有限公司（简称国机集团）联合部分所属企业及建信

（北京）投资基金管理有限责任公司共19家股东单位，共同发起设立的国有控股企业，注册资本23.7亿元。国机资本主要业务范围：股权投资、项目投资、证券投资、资产受托管理；项目融资、产业基金及私募基金的筹集和管理，投资咨询与财务顾问，高新技术开发与咨询；法律法规允许公司经营的其他业务。

国机资本的成立是国机集团有效应对内外部环境变化、提高资本收益与效率、完善产业布局、优化资源配置的重要决策，是打造集团制造、工程、贸易、资本“四轮驱动”战略目标的重要举措，也是通过资本方式培育、孵化集团内外部科研成果及优质项目，进一步实现集团提质增效、转型升级的顺势之举。

国机资本成立后，与国机财务、国机资产两家公司共同搭建起集团金融与投资板块，逐步形成股权投资、基金管理、融资租赁和证券资管四大业务主线，服务集团主业能力不断增强。

**【主要指标】**

2018年国机资本主要经济指标见表1。

**表1　2018年国机资本主要经济指标**

| 项目 | 2017年 | 2018年 | 同比增长（%） |
|---|---|---|---|
| 资产总额（万元） | 328 754.51 | 294 040.51 | -10.56 |
| 净资产（万元） | 236 145.52 | 209 920.21 | -11.11 |
| 营业收入（万元） | | | |
| 利润总额（万元） | 3 237.84 | 3 811.45 | 17.72 |
| 技术开发投入（万元） | | | |
| 利税总额（万元） | 3 342.72 | 3 818.49 | 14.23 |
| EVA值（万元） | 13 365.00 | 11 505.40 | 13.91 |
| 全员劳动生产率〔万元/（人·年）〕 | | | |
| 净资产收益率（%） | 1.07 | 1.43 | 增加0.36个百分点 |
| 总资产报酬率（%） | 1.46 | 2.21 | 增加0.75个百分点 |
| 国有资产保值增值率（%） | 94.46 | 90.00 | 减少4.46个百分点 |
| 支付给股东的分红 | 2 607.00 | 2 607.00 | |
| 上市公司市值减值影响 | 10 588.16 | 51 396.41 | |
| 扣除减值影响的国有资产保值增值率（%） | 102.64 | 105.91 | 增加3.27个百分点 |

截至2018年年底，国机资本累计投资标的共计31项，决策投资金额27.71亿元，实际出资金额23.52亿元，持有投资总额23.33亿元。累计实现利润总额1.76亿元，实现投资收益总额约2.48亿元。扣除期末所持上市公司股份市值减值51 396.41万元，调整后2018年所有者权益261 316.62万元，2018年扣除非经营因素后的国有资本保值增值率为105.91%。

**【业务布局】**

2018年年初以来，国内外政治经济形势、产业政策、财政金融政策剧烈变动造成金融证券投资行业环境发生巨变，中美贸易战对证券市场造成了拐点式下行冲击。对此，国机资本始终将风险控制放在第一位，加大投资后管理力度，避免出现投资风险；在控制风险的前提下，开拓业务争创效益，努力克服客观环境的不利影响。

**一、完善股权投资布局，探索优化业务结构**

（1）国机资本始终坚持市场化运作原则，秉持以退为进、进退并重的投资理念，所有投资项目都要以保值增值及价值最大化为目标，审慎开展投资分析与评估，明确项目投资收益来源和退出渠道。2018年业务团队在投资方向上更多定位于高端制造、新能源、新能源汽车、新材料、大数据与物联网等行业；在资产配置上，注重建立结构合理的资产组合，努力提高综合收益。注重长短期业务结合，短期投资注重风险可控并且具有稳定现金流，长期投资注重价值驱动。2018 年全年跟踪 126 个项目，完成投资 25 939 万元。

（2）积极探索证券资管业务。为了优化投资周期配置，2018 年公司进一步加强资产管理业务，积极探索资产标准化、产品化，投资收益互换，项目流通等业务，加快资金回流，提高资金周转效率。成立证券资管部，积极研究资本市场，开展相关业务工作。

（3）推动产融结合，搭建金融产业链服务体系。

①成功注册融资租赁公司。完成国机融资租赁（天津）有限公司（简称国机租赁）工商注册。国机租赁由国机资本旗下国机资本香港有限公司联合苏美达股份有限公司、中国重型机械有限公司所属北京三联国际投资有限责任公司等共同发起设立，位于中国（天津）自由贸易试验区（东疆保税港区），注册资本 1 600 万美元。作为资融资租赁公司，国机租赁将充分利用内外资银行等金融机构资源，结合国内和国际市场，精准对接企业需求，为国机集团内外部客户量身定制灵活多样的融资租赁服务方案，在产业转型升级和创新发展中提供更多的金融服务。

②推进供应链金融服务。国机资本与中国中车、中铁建等央企联合发起专注于供应链金融的中企云链（北京）金融信息服务有限公司，根据央企存在大量应付账款结算的需求现实，联合打造网络支付平台，推行新型电子结算产品“云信”。通过“云信”可以提高结算效率，降低资金占用和融资成本，增加企业效益，同时还可以利用大数据帮助企业向产业链纵深拓展，增强整体竞争力。截至 2018 年年底，平台注册用户已经超过 1.8 万户，累计云信开立 500 亿元，累计保理融资 261 亿元，平台规模进入快速增长起步期。作为“互联网 +”和央地协同的平台，因创新的商业模式，被国务院国资委列为央企“双创”平台之一，被中国企业联合会授予“第二十四届全国企业管理现代化创新成果一等奖”。

③组建金融资产交易中心。为了打通资产与资金的通道，2017 年年底，国机资本与华能资本、诚通资本、中远海发和国核投资等 8 家央企投资平台共同发起设立中企大象金融科技服务有限公司（简称大象金服），采用共享经济模式，运用央企独特的信誉背景，搭建央企资产流通平台和央企间开放的投融资平台。

**二、优化结构，持续推动私募股权基金业务**

国机（北京）投资基金管理有限责任公司于 2018 年 11 月 13 日取得私募基金管理人资格，为国机资本逐步设立不同功能的基金、形成各生命周期的基金组合、打造私募股权基金全业态奠定了基础。

**【经营管理】**

**一、积极开展市场研究不断提高投资能力**

（1）研究宏观经济形势对投资的影响。2018 年以来，市场整体投资增速放缓，公司加大了对复杂经营环境的研判。

（2）聚焦重点行业，寻找投资机会。培育战略性新兴产业，增加利润增长点，一直是我们工作的重点。公司围绕工业机器人、5G、3D 打印、石墨烯等新材料，新能源汽车、半导体等行业进行深入研究，撰写了一批行业研究报告。每月编写一期《金融政策学习资料》，掌握最新市场动态，进一步加深对行业的理解。特别是顺应集团战略需要，对海外并购模式进行分析，撰写吉利汽车收购戴姆勒股份的研究报告，提供给集团领导做参考；对集团拟进入的大健康行业，主动开展前期研究，积极寻找估值合理的投资标的。

（3）开设“投资讲堂”，主要由公司业务人员围绕最新政策、典型案例、行业研究成果等进行宣讲，交流经验，相互学习，不断提高业务水平。

**二、加强风险控制，强化投后管理**

面对严峻的经营形势，国机资本加大投资后工作力度，通过定期报告和不定期现场交流相结合的方式，及时掌握所投项目情况，积极防范和控制风险；通过业务对接进行产业赋能，促进项目按照投资预期的方向发展；通过积极寻找交易机会推动项目提早退出等方式提高综合收益。

（1）公司对持有上市公司的股份，一是采取勤沟通、常拜访的主动管理方式与上市公司进行对接，实现月份、季度有跟踪，半年、年度有分析报告，重大事项出具专题报告，2018 年全年共参与股东会 5 次，形成市值动态变化报告 4 篇，形成单独的投后管理报告 8 篇，以及上市公司重大事项跟踪动态报告 4 篇。二是主动参与上市公司股东会，发挥中小股东参与上市公司治理机制的作用，推动上市公司增加分红的分配机制，确保股东权益得到保护。

（2）2018 年股权投融资行业出现寒冬，团队加大了对非上市公司投资项目的跟踪联系，积极协助企业拓展市场对接产业资源，大多数项目符合发展预期，个别项目超预期发展，例如与清华控股有限公司所属的科技资本合作，投资的江苏卓盛微电子有限公司是国内智能手机射频等射频产品的领先厂商，申报 A 股创业板 IPO 已通过中国证券监督管理委员会审核；与以李开复为核心管理团队的创新工场合作，通过其投资管理的基金参与“互联网＋”和人工智能等新经济领域，基金所投项目的估值溢价已超过 30%；2016 年国机资本与保利资本、国机汽车等投资人投资的滴滴出行，在投后半年以软银、招商银行为代表的一轮投资估值已翻倍。2018 年，资本公司通过转让基金份额，实现 3 355 万收益，毛利率约 19%。

**三、人员结构不断优化**

2018 年共组织两次全公司范围内的招聘，全年 8 人办理入职手续，其中，包括总经理助理 1 人、国机租赁总经理 1 人。12 月份，经集团组织人事推荐副总经理人选 1 人。截至 12 月底，公司员工人数共 16 人，其中，9 人是 2018 年招聘或者调整到位的。公司员工数量不断增多、质量不断提高，特别是领导班子成员的逐步完善调整到位，将给公司发展带来新动力。

**四、组织开展内部审计和内控检查**

根据国务院国资委和国机集团的要求，结合自身业务特点，风险合规部于 2018 年 2 月开始，针对重点业务领域开展了风险自查专项活动。作为集团专业化的资本运作平台，国机资本始终将风险控制放在第一位，以“创效益、增实力、树品牌，稳增长”为目标，审慎制定投资策略，做好资产配置和投资布局，努力实现投资风险的有效控制与投资效益的持续提升。

**五、基础管理创新提升**

（1）财务方面，在持续加强财务体系建设、夯实核算等基础性工作的前提下，重点提高资金流动性管理水平。在保证业务资金需求的同时，加强资金流动性管理，通过配置低风险级别的银行理财产品、开发投资型固定收益业务等工作，努力为公司增创效益。

（2）信息化方面，完成国机资本、国机香港公司、国机基金公司办公信息化建设，实现同时上线运行，达到重大财务事项、法律审批的信息化和流程化，提高了工作效率。

（3）安全生产方面，公司将安全生产工作摆上重要议事日程，贯穿于业务工作全过程，常抓不懈，列入目标考核，实行一票否决。

**【党建工作情况】**

公司党支部认真贯彻集团党建工作会、党建工作季度会、集团组织工作会等会议精神，认真履行党建主体责任，不断推动公司党建工作水平全面提升。

**一、认真贯彻落实“中央企业基层党建提升年”工作要求，持续加强党支部标准化规范化建设**

根据国机集团对党支部书记的任命通知，在 2019 年年初完成换届选举，坚持“双向进入、交叉任职”原则，确保公司领导班子成员占支委人数 2/3，具备履行“三重一大事项”决策能力。撤销国机租赁党支部，成立国机资本本部和国机租赁两个党小组，强化基层党建工作力度。严格落实“三会一课”制度，加强支部政治建设，进一步严肃党内政治生活，支部标准化规范化水平明显提升。公司党支部完善了“三重一大”制度和清单，认真落实“把方向、管大局、保落实”的职责，对公司所有“三重一大”事项严格把关，有效控制公司经营风险，促进公司健康发展。

**二、严格履行从严治党主体责任，深入推动公司党风廉政建设**

公司党支部设立了纪检委员，由副书记兼任，强化公司党支部对纪检工作的领导。成立了巡视整改领导小组和工作小组，认真抓好巡视整改。公司党支部书记与公司领导班子成员及中层干部签署“党风廉政建设责任书”，全体员工签署“廉洁过节承诺书”。公司以整治公款吃喝、履职待遇与业务支出超标、公车私用等事项为重点，严格执行中央八项规定精神，为公司营造风清气正、干净担当的干事创业氛围。

**三、坚决落实习近平总书记、中央及集团党委决策指示，扎实开展“不忘初心、牢记使命”主题教育**

及时组织传达学习中央及集团党委有关精神，深刻认识主题教育的重大意义，深入系统学习贯彻习近平新时代中国特色社会主义思想，跟进学习贯彻习近平总书记重要指示批示精神，深刻领会把握“守初心、担使命、找差距、抓落实”的总要求和“理论学习有收获、思想政治受洗礼、干事创业敢担当、为民服务解难题、清正廉洁做表率”的具体目标，始终坚持求真务实，始终坚持结合实际，始终坚持领导带头，真正把学习教育、调查研究、检视问题、整改落实贯穿始终，高标准开好专题民主生活会和组织生活会，推动“不忘初心、牢记使命”主题教育取得扎实成效。

# 国机重型装备集团股份有限公司

**【基本概况】**

国机重型装备集团股份有限公司（简称国机重装或公司）是中国机械工业集团有限公司（简称国机集团）的控股子公司，是国机集团落实党中央、国务院重要战略部署，以中国二重核心制造主业为平台搭建的高端重型装备制造企业。2017 年 12 月 28 日，国机重装的搭建工作获得国务院国资委、证监会正式核准，2018 年 3 月 28 日，国机重装正式挂牌，成为国机集团的二级子公司。

国机重装目前由 4 家所属企业组成，分别是：二重（德阳）重型装备有限公司（简称二重装备）、中国重型机械有限公司（简称中国重机）、中国重型机械研究院股份公司（简称中国重型院）及国机重装成都重型机械有限公司（简称成都重机）4 家企业，是国内首个集科、工、贸一体协同发展的高端重型装备平台，产业链完善，具有较强的国际竞争力。

国机重装形成高端装备研发与制造、工程总承包与投资运营、贸易与服务等业务综合发展格局，涵盖冶金、石化、电力能源、环保、航空航天及其他新兴产业等国民经济重要产业领域。坚持国内国外市场统筹发展，业务范围涉及亚洲、非洲和拉丁美洲等国家和地区，在海外设立二十多个代表处和分、子公司。

**【主要指标】**

2018 年国机重装主要经济指标完成情况见表 1。

**表 1　2018 年国机重装主要经济指标完成情况**

| 项目 | 2017 年 | 2018 年 | 同比增长（%） |
|---|---|---|---|
| 资产总额（万元） | 2 416 799 | 2 843 149 | 17.64 |
| 净资产（万元） | 444 807 | 1 206 373 | 171.21 |
| 营业收入（万元） | 718 705 | 952 279 | 32.50 |
| 利润总额（万元） | 82 951 | 62 042 | -25.21 |
| 技术开发投入（万元） | 40 823 | 40 194 | -1.54 |

（续）

| 项目 | 2017 年 | 2018 年 | 同比增长（%） |
|---|---|---|---|
| 利税总额（万元） | 101 464 | 82 640 | -22.78 |
| EVA 值（万元） | 55 384 | 26 197 | -52.70 |
| 全员劳动生产率〔万元 /（人·年）〕 | 27.51 | 27.97 | 1.65 |
| 净资产收益率（%） | 19.59 | 12.62 | 减少 6.97 个百分点 |
| 总资产报酬率（%） | 4.68 | 2.88 | 减少 1.80 个百分点 |
| 国有资产保值增值率（%） | 108.33 | 115.97 | 增加 7.64 个百分点 |

**【经营生产】**

**1. 市场开发** 2018 年各所属企业通过系统谋划、精准施策、全力拓展国内外市场，在不同市场领域取得良好成效。

二重装备围绕全年工作目标，采取差异化、有针对性的营销策略，2018 年实现新增订货 48.91 亿元，同比增长 30.08%。成功签订以广西盛隆 1780 热连轧项目为代表的一批冶金成套设备、以中石化天津项目为代表的容器产品。特别是通过激烈角逐，拿下世界上单机容量最大的白鹤滩水电站 80% 以上的主机锻件。

中国重机以“重点国别开发战略”和“区域滚动开发战略”为引领，持续加强市场开发力度，强化合同生效。2018 年实现合同签约 60.99 亿元，同比增长 37.98%；实现合同成交额 13.06 亿元，同比减少 8%。在印度尼西亚、塔吉克斯坦等新市场取得较大突破，签订印度尼西亚东加里曼丹煤炭加工运输及专用码头项目，合同金额 4.55 亿美元；签订塔铝烧碱 EPC 总承包项目，合同总金额 1.96 亿美元；成功推动柬埔寨国家电网 230kV 输变电二期项目合同生效，合同金额约 1.85 亿美元。

中国重型院着力加强市场营销力度，上下联动合力经营，采取措施努力增强市场竞争力。2018 年实现合同签约 27.85 亿元，同比增长 78.83%，再创历史新高。其中与辽宁忠旺集团共签署 9 项重大合同，合同金额 9.78 亿元；铝板拉伸机的长期技术储备得到市场回报，合同额近 2 亿元；短流程节能型电炉市场取得突破。

成都重机不断加强营销渠道建设，奋力开拓市场。2018 年实现合同签约 12.86 亿元，同比增长 40.97%；实现合同成交额 7.82 亿元，同比增长 64.89%。其中签订的台湾尚承 1 675mm 热连轧生产线 1 号加热炉改造 EPC 工程总承包项目，尽管合同金额只有 245 万美元，但实现了承揽 EPC 工程总承包项目的突破，意义重大。

镇江公司不等不靠，大胆走出去开拓市场，着力培育自主营销能力，不断夯实内部支撑体系，2018 年实现自主经营签约 2 561.3 万元。

**2. 项目执行** 各所属企业通过加强项目执行力度，统一调配资源，全力做好项目管理、采购管理和供应商维护等工作，各类项目执行工作得到稳步推进。全年项目执行亮点如下：

装备制造类项目方面。二重装备与镇江公司通力合作，完成石化三大项目出产攻坚战。2018 年 4 月 28 日，完成中石化镇海炼化分公司的 260 万 t/a 沸腾床渣油锻焊加氢反应器项目的制造和发运工作，创造加氢反应器单台重量最重，生产制造难度最大，焊接、装配工艺复杂等多项世界第一，提升了公司形象，产生极大的社会影响。

以印度尼西亚苏拉威西矿业 200mm×1 600mm 不锈钢板坯连铸机为代表的 5 条连铸生产线在 2018 年分别一次热试成功，充分展示中国重型院领先的技术水平和良好的精神风貌，获得业主的高度评价。

工程承包类项目方面。老挝 230kV 输变电项目比计划工期提前 18 个月竣工。该项目合同金额 1.97 亿美元，是 2014 年 7 月 28 日在中国国家主席习近平与老挝国家主席朱马利·塞亚颂的共同见证下签署的 EPC 总承包合同。项目于 2016 年 11 月 21 日正式开工，并于 2018 年 5 月 23 日正式验收，成功并入老挝国家电网运行。该项目高标准、高质量、高效率的完工，对中国重机增进与老挝业主的关系、塑造国机重装及中国重机品牌在老挝的美誉度、深耕老挝市场具有重要意义。

贸易类项目方面。成都重机日本炉框板项目试制件顺利通过外方联检，并实现首批 1 800 万元的批量订货；与 SMS 公司时隔 7 年重启合作的轴承座项目，部分进度提前，得到业主高度认可，为进一步加强合作奠定基础。中国重机铸件出口业务保持平稳，2018 年出口量达 1.35 万 t，实现销售收入 7 400 万元。

**3. 业务协同** 各所属企业之间按照优势互补、合力共赢的原则，在 2018 年开展广泛的业务合作，成果丰硕。二重装备发挥制造优势分包中国重型院挤压机制造任务，协同金额约 3.6 亿元；中国重型院发挥技术优势，顺利实现二重装备 160MN 水压机操作机项目安装调试，并启动二重装备 80MN 快锻机操作机项目，协同金额约 0.8 亿元。中国重型院与二重装备正组成联合体参与忠旺天津公司 3 600mm 铝板轧机等系列机电液总包项目的竞标。中国重机发挥海外工程项目总包优势，向二重装备和成都重机分包海外物流业务和海外工程安装业务，协同金额近 1 亿元。

在大力开展内部业务协同的同时，与国机集团所属企业的业务协同工作也取得积极进展。成都重机与中国浦发合作的玉门光热项目、哈密热电项目，成都重机与国机融资租赁（天津）有限公司合作的福建美得石化项目等推进正常。二重装备与中设装备、郑州三磨所之间的中小铸锻件合作业务已进入实质性阶段。

**4. 经营管理** 一是结合国机重装管控模式及业务特点，制定所属企业经营绩效考核工作管理办法。二是参照国机集团考核目标、结合公司战略、预算、板块差异情况和高质量发展需要，制定下发所属企业 2018 年经营绩效目标。三是为及时、准确、全面地反映公司及所属企业经营情况，建立公司和所属企业两级《经营动态》编报体系，全年共编报 12 期。四是按月组织编写国家重型机械行业经济运行主要指标对比分析报告，为国机重装经营决策提供参考。五是重点经营管理工作得到有序、高效开展。如，稳步推进二重装备销售合同、债权、债务等主体的变更工作，有效保证新公司的平稳运行；积极推进中国重机项目管理信息系统二期建设，促进提高项目管理水平；不断强化中国重型院管理制度建设和项目信息综合管理平台建设，基本实现管理制度化、制度流程化、表单信息化；完善成都重机业务链条，布局工程安装业务，成功申办劳务分包资质、安全生产许可证。

**【科技创新】**

**1. 科技合作** 为落实国机集团与中核集团签署的战略合作协议，2018 年年初，国机重装秉持互利共赢的原则，优势互补合作主旨，积极与中国原子能院沟通协调，双方于 6 月签署科研与新产品开发战略合作协议，双方在新技术、新产品、科研合作平台共建等多个领域开展广泛合作。

坚持合力同行，互利共赢的原则，国机重装于 2018 年 12 月 26 日分别与国机集团内部兄弟单位苏美达股份、中国电气院签订战略合作协议，将围绕贸易服务、工程总承包、科技创新及投资发展开展合作。

**2. 科技成果** 2018 年，国机重装获得国机集团科技创新奖表彰，获省部级科技进步奖 11 项，其中，一等奖 3 项，二等奖 7 项，三等奖 1 项；获国机集团科技进步奖 4 项，其中，二等奖 3 项，三等奖 1 项。申报专利 198 项，授权专利 160 项，登记软件著作权 8 件。中国重型院和二重装备分别获得第五届中国工业大奖表彰奖，中国重型院获得国家钢铁行业改革开放 40 周年功勋企业、国家技术创新示范企业、中国重机协会“重机行业自主创新领军企业和先进企业”称号，二重装备获得 2018 年度中国好设计奖金奖。

国机重装参股的“国家轻量化材料先进成形技术与装备创新中心”项目，获得工信部批准，并获得国家创新政策和资金支持；中国重型院技术中心获得国家发改委 2018 年（第 25 批）国家级企业技术中心认定，“金属挤压与锻造国家重点实验室”通过科技部评估考核，“国家知识产权优势示范企业”通过国家知识产权局复核，“精品钢铁生产工艺装备智能化省部共建协同创新中心”通过教育部认定。

**3. 产业化发展** 根据国机重装“传统领域转型升级、新兴领域开拓创新”的发展思路，传统领域发挥极限制造创新能力优势，不断提高技术创新能力，新兴领域抓住新机遇，开拓新市场，发现转型升级新方向，掌握一大批重大创新技术，为国家产业转型升级提供装备支撑，为企业高质量健康发展提供强有力的动力和支撑。

传统领域瞄准冶金锻压行业提质增效装备创新、新一代核电装备创新、国家电力装备自主创新、国家石化油品升级装备、煤炭综合利用装备创新的需求，解决制约高端装备发展的技术瓶颈，弥补短板，实现自主可控，发现传统领域转型新方向。国内第二台300t/750t·m全液压锻造操作机已完成安装运行，新型40MN智能化热模锻压机研制成功并完成安装，连铸项目开展传统专业降本与新技术探索，镁合金高效冶炼技术解决"卡脖子"工艺及装备，宽体客机的蒙皮精整拉伸技术开展工业中试工作；华龙一号主泵泵壳完成研制，为国家第三代核电装备自主创新提供重要支撑，再一次证明了国机重装"填补国内空白、引领行业高端"的实力；成功研制海外首堆"华龙一号"主管道，签订首个海上实验堆项目，与原子能院在科研与新产品开发上的战略合作，将助力公司更好更快地抢抓核电重启及"走出去"先机；研制重量达2 400余吨的镇海炼化沸腾床渣油锻焊加氢反应器装备，技术水平处于国内领先，刷新全球同类产品重量纪录。

新兴领域新产品研制和市场化推广初显成效，实现"生产一批，储备一批，开发一批"战略构想，未来国机重装将进入飞轮储能装备、煤的清洁高效利用、核军工等新市场。组织具有完全自主知识产权的100kW飞轮储能产品的技术鉴定，填补国内空白，综合性能指标达到同类产品国际先进水平；完成核废料后处理玻璃固化罐试制，研发核废料剪切机和核燃料送料小车，取得新产品研制的重大突破；年产60万t粉煤热解回转反应炉成功交付用户，年产100万t回转反应炉完成方案设计，对煤炭清洁高效利用具有重要意义；完成油气污染物处理装置制造，正在全力开展新市场推进工作；积极开展热泵海水淡化装置、低温余热发电等新兴领域产品研发工作。

【企业改革】

**1. 改革改制** 为推进企业核心制造主业的全面振兴，打造"国内第一、世界一流"的国家级高端重型装备旗舰平台，2018年实施重大资产重组。以原二重重装为资本平台，国机集团通过定向增发方式，将中国重型机械有限公司、中国重型机械研究院股份公司纳入原二重重装，组建了集科、工、贸于一体的国机重装（2018年3月二重重装更名为国机重装）。整合后的国机重装作为国机集团重型装备板块旗舰平台，承载着引领我国重型装备行业转型发展的重要使命，致力于打造成为"国内第一、世界一流"高端重型装备集成服务商。

通过定向发行引入战略投资者。在国务院国资委的大力支持下，国机重装通过定向增发方式，引入中国国新资产管理有限公司、中国国有企业结构调整基金股份有限公司、中广核资本控股有限公司、三峡资本控股有限责任公司、中国东方电气集团有限公司5家战略投资者。

通过定向发行，国机重装落实国有资本权益，引入战略投资者建立产业联盟，进一步改善国机重装资产负债结构，为国机重装下一步重新上市创造条件。

**2. 产权制度改革** 国机重装积极推进企业混合所有制改革。为加快公司在新兴业务领域的布局，2018年国机重装所属二重装备以新产品开发项目为依托，引入非国有资本共同研发符合国家高端装备制造产业政策的新产品，积极推进企业混合所有制改革，设立二重德阳特种装备有限公司和二重德阳储能科技有限公司。

通过引入这两家非国有股东，实现国机重装股权结构的多元化，有助于优化公司的治理结构；借鉴非国有股东在新产品研发的机制体制以及技术的吸收和转化上的优势，加快国机重装转型升级和新产品开发工作；通过混合所有制改革，促使二重装备在运行机制上更加灵活和完善，更好地适应市场运行规则和适应市场运作。

【党的建设】

**1. 把党的政治建设摆在首位，持续深入学习宣传贯彻习近平新时代中国特色社会主义思想和党的十九大精神** 在中央党校、延安干部培训学院举办专题培训班4期。完成将党建工作纳入国机重装章程的要求。制定党委工作规则、党委会议制度、"三重一大"决策制度等，从制度上保证党委发挥把方向、管大局、保落实的领导作用。开展国机重装第一次党代会筹备工作。严格执行"三会一课"等组织生活基本制度。在制造板块，实施“旗飞徽耀、雄吾重装”党建工程。在国机重装总部，进行支部建设的新尝试。两次在国机集团会议上作了党建工作经验交流。对所属企业党建工作开展考核评价。

**2. 扎实推进思想建设** 召开中心组学习（扩大）会议 4 次。开展“大学习、大讨论、大调研”活动，形成 6 个专项课题成果。认真落实意识形态工作责任制和网络意识形态工作责任制。创刊《国机重装报》，组建国机重装电视台。人民日报、新华社等中央媒体对国机重装重大技术装备研制成果给予广泛报道。在国机集团信息发布综合排名第一。《在拼搏和奉献中彰显新时代共产党员价值》荣获四川省第十届党员教育电视片作品三等奖，是在川央企、省属国企中唯一的获奖单位。

**3. 积极推进“两学一做”学习教育常态化制度化** 坚持“四同步、四对接”，实现党的组织全覆盖、党的工作全覆盖。坚持党管干部和党管人才原则，开展总部中层管理人员和一般管理岗位职工年度考核，组织骨干职工赴台塑学习培训。开展党员承诺践诺活动。25 个党组织、68 名优秀党员和党务工作者受到国机集团党委、国机重装临时党委表彰。

**4. 以建设新公司为契机，大力加强作风建设** 坚持一切从实际出发、实事求是、密切联系职工群众、精益求精、求真务实、严肃严谨高效的工作作风，并落实到企业管理和国机重装总部组建、制度制定、战略构建等各个环节。

**5. 夯实党风廉政建设“两个责任”，深入推进全面从严治党向纵深发展** 坚持按照新时代党的建设总要求，以从严从实的作风，自觉履行管党治党责任，将党风廉政建设融入企业改革发展中，以打基础、强管理、重保障、防风险为着力点，扎实开展党风廉政建设各项工作。构建党风廉政建设制度体系框架，深化运用监督执纪“四种形态”，巩固拓展作风建设成果，积极开展廉洁从业教育，加强廉洁文化建设，初步构建公司“不敢腐、不能腐、不想腐”的体制机制。认真贯彻落实党中央和上级党委要求，结合实际，组织开展巡察工作。紧贴经营发展中心工作，开展党费使用等专项审计监督、外包业务提升等专项效能监督和梳理岗位廉洁风险点等工作。全年受理信访举报和问题线索 5 件，给予党纪处分 1 人。

**6. 建立健全党建工作体制机制，坚持依法治企和依规治党有机统一，坚持思想建党和制度治党同向发力** 按照“系统的原则、与时俱进的原则、实事求是的原则、继承与创新的原则、高质量的原则”五大原则，推进建章立制，共制定党建工作制度 60 项。

**7. 切实加强群团组织工作** 筹备国机重装第一次工代会和团代会，1 名青年职工当选团的十八大代表，1 名职工荣获首届四川工匠，2 名青年职工分别荣获四川省、陕西省青年“五四”奖章，在国机集团第六届职工田径运动会上，获团体总分第三名。扎实开展“爱献做”活动，同时，做好维稳、信访、武装、综合治理、离退休、科协等工作。

**【企业管理】**

国机重装按照高标准、严要求，扎实系好“第一颗扣子”，各项工作有力有序落地。全体职工敢担当、勤作为，讲奉献、重团结，认认真真履职，取得良好成效。明确总部功能定位，科学设置组织机构，优化岗位人员配置，建立全新薪酬体系，强化业绩考核评价。高效完成所属企业班子配备，确保平稳交接。及时与省、市相关部门和国机集团对接，畅通工作渠道。强化运营协调，确保资产、业务、人员、技术等资源要素在改革过程中无缝衔接。坚持战略引领，完成国机重装 2018—2020 年总体战略规划编制。加强信息化建设，完成总部办公区信息化基础设施平台搭建、OA 办公自动化系统建设、内外网站建设。着力企业文化建设，制定国机重装 VI 和总部员工行为规范手册。强化制度建设，制定 200 余项规章制度。持续理顺优化各项管理工作，强化安全、质量、环境、保密和风险管控体系建设。

**【社会责任】**

发布国机重装 2018 年企业社会责任报告。认真落实国机集团“四扶”工作方针，做好定点扶贫工作，制定定点扶贫工作管理办法。切实履行片区牵头单位职责，精准开展广元市朝天区扶贫工作。开展“结对认亲”活动。开展以购代捐活动，帮助贫困户销售农产品增收 13 余万元。协助国机集团推进帮扶朝天区的 19 个项目，配合国机集团开展朝天片区扶贫工作作风问题专项整治工作，协助国机集团领导和朝天片区成员单位到朝天区开展调研工作。在派出驻村第一书记、工作队队员的基础上，又向朝天区派出 1 名区委常委、副区长。投入 130 万元帮助朝天区鱼鳞村建设一座过河桥梁和硬化组路。根据德阳市委、市政府下达的对口扶贫任务，牵头负责中江县永丰乡农业产业扶贫项目和新开村帮扶工作，支持帮助销售农产品等方面进行农业产业帮扶。根据德阳市对口帮扶藏区彝区贫困县工作小组办公室的安排，负责与若尔盖县崇尔乡腊子沟村结对帮扶。党风廉政建设、群团工作、精神文明建设等形成有效合力，助力国机重装高质量发展。

# 中国一拖集团有限公司

**【基本概况】**

中国一拖集团有限公司（简称中国一拖）是中国机械工业集团有限公司（简称国机集团）下属的农业装备制造企业，其前身为第一拖拉机制造厂，始建于 1955 年，是我国“一五”时期 156 个重点建设项目之一。经过 60 余年的发展，中国一拖已经形成以农业机械制造为核心，同时经营动力机械、零部件等多元产品的大型装备制造企业集团。农业机械业务具有国内最完整的拖拉机产品系列，拥有国际先进、国内领先的具有自主知识产权的产品技术。建厂以来，企业已累计向社会提供了 347 万台拖拉机和 270 万台动力机械，为我国的“三农”建设做出了积极贡献。旗下第一拖拉机股份有限公司分别在香港联交所和上海证交所上市，是我国唯一拥有“A+H”上市平台的农机企业。

**【2018 年经营业绩与财务分析】**

**1. 主要经济指标**

2018 年中国一拖主要经济指标见表 1。

**表 1　2018 年中国一拖主要经济指标**

| 项目 | 2017 年 | 2018 年 | 同比增长（%） |
|---|---|---|---|
| 资产总额（万元） | 1 698 239 | 1 609 163 | -5.25 |
| 净资产（万元） | 649 939 | 539 271 | -17.03 |
| 营业总收入（万元） | 822 581 | 655 668 | -20.29 |
| 利润总额（万元） | -9 052 | -159 759 | — |
| 技术开发投入（万元） | 43 455 | 43 955 | 1.15 |
| 利税总额（万元） | 16 083 | -149 203 | — |
| EVA 值（万元） | -17 108 | -174 090 | — |
| 全员劳动生产率〔万元 /（人·年）〕 | 9.05 | 7.67 | -15.25 |
| 净资产收益率（%） | -1.60 | -27.04 | 减少 25.44 个百分点 |
| 总资产报酬率（%） | 0.64 | -8.17 | 减少 8.81 个百分点 |
| 国有资产保值增值率（%） | 97.72 | 77.97 | 减少 19.75 个百分点 |

**2. 财务分析**

（1）收入利润情况。2018 年，中国一拖实现营业总收入 65.57 亿元，较上年减少 16.69 亿元，降幅 20.29%；亏损 159 759 万元，较上年增亏 150 707 万元。2018 年中国一拖各业务版块实现收入和利润见表 2。

表 2 2018 年中国一拖各业务板块实现收入和利润 （单位：万元）

| 板块名称 | 收入 | | | 利润 | | |
|---|---|---|---|---|---|---|
| | 2017 年 | 2018 年 | 同比增长（%） | 2017 年 | 2018 年 | 同比变动 |
| 农装板块 | 461 047 | 297 964 | -35.37 | 16 593 | -55 672 | 减少 72 265 |
| 动力业务 | 103 891 | 67 633 | -34.90 | 1 260 | -24 621 | 减少 25 881 |
| 零部件业务 | 61 816 | 71 217 | 15.21 | -10 547 | -26 907 | 增亏 16 360 |
| 制造服务业务 | 128 946 | 145 487 | 12.83 | 12 990 | 8 135 | 减少 4 855 |
| 特专车辆 | 13 797 | 8 530 | -38.17 | -1 636 | 276 | 增加 1 912 |
| 国际业务 | 52 082 | 51 217 | -1.66 | -2 272 | 1 079 | 增加 3 351 |
| 其他 | 1 002 | 13 619 | 1 259.26 | -25 440 | -62 049 | 增亏 36 609 |
| 合计 | 822 581 | 655 668 | -20.29 | -9 052 | -159 759 | 增亏 150 707 |

（2）现金流量情况。2018 年，中国一拖期初现金及现金等价物 297 106 万元，期末现金及现金等价物 130 320 万元，现金及现金等价物净增加额为 -166 786 万元。其中：经营活动现金流量净额为 -62 947 万元，投资活动现金流量净额为 -75 940 万元，筹资活动现金流量净额为 -27 735 万元，汇率变动对现金的影响为 -164 万元。

（3）资产负债情况。2018 年年末，中国一拖资产总额 160.92 亿元，比上年末减少 8.9 亿元；负债总额 106.99 亿元，比上年末增加 2.16 亿元；所有者权益总额 53.93 亿元，比上年末减少 11.06 亿元；资产负债率 66.46%，比上年末上升 4.84 个百分点。

**【2018 年改革改制情况】**

**1. 实施管控模式调整** 以突出业务、强化管理服务支撑为核心，实施管控模式由“职能管控”向“战略管控 + 平台支持”转变。精简机构，优化流程，调整人员结构，提高经营管理效率，将原 24 个职能部门优化重组为“12（部门）+4（平台）”，机构压减率达 33.4%，人员编制减少 24%。同时，成立拖拉机、收获机械、机具、零部件、国际、成套解决方案等 6 个业务部，为战略落地提供组织保障。

**2. 实施营销模式调整** 鉴于营销能力总体不强，中国一拖在优化营销职能系统建设的基础上，以提高市场响应速度为重点，对营销模式进行了调整，将大中拖、收获机械、机具等产品的销售权由公司集中销售下放至各业务单位，进一步激发业务单位的经营活力。同时，探索海外销售新模式，采取“联合出海”等方式，参与实施“洛阳 - 乌兹别克斯坦布哈拉农业综合产业园”项目，为拓展海外市场，发展农装成套业务积累经验。

**3. 强化激励约束机制** 以激发各业务单位实现经营目标为出发点，中国一拖实施了由“总额管控”向“公司管控 + 自我管控”转变的工资总额预算管理；构建了营销、研发、生产、采购各环节协同发力的保障机制，实施各环节联动考核机制，同时制定并实施营销、研发等重点人员的专项激励方案，引导各业务单位增强市场意识、加强对外业务开拓。

**4. 实施市场化经济政策引导** 中国一拖在内部利益化的前提下，进一步细化内部市场化的管理要求，对生产系统、采购系统、销售系统、研发系统等方面的经营政策进行了调整，推进内部交易市场化及经营管理绩效评价，下放研发项目、厂区环境维护费和商标使用费等相关事项，对营销管理平台职能改善、订单预测及全过程交付周期管理、精益生产管理等方面提出工作要求，增强了各业务单位市场意识和主体意识，为中国一拖加快转型升级、提质增效提供了保障。

**【2018 年重大项目进展情况】**

**1. 雨污分流及中水处理系统升级改造项目** 根据《洛阳市人民政府关于印发洛阳“四河同治，三渠联动”实施方案的通知》和《洛阳市涧西区人民政府关于印发涧西区河渠同治实施方案通知》的要求，中国一拖需配套启动相应的涧河绿色通廊整治工程、中州渠沿线中国一拖段综合整治工程和厂区“雨污分流”整治工程，全面提升中国一拖工业废水处理设施建设水平，履行中国一拖作为央企的社会责任。

该项目总投资 7 702 万元，主要对厂区工业废水、雨水、生活污水管道实施规范化改造，新建工业废水压力排管道，拆迁并重建污水处理站，实现雨污分流。项目完成后可达到 2 400$m^3$/d 的废水处理能力，不仅能调整企业的用水结构，加大节水型工厂建设力度，而且也加强了水资源管理力度和中水回用率，实施废水的零排放工程。项目的实施，可以有效地消除污染源，消除和减少污染物排放，实现“优质、高效、绿色”生产。项目预计 2020 年完成。

**2. 新型轮式拖拉机智能制造新模式应用项目** 该项目被列入工信部 2016 年度智能制造专项，项目总投资 21 070 万元，中央预算内投资 6 000 万元，建设纲领为形成新型轮式拖拉机 45 000 台 / 年的生产能力。项目达产后，预计实现年销售收入 579 012 万元，年利润总额为 20 313 万元。通过项目实施可减少用工 100 人，生产效率提高 25%，运营成本降低 25%，产品研制周期缩短 35%，产品不良品率降低 25%，能源利用率提高 15%。

该项目于 2018 年 6 月建成，累计投资 20 574 万元，并于 2018 年 12 月 6 日通过了由国家工信部组织的项目竣工验收。该项目的建设和投入使用，为我国农机行业树立了智能制造的应用典范，通过在行业及相关机械制造领域的推广应用，为我国农机产品从低端制造向高端智能制造转型升级树立了样板，技术和应用达到了行业国际先进水平，提升我国农机智造的综合技术实力和国际竞争力。

**3. 现代农业装备智能驾驶舱数字化工厂项目** 该项目被列入国家工信部 2017 年度智能制造专项，项目总投资 33 110 万元，中央预算内投资 1 400 万元，项目建设纲领为具备履带式拖拉机、大中轮拖拉机、工程机械、收获驾驶舱共 5 万套的生产能力。项目建成后预计可实现年销售收入 54 567 万元，利润 3 048 万元，生产效率提高 20% 以上，运营成本降低 20% 以上，产品升级周期缩短 30% 以上，产品不良品率降低 20% 以上，单位产值能耗降低 10% 以上。建成后的现代农业装备智能驾驶舱数字化工厂，在农机行业达到世界最先进的制造水平，可满足市场对 200 马力（1 马力 =735.499W）以上重型拖拉机等高端农业装备的迫切需求，提升了我国农机装备制造业的国际竞争力，引领我国农机智能制造发展。

该项目于 2018 年完成了工厂建设、生产线布局和工艺调整，并投入试生产，通过了洛阳市住建委质量专项验收及公司内部建安工程验收，同时完成了工厂和产品的数字化设计及仿真、管理信息数据融合、异构数控系统高效协同集成、智能物流仓储系统的高度集成等项目任务书工作内容。全年完成投资 6 164 万元，计划 2019 年完成国家智能制造专项验收。

**4. 铸造系统绿色科技升级改造项目** 该项目是在原有厂房改造静压生产系统、新产品试制工段和铸钢生产系统以及新增机器人、浇注机改造，局部扩建原有厂房改造 KW 生产系统，新建厂房建设消失模生产系统和旧砂再生系统、环保设施升级改造。项目调整后总投资 26 571 万元，建设纲领为与原产能一起形成年产 150 000t 高品质铸件的能力。项目建成达产后，预计新增销售收入 26 100 万元，新增利润 4 520 万元。

该项目已于 2018 年建成投产，累计完成投资 24 394 万元，于 2018 年 8 月 22 日通过了由国机集团组织的竣工验收。项目投入运行后，增强了中国一拖高品质铸件核心生产能力，提升了企业市场竞争力，提高了企业盈利能力，对改善生产环境，节能减排效果显著，有效提升了中国一拖铸造业务“安全、优质、高效、绿色”的可持续发展能力。

**【市场开拓、产品销售产业化发展等情况】**

**（一）市场开拓**

2018年农机行业处于深度调整期，受拖拉机、收获机等主销产品市场保有量大、用户作业收益减少、购机投资回本期延长、产品功率上升但需求总量减少等综合因素影响，大中拖、收获机等主销产品销量呈现持续下滑态势。

中国一拖面对严峻的市场形势和挑战，及早谋划、协同发力，通过创新营销模式，实施差异化营销，提升服务保障能力，优化渠道布局和加大东方红商贷使用，推进融资租赁业务等措施，大力开拓市场，持续保持了大中拖产品国内市场占有率行业第一的位势。同时，以提升国际化经营能力为目标，围绕东南亚、独联体、中东欧、拉美和非洲五大重点区域市场，加强海外营销、国际贸易和项目运作业务的开展，实现乌克兰、哈萨克斯坦市场同比分别增长 107% 和 41%，阿根廷等空白市场完成一期订单销售，叙利亚市场抢抓战后经济恢复机会，实现拖拉机销售百余台。

**（二）产品销售**

2018 年中国一拖主要产品销量见表 3。

**表 3　2018 年中国一拖主要产品销量**

（单位：台）

| 产品名称 | 2017 年 | 2018 年 | 同比增长（%） |
|---|---|---|---|
| 大中型拖拉机 | 48 283 | 37 740 | -21.84 |
| 收获机械 | 2 053 | 1 420 | -30.83 |
| 农机具 | 6 127 | 8 078 | 31.84 |
| 柴油机 | 103 557 | 80 590 | -22.18 |

2018 年，中国一拖主导产品销售整体呈下降趋势。大中型拖拉机同比下降 21.84%，其中，大轮拖（100 马力及以上）同比下降 30.92%；中轮拖（100 马力以下）下降 20.11%。农机具同比增加 31.84%。收获机械同比下降 30.83%。柴油机销售同比下降 22.18%。

**（三）合资签约**

**1. 合资成立江苏林海金洋源特种动力技术装备有限公司**　根据业务发展需要，中国一拖牵头与江苏林海动力机械集团有限公司、中国福马机械集团有限公司等 5 家单位于 2018 年 7 月 17 日成立江苏林海金洋源特种动力技术装备有限公司，共同研发军民两用特种动力装备产品，中国一拖出资 375 万元，持股 15%。

**2. 中国一拖与恒天集团签订战略合作协议**　2018 年 9 月，中国一拖与恒天集团签署战略合作协议，双方拟在非道路发动机、专用汽车、智能控制等业务领域积极开展技术研发、产品开发、市场销售、股权投资等方面开展合作，整合优势资源，实现共同发展。

**（四）科研成果**

2018 年，中国一拖立项实施科研项目 133 项。全年申请专利 153 项，其中，发明专利 30 项；获授权专利 129 项，其中，发明专利 24 项。制（修）订《动力换挡拖拉机 通用技术条件》等国家、行业及团体标准 47 项；完成《非道路用高压共轨柴油机》等企业技术标准制（修）订 27 项。发表科技论文 127 篇。其中，“东方红 4LZ-5.0/5.5 全喂入履带式谷物联合收割机”等 8 项成果通过了中国机械工程学会组织的科技成果鉴定；“东方红 SK504G 果园型拖拉机开发”等 53 项成果通过中国一拖公司级科技成果鉴定；“东方红－LF1004/LF1104/LF1004-C/LF1104-C 轮式拖拉机”等 10 项成果分获上级科技奖励，其中：“动力换挡拖拉机关键技术及产业化”荣获河南省科学技术进步奖一等奖。

中国一拖开发的动力换挡拖拉机，打破了国外在动力换挡拖拉机领域的技术垄断，总体技术达到国际先进水平，其中“Z”形结构的多挡动力换挡及动力换向传动系、自适应自补偿电液控制自动换段技术达到国际领先水平。根据我国不同地区作业需求研制的 12 挡、16 挡、20 挡、24 挡、32 挡、40 挡六大系列动力换挡拖拉机，已在国内市场推广应用，市场占有率达 70%，并实现批量出口。

**（五）产业化发展情况**

2018 年，中国一拖共下达新产品研发项目

133项，研发投入43 955万元，同比增长1.15%。其中，拖拉机产品产业化方面，开发了适应市场需求的180～210马力功率段和220～260马力功率段拖拉机产品，其中，LX1604/LX1804/LX2004E实现批量销售，全年共销售3 800余台；LX2004d1/2204d1/2404d/2604d、LD1804/2104完成了设计和田间适应性试验，全年共销售1100余台，满足了非两江（疆）地区犁耕、深松中负荷作业需求。完成24个系列、共56款拖拉机、收获机国Ⅳ整机开发。实现LX、LF、LD、LH、LG等系列大型拖拉机新产品销售10 701台，新产品贡献率66.18%，市场占有率达22.5%，继续保持行业第一的位势；实现SK、ME、MF、MK等系列中小轮拖新产品销售12 268台，新产品贡献率66.41%,市场占有率22.7%，处于行业第一位。柴油机产品产业化方面，完成了国Ⅲ排放标准共轨LR4R、4A、4M、6A、6M系列YM6K、6S、6H系列机型的设计开发与试验验证工作，保障了2018年度的国Ⅲ共轨产品的批量销售，实现新产品销售26 812台，新产品贡献率69.29%。收获机械产品产业化方面，完成了带驾驶室4LZ-5.0/5.5/6.0履带式稻麦联合收割机开发、4LZ-7B/8B横轴流小麦机产品改进升级、4LZ-9A1/9A2单纵轴流小麦机（新驾驶室、新造型、性能提升）试验验证及上市工作。2018年收获机械新产品实现销售1 785台，新产品贡献率95.89%。农机具产品产业化方面，完成了1GK-230侧传动旋耕机和1LFT-440型液压翻转调幅犁开发、试验及定型工作。2018年实现旋耕机、液压翻转犁、秸秆还田机等新产品销售量5 968台，新产品贡献率68.8%。

**【2018年产权制度改革情况】**

**1. 加快资产结构调整** 为推进资产结构和业务规模相匹配，中国一拖实施了公司所属燃油喷射公司、开创科技公司、长拖公司、法国公司、搬运机械公司、姜堰公司等亏损企业或业务的重组、转型或退出工作；同时加大对非主业资产和低效资产的处置工作。按照企业层级“压减”专项工作要求，2018年完成了所属姜堰公司、长宏公司、信诺公司、拖汽公司4家公司的注销工作。

**2. 整合优化内部优势资源** 为提升运行效率、加快扭亏脱困，中国一拖对内部铸造、锻造业务进行资源整合，成立铸锻厂；基于经营实际，充分发挥公司在液压缸、传动轴及变速器等方面优势资源，重组相关资源成立了传动部件厂。同时，为提高遗留问题管理效率，加快相关资产的处置力度，成立了资产运营中心，对清退单位形成的留守机构进行集中管理，提高了管理效率。

**【主要管理经验等】**

**（一）战略管理**

**1. 为规划及年度目标落地提供保证** 为提高战略任务对目标的支撑度，着眼于公司转型升级的战略需要，重新审视规划的可行性和适宜性，完成了公司“十三五”规划中期评估报告及规划调整方向等工作；组织完成年度业务计划季度跟踪落实、2019年度业务计划编制、产业政策研究等工作。

**2. 强化战略落地的组织保障** 为快速推动新一代动力换挡产品国产化，国Ⅳ、国Ⅴ柴油机产品研发及商品化进程，相继成立专门的工作推进机构。同时，着眼于未来智慧农业发展的趋势，推进智能装备业务发展。

**3. 战略性项目取得阶段性成效** 以《中国一拖“十三五”规划》为引领，一批打基础、利长远的主机及关键零部件高端制造项目陆续建成投产。聚焦产品核心技术突破，动力换挡产品系列化、商品化进程稳步推进，无级变速、无人驾驶、“超级1号拖拉机”等具备国际先进水平的新型拖拉机产品的研制和亮相，为提高公司高端产品供给能力提供了有力保障。

**（二）财务管理**

**1. 加强成本和“两金”管控** 通过持续推进以价值链为核心的成本优化管理，2018年成本优化实现2 100万元。强化“两金”管控，严控规模增长。2018年年末两金占用36.5亿元，同比减少2 000万元。逾期应收账款6.7亿元，同比下降17%。

**2. 拓展融资渠道和融资方式，支持公司业务发展** 完成了6亿元中票(期限3年，利率5.3%)发行，有效改善集团公司融资结构，降低融资风险。2018年融资规模增加3个亿，其中，中长期借款占比 35.68%，比年初增加 18 个百分点；融资成本率 4.18%（利息支出口径），低于当前市场平均融资水平。

**3. 加强政策研究与项目运作，努力创造财务收益** 系统研究国家"营改增"等财税改革政策，合理组织筹划运作，为减轻税收负担，实现企业经济效益最大化发挥了积极作用。2018 年中国一拖争取到增值税留抵退税上限金额 3.6 亿元（股份公司成为洛阳市唯一一家退税比例 100% 的企业，其余企业最高退税比例仅为 60%），有效补充公司现金流，缓解经济下滑带来的资金压力。

**（三）质量管理**

**1. 实施体系标准换版，建立新版标准文件化质量体系，夯实质量管理基础** 中国一拖所属一拖股份公司质量体系文件，包含质量手册 1 份、质量管理程序 16 份、质量管理办法 28 份。同时，将燃油喷射公司、柴油机公司、拖研所公司纳入一拖股份公司整体认证范围内并顺利通过第三方认证。

**2. 对标国际先进企业，建立产品故障数、Q-PPM 等质量管理指标的评价体系** 质量管理对产品改进工作的针对性、有效性不断增强，聚焦重点、难点质量问题，加快改进提升速度。其中：小麦收获机整机故障率同比下降 87.1 个百分点；大拖两驱产品转向液压缸、组合仪表、水箱及 MF 散热器总成等故障数均呈不同程度下降。东方红 LF904/LF954 系列轮式拖拉机项目获得 2018 年度"国机质量奖"项目奖。

**3. 实施质量创新协同，开创质量工作新局面** 利用工业工程方法推进精益管理，2018 年在工业工程创新方法实践应用方面取得实效，荣获洛阳市第一届工业工程创新方法大赛一等奖 2 项、二等奖 3 项及优秀组织奖；荣获首届中国创新大赛河南分赛区二等奖 4 项，三等奖 7 项。

**（四）人力资源管理**

**1. 以机构重组、业务整合和资源优化为牵引，提升劳动效率为基础，推进人员总量与结构优化调整** 为使人员规模和业务规模相适应，2018 年中国一拖根据对市场和业务的预判，实施了人员结构优化和压减工作，降低人工成本，全年从业人员总量较年初下降 20.9%，人工成本同比下降 8.96%，进一步盘活人力资源存量。

**2. 搭建、畅通人才成长通道，开展各类人才推荐工作** 2018 年先后向国机集团、河南省、洛阳市推荐各类优秀人才 64 人；加强多通道成长平台建设，组织评选出第四届多通道职务人员 355 人，修订多通道人才的管理、激励机制，充分发挥多通道人才在各业务板块的作用。

**3. 探索创新培训模式** 在培训调研基础上，围绕分层分类培训原则，按照"学习—分享—研讨—行动"四位一体的学习路径，开展系统培训、技能培训以及各类专项培训，为公司各项业务的发展提供人才支撑。

**（五）采购管理**

**1. 实施采购类别整合和供应商队伍优化** 通过集采平台，完成 12 个物资集中整合，涉及采购规模 2.19 亿元。类别整合淘汰供应商 53 家，集中采购率达 85.03%；生产类物资供应商淘汰率 8.4%；辅助生产类供应商淘汰率 6.3%；全年综合降本幅度达到 5%，年降本额 242.91 万元。

**2. 深化采购管控系统的应用，规范采购业务的操作与监控** 推进 SRM 系统的应用与开发，规范供需双方的合作，降低供应链运行成本；创新招标模式，强化竞争机制，积极开展招标采购业务，实现上网采购率 86.96%，公开采购率 56.55%。

**（六）党建工作**

2018 年，中国一拖党委深入学习贯彻习近平新时代中国特色社会主义思想和党的十九大精神，全面贯彻落实全国国有企业党的建设工作会议精神、全国组织工作会议精神、全国宣传思想工作会议精神，以及国机集团党建工作会议精神，持续加强党的建设，为中国一拖转型升级提质增效提供了坚强保证。

截至 2018 年 12 月 31 日，中国一拖党委现有基层党委 20 个（含托管 1 个），党总支 5 个（其中，直属 4 个），党支部 333 个（其中，直属 24 个，直属中含托管 2 个），党员总数 7 866 人，其中，在岗职工党员 4 254 人。

**1. 加强政治建设，党委领导核心和政治核心作用进一步突出**

（1）深入学习贯彻习近平新时代中国特色社会主义思想和党的十九大精神，做到了"五个全覆盖”。即各级领导人员集中宣讲全覆盖，共组织党的十九大精神宣传或报告会 384 次，各类培训班 281 次；集中专题研讨全覆盖，各级党组织开展集中专题学习 103 次，其中专题研讨 78 次；各级领导人员讲党课全覆盖，各级领导班子成员深入基层讲党课 181 人次；学习培训全覆盖，举办两期十九大精神集中轮训班（每期 5 天），共 174 名中层及以上领导人员参加；学习宣传贯彻活动全覆盖，各基层党支部共开展各类学习培训 718 次，参与党员群众共 18 175 人次，进一步增强广大党员干部职工理论学习的思想自觉和行动自觉。

（2）坚决贯彻落实中央和上级党组织重大决策部署。制定发布《中国一拖集团有限公司党委贯彻落实 < 中共中央政治局关于加强和维护党中央集中统一领导的若干规定 > 的实施意见》《中国一拖集团有限公司党委意识形态工作责任制和网络意识形态工作责任制实施细则》，教育引导各级党员干部自觉承担“两个维护”的政治重任，进一步增强“四个意识”，坚决做到“四个服从”。

（3）进一步发挥党委领导核心和政治核心作用。专题部署推进所属企业党建进章程工作，38 家单位均完成公司章程的修订工作。修订完善党委会议制度，健全党委常委会、董事会、总经理办公会议事规则，确保党委研究讨论作为企业决策重大问题的前置程序，2018 年，中国一拖党委共召开党委常委会 35 次，研究干部任免、战略决策、投资计划、管控模式调整、大额资金使用等重大事项 66 项，有效发挥党组织的把关定向作用。

**2. 全面从严治党，党建主体责任和监督责任进一步落实**

（1）落实“党建质量提升年”深化行动。根据国机集团“党建质量提升年”深化行动方案要求，制定发布《“党建质量提升年”深化行动实施细则》，对公司党建工作进行摸底排查，梳理出制度修订、工作改进、补齐短板等细化措施 90 余项。组织各级党组织全面进行自查互查，在自查互查基础上，加强学习交流，统一思想认识，对照标准、立行立改，促进公司整体党建工作质量提升。

（2）落实党建工作责任制。修订完善《党建工作责任制实施意见》《履行全面从严治党主体责任清单》，进一步明确各级党组织履行全面从严治党主体责任。全面推行党组织书记抓党建述职评议工作，开展好四个层级的党建述职评议工作，实现所属党委（总支）书记现场述职 3 年全覆盖。2018 年党委班子成员先后 165 人次深入分管系统、联系单位进行现场调研，向所联系单位党组织送达《全面落实主体责任，认真履行“一岗双责”》的书面信函，督查指导联系点基层党建工作，认真履行“一岗双责”。

（3）完善党建工作制度体系。2018 年对公司党建工作制度进行了系统梳理，修订完善了《所属党组织换届选举工作实施办法》《基层党组织工作经常性督查指导办法》等 28 个制度，建立健全包含 68 项党建制度在内的党建工作制度体系，确保党建工作有章可循。同时抓好各项规章制度的贯彻执行，保证各项制度落到实处。

**3. 围绕中心任务，宣传思想文化的引领作用进一步增强**

（1）创新党委中心组学习形式，不断提高领导班子理论素质和领导能力。以加强公司领导班子思想政治建设为重点，坚持中心组学习制度，修订完善党委理论学习中心组学习意见，丰富学习内容，创新学习形式，细化学习要求。在 2017 年党委班子成员轮流进行读书分享的基础上，2018 年又开展专题分享，形成良好的学习示范效应。领导班子成员分别围绕学习贯彻十三届全国人大一次会议精神、党的十九大精神、习近平新时代中国特色社会主义思想、习近平总书记全面深化改革重要思想、“一带一路”国际合作、精益生产管理、丰富机具业务产品谱系、“两化”融合管理体系等主题进行专题分享；集中学习研讨中纪委十九届二次全会精神、《中国共产党纪律处分条例》、新《宪法》等内容，通过学习分享，统一思想，提高认识，落实全面从严治党要求，推进企业改革发展创新。

（2）开展形势任务教育，员工应对困难和挑战的思想进一步统一。开展“不忘初心，牢记使命，打赢转型升级提质增效攻坚战”形势任务主题教育，以为用户提供高性价比产品为着力点，引导全体员工坚持战略导向、市场导向和问题导向，创新思路和方法，为打赢转型升级提质增效攻坚战营造舆论氛围。聚焦“形势任务”“市场用户”“使命任务”“信心亮点”和“创新驱动”五个方面，全方位、多层次开展形势任务系列报道，进一步凝聚职工信心。组织“形势任务教育宣讲团”宣讲进一线、到班组。举办“东方红为梦想永拼搏”文艺汇演，突出形势任务教育内涵，进一步鼓舞员工士气。《拖拉机东方红的前世今生》在新华社客户端进行发布、无人驾驶拖拉机在中央一套《机智过人》节目播出，对外很好地宣传公司产品和形象，对内有效提振员工士气和干劲。

（3）加强思想政治研究，政研会课题研究不断向企业经营聚焦。以班子成员为课题负责人，重点围绕企业经营重点、难点、热点问题开展研究，确定《深化“用户至上”文化建设，打造新形势下“金色服务”品牌》《发挥党建引领作用，着力培育创新发展新动能的实践和探索》《创新“双创”活动，助力打赢转型升级提质增效攻坚战》等30项课题，积极探索思想政治工作的新途径、新方法，促进企业科学发展。组织完成第二届中国一拖党建政研会换届工作，修订《中国一拖党建思想政治工作研究会章程》，通过选举产生新一届理事会理事19名，会员单位32家。

（4）认真做好统战工作。坚持开展年度统战工作信息统计工作，更新完善中国一拖统战人员数据库。组织开展“爱企业、献良策、做贡献”主题活动，充分调动统战人士的积极性和创造性，听取他们的意见和建议，让统战人士真正参与到企业发展中来，推动公司高质量发展。组织开展每年一次的穆斯林开斋节聚餐活动，增强民族团结。全年接待海外华裔青少年中国寻根之旅、台北中山黄埔文经交流协会访问团、西藏喇嘛团、新疆哈密团等民族宗教、侨胞侨眷人士参观访问150余人。陈宁、董思宏代表中国一拖出席河南省与非洲国家国际合作洽谈会，有效发挥外事侨务工作在企业发展经营中的促进作用。

**4. 加强组织建设，促进整体素质提升**

（1）加强基层党组织建设。严格基层党组织届期管理，健全基层党组织班子，选优配强党组织书记。修订印发《中国一拖党委所属党组织换届选举工作实施办法》，对所属福莱格公司、中收公司、汇德公司等6家党委（总支）的换届工作进行了督导，对委员出缺的党组织的委员增补工作进行了监督，实现全部按期换届。制定并落实《党支部工作细则》《基层党组织工作经常性督查指导办法》《党员“亮身份、亮承诺、树形象”主题实践活动实施方案》和《关于设置党员活动室的实施意见》，部署开展“迎七一”系列主题活动，组织基层党支部认真开好组织生活会和年度民主评议党员工作，坚持落实“三会一课”，不断推进党支部建设标准化、规范化。

（2）领导人员队伍结构进一步优化。深入贯彻落实全国组织工作会议精神，将国有企业好干部“20字”要求和“忠诚干净担当”要求融入新制定的《党委工作规则》中，突出政治标准，严格规范干部选拔任用程序和办法。严格届期管理，以选聘与竞聘相结合的方式对到届的职能部门和所属单位领导班子进行换届。通过换届中层副职岗位压减11个，调整68人次，平均年龄下降近3岁，人员结构得到优化，干部干事创业的活力和激情显著增强。加强优秀年轻干部的培养，举办第四期高级管理人才培训班，形成了与高校联合办学、在线培训、岗位交流、挂职锻炼、导师带徒、课题研讨、“行动学习”等多种方式相结合的人才培养体系。

（3）党务工作队伍的专业素质进一步提升。加强党建工作机构设置和力量配备，形成专兼职合理搭配的党务工作人员队伍。注重党务工作人员培训，针对国机集团党建信息平台、党内统计等内容组织专项业务培训；加强基层党支部书记培训，组织203名支部书记进行集中培训，通过理论学习、交流分享、音像教学和观摩教学等方式，加强党建工作与经营工作的融合，不断促进党务工作人员队伍素质和能力提升。

（4）共产党员队伍先锋模范作用进一步发挥。制定《发展党员工作实施办法》，突出政治标准，重点在生产一线、经营管理一线、无党员班组和优秀青年知识分子中确定发展对象，2018年共发展党员87名，实现党员发展全程纪实。制定《党员教育培训工作实施意见》，各级党组织以“两学一做”学习教育常态化制度化为抓手，组织党员全方位“亮身份、亮承诺、树形象”，不断强化党员队伍建设，并通过党员立项攻关、生产突击、岗位创新岗位创效等活动，带领党员在打赢转型升级提质增效攻坚战中争先锋做表率。

（七）信息化工作

2018 年，中国一拖信息化建设贯彻落实公司“十三五”规划和年度工作会议精神，积极探索云计算、大数据、移动化、物联网和人工智能新技术应用，加强信息系统的集成共享，加快推进信息化与管理业务融合，促进管理水平提升。精准农业平台入选 2018 年国家工业互联网试点示范项目、2018 年物联网集成创新与融合应用项目。中国一拖所属柴油机智能装配一车间入选 2018 年河南省智能车间。

**1. 建设精准农业平台** 完成智能终端产品加装立项、测试，协同推进智能终端产品加装。优化平台功能，调整数据，提高数据准确性；制定智能终端与平台的通信协议、接口标准；编制系统使用手册；走访经销商、农户，培训和推广平台应用。

**2. 推进 MES 平台建设** 完成大拖厂机加车间、中小轮拖厂、驾驶室工厂、柴油机公司 MES 上线运行和验收。制定机加 MES 实施方案，统筹 MES 在零部件厂的应用。编制工控系统数据接口标准。大轮拖智能制造应用新模式项目完成验收。

**3. 推进 ERP 系统实施和深化应用** 实施推进公司内供应链采供协同，大拖厂、中小轮拖厂、柴油机公司、车身厂和齿轮厂业务协同上线运行。推进中收公司 ERP 深化应用，优化销售业务、发票预制业务，实现与 EAS 集成。

**4. 实施仓库作业系统平台** 统一仓储条码平台应用，制定技术方案并组织实施，实现供应商 VMI、供应链协同、来料检验（IQC）、WMS、移动仓储条码等功能，实现和 ERP、MES 系统集成，满足业务单位对仓储管理、供应商寄售管理及与供应商供需协同的需求。

**5. 实施备配件电子商务系统增强开发** 优化系统功能，将中收公司业务纳入应用范围，大拖厂、中小轮拖厂、柴油机公司持续改进、规范系统应用，零部件厂与主机厂协同开展数据发布。2018 年共新增机型 4 550 个，整机 51 693 个。

（八）企业文化建设

2018 年，中国一拖围绕企业中心工作持续推进企业文化落地，通过深入推进职业化员工队伍建设，坚持发布企业文化典型案例，深化企业文化考评体系建设，为企业持续、健康发展提供文化支撑，文化保障体系建设不断加强。

**1. 深入推进职业化员工队伍建设** 进一步规范职业化员工评选流程，定期组织召开优秀职业化员工推介评选会，评选出季度优秀职业化员工 40 名，年度十佳职业化员工 10 名和优秀职业化团队 10 个。利用报纸、电视、内网等媒体宣传报道优秀职业化员工的先进事迹，扩大优秀职业化员工的影响力。

**2. 发布企业文化典型案例，推进文化理念落地** 编纂发布《文化印记（中国一拖企业文化案例汇编）》，从高绩效文化建设、文化推进、职业化建设、质量理念、营销理念、采购理念、服务理念等方面收录建厂以来企业文化典型案例 90 篇，为进一步弘扬优秀文化，做好企业的精神接力和文化传承明确方向。持续做好企业文化建设典型案例的挖掘、整理和发布工作，利用报纸、公司内网、微信企业号、OA 论坛等宣传平台发布《打通特殊配置产品评审的绿色通道》《小相册背后的文化解读》等 12 篇企业文化典型案例，促进全员职业意识和素养的提升。组织开展第四届企业文化案例大赛，评选出优秀案例 25 篇，助推先进理念落地。

**3. 深化企业文化考评体系建设** 根据《中国一拖集团有限公司企业文化建设考核评价办法》要求，2018 年完成对 13 家公司职能部门和 23 家所属经营单位的企业文化考评，并逐一反馈考评结果，提出工作改进意见 283 条，整改措施 283 条，通过考评引导、监督评价，推进中国一拖“三位一体”企业文化组织领导模式有效落实。

**5. 开展“弘扬优秀文化，查杀糟粕文化”企业文化实践活动** 2018 年，组织开展“弘扬优秀文化查杀糟粕文化”企业文化实践活动，对梳理出的 6 类 16 项 38 个糟粕文化现象，各级党组织通过召开领导班子专题民主生活会、支部组织生活会，直面问题、对照反省，制定了查杀措施，努力扫清影响企业运营效率提高的各种文化障碍，为各单位有效深化企业文化建设提供方法。

**（九）社会责任工作**

2018年，中国一拖不断增强公司社会责任感，推动企业经济效益、社会效益的和谐统一。有效防范安全生产风险，确保全体员工职业卫生健康和安全，热心参与社会公益事业，参与构建和谐社区，助力打赢脱贫攻坚战，传递企业发展正能量。热心参与社会公益事业，参与构建和谐社区，助力打赢脱贫攻坚战，传递企业发展正能量。

**1. 牢固树立安全、绿色、健康发展理念** 强化“党政同责、一岗双责、齐抓共管、失职追责”安全生产责任体系建设，健全安全风险分级管控和隐患排查治理双重预防机制，切实有效防范安全生产重大风险。2018 年，中国一拖安全环保、职业健康形势总体稳定。全年未发生重伤以上生产安全事故，未发生环境污染事件，无新发职业病；中国一拖获得国机集团 2018 年度安全生产目标责任考核一类企业优秀单位第一名；大拖装配厂机二车间机加四班组荣获中国安全生产协会“安全生产标准化优秀班组”称号。

**2. 深化职工帮扶和送温暖活动** 2018 年，中国一拖发挥帮扶基金作用，为生活困难职工发放救助款，全年救助 1 280 人，发放各类救助款 185.62 万元；组织开展国机爱心基金捐款活动，募集资金 51.27 万元；审核互助互济基金会资料 1 117 份，发放救助款 28.30 万元；利用全总、省总、市总和国机集团帮扶机遇，深入职工家庭慰问 15 户共计 4.7 万元；设立“幸福十号”幼教爱心班，继续实施职工子女幼儿园学费优惠政策；深化“金秋助学”活动，为职工子弟发放东方红未来基金。

**3. 履行央企责任，开展对口扶贫** 2018 年，中国一拖作为河南省洛阳市栾川县潭头镇纸房村的定点帮扶单位，组织 19 名员工与纸房村贫困户开展结对帮扶活动，定期进村入户对纸房村贫困户实施“一对一”精准扶贫，结合贫困户致贫原因和自身实际，分类制定脱贫计划和措施，并送去家庭生活用品、学生学习用品共计 3 万余元；公司帮助纸房村销售红薯粉条、玉米糁、豆腐等农副产品价值 90 余万元，增强了贫困户自我“造血”能力。对于前期捐赠的拖拉机等农业机械持续跟踪保养、维护，培训农机手，完成小麦收割、麦秆打捆 120 余亩；与纸房村党支部进行“基层企业与基层农村”党建交流活动，助推基层党建工作进步。

# 苏美达股份有限公司

**【基本情况】**

苏美达股份有限公司（简称苏美达股份），经过 40 年的发展，已成为专注于贸易与服务、工程承包、投资发展三大领域的国际化、多元化现代制造服务业企业集团。围绕三大领域的发展，苏美达股份一方面通过持续投入和建设，不断增强在市场营销、技术研发、生产制造、品牌建设、投融资运作等方面的核心能力，拥有全球化营销网络、自主研发中心、测试中心和核心产品制造工厂；另一方面，着力打造贸易、实业、技术以及投融资相结合的卓越人才队伍，创新推动公司治理、体制机制、组织架构、管理体系、企业文化和信息系统再造，构筑企业有质量、可持续发展的牢固根基。

**【主要指标】**

2018 年苏美达股份主要经济指标见表 1。

表 1　2018 年苏美达股份主要经济指标

| 项目 | 2017 年 | 2018 年 | 同比增长（%） |
|---|---|---|---|
| 资产总额（万元） | 4 131 594.44 | 4 271 922.24 | 3.40 |
| 净资产（万元） | 698 902.87 | 846 897.53 | 21.18 |
| 营业收入（万元） | 7 408 571.31 | 8 195 887.51 | 10.63 |
| 利润总额（万元） | 143 247.22 | 176 286.00 | 23.06 |
| 技术开发投入（万元） | 35 702.33 | 28 922.10 | -18.99 |
| 利税总额（万元） | 232 809.98 | 235 217.71 | 1.03 |
| EVA 值（万元） | 86 527.76 | 85 819.61 | -0.82 |
| 全员劳动生产率〔万元 /（人・年）〕 | 12.30 | 21.80 | 77.24 |
| 净资产收益率（%） | 16.73 | 15.95 | 减少 0.78 个百分点 |
| 总资产报酬率（%） | 5.22 | 5.81 | 增加 0.59 个百分点 |
| 国有资产保值增值率（%） | 110.18 | 111.78 | 增加 1.60 个百分点 |

**【改革改制】**

为推动企业提质增效、转型升级，实现高质量发展，围绕苏美达股份“十三五”发展战略，推进各项改革改制工作。

**1. 财务管理方面**　通过修订资金占用考核管理办法，优化金融资源配置；制定资产负债率压控管理办法，明确投资管控措施和可分配利润留存比例。2018 年年底，逾期两金余额 17.2 亿元，同比减少 11.5 亿元；资产负债率 80.6%，同比下降 2.6 个百分点；亏损企业数 13 家，同比减少 7 家；亏损额 1.4 亿元，同比下降 59%。

**2. 人力资源方面**　出台苏美达股份岗位管理办法、薪酬管理办法、绩效考核办法等配套制度，初步实现“六定”“三个人人”的目标。重视并加强中高管人员的领导力发展，以提升管理人员趋势洞察力、战略决策力和组织领导力为目标，成功举办“达人远航”中高管系列培训班。

**3. 信息化建设方面**　与德勤合作，依托 ORACLE 平台开展信息系统建设工作，完成了新闻门户、协同办公、费控报销的首期上线。配合经营管控需求，持续优化系统建设，轻纺海外供应链加工系统投入使用，实现了海外加工订单生命周期的系统管理。

**4. 风险防范方面**　通过合规与风控监管中心的运转，构建了全面有效的风险预警和防控体系，配合海关“龙腾行动”，有效打击商标侵权案件；配合上市公司开展年报审计、内控审计、专项审计，加大审计成果运用，促进价值提升；开展纪检监察专题培训，组织党建纪检综合知识测试，健全完善监督管理体系。

**5. 制度建设方面**　陆续出台了《资金占用考核管理办法》《资产负债率压控管理办法》《担保出运管理办法》《进料加工管理办法》《非经营性采购管理办法》和《公开招标管理制度》等一系列规章制度，规范了流程，加强了管理。

**【重大决策】**

**1. 与大连海事大学签署战略合作协议**　2018 年 9 月，大连海事大学党委书记郑少南一行赴苏美达股份参观访问，党委书记、董事长杨永清与副总经理、江苏苏美达船舶工程有限公司（简称船舶公司）董事长金永传携船舶公司与扬州滨江造船公司多位领导参加交流。双方领导共同参与苏美达股份与大连海事大学战略合作协议签署仪式。苏美达与大连海事大学的战略合作，是贯彻落实《国务院办公厅关于深化产教融合的若干意见》的重大举措，也是落实江苏省人才战略的具体步骤，是校企合作政策的进一步落地，意义重大。

**2. 与华为技术有限公司签订全面合作协议**　5 月，与华为技术有限公司（简称华为公司）智能光伏业务部签订全面合作协议，双方将充分利用各自在产品制造、清洁能源供应以及光伏智能解决方案积累的丰富经验，形成优势互补，互利共赢，在光伏项目关键部件供应、全球市场及项目开发等维度展开全方位深入合作，共同推动清洁能源产业的健康、可持续发展。

**3. 与杜邦光伏解决方案签署合作协议** 8月，苏美达股份旗下江苏辉伦太阳能科技有限公司与杜邦光伏解决方案签署合作协议，共同推动新技术开发和应用。双方将通过协力创新，进一步提高太阳能电池、组件的效率和可靠性，打造行业领先的高品质光伏组件，促进光伏能源持续发展和更广泛的应用。

**4. 苏美达弗曼尼日利亚有限公司成立** 11月，江苏苏美达机电有限公司（简称机电公司）在尼日利亚投资设立全资子公司苏美达弗曼尼日利亚有限公司。尼日利亚市场是全球汽油发电机组的第二大市场，机电公司的汽油发电机组产品自 2003 年进入该市场后，以客户需求为导向，以品牌带动销售，逐步成长为非洲汽油发电机第一品牌，市场占有率连续多年居非洲市场首位。为了更深入市场一线，发现市场新变化，挖掘客户新需求，机电公司对尼日利亚销售模式从远程海外销售转变为本土化营销和服务。FIRMAN 成为首家能在尼日利亚提供官方售后的中国品牌，在为消费者提供优质服务和售后保障的同时，兼具海外一线的商务功能，更快更好地把握市场变动，在尼日利亚这个非洲第一大市场上不断发掘新的商机。

**5. 越南项目启动** 越南项目是江苏苏美达轻纺国际贸易有限公司（简称轻纺公司）积极响应“一带一路”倡议，持续践行国机集团“再造海外新国机” 重大战略部署，是推进轻纺公司六国制造、分担国际贸易风险的又一根据地。9月，越南项目启动，分二期投入，计划 22 条线 1 200 人，预计年产 120 万件羽绒服，第一期已招工 500 多人，拥有 10 条生产线。未来轻纺公司会把先进的管理理念和技术工艺逐步引入越南工厂，与当地资源进行充分融合，优势互补，努力将其打造成当地的标杆企业，为实现轻纺公司长远发展做贡献。

**6. 苏美达国际技术贸易有限公司重庆分公司成立** 4月，苏美达国际技术贸易有限公司（简称技术公司）重庆分公司成立。技术公司重庆分公司的成立积极顺应国家产业梯度转移和制造业转型升级的战略部署，抓住西南地区广袤的市场、庞大的人口红利以及改革发展的新机遇，进一步扩大技术公司在机电设备进口与大宗商品贸易服务的业务影响力和市场美誉度。

**7. 苏美达国际技术贸易有限公司深圳分公司成立** 5月，技术公司深圳分公司成立。该公司的成立，进一步拓展了技术公司在珠三角地区制造业企业客户的设备进口、集成芯片等原材料采购供应链综合运营服务业务，推动技术公司业务模式转型和区域深化。

**8. 新加坡永信贸易有限公司成立** 7月，新加坡永信贸易有限公司（简称新加坡公司）在新加坡成立。作为境外业务运营平台，新加坡公司进一步践行国家“一带一路”倡议，充分发挥国际金融中心资源优势、全球航运中心和大宗商品交易中心的区位优势，持续提升苏美达在机电设备和大宗商品国际贸易供应链运营业务，为境内企业提供优质的技术外贸服务。

**9. 海南苏美达供应链有限公司** 9月，海南苏美达供应链有限公司（简称海南公司）在海口成立。海南公司充分发挥海南自由贸易试验区和中国特色自由贸易港在政策、资源和市场等方面的先天优势，创新优化运营模式，提升公司供应链运营服务增量发展，实现国家、社会、地方、企业及各利益相关方的合作共赢、协同发展。

**10. 苏美达创智厂成立** 3月，江苏苏美达创智服装科技发展有限公司（简称苏美达创智厂）成立。苏美达创智厂地处南京市高淳区阳江镇服装工业园，占地面积 40 余亩（1 亩 =$666.\dot{6}m^2$）。作为轻纺公司的全资子公司，承袭母公司“以客为尊，品质为先，快时尚”的原则，全力打造智能化、自动化的服装研发和生产基地，目前职工总人数 500 多人，拥有 10 条生产线，计划招收职工 1 000 人，规划生产线 24 条。创智厂 2018 年引进了一批智能化的服装设备，为实现智能化柔性制造打下了坚实基础。未来创智厂将依托公司和当地资源，不断深化在服装领域的改革与创新，努力打造成行业内全新的标杆企业，同时，为改善当地劳动就业、促进高淳经济发展做出更大贡献。

**11. 锂电池智能车间建成达产** 江苏苏美达五金工具有限公司（简称五金公司）投资建设的锂电池组智能车间建成达产，设计产能年产200万台，通过引进国内先进的自动化生产线、智能仓储和信息化系统，实现了MES+ERP+WMS三大系统融通，不仅可以提升质量稳定性，大幅降低人力成本，提升未来在锂电产品竞争中的优势，更将为五金公司持续地提升智能制造水平，逐步实现自动化、智能化生产全覆盖，探索经验，培养干部，发挥重要作用。

**12. 先进制造中心建成投产** 9月，苏美达股份旗下南京金正奇交通设备有限公司（简称金正奇公司）以招标引入的方式与珠海键兴模具塑料有限公司签订供应链协同制造战略合作协议，打造完成公司的“先进制造中心”。10月，先进制造中心正式投产运营，标志着公司与新型战略合作伙伴正式结盟，转型升级实现质的突破。这是落实金正奇公司经营模式变革方案的战略举措，旨在进一步夯实企业在铁路客车转向架关键零部件行业的领头羊位置，同时为军品市场产品的试制、研发、制造等提供重要保障。

**13. 南京高端交通装备新技术研究院成立** 10月，金正奇公司与北京科技大学、浦口经济开发区政府部门三方共同出资成立“南京高端交通装备新技术研究院”，一方面为对接公司实际需求，如利用研究院人才、资金等优势，缩短公司产品开发周期、提高市场快速响应能力；另一方面为轨道交通等行业的新项目引入、新材料开发、企业孵化、专利申请、产业政策优惠、高端人才引进等方面提供平台。研究院的成立与运营，推进了公司专业技术研发平台的建立，进一步实现了产学研深度融合。

**【重大项目】**

**1. 马来西亚62MW光伏电站项目并网验收** 11月，由成套公司总承包建设的马来西亚霹雳州62MW大型光伏电站项目通过电网测试，完成并网验收，正式进入商业运营。该项目为EPC交钥匙工程建设模式，位于马来西亚霹雳州。作为马来西亚并网最先、装机容量最大的大型山地光伏电站EPC项目，该项目的竣工，促进成套公司与业主公司及当地政府部门的合作信任关系，也为成套公司在马来西亚市场的发展，掀开了崭新的篇章。

**2. 俄罗斯乌里扬诺夫斯克35MW风电项目并网发电** 3月，由成套公司和中国东方电气集团有限公司联合承建的俄罗斯乌里扬诺夫斯克35MW风电项目（14×2.5MW），并网发电。该项目位于乌里扬诺夫斯克市东南部郊区伏尔加河东岸地区，是俄罗斯境内第一座风电场。该项目历时18个月，实现并网发电。作为“一带一路”沿线上的重要项目，CCTV4《远方的家》栏目组曾到项目拍摄纪录片。在项目首台机组并网成功后，业主方在乌里扬州文化宫举行隆重的颁奖仪式，州能源局及当地上千民众参与了仪式，仪式上，州政府及业主向苏美达颁发了感谢的奖状，感谢苏美达对俄罗斯第一个风电项目建设做出的贡献。

**3. 签约越南CHP 62MW光伏电站项目** 8月，成套公司签约越南CHP62MW光伏电站项目。该项目装机容量为62MW，预计工期为10个月。项目建成后每年可以发电约9 600万kW·h，将为电力供应匮乏的越南南部提供较为稳定的居民和工业用电，改善用电环境，为促进当地经济与社会发展提供助力。作为越南第一个取得PPA（Power Purchase Agreement）的光伏电站，在当地具有示范和标杆意义。项目建成后，将成为苏美达在越南的一张靓丽名片。

**4. 南京城北污水厂提标改造工程通水试运行** 8月，由成套公司承建的南京城北污水厂提标改造工程正式通水试运行。城北污水处理厂2003年建成通水，负责收集处理长江支流金川河流域的污水。长期以来，金川河水质为劣5类，是入江支流中“最难啃的硬骨头”。本次提标改造主要采用曝气生物滤池系统把出水水质从一级B提升到一级A。作为环保重点督查项目，该项目历时8个月，完成曝气生物滤池的系统设计、设备供货、安装、调试等工作，于6月25号正式通水，通出水达到一级A标准，为打好长江生态保卫战做出了应有贡献。

**5. 中标松江区建筑垃圾资源化利用工程** 10月，成套公司中标“松江区建筑垃圾资源化利用工程预处理生产线成套设备及服务”项目。该项目是上海被列为建筑垃圾处置试点城市后第一个上马的建筑垃圾处置项目，处理规模 60 万 t/d，处理对象包括装修垃圾和拆除垃圾，占地规模约 70 亩。建成后将具备实现松江区大部分拆迁、建设、装修等活动产生的废弃物资源化的能力。该项目作为上海市第一个系统建设的建筑垃圾处理项目，建成后既能有效改善松江区建筑垃圾乱排乱放的混乱现状，又能产生可回收利用的塑料、木材、金属、制砖骨料，实现了建筑垃圾的减量化、资源化、无害化处理。

**6. 中标原煤制气厂地块（除一、二期以外剩余地块第一部分）土壤及地下水修复工程（二标段）项目** 9月，成套公司中标原煤制气厂地块（除一、二期以外剩余地块第一部分）土壤及地下水修复工程（二标段）项目。污染土壤总量约为 79 318m$^3$，其中重污染土壤约 62 636m$^3$；地下水处理工程量约 41 735m$^3$。修复工程以燃气原位热脱附技术为主，并选用原位化学氧化、固化/稳定化、地下水抽出处理等技术。该项目是南京市“263”专项行动目标任务之一，工程完成后，原煤制气厂污染地块将恢复至居住用地、学校用地以及绿地用地标准。作为国内迄今单体修复工程量最大的燃气热脱附项目，该项目的成功实践对我国污染场地土壤及地下水修复工作具有重要示范作用。

**7. 竹园第一、第二污水处理厂提标改造（升级补量）项目通水** 8月，竹园第一、第二污水处理厂提标改造（升级补量）项目顺利通水。竹园第一、第二污水处理厂处理总规模 220 万 t/d，约占上海市日处理水量 1/3。本次提标改造工程采用减量升级总体方案，即竹园一厂、竹园二厂各自减量 60 万 t/d、20 万 t/d，新建 80 万 t/d 升级补量处理设施，总处理规模仍为 220 万 t/d，提标后出水达到一级 A 标准。该项目的顺利通水，对改善区域生态环境、节约水资源具有重要意义。

**8. 3 艘 64000DWT 散货船同日交付** 1月，船舶公司为扬州中远海运重工有限公司（简称扬州中远海运）代理的 3 艘 64000DWT 散货船在扬州同日交付。船舶公司和扬州中远海运为该船东一共建造 7 艘船舶，此次交付的是最后 3 艘。3 艘机动船舶的同日交付，在船厂和船舶公司历史上都是第一次。64000DWT 散货船属于节能绿色环保型的新一代散货船，在业内，其从载重吨吨位上归为超灵便型船。

**9. 68000DWT 自卸散货船交付** 3月，船舶公司代理的一艘 68000DWT 自卸式散货船在南通韩通船舶重工顺利交付于船东美国 Vulcan Materials 公司。该船总长 229m$^2$、服务航速 13.5 节，由世界知名的芬兰 DELTA MARINE 公司设计，区别于传统自卸船，其自卸系统采用舱底布置式，系统主要由液压斗门、振动器、输送带、悬臂装船机、液压水密门等组成，该系统构成复杂、自动化程度高，自卸能力可达 4 500t/h。另外船上配备的高效通风除尘系统和尾气脱硫装置，使该船的环保性能达到行业领先水平。

**10. 第 2 艘“海骆驼”成功交付** 3月，由船舶公司投资建造的第 2 艘“海骆驼”系列 48500DWT 杂货船交付，公司为该艘自建船舶举办命名暨交接船仪式，该船被命名为“通达轮”。船舶公司、德运船务、船管公司、镇江船厂、法国巴黎银行、设计公司及挪威船级社等各方代表出席了本次仪式。通达轮是船舶公司和德运船务合作建造的多用途杂货船系列中的第二艘船，船舶公司根据该系列船目标航线和货物的特点，全程参与该船型的开发、设计、配套选型。因技术特色明显，该船型被其设计方丹麦 OMT 公司称为海骆驼型，寓意该船在同类型船舶中具有最好的适货、适航、节能性能，建成投入运营后，将具备很强的市场竞争力。

**11. 67150DWT 自卸散货船交付** 5月，由船舶公司代理，南通韩通船厂建造出口的自卸船“DONALD M.JAMES”轮交付。这是继该船的姐妹船第一艘“IRELAND”轮 3 月交付后，时隔仅两个月交付的第二艘 67150DWT 自卸散货船。该系列船设计先进、配置豪华、节能环保，是当今世界上最先进的自卸船。据悉，此系列船的第一艘船目前已经在美国港口作业，自卸传输能力达到 6 000t/h，超过设计能力。

**12. 船舶公司 5 条韩国 3700DWT 散货船项目收官** 9月，由船舶公司和镇江船厂合作，为韩国船东批量建造的3700DWT杂货船五号船“TY MERRY”轮交船。该船是该项目中的最后交付的一艘船，为船舶公司5条韩国3700DWT散货船项目画上句号，为船舶公司在韩国的业绩又添上浓重一笔。在接下来的日子里，船舶公司会继续深耕韩国小船市场，利用公司的良好信誉和业绩，不断开发更适合韩国市场的船型，为船东提供量身定制的服务，持续为公司创造效益。

**13. 入围全国供应链创新与应用试点企业** 10月，技术公司入围266家全国供应链创新与应用试点企业之列。作为流通供应链领域的代表企业之一，技术公司扎根机电设备进口和大宗商品国内外贸易两大领域，持续加强与上游制造端、下游终端用户的产业跨界、信息融合和资源协同，提升流通效率、助力精益生产、实现金融赋能，服务产业链、优化供应链、延伸价值链，探索产业链全流程、端到端的商品流、物资流、资金流、信息流“四流合一”流通供应链新模式，为降低产业链全环节交易和流通成本、促进供需精准匹配和产业转型升级做出更大贡献。

**14. 联合主办2018年人啊人·第五届中国教育创新年会，重新定义学校的未来** 11月28日—12月1日，由苏美达股份旗下伊顿纪德品牌与蒲公英教育智库联合主办第五届中国教育创新年会，通过70场演讲，汇集150余位国内外校长、名师、教育研究者，与3 000多位参会者以“人啊人”为主题，直面教育变革的核心区，聚焦教育中“人的可能”，从人的身、心、灵、学校的环境、机制、平台、学习的内容和方式，成长的科学、伦理与美学等维度，重新定义学校的未来。在校长和教育工作者心中，进一步巩固了伊顿纪德教育创新品牌这一定位。活动在取得良好的社会反响同时，还顺势获取大量客户资源。

**15. 伊顿纪德品牌助力国机集团打造教育扶贫的“国机模式”，为国机集团精准扶贫工作贡献力量** 伊顿纪德联合发起的“我请你做梦、美的守护、暖烛行动”等服装捐赠公益项目，全年总计公益捐赠7.3万余件服装，惠及全国680所村小学，2.3万余名村小学师生，辐射国机集团扶贫区域河南固始县、四川广元朝天区、山西运城平陆县5所学校，为国机集团精准扶贫工作贡献力量。

伊顿纪德联合发起的“故事田”儿童哲学教育公益项目服务学校超过3 400所，招募200余名志愿者，惠及32万余人次。2018年11月，“故事田”项目获得“第四届中国教博会SERVE奖”，国机集团因申报此项目获得“2018实现可持续发展目标中国企业峰会促进教育最佳实践奖”，“故事田”及公益捐赠成为国机集团打造教育扶贫的“国机模式”。

**【市场营销】**

坚持“贸工技金”一体化发展模式，以贸易为引领，努力打造贸易竞争新优势，从转型升级和动力转换的要求出发，不断加强市场营销工作，推动业务持续健康发展。

**1. 国际市场开拓**

（1）动力工具板块。在海外细分市场，120V产品在北美与高端装备客户建立战略关系，在加拿大DIY市场获取最大客户的汽油割草机项目，全年美加市场业绩同比增长49%，澳洲市场业务同比增长44%，日本业务增长8%，海外电商业务增长59%，品牌业务增长85%。YARDFORCE割草机器人，全线进入德国市场的前五大DIY零售商，获取德国大型零售商全系列业务，并和亚马逊电商业务相结合，业务同比增长84%。实现了公司在欧洲市场，以高端产品展现自主品牌，提升企业形象的战略意图。

（2）新能源板块。辉伦太阳能品牌国际知名度和美誉度不断提升，在日本PV EXPO、德国Intersolar Europe、美国SPI等国际著名展会中精彩亮相。辉伦太阳能品牌自2014年以来连续被彭博新能源评为Tier1光伏组件制造商；2018年，辉伦太阳能高效多晶组件再次荣获行业最高殊荣——DNV-GL“全球最佳表现制造商”（Top Performer）称号。在欧洲、澳洲、日本等主流市场持续发力，并进一步开拓了巴西、印度、墨西哥等新兴市场。6月，与澳洲领先的组件分销商Supply Partners签订了为期3年总量达150MW的组件供货合约。10月，获日本群马县55MW地面电站项目的组件供应权。11月，与日本大型综合商社丸红株式会社达成6MW高效单晶组件供货协议。2018年共实现海外贸易销售收入约2.3亿美元，对欧洲出口比去年同期增长200%，在澳洲市场占有率稳居前五。

（3）钢铁、建材等产品板块。以客户需求为导向，以主流优势资源建设为龙头，以渠道建设为着眼点，克服价格劣势、汇率波动和贸易保护主义等不利影响，专注细分市场，探索三国贸易，优化商品结构，提高经营效率，发挥技术公司与香港永诚公司两个平台、两种贸易方式的优势，探索全球化资源配给下的国际化经营新思路。钢铁出口 150 万 t，稳居全国非钢铁生产企业出口规模前 3 位，胶合板出口排名全国第 3。

**2. 开拓国内市场**

（1）动力工具板块。在国内，以清洗机产品切入电商业务，2 月 13 日搭建部门，3 月份注册“佳孚”品牌，4 月份产品在京东旗舰店销售，当天网售订单量进入京东车品类目榜单的前 5 强；此后，通过完善产品线、磨合营销体系，在苏宁、天猫等主流平台陆续完成品牌旗舰店布局，与苏宁开展同城合作，启动“我为大桥洗新颜”等事件营销，造势引流，“6.18”京东店庆销量列洗车机行业第一，“双 11”销售进入苏宁渠道榜 TOP3。

（2）新能源板块。提供清洁能源产品与服务 509.5MW，持有电站 40 个，共计备案容量 768.82MW，实际并网容量 810.37MW，累计发电 10.27 亿 kW·h，相当于减少二氧化碳排放 102.4 万 t，为国家绿色发展、可持续发展贡献了央企社会责任。

（3）机电设备进口业务。坚持做大做强传统优势行业，开拓新行业、实现增量发展，建立健全“一带一路”沿线国家和国内“一湾两角三区”（环渤海湾、长三角、珠三角、西南、东南和中部等国内主要经济区）的销售与运营网络，推动客户结构转型升级，实现客户质量、开发效率、盈利能力同步提升，稳居全国机电设备进口代理行业前列，纺织设备、机械加工设备等进口总量稳居全国第一。

（4）大宗商品国内贸易业务。坚持供应链综合服务运营商的发展定位，持续推进各主营商品（钢铁、矿产、煤炭、油品）运营能力提升和业务提质增效，优化客户、市场及业务结构，实现业务规模、经济效益和经营质量进一步提升。全年实现钢铁运营 1 000 万 t，运营量位居全国钢铁流通企业前 10 位。

（5）自主品牌国内贸易业务。伊顿纪德品牌依托“两会”、CHIC 论坛、校服展等平台活动，持续推动“家委会”“服育”的高纬舆论引导和政策影响力下沉。3 月，伊顿纪德品牌受上海市质量监督检验技术研究院（纤维检验所）委托，为国家市场监督总局提出对行业的观察和建议、为全国政协委员就校服变革发声提供素材，持续为行业发声，呼吁完善。2018 年，伊顿纪德品牌先后获得“CHIC 中国设计品质大奖”“江苏纺织服装成长品牌奖”、受邀出席 2018 中国服装大会、以轻中式校服亮相江苏友好城市建交 40 周年成果展。2018 年，伊顿纪德品牌在校园服饰领域的领军地位，已上升到“定义行业标准、传播优秀价值、承担社会责任”层面。

**【科技创新】**

坚持市场化研发导向，持续加强技术研发，极大地提升产品的核心竞争力，也为自主品牌建设奠定基础。截至 2018 年年底，苏美达股份拥有高新技术企业 8 家，专利 322 项，其中发明专利 70 项，2018 年当年，获批专利授权 55 项。

**1. 动力工具板块** 五金公司全年新申请专利 55 项，31 项获得授权，入选南京市首批高价值专利示范中心。五金公司获国家人社部批准，在国机集团贸易板块率先获批国家级博士后科研工作站；与中国农机院围绕定位导航系统等两个合作项目的进展顺利，围绕割草机器人大数据、云平台技术的研发，入选 2018 国机集团重大科技专项。五金公司研发的割草机器人接连获得 TUV 南德和莱茵颁发的全球首张 RED 和 FFU 证书，打破欧盟技术壁垒，成为全球首个符合欧盟机械指令、低电压指令、EMC 指令、噪声指令、RED 无线设备指令的割草机器人品牌商，产品适用性能通过国际权威认证，走在行业最前沿；五金公司自主研发设计的自主品牌产品——ALL IN ONE 多合一高压清洗机获得 2018 年中国工业设计优秀奖，还获得江苏省经信委评定的 2018 年度江苏省工业设计大奖（金奖），该产品和锂电修枝剪共同获评 2018 年德国 iF 设计奖。这些殊荣，展现了五金公司在设计领域的不俗实力。

**2. 新能源板块** 2018年，江苏苏美达能源控股有限公司（简称能源控股公司）获得授权专利4项，授权软件著作权6项，参与制修订行业标准3项。累计获得19项授权有效专利，其中7项发明专利，另有8项发明正在申请中。能源控股下属江苏辉伦太阳能科技有限公司被江苏省发改委认定为“江苏省能源物联网工程研究中心”，并再次被科技部火炬中心认定为“高新技术企业”。

**【管理经验】**

**1. 坚持人才优先** 苏美达股份一直践行“公司的事情员工做，员工的事情公司想”。只要是利于员工成长的事情，公司都愿意去做。因为苏美达是一个在市场中拼搏的企业，只有人才强，企业才能强。帮助员工，成就的是企业。尽最大能力吸引和培养优秀人才，坚持人才优先战略是苏美达发展的根本。

**2. 坚持专注主业** 公司最初从机电设备产品起家，于1998年完成集团化改组，成立了机电、五金、轻纺、成套、船舶、技贸六家子公司，时至今日，这六家子公司仍然是苏美达的核心业务板块；并根据形势的变化，不断优化商业模式，提出贸易为引领、实业为支撑、技术为推动、金融为催化的“贸工技金”一体化发展模式。随着经济进入新常态，从转型升级和动力转换的要求出发，提出做全球产业链的组织者和整合者，夯实产业链竞争力，致力于做细分领域的领先者。

**3. 坚持严格管理** 苏美达管理一直是严字当头。1美元的出口，只能配置1元人民币的资金，超过要罚息；没有信用证、没有预收款，不是船公司的提单，就不能出运；年年开展“四清”，年年清仓理库，对逾期应收和库存有严格的制度规定。

**【企业文化建设】**

2018年是改革开放40周年，也是苏美达成立40周年。公司以此为契机，组织实施以“齐奋斗，共幸福”为主题的系列文化工程。开展“幸福奋斗者”系列视频拍摄活动，邀请80余位公司各年龄段员工畅谈奋斗经历、展望美好未来，最终形成视频6部，通过不同渠道广泛传播。开展“幸福传播者”主题征文和朗读活动，收到文章作品60余篇、朗读作品50余篇，均通过新媒体推送传播，并编印成“四秩春秋谱华章”文集。开展“幸福成长者”员工子女高考学子自强感恩活动，为学子们上好大学前第一课，通过高校专家授课、亲子交流等环节，激励莘莘学子学会自强、懂得感恩。开展“幸福铸造者”社会责任报告发布暨培训活动，结合公司首部社会责任报告，面向利益相关方传递苏美达“幸福责任”社会责任理念和价值，邀请专业人士就社会责任报告的要求、编写内容等方面对公司内部相关人员进行培训。举办建司40周年纪念大会，回顾40年奋斗历程，总结40年发展经验，增强员工归属感和自豪感。

苏美达股份不断加大社会责任履行力度，切实履行企业应尽社会责任。向河南固始县国机励志学校捐赠7 000套伊顿纪德冬季校服。持续推进河南淮滨精准扶贫项目，一期项目开始试运行，计划提供100个建档立卡贫困户就业岗位。扶贫车间已正式运行，截至2018年年底，有员工124人，其中建档立卡贫困户23人，带贫率18.5%。搭建员工志愿服务平台，推出“小水滴”公益形象。踊跃参与海外社区发展、赈灾救危。编制并发布第二部上市公司社会责任报告。通过“全国文明单位”复查，荣获江苏省2017—2018年度慈善精准扶贫“慈善之星”等称号。

**【党建工作】**

苏美达股份党委坚持以高质量发展为主题，以全面从严治党为主线，紧密结合“中央企业党建质量提升年”安排部署和公司改革发展中心任务，把方向、管大局、保落实，充分发挥党委的领导核心和政治核心作用，为公司高质量可持续发展提供坚强保证。认真贯彻落实《中共中央政治局关于加强和维护党中央集中统一领导的若干规定》，始终把政治建设摆在首位，引导广大党员干部进一步树牢“四个意识”，坚定“四个自信”，坚决做到“两个维护”。将巡视整改作为首要政治任务，针对国机集团党委巡视反馈的5个方面31项具体问题，逐一进行研究并制定整改措施，明确责任主体和整改时限，取得良好成效。顺利完成党委、纪委换届工作，选举产生新一届“两委”领导班子，为公司高质量可持续发展提供有力保证。深入贯彻全国国有企业党建工作会议精神，坚持把党委研究讨论作为董事会、经理层决策重大问题的前置程序，2018 年共召开 26 次党委会，累计通过 217 项议案，保证党委在企业重大事项、选人用人上的领导把关作用。全面推进二级、三级企业党建工作进章程，健全党组织议事决策机制，在新成立、新换届的子公司中严格落实党组织书记、董事长“一肩挑”。深入学习贯彻习近平新时代中国特色社会主义思想和党的十九大精神，落实“五个全覆盖”要求，以中心组学习为龙头，原原本本学习十九大报告，专题研讨经济新常态下企业发展环境变化、企业经营风险防范化解、高质量发展等重要内容，真正以新思想、新精神武装头脑、指导实践、推动工作。出台《意识形态工作责任制实施细则》《网络意识形态工作责任制实施细则》等制度，加强对意识形态工作的领导。深入贯彻全国组织工作会议精神，出台《关于进一步激励广大干部新时代新担当新作为的实施意见》，抓好干部选拔、培养、管理、使用关键环节，系统开展达人启航、初航、远航、领航系列培训，努力打造忠诚干净担当的干部队伍和承接公司战略、支撑业务发展的高水平人才队伍。全面提升基层党组织建设质量，积极落实“两个 1%”工作要求，选优配强党组织书记和党务干部，举办示范培训班，抓好党员教育培训，切实发挥基层党组织战斗堡垒作用和党员先锋模范作用。认真贯彻中央八项规定精神，严格执行苏美达股份《关于改进工作作风的实施意见》，驰而不息纠正“四风”，在重要节庆和时点，通过文件、邮件、短信、微信等形式，提醒广大干部严明纪律、廉洁自律；坚持密切联系群众，建立《领导班子基层联系点制度》，班子成员定期开展调研，讲授专题党课。坚决落实党风廉政建设“两个责任”，签订党风廉政建设责任书，扎实开展纪律教育，用好监督执纪“四种形态”，对苗头性、倾向性问题，咬耳扯袖、抓早抓小，对违规违纪行为，进行严肃问责处理，形成有效震慑。制定修订 24 项党建工作制度，全面开展党建工作检查督导和述职评议，推动党建工作责任制落实落地。在国机集团 2018 年度党建工作考核中，公司党委被评为国机集团“2018 年度党建优秀企业”。

# 中国浦发机械工业股份有限公司

**【基本概况】**

1992 年 10 月，原机械电子工业部响应中央号召，与上海市在“部市共建，开发浦东”的大背景下，由全国各省、市机械工业厅局及企业共 200 余家共同出资组建成立了中国浦发机械工业股份有限公司（简称中国浦发）。1997 年中央部委体制改革以后，中国浦发隶属于国机集团，国机集团所占股比为 54.15%。

中国浦发依托上海的区位优势，充分发挥在机械行业中的影响，经过二十多年的辛勤耕耘，现已拥有 14 家控股子公司，职工总人数 1 600 多人，其中工程技术人员占比超过 60%，实现了总公司、子公司同步协调发展的混合所有制结构模式。中国浦发主营业务涉及电力、化工、环境保护、基础设施建设等国内外工程设计及总承包，大宗商品及机电成套设备进出口贸易，以及商业地产和工业园区资产运营。

中国浦发秉持包容、创新、开拓、共赢的精神，

以做强做优国有企业为使命，继续努力打造以资产经营为统领、以工程建设为主线、以贸易和金融服务为协同的平台化资产经营公司，努力成为国内一流的综合服务企业，为同行者创造价值。

【经营业绩与财务分析】

2018 年中国浦发主要经营指标见表 1。

**表 1　2018 年中国浦发主要经营指标**

| 项目 | 2017 年 | 2018 年 | 同比增长（%） |
| --- | --- | --- | --- |
| 资产总额（万元） | 1 707 986.12 | 1 969 093.07 | 15.29 |
| 净资产（万元） | 453 403.26 | 529 257.21 | 16.73 |
| 营业收入（万元） | 852 217.14 | 893 945.86 | 4.90 |
| 利润总额（万元） | 22 440.12 | 21 559.62 | -3.92 |
| 技术开发投入（万元） | 5 177.93 | 6 950.74 | 34.24 |
| 利税总额（万元） | 28 813.69 | 32 694.11 | 13.47 |
| EVA 值（万元） | 8 278.62 | -9 292.30 | -212.24 |
| 全员劳动生产率〔万元 /（人 • 年）〕 | 26.22 | 35.07 | 33.75 |
| 净资产收益率（%） | 6.47 | 3.68 | 减少 2.79 个百分点 |
| 总资产报酬率（%） | 4.63 | 4.21 | 减少 0.42 个百分点 |
| 国有资产保值增值率（%） | 107.99 | 102.59 | 减少 5.4 个百分点 |

【改革改制】

中国浦发 2018 年推动“瘦身健体，压减层级”工作。在存量户数压减方面，截至 2018 年年底，通过股权转让、清算注销等方式完成存量法人户数压减 35 户，全部完成国机集团下达存量压减指标。同时，公司严格控制法人户数总量，2018 年年底合并范围法人户数共计 57 户。

中国浦发收购中国能源 10% 股权，为中国能源后续实施增资扩股做好铺垫。在国机集团领导和组织下，中国浦发与甘肃蓝科石化高新装备股份有限公司（简称蓝科高新）实施重组，国机集团以所持蓝科高新 41% 股权增资中国浦发所属中国能源。同时，上海电气集团股份有限公司（简称上海电气）以现金方式增资中国能源。通过重组，国机集团直接持有中国能源 20% 的股权，上海电气持有中国能源 20% 的股权，中国能源成为蓝科高新的控股股东。

【重大项目】

**1. 白俄罗斯斯拉夫钾肥综合体 EPC 项目**　项目位于白俄罗斯明斯克州柳班市，总投资 16.68 亿美元。项目包括矿山工程、钾肥厂、自备电站、铁路运输、辅助配套设施四大部分，工期 54.8 个月，在 2020 年建成年产能达到 200 万 t 氯化钾的钾盐采矿选矿联合工厂。

**2. 新疆哈密天合投资有限公司年加工 240 万 t 兰炭粉清洁高效利用项目、红星四场新建年产 20 万 t 焦油精深加工及配套项目**　项目位于新疆哈密地区兵团第十三师骆驼圈子产业区，建设直立炉热解装置，年加工 240 万 t 兰炭粉清洁高效利用装置、年产 20 万 t 焦油精深加工及配套装置、荒煤气综合利用装置。

**3. 山东胜星化工有限公司 180 万 t/a 加氢裂化项目**　项目新建 180 万 t/a 加氢裂化装置、新建 120 万 t/a 重整装置、原料预处理装置改造、30 万 t/a 加氢精制装置改造、针状焦装置适应性改造、酸性水汽提装置、硫化氢回收装置、氢提浓装置、针状焦装置配套脱硫以及配套建设的公用工程。

**4. 哈密煤基化工研究院（有限公司）年产 60 万 t 洁净型煤 EPC 项目**　项目位于哈密骆驼圈重工业园区内，建设两条 30 万 t/a 洁净型煤生产线及相关配套设施。

**5. 茂名市循环经济示范中心 EPC 总承包项目** 项目为无害化处理工业危险废物综合处置项目，建设集收运、贮存、焚烧、物化、固化和填埋为一体的综合性处置中心，年综合处理外来危险废物 14 万 t，是国内标杆示范工程，最先进的危废中心。

**6. 中石化天津分公司炼油部油品车间液态烃罐区隐患治理 EPC 项目** 项目包括场地勘察、基础设计、详细设计、竣工图设计、设备和主要材料采购、建筑安装施工和技术服务、临时设施、总包管理。

**【市场开拓】**

2018 年，中国浦发及所属各工程企业着力强化创新驱动，进一步夯实风险管控和基础管理工作，为公司的健康、可持续发展奠定了坚实的基础。

**1. 积极开拓新兴市场** 业务从电源端向电网端、用户端调整，积极发展园区综合能源服务和配售电增值服务。城市改造树立新旗帜，两个多月内完成了 $2km^2$ 的建筑立面改造、道路景观提升、城市亮化等项目改造。经过长期坚守、应对得当、靠前处置，危废处理领域取得新突破，实现了环境业务领域的重大突破。

**2. 积极创新业务模式** “投资 +EPC+ 产业基金”：面对项目开拓融资难的问题，为推动项目快速进展，大胆提出“投资 +EPC+ 产业基金”模式，设立煤炭清洁高效综合利用产业绿色发展基金。

安置房代建开发：面对资质、业绩、实力等受限的问题，设立建设管理公司，为平台承接安置房代建开发项目。

发展运维业务：面对如何获取良性稳定收益的问题探索新业务模式，在光伏行业持续壮大运维业务。

**3. 积极发展原有市场，空分领域重新发力** 经过持续努力，公司承接多个总承包工程项目，实现 5 万等级低温储罐重大技术突破，保证在低温储运领域领先地位，正式进入特大型 EPC 总承包行列。稳定发展热电石化市场。

**4. 努力开展国际化经营项目** 完善项目管理体系，积极进行“二次开发”，办理资质增项；通过对外出口帮助企业重新认识国际标准、标准化作业程序，以及国外项目执行所涉及的相关国家法律法规。

**【科研成果】**

2018 年，中国浦发共计申报专利 26 项，其中包含 7 项发明专利，均已通过初审，同时获得授权专利 15 项，其中包含 2 项发明专利。

**【产权制度改革】**

中国浦发对杭州高新和中机投资重组，通过股权转让方式将杭州高新变成中机投资控股子公司，由中机投资引入新业务，实现杭州高新贸易转型。

中国浦发与国机智能科技有限公司共同将所持苏州电加工股份对国机智能（苏州）有限公司进行增资，公司所持股权对象转换为智能制造。

中国浦发对中浦供销与中浦电磁股权同时调减至 11%，增强了两公司经营自主活力。

**【管理经验】**

**1. 经营管理**

(1)围绕目标快速整合资源。中国浦发以“平台化资产经营”战略为指引，坚持包容创新、开拓共赢的理念，吸引融合了各级政府、金融机构、产业合作伙伴和优秀人才等一系列的重要资源，实现集聚效应。

(2) 投资建设运营一体化，推动产融结合。中国浦发坚持“强大的实业才能支撑强大的公司”的理念，项目是公司相关业务的落脚点，实业是可持续发展的根基所在，2018 年按照“开发、建设、运营联动”的方针，坚持“开发一批、建设一批、运营一批”的策略，增强全产业链的价值创造能力。

**2. 产权管理** 2018 年 3 月，配合国机集团关于国务院国资委产权管理综合信息系统的改造升级，对中国浦发本部以及所属企业已登记和需补录的产权信息进行梳理、核对和修改，进一步完善公司国有产权管理工作。

**3. 人力资源管理** 继续完善和优化人力资源管理体系，加快推荐和完善公司干部选拔任用机制，推进干部交流任职，强化业绩考核和责任追究，探索发现和培育人才的新模式。制定 2019 年中国浦发人工成本和工资总额预算表，加强对工资总额预算执行情况的跟踪管理，不断完善工资效益联动机制。采用多种方式组织开展“浦发大讲堂”，在国家行政学院开展“中国浦发中高层管理干部专题培训班”，提升干部管理能力和综合素养。结合中国浦发实际，对职称评审办法进行了修订，并圆满完成评审委员会换届工作。

**4. 科技创新** 2018年科技投入达7.4亿元，新增科技项目3项，项目投资达1.2亿元。参与由合肥通用院牵头申报国机集团的重大科技专项“清洁能源利用高端装备研发”项目，负责子课题“分布式多能互补清洁供能关键技术研究与示范”，该项目获得国机集团专项经费的批复。2018年，中国浦发获得国机集团知识产权奖励3项，标准制（修）订资助1项，并积极参与“中国机械工业集团科学技术奖”“国机质量奖”申报。

**5. 质量管理** 严格按照工程公司的要求，设置质量管理机构和配备质量管理人员，选择有资质、管理规范和施工经验丰富的分包队伍。参照相关国家、行业标准的要求，建立一套完整可行的质量管理体系。

组织开展质量管理体系标准培训；积极开展质量管理体系外部认证，顺利通过复审；相关工作小组围绕市场开拓、企业投资并购，规避风险，尽量做到100%；国内国外各重大项目按规定定期报告工作进展，确保年度无等级质量、安全、环保事故。

**6. 安全生产管理** 落实“党政同责、一岗双责、失职追责”安全生产责任体系，修订年度安全生产责任书并建立安全生产双向承诺制度。加强安全生产监督检查，对各层级应急管理进行审查和评估，及时落实整改。开展安全应急演练活动。事故发生后，积极做好处理工作，妥善处理善后事宜；严格按照“四不放过”原则，做好事故调查。

**7. 节能减排** 完善节能减排统计监测体系，建立健全制度体系。对所属企业进行全面排查，各项目均符合国家产业政策和当地城乡规划要求。

节能减排指标中，万元营业收入综合能耗为0.000 1吨标准煤/万元，各项节能减排指标控制在责任考核目标范围内。2018年，投入节能减排资金合计270万元，缴纳环保税合计40多万元。

**8. 法律事务管理** 做好合同评审、公司规章制度中法律风险的审查；完善《中国浦发法律事务工作管理办法》；加强法律事务工作的管理，提高法律风险防范能力；深入基层调研，建立公司内部共享的法律资源库；更新完善法务联络平台，完善法治工作体系，提升法律管理水平。

**【党建工作】**

**1. 加强政治建设，提升政治能力** 以党建入章程为起点更好发挥党组织领导核心和政治核心作用情况。积极落实“双向进入，交叉任职”，确保党组织的前置研究。修订完善“三重一大”决策制度的建立健全及执行效果，以及对所属企业的管控情况。强化“四个意识”，深入推进中央路线方针和上级党委决策部署的落实。抓好习近平新时代中国特色社会主义思想和十九大精神学习宣传贯彻，落实国机集团“五个全覆盖”要求。以有力的举措推动国有企业党的建设工作会议重点任务的落实，落实“四同步”要求，贯彻“支部建在项目上”的原则。

**2. 强化思想引领，坚定理想信念** 着力抓好理论武装和思想引领，严格落实党委中心组学习制度。积极组织各项专题培训，广泛开展井冈山党建联合培训等各类活动，加强党员骨干优良传统教育和理想信念教育。开展党委党务工作实训和党建制度培训，提升基层党组织负责人和党务工作者能力。制定意识形态工作实施细则，各级党组织建立党宣队伍，对国机集团和浦发本级“一先两优”评选对象先进事迹进行多维报道，将习近平新时代中国特色社会主义思想贯穿其中，持续抓好思想教育。

**3. 落实全面从严治党责任，提升党风廉政建设水平** 以高度的责任意识，积极配合国机集团党委巡视组做好政治巡视工作，召开党委会，深入推进巡视整改。带头抓好党风廉政建设，党委与各所属企业和总部各职能部门签订党风廉政建设责任书。组织开展党风廉政建设民主测评，开展“一企业一专项工作”和“廉洁宣传教育月”活动。各级领导深入项目一线，讲廉洁教育和风险控制，进行提醒谈话和纪检提示。贯彻国机集团纪检监察培训，主动开展《监察法》培训。

**4. 改进工作作风，密切联系群众** 走好群众路线，不断提升群众组织力。积极深入基层联系点调研，落实联系群众制度。党委班子到基层联系点讲党课，帮助解决难题，将党的声音传到基层一线。

率先垂范，努力提升工作号召力。开展民主生活会，严肃开展批评与自我批评，对照查找缺点不足，整改落实提高；带头营造和谐氛围。

**【信息化建设】**

2018 年，根据公司的管理组织调整，进一步优化调整了公司 OA 系统组织和权限设定，完成了 50 多个流程的功能性修改或重新配置。将 OA 系统 APP 客户端部署在云平台上，规避了内部信息安全风险，提升了用户体验，便利了程序的自主安装。更新了机房 UPS 电力保障设备，实现了核心网络的双机热备，逐步完善了机房管理。

认真贯彻执行国机集团软件正版化工作的要求，持续推进下属机构的软件正版化工作，完成了国机集团统筹的信息化相关的安全配置和优化调整。

**【企业文化建设】**

2018 年，中国浦发以“包容、创新、开拓、共赢”的核心价值观为引领，全面深化企业文化建设。

**1. 文化促发展，提升软实力** 中国浦发组织以文化、战略及管理能力为主要内容的国家行政学院中高层管理干部专题培训班，将党的十九大精神与公司发展紧密结合；举办四期“浦发大讲堂”交流学习培训，组织四期头脑风暴讨论，提升管理素质。

**2. 推动群团工作实现创新发展，创新文化传播途径，利用新媒体优势促进工作形式多元化** 举办“齐拼搏、共幸福”2018 年职工运动会、职工篮球联赛、摄影大赛、三八妇女节女性健康专题沙龙、职工趣味运动会、羽毛球联赛等丰富多彩的群体性文化活动，丰富员工文化生活，促进融合交流。

**3. 围绕经营发展需求，建立一体联动的宣传体系** 加强新闻报道和企业文化宣传，着重发掘和宣传公司“一带一路”沿线项目，全面提升公司及各级企业文化引领经营发展的质量。

**【承担社会责任】**

履行央企责任，助力脱贫攻坚，为河南固始县提供 10 万元帮扶资金；践行国机承诺，共绣脱贫之路，从四川鱼鳞村订购两幅麻柳刺绣；为城乡结对帮扶村送去价值 1 万元的衣物；参加街道区域化党建联席会议，认领两个“梦想漂流瓶”微公益项目；选派优秀党员和积极分子赴希望小学进行送教活动；组织党团青年参与属地街道“微心愿”帮扶活动。

# 中国联合工程有限公司

**【发展概况】**

中国联合工程有限公司（简称中国联合）是以原机械工业第二设计研究院为核心，联合多家国家甲级勘察设计单位组建的大型科技型工程公司，隶属于中央大型企业集团、世界 500 强企业 —— 中国机械工业集团有限公司，总部设在杭州。

中国联合现有员工 6 000 多人，专业技术人员占 95% 以上。曾有 7 位中国工程院、中国科学院院士在公司工作，现有在职中国工程院院士 1 人、全国工程勘察设计大师 7 人、“新世纪百千万人才工程”国家级人选 1 人、享受国务院政府特殊津贴专家101人（其中在职13人）、具有高级技术职称的专家1 020人（含教授级高工164名）。中国联合具有各类国家一级注册工程技术人员1 335人，有美国项目管理专业协会（PMI）认证项目管理专业人士（PMP）76名。

中国联合设有工业工程、民用工程（一、二）、能源工程、工程建设、工业装备、规划市政园林、国际工程等业务板块。作为国内最早组建的国家大型综合性设计单位之一，中国联合设计了以上海电气、东方电气和哈尔滨电气三大动力基地为代表的一大批国家装备制造业骨干企业，设计和建设了300多座电厂，数以千计的标志性民用建筑。经过六十年的纵横驰骋和市场竞争的风雨磨砺，中国联合的服务领域早已从单一的机械行业扩展到各类工业、电力、建筑、市政等二十多个行业，成为国内首批获得工程设计综合甲级资质的企业。中国联合的服务方式也从工程设计向前后延伸到工程建设全过程，在继续做精做强设计咨询业务的同时，还积极开拓工程总承包和项目管理业务，大力提升EPC能力，积极参与国际竞争。

多年来，中国联合始终遵循“与顾客共同创造价值”的经营理念，完成了20 000多项大中型工程；主编（参编）国家、地方和行业标准（规范）100余项；获得国家科技进步奖28项（一等奖2项）、国家级各类工程技术奖100多项、各类省部级奖1 000多项。

在住建部对全国10 000多家勘察设计单位“综合实力和营业收入排名”中，中国联合连年进入百强榜，最高排名在第11位。在美国《工程新闻记录》ENR对“中国工程设计企业60强”的统计排名中，中国联合连年榜上有名，排名在10名左右。中国联合连年被授予“重合同守信用”企业称号，获得AAA企业信用评定等级。

**【主要经济指标】**

2018年中国联合主要经济指标见表1。

**表1　2018年中国联合主要经济指标**

| 项目 | 2017年 | 2018年 | 同比增长（%） |
|---|---|---|---|
| 资产总额（万元） | 1 198 777.99 | 1 064 220.06 | -11.22 |
| 净资产（万元） | 178 263.78 | 195 835.77 | 9.86 |
| 营业收入（万元） | 703 709.05 | 1 018 953.89 | 44.80 |
| 利润总额（万元） | 34 430.06 | 40 890.85 | 18.76 |
| 技术开发投入（万元） | 56 773.90 | 79 739.64 | 40.45 |
| 利税总额（万元） | 51 904.04 | 67 226.91 | 29.52 |
| EVA值（万元） | 37 056.37 | 46 959.07 | 26.72 |
| 全员劳动生产率〔万元/（人·年）〕 | 21.46 | 28.80 | 34.18 |
| 净资产收益率（%） | 17.20 | 18.59 | 增加1.39个百分点 |
| 总资产报酬率（%） | 3.17 | 3.63 | 增加0.46个百分点 |
| 国有资产保值增值率（%） | 115.37 | 117.10 | 增加1.73个百分点 |

**【改革发展情况】**

**1. 以制度建设、流程再造为抓手，持续提高综合管理能力**　董事会办公室规范董事会决策程序，召开董事会18次，落实各项议题；组织外部董事、监事调研，开展董事培训，提升科学决策水平；组织“板块”座谈会，持续做好团队建设，谋划可持续发展；加强人文关怀，做好员工保健体系建设。

认真落实中国联合董事会各项决议，完善和规范公司运作；组织修订2018版规章制度，废止3项，沿用178项，修订47项，新订26项，最终现行有效制度共计16大类251项。完成公司办公场地调整分配，满足各部门办公需求。组织中国联合各类重要会议，参与公司与外部协议签订仪式，筹办大型重要会议，接待公司重要客人百余批次；做好文件的管理、传阅、归档等工作，完成年度各部门印章清理工作，履行承诺为各部门提供 24h 印章服务。

做好各职能部门重点工作的分解和督办工作，持续每月在职能后勤部门推行办公环境 5S 管理工作；做好中国联合移动平台群发短信管理工作，做好每月公司邮政快递核对结算工作，更新公司电话表，完善合作协议酒店名录，做好英文翻译相关工作，完善前台、司机等岗位量化考核制度，持续提升工作绩效。实行生产部门文员岗统一实习培训机制，本年度共培训 3 人。做好国家安全、维稳、信访、统战和保密等工作。

**2. 加强文化宣传、品牌建设和协会工作，不断提升中国联合软实力** 切实把握舆论导向，在中国联合报纸、杂志、网站上开辟党建专版、专栏，对各部门自建的微信、微博、网站等宣传平台进行规范，对上网稿件进行把关，加大对党建活动的报道力度，传递企业正能量。进一步发掘提炼企业文化，加强品牌建设、管理和宣传力度，做好中国联合网站建设，公司更名后发布新的 VI 视觉系统。利用中国联合官方微信公众号等各种媒介，宣传先进人物、重大项目、技术创新等。出版《联合报》20 期、《联合》杂志 4 期；向国机集团信息交互平台、《国机集团报》投稿 50 余篇；更新出版公司综合样本、形象宣传片，做好总承包体系《安全生产标化分册》的编辑工作；重视外宣工作，持续提升公司社会美誉度和影响力。

积极参加各类企业荣誉评选活动，中国联合在住建部 2018 年全国工程勘察设计企业勘察行业排序稳中有升。在工程项目管理合同额前 78 名中列第 11 位，工程总承包合同额前 169 名中列第 15 位；在美国《工程新闻记录》（ENR）和我国《建筑时报》2017 年中国工程设计企业 60 强位列第 13 位、中国承包商企业 80 强排名中位列第 67 名。

**3. 服务中国联合发展战略，逐步建设七支人才队伍** 围绕中国联合五大发展战略，重点培养和打造技术、经营、管理、项目管理、采购、安全管理、党建等 7 支人才队伍。2018 年通过组织培训和考试，共有 121 名经营经理、238 名项目经理和 114 名采购经理，经考试通过取得上岗任职资格。重新调整确定了 437 名协议上岗人员，确定了协议上岗人员“每年一调、能进能出”的管理原则。通过组织选拔，2018 年共提拔任用 17 位中层干部，其中 80 后年轻干部 8 人。修订了《企业年金方案实施细则》，让公司发展成果惠及全体员工。

加强党务工作人员及党员的教育培训工作，开展了习近平新时代中国特色社会主义思想和党的十九大精神学习专题培训班、党务工作专题培训班、团十八大精神专题培训班等。

加强与目标院校、目标专业院系的联系和沟通，坚持中国联合领导定点联系机制，建立校企合作长效机制，全年共计举办校园专场招聘会 31 场，参加现场招聘会 11 场，举办春季公司专场招聘会 1 场。录用 2018 届大学生 206 人，充分利用专业人才招聘网站优势，开展社会招聘工作，完成招聘社会人员 426 人；通过猎头挖掘、RPO 手段，引进紧缺和急需的专业人才 4 人。启动第五届“中联杯”国际大学生建筑设计大赛。

积极实施中国联合人才培养计划，组织各类培训 97 场，4 731 人次参加；与技术质量部、总师办和各专委会共同举办 61 场专业技术培训。持续完成“四库一平台”人员管理、各类注册考试报名及各类执业资格注册，全年完成各类注册继续教育 79 人次；严格加强因公出国（境）管理，办理相关任务审批和报送共计 24 项。

**4. 财务信息化持续深化，财务服务水平不断提高** 应收账款管理系统持续深化、优化，在原有基础上增加两年以上应收账款确权管理模块，为中国联合应收账款管理工作提供了强大的系统支持力度，使中国联合“两金”压控管理工作得到了有效保障，超额完成集团主要经济指标，确保年终实现集团下达的“两金”零增长目标。

受益保函续期管理系统开发上线，极大提高工作效率，保函展续工作化被动为主动，得到有效保障；开发了电子承兑汇票工银聚系统，进一步完善承兑汇票管理；优化预支借款单管理模块并清理预支借款历年旧账，使借款账务更加明晰；开发员工个税抵扣信息导入流程，确保国家个税政策调整有序落地执行；开发部门负责人授权财务事项流程，管理数据更加高效、有序。

财务内部管理分工更加细化、财务数据时效管理不断加强。增加设立分（子）公司板块、后勤管理板块、国联建设板块，财务管理更加贴合、深化。应收账款、保证金数据系统线上实时显示，中国联合管理层、业务部门对应权限数据随时查询，数据精确统一、使用高效；成本数据报表也确保次月第一个工作日出台，随着信息化的不断完善，报表秒出时代可期。

中国联合税务信用评级继续被评定为A类企业，招投标“AAA”信用及银行“AAA”信用；无风险理财实现收益预计超5 000万元；完成2017年度所得税汇算清缴工作以及高新企业研发费用加计抵扣工作，为公司节税超2 300万元；年度各类投资收益超900万元，获地方财政补贴和税收返回超500万元；2018年度再次获得集团财务信息管理先进单位评比三等奖。

**5. 注重技术创新，培育企业核心竞争力** 培育特色业务，5项特色专项阶段成果已完成验收，新增2项特色专项。组织申报国机集团重大科技专项和科技基金项目各1项，其中重大科技专项《F级重型燃气轮机试验条件技术装备的研究》评审通过，并获得国机集团资助1 000万元。杭州市科研院所专项《基于夏热冬冷地区住宅用能方式的围护结构内外综合保温隔热体系研究》通过鉴定验收。改变科研、业务建设项目立项方式，发布《公司本部2019年科研业务建设项目重点选题目录》，提高立项的系统性、针对性，更好地为生产服务。2018年共完成科研业务建设项目61项。做精做强精品工程，组织对外申报工程技术奖120项，获得各类工程技术奖66项，其中获国家科学技术奖二等奖1项，中国机械工业科学技术奖一等奖1项。

通过努力顺利完成高新技术企业再认证工作，做好高新企业和节能减排等日常管理工作。充分运用省市相关政策，组织申报省、市、区级科技资助，持续搭建技术创新平台，中国联合被认定为浙江省省级企业研究院、浙江省省级企业技术中心。申请知识产权58项，其中发明15项、实用专利41项、软件著作权2项；2018年度获授权专利65项，其中发明专利13项，实用新型专利50项，软件著作权2项；新申请主编国家标准2项，正在主（参）编的标准规范19项。

组织工程总承包知识体系编写，完成项目策划、采购等10册作业管理手册、安全生产与文明施工标化手册，30个总承包典型项目汇编的编写。

总师办编写并发布了《民用建筑初步设计深度格式规定》及《民用建筑初步设计及施工图提资料格式深度规定》，使中国联合工程设计技术标准更完善。结合三合一体系换版，修订《公司新版管理体系手册及程序文件》，组织并做好质量体系内审、管理评审等相关工作，顺利完成公司质量、环境和职业健康安全管理体系换版工作。

**6. 高度重视质量、环境和职业健康安全管理** 组织两轮共493人次参加强制性条文、校对及审核资格考试，将工程设计人员资格认定与相关技术考试成绩挂钩，提高设计人员资格认定门槛。加强重大项目特别是总承包项目的全过程设计管控，重点关注EPC项目的施工图审定审查。持续开展施工图产品飞行抽查、抽查图纸折合A1纸7 189张，发现问题603条，并形成设计质量问题典型案例进行展示。对2018年施工图外部审查意见进行收集、统计、分析、反馈及考核，共收集报告467个，杜绝了违反强制性条文的问题。组织各专业技术委员会系统开展专业技术培训和交流61场。结合电子签章出图系统的上线运行更新施工图图签格式，完善档案图号编制办法，共举办16场宣讲会。同时对设计人员在使用过程中遇到的各类问题提供指导和帮助。

经过总师办全体员工的共同努力，2018年审图合同为1 114.75万元，较上年增长91.8%，收入计划达850万元，增长19.4%，完成的审查项目212个，增长68.3%，取得了很好的成绩。

单独设置安全生产部，全面负责中国联合职业健康安全管理体系运行和日常安全生产管理工作。完成安全生产许可证换证工作。完成了新版标准转版后公司质量环境职业健康安全管理体系的认证。重点加大对项目现场，特别是总承包项目的检查力度和深度，完成联合检查139项次，编制《重大项目监控报告》12期，发现一般隐患317项，针对性地提出427条重点注意事项和管理要求，督促各项目部整改落实。加大对成员单位安全管理和安全检查力度，3 次去成员单位检查其工程总承包项目安全管理情况。组织召开中国联合总承包研讨会，组织安全经理及安全管理员培训和资格认定考核，新增安全经理 110 名，安全管理员 128 名。制定年度安全生产投入预算，并严格监督执行，落实国家安全生产费用提取和使用的规定，建立增加安全投入的激励约束机制，改善安全生产条件和环境，确保安全防护措施到位。

**7. 加强生产经营管理，为生产部门提供有力支撑** 完成中国联合及子分公司的工商年报与党建内容入章程登记工作，完成新注册商标 3 项，变更 19 项，续展 5 项，维权 2 次，首获“浙江省信用管理示范企业”；完成工程设计综合甲级、造价咨询等资质的延续与更名工作，完成资质改革后工程咨询单位备案及首次资信评级工作，完成建筑工程施工总承包壹级资质平移至浙江国联建设有限公司工作，获得杭州市全过程咨询企业短名单、余杭区代建短名单、上虞区国有重特大项目预算承包商资格；制定“省级异地备案四优先层级管理计划”；做好省住建厅立项工程总承包课题、完成《工程总承包知识百问百答》手册编制工作；完成中国联合各项排名申报工作，稳中有升，新获“中国建筑业行业先锋奖”。

引入第三方信用查询平台对重要供方进行信用审查和评价，起草公司房屋租赁、效果图、文本打印等集中采购方案，完成公司重要物资和服务的集中采购；实现计奖收入全流程准确统计，完成部门产值划拨、公司资质补贴、项目利润计提、项目设计分包、部门总计奖收入、总承包项目收款奖励工作；完成年度顾客满意度测评报告，完善顾客满意度调查机制；申报并获得“中央外经贸发展专项资金奖励”。

**8. 加强审计法律监督，有效防范运行风险** 开展对中层干部的离任审计和二级部门管理审计；完成设计分包、工程采购合规性、总承包清理、单身公寓入住及房租收取情况的专项审计；完成 G3、G3.2、委内瑞拉工程项目跟踪审计，以及工程总承包项目和二级生产部门的考核计奖审核工作；完善工程总承包项目考核计奖工作流程；编制完成公司《内控权限指引表》。

加强重大项目风险控制，组织项目承接风险评估 82 项，涉及金额 598.33 亿元；重视总承包项目风险管控，组织编制《EPC 工程总承包作业手册（风险管理手册）》，累计完成总承包项目法律培训 4 项（累计培训 500 余人次）；重视联合体项目风险管控，与生产经营部联合制定联合体风险管理制度，并编制联合体选择规则及联合协议模板（2 项），指导业务部门控制联合体项目风险，累计完成联合体合作方资格预审 44 项；防范法律风险，完成总承包合同会议评审 33 项，生产经营合同会签评审 94 项，审查公司各类采购分包合同、招标文件、保函等 2 000 余份，涉及合同金额 470 多亿元；协同各生产部门催收项目应收账款，制作催款函、律师函 20 余项，累计处理项目催款函、律师函合计 30 余项。

**9. 整合信息化资源，提高信息化管理和服务水平** 围绕主营业务生产和管理需求，不断提升协同办公管理系统对业务的支撑能力；新增了 13 个业务管理流程；修改完善了 184 个业务流程；新增业务功能模块 6 个；修改了 27 个业务功能模块；系统年处理人次近 230 万，平均无故障时间达到 99.99%，保障了公司业务持续运转；全面实施了电子图样在线签名工作，整理规划了全公司图样出版的信息化管理工作，并实施了图样电子签字、盖章系统，详细设计了全公司图样的电子签字、签章、打印各环节的流程、文件格式、模板和实施技术细节。电子签章流程正式上线已经有 34 108 多个流程，超过 40 万张图样进行了电子签章，全公司可直接节约打印成本约 200 万元。

为工业一院、二院、物流院新开发了绩效管理系统，为新能源院完成系统拆分及升级，大大提高了系统的运行效率和系统的易用性。为不同板块定制开发了一些新功能，满足他们差异化的需求。

扩展业务支撑能力，为中国联合涉密军工申请完成信息体系和规章制度的建设；做好网络安全体系的建设工作，完成了主要生产数据备份系统建设，发布了信息安全月报，将重点信息安全风险进行明示；完成了公司网络新增和改造工作和所有外地分院 VPN 网络升级，加强了分院同总部的联系；强化公司软件正版化工作，完成了软件核查，将问题明示给各个业务部门，强制推行新购计算机操作系统必须是正版并建立了严格的台账管理，有效规避风险。

**10. 落实“党建质量提升年”深化各项部署，持续提升中国联合党建工作的质量和水平** 严格按照上级党组织党建考核要求，持续学习宣传贯彻习近平新时代中国特色社会主义思想和党的十九大精神，做到五个全覆盖。中国联合二级至四级共 16 家企业全面完成党建工作纳入公司章程工作。

党委发挥领导作用，依规讨论决定公司重大事项。2018 年中国联合召开党委会 29 次，讨论议题 107 项，均已落实；2018 年中国联合召开董事会 18 次，共有议题 42 项，均先由党委会通过后再提交董事会审议；所有“三重一大”等重大事项均先由党委会讨论。

贯彻落实全面从严治党要求。2018 年召开了 6 次党建工作推进会，专题研究党建工作，定期听取党建工作、纪检、统战、工会、共青团、人才等工作汇报。党委书记履行好党建第一责任，党委班子成员履行好“一岗双责”。继续开展好党支部党建工作数字化目标管理，将党风廉政内容分解到《党支部工作目标责任书》，开展党支部党建工作考核、党支部书记述职考核和“两优一先”评比表彰等工作，推动党建工作考核评价向基层延伸。

单独设置党委工作部，坚持落实“三会一课”，广泛开展主题党日活动，开展“一支部一品牌”工作。做好集团和浙江省组织部两个党建信息平台维护工作。建立健全领导班子联系点等制度，定期召开党员群众座谈会，及时解决群众关心和反映集中的重大问题。持续开展“1+N”党员密切联系群众和“1+1”党内帮扶工作。完成了党委纪委类 12 项制度的修订和 15 项制度的新订工作，推动党建工作的规范化、制度化。

纪检监察部完成涵盖框架问责制度 1 个，专项问责制度 6 个，有问责条款的制度 42 个的《公司问责规章制度汇编》；开展设计分包自查和检查工作；在设计分包和大额资金支付相关 4 个流程中，增加纪检监察部审批环节，关口前移，将监督抓在日常；配备专职纪检监察人员 2 名；完成国机集团纪委和浙江省纪委转来 4 件信访件的调查处理工作；成立巡察机构，完成巡察工作建章立制。

按照集团部署，组织扶贫资金和技术力量，完成四川广元市朝天区鱼洞小学和鱼鳞村规划改造、朝天区教育扶贫奖励基金设立等对口扶贫专项任务，把中央和集团关于精准扶贫工作要求和责任落到实处，得到集团的充分肯定。

2 个支部荣获集团先进基层党组织，4 名同志荣获集团优秀共产党员，2 名同志荣获集团优秀党务工作者。电力院一支部党建工作获得集团表彰并作交流发言。

**11. 加强工团建设，促进企业和谐稳定健康发展** 完成中国联合工会和团委换届工作。年初组织完成集团爱心基金捐助任务，帮助 15 名重病困难职工春节前获得了集团爱心基金补助；组织中国联合领导和职能部门干部高温慰问项目工地；委派“浙江工匠”参加上级工会专项培训和“工匠技术服务队”下基层技术指导交流活动；协同人力资源部组织员工代表对后勤两个公司工作进行测评、沟通交流。在后勤管理公司支持下，组织暑托班，解决了部分员工孩子暑假照顾托管需求；联合后勤服务公司，成功申报公司员工餐厅荣获省部属企业工会“员工健康食堂”称号等。2018 年，1 名同志当选集团首批“巾帼岗位明星”，并在集团工会女工干部培训会上介绍经验；协同安全生产部，成功申报并荣获浙江省“安康杯”安全生产竞赛先进单位；7 个一线生产部门荣获省部属企业工会“工人先锋号”荣誉称号。

中国联合团组织开展公司第四届“青年岗位能手”评选和新员工之星、优秀团干专题培训，举办“十佳青年”讲座和电力环保、智慧工厂技术交流沙龙，组织走进四季青项目和 EPC 总承包文渊中学现场参观学习，开展参观新安江水库、寿昌特色小镇“五四”主题团日活动。参加浙江省直机关团工委五四“朗读者”主题团日活动并获得优胜奖，参加团省委、省直机关团工委组织的党团知识竞赛获得优胜奖。组织单身青年参加省直机关、团省委相亲活动和“相约四月、书香正浓”读书活动，为单身青年搭建交友平台。

积极参与各类志愿者活动，参加石桥街道组织的“捐献热血，分享生命”义务献血活动，24名青年共献血8 200CC。2018年，中国联合团委被评为国机集团“五四”红旗团委，3个团支部获得“五四”红旗团支部，4名团员获得优秀团员，3名团干获得优秀团干部荣誉称号。

中国联合各级工会和团组织重视企业精神文明建设和职工文化建设，全年组织元宵灯谜会、健康走湘湖、亲子摄影赛、瑜伽肩颈护理系列课程、足球世界杯竞猜、运动与体质健康讲座、羽毛球零基础培训班、参加滨江区企业羽毛球团体赛等文体活动数十项；成功举办三年一届的中国联合本部第十三届职工运动会，35个代表队共893名运动员齐聚赛场、奋勇争先。组队参加国机集团第六届职工运动会，中国联合38名运动员取得了男女混合团体总分第六名、单项及接力赛1个冠军、3个亚军、多个前6名的历史最好成绩和优秀组织奖，展现了中国联合的精神风貌和团队风采。

**12. 全力做好后勤工作，为生产经营提供有力保障** 后勤管理公司完成了“三供一业”石桥家属区改造和移交工作；完成了宁波、上海、厦门分院的划拨土地出让和产权更名工作；将公司所有公务车辆登记证和行驶证进行了更名；对部分公车进行了公开拍卖；进行了固定资产清理和处置工作；对大楼东西面的走廊进行了改造，对大楼和运动馆的玻璃进行了打胶和清洗并对运动馆屋面进行了全面的维修；完成了对多功能厅音响和投影的改造；新增了公司至单身公寓及地铁口的班车；确保院区的安全、整洁及良好的绿化环境，并坚持做好日常的监督检查；加强了对车辆的管理，对“僵尸车”实施长效管理；组织进行了消防灭火演练、反控演练、电梯关人演练等。

后勤服务公司继续坚持部门提出的“让员工放心、让员工安心、让员工省心”的服务方针。成立综合服务监督小组和后勤招标小组，每月至少进行一次全面大检查；做好调研管理工作，完善供应商管理；完善服务运行机制，员工食堂顺利取得滨江区《食品经营许可证》；完善员工服务沟通渠道，开设后勤员工食堂微信号，通过交流和反馈，员工提出的问题能及时解决；不断创新餐饮服务模式，获评浙江省省部属企事业“健康食堂”称号。

# 机械工业第六设计研究院有限公司

**【基本情况】**

机械工业第六设计研究院有限公司（简称中机六院）创建于1951年，是拥有工程设计综合甲级资质的国家大型综合设计研究院，隶属世界500强企业、中央大型企业集团——中国机械工业集团有限公司。

中机六院现有8个职能管理部门、21个生产部门（其中7个子公司），近2 100名员工，其中，中国工程院院士1人、中国工程设计大师1人、英国皇家特许建筑设备注册工程师协会荣誉资深会员1人、享受政府特殊津贴专家22人、研究员级高级工程师75人、高级工程师566人、各类国家注册工程师1 037人次。

六十余年来，中机六院完成大中型工程项目20 000余项，主编、参编国家和行业标准、规范33项；荣获中国土木工程创新最高奖詹天佑奖2项，国家科技发明奖二等奖1项，国家科技进步奖及优秀工程设计金、银、铜奖25项，鲁班奖12项，各类省部级奖千余项；获得国家授权专利158项，其中发明专利17项，软件著作权登记146项。

中机六院拥有住房和城乡建设部颁发的工程设计综合甲级资质、工程监理综合资质、建筑工程施工总承包一级资质、工程造价咨询甲级资质;商务部援外设计、援外监理等资格;质量技术监督局颁发的压力容器、压力管道设计许可证;同时还拥有城市规划、机电设备安装等资质。

中机六院可承接工程设计全部21个行业和8个专项资质范围内的所有工程咨询、设计、工程总承包、项目管理和工程监理业务。21个行业包括机械行业、建筑行业、市政行业、冶金行业、建材行业、铁道行业、轻纺行业、公路行业、煤炭行业、化工石化医药行业、石油天然气(海洋石油)行业、电力行业、军工行业、商物粮行业、核工业行业、电子通信广电行业、水运行业、民航行业、农林行业、水利行业、海洋行业;8个专项资质包括建筑装饰、建筑智能、建筑幕墙、轻型钢结构、风景园林、消防设施、环境工程、照明工程。

中机六院是国内机床工具、烟草、民用建筑、铸造、无机非金属材料、煤矿机械、重型机械、风电机械、轨道交通装备、石化机械等行业和领域的设计强院,在信息智能化、绿色工业建筑、大型工厂和园区规划、企业生产流程再造、高难度结构、暖通空调、工业除尘、市政和环境工程等许多方面具有国内一流的工程技术。

中机六院秉承“敢为人先,永争一流”的企业精神,竭力“打造国内一流的绿色与智能工程服务商”,为客户提供工程建设领域的全过程、全方位服务,为社会、客户、员工创造更大价值!

**【主要指标】**

2018年中机六院主要经济指标见表1。

**表1　2018年中机六院主要经济指标**

| 项目 | 2017年 | 2018年 | 同比增长(%) |
|---|---|---|---|
| 资产总额(万元) | 127 956.96 | 134 169.02 | 4.85 |
| 净资产(万元) | 87 492.60 | 94 632.38 | 8.16 |
| 营业收入(万元) | 124 623.18 | 123 938.05 | -0.55 |
| 利润总额(万元) | 12 808.10 | 13 057.49 | 1.95 |
| 技术开发投入(万元) | 10 234.83 | 10 585.49 | 3.43 |
| 利税总额(万元) | 9 229.22 | 9 559.91 | 3.58 |
| EVA值(万元) | 13 572.17 | 14 293.58 | 5.32 |
| 全员劳动生产率〔万元/(人·年)〕 | 19.48 | 20.81 | 6.83 |
| 净资产收益率(%) | 13.01 | 12.5 | 降低0.51个百分点 |
| 总资产报酬率(%) | 10.34 | 9.96 | 降低0.38个百分点 |
| 国有资产保值增值率(%) | 113.55 | 113.01 | 增加0.54个百分点 |

**【改革改制】**

**1. 进一步完善现代企业制度**　修订《公司章程》、组织各子公司修订其章程,确保党委充分发挥领导核心和政治核心作用。修订《公司董事会工作制度》《总经理工作制度》,编制《总经理办公会议事清单》,进一步规范董事会和经理层议事决策程序。

**2. 持续推进管理服务平台建设**　不断加强战略、经营、生产、质量、财务、人事、群团、安全等管理工作,深入推动管理的程序化、规范化、精细化,持续梳理和简化管理流程,明确职责、明细目标、加强落实、强化检查、严格奖惩,管理服务的效率、水平和能力显著提升,被再次认证为全国勘察设计行业质量管理体系升级版AAA企业。

**3. 不断健全考核体系**　制定《党建工作考核评价暂行办法》,对党建工作进行全面考核;修订《经理层考核及薪酬分配办法》,增加对履职担当方面的考核,并将党建考核结果与薪酬分配挂钩;修订《公司领导干部考核管理办法》,增加对部门第一负责人及党员领导干部党建工作考核评价内容。

**【重大决策与重大项目】**

根据《公司法》《公司章程》等文件规定及国机集团建议函（国机人任〔2018〕55号）精神，公司董事会选举孟庆利为机械工业第六设计研究院有限公司董事长（法定代表人）。

经董事会审议决定，在公司总经理空缺期间，毛卫东常务副总经理主持经理层工作，代行总经理职权。

根据有关规定及国机集团建议函（国机人任〔2018〕19号）精神，免去张红发机械工业第六设计研究院有限公司副总经理职务。

为了推进智能制造业务发展，公司牵头成立国机工业互联网研究院（河南）有限公司，投资850万元，股权占比56.67%。

**【市场经营】**

2018年，面对严峻复杂的外部环境，中机六院认真研判市场形势，进一步明确发展定位、目标和路径，加大市场经营力度，加快业务提质升级，加强经营支撑服务平台建设，持续做好经营风险管控。总体来看，中机六院市场开拓成效显著，各项业务保持了平稳发展态势，公司朝着国内一流的绿色与智能工程服务商的目标稳步迈进。

**1. 经济指标平稳运行** 2018年，中机六院签订合同总额21.40亿元，同比增长16.12%，其中咨询设计类合同额12.58亿元，同比增长7.71%；完成营业收入12.39亿元，同比降低5.6%，其中咨询设计类收入8.30亿元，同比增长9.50%，创历史新高。完成利润总额1.31亿元，同比增长1.95%。完成EVA1.43亿元，同比增长5.32%。纵向对比公司历年发展数据，2018年公司主要经济数据实现了平稳发展。

**2. 合同质量持续提升** 中机六院持续紧盯大客户、大合同、大项目，取得显著效果。2018年千万元以上项目合同数26个，同比增加10个；千万元以上项目合同额约11.3亿元，同比增长269%，超过公司全年合同总额的1/2。2018年单个合同均额168万元，比2017年增加了66万元，增长了65%。

**3. 传统优势持续巩固** 工业工程领域：充分发挥技术优势，进一步巩固了工业业务在全国的优势地位，承接了徐工集团高端零部件产业基地、漯河卷烟厂易地技改、贵州第七砂轮厂自磨机制粒生产线改造、中科院两大科学装置配套工程总部区首期工程、天津玉汉尧锂电池三元材料生产线建设项目等。

民用工程领域：综合运用优势资源，不断巩固民用市场强势地位，承接了安阳市文体中心、上蔡县人民医院、安徽合肥技师学院、洛阳职业技术学院、上海师范大学附属郑州滨护学校、红星美凯龙商丘爱琴海购物公园、华南城科创产业园、中国人民解放军66350部队新建机场及配套设施、华侨城中原项目一期、蓝光凤湖长岛国际居住区等项目。

市政工程领域：整合公司市政资源，完善业务链条，承接了遂平县生活垃圾填埋场封场工程、中原创客小镇规划、安阳市集中供热天然气调峰热源工程、淮阳县中心城区古蔡河等5条水系统综合治理项目等。

工程管理与工程总承包领域：坚持以设计业务为龙头，狠抓传统优势领域的大型项目，承接了黄鹤楼香精香料产业园（一期）EPC总承包项目、许昌市体育中心、郑州银行金融服务中心、中国人保大厦、郑州轨道交通2号线二期风水电安装及装修、郑州南四环至郑州南站城郊铁路二期轨道安装等项目。同时，紧跟国家政策、加快业务延伸，积极尝试开展全过程工程咨询业务，承接了河南省老干部大学全过程工程咨询。

援外工程领域，承接了援马里巴马科大学卡巴拉校区二期、援苏丹屠宰场、援西共体总部办公楼等项目。

**4. 新型业务势头良好** 中机六院在不断巩固传统业务的同时，紧跟行业形势和市场热点，加快业务链的合理延伸和新兴产业的科学布局，在智能工厂、智能装备、现代物流、工程建筑信息模型（BIM）技术服务、全过程工程咨询、装配式建筑、文化旅游及养老养生、资源综合利用、生态农业、电子信息产业等领域取得了新的突破，承接了一批优质项目，新的发展动能不断汇聚。

智能工厂领域，承接了滕州墨子创智园智能

制造小镇、富隆精密智能装备制造项目、安阳通航制造中心项目等。

智能装备领域，承接了天津第一机床高端数控机床（一期）喷漆房及附属设备采购项目、东营海德废液焚烧处理系统、开封大宋制药肾宁散原料焖煅设备（隧道窑）项目等。

现代物流领域，承接了云南国际农业生产资料商贸物流中心、中关村在线共享生态科技产业城、传化华商汇中原物流小镇等项目。

装配式建筑领域，承接了河南省直青年人才公寓、中铁十局郑州航空港置业有限公司总部基地、中民广场建设工程等项目。

文化旅游及养老养生领域，承接了恒大童世界开封、西安、沧州主题乐园及配套项目，开封银基冰雪王国，恒大云台山养生谷等项目。

BIM 技术应用领域，承接了洛阳地铁 1 号线 BIM 技术应用、阜阳卷烟厂易地技术改造项目 BIM 设计服务、开封恒大文化旅游城国际酒店项目 BIM 全过程服务等项目。

循环经济领域，承接了内蒙古华翔报废汽车拆解及二手车交易、河北富山废钢回收利用、潍柴铸造固体废弃物循环再生利用、邓州市驰诚资源循环利用、德盛镁汽车部件冷却线及除尘项目等。

生态农业领域，承接了牧渔归东营陆上海洋牧场、信阳鸡公山建业天明绿色基地建设公司田园综合体可研项目等。

电子信息产业领域，承接了厦门三安半导体照明核心器件智能制造新模式应用和中科曙光中科院安全可控信息技术产业基地等项目。

**5. 模式创新成效显著** 中机六院积极研判和把握市场趋势，不断探索新的业务模式和经营模式，加快推动传统模式升级，培育新的竞争优势。

在业务模式上，立足打造国内一流的绿色与智能工程服务商的目标，大力推进 BIM 技术、智能与信息技术及绿色技术嵌入到工业、民用与市政工程设计、管理、承包等业务中，积极推动传统的咨询设计业务向绿色化数字化智能工程转型。中机六院自主研发的数字化产品——“工程在线云平台”交出了新答卷，2018 年签订了一系列“互联网 +BIM”工程建设技术服务项目，收获了良好的经济效益。中机六院着力打造的“智能工厂建设新模式”实现了新突破。“智能工厂建设导则标准研究和试验验证平台”等 19 项国家智能制造重大科研专项任务进展顺利，由中机六院主编完成的国家级标准《制造工业工程设计信息模型应用标准》即将正式发布，自主研发的“基于数字孪生的集成总线”“智能工厂辅助设计系统”等软件产品和数字化工具正在广泛应用，相继服务了大族激光、湘电股份、中科曙光、三安光电等一大批客户，有力推动公司向“中国绿色与智能工厂系统集成供应商领军企业”的目标大步迈进。

在经营模式上，中机六院紧跟当前市场形势，不断优化经营策略，推动经营模式创新。狠抓核心客户，修订《大客户管理办法》，通过约束和激励机制激发经营及技术人员为核心客户提供优质、满意、增值的服务，提升大客户的黏性和认可度。积极探索与外部企业协同经营，联合承接 EPC 项目，实现优势互补、合作共赢，取得了一定成效。

**6. 总承包重大项目进展顺利** 2018 年，中机六院依托自身市场和技术优势积极在国内开展以设计为龙头的工程总承包业务，在烟草行业工程总承包项目拓展取得了新突破，承接了武汉黄鹤楼香精香料产业园（一期）及湖北中烟红安卷烟厂雪雅香手包作业区改造项目两项工程总承包。截至 2018 年 12 月 31 日，中机六院共签订总承包项目合同 88 226.16 万元，实现总承包营业收入 47 000 万元。其中郑州市中原区五所学校按期完工并投入使用，平舆县小清河综合整治工程二期、登封告城石羊关大中型水库移民工程继续顺利推进，遂平县城区道路桥梁工程建设项目新增合同、武汉黄鹤楼香精香料产业园（一期）EPC 总承包项目、湖北中烟红安卷烟厂雪雅香手包作业区改造项目等一批工程总承包项目陆续开展施工。面对公司开展总承包业务过程中出现的困难，公司及时调整思路、上下一心、主动应对，通过完善管理制度、加强过程管理及时防范总承包运行风险，全年未出现任何工程质量、安全责任事故，为公司工程总承包稳步发展奠定坚实基础。

【科研成果及产业化发展】

**1. 开展政府重大科技专项研究和标准规范编制工作** 2018年，完成各级政府科技专项5项（其中参与国家级2项、牵头市级3项）。具体为：《轨道交通关键零部件数字化铸造工厂示范工程》（参与）、《航空关键零部件数字化车间》（参与）、《天然气分布式能源建筑应用关键技术研究》（牵头）、《郑州市绿色工业建筑适用技术研究与实践》（牵头）、《装备制造业数字化工厂集成应用》（牵头）。

完成标准规范编制6项（其中国家标准3项、行业标准1项、地方标准2项）。具体为：《金属、非金属风管支吊架》（主编，国家标准图集）、《工程隔振设计标准》（参编，国家标准）、《绿色物流指标构成与核算方法》（参编，国家标准）、《农村危险房屋加固技术标准》（参编，行业标准）、《河南省成品住宅评价标准》（主编，地方标准）、《水利工程信息模型应用标准》（参编，地方标准）。

**2. 科技成果转化总体成效** 2018年，中机六院通过“自行实施”方式，围绕各项业务技术提升和新业务开拓，积极推进科技研发和科技成果转化应用工作，取得了较好成效。全年完成现代物流技术成果应用项目98个，合同额8 243万元；智能信息化技术成果应用项目593个，合同额5.47亿元；智能装备技术成果应用项目54个，合同额3 098万元；BIM技术成果应用项目41个，合同额2 026万元；建筑工业化及成品住宅技术成果应用项目37个，合同额3 268万元。

**3. 顺利通过了高新技术企业第四次再认定**

【产权管理】

2018年，中机六院股权投资预算5 030万元，其中：牵头成立国机工业互联网有限公司投资800万元，参股成立医院运营管理公司900万元，参股安阳文体中心PPP项目公司700万元，参股成立环保运营管理公司900万元，参股怀化市健康综合服务设施建设PPP项目800万元，厦门陆原建筑设计院有限公司资本公积转增资本事宜投资900万元，参股天津陆源工程咨询有限公司30万元。

2018年，中机六院完成股权投资1 840万元，其中：厦门陆原建筑设计院有限公司资本公积转增资本事宜完成投资900万元，临时向集团汇总增加的郑州中兴工程监理有限公司增加注册资本金事宜完成投资940万元。

牵头成立国机工业互联网有限公司及参股安阳文体中心PPP项目已完成在国机集团备案手续，目前正在办理后续手续。

【管理经验】

**1. 持续加强经营支撑监管服务平台建设** 2018年，中机六院以“放管服”为抓手，持续强化公司级经营平台建设，加大对经营一线的支持、服务和监管力度，激发经营动力活力，提高经营工作效率，防范经营运行风险，推动经营战略贯彻落地。

（1）加强经营基础管理，持续完善了合作经营、客户管理、市场开发、协同经营、纠纷解决、学会协会、分支机构等方面的一系列管理制度，进一步做好资质升级、对外宣传、数据维护等业务建设，有力改进了经营管理水平。

（2）强化战略研究职能，配备专人专岗加强政策与市场形势的研究、分析和应用，全面搜集、整理与公司业务相关的行业政策和市场动态，并将这些政策形势通过多渠道及时传达给公司主要领导及经营人员，服务和支撑好公司的业务发展。

（3）全面加强法务管理，着力补短板、堵漏洞、除隐患、强监管，筑牢经营风控这道“防火墙”。深入开展合规审查，确保合同法律审核率达100%；根据公司业务发展需要，建立了对联合体投标项目的事前审查机制，严控联合体投标风险；出台合作经营办法，严格合作经营管控，提升经营人员合规经营意识；强化法律培训，持续开展勘察设计、工程总承包和联合体投标等方面法律法规宣贯；加强法律纠纷案件及风险事件处理，提前预判、主动应对，处理和化解了一些重大的风险事件，有效保障了公司经营平稳运行。

**2. 风险管控有序开展，合规管理深入实施** 2018年中机六院成立审计与法律风控部，统筹负责内部审计、法律事务管理、风险及内控管理、合规管理等，完善了审计与法律风控部岗位设置，为开展风险管控工作提供了组织和人力保障；进一步深化全面风险管理体系与“三标一体化”管理体系的融合，优化风险防控体系；强化重点业务风险防控，分析 EPC 项目建设过程中可能存在的内外部风险，加强技术支持，加强建设过程监管和巡检，转移和降低风险；严格按照国机集团和公司有关内部审计制度规定的程序和要求组织开展内部审计项目，充分发挥审计的监督作用；开展合规培训，组织勘察设计、工程总承包和联合体投标等方面法律法规宣贯；全面开展合规审查，全年合同及新增规章制度法律审核率达 100%；加强法律纠纷案件处理，强化法务人才队伍培养，公司依法合规管理水平持续提升。

**3. 强化监督执纪问责，聚焦主业主责** 压实全面从严治党“两个责任”，强化合规经营，落实巡视整改要求；对中机六院各部门开展全覆盖式监督检查，对发现的问题，区别不同情况给予 130 人次相应的处理，推动“两个责任”落实落地；成立中机六院党风廉政建设监督协调组，建立“大监督”工作格局；组织开展“廉洁宣传教育月”系列活动，营造廉洁文化氛围；认真做好党风廉政意见回复工作，着力把好选人、用人政治关、廉洁关；通报典型违规违纪案例，筑牢全体党员、干部员工思想道德防线；培养纪检监察专职干部队伍，组织专兼职纪检人员集中学习党内法规；持之以恒正风肃纪，推动全面从严治党各项工作落到实处。

**4. 通过多途径管理、狠抓落实，使设计质量得到持续提升** 2018 年 8 月再次通过管理体系升级认证，获得质量管理体系 AAA 证书。通过质量管理体系认证升级，提升了公司综合管理水平。

（1）借助信息化手段，提升对产品的精细化管理。中机六院制定了《工程设计项目分类分级管理规定》的标准，推行工程设计项目差异化、精细化管理。2018 年公司协同设计平台根据公司工程咨询、工程设计项目不同领域、不同专业，实行不同的过程强度（强控、中控、弱控）的控制，研发项目分级管理模式，保证了工程咨询、工程设计项目精细化管理工作在生产中各环节得到具体落实，为提升产品质量提供了保障。

为加强设计产品监督检查，规范、简化工作流程，搭建施工图设计复抽查和设计变更系统平台。

（2）完善质量奖罚制度，明确责任主体。修订《机械工业第六设计研究院有限公司工程项目设计质量奖惩办法》，进一步明确了部门第一责任人对施工图违反国家强制性条文及有关法律法规应该承担的责任。

（3）加强检查、分析和评价，针对性开展能力培训，推进设计和工程总承包过程和产品质量的持续改进。2018 年度，中机六院组织开展施工图复抽查 20 项，发现及纠正问题 1 323 项；设计控制过程资料袋抽查 135 项，电话和现场回访客户 101 家；收集汇总施工图审查机构审图意见 941 条；检查专业计算书的归档情况 11 次；检查施工现场 22 次，发现并进行整改的各类问题 191 项。针对各项检查情况进行了统计分析、评价，在中机六院月运营分析例会上进行剖析和通报，提出了预防措施，促进了设计和工程总承包过程和产品质量的持续改进。

同时为提高专业技术人员业务能力，中机六院相继邀请中国建筑标准设计研究院、北京市建筑设计研究院、中国建筑设计研究院等十余名省内外专家，开展近九十余场内容丰富的质量培训交流，参加培训总人数达到 2 768 人次，有效推动了公司专业技术人员的能力和素质提升，为中机六院的质量持续改进提供了资源保障。

**5. 重视安全管理，保证生产安全** 根据国家法律法规和国机集团相关要求，结合自身实际情况，持续完善中机六院安全生产制度，组织编写并正式发布了《工程总承包控制程序》《工程总承包项目安全生产管理程序》《工程总承包项目职业健康和环境保护管理》等一系列安全生产管理程序及作业标准文件，进一步细化、规范了安全生产管理标准。严格落实“党政同责、一岗双责、失职追责”要求，组织公司各级行政及党组织负责人层层签订《安全生产责任书》《双向承诺书》，分解落实安全生产目标，不断完善安全责任体系。持续加强安全生产培训，组织参加安全生产知识竞赛。开展项目现场高处坠落、食物中毒等事故应急演练、应急预案培训，修订完善现有应急预案。2018 年，中机六院未出现安全生产事故，在国机集团年度安全生产责任目标考核中被评为优秀企业。

**6. 持续提高总承包业务管理水平** 根据工程总承包项目对项目执行进度和成本核算的需求，开发工程承包项目执行进度统计模块，并将该模块内嵌至“工程款专项管理模块”和“特定承包合同成本核算模块”，一方面将“承包项目资金预算”模块中所包含的合同与“特定承包合同成本核算”模块中所包含的合同同步，另一方面将承包项目的三种执行进度（正在执行、已完工、不参与独立核算）与该项目相关的财务数据集成，通过项目进度把控成本。

2018 年完善了“数字化道桥建设管理系统平台”，解决施工安装阶段各参建单位基于 BIM 模型的协同工作，通过位置感知、大数据分析等手段满足运维管理需求，形成移动端线上管理协调、问题反馈，线下现场数据采集和现场问题的及时反馈处理，方便建设资料的实时查阅，满足各方对现场情况的实时掌控。

**7. 财务管理水平持续提升，积极推进“两金”压减工作，完成国机集团主要考核目标** 持续开展分支机构财务巡检，强化分支机构财务管理。制定完善《公司应收款项管理暂行办法》《资产财务部分支机构财务巡检管理办法》等制度，持续优化报销签字审批、资金拆借等系统；新建分支机构往来账款管理系统、生产部门成本核算预警系统、电子发票信息录入比对系统、应收款项逾期预警系统，公司财务信息化水平、管理效率进一步提升。

**【党建工作】**

2018 年，中机六院党委深入学习贯彻习近平新时代中国特色社会主义思想和党的十九大精神，坚决贯彻落实党中央和上级党委决策部署，全面加强党的建设，围绕改革发展和生产经营中心工作强班子、建制度、压责任、抓考核，积极发挥把方向、管大局、保落实的政治核心和领导核心作用，顺利完成了国机集团党委第一巡视组巡视整改落实、国机集团党建工作考核评价等一系列重要任务，党建质量得到显著提升。

**1. 深入学习贯彻习近平新时代中国特色社会主义思想和党的十九大精神** 组织党委理论学习中心组集中学习，贯彻落实党的十九大、十九届二中、三中全会和全国组织工作、宣传思想工作、统战工作等中央重要会议精神。扎实推进“两学一做”学习教育常态化制度化，举办中层领导干部和基层党组织书记集中培训班，组织党员赴延安、固始苏维埃革命根据地、大别山干部学院参加学习培训。组织修订《中机六院 2016—2020 年发展规划》及子规划；以国家“一带一路”、创新驱动发展、深化供给侧结构性改革等战略为指导，深入分析研究新时代公司所面临的新挑战、新机遇，研究调整各生产部门业务定位与发展方向，进一步把学习成果转化为推动企业改革发展的动力。

**2. 认真贯彻落实中央精神和国机集团党建工作部署** 贯彻落实全国国有企业党的建设工作会议精神，认真执行《中机六院贯彻落实全国国有企业党的建设工作会议精神重点任务实施方案》，制定《中机六院“三重一大”事项清单》，进一步完善公司法人治理结构，推进党委研究前置程序进入党委会、董事会和经理层议事决策程序，推进管人与管党建相统一，把加强党的领导和完善公司治理统一起来。

贯彻落实国机集团“党建质量提升年”深化行动工作要求，围绕“全面提质、晋位争先”的目标，全面强化“三基”建设，层层落实党建工作责任，推动公司党建工作高质量发展。深入开展“不忘初心、牢记使命”主题教育活动，组织制定《关于深入开展“弘扬爱国奋斗精神、建功立业新时代”活动实施方案》，组织开展党员亮身份、亮承诺等系列工作。

**3. 认真组织落实巡视整改工作** 中机六院党委高度重视并全力配合国机集团党委巡视工作。巡视组反馈意见后，中机六院党委召开党政领导班子巡视整改专题民主生活会，组织制定《整改方案》，针对巡视组指出的 6 大方面 23 个问题，明确责任部门和完成时限，全面部署、落实巡视整改工作。经过集中整改，完成全部整改措施，制定、修订了规章制度 20 项，构建长效机制，加强党的领导，切实履行从严管党治党责任。

**4. 抓实抓好党建基础工作** 加强基本组织建设，坚持贯彻落实“四同步、四对接”工作要求，选优配强党组织书记，积极开展各项党建活动，推进党建与业务深化融合。加强基本队伍建设，2018年发展党员2人，组织基层党组织补选2次，扩充专职党务工作队伍，专职党务工作人员由4人增加到24人，夯实基层党建工作基础。加强基本制度建设，制定、修订《中机六院党建工作责任制实施办法》等11项规章制度，持续健全党建工作制度体系，推进党建工作规范化。

**5. 深入做好党风廉政建设和反腐败工作** 全面落实党风廉政建设主体责任，定期听取公司纪检监察工作汇报，分析研判反腐倡廉形势，按照“四同步”原则研究部署公司党风廉政建设和反腐败工作。持续改进工作作风，制定《进一步改进工作作风的实施细则》，开展集中整治形式主义、官僚主义活动，围绕公司在管理方面存在的形式主义、官僚主义问题，深入推进“放管服”。单独设立纪检监察部，扩充纪检监察人员队伍；支持纪检监察机构深化“三转”，聚焦主业主责。加强纪律建设，完善多项管理制度和流程，制定了重要岗位、关键环节廉洁风险清单和防控措施，定期组织开展合规运营巡检，加强分支机构管控。

**6. 加强对公司群团工作的领导** 中机六院党委重视加强对公司群团工作的领导，定期听取工作汇报，研究部署公司群团工作，指导、组织公司工会、共青团围绕公司改革发展中心工作积极开展各项活动。2018年中机六院工会组织召开2次职工代表大会，开展春秋游、夏季送清凉等关爱职工活动，组织演讲比赛、歌手大赛、团体表演等“我们的2018”系列活动以及各项体育竞赛，充分展示职工奋发向上的精神风貌，为中机六院改革发展凝聚正能量。

**【信息化建设】**

**1. 搭建内部生产任务协作平台** 为提升中机六院各部门间生产协作的效率与质量，经与各生产部门多次讨论调研后编制内部生产协作机制，包括任务发布、预算、审批、承接和评价。根据协作机制进行了软件开发，上线了“生产任务协作平台”，并通过手机效率助手即时推送，提高了内部生产协作任务承接的即时性。设置了需求方和承接方之间的相互评价，重点评价内容有提资料、进度、质量及服务等方面，评价内容公开透明，进一步提升了双方的协作意识和设计质量。

**2. 加强BIM标准制定，推动BIM技术在工程建设中的应用** 开展BIM标准课题的研究，分为技术标准、管理标准和工作标准三大类。BIM技术标准是针对BIM标准化领域需要协调统一的技术事项所制定的标准，包括模型设计、制图、构件设计、BIM应用环境。BIM管理标准是针对项目实施过程中，需协调统一的管理事项的标准，包括实施管理办法、质量控制与交付办法、现场服务管理办法。BIM工作标准是针对执行项目生产的各事项的作业指导书，包括指导性的工作内容、要求与方法。10月份发布了研究成果，规范了三维设计全过程，为BIM设计平台的研发以及与管理平台的集成奠定了基础。

**【人力资源管理】**

**1. 规划引领，加强高层次人才培养选拔** 根据战略发展需求，2018年8月完成《公司人力资源2016—2020年发展规划（修订稿）》；与河南省工信委、郑州市科技局、中原区人才办建立联系，共完成23项、467人次的专家报送，建立骨干专家库、青年高潜库等专家库；完成1名博士后出站工作、1名博士后进站工作，完成2名博士年度考评；2018年11月修订《公司标兵管理办法》，增加部门第一负责人标兵，提高标兵评选标准，强化标兵引领带头作用。

**2. 加强招聘，满足公司发展基础人才需求** 修订《公司招聘管理办法》，对校园招聘及社会招聘流程进行优化，根据教育部全国第四轮学科评估结果及住建部专业评估结果，发布《传统二本院校明细表》，提高招聘工作效率；多角度对各部门招聘计划进行科学测算，发布招聘计划；组织宣讲会22场，参加双选会8场，组织面试64场，收集简历13 000余份，招聘技术类新大学生154人；发布管理岗位招聘信息75项次，收集简历1 706份，组织3场68人进行面试，招聘管理人员21人，管理人员招聘新增笔试、职业性格测评和专业技能测试环节，对应聘者进行全方位了解。

**3. 做好薪酬福利工作，留住人才** 完善考核办法，奠定薪酬基础。细化执行《公司考核管理办法》，修订完善《公司领导干部考核管理办法》，组织开展 2017 年度绩效考核工作；修订《优秀员工评定基本条件》，新增 7 项基本条件，否决项细化为 8 类 31 项。

细化薪酬管理，完善薪酬结构。制定《2018 年各岗位、岗级及薪酬标准》，调整岗位工资 1 500 余人次；修订《公司工资发放管理办法》，进一步加强工资总额预算管理工作，规范各部门工资发放；完善各部门薪酬台账、各岗位薪酬台账、主要负责人薪酬台账，为完善薪酬体系提供数据支撑。

做好福利管理，完善薪酬体系。办理社保增减、转移手续 400 余人次，新增企业年金缴纳 70 余人次，办理生育津贴 29 人次，慢性病申请报销 36 人次，工伤报案理赔 3 人次；修订《公司企业年金实施细则》，经职代会通过后提交人社部审核；做好离退休人员福利管理工作，完成离退休人员补差调整工作。

**4. 提高培训质量，提升人力资源水平** 完善培训体系，做好培训工作。制定 2018 年度培训计划，共组织培训 7 类 63 期，参加培训人员 3 345 人次；14 位外部专家到中机六院举办 10 期专项培训，参加人员 1 076 人次；5 位内部讲师举办 7 期专项培训，参加人员 914 人次；17 名内部讲师参加新入职员工培训；组织 3 期湖南大学建筑学在职研究生培训，参加人员 60 人次；组织 9 期继续教育类培训，参加人员 153 人次；组织 13 期外部技术交流培训，参加人员 35 人次；组织其他类培训 20 期，参加人员 977 人次。

规范职业资格管理，提升人员素质。制定《公司员工职业资格管理办法》，规范员工职业资格考试、培训、注册、继续教育；制定《关于调整公司员工注册执业资格补贴标准》，提高注册执业资格补贴标准；组织执业资格注册 169 人次，其中初始注册 52 人、延续注册 62 人、变更注册 34 人、注销注册 21 人。

**5. 规范出国管理，为人才交流提供良好基础** 制定《公司派遣因公出国（境）人员和邀请外国人来华管理办法》，明确规定不能持因私护照出境办理公务，因公出国（境）、邀请外国人来华的程序及时间，境外注意事项。全年提交审批因公出国团组 82 个，其中 60% 为加急团组；办理因公护照 112 本；办理邀请外国人来华事宜三项。

制定《公司领导干部因私事出国（境）管理办法》，明确借出、审批等手续，进一步加强领导干部因私证照管理工作，整理中层及以上领导干部因私证照，做到人证匹配。

**6. 重视领导干部管理，为公司发展提供中坚力量** 健全规章制度，加强制度建设。修订完善《公司领导干部管理办法》《公司领导干部职务、职数、职级、岗级管理办法》《公司领导干部考核管理办法》《公司领导干部选拔任用工作“一报告两评议”实施办法》。

注重干部选拔，注入新鲜血液。2018 年共选拔 6 名中层干部，组织民主推荐会议 6 场，个别推荐谈话 68 人次，严格执行干部选拔任用纪实工作制度，加强干部选拔全程监督和倒查追责。2018 年度共选拔中层副职后备干部 186 人，中层正职后备干部 47 人，持续更新完善后备干部信息库。

做好干部考核和评议工作。以《公司领导干部考核管理办法》为基础，构建德、能、勤、绩、廉全面考核体系；持续加强领导干部民主评议工作，扩大民主评议范围，进行公司评议和部门评议，实行在线测评打分，评议结果与领导干部考核直接挂钩，作为干部任用的重要参考依据；认真开展对领导干部的提醒、函询和诫勉工作，主动开展集中监督检查，2018 年提醒 28 人次，函询 1 人次。

**7. 做好基础工作，为人力资源工作提供有效支撑** 做好人事档案管理工作。完成 300 余人档案审阅、入册、编号及上架工作；完成 1 900 人次的人事档案借阅、审查工作；转出人事档案 126 本，转入 300 余本，归档 10 000 余份材料。

做好信息化管理工作。根据公司机构、人员变化等情况，及时维护更新平台数据，更新员工信息 783 条，维护 700 人次的部门流动、离职等信息，修改 9 大类、23 小类的平台程序。

做好职称评审及证书借阅工作。2018 年职称评审工作共评定正高级工程师 7 人、高级工程师71人、工程师119人。配合各部门投标、备案，查阅、借阅职称证书6 000余人次。

【企业文化建设】

2018年中机六院通过评估并修订企业文化建设“十三五”发展规划，准确把握企业文化建设方向。结合经营生产实际，举办“我们的2018”系列主题活动，表彰经营、生产、技术创新、管理标兵。通过开展“不忘初心跟党走，牢记使命创佳绩”主题演讲比赛、在《中机六院通讯》专题报道公司先进榜样等形式，传播改革发展正能量，激发员工干事创业热情。开展“我的家园·最美的纪念”征集活动，以影像模式留存纪念，增强员工对企业的认同感和归属感。作为中国勘察设计协会企业文化建设工作委员会主任委员单位，2018年牵头组织召开工作委员会年会，促进企业文化工作交流与学习。

【社会责任】

中机六院积极践行企业使命，履行社会责任，作为牵头单位，组协调国机集团各成员单位开展对固始县脱贫帮扶工作，主要帮扶措施有：组织实施南大桥乡陈营子村主干道亮化工程；党性教育与扶贫工作相结合，将党员党性教育系列活动安排在固始县大别山苏维埃革命根据地旧址举行；帮助销售当地特色产品，助力当地产业发展。

中机六院积极组织为“国机爱心日”捐款活动，捐款金额合计163 250.5元。组织员工参与“郑州市慈善日”捐助活动，共收到1234名员工捐款，捐款金额合计113 958.4元。

按照郑州市文明办精神文明结对帮扶的要求，中机六院积极与新密市苟堂镇石庙村签订结对帮扶协议，开展结对帮扶活动；与白鸽社区按照“一结合、两改善、三促进、四提升”的共建要求，积极开展系列活动。

# 沈阳仪表科学研究院有限公司

【基本概况】

沈阳仪表科学研究院有限公司（原名沈阳仪表科学研究院，以下简称沈阳仪表院）是始建于1961年5月5日的国家级科研院所，1999年7月1日转制为企业，是我国首批转制的242家国家级科研院所之一。从2003年开始，先后重组了杭州照相机械研究所、秦皇岛视听机械研究所和沈阳真空技术研究所，现隶属于中国机械工业集团有限公司。2013年1月25日，沈阳仪表院完成改制，企业名称由沈阳仪表科学研究院变更为沈阳仪表科学研究院有限公司。经过半个多世纪的发展，现已发展成为拥有三个国家级质检中心，一个部级质检中心，两个国家级标准化技术委员会，两个省部级标准化技术委员会；一个国家级工程中心——传感器国家工程研究中心，两个省级企业技术中心，一个部级工程研究中心；中国仪器仪表学会仪表元件学会、仪表工艺学会、中国仪器仪表行业协会传感器分会的行业领军企业。

沈阳仪表院现在拥有两大产业园区，建成了国内最强的硅基传感器产业化基地、国内最强的高压组合电器补偿器及其配套产品产业化基地和国内最强的光学干涉滤光片产业化基地。截至2018年年底，共有员工806人，其中，教授级高工45人，高级工程师107人。享受国务院政府津贴7人，集团高层次科技人才4人，辽宁省百千万人才百层次人才2人，千层次人才5人，沈阳市高层次人才58人，外聘海外专家1人。拥有两个全资子公司，三个研究所。建立了全国性营销网络，产品广泛应用于航天、石化、冶金、供热、供电、水电、煤炭、轻工、建筑、制药等行业，部分产品已远销国外。

沈阳仪表院累计完成科研项目 1 780 项；获得国家、部、省、集团、市各级奖励 402 项（国家级发明奖、科技进步奖 11 项；省部级科技进步奖 119 项）；专利 415 项（其中发明专利 97 项）；制（修）订标准 468 项（国家标准 97 项）。形成并拥有两大主业、三大业务领域、四大技术方向、五大知名产品、六大领先技术，其中：

两大主业：仪器仪表及传感器、高端装备及关键零部件

三大业务领域：科技研发、科技产业、科技服务

四大技术方向：机械、光学、电子、新兴信息技术

五大知名产品：传感器、弹性元件、光学器件、专用设备、检测服务

六大领先技术：传感器技术、金属弹性元件技术、精密光学技术、高压水射流清洗技术、真空设备技术、专业领域检测技术

技术和产品具有国际先进、国内领先水平，为我国国防、航空航天、电力、生物医疗、信息技术、高端装备制造等领域的技术发展和进步做出了重要贡献。作为重点协作配套单位，研制生产多项军工产品，成功应用于“神舟”系列宇宙飞船、“嫦娥”探月工程、“天宫”系列空间实验室以及承担发射任务的“长征”系列运载火箭等重点工程和任务。

**【主要指标】**

2018 年沈阳仪表院新签合同 42 276 万元，比上年增加 11 439 万元，增长率为 37.10%；全院实现营业收入 36 906.18 万元，比上年增加 7 717.27 万元，增长率为 26.44%；全院实现利润 620.39 万元，比上年增加 527 万元，增长率为 536.62%。全院各独立法人账户均实现盈利。2018 年沈阳仪表院主要经济指标见表 1。

**2018 年沈阳仪表院主要经济指标**

| 项目 | 2017 年 | 2018 年 | 同比增长（%） |
|---|---|---|---|
| 资产总额（万元） | 79 179.58 | 83 948.92 | 6.02 |
| 净资产（万元） | 25 669.22 | 26 091.81 | 1.65 |
| 营业收入（万元） | 29 188.91 | 36 906.18 | 26.44 |
| 利润总额（万元） | 97.45 | 620.39 | 536.62 |
| 技术开发投入（万元） | 3 161.16 | 3 775.94 | 19.45 |
| 利税总额（万元） | 2 480.33 | 3 152.46 | 27.10 |
| EVA 值（万元） | −517.24 | 868.71 | 267.95 |
| 全员劳动生产率〔万元 /（人·年）〕 | 13.80 | 15.94 | 15.51 |
| 净资产收益率（%） | 0.26 | 1.92 | 增加 1.66 个百分点 |
| 总资产报酬率（%） | 1.37 | 2.02 | 增加 0.65 个百分点 |
| 国有资本保值增值率（%） | 100.11 | 101.65 | 增加 1.54 个百分点 |

**【重大决策及重大事项】**

**1. 战略规划工作** 2018 年沈阳仪表院首次制定了《沈阳仪表院发展战略和规划管理办法》及《沈阳仪表院发展战略和规划评价管理细则》，规范了仪表院战略的制定、审核、实施、评估与修订等战略管理工作，为提高仪表院战略规划决策与执行的科学性和有效性，促进战略规划的有效落地，完善仪表院的战略规划体系，提供了制度保障。

对仪表院整体规划、业务规划、职能规划进行了全面的梳理，修订了仪表院三年滚动发展规划，基本健全了仪表院战略规划体系。

强化顶层设计，凝练形成了具有仪表院新时代发展特征的方向性、整体性、全局性的发展目标和定位，概括为 123456 规划定位：

一流企业：成为仪器仪表和高端装备细分领域的一流科技企业；

两大主业：仪器仪表与传感器、高端智能装备及关键零部件；

三大领域：科技研发、科技产业、科技服务；

四大方向：机械、光学、电子、新兴信息技术；

五大产品：传感器、弹性元件、光学器件、专用设备、检测服务；

六大领先技术：传感器技术、金属弹性元件技术、精密光学技术、高压水射流清洗技术、真空设备技术、专业领域检测技术。

**2. 重大项目进展情况** 2018 年重点产业公司制定了市场开拓目标行动计划，其中，热能公司规划营业收入三年达 1.5 亿元、测控公司三年达 4 500 万元、光学公司五年达 5 000 万元、检测公司三年达 1 500 万元。2018 年是计划实施的第一年，热能公司、光学公司新签合同阶段性指标基本完成，测控公司接近完成。

**【科技创新】**

创新是引领发展的第一动力。2018 年沈阳仪表院围绕机械、电子、光学、新兴信息技术这四大专业方向，针对仪器仪表及传感器、高端智能装备及关键零部件两大主业初步建成了以大学、专家、创新平台、创新团队为支撑的院级和部门级两级研发创新体系，梳理在建和建成的以科技领军人才为核心的两级研发团队 12 支，有效支撑了科技创新工作。

**1. 创新平台覆盖全部产业** 2018 年作为十家发起单位之一，与清华大学、重庆大学、华为、歌尔等著名高校及企业发起成立（国家）智能传感器创新联盟；作为盟主单位发起组建“沈阳市先进清洗装备产业技术创新联盟”；参加了“国机集团新材料产业技术协同创新联盟”“一带一路”科研院所联盟等。至此，由沈阳仪表院主导和参与的创新联盟达 10 个，创新平台已覆盖到全部产业。

**2. 产学研合作取得新进展** 与英国纽卡斯尔大学、大连理工大学、电子科技大学、四川大学、沈阳理工大学签订技术合作协议；拟聘请刘仁怀院士、尤政院士、千人计划学者田贵云教授、钱正洪教授等专家学者为技术顾问。

以产学研合作模式申报国家重点研发计划项目 7 项，目前获批 1 项，通过技术评审、待财务评审 1 项。

**3. 巩固壮大创新团队** 2018 年，创新团队建设以注重市场需求、符合本院发展战略为导向，面向产品、产业，在院级和产业公司梳理、建成和正在筹划建设 12 支研发团队。

**4. 创新驱动发展成效显著** 2018 年获得沈阳市“双百”项目支持 2 项，分别获得资助经费 100 万元；获批国机集团重点研发项目，项目经费 400 万元。首次中标部队装发部新品研制项目“免维护压力变送器”。此外，签订横向委托研发合同 315 万元；签订横向委托技术开发合同 287 万元；签署技术转让合同 500 万元，非标设备采购合同 700 余万元，有力地支撑了沈阳仪表院的经济发展。

**5. 多项科技成果获得奖励** 全院获得省、部及行业科技奖励共 7 项，其中：装备公司《大型空冷散热器高效全自动清洗技术》获国机集团科技进步奖三等奖；光学公司《高透射、锐截止的生物医学光学滤光片》获机械工业联合会科技进步奖三等奖。

2018年科技立项49项；受理专利48项，其中，发明专利 24 项；发表科技论文 68 篇，其中，收录论文 6 篇。

**6. 创新大赛绽放精彩** 研发创新中心宋华东、马铁男和汪忠伟组成的代表队夺得首届中国创新方法大赛全国总决赛一等奖。在第四届中国（国际）传感器创新创业总决赛中，研发创新中心郭晓婷参赛团队获得传感器大赛创新设计类一等奖；诸海博参赛团队获创新应用类二等奖，徐春风参赛团队获传感器大赛创新设计类三等奖。

**【市场开拓】**

**1. 市场开拓展现新亮点** 热能公司创新营销模式，实现业务新发展，成功签订苏通 GIL 管廊工程波纹管项目合同 5 100 万元，创沈阳仪表院有史以来单笔合同最高；测控公司军品传感器取得历史性突破，全年签订军品供货合同 1 261 万元；光学公司开辟生物医学 POCT 滤光片等新市场业务，助力滤光片产品新签合同突破 3 000 万元，创历年新高；装备公司以节能环保煤改电为契机，大力开发电磁锅炉技术，并实现物联网技术与产品的融合应用，成为公司完成年度利润指标的重要支撑；国仪检测面对特检业务暂停影响，加强了委托业务的开发力度，2018 年度委托业务营业收入达到 485 万元，创委托业务历史新高；杭照所贸易量创新高，全年营业收入过亿元，同时新开辟了政府采购业务，当年签订政府采购合同约 1 800 万元；视听所半导体专用设备成功进入电容市场并开发多家用户，实现单台设备利润倍增，发展前景可期；真空所签订的 3T 真空凝壳炉升级项目，其容量创凝壳炉熔化量记录，扩大了真空所在大容量凝壳炉市场的竞争优势。

**2. 行业工作活力十足**

（1）搭建创新联盟，举办创新大赛。牵头成立辽宁省先进清洗装备产业技术创新战略联盟、沈阳市先进清洗装备产业技术创新战略联盟，并通过省、市两级政府认定，获得支持经费 50 万元。

做为十家发起单位之一，组建国家“智能传感器创新联盟”，当选第一届副理事长单位。积极参加国机集团新材料产业技术协同创新联盟、“一带一路”科研院所联盟。组织第四届中国（国际）传感器创新创业大赛东北赛区比赛暨首届中国创新方法大赛企业专项赛辽宁赛区比赛，在传感器大赛全国决赛中，获“优秀组织奖”。

（2）申办学术会议，举办高峰论坛。统筹策划，精心组织，全方位亮相首届世界传感器大会，实现了会、展、赛三个维度全覆盖。

在全国敏感元件与传感器学术会议上，沈阳仪表院高票获得 2020 年全国敏感元件与传感器学术会议（STC）承办权。

成功主办“新型传感器技术在仪器仪表领域应用”高峰论坛，六位行业知名专家学者积极参与，总结新成就，展示新成果，探讨新方向，反响热烈。

（3）协会学会统筹，大力营造创新环境。统筹规划协会、学会、标委会行业资源，利用换届契机，协同发展会员，会员数增长 30%。

积极应对国家对行业标准委员会新的管理政策，圆满完成首次机械工业专业标准化技术委员会考核评估，并获得评估结果二级的良好成绩。

在 2018 年度各协会、学会、标委会组织的全国性大型会议与论坛上，推出专家专题报告 8 人次，助力沈阳仪表院良好科技创新环境的营造。

**【主要管理经验】**

**1. 质量管理** 2018 年，全年无质量投诉及责任事故，实现了预定的质量目标。成功保障了长征系列运载火箭发射任务，为航空、航天、核电、石化、高压输变电、医疗等各项重点工程和重点装备，提供了高质量的配套产品和技术服务，获得用户单位的好评。热能公司“重大装备用金属波纹管”项目获得国机集团质量奖（产品类）。

**2. 安全生产** 2018 年，沈阳仪表院牢固树立安全发展理念，持续夯实基础，细化责任，强化现场监督监管，深化隐患排查治理。设立了院、公司、班组三层安全生产管理架构；制（修）订安全生产制度 35 项；签订安全生产责任书 18 份；组织安全生产检查 135 次，排除安全生产隐患 160 余项；开展安全生产培训教育及考核，组织安全生产应急演练 12 次；组织职业健康体检 200 余人次；更换消防器材设施 200 余件（套）；完成电梯等特种设备检验 33 台（套）。全年无安全事故发生，有力地保障了院经营工作顺利开展，在国机集团安全生产评级中位列 A 级。

**3. 保密工作** 按照国家、省市保密工作主管机构的部署，结合院实际，开展了系列保密管理工作——调整完善工作体系、全面修订管理制度、开展专项整治活动、加强全员学习教育和日常监督检查，进一步落实保密工作责任制，将保密工作贯穿院经营、科研、生产等工作全过程，年度内未发生泄密问题。

**4. 人力资源** 2018 年，制定了《沈阳仪表科学研究院有限公司高级管理人员考核与薪酬管理办法》，使得高管人员的考核、监督和管理有法可依，考核结果与薪酬挂钩。同时为了激发全体员工的积极性和创造性，进一步完善了《沈阳仪表科学研究院有限公司部门考核管理办法》和《沈阳仪表科学研究院有限公司全员考核管理办法》，这三个办法均由院职工代表大会通过，并正式实施。

为加强干部队伍的建设以及后备干部的选拔和培养，特制定了《沈阳仪表科学研究院有限公司中层干部暂行管理办法》和《沈阳仪表科学研究院有限公司后备干部选拔管理办法》，使得沈阳仪表院在干部及后备干部的选拔、培养、考核、调整、退出方面实现了规范化、标准化和程序化。

**【信息化建设】**

进一步加强信息安全建设。按照企业三级保密要求，严格执行各项信息公布审批手续，做好各种软件、硬件信息保密措施，和网络维护工作，确保院信息安全。

**【企业文化】**

2018年沈阳仪表院以加强文化宣传，提高员工参与度来增强员工对企业的认知度。通过职工技能大赛、院微信公众号设计大赛、参观爱国主义教育基地、进行宣誓承诺、制作微视频、撰写品牌故事等活动，培育国企精神、劳模精神、工匠精神；通过修订《新闻宣传管理办法》，加强顶层设计，提升宣传质量，弘扬主旋律、传播正能量。同时，把开展好职工业余文化活动同工会建家结合起来。充分利用职工体协组织开展活动。如：组织职工羽毛球、乒乓球、篮球、毽球、跳绳比赛等，院篮球协会、羽毛球协会还与兄弟单位进行了多场友谊赛。通过以上活动增强了职工体质，丰富了职工文化生活。对困难职工承担“第一责任人”。一年来，院工会走访慰问病困职工20多人，有68多人次得到院工会的救济，全年发放困难补助费22 100元，为困难职工送去了组织的关爱。在职工中开展捐一日工资活动，全院776名职工捐款22 169元，为构建和谐社会献上了一份爱心。

**【党建工作】**

2018年，沈阳仪表院党委班子认真学习党的十九大精神和习近平新时代中国特色社会主义思想，深入贯彻习近平总书记在国有企业党建工作座谈会上的讲话精神，思想建设扎实推进，党建工作责任制全面落实，基层组织建设质量持续优化，党风廉政建设常抓不懈，党组织的自身建设得到全面改善和提高。在集团党建工作年度考核评价中考核结果“良好”。

**1. 坚决维护党中央权威，认真贯彻落实中央和集团决策部署，推动仪表院经济发展** 院党委自觉做到“两个维护”，强化“四个意识”，坚持“四个服从”。保证党中央重大决策部署、国机集团党委工作要求在仪表院的贯彻执行。依据上述原则，院里制定了三年发展规划、科技激励政策等措施，引领全院职工砥砺奋进，创新发展。

**2. 落实管党治党责任，把强化党的领导化为行动自觉** 2018年制定完善党建工作制度30项，并汇编成册，作为落实党建责任的主要依据。大力加强基层党组织建设，做到“应建必建”“应换尽换”，院本部共有党务干部20名，其中，专职人员5人。2018年3个所属研究所、8个直属支部按期完成换届。三个研究所新设立党委工作部，各自确定了3名专职党务工作人员。

全面开展党建述职考核工作，制定了所属党委和基层党支部党建工作考核评价暂行办法、述职述廉制度，把党建考核纳入全院考核体系，考核结果同干部任免、薪酬、奖惩挂钩，用考核传导压力、激发动力。

**3. 完善坚持党的领导体制机制，确保党委发挥领导核心作用** 明确党组织法定地位。沈阳仪表院共有4个党委、22个党支部，其中，6个党组织所在企业是独立法人公司，并已全部将党建要求纳入公司章程。

**4. 发挥党组织作用** 重新修订了《党委会议制度》和《“三重一大”制度决策办法》，确保党组织作用的有效发挥。在所属三所党委换届中，新设立了纪委，配齐了专职党务工作人员，切实做到了党组织工作经费有保障。2018年召开党委会30次。

**5. 落实党管干部原则** 2018年，新制定出台了中层干部管理办法、后备干部管理办法，保证党委对干部人事工作的领导权和对重要干部的管理权。通过竞聘、组织推荐等方式选拔干部7人，及时调整不适合的干部6人。

**6. 紧绷“作风之弦”，落实党风廉政建设和反腐败工作，营造风清气正的企业发展环境，在责任落实上从严从实** 2018年，院党委制定出台了《党风廉政建设责任制实施办法》，严格落实党员领导干部“一岗双责”。

在干部管理上从严从实。坚持严管与厚爱结合、激励与约束并重，2018年制定了《容错纠错实施办法》《贯彻落实＜共产党员问责条例＞

实施办法》。对党员开展纪律教育——学习新条例，践行新要求；对中层以上干部开展警示教育；对采购人员、主管领导开展廉洁教育，并签订廉洁责任书。

在正风肃纪上从严从实。出台了《深化运用监督执纪“四种形态”实施办法》。

【社会责任】

通过科技创新，促进行业技术进步。严格执行《劳动法》，加强员工权益保护，积极维护职工的合法权益；通过岗位培训及专业知识讲座等形式，提高职工素质，促进员工职业发展；通过开展丰富多彩的文体活动，丰富职工文化生活；帮扶关爱困难员工，增强企业凝聚力，营造和谐工作环境。强化安全生产管理、完善安全应急预案、营造安全文化，为职工提供安全舒适的工作环境。依法经营，未出现违背国家法律法规的行为，未出现违纪、腐败等现象。重视参与社会公益事业，积极参与扶贫捐赠及社区建设等社会公益事业，企业在地方的形象良好。

# 合肥通用机械研究院有限公司

【基本概况】

合肥通用机械研究院有限公司（简称合肥通用院）1956 年成立于北京，1969 年搬迁至合肥，是原机械部直属的国家一类科研院所，1999 年转制为科技型企业，同年加入国机集团。2018 年 1 月，合肥通用院改制为国机集团一人独资的有限责任公司。

合肥通用院主要从事石化、能源、冶金、燃气、环保、国防军工等行业通用机械及化工设备的设计开发、产品研制、检验检测、设备监理、工程承包、设备成套和职业教育等，研发领域覆盖压力容器与管道、流体机械、食品与包装机械、石油装备等。拥有上市公司“国机通用”（股票代码：600444）和 12 家全资及控股子公司。全院在职职工 1 300 余人，研发人员占 80% 以上，其中高级职称 300 余人；博士 50 人，硕士近 300 人。

合肥通用院是国家创新型企业、国家高新技术企业、国家技术创新示范企业、国家火炬计划重点高新技术企业，是国家压力容器与管道安全工程技术研究中心、压缩机技术国家重点实验室、国家国际科技合作基地（国际联合研究中心）、工业大数据应用技术国家工程实验室和国家认定企业技术中心的依托单位，是国家中小企业公共服务示范平台、科技部科技服务业行业试点、工信部通用机械产业技术基础公共服务平台，是国家“极端环境重大承压设备设计制造与维护技术创新战略联盟”的理事长单位。设有压缩机制冷设备、泵阀和密封件产品等 3 个国家质量监督检验中心，企业院士工作站和可独立招生的博士后科研工作站，以及 20 余个省部级科研平台，是 1 个国际标准委员会、10 个全国标准委员会和 4 个全国标准委员会分会以及 10 余个行业学会、协会的秘书处挂靠单位。

建院 60 多年来，合肥通用院共取得各类科研成果 3 000 余项，其中获国家级科技奖励 47 项、省部级科技进步奖 400 余项，项目成果均在石化、能源、冶金、燃气、环保、国防军工等领域得到广泛应用。

2018 年，合肥通用院以习近平新时代中国特色社会主义思想为指导，始终坚持创新驱动发展理念，不断完善现代企业制度建设，以党建促进技术创新，以党建、技术创新促进质量提升，以技术创新、质量提升巩固支撑党建工作，推动了全院党建、技术创新和质量提升的有机融合。

全年实现利润2.84亿元，超额完成了国机集团下达的经济考核指标争取值，再次被评为国机集团“先进单位”（这是自2009年以来连续第10年获此殊荣），并荣获国机集团“科技创新奖”（这是自2011年以来第7次获此奖项）和“国机质量奖（企业奖）”。

**【财务指标】**

2018年合肥通用院实现主营业务收入17.52亿元，比上年增长0.47%；实现利润2.84亿元，比上年增长4.72%；实现EVA值2.36亿元，比上年增长8.34%；2018年年末资产总额27.07亿元，其中归属母公司的所有者权益14.59亿元；资产负债率为32.66%，比上年减少4.16个百分点。合肥通用院2018年主要经济指标完成情况见表1。

**表1　合肥通用院2018年主要经济指标**

| 项目 | 2017年（含国机通用） | 2018年（含国机通用） | 同比增长（%） |
|---|---|---|---|
| 资产总额（万元） | 263 728 | 270 690 | 2.64 |
| 净资产（万元） | 166 626 | 182 289 | 9.40 |
| 营业收入（万元） | 174 391 | 175 208 | 0.47 |
| 利润总额（万元） | 27 155 | 28 438 | 4.72 |
| 技术开发投入（万元） | 15 254 | 14 379 | -5.74 |
| 利税总额（万元） | 34 354 | 34 899 | 1.59 |
| EVA值（万元） | 21 795 | 23 613 | 8.34 |
| 全员劳动生产率〔万元/（人·年）〕 | 25.26 | 43.06 | 70.47 |
| 净资产收益率（%） | 12.87 | 14.46 | 增加1.59个百分点 |
| 总资产报酬率（%） | 10.59 | 10.66 | 增加0.07个百分点 |
| 国有资产保值增值率（%） | 106.18 | 112.72 | 增加6.54个百分点 |

**【改制改革】**

**1. 企业改制**　2018年1月2日，合肥通用院正式取得新的营业执照，企业更名为“合肥通用机械研究院有限公司”。1月5日，国机集团在合肥通用院正式宣布了改制后的党委、董事会、监事会干部任命，对经理层的干部提出了建议人选。按照现代企业制度要求，合肥通用院制定了董事会、监事会和总经理工作制度，经董事会批准后正式任命了经理班子，设立了董事会、监事会的相关工作委员会和办事机构，重新修订了全院相关文件制度，对董事会和经理班子的职责权限进行了界定，明确了“三重一大”事项党委会前置决策的要求，理顺了各项工作流程，董事会决策的“三重一大”事项全部履行了党委会前置决策程序，为全院顺利完成全年的经济目标提供了保障。

**2.“处僵治困”专项治理**　广东国通资产、人员等已全部处理安置完毕，待法院的最终裁定终结破产程序后办理工商注销；国机通用（管材业务部分）通过搬迁和业务调整，对原有的产品、人员、业务、资产等进行优化，初步实现了盈利，完成了“处僵治困”的工作目标。

**3. 压减工作**　根据2016年上报国机集团的“压减实施方案”，列入压减计划的子企业共5户，在2017年已完成2户企业清理工作的基础上，截至2018年末又完成2户企业的清理工作，剩余1户企业正在清理过程中，计划2019年年底前完成清理。

**4. 治理亏损企业**　2018年，合肥通用院加大了亏损企业治理力度，年末亏损企业仅剩1户，比上年减少了2户；亏损额为119万元，比上年减少1 939万元。

**5. 降低“两金”规模** 通过提高风险账款的识别能力、加大清理逾期账款力度、落实账款清收绩效考核机制，有效降低了“两金”规模。2018 年，“两金”余额减少了 5 267 万元，实现了“两金”规模零增长（按净额统计）的目标。

**【重大决策】**

**1. 执行“三重一大”议事制度** 严格贯彻国有企业党建工作会议精神，对重要人事任免、重大决策事项、重大投资项目和大额资金使用均坚持党委会前置决策，党委会通过以后再由领导班子集体研究决定。全年共召开党委扩大会、总经理办公会议 60 次，对“三重一大”事项进行集体研究决策。

**2. 履行民主决策** 发挥职代会的民主监督和民主决策作用，广泛听取各群体意见，坚持涉及职工利益的事项由职代会讨论决定。全年召开职代会 5 次、职代会组长联席会议 4 次，讨论涉及职工利益的重大议题 19 项。并多次召开专家座谈会、老干部座谈会、青年职工座谈会，广泛征求各方意见建议，认真履行民主决策程序。

**3. 加强监督管理** 对干部任命、先进人物推选、奖励申报、人员因公出国等重要事项进行公示公告，接受群众监督；对执行不力的事项向中层干部会或职代会通报，对造成损失或不良影响的责任人给予责任追究。

**【重大项目】**

**1. 国家“863”计划课题“复合及特种耐高温材料超高压水射流加工装备与工艺”通过验收** 该项目由合肥通用院负责，成飞工业集团、武汉大学等单位共同承担，项目研制出航空复合材料结构件特大型五轴联动精密水切割装备、航天碳陶复合材料零部件多功能五轴联动水射流加工装备，填补了国内空白，为提高我国航空航天制造业复合材料结构件加工水平提供了技术支持。

**2. 国家国际科技合作专项“全尺寸海底管道结构疲劳试验系统合作研制”通过验收** 该项目由合肥通用院联合英国焊接研究所共同承担，项目解决了全尺寸海底管道结构疲劳载荷加载技术难题，提出了全尺寸海底管道结构疲劳寿命评估技术，并将研究成果进行工程应用，为提升我国海底管道安全保障技术水平发挥了重要作用。

**3. 国家重点研发计划项目“氢能储运装备性能检测及质量评价技术研究”获批立项** 该项目由合肥通用院牵头，中国特检院、浙江大学、中国计量大学、北京航天试验技术研究所、北京宇航系统工程研究所、国机集团科学技术研究院、上海特检院、浙江特检院、大连锅检院、张家港富瑞氢能、上海舜华、北京科泰克、石家庄安瑞科等 14 家单位共同参与，项目以典型氢能储运装备为对象，通过产学研用协同创新，研究揭示材料 - 环境 - 应力 - 制造多因素耦合条件下失效机理与服役性能蜕化规律，研制氢能储运装备性能检测监测装置，建立产品质量测试与评价、服役安全性能检测监测与诊断技术方法，构建基于互联网的产品质量控制与安全监管平台，实现氢能储运装备全生命周期产品质量控制和完整性管理，为推动我国新能源汽车等领域氢能的安全高效利用提供关键技术支撑。

**4. 工信部智能制造综合标准化项目“石化行业通用机械成套装备远程运维关键技术标准及试验验证平台建设”获批立项** 该项目由合肥通用院联合福建联合石油化工有限责任公司等单位共同承担，针对当前我国石化行业通用机械成套装备普遍存在的关键承压设备的完整性不足、复杂转动设备可靠性不高导致非计划停车、高能耗设备缺乏能效在线监测手段能源利用效率低下等问题，开展石化行业通用机械成套装备“互联网+智能运维”技术研究，攻克特征参量表征、多源数据融合、在线监测诊断与预警、能效评估与调控等共性关键技术，建立远程运维试验平台，推动我国通用机械远程智能维护技术的发展。

**【市场开拓】**

一是通过行业内合作，拓展检验检测业务新领域。与国内多家实力较强的特检院开展合作，共同承接项目。如与浙江省院、宁波市院合作开展镇海炼化 10 套装置风险评估与检验；与徐州管道局合作开展黄岛国储基地大型储罐群基于风险的检验等业务；与新疆特种设备检验研究院锅炉室开展新疆八一钢铁有限公司锅炉主蒸汽管道对接焊缝的高温超声波检测业务。二是适应国家行政许可制度的改革，通过组建全国性制冷空调设备产业联盟，逐步导入国际通行的第三方认证制度。通过引导行业企业进行第三方认证，为许可证改革后的业务调整打下基础。三是创新业务合作模式和方式，服务“一带一路”。与新加坡亿多世租赁公司合作，建立了“三方租赁”新型商业合作模式，解决了由于用户资金链紧张导致项目合同无法落实的问题，实现了三方共赢，为后续类似项目的运作提供了参考；通过与马来西亚大金公司沟通与技术交流，将制冷试验装置销售到马来西亚，实现试验装置海外业务的突破。

**【销售签约】**

检验检测业务继续保持稳定，各类技术服务业务新签合同总额4.1亿元，比上年略有提高；工程承包与设备成套业务平稳增长，其中环保工程业务新中标合同4.09亿元，制冷、阀门等各类试验装置业务新签合同1.75亿元，为全院主营收入稳定和经营发展打下了基础；产品研发生产业务保持了稳中有升的发展势头，在巩固传统业务领域的同时，不断开拓新的客户群体、探索新的市场领域，各项业务继续保持稳定发展。过滤与分离机械专业不断拓展产品应用领域、新签合同达7 987万元，比上年翻了一番；换热器、科普装备等特色专业的新签合同也比上年有了较大程度的增加，阀门与石油装备、压缩机、泵、风机等专业不断研发新产品，继续保持了稳中有升的稳定发展。

**【科技创新】**

**1. 创新平台建设** 新获批国家创新人才培养示范基地、压缩机技术安徽省实验室（安徽省首批10家之一），再次被工信部和财政部认定为国家技术创新示范企业。已有平台的建设运行也取得新成绩，压缩机技术国家重点实验室在科技部组织的运行考核评估中获评“优秀”，合肥通用院国家认定企业技术中心在国家发改委组织的2017年度评价结果中获评 “优秀”，安徽省级企业技术中心在安徽省经信委等七部门组织的运行评估中获评“优秀”，通用机械复合材料技术安徽省重点实验室已建设完成并通过安徽省科技厅组织的验收。

**2. 科研立项** 面向国家重大战略需求，瞄准装备制造业高端、智能、绿色、服务等方向，围绕质量基础、公共安全、绿色制造、智能制造、新能源、海洋船舶等领域，认真凝练、积极申报各类科研项目、课题，获批立项31项（其中国家级12项）。为满足清洁能源、海洋工程、航空航天等领域的发展需求，开展了深海探测外压容器试验用大直径高压容器、深海大型载人钛合金空间站、重型运载火箭液氢液氧储箱、高超声速强预冷航空发动机闭式循环（冷却）系统、超临界 $CO_2$ 布雷顿循环系统等重大装备的设计、制造与维护技术研究；针对污水处理项目普遍存在的“重水轻泥”现象，将煤化工行业的相关技术尝试用于污泥处理，完成了小型工程化应用；与中海油服合作研发了国内首台（套）重介质、负压无尘化输送设备和自动清罐设备，解决了海上平台钻、完井液配置中固体粉料自动化与无尘化添加问题，实现了岸基支持泥浆站罐体清洗自动化。

**3. 科研成果** 完成了13项国家级、省部级科研项目验收，其中：国家“863”计划课题2项、国家国际科技合作专项1项、国家自然科学基金项目3项、国家科技支撑计划1项、安徽省重大专项1项、安徽省科技攻关项目4项、安徽省自然科学基金项目1项。获得各类科技成果奖励共16项，其中：省部级和社会力量科技进步奖一等奖6项、二等奖6项、三等奖4项。获得授权专利51项、其中发明专利48项，获得软件著作权9项；正在执行的各类标准计划项目共171项，其中国际标准2项、国家标准33项、行业标准136项；负责和参与完成编制，并已发布的标准39项，其中国家标准22项、行业标准17项。合肥通用院负责的“长寿命高可靠性石化加热炉管设计制备技术方法”项目，获安徽省科学技术奖一等奖。合肥通用院负责的“极端环境承压设备安全性能测试仪研发及应用”项目，获中国机械工业集团科学技术奖一等奖。合肥通用院负责的“使用R32的新型制冷设备绿色制造关键技术”项目，获绿色制造科学技术进步奖技术创新一等奖。

**4. 新领域探索** 氢能利用领域的研究在获得国家发改委、工信部、国机集团专项资金支持后，继续获得科技部“氢能储运装备性能检测及质量评价技术研究”以及安徽省发改委、科技厅相关项目的支持，将研究和建立典型储运装备产品质量测试与评价、服役安全性能检测监测与诊断技术方法，实现氢能储运装备全生命周期产品质量控制和完整性管理；在高端装备制造领域，国机集团重大科技专项“清洁能源利用高端装备研发”、安徽省重点研发计划“液化天然气船舶用高效气化设备关键技术研究”主要围绕我国氢能、太阳能、生物质能、LNG 等清洁能源高效利用需求，开发出高效储氢装备、潜液式液氢泵、高效熔盐泵、扩散焊紧凑式高效气化器等清洁能源利用关键装备并示范应用，对于提升我国装备制造业的技术水平、推动绿色发展具有重要意义；在智能制造领域，工信部项目“石化行业通用机械成套装备远程运维关键技术标准及试验验证平台建设”、安徽省科技重大专项“冶炼行业动设备远程故障诊断与健康预测”将为石化、冶炼行业通用机械设备搭建远程运维平台，实现“互联网＋智能运维”，推动我国通用机械远程智能运行维护技术的发展。

【产品研发及产业化】

全院各专业根据市场需求，积极开发新产品，推进专有技术产业化。压力容器专业瞄准氢能利用，正在积极推进 70MPa 复合材料高压储氢气瓶研发、高压氢气循环疲劳试验装置建设工作。环保专业针对污水处理项目普遍存在的“重水轻泥”现象，将煤化工行业的相关技术尝试用于污泥处理，完成了小型工程化应用。流体机械专业开发了军工用低振动低噪声均衡泵、加油站地埋罐水射流清洗成套设备、石油钻井泥浆储罐水射流清洗成套设备、特种风机用机械密封、高温热油机械密封试验台、高参数釜用机械密封试验台、磁悬浮高速鼓风机、熄焦循环风机等新产品。阀门专业成功开发了新的特种阀门产品和试验装置，如：煤粉三通阀、煤粉流量调节阀、高压差放空阀等，得到用户高度认可。新研制的“阀门热态试验测试系统”，以 20MPa、365℃饱和蒸汽为介质，可广泛开展阀门热态全性能试验，正与阀门厂家合作实现产业化。分离机械专业成功研制了青海盐湖卤水萃取法提取万吨级高纯碳酸锂关键设备及大通量耐蚀型离心萃取机。压缩机专业掌握了高含盐污水处理大型水蒸气压缩机及其系统的设计方法，研制出小型撬装式 MVR 中试装置，建立了用于石化行业的往复压缩机在线监测与故障诊断系统。

【管理经验】

**1. 人才队伍建设** 认真落实保障与激励机制，根据个人业绩情况，对照管理、技术、工勤三个序列的条件对职工薪酬等级进行了调整；两次调整了博士生薪酬待遇，将一次性发放安家费增加到 30 万元；继续对四级以上专业技术职务人员进行动态考核；同时，根据 2017 年度考核结果，对经营亏损的部门和所属企业相关人员实行减薪，起到了激励和鞭策作用。做好干部队伍管理，坚持党管干部的原则，在院党委和董事会的领导下，按照现代企业管理制度要求，完成了院经理班子和中层干部任命，保证了全院各项工作的平稳过渡；按国机集团要求，对托管的中通公司党委、纪委和行政领导班子进行了换届考核和测评，并完成换届工作；组织院领导参加上级部门的培训 11 人次，安排青年干部和青年人才参加上级部门的培训 12 人次；制定了《合肥通用机械研究院有限公司干部管理办法》，提升了合肥通用院干部管理工作的科学化、制度化、规范化水平。注重人才的后备力量储备，新招聘浙江大学、中国科学技术大学、哈尔滨工业大学、大连理工大学、西安交通大学、湖南大学、兰州理工大学等“985”“211”及国内知名特色高校优秀毕业生 33 名，其中博士 4 人、硕士 21 名；博士后科研工作站引进浙江大学博士后 1 名，引进海外氢能领域特聘研究员 1 名。加强领军人才和高层次人才的举荐与选拔，一批优秀人才脱颖而出。2018 年，有 5 人通过了国务院津贴评选，1 人获合肥市政府特殊津贴；1 人获得中华国际科学交流基金会杰出工程师奖，1 人获安徽省“五一劳动奖章”，1 人获安徽省创新争先奖章；1 人入选国机集团首席专家，3 人入选国机集团高潜人才，3 人入选国机集团青年干部，3 人入选安徽省战略性新兴产业技术领军人才等。

**2. 质量提升** 按照党中央、国务院关于开展质量提升行动的指导意见，根据国机集团大力实施质量发展战略的部署，合肥通用院认真开展质量提升工作。用党建、技术创新和质量提升深度融合的新理念指导工作，认真贯彻新理念，将党建要求纳入质量管理体系文件中，推进了党建、技术创新和质量提升的相互促进、深度融合。推行卓越绩效管理，按照《卓越绩效评价准则》（GB/T 19580—2012）导入卓越绩效管理模式，将目前的五标准三体系与卓越绩效模式结合，从领导、战略、顾客与市场、资源、过程管理、测量分析与改进等方面不断改进完善，提高了整体绩效和管理能力。持续完善管理体系，根据管理体系新标准（GJB 9001C—2017、GB/T 50430—2018）要求和公司制改制需要，对合肥通用院质量、环境和职业健康安全管理体系进行了换版，开展了新版标准宣贯、内审员培训取证、体系文件换版、运行控制、内部审核、管理评审等一系列工作，通过了装备承制单位资格与武器装备质量管理体系认证“两证合一”审查和质量、环境、职业健康安全管理体系再认证审核，从全过程提高质量管理水平。

2018 年，合肥通用院荣获第五届“中国工业大奖表彰奖（企业奖）”、第四届安徽省人民政府质量奖（是 4 家入选正奖的企业之一）、国机集团质量奖（企业奖）。

**3. 风险防控** 通过推行全面风险管理提升防范能力，以业务流程为纽带，促进风险管理工作与日常经营管理有机结合，将风险识别、风险评估、风险管控纳入各项业务流程中；对全年的风险管理体系建设、风险管理工作进行了总结评估，并上报董事会，在此基础上提出下一年度的风险管理计划和工作重点。继续强化稽查审计职能，充分发挥审计的事前、事中监督作用，对业务合同、零星采购、废旧物资处置、固定资产验收、职工食堂、用车管理等进行审计监督，有效发挥了监督作用。发挥法律在风险防控中的作用，通过法治教育宣传，提升员工学法、守法、用法的意识；完善法律审核机制，实现了规章制度、重大决策、经济合同法律审核率的 100%；加强对院及所属企业法律纠纷案件的管理和处置，运用法律武器维护合肥通用院权益。

**4. 安全生产** 通过制定工作计划，逐级落实安全生产责任制，把安全生产责任落实到科研开发、生产经营、基本建设的各环节、全过程；组织安全管理、应急救援、特种作业等培训，提高全员的安全意识和防范能力；强化安全监督检查和隐患排查治理，进一步加强安全生产管理工作。全年合肥通用院未发生安全生产事故，在国机集团安全生产责任目标考核中继续保持 A 级。

**【幸福院所】**

完成了多个试验室的维修和办公楼的治漏、修缮工作，强化了院区的车辆交通、人员进出等管理，持续改善院区卫生、绿化水平。认真做好水、电、暖保障服务，促进了院区的文明创建工作。上调了职工基本工资和社保缴费基数，继续为员工购买门诊医疗补充保险，提高了企业年金缴费比例，修订了企业年金实施细则，提高了劳务派遣人员的公积金缴费金额，继续对长期生病和生活困难的职工进行帮扶。根据人社部、科技部等相关文件的精神，调整了转制前退休人员的养老金，所有应补发的离休费、转制前退休人员的养老金均足额发放到位。继续组织职工欣赏市民音乐会，组织新近退休的 15 名同志赴海南开展“文化之旅”，开展了趣味运动会、桥牌、各类球赛等多种形式的文体活动，以院网站、院报、宣传栏等多种载体宣传各类先进人物，营造了积极向上的氛围。

**【党建工作】**

2018 年 1 月，合肥通用院党委书记陈学东同志，作为党的十九大代表，应邀列席了十九届二中全会。

**1. 以“两个一以贯之”着力加强政治建设** 坚持党的领导，把方向、管大局、保落实。在政治立场原则上，始终同以习近平同志为核心的党中央保持高度一致，树牢“四个意识”，始终做到“两个坚决维护”；在公司治理结构上，二级及以下企业均已完成章程的修订完善工作，在企业章程中设党建工作专章；在领导机制上，坚持党对一切工作的领导；在党建与中心工作融合上，坚持将党建工作与科研经营工作同部署、同落实、同检查、同考核；在决策程序上，坚持党委会决策前置；在干部和人才管理上，严格各项组织程序；在宣传思想领域，坚持党管宣传，发挥舆论导向作用；在民主管理上，充分发挥职代会、工会、共青团作用，畅通各种沟通交流平台，党委的主体作用和职工的民主管理都得到了充分的发挥。

**2. 以“五个全覆盖”着力加强思想建设** 深入学习贯彻习近平新时代中国特色社会主义思想和党的十九大精神，做到集中宣讲在全院覆盖、集中专题研讨党委与支部全覆盖、党员领导干部与支部书记讲党课全覆盖、班子成员与中层干部学习培训全覆盖、学习宣传贯彻活动全院覆盖。2018 年，合肥通用院党委书记陈学东在全院范围内上主题党课 2 次，院党委委员到基层讲党课 25 次，各党支部支部书记开展讲党课 57 次，党委中心组开展集中学习研讨 10 次，各基层党组织开展专题学习研讨 90 余次。

**3. 以“三基建设”着力加强组织建设** 全面推进基层党组织的标准化建设，提升组织能力；落实全面从严治党责任制，党委书记始终把第一责任扛在肩上，党委成员严格落实“一岗双责”；按标准配备专职党务工作人员、落实党建工作经费；加强党建制度建设，完善和制定了十余项制度；扎实推进“两学一做”学习教育常态化制度化，落实“三会一课”制度；抓好党员队伍建设，一批骨干力量加入党组织。2018 年，新发展和批准转正党员 23 名，有 2 个集体分别获国机集团先进基层党组织、国机集团“五四”红旗团委；有 8 人分别荣获全国青年岗位能手、安徽省优秀选派帮扶干部标兵、国机集团“优秀共产党员”、国机集团“优秀共青团员”、国机集团“优秀工会工作者”等荣誉称号。

**4. 以“两个责任”加强党风廉政建设和反腐败工作** 严格落实党委主体责任和纪委的监督责任，运用监督执纪“四种形态”，始终让权力在阳光下运行，构建“不能腐”的机制；及时通报上级纪委查处的违纪案例，认真履行干部谈话、任前廉洁提醒谈话，用企业发展增加职工收入，增强“不想腐”的自觉；对多名因工作不认真、不负责，违反有关规定并造成不良后果和影响的职工进行了处理，强化“不敢腐”的震慑。

**【社会责任】**

**1. 承担公共责任** 依法执行国家的各种法律法规，坚持守法经营的基本原则，充分考虑产品服务和运营过程中可能对社会带来的任何不良影响，并拟定了企业生产经营应急预案和应对措施。

**2. 以德治企，以法治企** 重视和加强全员思想道德建设，落实诚信主体责任，建立制度化的规范经营管理体系，以公平、公正、合理为基础，自觉接受社会监督，共建良好的经营秩序。

**3. 认真履行央企职责** 履行经济发展责任，坚持稳中求进，按照质量、效益可持续发展的要求，经营绩效连年提高；通过人大、政协、政府部门、行业学（协）会等多种渠道，为政府和行业科技发展规划、政策的讨论和编制建言献策；以科技服务于经济建设，包括：为国家重大工程建设提供重要装备，为大型石化装置长周期运行安全保障提供支持，承担灾后抢险和隐患排查，开展节能与绿色制造公性技术研究，为制造企业提供各类产品性能与可靠性试验装置、提升企业自主创新能力，用标准引领行业技术进步。

**4. 积极参与扶贫攻坚** 继续资助国机集团对口扶贫点河南固始和淮滨贫困县大学生 8 名；在 2014—2017 年选派 1 名干部到界首市任寨乡杨庄村驻村扶贫取得成效后，继续选派 1 名挂职干部去定点驻村帮扶，巩固扶贫成果；选派 3 名党员干部到界首市舒庄镇大鲁村开展驻村帮扶工作，带领整村出列脱贫。

**5. 用自身资源推进科技普及和为社会培育高技能人才** 承担了中国科技馆、广州科技馆等全国多个科技馆的科普展品研制工作，多次参与科普展览活动；所属通用职业技术学院，每年为社会培养 1 千多名高技能人才，支持地方经济建设和产业转型升级。

**6. 积极投身地方环保和民生工程建设** 为合肥、环巢湖生态修复、淮河流域治理和怀远、亳州等地百余套污水处理、自来水、防洪排涝等工程建设提供了装备和技术服务。

# 洛阳轴研科技股份有限公司

**【基本概况】**

洛阳轴研科技股份有限公司（简称轴研科技）是由洛阳轴承研究所（简称轴研所）作为主发起人于 2001 年 12 月发起设立的股份有限公司，2005 年 5 月 26 日，在深圳证券交易所挂牌上市，股票代码 002046，证券简称“轴研科技”。国机精工有限公司（简称国机精工）是由中国机械工业国际合作有限公司（简称中机合作）、郑州磨料磨具磨削研究所有限公司（简称三磨所）及白鸽磨料磨具有限公司（简称白鸽公司）于 2013 年 9 月重组设立的。

2017 年 10 月，轴研科技按照国机集团的统一部署，完成与国机精工的战略重组，2018 年 10 月，国机精工业务全部上浮轴研科技，轴研科技成为国机集团精工业务的拓展平台、精工人才的聚合平台和精工品牌的承载平台。

轴研科技注册资本 52 434.91 万元，总部设在郑州市新材料产业集聚区。现有 11 家子公司，其中全资子公司 5 家：国机精工、轴研所、三磨所、中机合作、中机合作（香港）公司；托管企业 2 家：白鸽公司、成都工具所；控股子公司 2 家：爱锐网公司、伊川新材料公司；参股子公司 1 家：中浙高铁。目前正处置的全资子公司 1 家：阜阳轴研（拟转让全部股权）。

轴研科技主营业务涵盖轴承行业、工磨具行业及相关领域的研发制造、行业服务与技术咨询、贸易服务等，在高精度、高可靠性轴承与高速高效超硬材料制品及相关零部件研发与制造、检测与试验方面具有雄厚的实力，居国内领先地位。

（1）轴承业务板块。主要从事精密及特种轴承、高铁轴承、高速机床主轴、轴承专用装备和检测仪器、轴承试验机以及轴承特种材料的研究、开发、生产和销售。旗下拥有“轴研科技”“ZYS”“ZZGT”等行业知名品牌。

（2）磨料磨具业务板块。主要从事普通磨料，固结磨具，涂附磨具，超硬材料及制品，行业装备的研发、生产与销售，旗下拥有“white dove 白鸽”“ZZSM 三磨”等行业知名品牌。

（3）精密工具业务板块。主要从事精密切削刀具、精密测量仪器和表面改性技术三大类机械产品共性技术研究及其高新技术产品的开发、生产与销售，旗下拥有“Gμ 工研”行业知名品牌。

（4）贸易与服务业务板块。包括进出口贸易、电子商务业务，旗下拥有“中磨 CAEC”、“爱锐网”等行业知名品牌。

公司主导产品为精密及特种轴承、超硬材料及制品、行业装备和检测试验仪器等，其中航天领域特种轴承处于国内垄断地位，高端复合超硬材料制品为世界三大供应商之一。产品广泛应用于航空航天、舰船兵器、汽车与轨道交通、电子、新能源、机床工具、石油化工、医疗器械、制冷等领域，业务遍及世界 80 多个国家与地区。

公司拥有国家超硬材料及制品工程技术研究中心、超硬材料制品国家重点实验室、国家磨料磨具质量监督检验中心、国家磨料磨具标准化技术委员会、盾构及掘进技术（轴承）国家重点实验室、国家轴承认可实验室、军品轴承技术开发中心、工业（滚动轴承）产品质量控制和技术评价实验室、国家轴承质量监督检验中心、全国滚动轴承标准化技术委员会、国家精密工具工程技术研究中心、国家刀具产品质量监督检验中心、国家量具量仪产品质量监督检验中心、全国刀具标准化技术委员会、全国量具量仪标准化技术委员会等科研服务平台。

2018 年获得省部级以上科学技术奖 6 项；

获得授权专利 120 项，其中发明专利 82 项；主持或参与制、修订标准 30 项；新增国家科研项目 10 项，新增国拨科研经费 11 719.38 万元。

【主要指标】

2018 年轴研科技主要经济指标完成情况见表 1。

**表 1　2018 年轴研科技主要经济指标完成情况**

| 项目 | 2017 年 | 2018 年 | 同比增长（%） |
|---|---|---|---|
| 资产总额（万元） | 516 958.75 | 613 437.87 | 18.66 |
| 净资产（万元） | 262 463.74 | 345 533.48 | 31.65 |
| 营业收入（万元） | 183 193.22 | 241 344.62 | 31.74 |
| 利润总额（万元） | 2 507.70 | 8 263.82 | 229.54 |
| 技术开发投入（万元） | 17 832.34 | 21 314.19 | 19.53 |
| 利税总额（万元） | 18 299.99 | 23 004.57 | 25.71 |
| EVA 值（万元） | -6 357.79 | -3 691.53 | 41.94 |
| 全员劳动生产率〔万元 /（人·年）〕 | 17.88 | 21.81 | 21.97 |
| 净资产收益率（%） | 0.48 | 1.60 | 增加 1.12 个百分点 |
| 总资产报酬率（%） | 1.25 | 2.30 | 增加 1.05 个百分点 |
| 国有资产保值增值率（%） | 98.59 | 99.43 | 增加 0.84 个百分点 |

注：上表数据口径相同，均为轴研科技合并报表 + 托管企业成都工具所和白鸽公司

【改革改制】

**1. 国机精工业务上浮**　2018 年 10 月，经过筹划运作，国机精工所属营销、公共技术、资产管理、采购物流、生活服务、信息化等六大中心业务顺利上浮轴研科技，轴研科技吸纳并购国机精工工作全部完成。

**2. 推进混合所有制**　完成爱锐网股权收购，启动增资程序；与民营企业合资建立的国机精工（伊川）新材 2018 年完成投资 2 550 万元，实现经营收入 6 400 万元，完成刚玉合成、铝矾土熟化、中高档磨料三个项目环评和工艺设计。

**3. 探索整合行业资源**　甄选多家行业优势企业，实施 6 次尽调工作；成都工具所资产证券化进入前期实施阶段；轴研所、三磨所分别联合行业骨干企业投资设立“河南省轴承创新中心”“河南省金刚石功能材料创新中心”，公司资本运营能力进一步提升。

**4. 注重利用两种资源**　推进“一带一路”倡议布局及重点项目，整合、利用国内外两个市场、两种资源，实现出口贸易收入 3.62 元，同比增长 37.8%，其中，马代光伏、越南铁厂项目实现收入 2 亿元；俄罗斯乙二醇项目成立国内合资投资公司，美洲某公司合资建厂尽职调查启动，“走出去”战略初见成效。

【重大决策】

收购河南爱锐网络科技有限公司。根据“主业做强、产服融合、产资结合、平台竞争、生态升级”的总体战略布局，2018 年 8 月，公司以收购河南爱锐网络科技有限公司股权的方式进入工磨具行业第三方电商平台，构建与自身各经营实体以及合作单位“协同合作、互联互通、共享共赢”的商业模式，推进为工磨具行业及其上下游行业提供综合服务的“供需链合、知识集成”产业互联网平台建设。

【重大项目】

**1. 高速精密数控机床轴承系列产品升级及产业化关键技术研发**　轴研所主持承担的国家重大科技专项，2018 年 8 月 23 日通过国家技术最终验收。项目开发出典型数控车床主轴、高速精密数控磨床主轴等 10 大类高档数控机床用精密轴承，所研制轴承整体技术水平达到国际先进水平，其中开发的超高速电主轴用直润滑角接触球轴承高速性能系数 dmn=3.19×106mm·r/min（油气润滑），处于国际领先水平；通过本项目的联合

攻关，建立以轴研科技牵头、轴承行业骨干企业、高校参加的国家“滚动轴承技术创新战略联盟”得到国家科技部的试点批复，现已经拥有60家产学研协同单位。

**2. 高速高精度精密超硬材料磨具关键技术研究与应用** 三磨所承担的国家科技支撑计划项目，2018年9月21日通过验收。项目开发出高厚度CFRP基体材料均匀浸渗工艺、含纤维晶相的高耐用度微晶玻璃陶瓷结合剂制备技术、陶瓷CBN内圆磨砂轮注射成型技术、模压—等静压复合成形技术、近净成形技术、微米级摊料技术等关键工艺技术，研制出凸轮轴/曲轴加工用陶瓷结合剂CBN砂轮、燃油喷射系统关键零部件（燃油喷射器）加工用陶瓷结合剂内圆磨砂轮和半导体芯片封装切割用金属结合剂超薄砂轮，产品制造精度、使用性能均达到进口同类产品水平，可替代进口。项目共申报专利9项，其中发明专利8项；已获专利授权4项，其中发明专利3项。发表论文11篇，制定企业标准3项。

**3. 高性能超硬材料磨具智能制造新模式** 三磨所承担的工信部国家智能制造专项，进展顺利，2018年完成投资金额3 921.19万元。截至2018年年底，已开发出超硬材料磨具产品数据库，初步建设完成企业数字化设计平台，自动化智能化的混分料配比中心、精密砂轮加工中心，烧结中心、成型中心；初步实现关键工序装备自动化与智能化；完成超硬材料磨具混分料在线检测、终检平台建设；建设完成底层物联网络系统。

**4. 新型MPCVD法大尺寸单晶金刚石片** 三磨所承担的国家工业强基工程项目，2018年完成投资金额1 807.93万元，稳步推进。截至2018年年底，完成高功率MPCVD法制备大尺寸单晶金刚石的高速大面积均匀沉积技术、一维侧向外延技术、零致命缺陷密度沉积技术、低位错密度沉积技术、B/P掺杂技术等关键技术的研究，开发出大尺寸单晶金刚石样品；完成批量化工艺研究，批量化生产的大尺寸单晶金刚石片各项性能指标满足项目要求；完成操作工艺规程、检验工艺规程等工艺文件的编制；完成产业化建设所需MPCVD设备、激光切割机等设备的购置。

**【市场开拓】**

牢牢把握“结构调整，优化升级”主线，坚定推进“一体四驱”战略落地，持续夯实主业做强，持续推进经营创新、管理创新，经营规模不断壮大，盈利能力持续提升，2018年公司（含上市公司和托管企业）实现营业收入24.1亿元，同比增长31.74%，实现利润总额8 263.82万元，同比增长229.54%。

**1. 所属中国机械工业国际合作有限公司** 依靠创新内生增长和产业链补缺能力实现增长，2018年完成营业收入8.87亿元，同比增长63.65%。

（1）出口贸易突飞猛进。2018年实现销售收入40 813万元，同比增长68.75%，一是轴研科技主营产品工磨具类销量增长，完成销售收入5 563万元，同比增长12.34%；二是材料类产品稳步推进，碳化硅、刚玉等传统材料业务完成销售收入5 324万元；三是建材类产品增长明显，地板砖产品出口收入7 106万元，同比增长14.01%。

（2）挖掘双面市场潜力。重点设计以采购带动内销、以出口带动进口、以原料带动成品、以设备带动技术的综合性双面市场模式，与客户建立长期、深度合作机制，提升资源整合和服务能力，加快单一产品贸易向贸易服务平台模式转变，2018年完成销售收入36 485万元。

（3）拓展国际工程项目。创新践行业务转型发展战略，加强机制建设和统筹谋划，强化部门协同配合，培养团队，积极进取，拓展领域，推动越南铁厂改扩建项目、马尔代夫光伏等国际工程项目高质量发展，全年收入超过20 000万元。

**2. 所属企业郑州磨料磨具磨削研究所有限公司** 抓住下游行业发展拉动机遇，加快新产品研发和质量提升、扩大大客户开发成果，在汽车动力总成、半导体封装、光伏单晶硅、CNC加工、蓝宝石衬底减薄等领域形成了一批有代表性的产品及客户，产业化成果显著，经营业绩再创新高，营业收入4.04亿元，同比增长32.73%。

（1）积极推进产品创新。根据市场需求调整研发方向，电子行业划片刀接近国外同类产品技术水平，成功推向市场，实现销售收入2 000

万元；新型复合结合剂在工具行业CNC加工领域、光伏级硅材料加工领域均得到成功应用及推广，取得较高市场占有率；行业专用设备研发更新换代，树脂结合剂抛光工具自动化生产线和新型组合式六面顶压机液控技术取得突破，实现销售收入600余万元。

（2）注重品牌形象塑造与传播。重构与中国内燃机工业协会进排气机构分会、中国半导体行业协会封装测试分会、中国机械工业金属切削刀具技术协会等行业机构合作关系，参加行业高端会议，借助学术论坛和国内外展台，精准传递三磨品牌国内超硬材料行业领导者形象，促进相关产品开发和推广。借助建所60周年庆典、第七届郑州国际超硬材料及制品研讨会暨庆祝中国人造金刚石诞生55周年大会，集中进行品牌及文化营销，提高客户对公司的认识认同。

（3）积极推进实施产服融合。开展“厦门金鹭特种合金有限公司产品整体解决方案”和“光伏级硅材料磨削用超硬材料砂轮市场推广”两个产服融合项目，以此为抓手，对工具行业、光伏行业进行集中开发，年度实现销售收入1 300余万元。

**3. 所属企业洛阳轴承研究所有限公司** 2018年，在严峻的市场竞争形势下，积极采取有效应对措施，不断推进市场洞察，加大市场开发力度，拓宽销售渠道，推进新产品开发，加强品牌宣传，各项业务取得较好业绩，实现营业收入5.2亿元，同比增长14.31%。

（1）特种轴承。在维护传统军工领域客户资源的基础上，重点开发商业航天、民用航空、舰船等新领域，与中航工业和中国航天相关单位合作获得巨大进展。

（2）精密轴承。紧紧围绕机床行业、盾构行业、矿山冶金行业、军民融合等领域进行产品结构调整，深度开发客户需求，加大3C轴承、高线轴承、转盘轴承、盾构轴承、雷达天线轴承等产品推广力度，发展势头较好。

（3）智能装备。定位于强势恢复内部传统优势业务、加快拓展新业务市场占有率，产品结构调整围绕3+2产品主线，初见成效。

（4）制造服务。创新服务业务模式，着力搭建试验检测、贸易服务、培训服务三大运营平台，同客户签署深度服务合作战略协议，开辟全新服务模式，并成功复制推广。

**4. 托管企业白鸽磨料磨具有限公司** 2018年，重点推进主业做强、产品结构调整，实现营业收入22 051万元。

（1）主业做强。加强对外技术合作，提升研发能力；完成整体迁建，制造能力得到明显提升；加强营销渠道建设和国际市场开拓，与世界多家著名企业建立合作伙伴关系，推进与意大利MG公司合作，为后期双面市场开拓奠定基础。

（2）产品结构调整。以产品结构调整为主线，加强低附加值向高附加值转型、中低端向中高端转型，质量水平和产品竞争力得到提升。以市场为导向进行新产品开发，深入分析行业需求和大客户需求，进行针对性的新产品开发，围绕重点区域、重点行业、重点客户进行市场培育与突破。

**5. 托管企业成都工具研究所有限公司** 产品定位“专、精、特”，发挥专用领域、精益化制造和特殊定制等方面的综合性价比优势，积极参与国内市场竞争，全年实现销售收入1.26亿元，同比增长37.83%。

（1）积极调整产品结构。在发挥专用领域、精益化制造和特殊定制等方面竞争优势的基础上，开展产品结构调整项目12项，实现销售收入约2 200万元。

（2）推进产服融合工作。大力推进实施丝杆螺母专用成形铣刀的研究与开发、气门第二代QPQ处理技术的推广、高可靠性石油管螺纹刀具的开发与研究等产服融合项目，实现销售收入656万元。

**【科技创新】**

**1. 科技创新取得新成绩** 成功申报国家、省、市各级科技项目16项，国家级5项、省部级8项；获省部级以上科技奖6项，二等奖5项；获授权专利120项，发明专利82项；主持或参与制定、修订国家及行业标准30项，其中国家标准14项；发表论文69篇，SCI论文41篇、

EI论文4篇；获拨科研经费11 719.38万元。

**2. 科研平台建设取得新进展** 轴研所“河南省精密机床轴承工程技术研究中心”和“国家级高性能轴承数字化设计国家国际合作基地”获批，省级企业技术中心、院士工作站获评优秀，全国滚动轴承产业技术创新战略联盟再次进入A级梯队；工具所被认定为四川省企业技术中心；中浙高铁高端轴承研究院被认定为省级企业研究院。

**【经营管理】**

**1. 强化战略引领** 一是按照国机集团的战略引领，以产品发展战略为核心，完成发布重组后新的精工板块“十三五”发展规划修订稿。二是瞄准代表未来发展趋势的支柱性产业、战略性新兴产业和下游行业引领型企业的高端需求，组织轴研所、三磨所、工具所、白鸽公司四家所属制造企业制定产品结构调整规划（2018—2020），明确三年结构调整目标、方向与路径，规划83项结构调整重点产品项目。

**2. 持续做强主业** 一是组织四家制造企业及公共技术服务中心制定实施质量效率提升三年（2018—2020）计划，全面完成年度24项质量效率提升项目，4家制造类企业主导产品实现销售收入11.14亿元，同比增长12.3%。二是制定发布质量管理体系文件、质量文化建设方案，组织培训IATF16949和AS9100质量管理体系标准、IATF16949五大工具等质量管理知识，培训226人次，为公司质量效率提升目标落地提供制度、工具保障。三是成功举办“第一届QC小组活动成果发表赛”，组织实施年度QC小组活动课题97项，全员质量意识得到明显提升。四是产品结构调整取得新进展，81个年度重点项目实现销售收入5.24亿元、同比增长10.2%，占制造类企业主营业务收入比重38%；其中重点新产品64项，实现销售收入2.54亿元、同比增长27.6%，占制造类企业主营业务收入比重18.4%。六是培育新型产业化项目12项，部分产品已形成销售。总部牵引实施的“新能源汽车电机轴承”、轴研所磁悬浮轴承、工具所复杂型线成形铣刀等项目取得重大突破；中浙高铁研发完成11个型号高铁及轨道交通轴承，牵引电机绝缘轴承被列入2018年度浙江省首台（套）产品。

**3. 深化产服融合** 完成《产服融合工作管理办法》修订，实施13个产服融合项目，实现销售收入2 842.56万元，同比增长11.4%，三磨所“光伏级硅材料磨削用超硬材料砂轮市场推广”项目，优化自身砂轮配方设计，集成多家客户产品及服务，形成设备＋磨削耗材整体解决方案，打包向行业标杆客户持续推广，实现销售收入826万元、目标完成率达137.72%；工具所“气门第二代QPQ处理技术的推广”项目，针对目标市场需求，优化QPQ盐浴配方，编制工艺指导手册，提供现场培训服务，实现销售收入302万元、目标完成率达100.67%。

**4. 完善平台建设** 一是采购物流平台专业能力不断提升。优化提升管理流程、制度建设、信息化建设、绩效管理，组织年度供应商业绩评价，确定主要物料基准采购时效及安全库存，探索行业采购协同，实现采购按期交付率同比增长50.1%，采购均价远低于市场价格平均增幅，发运及时率同比增长6.5%，一次交检合格率同比增长11.4%，一年以上库存降低率达85%；大力推进双面市场模式，实现营业收入4 700万元，同比增长151.34%，整体实现扭亏为盈。二是拓展信息化平台应用。完成轴研所、中机合作业务和阜阳轴研、工具所财务与公司统一信息平台的业务集成；实施“迁移计划与方案制定、测试环境与数据准备”，完成“精工业务上移轴研科技”信息平台；基于总部管理需求，构建绩效管理信息化模块并上线运营。三是构筑公共技术服务平台优势。健全管理制度，再造检测业务流程，试行抢单机制，内部客户满意度进一步提高；推进磨削实验室建设，完善磨削实验室条件，支撑所属企业产品研发，完成白鸽超硬砂轮等12轮次磨削试验；量化外部检验、计量业务服务标准，实现销售收入1 400万元；积极申报国家磨料磨具产业计量测试中心、国家技术标准创新基地，筹建校准实验室，开展多项科研项目，获得专利6项，检验检测扩大45项，平台综合服务能力进一步增强。四是持续推动爱锐网产业互联网平台建设。通过开展市场调研、客户访谈、模式及运营设计等工作，确定以棕刚玉磨料交易为主的MVP，实现磨料企业线下销售、采购业务上平台，初步验证产业互联网在工磨具行业的实施路径，实现收入 1 500 万元、同比增长 10%；爱锐网公众号阅读量持续增长，累计关注用户数从 13 462 位增加至 15 947 位，在行业内获得较高影响力。

**5. 精进闭环管理** 一是深化绩效闭环论证，把握“市场洞察、创新焦点、业务设计、关键任务”的重点环节，认真组织年度业务计划与全面预算编制、论证工作，提高年度业务计划和全面预算的科学性、系统性和可落地性。二是完善经营管控机制，坚持“管方向、管重点、管波动、管异常”，紧盯运行偏差，分析执行异常，制定关差措施，督促工作落实，形成两级协同关差机制。三是有效推进管理提升，分类推进、专项培训、交流推广相结合，组织实施战略与运营持续改进研究室课题、管理提升、闭环管理等 38 个重点项目，14 个闭环项目实现收入 1.42 亿元、目标完成率为 104%、同比增长 12%；15 个管理提升项目完成率为 87%，形成典型案例，为成果推广工作奠定一定基础。

**6. 强化人本管理** 一是薪酬绩效管理不断健全。发布实施公司领导班子、所属企业主要负责人、总部经营实体、职能部门、总部员工等绩效考核制度，实施所属企业重点经济运行质量指标与相关职能部门效薪挂联，推进构建“价值创造目标牵引、价值评价绩效考核和价值分配激励约束”机制，员工积极性、能动性、创造性进一步提高。二是组织建设有效推进。修订《轴研科技领导干部管理办法》，按照国企好干部 20 字标准，调整所属企业及总部职能部门领导干部 37 人，以德为先、任人唯贤、人事相宜的干部选拔任用体系进一步完善。三是培训有效开展。甄选 150 多名骨干管理人员，制定专项培训计划，开办管理人员研修班、青年高潜人才培训班；开展在线学习及新员工入职培训，精准培训稳步推进。四是人才引进能力逐步提升。开展人才需求调研，建立人才招聘与人才资源共享群，新增“前程无忧”等多种渠道，人才招聘的针对性、有效性进一步增强。五是基础制度持续完善。制（修）订并实施干部选拔任用纪实、人事档案、培训工作、职称评审、招聘工作、劳务派遣人员、劳动合同等管理办法，制度基础不断夯实。

**7. 加强风险防控** 一是内控体系建设不断完善。制定实施内控体系建设方案，发布内控管理手册、评价规范、权限分配、全面风险管理等制度，内控体系基本搭建。二是“两金”管理不断强化。细化分解“两金”指标，出台“两金”压降方案，跟踪“两金”指标变化态势，严格压降效果与薪酬挂联，实现“两金”净额增幅低于营业收入增幅 33.23 个百分点，存货周转率和应收账款周转率比上年分别提高 1.12 次和 1 次。三是资金融通效能进一步提升。搭建资金集中管理平台，开通票据池业务，开展结构性理财，实现资金成本率同比降低 8.14%，有效发挥资金集中的“资金枢纽、统筹安排、调剂余缺、融通运用、降低成本、防控风险”功能。四是税务筹划业绩明显。合理运用税收优惠政策，节税 4 372 万元，税务筹划“降成本、控风险”作用进一步发挥。五是投资风险管控不断加强。修订完善股权投资和固定资产投资管理办法，建立项目论证和项目运营监控关键要素指标、标准，推进实施三级评审机制，加强项目月度跟踪、季度评价，开展工程项目管理跟踪审计，投资风险管控体系逐步健全。六是安全风险管控效能持续提高。完善安全生产管理体系，落实安全生产责任，推进事故隐患排查治理，实施教育培训，强化过程管控，加强应急能力建设，在国机集团安全生产责任目标考核中再次被评为 A 级。七是审计稽查、效能监察和法律工作力度不断加大。加强负责人任期经济责任、工程项目事中事后审计以及企业货币资金、应收账款、存货等方面内控评审，强化公司经济合同、知识产权的法律审核，有效规避重大法律纠纷。八是专项风险化解成效显著。阜阳轴研建设项目顺利完成场地清租、现场固化、工程造价审核工作，与阜阳市经开区管委会达成资产处置意向；阜阳轴承破产清算接近尾声，较好的完成人员安置、法律纠纷、资产保全等工作，预计全部处置费用不超预算。

**【党建工作】**

2018 年是全党全国人民全面学习贯彻十九大精神的开局之年，也是轴研科技融合发展、站稳新平台的奠基之年。公司党委积极践行“围绕中心抓党建，抓好党建促发展”的工作思路，以习近平新时代中国特色社会主义思想为指导，紧扣国有企业党建重点任务，以国机集团党建质量提升年深化行动和巡视整改为抓手，不断推进党的政治建设、思想建设、组织建设、纪律建设、作风建设、制度建设，着力发挥党委政治领导作用、党支部战斗堡垒作用和党员先锋模范作用，公司党建水平稳步提升，公司经营业绩持续向好，职工收入平稳增长。

**1. 落实“五个全覆盖”，用十九大精神指引企业改革发展** 公司党委把持续深入学习宣传贯彻习近平新时代中国特色社会主义思想和十九大精神作为首要的政治任务。一是领导班子深入学习习近平新时代中国特色社会主义思想和十九大精神，不断提升自身的政治理论水平和政治站位；二是积极落实国机集团党委部署，把“五个全覆盖”要求作为推进“两学一做”常态化制度化的重要内容，举办领导干部“习近平新时代中国特色社会主义思想和十九大精神培训班”和基层党组织书记集中培训班3期，组织两级领导班子“十九大精神学习专题研讨会”11次，各级干部深入基层讲党课74场次，持续深化公司党员干部员工对十九大精神的学习理解和贯彻落实；三是切实将学习成果转化为党对国有企业领导的具体实践，转化为公司转型升级、改革发展的工作思路，完成公司“十三五”发展规划纲要修订，确立2020年实现营业收入40亿元、利润总额4亿元的阶段性发展目标，实施“内涵性、外延性、能动性”三大增长工程，加速公司重组后融合发展、稳步增长的态势。

**2. 加强党的领导，推进国企党建重点任务落实** 一是落实“四同步、四对接”要求，完成新建企业精工（伊川）新材、中浙高铁党组织组建；二是督导完成境内19家所属企业党建进章程修订工作，明确党组织法定地位；三是修订完善党委会、董事会、总经理办公会议事规则，严格执行党委会研究决议“三重一大”前置程序，全年召开24次党委会，发挥党委在重大事项上把关定向的领导作用；四是坚持党管干部原则，干部任免必经党委会研究讨论，落实党委对干部人事工作的领导权。五是实施换届选举和组织调整，推进“双向进入，交叉任职”，落实所属企业党委书记、董事长一肩挑，配强基层党委领导班子。

**3. 贯彻中央精神，强化组织工作和宣传思想工作** 一是完善干部管理制度，制定“轴研科技领导干部管理办法”“干部选拔任用纪实工作办法”“中高层管理干部行为准则”，落实国企好干部20字选拔使用标准；二是激活选人用人机制，遵循选拔任用程序，推进所属企业领导班子公开竞聘，调整选拔所属企业及总部职能部门党政领导干部37人，干部队伍的知识结构、能力结构和年龄结构进一步优化；三是着力后备人才培养，主持开办管理人员高级研修班1期、2期和青年高潜人员培训班，甄选150多名骨干管理人员，培养后备领导干部人才。四是加强意识形态工作，修订新闻宣传管理办法，制定舆情监测管理制度，完善内部媒体管理，组织订阅国机党建、新风国机、共产党员微信公众号，及时传递党中央和国机集团党委声音，把员工的思想和精力凝聚到公司改革发展大局当中。2018年公司网站发布宣传稿件120余篇，其中有关党建工作近40篇。五是制定“轴研科技2018年企业文化建设工作任务清单”，牵引所属企业大力宣贯社会主义核心价值观，积极开展多种形式的精神文明创建活动，持续开展先进典型的选树、培育和宣传工作，展示员工精神风貌，激励爱岗敬业热情，增强企业发展活力。六是发挥党工团桥梁纽带作用，畅通沟通交流机制，盯紧热点难点问题，及时处置信访事件，营造和谐生产经营环境。

**4. 落实从严治党，构建层层抓党建工作格局** 一是贯彻集团全面从严治党责任清单，树立“抓好党建是本职，不抓党建是失职，抓不好党建是渎职”理念，落实两级党委主体责任、党委书记第一责任、党委副书记直接责任、班子成员“一岗双责”，推动所属企业领导班子成员和基层党组织书记党建年度述职，构建一级抓一级的党建工作格局。二是狠抓责任落实，加大党建工作成效与个人薪酬挂钩的比例，通过战略研讨会、年度工作会、季度经济运行分析会、业务计划论证会等方式，推进党建工作与生产经营同谋划、同部署、同研究、同落实、同考核，要求党建工作和经营工作同时抓、两手都要硬。三是抓好中心组学习，开好民主生活会，增加党委会政治学习内容，全年组织集中学习研讨 9 次，及时传达贯彻党中央重要精神和国机集团党委重大部署要求，坚持用习近平新时代中国特色社会主义思想指导实践，增强班子成员“四个意识”、坚定“四个自信”，坚决做到“两个维护”，提升企业经营发展能力。四是加强机制保障，设立公司党群工作部、党委组织部、纪检监察办公室，实施双向交流，配齐专职党务干部；督导党建工作经费按规定比例纳入年度预算，与行政费用同步编制，明确支出计划，严格审批执行。五是印发基层联系点制度，领导干部每季度深入基层调查研究，通过参加所属企业民主生活会、所在支部学习活动、各层次座谈会、谈心谈话等多渠道多方式，及时解决群众关心和反映集中的重大问题，指导基层单位党建、业务工作。六是履行党风廉政建设第一责任，组织制定《党风廉政建设主体责任和监督责任监督检查与责任追究办法（试行）》，层层签订党风廉政建设责任书，落实党委主体责任、党委书记第一责任、党委班子成员“一岗双责”的职责。七是坚决贯彻落实中央八项规定精神、国机集团“六方面十条措施”，制定《关于进一步贯彻落实中央八项规定精神实施细则》，明确费用支出负面清单，领导班子成员以身作则、严格遵守廉洁从业和履职待遇有关规定。八是及时传达学习中央纪委、国机集团党风廉政建设和反腐败工作决策部署要求，坚持节假日廉政提醒，组织参加党风廉政建设活动月、“新风讲堂”和廉洁教育基地学习，持续向公司各级干部传达正风肃纪的纪律要求，严防“四风”问题反弹，全年未发现违规违纪问题。

**5. 夯实管理基础，全面提升基层党组织建设质量** 一是完善党建工作制度，全年修订、新建党建制度近 20 项，涉及组织、思想、作风、纪律等各方面，为党建工作规范开展提供了制度依据。二是推动基层党组织换届，完成所属企业三磨所、工具所党委换届，调整白鸽公司、中机合作党委班子，推动轴研所党委换届进入程序，设置专职党委副书记，加强基层党建领导力量；三是增强基层党务工作力量，督导所属企业健全党建工作机构、配强党务干部，落实同级同酬，专职党务人员编制增加 5 个。四是实施集中培训，分两批组织 63 名基层党组织书记和党务人员参加为期 5 天的集中培训，学习新时代党建理论和工作方法，基层党建工作能力和业务水平进一步提升。五是推动基层党组织“三基”建设，制定《基层党组织标准化建设实施意见》和《基层党建工作经常性督查指导制度》，组织季度党建工作例会和现场调研指导，落实基层党建经费使用、支部活动园地建设和“三会一课”、主题党日活动开展情况，推进基层党组织工作规范化、制度化、科学化水平进一步提高。2018 年从生产经营一线、技术能手、高知群体中发展党员 15 名。六是推动党建工作与生产经营深度融合，公司党委搭建双创平台，牵引基层党组织开展“一个党委一个重点、一个支部一个品牌”主题实践活动，重组之前亏损的轴研所、工具所两个单位围绕主业做强，发挥党组织战斗堡垒作用和党员先锋模范作用，大力开展创新创效工作，2018 年全部实现扭亏增盈。

**6. 举一反三，全力推进巡视整改工作** 建立巡视整改任务清单，层层分解责任，定期跟踪 6 个方面 22 个问题 115 项整改措施的落地情况，延伸整改，进一步规范企业党建及办公用房、业务接待、财务管理等工作；制定公司党委巡察工作计划，计划 3 年内完成所属企业的巡察全覆盖。

**【企业文化】**

制定实施《轴研科技 2018 年企业文化建设重点工作》，组织拍摄企业文化宣传片，编纂企业文化电子手册，举办“汇聚精工力量，共创时代篇章”文艺汇演等活动，牵引推进质量、安全、廉洁等专项文化建设，促进融合发展。深化“双创”活动，推进创新文化落地，全年组织实施双创项目 136 个，参与职工 739 人，创收 420 余万元，有力支撑了公司降本增效、技术进步和管理提升；明确公司品牌形象统一管理规范，制定公司品牌战略规划，借助所属企业建所 60 周年、行业高端座谈会、技术交流会、展会等活动平台，策划实施系列营销活动，全面展示公司系列产品的卓越性能和品质，多角度展示公司丰厚的文化底蕴和技术实力，促进公司品牌在市场端的深度推广。

【社会责任】

公司积极贯彻国机集团“教育为根，产业为本，农机为枝，民生为脉”的扶贫工作要求，积极履行精准扶贫社会责任。2018 年多次派人到定点扶贫村现场调研指导，帮助促销村里特色农产品，开展支教帮扶、文化下乡、春节慰问等活动，累计向淮滨县捐助扶贫款 30 万元。公司青年干部高亚辉同志作为国机集团对口扶贫村——淮滨县刘圩村驻村第一书记，以坚忍不拔的实际行动帮助贫困群众脱贫致富，通过做好政策宣传、温情帮扶、倾听群众心声、助推产业扶贫、带动党建、落地帮扶项目，帮助刘圩村 85 户 415 人脱贫，贫困发生率由 20% 降至 1.7%，得到信阳市委、淮滨县委的高度认可与表扬，先后被授予河南省、信阳市“优秀驻村干部”荣誉称号。

# 中国电器科学研究院有限公司

【基本概况】

中国电器科学研究院有限公司（简称中国电器院）始建于 1958 年，隶属于中国机械工业集团有限公司（简称国机集团），注册资本为 35 450 万元，拥有 2 000 多名员工，总部位于广州市海珠区新港西路。2016 年 11 月，中国电器院获准成为中央企业首批开展员工持股试点的十户企业之一。2017 年 5 月 26 日，首次股东大会召开，标志着改制的顺利完成，成为由国有独资改制为“国有 + 民营 + 员工”的混合所有制企业。

经过近 60 年的发展和壮大，中国电器院现已成为集科研开发、科技服务和科技产业为一体的国家级创新型企业，战略布局华东、华南、华中、西北等区域，在检测认证、励磁设备、电池检测设备、成套试验装备、新型环保材料生产等诸多领域处于国际先进水平，业务范围涵盖能源、材料、工程、智能、环境、评价等六大领域的 30 个专业，包括检测认证、智能装备和环保材料三个业务板块。

【主要经济指标】

2018 年中国电器院主要经济指标完成情况见表 1。

表 1　2018 年中国电器院主要经济指标完成情况

| 项目 | 2017 年 | 2018 年 | 同比增长（%） |
| --- | --- | --- | --- |
| 资产总额（万元） | 258 608 | 296 779 | 14.76 |
| 净资产（万元） | 115 855 | 123 636 | 6.72 |
| 营业收入（万元） | 206 695 | 267 132 | 29.24 |
| 利润总额（万元） | 12 683 | 22 311 | 75.92 |
| 技术开发投入（万元） | 12 398 | 15 650 | 26.23 |
| 利税总额（万元） | 21 124 | 33 679 | 59.44 |
| EVA 值（万元） | 15 271 | 24 466 | 60.21 |
| 全员劳动生产率〔万元 /（人 · 年）〕 | 24.96 | 54.84 | 119.75 |
| 净资产收益率（%） | 13.46 | 16.97 | 增加 3.51 个百分点 |
| 总资产报酬率（%） | 5.66 | 8.10 | 增加 2.44 个百分点 |
| 国有资产保值增值率（%） | 114.14 | 112.31 | 减少 1.83 个百分点 |

【改革改制情况】

2017 年，中国电器院完成混合所有制及员工持股改革，引入民间投资 51 690.35 万元，2018 年组织实施了第二次股权激励计划，完成 1 981.7 万股，合计 446 人的股份分配工作。

【重大决策与重大项目进展情况】

2018 年 4 月，中国电器院获国家标准化管理委员会批复同意建设“国家技术标准创新基地（家用电器和电器附件国际标准化）”，该基地致力于提升中国家电产业国际竞争力，促进中国家电行业产业升级。中国电器院还获批成为第一批国家级消费品标准化试点项目单位。

5 月，在 IEC/TC61 国际电工委员会上，中国电器院历时八年终于推动 IEC60335-2-15 国际标准修订。

5 月，CVC 威凯喜获多个中国能效标识中心能效试验室备案，成为首批换气扇、电饭锅、微波炉能效备案实验室，首家商用冷柜能效第三方检测机构。

6 月，中国电器院承担的“十二五”科技支撑计划课题“废旧电子元器件中稀贵金属和热塑性塑料高值化清洁利用关键技术及示范”通过外部验收。

9 月 4 日，第十一届中国（广州）汽车零部件论坛在广州成功举办，国家智能汽车零部件质量监督检验中心正式揭牌。CVC 威凯“智能汽车零部件产品试验技术公共服务平台”成功入围国家工信部第二批产业技术基础公共服务平台认定名单。

10 月，擎天实业公司参与的巴基斯坦最大水电站之一的 NJ 水电工程项目顺利并网通电，擎天公司自主研制的四台机组 EXC9000 励磁装置全部顺利投产。

10 月 22—26 日，中国电器院组织中国代表团参加第 82 届国际电工委员会（IEC）大会，主导的各项重要国际标准提案都取得了重要突破。

11 月，工业产品环境适应性国家重点实验室已在“一带一路”沿线典型气候区域建设了海外自然环境试验网络。该实验室联合国内高校、研究机构和企业，在国内首次提出了“一带一路特殊环境电器产品标准体系架构”，得到国家标准化委员会认同。

11 月，广州擎天实业有限公司成功中标国内龙头企业电极箔先进产能扩产电源购置项目，该项目是当年国内最大的铝箔电源项目。

12 月 8 日，中国电器科学研究院江苏分院暨智能家电研发创新与检测认证公共服务平台在江苏宿迁正式揭牌。中国电器院投资控股的威诺检测技术有限公司正式运营。

12 月 17 日，擎天实业公司励磁产品在亚洲第一长坝——柬埔寨华能桑河二级水电站顺利投运。

2018 年，立沙岛产业基地建设有序推进，正进入全面建设阶段，计划 2019 年建成投产。

【市场开拓、产品销售、科研成果、产业化发展情况等】

**1. 迎难而上开拓市场** 经营业绩连续三年创历史新高。2018 年，中国电器院三项成交额突破 32 亿元，同比增长 6.72%；营业收入突破 26 亿元，同比增长 29.24%；利润总额首次突破 2 亿元，同比增长 75.92%，各项经济指标连续 3 年创历史新高，获国机集团 2018 年度先进单位。

2018 年，中国电器院围绕“智能家居”“智能汽车”两大行业，坚定战略方向，保持发展定力，聚焦主业，强化核心能力，拓展新兴业务领域，实施双轮驱动，努力开拓国内国际两个市场，实现了持续稳健发展。

成套装备：努力拓展国际和国内两个市场，继续在印度、埃及等“一带一路”沿线国家开拓冰箱、空调整厂和试验装备项目，先后与多家国际知名公司签订合作协议，巩固了“KINTE”品牌在国外家电工厂工程的龙头地位，为后续开拓欧美高端家电市场做好准备，在国内市场，试验装备成功签订长丰猎豹汽车重大合同，实现汽车行业业务新突破。2018 年成套装备合计实现合同额 9 亿多元，利润同比增长 28%。

电气装备：电池业务进一步巩固比亚迪市场，重点开拓新的龙头项目，先后与青海比亚迪、郑州比克、天津力神等动力电池企业签订重大供货合同。电源产品占国内铝箔电源市场 60% 以上。励磁装备在国内新建水电和火电项目建设减缓的不利状况下，承接了宁夏平罗 660MW 汽轮发电机组励磁系统、阳江抽蓄、梅州抽蓄励磁系统、二滩励磁改造等一批行业内有影响力的重大项目，同时紧抓电站改造及售后服务市场，整体发展平稳。

环保涂料：集中资源聚焦主攻方向，坚定产品结构调整，粉末业务重点向轮毂、家电中高端特殊品种，邦定金属粉及卷钢粉加快突破，逐步进入工程机械行业；树脂业务努力克服环保影响，稳定核心客户，加大国际市场开拓，在贸易形势及汇率波动不利环境中，出口量增长50%；油漆业务着力开拓汽车零部件及农用机械水性涂料市场，针对客户定制开发，销量快速增长300%。

检测认证：在保持传统业务市场占有率继续领先的同时，拓展通信类产品、充电桩、空气治理、天猫假货取证等检测和采购验收业务；积极扩大政府市场规模，开展纺织品、教育电子类产品等政府采购验收业务。加快分支机构建设和营销网络布局，设立赣州动力电池、上海汽车电子、江苏宿迁三个检测基地。国际业务同比增长25%，其中CCC认证海外市场、GCC等自主业务有较大幅度增长，积极筹备在海外设立机构。汽车及电子产品市场占有率持续提升，先后获批“国家智能汽车零部件质量监督检验中心”，AV/IT和通信产品CCC认证、国家技术标准创新基地、广州市新能源汽车地方补贴申领登记工作站，行业影响力进一步扩大。

兰电所：努力适应市场变化，直面困难，多方出击，抢抓机遇，积极开拓市场，在挖掘军工市场的同时大力开拓民品市场，2018年中国电器院累计取得民品订单2 800余万元，创历史最好水平。

武汉所：充分依托中国电器院优势资源，强化内部合作和市场开拓，智能装备业务对接成套公司，检测计量业务强化本地化运营，逐步成为院产业链延伸的一环，公司业绩获得新提升。

**2. 创新驱动迈上新台阶** 2018年，科研投入1.6亿元，同比增长30%，院内立项92项，其中新立项84项。全年申报各级政府科研项目101项，获得入库支持74项。获得多项政府支持；新获批各级平台与资质15项；获省部级和全国性行业以上各类优秀成果奖8项；申请专利85件，其中发明42件。

重大科技专项有序推进。全年验收项目总数83项，26项获优秀成果奖；院外项目验收20项、成果鉴定4项。国家重点实验室通过科技部首次评估获得良好等级，首次作为项目牵头单位承担了国家重点科技计划重点研发专项，获批国家发改委增强制造业核心竞争力项目、国家发改委重大技术装备环境适应性公共服务平台、国家工信部智能汽车零部件产品试验技术公共服务平台，兰电所获批甘肃省企业技术中心等，为推动行业技术进步创造了条件，也为进一步承接政府科技开发项目打下了坚实的基础。

标准化工作取得新突破。主持或参与制（修）订的各类标准中已发布46项，其中国际标准1项，国家标准27项，团体标准6项，行业标准12项。获批2018年电工和电器领域重点国际标准研究专项，主导制定《IEC60879电风扇性能测试方法》等2项国际标准；国重室首次提出建立“一带一路”特殊环境技术标准体系，在国内率先开展“一带一路”沿线特殊环境严酷度分级研究；首席专家黄文秀成功当选为国际电工委员会IEC/SC59L主席，由中国电器院主持制定的国际标准“IEC 60665家用和类似用途交流换气扇及调速器性能测试方法”正式发布。

新兴产业培育加快实施。获批授权“国家智能汽车零部件质量监督检验中心”，重点拓展智能网联新能源汽车检测业务，布局新能源汽车行业，投资设立威凯上海检测技术有限公司及江西威能汽车检测中心有限公司。威凯全年实现汽车领域检测业务大幅增长。轨道交通领域取得新突破，电控产品拓展至轨道交通领域，研制牵引整流器并参与多个地铁项目投标。成套公司加大智能工厂技术研发，空调器智能制造系统解决方案成功应用于印度某公司。

**【主要管理经验】**

着力加强企业管理，推动管理创新，把握好激发活力与防控风险的辩证关系，企业管理和风险管控能力全面提升。

不断强化质量意识。实施质量提升行动计划，2018年产品质量合格率达99%以上，工程项目验收合格率100%，质量安全抽查合格率100%。开展第一届“擎天工匠”技能大赛，通过 7 个比赛项目的分项角逐，共有 33 名选手脱颖而出，以工匠精神进行技术积累，助推质量提升，威凯公司“电器电子产品检测评价服务项目”获国机集团质量奖项目奖（服务）。

加大“两金”压控力度。成立“两金”压控工作小组，持续加强风险控制，落实账款预警机制，压控工作纳入业务部门年度绩效考核，组织内部“两金”压控自查，将账款催收管理落实到业务部门及具体责任人，有效遏制“两金”过快增长，“两金”增幅低于收入增幅。加强不良资产清理，组织不良资产清查、处置、核销工作，规范存货管理流程，存货存量清理达 70%。努力降本增效，承兑汇票支付提高近亿元，减少资金占用 7 000 万元，节约资金成本近 200 万元。

加快信息系统建设和优化。启动擎天材料公司“客户和供应商协同平台建设”，实现业务管理信息化和移动办公，为统一业务沟通渠道打下坚实的基础。利用“钉钉”实现全公司组织在线和沟通在线，利用社交软件和移动互联手段大力提升公司管理水平。推动软件正版化工作，成立正版软件推动小组，积极推动使用国产 CAD 软件，有效降低软件成本。

开展全面风险管理工作。组织开展了 2018 年全面风险评估，开展高风险投资业务审查，定期梳理、识别和分析经营活动中已经发生的和潜在的风险，优化风险管理相关制度与流程，逐项落实风险管控责任，防范经营风险。对所属企业高风险投资业务进行专项审查，加强财务监控，对汇利率风险、现金流风险、坏账风险等分别制定相应的应对措施，防范财务风险。

落实安全生产责任。加强安全生产检查，加大环保管控，保障人身财产安全。2018 年安全管理工作完成情况较好，员工职业健康保护、应对超强台风“山竹”等措施得力，未发生安全生产事故及突发事件，未检出职业病病例，无人员伤亡及财产损失，获集团 2018 年度安全生产责任目标完成情况考核“优秀”。

持续加大节能减排和环保投入。花都工业园 2 号厂房分布式光伏发电项目已并入擎天工业园电网。中国电器院投入 280 万元在车间和污水站增加 4 套废气处理装置，大幅降低了污染风险。开展生态环保风险排查与治理行动，中国电器院法人通过清洁生产现场审核。

深化法律风险管理。持续推进知识产权法律风险管理，突出重点改革领域法律风险管控和涉外法律风险防范，分业务板块、按业务层级构建了商业秘密保护体系，对 150 份合同进行法律评审，强化合同风险防范，降低法律风险。

加强采购招标管理。制定《采购督察工作管理办法》《采购管理实施细则》等制度，对采购招标活动实行跟踪检查和考核，督导部共参与自主招标项目 57 项，涉及金额 4 236 万元，公司整体上网采购率为 98.6%，集中采购率为 98.7%，公开采购率为 50.1%，集团考核首次获得 A 级。

**【党建工作取得新成效】**

2018 年，在国机集团党委和广东省直机关工委、省国务院国资委党委的正确领导下，不断加强党的建设，牢固树立“四个意识”，坚定“四个自信”，坚决做到“两个维护”，进一步增强了党组织的创造力、凝聚力、战斗力，为中国电器院的经营发展提供了坚强政治保证。

深入开展学习宣传贯彻习近平新时代中国特色社会主义思想和党的十九大精神活动，认真贯彻落实全国国有企业党的建设工作会议精神，制定了《党委会会议制度》《党委会议事规则》《“三重一大”决策制度实施办法》等制度，将党委研究讨论作为董事会、经理层决策重大问题的前置程序，用制度保证党委参与重大问题决策。

大力加强基层组织建设，制定了《中国电器院基层党支部工作细则》，坚持“三会一课”制度，推动党建工作与企业改革发展有机融合，组织党支部开展各项主题活动，发挥战斗堡垒作用。强化党建考核，开展了党委班子成员、基层党组织负责人党建述职评议。

2018 年中国电器院党委及威凯党总支获国机集团“先进基层党组织”称号，在广东省直机关工委开展的“2018 年省直单位落实抓党建工作责任评议”中评议等次为“好”，在集团党委 2018 年度党建工作考核评价获“良好”。

2018 年，国机集团党委第二巡视组对中国电器院开展了巡视。巡视反馈结束后，中国电器院党委高度重视，认真整改，对巡视反馈中的6大类25个问题，按照立行立改、限期整改、建章立制三大类提出73项整改措施，严肃认真逐一落实，确保巡视整改到位并建立长效机制。

加强党风廉政建设和反腐败工作，运用四种形态加强监督执纪问责，严格纠正违反中央八项规定精神问题。2018年，中国电器院领导班子共提醒谈话5人，纪委发出函询4人次，对严重违反中央八项规定精神的干部进行了纪律处分，纠正了公务用车等问题，并进行了相关费用的收缴。

认真组织筹备中国电器院党委和纪委换届选举工作，于2019年1月5日圆满完成换届选举，组成了新一届的党委和纪委。

**【企业文化、品牌建设和社会责任取得积极成效】**

结合新时代赋予"和、实"企业文化新的内涵，举办员工新春游园会、职工亲子、女职工三八妇女节春游等活动。积极组织职工文体活动，举办2018庆祝中国电器院六十周年职工系列运动会，在国机集团第六届职工运动会上获"团体总分第五名"和"道德风尚奖"；威凯公司积极为职工争取到集体公租房310套，解决绝大部分无房职工的安居难题，增强了职工特别是青年职工的凝聚力和归属感。

加大自主品牌推广力度，通过升级自媒体平台，提升品牌传播力，初步形成了包括公共宣传品应用、展览展示、网站形象、微信公众号相互协同的传播体系，2018年共编辑发布微信推文113篇，关注人数增加20%，推文平均阅读量增加37.5%。加强商标注册管理，制定CEI及KINTE注册方案，完成商标国内注册16件，国际商标3件，商标复审10件；完成"擎天"汉字商标注册。

强化国企社会责任担当，成立"扶贫工作机构"，对口帮扶广东省廉江市石岭镇垭垉塘村和参与国机集团定点帮扶区四川省广元市朝天区的扶贫工作，驻村干部李文超被评为湛江市"百名优秀扶贫干部"。

# 国机智能科技有限公司

**【基本情况】**

国机智能科技有限公司（简称国机智能或公司）由国机集团与广州市政府共同投资组建，于2015年12月揭牌成立。国机智能战略布局于粤港澳大湾区、长江经济带和京津冀等国家重要战略规划实施区域内，致力于机器人、智能装备及关键零部件的技术研究与开发、生产制造、检测咨询服务，重点研发制造面向行业需求的工业机器人本体技术与产品，以及智能装备等自动化生产线，为工业客户提供系统的解决方案。主体企业广州机械科学研究院（简称广州机械院）具有60年历史，是国家首批创新型企业、国家认定企业技术中心、国家技术创新示范企业，1983年自主研制成功我国第一台微机控制工业机器人，是我国最早开展工业机器人技术研究的科研院所之一。

国机智能总部位于广州市开发区新瑞路2号，共有员工1 605人，其中技术研发人员438人，中级以上职称363人（其中，高级职称70人，教授级高工31人），享受政府特殊津贴7人，另有特聘专家13名组成外部智囊团。国机智能拥有"国家橡塑密封工程技术研究中心""工业摩擦润滑技术国家地方联合工程中心""国家汽车零部件技术研究开发平台（广州）"等高端研发平台，"国家机器人检测与评定中心（广州）""国家自动化装备质量监督检验中心"、国家认可实验室"广州机械科学研究院检测实验室”等认证检测平台；联合共建“中国（广州）智能装备研究院”“中国－以色列机器人研究院”和“广州中以机器人与智能制造产业基地”；控股企业广州启帆工业机器人有限公司，机器人本体的国内市场占有率名列前茅；组建了广东省院士工作站；担任中国机器人产业联盟副理事长单位、全国机器人标准化总体组及咨询专家组副组长单位，发起组建了“广州机器人联盟”并担任常务副理事长兼秘书长单位。

**【经营业绩】**

2018 年国机智能主要经济指标完成情况见表 1。

**表 1　2018 年主要经济指标完成情况**

| 项目 | 2017 年 | 2018 年 | 同比增长（%） |
|---|---|---|---|
| 资产总额（万元） | 189 959.76 | 207 569.71 | 9.27 |
| 净资产（万元） | 106 215.90 | 120 574.85 | 13.52 |
| 营业收入（万元） | 111 938.50 | 118 304.02 | 5.69 |
| 利润总额（万元） | 5 136.75 | 3 833.46 | -25.37 |
| 科技支出投入（万元） | 11 642.29 | 13 742.15 | 18.04 |
| 利税总额（万元） | 9 181.35 | 9 538.54 | 3.89 |
| EVA 值（万元） | 6 231.83 | 5 275.91 | -15.34 |
| 全员劳动生产率〔万元 /（人·年）〕 | 21.21 | 22.32 | 5.26 |
| 净资产收益率（%） | 3.87 | 1.88 | 减少 1.99 个百分点 |
| 总资产报酬率（%） | 3.55 | 3.09 | 减少 0.46 个百分点 |
| 国有资产保值增值率（%） | 103.88 | 104.92 | 增加 1.04 个百分点 |

注：2018 年中汽零纳入国机智能合并范围，2017 年数据按相应口径调整。

**【重大决策与重大项目进展情况】**

**1. 重大决策进展情况**

（1）加速智能产业布局。国机智能着力打造智能产业板块，在苏州设立国机智能华东区域总部，整合公司在苏州存量资产，开展智能制造研发、设计、机器人检测、机器人核心零部件及整机、特种加工以及创新创业孵化等业务。该区域总部的设立是国机集团智能板块的重要战略布局，是公司贯彻落实“中国制造 2025”的重要布局，也是公司发展史上具有里程碑意义的一次重大战略决策。

为落实国机集团与苏州市关于共同促进国机集团在苏州产业、加快实施国机智能华东区域总部战略布局，抢占华东地区智能制造产业高地，国机智能以苏州地区的存量股权资产为基础，加以部分现金，连同集团内其他合作方及政府资本，完成了对国机智能（苏州）有限公司的重组，提高了企业在华东地区的影响力，并通过引入当地政府资金，进一步推进与当地的合作发展。

（2）实施科技创新驱动。国机智能高度重视科技创新工作，从构建特色科技管理体系、布局智能领域创新平台、强化重大科研项目作用等方面，全力推进科技创新。一是围绕打造科技创新平台这一战略目标，建立了以总部投入为引导、经营实体投入为主体、政府资金投入为补充的科技经费投入体系，建立了围绕产业孵化链布局与设计的多专项联动、多主体投入科技专项体系，建立了全方位、全链条的科技激励体系；二是构建创新平台和争取企业资质认定，整合内外创新资源，以国家机器人创新中心、国家产业技术基础公共服务平台等国家级创新平台作为支撑，在智能制造领域实现了从对部件、本体、集成应用到行业服务的全方位、前瞻性布局；三是面向我国重大装备“卡脖子”的关键技术需求组织重大科研项目申报，以重大科研项目为导向，积极组织研发团队开展关键密封件、减速机、智能在线检测、高档加工机床等整机及零部件的技术攻关。2018 年，所属企业广州机械科学研究院被工业和信息化部认定为国家技术创新示范企业（全国68家入选企业之一），获评企业均为我国技术创新的中坚力量，这是对公司科技创新工作和科技机制的极大肯定。

（3）推进密封产业重组。为有效整合密封业务资源，形成优势互补、协同发展的新格局，国机智能积极推进密封板块重组，以广州机械院下属密封研究所为主体，组建广州国机密封科技有限公司，致力于打造全产业链密封产业集团。2018年，实施江门某密封件企业的股权收购和增资扩股项目。通过此次投资，进一步拓展了密封产业板块，提高了公司密封产业批量制造能力，有利于整合密封产业供应链资源，构建集原材料采购、生产制造、技术研发、营销管理和平台运营于一体的运营管理平台，为密封产业未来开发新产品市场、拓展新技术领域打下了良好基础。2018年密封业务产业转型战略稳步推进，并积极布局节能环保、微电子等行业，未来产业结构将持续优化；密封研究所收入、利润双双实现跨越式增长；新成立的国机智能橡塑密封公司，深耕新能源汽车动力电池领域，生产的新能源电池橡塑密封件国内市场占有率较高。

**2. 重大项目进展情况**

（1）国家机器人检测评定中心（广州）（简称国评中心）于2015年获批立项，是全国四大机器人检测中心之一，于2018年12月通过国家发改委验收。国评中心建设了机器人整机类、零部件类和专项类三大类共14个实验室；实验室占地面积1万$m^2$，购置设备200余台套，形成了机器人整机性能、关键零部件、安全性能和噪声检测、环境检测、能效检测、EMC、材料等专项测试能力，以及产品认证、标准研究、合作交流、培训咨询、期刊信息服务等公共服务能力。国评中心的试验能力覆盖标准92.5%，检测项目覆盖94.5%，并通过国家CMA资质认定和国家实验室认可CNAS，成为国家对国内外机器人产品市场准入检测、认证和标准制定的主要承担单位，是国内机器人可靠性、安全、耐久试验的龙头检测机构和标准化管理机构。国评中心为国家机器人标准化总体组成员、机器人检测与认证联盟成员单位，是全国性的机器人检测、技术、服务的行业组织依托单位。

（2）由国机智能所属广州机械院牵头，联合清华大学、长江电力股份公司等单位共同完成的《高端装备大型橡塑密封设计制造关键技术及工业化应用》项目，荣获2018年度广东省科技进步奖一等奖、广东省机械工程学会科学技术奖一等奖和广东省机械工业科学技术奖一等奖。项目围绕高端装备大型橡塑密封设计制造关键技术瓶颈，从减摩降损密封材料、数字化结构设计方法、大型密封整体成形工艺技术及装备、密封全寿命预测及可靠性评估测试技术等方面全面创新，形成了一套完备的正向设计体系，从根本上改变了国内测绘、仿制的现状。项目获授权发明专利13项，实用新型专利9项，发表论文18篇，制（修）订国家标准6项、行业标准1项。项目产品有效解决了长江电力等水轮发电机组介质泄漏污染水源的问题，并在大型陆上、海上风电机组，大型盾构机，万吨级模锻压机等多个领域得到成功应用，打破了国外技术垄断，成功实现了重大装备关键密封的自主配套，获得行业的高度认可。

（3）国家工信部强基工程“高端橡塑密封元件研发检测服务平台”通过项目验收。项目经过近三年的技术攻关，成功开展了橡塑密封原理、可靠性设计与分析，可靠性与寿命的测试评估方法、评价标准及试验装备的研究和五类典型密封产品的研制，建立了具有自我良性发展能力的行业研发检测公共服务平台。面向高端橡塑密封的研发检测需求，国机智能已建立了高压液压缸往复密封性能、环境适应性及可靠性的检测、试验、评价及设计平台，完成了实验室信息管理系统建设，产品实现产业化应用。通过该项目共申请了国家专利10项，其中发明专利8项；登记软件著作权2项，发表学术论文19篇，制（修）订国家技术标准3项，企业标准2项。依托高端橡塑密封元件研发检测服务平台，国机智能已逐步向全行业提供关键共性技术研究、产品研发、新产品检测、试验和评价等服务，从而促进我国机械工业装备橡塑密封技术水平的不断提升。

**【市场营销】**

2018年，国机智能新签合同额增长速度、合同成交额增长速度双双排名国机集团前5位。

智能产业。国机智能技术研究院实施7个智能工厂项目，助力宁夏力成、中国一拖、郑州三磨等企业智能工厂投产。苏州智能开局良好，启动苏州研发生产基地建设。苏州电加工推行事业部制，提高市场和客户反应速度，收入增长明显。

检测产业。检测所“大型装备在线润滑监测与远程运维系统”在三峡电站成功应用并全面装机，实现对大型水轮机组润滑状态在线监测与智能预警，油膜厚度监测属国内首创。中汽检测新增6家车企OEM认证，实验室通过CNAS专项监督评审组现场评审，并获得认证机构资质；国评中心完成整体建设，新增检测能力涵盖标准111份，检测项目新增497项。

三基产业。国机智能橡塑密封公司取得国内新能源汽车电池密封配套市场较高份额；宝力特密封公司水电行业市场业绩飘红；胶业所成功进入海尔集团并实现批量供货；吉盛润滑公司金属加工液、高端设备润滑材料、车用油等产品销售势头良好；宝力特液压公司在环保行业合同成交额同比增长146%。

**【科技创新】**

2018年国机智能科技投入约1.3亿元，其中研发用固定资产投入近3 200万元。共立项27项科研项目，立项资金3 500余万元。

科研成果屡创佳绩。“高端装备大型橡塑密封设计制造关键技术及工业化应用”项目成果，经鉴定总体技术处于国际先进水平、整体式一次成形直径13.3m密封产品制造技术处于国际领先水平，该项目荣获2018年度广东省科技进步奖一等奖、广东省机械工程学会科学技术奖一等奖和广东省机械工业科学技术奖一等奖；国家科技支撑计划“大型风电场智能化状态监控与运维调度系统研究及示范”项目成果，经鉴定总体技术处于国内领先水平、部分指标达到国际领先水平；“新能源动力电池密封件关键技术”“端硅烷基聚密封胶的研制及应用”两个项目成果，经鉴定总体技术处于国内领先水平；“液态密封胶”获广东省机械工业科学技术进步奖三等奖；“基于在线油液监测的机械装备智能诊断与运维云系统”“全天候变电站巡检机器人”两个项目获中国创新创意大赛优胜奖。全年获授权专利59项，其中发明专利10项，实用新型45项，外观专利4项，软件著作权31项；承担6项国家标准的制（修）订任务，发布两项国家标准；承担修订行业标准（含联盟标准）27项，发布5项；申报31个指南建议，其中国家级项目指南10项；19项产品被认定为广东省高新技术产品。

平台建设获新进展。获批新建国家机器人创新中心、国家产业技术基础公共服务平台两个国家级创新平台，其中所属企业广州机械院获批建立国家“产业技术基础公共服务平台（部省共建）”，是2018年全国获批建立的26家平台之一，是对公司检测水平、管理水平、服务水平、质量保证能力、技术能力等各个方面的高度认可；获批建设广东省工业机器人创新中心、广东省中高端工业机器人技术企业重点实验室、广东省中高端工业机器人技术工程实验室、智能装备及机器人集成应用公共技术支撑平台、广东省博士工作站等5个省级平台。国家增强制造业核心竞争力专项——国家机器人检测与评定中心（广州）、国家工业转型升级强基工程——高端橡塑密封元件研发检测服务平台两个国家级平台完成项目建设任务并通过验收。至此公司在智能制造领域实现从部件、本体、集成应用到行业服务的全方位、前瞻性布局，并为国机智能在智能板块策划国家重点实验室、国家地方联合工程研究中心打下坚实基础。

资质认定有新突破。广州机械院被认定为国家技术创新示范企业、国家企业技术中心；苏州电加工机床研究所有限公司被工信部评为工业强基工程发动机电喷系统“一条龙”应用计划示范企业；国机智能技术研究院有限公司被国家工信部认定为“智能制造系统解决方案供应商规范条件企业”；多家子企业通过高新技术企业认定。

项目申报业绩突出。面向我国重大装备“卡脖子”的关键技术需求组织重大科研项目申报86项，其中国家级项目36项；申请认定各类企业科技资质48项，其中国家级资质5项；获得立项的政府科技项目及资质60项，立项资金

1亿元，全年实际到位纵向经费9 000多万元。全年共获批立项国家级重大科技项目8项，包括国家重点研发计划“智能机器人”重大专项4项、国家智能制造综合标准化与新模式应用项目4项。

**【管理经验】**

多措并举全面管理“两金”。2018年，国机智能更加注重提高发展质量和效益，积极全面管理“两金”。在去库存方面，针对存货居高不下的现状，特别是年初数额较大的一年以上存货，国机智能采取了几项有效措施：对呆滞物料或成品拆装后折价退回供应商；加强奖惩，对呆滞物料销售后予以一定提成，严肃考核新增的呆滞物料；将存货管理前移，在研发设计阶段，在不影响产品质量的情况下，充分消化吸收。通过多措并举，年末公司一年以上存货大幅下降，同比下降33%。

背靠国机集团降杠杆减负债。国机智能2018年在国机财务公司建立了资金池，统筹资金安排，适度提高公司的透支额度，控制借贷规模，降低融资成本，提高资金使用效率。年末资产负债率为42%，远低于集团的控制线60%。

改进措施防范重大风险。对一般风险事项，均要求相关责任部门出具改进方案，提出风险控制的思路与措施。各子企业财务负责人每月汇报财经事项重大风险及防范措施，不断改进风险管理措施，提高风险管理能力。国机智能已制定发布《担保管理办法》《长期资产处置实施细则》《股权投资管理办法》等制度。每季度编制《季度风险监控报告》，对公司投资、资金、法律、经营、安全生产等风险进行监控和预警。2018年度国机智能未发生重大风险事件。

持续加大优才引进力度。采取积极人才措施，积极优化产业人才结构，助推企业高质量发展。利用政府和公司的优才政策，引进生产、质量、工艺管理优才2名，市场营销专家1名；利用各级政府和国机集团人才政策，盘活人才资源，组织84人次申报广州市、黄埔区、集团人才专项或人才补贴，76人获高中初级专业技术资格。国机智能启动了历年来规模最大、等级最高的干部内外部选聘——总部职能机构调整及干部竞聘、招聘工作，面向公司内部以及社会公开招聘总部所有职能部门中层干部，并从2 000多份应聘简历中优中选优，组织3批约80人次面试，拓展了干部选聘视野，储备了优质管理人才，提高了国机智能的社会知名度。为加强干部队伍建设，发布了《干部管理办法》《后备干部管理办法》《人事档案管理办法》等制度，重点细化干部选拔任用的方式和程序，提出后备干部培养的目标、途径、理论学习和轮岗锻炼的要求，并形成“关键人才磐石计划”培训培养方案。2018年，国机智能获批建立“广东省博士工作站”，为开展高端人才引进打下了坚实基础。

“三标一体化”体系促发展。国机智能开展集团化质量、环境及职业健康安全“三标一体化”管理体系认证，同步推行质量体系换版、环境体系贯标及质量、环境、职业健康安全三大体系整合工作，体系覆盖9个经营实体和1100余名员工，并于2018年顺利通过管理体系审核，并获得认证。国机智能以“精益管理，降本增效”为导向，扎实推进QCC活动。“缩短SAR8工业机器人产品的生产周期”QC小组在1300多家中央企业QC小组参赛的首届中央企业QCC成果发表大赛中获得二等奖。围绕国机智能重点产品在生产经营、管理过程中遇到的重点、难点问题展开攻关，用科学的方法及团队的力量彻底解决问题。2018年国机智能共立项21个重点产品提升专项项目，其中提高产品合格率、减少质量浪费项目10个，生产工艺改善、效率提升项目5个，缩短生产周期项目5个，降低成本项目1个。通过项目实施，2018年度获得直接改善效益406.08万元，大大提升了这些项目所涉及重点产品的市场竞争力。国机智能全年投入安全环保费用260多万元，实现国机集团年度节能减排考核目标。年度内安全环保未发生一般及以上级别事故，获国机集团年度安全生产考核A级企业荣誉。

**【党建工作】**

2018年，国机智能党委持续深入学习贯彻习近平新时代中国特色社会主义思想和党的十九大精神，以集团“党建质量提升年”和党建工作责任制考核评价为重点，开展“不忘初心，牢记使命”主题教育，教育引导党员干部职工进一步增强“四个意识”，坚持“四个自信”，自觉做到“两个维护”，为企业的改革发展提供了坚强保证。

高度重视理论学习，深入宣传全面覆盖。将理论学习、集中宣讲重心下移，落到支部落到基层。一是党委书记带领班子成员在国机智能工作会、所在党支部讲党课；二是 16 个基层党组织以支部书记讲党课方式宣讲十九大精神，覆盖面达 100%；三是坚持党委理论学习中心组学习，全年共学习 5 次；四是组织开展为期 5 天的十九大精神集中轮训，57 名中层干部全覆盖；五是基层党组织严格落实“三会一课”制度，学习宣传贯彻活动在广大职工中全覆盖；六是举办“提高政治站位，一站到底”党纪党规知识竞赛活动，基层党组织参赛全覆盖。

坚决落实国有企业党建任务。认真贯彻落实全国国有企业党的建设工作会议精神：一是全面推动 19 家公司，全部完成党建进章程工作；二是健全党组织议事决策机制，出台《“三重一大”集体决策办法》，以及《股权投资管理办法》等配套制度；三是通过党委书记与董事长实行“一肩挑”，董事、总经理兼任党委副书记，经营实体党支部书记与党员行政负责人“一肩挑”等制度安排，完善“双向进入、交叉任职”领导机制；四是与总部行政职能部门同步设置党委工作部、组织部、纪检监察办、巡察办 4 个党委纪委工作部门，足额配备配强专职党务工作力量，党的工作与公司经营工作同步部署同步考核。

全面提升基层党组织建设质量。一是着力推进党支部标准化建设，推行“九个一”基层党建工作规范。二是着力加强基层党组织建设：先后完成了基层党组织换届工作；出台了《基层党支部考核细则》，将党建考核结果与薪酬、干部晋升、先进评选挂钩；开展了基层党建工作交叉检查，加强监督检查和指导，以评促建；开展了各具特色的主题党日活动，现场开展移动党课教育。三是强化基层党建工作经费保障，发布实施《国机智能党费及党的工作经费使用指南》，同时加大行政经费投入。四是加强基层教育培训，选送党支部书记到广东省参加党支书记履职能力培训；开展建强基层党组织专题培训；通过党课、专题培训会、研讨会、集团在线学习平台等形式，对支委和党员进行相应学时的培训。

依靠产业实现扶贫目标。国机智能对口帮扶广东省潮州市红花村，全村 43 户贫困户。2018 年国机智能自筹投入资金近 40 万元，协调财政资金 70 多万元，协调社会资金 50 万元用于红花村扶贫开发。国机智能党委派驻专人进村扶贫，积极探索产业扶贫新模式，引导贫困户成立榕基种养专业合作社，建立富硒番薯产业扶贫示范基地，2018 年种植 38 亩（1 亩 =$666.\dot{6}m^2$）富硒番薯，收入达 35 万元，平均每户增收 5 000 元，这个经验做法在当地市县得到推广宣传。红花村 43 户贫困户共 131 人，经广东省考核认定 2018 年脱贫 41 户 129 人，精准扶贫工作任务完成情况较好。

# 济南铸造锻压机械研究所有限公司

**【基本概况】**

济南铸造锻压机械研究所有限公司前身为济南铸造锻压机械研究所，始建于 1956 年，是原机械工业部直属专业从事铸造机械、锻压机械、液压技术等多专业综合性应用技术研究、开发和行业归口管理的一类科研机构。1999 年 7 月，根据国务院对国家所属 242 家首批重点科研院所改革方案，转制为科技型企业，成为中国机械工业集团有限公司的成员企业。2009 年 12 月，由中国机械工业集团有限公司和宝钢集团有限公司、中国重型机械研究院股份公司、中国浦发机械工业股份有限公司、中机中联工程有限公司共同发起，以增资扩股方式，将济南铸造锻压机械研究所改制为各方共同持股的有限责任公司——济南铸造锻压机械研究所有限公司（简称济南铸锻所）。现有员工 312 人，注册资金 3.2 亿元。

济南铸锻所主要从事铸造机械及铸造工程机械化、自动化成套技术及装备；锻压机械及锻压工程机械化、自动化成套技术及装备；数控锻压和激光加工技术及设备、数控板材加工成套装备；各种大型闭式通用和专用机械压力机、液压机及自动化生产线；液压元件及系统的新技术、新产品开发、设计、制造；铸造锻压机械产品质量检测；相关技术的咨询服务。

济南铸锻所还承担着国家铸锻机械行业技术组织和技术服务工作，包括国家铸造锻压机械质量监督检验中心、国际标准化组织铸造机械技术委员会（ISO/TC）、全国铸造机械标准化技术委员会、全国锻压机械标准化技术委员会、中国机床工具工业协会铸造机械分会、中国机床工具工业协会锻压机械分会，以及中国机械工程学会塑性工程分会锻压设备学术委员会、国家数控成形冲压装备产业技术创新战略联盟等行业机构，并面向国内外公开发行《中国铸造装备与技术》《锻压装备与制造技术》等科技核心期刊。

**【重大决策】**

做好未完经营项目的履约与善后工作。通过各种有效措施做好供应商的解释工作，以免出现过激情况，引导他们走法律程序解决问题。对已经出现的各类诉讼案件，协同律师积极应对，以合法的方式处理。积极妥善的对在职职工进行适当安置。采取多种措施，保障离退休人员利益不受影响。妥善安置内退人员与待岗人员。

**【市场开拓】**

济南铸锻所全面终止经营，努力完成未交付经营项目的工作。

**【管理经验】**

**1. 经营管理** 千方百计保证未完工经营项目的生产和运营，尽全力完成项目的交付任务。

**2. 信息化工作** 维持各有关信息系统的正常运转，保障相关信息渠道畅通。

**3. 人力资源管理** 做好各类人员妥善安置工作，确保公司稳定。

**4. 财务管理** 扎实财务基础管理，提高财务信息质量，真实反映经营结果，全力保障公司维持运营所需要的必要资金，保证未完成经营项目的交付。

**5. 法制建设**

（1）组建公司专项法律服务团队，应对公司债务危机带来的一切风险。

（2）引导各债权人按照法律规定，按法律程序处理相关纠纷。

（3）协助管理人做好公司破产清算工作。

**【党建工作】**

**（一）全面开展从严治党工作情况**

**1. 开展习近平新时代中国特色社会主义思想和党的十九大精神学习** 济南铸锻所党委根据习近平新时代中国特色社会主义思想和党的十九大精神的具体内容，及时下发了《济南铸锻所党委关于进一步学习宣传贯彻党的十九大精神的通知》，制定《济南铸锻所党委学习宣传贯彻党的十九大精神学习计划》，购买了“十九大”相关书籍材料等，为党员们学习提供了制度保障和条件。

**2. 做好党建基础工作** 济南铸锻所共有党员 64 人，其中，在职党员 44 人。党委和各党支部组织健全，委员配备齐全，分工明确，确保党建工作的顺利开展。济南铸锻所设党政工作部负责党务工作，设专职党务工作人员一名、兼职党务工作人员两名，党务干部待遇“同职级、同待遇”。

**3. 落实党建工作“一岗双责”要求** 济南铸锻所党委党建工作责任制作为公司改革脱困的机制保障，切实担负起管党治党主体责任。立足坚持党的领导，落实班子成员党建工作“一岗双责”，细化领导班子成员党建职责职务，强化党建责任意识，推动党建与生产经营工作相融合。

**4. 党建工作写入公司章程，确保全面党建工作顺利开展** 坚决推进国企党建 30 项重点任务贯彻落实，制定年度工作计划。济南铸锻所修订公司章程，把党建工作写进章程。把党委研究讨论作为董事会和经理层决策的前置程序，落实企业党组织对干部人事工作的领导权和重要干部的管理权；落实党建工作责任制，切实加强基层党的建设。引导和激励广大党员群众坚决维护习近平总书记的核心地位，坚决维护党中央权威和集中统一领导。

（二）加强思想建设情况

2018 年 5 月 30 日，济南铸锻所党委中心组以“学习领会习近平新时代中国特色社会主义思想，走进学习榜样，凝聚复兴力量”为学习主题，观看特别节目《榜样》；8 月 14 日，学习领会习近平新时代中国特色社会主义经济思想；10 月学习领会习近平总书记关于国有企业改革发展和党建的重要思想；11 月 28 日党委安排自学，深入学习习近平总书记重要思想，加强思想政治建设，推进反腐败建设。

（三）开展督导检查情况

**1. 完善党建工作制度** 济南铸锻所建立了 14 项党建工作制度，主要包括《党风建设和反腐倡廉工作责任制实施办法》、关于贯彻落实《建立健全教育、制度、监督并重的惩治和预防腐败体系实施纲要》的实施意见、关于印发《济南铸锻机械研究所关于实行廉政谈话制度的暂行规定》的通知、《关于贯彻落实领导干部作风建设的实施意见》《关于开展廉洁风险防控工作的实施意见》《党风廉政建设和反腐倡廉工作责任制实施办法》《党员干部诫勉谈话制度》《“三重一大”决策制度实施办法》等。

**2. 做好党建工作责任考核评价基础工作** 根据《中国机械工业集团有限公司党建工作考核评价暂行办法》的规定与要求，济南铸锻所成立了党建工作考核评价领导小组及工作小组，对包括政治建设、思想建设、组织建设、作风建设、纪律建设、制度建设六个方面 177 个项目的内容进行了全面梳理与自我整改。

（四）强化党员干部教育管理情况

**1. 组织全体党员参与“灯塔—党建在线”答题活动** 全体党员参与山东省委组织部举办的“灯塔—党建在线”党的十九大精神学习竞赛活动，自 2017 年 12 月中旬开始，至 2018 年 6 月，每月连续十天通过门户网站和手机客户端开展网上竞赛。

**2. 领导班子成员参加十九大精神轮训** 2018 年 6 月 19—23 日在济南铸锻所中层及以上领导干部中开展了为期 5 天的“习近平新时代中国特色社会主义思想和党的十九大精神集中轮训”。6 月 30 日，济南铸锻所党委组织培训学习汇报会，各党支部书记代表支部汇报集中轮训期间分组讨论情况，党委书记做总结讲话。

**3. 认真学习贯彻《中国共产党支部工作条例（试行）》** 根据国机集团关于学习贯彻《中国共产党支部工作条例（试行）》的通知，济南铸锻所党委高度重视，积极组织各党支部以自学和集体学习的两种方式开展进行，切实把党支部建设放在更加突出的位置，不断提高党支部建设质量。

**4. 开展廉洁宣传教育活动月** 2018 年 9 月在济南铸锻所全体党员、干部中开展“廉洁宣传教育月”活动。纪委书记丁涛给全体党员做党课培训，各党支部分别召开以廉洁宣传为主题的党员大会。

**5. 规范党建工作，建立党员活动室** 为更好地做好党建及宣传工作，济南铸锻所建立了专门的党员活动室，实行制度上墙，宣传党的历史，明晰党员责任与义务，强化纪律意识，维护党的权威。同时公司还通过 OA 设立党建工作质量提升专栏、设立党建工作微信群等方式，多样化的开展党建工作及活动。

（五）落实党风廉政建设情况

**1. 召开 2017 年度党员领导干部民主生活会** 济南铸锻所党委于 2018 年 2 月 8 日召开了“2017 年度党员领导干部民主生活会”。济南铸锻所领导班子成员及党委委员参会，在广泛征求意见的基础上开展了批评和自我批评，并明确了整改措施和今后努力的方向。

**2. 组织 2017 年度基层党组织组织生活会和开展民主评议党员有关工作** 济南铸锻所党委于 2018 年 2 月 11 日下发《关于做好济南铸锻所 2017 年度基层党组织组织生活会和开展民主评议党员有关工作的通知》，紧紧围绕深入学习贯彻党的十九大精神，牢固树立“四个意识”，坚定“四个自信”，查找纠正“四风”突出问题。

2018年3月16日，济南铸锻所各党支部分别召开组织生活会并进行了党员民主评议工作。

**3. 济南铸锻所领导讲党课** 2018年7月1日，党委书记为全体中层领导干部以及党员代表做了题为《不忘初心 凝心聚力 为圆满完成全年各项指标而不懈奋斗》的党课。2018年9月26日，财务总监黄翠在所在支部做了以学习贯彻十九大精神为主题的专题党课。按照济南铸锻所党委廉洁宣传教育月安排，纪委书记9月29日，为公司全体党员以及非党员的中层干部做了题为“王晓林案的启示”的党课汇报。9月30日，济南铸锻所党委委员张新生同志讲了题为“以习近平新时代中国特色社会主义思想为指导推动我国经济从高速增长转向高质量发展”的党课。

**4. 认真贯彻落实中央八项规定精神，强化监督检查，严肃执纪问责** 为了深入贯彻执行中央八项规定精神，认真学习国机集团下发《关于贯彻落实八项规定、杜绝违规费用报销的负面清单》文件的有关规定，公司结合落实中央八项规定精神问题中遇到问题，坚持问题导向，全面深入彻底整改。

**5. 抓好党风建设和反腐败工作** 济南铸锻所领导班子和各部门主要负责人签订党风廉政建设和反腐败工作责任书，明确领导班子及成员党风建设和反腐倡廉工作的责任和内容，并逐级将责任分解到各部门责任人，对党风廉政建设重要工作做到党委书记亲自抓。

**6. 加强廉政监督与管理** 中层及以上领导干部均签署《领导人员廉洁承诺书》以及签订《领导干部党风廉政建设责任书》；党委书记与党政主要领导每年至少进行一次谈心，党委领导班子成员之间经常谈心谈话，对苗头性、倾向性问题及时提醒、督促改正；做好监督提醒，每逢节假日，济南铸锻所纪委通过廉洁短信等方式提醒告诫党员领导干部加强廉洁自律意识。

**7. 济南铸锻所纪委严格履行监督责任**

（1）持之以恒正风肃纪，巩固拓展落实中央八项规定精神成果。严格执行国机集团纪委重大节假日“十五个严禁”的纪律要求。在执行过程中，济南铸锻所调整了领导干部的办公用房，实施了公务用车改革，在职工食堂开设接待餐厅，精简压缩了会议的频次，领导干部从简办理婚丧嫁娶，干部员工抵制四风的自觉性普遍提高。

（2）以监督检查为核心，着力构建“不敢腐、不能腐、不想腐”工作机制。在济南铸锻所人力资源优化工作实施过程中，全员竞聘环节每个部门评委设置均配备一名济南铸锻所纪委委员，确保竞聘公平公正。济南铸锻所建立了完善的物资管理体系，配套了招标等相关制度，严格执行“三重一大”管理制度的要求。

（3）重视信访举报和线索处置，做到件件有落实。2018年收到国机集团纪委转办件2件次，举报部门负责人存在违反工作纪律的问题。纪委设立了核实小组，对举报信涉及共12人进行问询谈话，形成书面谈话记录25份，佐证材料19页，完成初步核实调查报告。由于被举报人劳动关系已转入国机铸锻机械公司，此案已移交中汽工程纪委进行组织处理。2018年还收到山东省经信委纪委和山东省军转干部办公室涉及退休和待岗职工个人待遇的信访件2件。纪委核实形成书面报告并结案。

**8. 持续贯彻落实中央八项规定精神，防止“四风”反弹** 各级党员领导干部自觉遵守《国有企业领导人员廉洁从业若干规定》的各项内容，严格做到“六不准”；切实做好对经营活动中商业贿赂和对商务领域不正当交易行为的治理工作；研究制定《关于贯彻落实领导干部作风建设的实施意见》《职务消费管理制度》等相关制度，济南铸锻所领导班子成员无违规使用办公室和公务用车现象。

**（六）查找和解决问题情况**

**1. 开展梳理岗位风险点工作、做好反腐倡廉工作的自纠自查工作** 为充分发挥廉洁风险防控对企业健康发展的保障作用，提高预防腐败能力，济南铸锻所积极组织开展岗位风险点的梳理工作。充分发挥廉洁风险防控对企业健康发展的保障作用，提高预防腐败能力。

**2. 党建工作考核评价存在的问题** 济南铸锻所通过自查，党建工作距离国务院国资委与国机集团的要求还存在较大差距。国机集团考核评价小组提出了32条不合格项，虽然公司处在扭亏脱困的特殊时期，有些工作无法配套落实，但是党建工作的标准不能降低，党建工作的要求仍需提高。济南铸锻所党委将按照国务院国资委与集团的要求制定整改方案立行立改。

（七）注重选人用人工作指导和把关

在选人用人工作上，济南铸锻所注重加强党委领导和把关，坚持了任人唯贤、德才兼备、以德为先的原则，严格选人用人程序。

完善干部工作各项制度，健全选任机制，提高干部工作的透明度，促进干部选拔任用工作的科学化、民主化、制度化。

坚持正确的用人导向，严格执行用人标准。坚持用好的作风选人，选作风好的人。严格按照干部职数来配备干部，使干部的能力得到充分发挥。

（八）积极开展团工作

济南铸锻所党委指导引领团委，通过组织学习、网络宣传、板报等形式加强青年思想政治工作，认真深入地开展党的“两学一做”活动，提高广大团员青年的思想境界。

坚持“党建带团建”，不断推进团建创新。进一步健全制度、规范程序，积极发挥团支部在“推优入党”工作中的作用，推动以评促建机制的建设，培养和造就优秀的团干部队伍，为给青年提供更多提高自身素质的平台。高度重视“智慧团建”系统平台的建立，做好组织树的建立。

济南铸锻所于 2018 年 5 月至 10 月举行以“青春学习十九大、不忘初心跟党走”为主题的“青年大学习”行动，学习活动分为七部分进行，将主题教育渗透到学习与生活的各个环节中。

**【社会责任】**

济南铸锻所牢记承担的使命与责任，在加快企业改革发展的同时，积极履行应尽的社会职责。积极推进节能减排工作。始终坚持以科学发展观为指导，制定工作制度，强化措施，狠抓落实。通过对公务用车实行统一管理，严格控制办公用品消耗，充分利用 OA 系统强大功能逐步实现无纸化办公，优化水、电、暖节能措施，强化生产管理与设备改造，加强宣传等多项措施增强员工节能减排工作的责任感和使命感。

# 桂林电器科学研究院有限公司

**【基本概况】**

桂林电器科学研究院有限公司（简称桂林电科院）成立于 1954 年，1999 年 7 月转为科技型企业，隶属国机集团。

桂林电科院长期承担国家、部（省）级科研任务和地方科研项目，共取得成果 1 000 多项。拥有国家级“电工材料行业生产力促进中心”、国家认可检测实验室和“博士后科研工作站”；设有“广西院士工作站”“广西电器产业工程院”“广西电工材料工程技术研究中心”等多个省级科研开发平台，被广西壮族自治区认定为“高新技术企业”“广西创新型企业”和“企业技术中心”。经过专业与产业重组，桂林电科院已发展成为以电触头材料、电工塑料、双向拉伸聚酰亚胺薄膜、薄膜成套装备、特种电机为主导产品的高科技型企业。

截至 2018 年 12 月 31 日，桂林电科院有在职职工 680 人。占地面积 38 万 $m^2$，建筑面积 23 万 $m^2$。

**【主要指标】**

2018 年，桂林电科院资产总额达到 86 475.06 万元，同比下降 1.46%。实现营业收入 67 781.03 万元，同比减少 6.24%；实现利润总额 542.89 万元，同比增长 4.73%；国有资产保值增值率为 100.82%，同比增加 0.09 个百分点。桂林电科院 2018 年主要经济指标见表 1。

表 1 桂林电科院 2018 年主要经济指标

| 项目 | 2017 年 | 2018 年 | 同比增长（%） |
|---|---|---|---|
| 资产总额（万元） | 87 757.07 | 86 475.06 | -1.46 |
| 净资产（万元） | 56 578.28 | 56 951.15 | 0.66 |
| 营业收入（万元） | 72 295.79 | 67 781.03 | -6.24 |
| 利润总额（万元） | 518.35 | 542.89 | 4.73 |
| 技术开发投入（万元） | 3 580.09 | 3 984.29 | 11.29 |
| 利税总额（万元） | 2 282.37 | 2 407.89 | 5.50 |
| EVA 值（万元） | 111.75 | 529.98 | 374.26 |
| 全员劳动生产率〔万元 /（人・年）〕 | 14.43 | 18.08 | 25.29 |
| 净资产收益率（%） | 0.40 | 0.83 | 增加 0.43 个百分点 |
| 总资产报酬率（%） | 1.12 | 1.32 | 增加 0.20 个百分点 |
| 国有资产保值增值率（%） | 100.73 | 100.82 | 增加 0.09 个百分点 |

**【重大决策】**

**1. 贯彻落实“五大发展理念”、推动高质量发展情况** 桂林电科院紧紧围绕落实“创新、协调、绿色、开放、共享”五大发展理念，在“十三五”规划中，确定了经营、阶段发展、主业结构调整、技术进步和安全生产、环保及节能减排五大类目标，提出了拓展扩张、国际化、技术 / 成本双领先、资本运营和人才发展五大战略，并配套制定了十二项发展措施，力争通过 3 ～ 5 年时间，基本完成改善供给结构、扩大有效需求和提质增效的工作任务。

**2. 国有企业重大改革任务推进情况**

（1）健全公司法人治理结构，强化董事会、监事会的工作职能。2018 年度，桂林电科院董事会共计召开会议 3 次，审定、审批议案 15 项，议案内容包括投资设立子公司、公司年度工作报告、年度财务预决算方案、利润分配方案等重大事项，充分发挥了董事会的决策作用。桂林电科院监事会召开会议 1 次，审议通过了监事会年度工作报告；列席股东会会议 2 次、列席董事会会议 3 次，通过访谈、专题调研等形式，了解公司生产经营情况，提出监督意见和建议，充分履行了监事会的内部监督作用。

（2）充分发挥国有企业党组织政治核心作用，落实三级企业党建工作纳入公司章程的总体要求。充分发挥国有企业党组织政治核心作用。在公司层面完成双向进入、交叉任职的领导体质的基础上，将工作进一步延伸到党支部、下属企业和事业部，进一步推动完善下属公司领导班子、事业部门领导和支部委员交叉任职。落实三级企业党建工作纳入公司章程的总体要求，完成了对《桂林金格电工电子材料科技有限公司章程》的修订工作，明确国有企业党组织在公司法人治理结构中的法定地位。

（3）加快剥离企业办社会职能和解决历史遗留问题。完成了“三供一业”有关设施改造，分离移交工作进入尾声。截至 2018 年，桂林电科院基本完成了对职工生活区供水、供电、供气和有关物业管理设施的改造工作，在与桂林市七星区人民政府、广西电网有限责任公司桂林供电局、桂林市自来水公司等接收单位协商并初步达成意向的基础上，公司编制了《“三供一业”移交方案》，分离移交涉及的资产总额（含资产类金额、费用化金额和代管资金）为 2 700 余万元。

（4）违规经营投资责任追究制度建立情况及存在问题。桂林电科院根据国机集团印发的《违规经营投资责任追究实施办法》，完成了本公司《违规经营投资责任追究实施办法》的起草工作，预计 2019 年上半年可发布。

**【重大项目】**

桂林电科院的产业战略搬迁任务初战告捷。经各部门协作配合、全力保障，圆满完成了金格公司低压车间搬迁任务，初步建立了英才产业园生产运营的新机制。

薄膜二号线已完成工艺和控制准备。在薄膜二号线上开展了多项合成工艺研究，完成了新工艺的放大试验，制得了黏度满足要求的聚酰胺酸树脂，确定了树脂合成工艺参数；开展了多项生产线控制研究，生产调试中连续一次收卷 600m 以上，完成了生产线控制的可行性验证。

英才产业园基础设施建设进度有序可控。薄膜厂房完成了竣工验收，污水处理站等正在安装辅助系统，产品检测与生产调度中心等建筑、道路、地下管网、停车场、大门、围墙、绿化工程均在紧张施工；全年完成投资 4 740 万元，累计投资 41 835 万元。

【科技创新】

**1. 科技成果获奖情况** 桂林电科院的科技创新工作再结硕果。课题《高等职业学校“模具设计与制造专业”教学标准修（制）订》（其中王冲任课题副组长，蒋明周为课题成员）荣获“2017 年度全国机械行业职业教育重点科研课题”结题证书。《变频电机用绝缘材料耐重复脉冲电应力试验方法（JB/T 12421—2015）》荣获中国机械工业联合会和中国机械工程学会联合颁发的“中国机械工业科学技术奖三等奖”。《双向拉伸聚酯薄膜生产装备关键技术研究与应用》荣获广西壮族自治区科学技术厅“广西区科技进步奖二等奖”。2017 年桂林市年度重要技术标准研制奖励项目揭晓，桂林电科院 4 项标准获奖，分别为：《晶体硅太阳电池组件用绝缘背板》获（国家标准制定）一等奖、《冲模 L 形导板》获（国家标准制定）三等奖，《银镍、银铁电触头技术条件》获（国家标准修订）三等奖，《变频电机用绝缘材料耐重复脉冲电应力试验方法》获（行业标准制定）二等奖。《银氧化锡（12）触头材料》荣获广西工业和信息化厅和广西国有资产监督管理委员会“2018 年广西企业创新创业奖优秀新产品奖”。国家知识产权局发布了《国家知识产权局关于第二十届中国专利奖授奖的决定》，公司发明专利塑料膜拉伸生产线的厚膜链铗（ZL 201210576118.X）荣获第二十届中国专利奖优秀奖。项目“汽车齿轮精锻成形工艺及装备”（桂林电器科学研究院有限公司为完成单位之一，王冲为主要完成人之一）荣获中国产学研合作促进会“2018 年中国产学研合作创新成果奖一等奖。

**2. 动力电池关键材料及技术取得新进展** 2018 年，桂林电科院全面提升了动力电池重点实验室的电池材料研究、电池工艺研究、电池控制系统研究和常规分析检测能力，聚焦于动力电池的高镍三元正极粉末、硫化物固体电解质粉末和高比容量硅碳负极粉末三大关键新材料的研究。截至 2018 年年底，开发的硫化物电解质样品粉末及其制备技术，其锂离子传导率已稳定在 $1.2\times10^{-3}$S/cm（普通液态电解质为 $10^{-3}$S/cm 级）以上，接近日本产品的技术水平；研制出的含镍 70% 的高稳定性 7∶2∶1 镍钴锰三元正极粉，容量远高于国内现在大量使用的 622 型镍钴锰三元正极粉末，与日本公司公布的性能相近，属国内领先水平；研制出的高性能泡沫硅粉，性能良好，泡沫硅粉样品被日本丰田汽车公司电池研究部认可。

【市场开拓】

桂林电科院坚持市场导向，强调差异化经营，针对不同部门、不同产品采取有针对性的销售模式、市场开拓方案和激励政策，推动经营业务的新发展。如金格公司的办事处模式、海外业务拓展、合金塑料联合营销团队、大客户服务机制，行业工作部的全民营销的服务模式，检测中心的服务领域扩展方式，特种薄膜部的市场跟进机制等市场开拓手段均取得实效。

【管理经验】

**1. 成立全资子公司，促进成套装备业务体制机制改革** 成套装备业务规模约占桂林电科院总业务规模的 10%，是公司的第二大产业。近年来，成套业务发展中遇到人才流失、市场经营能力薄弱、基础管理经验不足等问题，制约了业务的发展。为深化成套装备业务的体制机制改革，充分调动干部职工的积极性，提升业务可持续发展能力，桂林电科院拟以现有的成套装备业务板块为基础，出资 1 000 万元，注册成立新公司。新公司将由桂林电科院 100% 控股，并继承原成套装备业务板块的所有业务。

**2. 完成“三供一业”有关设施改造，分离移交工作进入尾声** 《“三供一业”移交方案》已于2018年12月14日通过了董事会审议，待提交股东会审批并报国机集团备案后，再正式实施。

**3. 积极推动三项制度改革** 2018年在桂林电科院党委的领导下，以中层干部管理系列制度为核心，在原有的薪酬和考核体系基础上，制定了《中层干部管理办法》《中层干部年度考核暂行办法》《中层干部试用期考核实施细则》、部门和下属公司制定了《市场开拓激励方案》《市场部经理绩效考核办法》等具体的激励方案。2018年公司的改革重点工作在干部的任职条件和考核评价方面，在加大对干部的激励同时，明确了约束机制。中层干部管理系列办法覆盖了干部的选拔、任用、试用、考核等各个方面。一方面细化了具体操作流程和考察方式方法，明确了审批权限，规范了干部提拔的程序；另一方面对干部日常和年度考核管理要求更为细化，激发了干部的履职能力和事业心，为管理干部能上能下奠定了基础。

在推进收入分配市场化改革方面，桂林电科院始终将工作业绩与个人收入挂钩，将年度考核结果应用在员工薪酬分配中，并增加了对市场人员的激励力度，实现收入能增能减。

**4. 审计监督力度持续加大** 2018年，桂林电科院不断加强对各项审计管理规定的执行力度，确保审计制度各项规定落到实处、执行到位。使各项招投标、竣工验收工作符合制度要求、规范有序，充分发挥审计在“保增长、促发展、控风险”等方面的重要作用。

**5. 五大管理体系加速融合** 桂林电科院2018年推动质量管理、军工产品质量管理、知识产权管理、环境管理体系和职业健康安全管理五大管理体系的加速融合，发布了新版管理体系手册和程序文件汇编，完成了新版质量、军品质量管理体系的换版和再认证，使公司的活动、产品和服务进一步满足了顾客和法律法规的要求，推动公司企业管理水平的持续改进和提升。

**6. 安全环保工作扎实开展** 全面落实安全责任制，修订了《桂林电器科学研究院有限公司安全生产考核办法》；购买了总保额为1 000万元的安全生产责任险，为公司生产经营活动的提供了安全保障；将安全监督检查延伸到了业务部门的项目现场，促进了项目现场安全管理水平的提升；策划了“安全生产月”等活动，营造了良好的安全生产氛围；新设置了一个消防物资储备站，增强了应急物资保障，进一步提升了公司预防和处置突发事件的能力；完成了工作区内土壤环境质量的检测及结果公示，监测结果均为合格。扎实开展了安全环保的各项工作，2018年桂林电科院安全生产未发生重大责任事故，在国机集团安全生产考核中被评为A级（优秀）。

**7. 党建工作卓有成效** 2018年桂林电科院党委在国机集团党委的领导下，深入学习贯彻落实党的十九大精神、国有企业党建工作会议精神，结合“两学一做”学习教育常态化制度化，以“党建质量提升”为契机，紧紧围绕公司经营改革发展的中心任务，强化各级党建工作责任，不断创新党建工作思路，持续改进党建工作方法，全面加强公司党建工作。一是加强党的政治建设，持续学习贯彻党的十九大精神。二是加强党的思想建设，不断加强理论武装，重点抓好党委理论中心组学习。三是加强党的组织建设，坚持党管干部原则，做好人才队伍建设。四是加强作风建设，加强联系群众，持续纠正“四风”，贯彻落实中央八项规定精神。五是加强纪律建设，认真落实党风廉政建设责任制。六是狠抓制度建设，规范党建工作行为之以恒，抓好党风廉政建设和反腐败工作。

**8. 企业文化建设取得新进展** 桂林电科院2018年策划了《南国早报》桂林电科院形象宣传和《工业创新》采访董事长活动；积极开展公司价值文化的整理工作，提炼了“和”“心”文化，编辑发布了《员工手册》；积极推动母子品牌融合，持续在办公用品中增加公司品牌元素，制定了《企业名称、商标、标识暂行管理办法》，规范和加强了企业品牌管理工作；精心运营了《桂电院通讯》、微信公众号、官方网站和公司内网，策划专题报道，编制宣传橱窗、形象墙和板报，大力宣传公司企业文化。

# 中国中元国际工程有限公司

【基本概况】

中国中元国际工程有限公司（简称中国中元）是集工程咨询、工程设计、工程总承包、项目管理、设备成套、装备制造和技工贸为一体的大型工程公司。

中国中元具有工程设计综合资质甲级、建筑工程施工总承包壹级、专业承包壹级（电子与智能化工程、建筑装修装饰工程、消防设施工程、建筑机电安装工程）及对外承包工程资格证书及其相关资质，可以承接全行业、各等级的工程设计业务和从事工程设计资质标准划分的建筑、机械、医药、船舶、兵器、市政、商业、化工、能源、建材、轻工等 21 个行业的工程总承包、项目管理等业务及境外工程承包等业务；承接建筑工程施工总承包壹级资质范围内的施工总承包、工程总承包和项目管理业务。

中国中元具有城乡规划编制、工程监理、工程咨询、工程造价咨询甲级资质；具有压力管道设计资格；具有独立的进出口经营贸易权、对外经济合作资格证书、进出口企业资格证书、自理报关单位注册登记证书、工程招标代理机构资质证书、施工图设计文件审查许可证书及建筑装饰工程设计与施工资质证书；中国中元具有市政行业（载人索道）工程甲级设计资质证书、工程咨询单位（索道工程）、工程咨询单位（索道工程）项目管理和索道工程评估咨询资格证书。

中国中元现拥有工程技术人员 3 000 余人，各学科博士、硕士等 630 余人，各类注册工程师 560 余人。中国中元的组织机构设置有 13 个直属生产单位，3 个技术支撑部门，10 个职能管理部门，在北京、海南、厦门、上海、长春、南京设有 10 个二级法人单位，在广东、安徽、青海、四川、浙江、深圳、西安等地设有分公司，在乌兹别克斯坦、柬埔寨、多米尼加、古巴等地设有办事处。

中国中元秉承“质量是生命，精心设计、创优工程、诚信服务，保护环境、珍爱生命，是我们对顾客、社会、员工始终不渝的承诺”的管理方针，质量、环境、职业健康安全管理体系健全，数十年来一直跻身于全国勘察设计综合实力、工程承包和项目管理百强单位的行列。

【主要指标】

2018 年中国中元主要经济指标见表 1。

表 1　2018 年中国中元主要经济指标

| 项目 | 2017 年 | 2018 年 | 同比增长（%） |
|---|---|---|---|
| 资产总额（万元） | 406 101.67 | 421 339.55 | 3.8 |
| 净资产（万元） | 132 008.56 | 92 860.81 | -29.7 |
| 营业收入（万元） | 295 428.86 | 336 463.01 | 13.9 |
| 利润总额（万元） | 13 856.45 | 17 742.12 | 28.0 |
| 技术开发投入（万元） | 24 301.56 | 27 499.42 | 13.2 |
| 利税总额（万元） | 27 633.76 | 33 803.94 | 22.3 |
| EVA 值（万元） | 11 139.27 | 17 176.91 | 54.2 |
| 全员劳动生产率〔万元 /（人・年）〕 | 31.18 | 35.48 | 13.8 |
| 净资产收益率（%） | 9.09 | 14.36 | 增加 5.27 个百分点 |
| 总资产报酬率（%） | 3.68 | 4.16 | 增加 0.48 个百分点 |
| 国有资产保值增值率（%） | 107.16 | 111.37 | 增加 4.21 个百分点 |

【重大决策】

**1. 落实国机集团战略部署，推进重组整合工作** 2018 年 4 月 4 日，国机集团下发通知，开始筹划中国中元与中工国际工程股份有限公司（简称中工国际）的重大资产重组事项。2018 年 4 月 8 日，中国中元组织召开工作通报会，通报中工国际和中国中元重大资产重组、中工国际股票停牌公告等有关事项，并对相关工作进行部署。本次重大资产重组涉及中国中元及所属 10 家二级企业、3 家三级企业。截至 2018 年 12 月 31 日，中国中元及所属企业完成各家中介机构的尽职调查材料，并初步制定重组方案，各专项工作稳步推进，重组工作取得阶段性成果。

**2. 落实“双百行动”决策部署，推进综合改革工作** 2018 年 8 月 3 日，国务院国有企业改革领导办公室印发相关通知文件，共选取 404 家中央企业子企业和百余户地方国有骨干企业，在 2018—2020 年期间实施国企改革“双百行动”。中国中元入选“双百企业”。截至 2018 年 12 月 31 日，中国中元完成“双百行动”综合改革初步实施方案，通过国机集团批准并上报国务院国资委。方案明确 2018—2020 年综合改革的具体改革目标、改革措施和工作计划。

【重大项目进展情况】

援塞内加尔竞技摔跤场项目于 2018 年 7 月 22 日正式交接。中共中央总书记、国家主席习近平出席交接仪式。援塞内加尔竞技摔跤场项目是世界上第一座专业级摔跤场，可容纳 2 万人，总建筑面积 18 000$m^2$，用地面积 7$hm^2$。中国中元执行项目可行性研究和勘察设计任务。援塞内加尔竞技摔跤场项目堪称中塞合作的结晶，是中塞两国深厚友谊的集中展现，有利于改善塞内加尔人民的体育文化生活，助力当地传统摔跤运动的发展。

福州世茂 108 大厦设计项目建筑面积 39 万 $m^2$，建筑高度 518m，共 108 层，是中国中元承接的最高建筑项目。项目标志着中国中元超高层建筑设计业绩取得突破，跻身国内超高层设计企业行列。

珠海市西部医疗中心工程设计总承包项目总建筑面积 16.883 万 $m^2$，床位数为 1 000 床。项目在大湾区医疗行业具有较大影响力，代表未来大型医院的发展方向。

吉林瑞金医院设计项目建筑面积 40 万 $m^2$，床位数为 1 000 床。项目为吉林省重点工程，将打造成为现代化、花园式、高水准的三级甲等综合医院。

南方医科大学深圳医院设计工程一期 1 000 床已投入使用，二期设计建筑面积 40 万 $m^2$，床位数 1 500 床。项目医疗工艺先进，技术复杂，是中国中元在粤港澳大湾区的又一力作，对积极推进公司深圳发展战略具有重要意义。

长沙火车站中信邮政商业综合体设计项目总建筑面积 43.7 万 $m^2$，集办公、商业、文化、酒店、住宅等功能于一体，展现了中国中元在商业综合体领域的设计实力。

援黎巴嫩国家高等音乐学院项目建筑面积 2.5 万 $m^2$。中国中元承担设计和项目管理任务，该项目建筑的艺术性高、演艺工艺要求高，设计标准与国际接轨，提升了中元在援外项目设计中的影响力。

北京大兴国际机场地源热泵设计项目供热面积 250 万 $m^2$，供冷面积 170 万 $m^2$，工程投资 6 亿元。项目是国际首创的多能互补智慧能源供应系统，为建设绿色机场做出了重要技术贡献。

刚果共和国黑角经济特区可行性研究和设计咨询服务项目规划面积 2 790 万 $m^2$，内容涵盖了总规、控规、详规、可研、后期咨询、勘察测绘等工作。

南宁市江南污水处理厂设备成套供货项目承建部分为污水处理系统及配套设施新建及水质提标改造，实现出水水质为一级 A 的目标，远期规划污水处理能力为 96 万 $m^3/d$。

日照市东港区 90MW 集中式农光互补扶贫电站项目 EPC 总承包项目总设计容量 90MW，一期已建成 30MW，二期建设 60MW，项目采取“光伏 + 农业”模式，为精准扶贫打开新通道，实现“各方共赢”的社会效益。

【市场开拓】

**1. 设计咨询领域**

中国中元设计咨询业务加强技术创新，提高

行业技术发展的敏感度，持续加大BIM、建筑抗震、绿色建筑、建筑声学、新能源利用、航空及社会物流、生物工程等方面科技投入，同时推动技术融合，将工艺（物流、理化、能源、环保）与民用相结合、医疗与养老相结合、装备与设计相结合，在市场中形成自身独有的特色。中国中元还开展服务模式创新，充分利用公司综合化、专业化优势，顺应行业变革，积极开展设计总承包、全过程咨询业务，坚持行业经营战略，捕捉国家大力发展科技创新机遇，利用工艺设计的经验和技术储备，积极跟踪大科学装置类项目，在科研行业影响力越来越大。中国中元还抢抓军民融合的重要机遇，用自身力量支持军队现代化建设，扩大公司影响力。

**2. 工程承包领域**

中国中元在工程承包领域以“布局大市场、开发大客户、承揽大项目”为主要目标，依托核心技术，深入挖掘各业务版块潜力。在医疗领域布局综合医院、专业医院EPC工程；能源工程拓展传统能源与新能源领域；物流以机场项目管理及特种设备成套为突破口，重视社会物流的技术开发；民用工程，关注教育类项目、学校工程；环境治理领域，紧跟国家发展生态修复、污水治理和美丽乡村建设，实现2018年度工程项目的顺利拓展与承揽。在项目施工过程中，中国中元坚持“一流的速度、一流的技术、一流的质量、一流的管理、一流的服务”等“五个一流”的标准，精心施工，讲究诚信，专注服务，赢得业主，占领市场。

**3. 装备制造领域**

2018年度中国中元装备制造业务围绕“巩固、做精装备制造”的总体要求，以“促融合、强研发、上规模”为发展方式，继续巩固已有市场，持续加强新市场开拓，增加高附加值、高利润产品比重；同时，在已有优势的市场领域进行业务延伸，扩大市场份额。客运索道板块积极响应国机集团的冰雪装备产业战略，不断拓展滑雪脱挂索道市场，持续扩大滑雪市场的占有率；物流仓储板块积极开拓细分市场，重点经营优质客户项目；起重机械板块加强跨界融合，探索扩大设备集成的范围，提高品牌影响力。散料输送板块结合市场需求，积极开展现有产品和技术的推广应用，促进自身的转型升级。

**【科研成果】**

2018年中国中元开展各类研发课题共90项，其中有8项国家级、省部级的重点研发项目。全年共申请专利104项，其中，发明专利51项；取得专利授权32项，其中，发明专利6项；软件著作权登记5项。科研立项申报121项，批准立项90项。新增编制标准规范7项，其中3项主编；国家标准图集1项。申报各类技术成果奖项77项；国机集团科技奖1项；机械工业科技奖2项；中勘协科技奖2项；中国建筑学会建筑设计奖41项，中国机械工业勘察设计协会咨询、设计奖31项。2018年度通过了北京市设计创新中心复核认证，获优秀称号。2018年中国中元完成发布标准规范见表2。2018年中国中元授权专利证书见表3。2018年中国中元软件著作权清单见表4。

**表2　2018年中国中元完成发布标准规范**

| 标准名称 | 国家标准 / 行业标准 | 制定 / 修订 | 主编 / 参编 | 主编部门 |
|---|---|---|---|---|
| 工程振动术语和符号标准 | 国标 | 制定 | 参编 | 中国机械工业集团有限公司 |

**表3　2018年中国中元授权专利证书**

| 序号 | 专利号 | 专利名称 | 授权公告日 | 专权人 |
|---|---|---|---|---|
| 1 | 201511031071.9 | 回收冷凝热除湿再热系统及应用其的中央空调系统 | 2018-11-27 | 中国中元 |
| 2 | 201721839335.8 | 一种防火立体仓储库 | 2018-09-28 | 中国中元 |
| 3 | 201721923270.5 | 一种临时支架系统 | 2018-09-28 | 中国中元 |
| 4 | 201721839362.5 | 一种医院供应中心用排污降温池 | 2018-09-28 | 中国中元 |

（续）

| 序号 | 专利号 | 专利名称 | 授权公告日 | 专权人 |
|---|---|---|---|---|
| 5 | 201410539937.6 | 笼式消防作业防护装置与系统 | 2018-10-12 | 中国中元 |
| 6 | 201721825370.4 | 一种舞台用模块化灯光烟雾箱系统 | 2018-07-24 | 中国中元 |
| 7 | 201310392263.7 | 双层通风砌体墙 | 2018-05-25 | 中国中元 |
| 8 | 201721288589.5 | 一种城市雨水回收再利用装置 | 2018-05-15 | 中国中元 |
| 9 | 201721288592.7 | 一种环保节能锅炉 | 2018-05-15 | 中国中元 |
| 10 | 201721124750.5 | 一种内通道清洗装置 | 2018-05-15 | 中国中元 |
| 11 | 201610237327.X | 双动摩擦制动装置 | 2018-05-15 | 中国中元 |
| 12 | 201410743821.4 | 超大型联合厂房及其平面布置方法 | 2018-05-15 | 中国中元 |
| 13 | 201720604114.6 | 用于无菌病房的空调系统以及包括该空调系统的无菌病房 | 2018-03-16 | 中国中元 |
| 14 | 201720826934.X | 一种旋转自动门 | 2018-03-09 | 中国中元 |
| 15 | 201720889217.1 | 一种燃气锅炉系统及其烟气再循环氮氧化物减排装置 | 2018-03-16 | 中国中元 |
| 16 | 201720838806.7 | 一种多用途地面铺装单元 | 2018-02-06 | 中国中元 |
| 17 | 201720103575.5 | 一种多功能组合立体书架 | 2018-02-06 | 中国中元 |
| 18 | 201720718505.0 | 一种振动压路机车载式斜坡碾压牵引设备 | 2018-02-06 | 中国中元 |
| 19 | 201510484400.9 | 冷却水再利用系统 | 2018-01-09 | 中国中元 |
| 20 | 201720301676.3 | 一种核心筒隔离缝的封堵结构 | 2018-01-05 | 中国中元 |

**表 4　2018 年中国中元软件著作权清单**

| 序号 | 登记号 | 软件名称 | 首次发表日期 | 著作权人 |
|---|---|---|---|---|
| 1 | 2018SR679430 | 盈建科墙肢偏拉验算软件 v1.0 | 2018-01-19 | 中国中元 |
| 2 | 2018SR386491 | 盈建科计算结果提取软件（钢管混凝土柱、剪力墙）v1.0 | 2018-01-16 | 中国中元 |
| 3 | 2018SR195078 | 钢结构抗火计算软件 v1.0 | 2018-01-08 | 中国中元 |
| 4 | 2018SR200124 | 中国中元信息系统通讯平台 V1.0 | 2019-01-19 | 中国中元 |

**【主要管理经验】**

**1. 推进“三供一业”分离移交**　根据北京市相关文件，以及国机集团的工作要求，公司全力推进“三供一业”工作。截至 2018 年 12 月 31 日，厘清中国中元本部及所属企业“三供一业”资产移交范围，与相关单位签订协议，完成移交职工家属、职工宿舍、锅炉房等区域的管理职能，并完成“三供一业”资产移交审批备案等相关工作流程。

**2. 企业文化和品牌建设打造中元名片**　2018 年是中国中元成立 65 周年纪念。中国中元在各类行业杂志上刊登企业宣传彩页和专栏文章，对中国中元成立 65 周年进行宣传；配合公司人才战略，在各类媒体杂志、集团报及“丹棱留声机”中对公司大师、首席专家等专业领军人物进行专题采访；以习近平主席参加塞内加尔竞技摔跤场项目移交仪式为背景题材，结合援外项目特色，组织拍摄了中元品牌宣传微电影——《我心中的金腰带》，并被国机集团作为首选作品报送至国务院国资委，代表国机集团参加央企业品牌故事大赛。

**3. 经营管理促进公司业务发展**　2018 年度根据国机集团及中国中元生产经营发展要求，贯彻落实公司战略发展规划，加大经营管理力度，整合内外部资源，提升市场开拓能力。一是设立市场开拓基金，发布《市场开拓基金管理规定（暂行）》，提高部门经营协作积极性和员工市场经营参与度；二是通过发布《资质管理办法》、杜绝注册工程师“人证分离”、组织举办“四库一平台”专题培训等资质自查自纠专项工作，保障公司生产经营活动的有序开展； 三是深入贯彻落实军民融合发展国家战略，开拓军民融合业务市场，推动《军工涉密业务咨询服务安全保密条件备案》资质申报，打造企业发展新引擎，培育企业发展新优势；四是明确党组织在企业中的法定地位和职责，加强企业股权管理，稳步实施股权投资。

**4. 风险管控助企业平稳发展** 中国中元对2018 年风险管理工作进行全面认真总结。加强公司风险评估工作，切实把风险管理与公司各项经营管理活动特别是关键业务环节紧密结合。尤其针对三重一大决策风险，使决策程序更加清晰，降低风险发生可能性。一是加强精细化管理，防范项目风险；二是开展全级次的“债务风险排查”专项工作；三是开展税收风险专项宣传工作。根据国机集团内企业已经发生的税收风险，提出公司业务应加强防范的风险点及相应的应对措施，并提示各部门注意防范税收风险。

按照国机集团关于强化管控措施、夯实管理基础的要求，中国中元成立“两金”清理专项工作小组，分解落实责任，统筹协调，推动“两金”压控工作的开展落实。对于应收账款及存货，一是加强客户信息管理，对已经出现逾期的客户，坚决压减业务往来，减少合作项目数量，防止应收账款规模滚动扩大；二是严控发票开具流程，严格审核合同内容及项目进度证明资料，从源头控制应收账款的产生；三是完善应收账款对账机制，规范对账流程与节点；四是加大已逾期应收账款的清理力度，制定了《公司法务催收三年以上应收账款管理办法》，逐步按计划推进催收专项行动；五是加强项目过程管理，用信息化手段强化存货管理。

**5. 法务管理强化企业合规风险管控** 中国中元深入贯彻“依法治企，合规经营”的理念，以维护公司权益为中心，以规范管理为方向，积极主动作为，不断适应公司业务市场化、经营法治化、管理合规化需求。2018 年度年实现资产处置、规章制度、经济合同、重大决策合规审核率100% 的工作目标。中国中元不断推进法律管理与企业经营管理的深度融合，紧盯重点领域和关键环节，深度参与企业投资融资、改制重组、产权流转、招标投标、重大项目合同谈判等重点业务，强化节点管控和流程约束，确保依法合规。同时进一步推动法律风险防范机制向境外延伸，强化前期介入和全程管控，确保境外项目安全可控、有效运营。组织开展“12.4”国家宪法日专项宣传活动，“合规文化与企业发展”专题讲座、“新版 FIDIC 文书的变化影响”及“建设工程全周期法律风险管理”等一系列专题培训。

**6. 安全生产管理严守安全“红线”** 2018 年度中国中元上下牢固树立安全“红线”意识，以强化安全生产责任落实为重点，夯实基础、细化责任、强化风险防范、预警和监督、深化隐患排查治理，以标准化、规范化、系统化的方式推进安全生产工作。一是贯彻国机集团工作部署，与各级单位签订安全生产责任书；二是加强安全生产管理体系建设，新编及修订 8 项管理体系文件，提升安全生产管理水平；三是组织开展危险源辨识评价，强化安全风险分级管控；四是加大安全生产监督检查力度，开展安全生产隐患排查和安全生产检查共计 24 次，查出安全隐患 156 项，隐患整改合格率达到 100%；五是以多种形式加强安全生产宣传，全年进行安全教育和培训 52 次，参加培训人数 1 260 人；六是强化应急管理，组织应急演练 35 次，参加人数 825 人，切实提高人员的应急处置能力； 七是完善安全生产考核制度，颁布《中国中元安全生产责任目标考核细则》。

2018 年度中国中元未发生安全生产事故，继续保持安全生产平稳态势。在国机集团安全企业评选中连续九年获得国机集团安全生产责任目标考核 A 级企业称号。

**7. 质量管理助推公司提质增效** 中国中元围绕改进质量技术、提升质量水平，广泛开展提供质量管理方法的活动，促进公司质量管理提升，营造企业重视质量、追求卓越的良好氛围。一是组织完成管理评审，结合内审及外审工作，针对公司的内外环境、资源管理、过程控制、绩效管理、环境健康等工作进行评价与管理提升，顺利通过外部审核认证，取得三体系证书；二是组织年度质量剖析。剖析活动历时 3 个月，是公司历史上时间最长、参与度最高的一次。活动紧扣“强化意识，防控风险，提升品质”主题，覆盖 15 个生产部门，共召开33场剖析会议，剖析题目63项，形成 64 篇剖析成果文件。

【党建工作】

**1. 落实“五个覆盖”、做到“五个到位”** 2018 年中国中元党委先后印发《关于认真学习贯彻党的十九大精神的通知》和《关于持续深入学习宣传贯彻习近平新时代中国特色社会主义思想和党的十九大精神的通知》，落实国机集团党委“五个覆盖”的要求，做到“五个到位”。一是集中宣讲到位。中国中元领导班子成员进行集中宣讲 8 次，推动党的十九大精神走进基层、走进群众。二是学习研讨到位。中国中元及所属企业领导班子把学习研讨同生产经营管理的实际情况结合起来，将学习成果转化为加强党对国有企业领导的具体实践，转化为公司改革发展的工作举措。三是干部授课到位。中国中元各级党组织书记和党员领导干部联系生产经营管理工作实际，共讲授党课 103 次。四是学习培训到位。中国中元党委 2018 年举办两期干部集中轮训班，106 名中层干部参加。五是学习宣传到位。中国中元在公共区域布置学习十九大精神的挂图，利用多种媒介加大宣传力度。中国中元各党支部开设支部园地，在各自的办公区域进行广泛宣传。

**2. 落实主体责任、确保各项工作到位** 中国中元党委在年初安排生产经营工作的同时，对全年党建工作作出总体安排；在年中梳理生产经营工作的同时，对党建工作的推进情况进行总结；在年底考核生产经营目标的同时，对党建工作落实情况进行述职评议。2018 年重新修订中国中元《党委会议事规则》，明确细化议事范围。全年中国中元党委共召开会议 17 次，既研究部署党建工作，对公司改革发展中的重大问题进行研究讨论。中国中元党委重点对 8 个党支部的党建工作落实情况开展专项督导检查，听取公司领导班子成员关于党建履职情况的述职，开展所属党组织书记党建述职评议工作。

**3. 落实思想建党、筑牢信仰之基** 2018 年修订中国中元党委理论学习中心组学习制度，认真制定年度学习计划。先后组织《习近平治国理政》（第二卷）、学习贯彻习近平新时代中国特色社会主义思想——引领国有企业改革创新发展思考、学习领会习近平关于国有企业改革发展的重要思想激发企业内生活力、《中国共产党纪律处分条例》等理论学习。开展《不忘初心，牢记使命——中国共产党的优良传统》主题党课教育、“一先两优”评选表彰、做好先进集体和劳模人选推荐等。

**4. 落实基层党组织建设、提升党建水平** 中国中元党委将抓基层、打基础的工作作为履行责任的重要抓手，落实支部责任、发挥支部作用，使党的组织生活、党员教育管理严起来、实起来。2018 年中国中元党委动态调整基层组织设置，将生产单位的联合支部撤销，分别建立单独的党支部。新成立了环艺院党支部、规划院党支部和中元上海党支部，对出现委员空缺的第一、第二联合党支部完成了委员增补工作。规范基层党支部工作，制定《中国中元党支部换届工作规程》。中国中元各党支部按照公司党委的安排部署，召开专题组织生活会和开展民主评议党员工作，结合“两学一做”学习教育常态化制度化，认真落实“三会一课”制度。制定《清理收缴党费的使用方案》，对公司党费使用情况进行了公示。

**5. 落实党风廉政建设、改进工作作风** 2018 年中国中元从严从实抓好党风廉政建设和反腐败工作各项工作。坚持与中国中元各单位、各部门签订廉政建设责任书。重点抓领导干部这个“关键少数”，制定《领导干部实行廉洁承诺办法》。开展“一企业一专项”监督检查，梳理各岗位廉洁风险点工作。加强纪律教育，开展廉洁教育月活动，组织以学习党章党规党纪、宪法法律法规、严守纪律要求为主要内容的党员学习教育，集体观看《珍惜岗位远离犯罪》警示教育片。邀请国机集团党委常委、纪委书记雷光华做《深入学习贯彻习近平新时代中国特色社会主义思想和党的十九大精神，锲而不舍纠正“四风”改进作风》专题辅导讲座。开展监督检查，对节日期间公车使用情况进行抽查，并加强费用报销审查力度。结合公司实际，制定《中国中元党委关于进一步改进工作作风的实施细则》，从八个方面，24 条具体措施，推动作风建设向纵深发展。

**6. 落实群团建设、提升向心力** 中国中元坚持以职工代表大会为基本形式的民主管理制度，有效地保障职工的知情权、参与权、监督权。2018年中国中元召开四届一次职代会和本部一、二次职代会，听取审议公司工作报告和工作安排、公司工会工作报告、员工家庭医生服务事项及中国中元企业年金方案实施细则等事项。做好中国工会十七大代表推荐工作，公司国际工程院院长张日作为正式代表参加中国工会第十七次全国代表大会，并当选为中华全国总工会第十七届执行委员会委员。丰富职工文化生活，组队参加国机集团第六届职工田径运动会。中国中元出资 21 万元，对国机集团定点帮扶县河南省淮滨县吕庄小学和油坊小学基础设施建设两个教育扶贫项目进行帮扶。持续组织国机爱心基金捐助活动，共计捐款 236 890 元。

**7. 落实内部审计、加强内控管理** 加强内部控制，增强管理水平，防范经营风险，对中国中元内部控制情况进行评价，促进公司健康发展大局。对中元南京进行任期经济责任审计。

# 中国第二重型机械集团有限公司

**【基本概况】**

国机重型装备集团股份有限公司（简称国机重装）成立后，存续的中国第二重型机械集团有限公司（简称中国二重）下辖 CMIC、万安公司两个全资子公司和万航公司、二重启帆两个控股子公司，已由装备制造型企业转变为以大型航空模锻件研发制造、智能装备研发制造、国际工程及贸易、工业及生活服务等为主业的投资控股型公司。

中国二重具有以 8 万 t 模锻压力机、百吨米锤（能量相当于 4 万吨级）、2 万 t 模锻压力机生产线为依托的世界级航空模锻件制造能力，产品覆盖航空、航天、能源、舰船动力等领域，是中国航空模锻件产品的主要供应商和航天基础装备制造功勋企业；具备进出口贸易、国际工程承包及服务、资产管理等资质；具有提供工业机器人主机及系统研发与成台套集成的全领域智能生产制造系统的能力；具有大型工业园区和生活区的服务、管理和运营能力。同时，为满足国机重装资源整合大局及重新上市需要，还承接国机重装不具备上市条件的资产和社会职能移交前的管理与服务职能，既保证各项公共服务职能的平稳接续，也扫清国机重装轻装上阵的荆棘。

**【主要指标】**

2018 年中国二重主要经济指标完成情况见表 1。

**表 1 2018 年中国二重主要经济指标完成情况**

| 项目 | 2017 年 | 2018 年 | 同比增长（%） |
|---|---|---|---|
| 资产总额（万元） | 2 001 902 | 741 286 | −62.97 |
| 净资产（万元） | 302 832 | 321 675 | 6.22 |
| 营业收入（万元） | 640 334 | 318 371 | −50.28 |
| 利润总额（万元） | 55 052 | 31 956 | −41.95 |
| 技术开发投入（万元） | 36 592 | 9 181 | −74.91 |

（续）

| 项目 | 2017 年 | 2018 年 | 同比增长（%） |
|---|---|---|---|
| 利税总额（万元） | 71 953 | 35 599 | -50.52 |
| EVA 值（万元） | 38 801 | 16 042 | -58.66 |
| 全员劳动生产率〔万元 /（人·年）〕 | 21.54 | 12.72 | -40.95 |
| 净资产收益率（%） | 19.43 | 9.91 | 减少 9.52 个百分点 |
| 总资产报酬率（%） | 4.00 | 2.91 | 减少 1.09 个百分点 |
| 国有资产保值增值率（%） | 106.42 | 105.12 | 减少 1.3 个百分点 |

**【转型升级】**

中国二重已从装备制造型企业转变为以大型航空模锻件研发制造、智能装备研发制造、国际工程及贸易，工业及生活服务等为主业的投资控股型公司。航空模锻件作为公司的支柱产业，产品的转型升级以及市场开拓，成为解决公司可持续发展问题的当务之急。中国二重在加强航空模锻件营销团队建设的同时，积极调整经营策略，优化营销渠道。在营销组织机构上成立国内和国际两个市场营销部门，各有侧重，并在营销模式上采取“以技术引领营销”多方位、多渠道、有针对性地寻求业务在国内和国际市场展开的机会。通过参加国内外航空展览会等方式，以高、精、尖航空模锻件的实物产品及设备能力展示公司技术实力和生产能力，提升公司品牌效应和整体形象，谋取市场更多的订单。目前，中国二重在与成飞、西飞、商飞、哈飞、昌河、西航等多家国内航空企业保持长期合作基础上，与利勃海尔、法国赛峰、GE、西门子及空客等国际知名飞机制造公司达成业务往来，为其提供高品质的模锻件产品并签订长期战略合作协议，进一步拓宽国际民航市场领域。以中国二重万航为品牌的航空模锻件产品，已在国内市场站稳脚跟，市场占有率约为 20%，一直保持在行业第二的位置。中国二重正积极开发民用航空模锻件市场，争取在国内市场有更大的市场覆盖。同时，在国际市场，万航公司的产品已崭露头角，通过与利勃海尔、赛峰等国际知名飞机制造公司的业务往来，未来，产品的知名度及市场将在海外逐步扩大。

中国二重所属企业中国机械对外经济技术合作有限公司跟踪的加纳塞康第－塔科拉蒂（Sekondi-Takoradi）供水厂修复扩建项目，于 2018 年 10 月以国机集团名义与业主签订合同，金额为 32 188 万美元。加纳塞康第－塔科拉蒂（Sekondi-Takoradi）供水厂修复扩建项目业主为加纳水务公司，隶属于加纳水务与卫生部，是加纳水务和水务工程项目的管理监督单位，是加纳政府关注的重大项目，也是国机集团响应国家“一带一路”倡议，参与国际产能合作，推动企业与非洲国家经贸合作的项目。项目的成功签约，打开企业在非洲水务基建设施的市场，为企业进一步开拓加纳及整个非洲市场起到示范效应。

由中国二重牵头，联合国内顶尖航空航天设计院所、金属激光增材制造技术领先研究团队、增材制造应用企业等 22 家单位组建的一支多学科交叉融合、高水平产学研用创新团队，共同承担 2018 年国家重点研发项目“在传统制造结构件上增材制造精细结构”。项目总预算 5 850 万元，中央财政资金 2 700 万元。项目已于 2018 年 5 月启动，此项目一旦研发成功，将突破大尺度复杂结构件高性能、低成本、高效率“锻 / 铸 / 机加 + 增材”复合制造工艺与工程应用关键技术，可推广应用到兵器、船舶、石化、核电等多领域，促进我国高端装备制造业转型升级。

**【科研成果】**

2018 年，由中国二重牵头承担的在研项目有 2 项；由中国二重参与的科研项目共 3 项，其中 1 项已完成课题及财务验收，另外 2 项计划 2019 年完成验收。万航公司 2018 承担的军品配套科研项目共 13 项，军用关键材料攻关项目共 3 项，国家、省研发项目共 12 项，国机集团长线产品项目共 6 项。

2018 年，由中国二重申报的“800MN 大型模锻压机研制”项目获得第五届中国工业大奖表彰奖。全年获发明专利4项，实用新型专利4项，获得国机集团专利奖励34 000元，四川省、德阳市、德阳市经开区各种专利资助72 400元。万航公司在“发现行动”中取得丰硕成果，开发的新技术有：“某型机铝合金超大型整体框模锻件开发”填补国内铝合金大型模锻件研制技术的空白。“等温锻产品开发”实现万航公司等温锻产品从无到有的转变。特别是某风扇整体叶盘锻件的开发，为万航公司获得航空发动机产品订单奠定基础。“××钛合金锻件低成本制造技术”“热模锻技术”使万航公司模锻件的外观质量和组织性能达到国内领先水平，为后期市场订货打下坚实基础。万航公司已完成“直升机桨毂中央件锻件”“某型机折叠肋锻件”“某型机钛合金整体框锻件”等176项重点型号新产品开发并交付；完成“C919、ARJ-21锻件国产化”“CR929起落架锻件”等36项民品的开发，部分产品已经形成批量订货。

【企业改革】

国机重装成立后，中国二重以支撑国机重装高质量发展为首要任务，主动承接原二重重装、中国重型院、成都重机等国机重装资源整合相关企业非上市资产、离退休人员及辅助职能的管理工作，并做好瑕疵资产、历史遗留问题的管理工作。中国二重积极推动历史遗留问题解决工作的开展：一是做好“二重嘉苑”剩余房源销售收尾工作；二是平稳推进“三供一业”分离移交工作；三是切实加大低效资产盘活力度，继续跟进华西宾馆、102招待所等资产盘活工作；四是加强对二重生活区的土地产权管理工作，与市不动产中心协调解决土地面积差异问题，推进并督促五冶公司加快灾后重建相关房屋产权的办理工作。

其中，“三供一业”是国家实施深化国企改革的一项重要举措。国务院国资委、国机集团及中国二重高度重视“三供一业”分离移交工作的开展。2018年，中国二重先后多次会商相关政府部门及接收企业，推进“三供一业”的移交工作开展，完成所有水、气、物业分离移交项目的招标、协议签订及费用申报工作。2018年7月，项目陆续进入施工阶段，由于该项目工程量大，涉及住户数多，施工环境复杂，加之改造时间紧，尽管各方在项目初期做了大量的评估工作，但在施工过程中仍出现较多的突发问题。为尽最大可能推进水、气、物业的分离移交进度，中国二重积极协调处理水、气维修改造施工过程中的各项事宜。截至2018年年底，供水、供气施工改造进度均已过半。

【党的建设】

**1. 以政治建设为统领，坚定政治定力** 在中央党校、延安干部培训学院举办4期专题培训班。举办基层党组织书记、组织委员、党员培训，实现“五个全覆盖”。扎实开展“大学习、大讨论、大调研”活动。召开党委常委会25次。

**2. 以思想建设为根基，坚定理想信念** 开展党委理论学习中心组集中学习4次。持续推进“两学一做”学习教育常态化、制度化，开展“学党章、见行动”主题实践活动。认真贯彻落实意识形态工作责任制和网络意识形态工作责任制。8万t模锻压力机入选“伟大的变革——庆祝改革开放40周年大型展览”。“C919大型客机起落架关键锻件全部国产化”等报道在中央和国机集团媒体刊发。

**3. 以组织建设为重点，增强党组织创造力、凝聚力、战斗力** 及时调整理顺党组织机构，实现党的组织、党的工作全覆盖。开展了第十三次党代会筹备工作。持续加强党建“三基建设”。万航公司党委扎实开展“立志航空报国，锻造航空精品”党建品牌创建活动。2个先进党组织、3名优秀共产党员、2名优秀党务工作者受到国机集团党委表彰。

**4. 以作风建设为抓手，激励干部担当作为** 严格落实中央八项规定精神和上级党组织规定，认真执行履职待遇和业务支出相关要求。持之以恒反对“四风”。重要节假日做好警示教育，开展公车使用抽查。坚持密切联系职工群众、精益求精、求真务实、真抓实干的工作作风，加强干部管理，激励干部想为、敢为、会为。

**5. 以制度建设为牵引，强化党建责任落实** 修订完善党委工作规则、党委会议制度等制度42项。坚持党管干部、党管人才，严格选人用人标准和纪律。严格执行“三会一课”等组织生活基本制度。开展党组织工作经费落实情况专项检查和党费收缴使用管理专项审计。开展所属企业党建考核评价工作，切实抓好国机集团和中国二重党建制度宣贯工作。

**6. 夯实“两个责任”，深入推进全面从严治党向纵深发展** 坚持按照新时代党的建设总要求，以从严从实的作风，自觉履行管党治党责任，将党风廉政建设融入企业改革发展中，以打基础、强管理、重保障、防风险为着力点，扎实开展党风廉政建设各项工作。修订完善党风廉政建设相关制度，深化运用监督执纪“四种形态”，巩固拓展作风建设成果，积极开展廉洁从业教育，加强廉洁文化建设，建立完善中国二重“不敢腐、不能腐、不想腐”的体制机制。严肃查处违规网银支付造成经济损失等问题，受理信访举报和问题线索6件，给予1人党纪处分。紧贴经营发展中心工作，开展了外包业务提升专项效能监督、“二重嘉苑”小区销售监督和梳理岗位廉洁风险点等工作。

**7. 以深化党群共建为桥梁，充分发挥群团组织作用** 加强学习、培训、竞赛工作，做好劳模关爱、困难帮扶、女工、文体等工作。1名职工当选中国工会十七大代表，1个班组被评为全国模范职工小家，1名职工被授予全国青年岗位能手称号。国机重装、中国二重联队在国机集团田径运动会上取得团体总分第三名的优异成绩。巩固全国文明单位创建成果。

**【企业管理】**

**1. 经营管理** 中国二重积极引导各所属企业转变经营观念，按照业务板块分类科学制定经营策略。其中，制造板块以8万t模锻压力机生产线为依托，按照军民“两翼”发展战略，深入开发国内外军、民用航空模锻件市场。国际工程承包及贸易板块抓住“一带一路”机遇，加快国际市场培育和开发。

**2. 项目管理** 推广应用先进项目管理工具，提升绩效表现。深入开展标准化规范作业、典型件SOP操作和工艺改进等措施，加强产品过程可控性。推动制造数据在MES系统采集工作，为SPC分析、工艺标准化提供支撑。加强项目执行过程中的有效沟通，保证项目按时交付、按质交付。

**3. 绩效考核管理** 通过构建科学的所属企业绩效考核体系，形成相对公平合理的绩效考核机制，促进市场前景和经济效益较好的企业更快更好发展，充分鼓励有增长潜力的企业，选择高成长性的目标，也促使效益较差的企业感受到实实在在的压力，树立现代经营理念，以追求效益为先，主动作为，为实现公司长远发展打下坚实基础。

**4. 质量管理** 中国二重以转型升级为契机，坚持“质量是企业生命”的理念，将“一杜绝两降低三强化”作为质量提升行动的主线，持续推进质量提升行动计划的执行，进一步巩固质量提升行动成果，为实现全年既定目标和取得良好成效打下坚实基础。

同时，中国二重要求所属企业认真落实国机集团质量提升行动工作要求，并结合本单位生产、经营情况，切合实际的、有选择的组织开展质量管理知识培训、质量知识竞赛、质量隐患排查、成果经验交流、技能比武等活动，进一步丰富质量提升行动。

各所属企业积极落实质量主体责任，加强重点项目和重大设备的质量安全巡查力度，在体系认证、计量、标准制（修）订、检验检测、质量成本、考核奖惩、质量问题闭环管理等方面，进一步完善体系文件、管理办法、作业指导书等各层级质量规章制度，坚决杜绝重大质量事故。所属企业也积极推进自身品牌建设工程，争创驰（著、知）名商标、名牌产品、优质工程奖、中国质量奖、国机质量奖等质量奖项，通过参加评选找不足、补短板，不断提高企业质量能力和社会美誉度，把市场竞争的重心由价格转移到质量与品牌上。

**5. “两金”压控** 强化组织领导，成立“两金”压降工作组，确立“两金”压降工作目标，层层分解落实责任。采取发函、专人坐催、抵抹账以及高层协调、法律诉讼等针对性措施大力回收债权；加快各类存货盘活力度，协调推动成都“二重嘉苑”存量房产全部销售。截至2018年底，中国二重“两金”净值较年初下降18.99%。

**6. 绿色办公** 总部办公系统使用 OA 办公自动化系统，文件和常用办公室流程均实现网上流转、审批、办理基本实现无纸化。加强公车管理，统一安排车辆，提高用车效率。中国二重提倡绿色出行，租用电动汽车作为市区或近距离办公使用，减少燃油汽车的使用；为职工购买摩拜单车服务，倡导员工绿色出行。万航公司投入 59 万元新增打磨间，对打磨粉尘进行收集、净化，做到有组织排放。万安公司投入 11.3 万元更换节能灯具、阀门，其下属餐厅对烟机净化系统进行消声处理改造，减少烟机作业时噪声排放，购买泔水处理设备处理厨余垃圾。CMIC 更换办公区节能灯具。

**【社会责任】**

以打好打赢脱贫攻坚战为政治责任，扎实开展定点帮扶工作。制定定点扶贫工作管理办法，配合国机集团和国机重装开展朝天片区扶贫工作作风问题专项整治工作。扎实做好朝天区鱼洞乡产业帮扶和贫困户结对帮扶工作，投入 30 万元帮助鱼洞乡发展农旅文项目，帮助鱼鳞村农户销售农产品近 1.5 万元。支持中江县永丰乡发展农业产业项目，投入帮扶资金 10 万元扩大中江柚栽种面积 50 亩（1 亩 =$666.\dot{6}m^2$），整治堰塘 6 亩，以购代扶中江柚 844 箱。党风廉政建设、群团工作、精神文明建设等形成有效合力，助力公司高质量发展。

# 重庆材料研究院有限公司

**【基本概况】**

重庆材料研究院有限公司（以下简称重材院）创建于1961年，是原机械工业部直属一类研究所，1999 年转制进入中国机械工业集团有限公司。

重材院是我国专门从事功能材料共性基础技术、工程化技术研究与产业化开发的综合性研究机构，经过 50 余年的发展，已成为国家在功能材料领域重点支持的技术创新平台。其中，经国家批准组建的有国家仪表功能材料工程技术研究中心、国家企业技术中心（2016 年批准）、高性能测温材料国家地方联合工程实验室、全国仪表功能材料标准化技术委员会、工业（仪表功能材料）产品质量控制和技术评价实验室、博士后科研工作站，与湖南大学共同设立的“材料物理化学”博士学位授予点。经重庆市批准组建的“重庆市院士专家工作站”“两江学者”特聘岗位、“重庆市海智基地工作站”“耐腐蚀合金重庆市重点实验室”“稀贵金属及高效利用重庆市工程技术研究中心”等平台。重材院是重庆市第一批“创新型企业”、第二批“市级知识产权优势企业”和国家知识产权局授予的“国家级知识产权优势企业”。

重材院是全国仪表功能材料学会、协会、标准化技术委员会、生产力促进中心、产品质量监督检测中心等行业社会团体的挂靠单位，主办中文核心期刊《功能材料》、技术期刊《功能材料信息》、行业门户网站“中国功能材料网”、大型系列学术会议“中国功能材料及其应用学术会议”等，形成了全国功能材料核心服务平台，在国内外新材料领域具有重要影响。

建立 50 多年来，重材院共形成金属功能材料及制品、贵金属材料及制品、测温材料元件及装置、传感器敏感材料及元件、难熔金属材料、特种陶瓷材料及制品、磁性材料及器件等多条中试工艺生产线。测温材料、特种合金、工程仪表三大优势专业领域在国内处于领先地位。重材院先后承担国家科技攻关、“863”计划、科技支撑计划、军工配套科研、转制科研院所专项资金等各类科技项目700余项，已取得各类科技成果900余项，先后获得国家级科技进步奖11项，部、省级科技成果奖300余项，成果广泛应用于机械、汽车、电子、能源、石化、冶金、轻工、舰船、航空、航天与国防军工等众多领域，解决国家一系列重点工程、重大设备和军工配套所需的关键材料与元件，为我国国民经济的发展和国防军工技术进步做出卓越贡献。

重材院自1998年起建立并持续保持GB/T 9001质量管理体系和GJB 9001军工质量体系；2005年起建立并保持武器装备科研生产保密资质和许可证资质；2013年获得装备承制资格和军用核设施设计制造许可证。

重材院占地面积200亩（1亩=666.$\dot{6}$m$^2$），现有科研生产设备仪器共计1 100多台，固定资产总额94 034万元。目前公司职工总数370人，专业技术人员198人，其中教授级高级工程师19人，高级工程师50人。

【经营业绩】

2018年，重材院资产总额10.56亿元，全年营业收入6.78亿元，利润总额1 252万元。2018年重材院主要经济指标完成情况见表1。

**表1 2018年重材院主要经济指标完成情况**

| 项目 | 2017年 | 2018年 | 同比增长（%） |
|---|---|---|---|
| 资产总额（万元） | 101 948 | 105 589 | 3.57 |
| 净资产（万元） | 44 004 | 45 111 | 2.52 |
| 营业收入（万元） | 75 198 | 67 800 | -9.84 |
| 利润总额（万元） | 1 235 | 1 252 | 1.38 |
| 技术开发投入（万元） | 6 918 | 6 712 | -2.98 |
| 利税总额（万元） | 2 158 | 2 622 | 21.50 |
| EVA值（万元） | 1 377 | 3 379 | 145.39 |
| 全员劳动生产率〔万元/（人·年）〕 | 17.21 | 22.14 | 28.65 |
| 净资产收益率（%） | 2.75 | 2.60 | 减少0.15个百分点 |
| 总资产报酬率（%） | 3.37 | 3.22 | 减少0.15个百分点 |
| 国有资产保值增值率（%） | 102.01 | 101.27 | 减少0.74个百分点 |

【重大决策与重大事项】

重材院积极做好党建工作。2018年6月，召开庆祝建党97周年暨“两优一先”表彰大会，组织“学习习近平新时代中国特色社会主义思想和党的十九大精神”集中培训；7—8月，开展两期“不忘初心、牢记使命”党性教育培训；9月，组织开展廉政教育活动。

重材院继续贯彻落实“创新、协调、绿色、开放、共享”五大发展理念，保持测温材料、特种合金、工程仪表三大优势市场占有率，创新业务模式，加大市场开发力度。为进一步提高工程仪表的市场竞争力，重材院与中国兵器工业集团下属江麓机电集团有限公司在湖南省设立江麓仪器仪表有限公司，有望将重材院在传感器方面的优势产品在配套系统扩大市场。加强国机集团内部单位协作，与中工国际签订“埃塞俄比亚糖厂精糖项目仪表成套合同”，与CMEC签订“伊拉克巴士拉650MW燃机联合循环扩建工程CEMS合同”。继续以“新品推进和效率提升”作为年度重大专项工作，确立新的产业增长点，除已确定的5项重点新产品产业化推进项目，新补偿导线合金丝及元件、高性能金属陶瓷热电偶保护管、核电工程用特种合金3个项目作为统计考查项目。继续强化科技研发能力与创新平台管理，3月，组织召开国机集团新材料产业技术协同创新平台成立大会；4月，组织召开国机集团新材料领域重大科技专项研讨会；5月，组织召开重庆市功能材料技术创新战略联盟成立大会召开；12月，组织召开重大技术装备用关键基层材料发展专题研讨会。

重材院注重建设高端人才梯队，提升内部管理，严抓产品质量，2018 年实现营业收入 67 800 万元（不含税），利润 1 252 万元，比上年增长 8.30%，完成国机集团经营目标。

重材院继续完成“去产能、去库存、去杠杆、降成本、补短板”五大任务，深化供给侧结构性改革，采取多种方式瘦身健体、提质增效、扭亏压减，有效防范和化解经营风险，加强处置“僵尸企业”和开展特困企业专项治理，增强企业活力；并继续将“资金成本”工作纳入重点专项工作，推进企业降成本，收到良好成效。

【市场开拓】

2018 年，重材院继续以国机集团“二次创业”“丹棱精神”为指引，坚持公司“1233”发展目标和“2015—2017 三年行动纲要”短期战略，努力实现有质量增长，保持传统优势产业，积极培育新兴产业，促进科技成果转化落地生根。继续以“新品推进和效率提升”作为年度重大专项工作来抓。已确定的特种车辆用传感器、TFT-LCD 玻璃基板铂金制品及弥散强化铂金工程材料、高端气阀钢系列产品、氯碱工业用高性能镍材、特种合金焊材国产化 5 个项目均取得一定进展，补偿导线合金丝及元件、高性能金属陶瓷热电偶保护管、核电工程用特种合金等 3 个项目作为统计考查项目，已有 2 项结题。其中 5 个新品推进项目已凸显市场效益，近两年来累计完成产值 7 101 万元，其中 2018 年新品推进计划实现入库产值 2 954 万元（不包括 2017 年已结题的项目）。

【科研创新】

**1. 重大项目及专利** 2018 年，重材院进一步推动落实科技发展部、所在部门及项目负责人的三级管理模式，项目监管不断强化。针对重点项目，组织了项目启动会、评审会和有关工作推进会等，项目运行质量、效果和管理的规范性、严格性不断提高。

组织申请纵向项目 25 项，签约纵向科技项目 13 项，签约 2 327 万元（净额 1523 万元），横向签约 22 项，签约 1 252.9 万元。全年合计新签约科技项目 35 项，签约拨款总额 3 579.9 万元。

科技论文投稿 14 篇；申请专利 16 项，其中发明 14 项，实用新型 2 项；授权专利 21 项，其中发明专利 15 项，实用新型 5 项，外观设计 1 项。申请获得重庆市、国机集团和北碚区专利资助 22.59 万元。获得国机集团科技进步奖三等奖 2 项，中国机械工业科技进步奖二等奖 1 项，并获得“重庆市优秀创新型企业”称号。多项产品获重庆市新材料产业联合会颁发的重庆市新材料重点产品。2018 年重材院申报科技奖获奖情况见表 2。2018 年重材院获重庆市新材料产业联合会奖项见表 3。

**表 2　2018 年重材院申报科技奖获奖情况**

| 序号 | 奖项名称 | 项目名称 | 获奖等级 | 申报部门 |
|---|---|---|---|---|
| 1 | 中国机械工业集团科学技术奖 | 高性能系列钨铼热电偶材料开发及应用研究 | 三 | 难熔金属部 |
| 2 | 中国机械工业集团科学技术奖 | 核反应堆控制棒驱动机构磁致伸缩新型棒位探测器 | 三 | 功能材料研究所 |
| 3 | 中国机械工业科学技术奖 | 高品质铂铱合金系列电极材料及元件开发与产业化 | 二 | 贵金属部 |

**表 3　2018 年重材院获重庆市新材料产业联合会奖项**

<table>
<tr><th>奖项名称</th><th>项目名称</th><th>申报部门</th></tr>
<tr><td rowspan="5">重庆市新材料重点产品</td><td>核级传感器</td><td>传感器部</td></tr>
<tr><td>油气工程用高性能耐腐蚀合金</td><td>特种合金部</td></tr>
<tr><td>氯碱工业用镍材</td><td>特种合金部</td></tr>
<tr><td>高品质铂金工程材料及制品</td><td>贵金属部</td></tr>
<tr><td>资源节约型高精度钨铼热电偶</td><td>难熔金属部</td></tr>
<tr><td>重庆市新材料研发制造先进企业</td><td>重庆材料研究院有限公司</td><td></td></tr>
</table>

2018年11月，中国机械工业联合会在重庆组织召开“华龙一号”4个核级产品成果鉴定会，认定重材院3个核安全级产品达到国际同类产品技术水平，1个严重事故级产品达到国内领先水平。“华龙一号”核级产品成果鉴定会成果见表4。

**表4　“华龙一号”核级产品成果鉴定会成果**

| 序号 | 鉴定科技成果名称 | 认定成果水平 | 备注 |
|---|---|---|---|
| 1 | 堆芯出口温度测量核级铠装热电偶 | 国际先进水平 | JK鉴字[2018]第2118号 |
| 2 | 主管道直接测温核级铠装铂电阻组件 | 国际先进水平 | JK鉴字[2018]第2115号 |
| 3 | 反应堆压力容器水位监测组件 | 国际先进水平 | JK鉴字[2018]第2117号 |
| 4 | 核电站严重事故铠装热电偶 | 国内领先 | JK鉴字[2018]第2116号 |

跟踪国家重大需求，获得CAP1400、航天五院、重庆声光电等公司进口替代需求清单，推进相关工作；组织重庆市新材料领域主要单位64家，提出2019年重大主题专项和重点项目建议33个，其中重材院有3个项目“耐高温抗腐蚀特种镍基合金开发与产业化”“高性能键合微细丝带材开发及产业化”“高端装备用特种高强度玻璃开发及产业化”参与其中。

**2.创新平台管理**　2018年，依托重材院建设的“重庆市院士专家工作站”“仪表功能材料重庆市工业和信息化重点实验室”完成运行评估，双双获得优秀；“第三批产业技术基础公共服务平台”“重庆市优秀创新型企业”均申报成功，分别获得重庆市工信部、重庆市经信委批准；经重庆市科技局批准，新成立“重庆市功能材料创新联盟”，评估为A类，排名第二；完成“装备承制资格”“武器装备科研生产许可证”换证工作。

2018年3月，重材院牵头的国机集团新材料产业联盟成立大会召开；4月，牵头成立重庆市功能材料学会；参与国家重大技术装备创新研究院筹建。策划组织国机集团重大科技专项2个，“高端装备用典型基础材料技术提升与应用开发（一期）”“3D打印用关键材料开发及工程应用研究”，其中“高端装备用典型基础材料技术提升与应用开发（一期）”项目成功列入国机集团2018年专项；12月，主办重大技术装备用关键基础材料发展专题研讨会暨国机集团新材料产业技术协同创新联盟技术交流会。

**【产品销售】**

2018年重材院主要业务板块总体经营情况见表5。

**表5　2018年重材院主要业务板块总体经营情况**

| 主要业务板块 | 营业收入（万元） | 营业成本（万元） | 毛利（万元） | 毛利率（%） |
|---|---|---|---|---|
| 特种合金 | 27 243 | 21 598 | 5 645 | 20.72 |
| 贵金属 | 11 278 | 8 921 | 2 357 | 20.90 |
| 传感器 | 28 486 | 21 890 | 6 596 | 23.16 |
| 行业服务 | 793 | 0 | 793 | 100 |

**1.冶金测温**　2018年，重材院典型产品贵金属偶丝出库重量300kg，市场占有率显著提升。2018年针对原有客户的需求开发铠装热电偶用贵金属偶丝市场，该产品提升了重材院品牌在客户中的影响力，间接带动常规贵金属偶丝订货份额的提升，并具备向新客户推广该产品的能力。此外，针对不同地区客户的具体需求提供的定制化服务也拉动了销量。

**2.气阀钢**　重材院为我国最大的发动机气门生产商重庆三爱海陵实业有限公司提供特殊合金材料。经过多年的长时间研发，试制材料逐渐定型生产，需求量有了较大的提升。2017年气阀钢销售量为 13t，2018 年为 23t。

**3.718 合金** 2018 年，重材院营销部会同特种合金事业部实行了 Inconel 718 合金营销生产专项管理。2018 年，公司 718 产品新签合同金额约 8 000 万元，产品出库金额近 5 500 万元，出库重量超过 200t，同比增长 223%，完成产值增加 242%，无一起用户因质量问题投诉；在新客户的推广方面，2018 年全年新签出口订单金额近 400 万元美元，产品远销美国、墨西哥、奥地利，收获了良好的国际口碑，718 合金的收得率达到 65% 以上，产品合格率 95% 以上。

**4. 石油** 2018 年，重材院镍基 718 合金出库金额 5 200 万元，重量 200t。海外市场开发效果显现，镍合金直接出口金额约 1 200 万元。

**5. 航空航天军工产品** 2018 年，重材院航空航天用合金销售情况比 2017 年有较大幅度提升，需求产品还是集中在精密合金（弹性合金、低膨胀合金为主）、特殊不锈钢、高温合金带材、丝材，受目前国产化需求的影响，新 / 老机型的关键的高温耐蚀部位零件均有国产化需求，主要特点是多品种、小批量。

重材院航天航空仪表用贵金属制品，包括铂、铱、金、银等丝材以及银板、银导电环的开发进入到批量生产阶段。2018 年，重材院进一步提高市场占有率的同时，加强了航天航空用仪表、电器用线绕电位器用四元、五元贵金属丝及触电、换向片、导电片用贵金属带材的开发。其中航空用除冰装置用电极环目前重材院已经独家供货并且批量生产，2018 年交货及订货数量达到近 2 000 件，金额 400 万元，同时开发配套除冰器用电刷在 2018 年订货量达到 1 000 件。

航空航天军工用铂电阻、加热器市场比 2017 年有稳步提升。太原航空的新型加热器样品已经批量生产，订货已有 700 多套。由于航空用加热器和感温组件需求量逐渐增加，但产品的质量稳定性和交货进度需要进一步控制和优化。

**6. 氯碱化工行业** 2018 年，重材院氯碱化工行业装备用镍材（管材板材）年新签合同 3 700 万元，合同重量 200t；新开发氯碱化工设备行业的特材，目前装备用镍材的市场占有率达到 50%。

**【产权制度改革】**

2018 年，重材院产权管理工作体系进一步完善，通过不断完善产权管理制度，转变产权管理工作方式，加强国有资产产权管理；推进公司产权集中统一监管，产权管理工作不断强化，推动国有资产管理上新水平；努力建立合理产权结构，提升管理水平，优化产权配置，推进合理布局，增强资本运作能力，实现稳中求进。

**【主要管理经验】**

**1. 党建工作** 2018 年，重材院党委以落实党对国有企业的政治领导和政治核心作用为己任，努力做好党对国有企业的全面领导和企业保值增值各项工作。以抓好党委中心组学习、中层干部学习、基层党组织“三会一课”学习和职工政治理论学习为切入点，研究部署系统深入学习习近平新时代中国特色社会主义思想和党的十九大精神方案，积极推进“两学一做”教育常态化制度化，开展“不忘初心、牢记使命”主题教育，认真学习党中央最新指示和文件精神，在全公司营造自觉强化“四个意识”、做到“两个维护”，坚持“四个服从”的良好氛围，保证党和国家方针政策、重大部署在企业贯彻执行。

重材院党委坚持“抓大局，保落实”，根据企业实际情况，及时修订《“三重一大”决策制度》文件，定期召开党委会，研究决策“三重一大”事项。积极完成本部和 5 个子公司党建工作进章程工作。严肃各项党内政治生活，加强对各支部的督促检查。制定《党委班子分工文件》，使企业党建工作形成“齐抓共管，责任落地”的良好局面；制定《党建工作考核办法》，对党委班子成员、各支部落实党建工作情况进行分项考核。

积极开展对党员干部的教育培训工作。2018 年，组织党员干部、子公司领导班子成员、部长助理和党务工作者等 60 余人参加集中学习习近平新时代中国特色社会主义思想和党的十九大精神培训；组织中层以上干部参加国家行政学院、浦东干部学院的十九大精神网络培训 60 余人次；组织党员干部、先进个人等 92 人到井冈山革命教育基地开展“不忘初心，牢记使命”主题教育；组织党员干部到重庆预防职务犯罪基地开展廉政教育学习；组织开展了庆祝“改革开放四十周年”

书画摄影展。

组织召开宣传工作会，加强意识形态教育和舆情监管工作。在官方网站、OA 设立了党建知识学习专栏，在官方微信设立了“重材党建”和“重材清风”专栏，在宣传栏张贴《精读十九大报告》专报，在远程电视上循环播放习近平讲话要点、党的十九大精神、党建知识等幻灯片，积极加强宣传阵地建设。

开展“党员示范岗”和“党员先锋队”创建工作，鼓励各支部开展党建工作与业务工作有机融合的创新工作方式，在各项工作中展现党员先锋模范作用。

重视开展统战工作，研究统战工作开展情况。2018 年，重材院党委书记当选重庆市政协委员，推荐 1 名党外人士当选重庆市人大代表、2 名北碚区政协委员。研究成立“重材公司党外人士建言献策平台——王东哲工作室”，成功申报重庆市“张忠模劳模创新工作室”，为党外人士建言献策，推动单位和社会发展提供平台。

**2. 经营管理** 2017 年 11 月，重材院与 CMEC 全资子公司中设装备有限公司及江阴南工订立股权合作协定，成立国机金属江苏有限公司，从而使公司金属功能材料产品领域实现从低端到高端的全覆盖，2018 年，国机金属江苏有限公司实现营业收入 19 549 万元，利润 1 069 万元。

2018 年，为进一步提高公司优势主业之一工程仪表的市场竞争力，重材院与中国兵器工业集团下属江麓机电集团有限公司在湖南省成立江麓仪器仪表有限公司，有望将企业在传感器方面的优势产品在配套系统扩大市场。

**3. 质量管理** 2018 年，重材院对质量管理体系文件进行系统审核和修订，增强文件的可操作性。组织编制了《组织环境与相关方要求管理控制程序》，修订完善了《质量信息控制程序》《不合格输出控制程序》《产品质量管理办法》《核电产品管理办法》等文件，明确了影响产品质量和体系有效运行的重点管理环节；通过质量绩效考核落实质量管理要求和质量目标指标，并通过质量管理体系的日常监督检查、内审、管理评审等措施，推进质量管理体系不断完善。

强化质量意识，大力宣传质量法律法规，并进行质量培训。在“质量月”活动中采用集中培训、分散培训等形式，内部、外部老师授课、现场交流指导等方式开展了 QC 小组、核安全文化、质量成本管理、产品检验与质量控制及设计开发过程控制等一系列培训，200 余人次参加培训；组织员工参加了中央企业全面质量管理知识竞赛和公司质量月答题，324 名员工参与了答题。

加强检查落实，企业内开展了多次质量巡检、专项检查；顺利通过装备承制资格暨武器装备质量管理体系认证现场审查、中核合格供应商审查及哈里伯顿、上海核工院、410 厂、161 厂等单位的二方审核，完成纠正措施 76 项；对用户反馈的产品和服务方面的质量信息，制定纠正措施 17 项。2018 年度未发生重大质量问题和质量责任事故。

**4. 安全生产** 2018 年，重材院履行企业安全生产主体责任，切实开展各项安全生产工作。修订安全生产管理制度 6 个，修订应急预案 7 个，修订安全操作规程 5 个，新增安全操作规程 19 个，安全生产管理制度、应急预案体系、安全操作规程不断完善。

全年组织公司级安全检查 25 次，接受政府安监部门等外部检查 5 次，共排查和督促整改安全隐患 75 项；组织开展安全教育培训 10 项，参加培训达 659 人次，人均 1.8 次，组织开展安全生产月“5571”系列活动；4—9 月份完成了职业危害因素监测工作；组织 4 名接触危害环境离职人员进行了离岗体检；当年无职业病或疑似职业病发生，有效管控了职业健康风险。

2018 年重材院新增设备 47 台（套），完成设备安装 34 台（套）；完成设备一级保养 197 台、581 次，二级保养 174 台 / 次。形成设备专项年的工作思路，提出设备专项年的行动计划，加强对员工进行设备管理教育及知识普及，在企业内部发放设备（仪器）基础知识问卷。配合资金专项年行动，协同资产财务部起草《设备对外加工管理办法》及《设备对外租赁管理办法》，并制定相应表格。

**5. 能源和环保管理** 2018 年，重材院总能源耗用为 887.8 万元，百万元产值能耗 2.8 万元，比上年减少 17%。顺利取得某项目环评报告、突发环境事件风险评估报告、全面达标评估报告，完成2017年度企业环境信用评价报告上报，初评取得良好成绩；完成2018年排污许可证换证工作，完成突发环境事件应急预案，完成第二次全国污染源普查报表。全年污水处理站运行正常，四次季检、二次抽检均达标。新建临时垃圾场，开始推行工业垃圾分类收集。2018年未发生环保违法事件。

**6. 人力资源管理** 2018年，重材院注重人才队伍建设，关注核心员工、高端人才和后备干部的培养。顺利完成年度招聘引进、各类人才申报、职称评审等工作，两位专家首次入选国机集团首席专家；与重庆科技学院、中科院重庆学院和重庆文理学院联合建立研究生培养基地；合理安排培训，全年开展培训83次，共计1 657人次参加，人均4.7次；及时修订企业年金方案；申请并获批稳岗补贴8万余元；完成考核合格员工工资普调工作，薪酬核算发放准确、及时。

**7. 信息化建设** 2018年，重材院继续完善U8、OA、销售、HR等办公系统。为公司中干及以上领导开通手机端审批功能，提高审批效率；完成采购、外协合同功能；根据新的管理要求，梳理、调整所有销售合同流程；维护实验室管理系统、服务器环境，组织OA流程建设等。主要业务系统运行率达99.4%。

**8. 企业文化建设** 2018年，重材院注重企业文化建设，通过党政工团的组织领导作用，努力打造企业“合力同行，创新共赢”的价值理念和共同目标。党委和各支部通过组织党员大会、“七一”党建知识竞赛、井冈山党性教育培训、十九大精神学习专题培训、参观革命遗址和纪念馆、支部组织生活、领导班子民主生活会等形式，加强党员干部队伍的思想建设和作风建设。工会和团委积极组织新春团拜会、职工运动会、妇女节活动、职工篮球赛、登山活动、改革开放四十年书画展、“印象重材”等文体活动，丰富职工业余生活，增强企业活力。

**9. 社会责任** 2018年，重材院积极响应党中央对扶贫工作的号召，履行社会责任。进一步对国机集团定点帮扶县四川省广元市朝天区鱼洞乡鱼鳞村开展帮扶工作，两次派遣人员对该村访谈、调研、帮扶、慰问，帮助当地农户拓宽樱桃等农产品销售渠道，并向朝天片区电商扶贫项目捐款10万元；“张忠模劳模创新工作室”通过“大手拉小手”公益组织资助綦江三江中学贫困学生，为教育扶贫尽绵薄之力。

# 中国汽车工业工程有限公司

**【基本概况】**

中国汽车工业工程有限公司（简称中汽工程）2005年10月28日正式成立，是由国机集团所属的机械工业第四设计研究院、机械工业第五设计研究院合并重组的国际型工程公司，总部设在天津。现拥有国家颁发的工程设计综合甲级资质，及咨询、勘察、监理、施工总承包、环评、造价等涵盖建设工程全领域的国家最高等级资质证书，能提供高品质的工程建设全过程服务，是中国机械行业规模最大、业务链最全的工程公司之一，同时是中国第一批通过ISO9001质量管理体系认证、拥有开展国外经济技术合作业务的公司，国际FIDIC的成员单位。中汽工程现有职工5 275人，其中，教授级高工77人，具有高级职称687人、中级职称812人、初级职称1 297人，享受政府特殊津贴的专家9人。

中汽工程以汽车工程项目设计和承包为主要业务内容，是国机集团打造汽车板块、为“造车人”服务的主要业务之一。中汽工程以工程技术为基础、工程设计为龙头、工程承包为主要业务，以汽车生产工艺及专用生产装备的承包为核心竞争力，承担着汽车工程及其他机械、医药、电子、民用等项目的规划设计、工程总承包，具备从咨询、设计到制造、安装、调试、培训服务等完善的技术服务产业链业务。近年来，中汽工程先后承接了奔驰、宝马、沃尔沃、大众、捷豹、福特和通用等合资企业以及吉利、北汽、江淮、长安、中国重汽和陕西重汽等各大汽车集团（公司）的设计和总承包任务，并积极走出国门，承接美国、俄罗斯、印度、南非、印度尼西亚、泰国等国家的汽车工程设计和总承包任务，是改革开放后我国首家承担国外汽车生产线总承包并获成功的公司。

**【经营业绩与财务分析】**

2018 年，中汽工程深耕市场，致力维护好大客户、老客户，注重提高客户满意度，海外业务取得新突破。全年实现新签合同额、营业收入双双过百亿元，再创历史新高。2018 年中汽工程主要经济指标见表 1。

**表 1　2018 年中汽工程主要经济指标**

| 项目 | 2017 年 | 2018 年 | 同比增长（%） |
|---|---|---|---|
| 资产总额（万元） | 1 145 380 | 1 280 070 | 11.76 |
| 净资产（万元） | 252 894 | 197 711 | -21.82 |
| 营业收入（万元） | 801 859 | 1 183 820 | 47.63 |
| 利润总额（万元） | 31 232 | 34 435 | 10.26 |
| 技术开发投入（万元） | 51 075 | 63 927 | 25.16 |
| 利税总额（万元） | 68 286 | 80 255 | 17.53 |
| EVA 值（万元） | 37 907 | 58 993 | 55.63 |
| 全员劳动生产率〔万元 /（人·年）〕 | 30.90 | 35.20 | 13.92 |
| 净资产收益率（%） | 6.26 | 11.46 | 增加 5.2 个百分点 |
| 总资产报酬率（%） | 3.38 | 3.23 | 减少 0.15 个百分点 |
| 国有资产保值增值率（%） | 107.43 | 110.33 | 增加 2.9 个百分点 |

**【市场开拓、签约、科研成果】**

**1. 市场开拓**　2018 年，中汽工程结合“跟船出海”和“主动出海”两种营销思路，一方面做好现有海外项目执行，树立品牌口碑，以点带面扩大影响，赢得新项目；另一方面积极跟踪、参与国内外客户的海外发展战略，努力在全球市场实现多点布局。

在巩固和稳定主营业务的同时，中汽工程基于设计和管理的优势及能力，大力开拓新行业、新市场、新模式，创新转型初见成效。2018 年，中汽工程继续扩大在新能源汽车及相关行业市场的影响力，把握市场机遇，聚焦优质项目，在防范风险的前提下积极审慎地开展新能源汽车业务，全年实现新签合同额 37.4 亿元，同比增长 50.43%。

结合新能源项目的承接，公司大力开拓三电业务，已在国内三电项目设计及装备领域，建立了核心优势和较高的市场占有率，并不断扩大项目参与深度，全年实施三电项目 22 个，总合同额 1.14 亿元。

同时，中汽工程积极探索向轨道交通行业延伸业务，在车辆基地、地铁上盖开发项目等方面开拓新的业务增长点。与乌鲁木齐轨道公司在天津签署框架协议，为后续承接业务奠定基础；重点围绕轨道交通振动研究形成核心业务能力，已成功应用于洛阳地铁等项目。

在推广全过程工程咨询业务方面，中汽工程借助宝马项目经验，顺利承接卡尔蔡司工业 4.0 健康视光产业生态圈项目；在江铃富山基地项目上，实现了从规划、可行性研究、工程设计、项目管理和涂装设备供货的全过程工程咨询业务模式的整合贯通。同时，在汽车零部件、新型建材等行业，在管监一体化、“环保管家”、维保服务等业务模式方面，积极开拓市场，顺利承接多项新业务。

**2. 签约** 大客户及重点项目签订情况：

（1）工程设计项目。合同额 1 500 万元以上的项目包括：江苏赛麟汽车制造装备供货项目技术服务、大同正道 30 万辆清洁能源汽车项目、华晨宝马大东厂区产品升级项目、恒大法拉第汽车零部件项目、上汽大众 MEB 工厂项目、湖南常德中车新能源汽车扩能项目、嘉蔚汽车厂房项目、江铃汽车小蓝富山工厂标准化厂房项目和广州宝能新能源汽车产业园项目。

（2）PM 管理项目。合同额 500 万元以上的项目包括：恒大法拉第项目管理和监理、广汽乘用车自主品牌 20 万辆项目、江苏赛麟汽车项目方案施工图设计和技术服务、江铃汽车小蓝富山工厂标准化厂房项目管理、名爵印度冲压 B 线及供应商园区设计及管理项目、浙江电咖绍兴生产基地项目管理和西虎汽车技术改造项目管理及招标支持。

（3）土建公用 EPC 总承包项目。合同额 3 亿元以上的项目包括：上汽集团新建年产 24 万辆乘用车宁德产能项目、上汽集团乘用车郑州分公司新增 24 万辆产能项目和长沙电咖汽车产业园土建公用 EPC 项目。

（4）涂装设备供货项目。合同额 10 000 万元以上的项目包括：上汽郑州二期项目、上汽宁德项目、吉利西安项目、江铃富山项目、长安合肥项目、比亚迪西安项目、长安南京项目、吉利临海项目、江铃新能源项目、小鹏汽车项目、广本改造项目、东风雷诺武汉工厂改造项目和陕汽面漆线重建项目。

（5）工艺设备供货项目。合同额 7 000 万元以上的项目包括：上汽乘用车郑州总装及 BDC 项目、上汽乘用车宁德总装及 BDC 项目、吉利 EMA 梅山工厂总装、江苏宝佛麟总装车间项目、比亚迪西安二期焊装线、比亚迪西安二期总装线、吉利马来西亚宝腾项目、江苏赛麟汽车焊装线项目、上汽大通南京工厂项目、陕汽总装车间机运项目、比亚迪长沙焊装线、电咖绍兴总装及焊装车间项目和奔驰俄罗斯项目。

**3. 科研成果** 中汽工程持续强化技术管理的精细化、管理提升的流程化。改进价值竞争管理，加强对价值竞争、业务建设、优秀项目等各类技术成果资源的推广应用。2018 年共立项公司级课题 10 项，专业级课题 33 项，部门级课题 85 项；组织两次过程检查。初步搭建公司标准化体系，设置层级标准化委员会、院所层级标准化主管及标准化工程师。组建“全过程咨询”技术研究课题组，从技术层面开展政策收集、技术积累、平台建设、资源保障、方式方法、流程体系等基础研究和储备。推动知识管理、协同设计与 OA 系统融合，打破信息孤岛，建立统一的数据管理平台，实现设计与管理融合。

通过专利申请和各类高规格奖项申报，提升技术能力，加强技术成果保护和宣传。2018 年，中汽工程共申报专利 58 项，其中，发明专利 18 项，软件著作权 7 项。完成 3 项国际发明专利的专利权变更，其中 2 项已经获中国发明专利和欧洲发明专利（德国、奥地利）授权。2018 年获授权专利 58 项，其中，发明专利 10 项，软件著作权 7 项；维护有效专利 158 项。组织申报行业以上科技奖励 23 项，获奖 13 项。

**【主要管理经验】**

**1. 经营管理** 2018 年，中汽工程立足传统业务，促进业务升级，延长产业链条，增强价值链优势。在市场总量减少的情况下，依靠技术能力提升稳定业务份额，加大国际市场的开拓力度，同时适时加快发展新技术、新业态，做大做强战略性新兴产业；客观评估企业转型发展中的新投资领域及项目，对于未来运营风险较大、投资回报率缓慢的项目进行盘剥整治，积极盘活存量；大力实施创新驱动发展战略，以不断创新的思维，适应企业更高要求的发展，培育新的经济增长点，全面推进科技、管理、市场、商业模式创新；同时努力打造高回报率、高附加值、高技术含量的盈利业务和特色优势项目，提高劳动生产率和资本回报率。

（1）财务管理。中汽工程积极配合国机汽车与国机集团的资产重组工作，准时完成审计报表出具和评估值的确定，协调各方完成资产重组所涉及的合规证明、法律意见书及上报文件等工作。拓宽融资渠道，增加银行授信，总规模达56亿元，通过流动资金贷款、外币融资、内保外贷等多种方式解决境内外项目资金需求，大力推进电子银行承兑业务，节约融资财务费用4500万元。积极应对国家税收政策新变化，完成增值税税率调整的平稳过渡，精心实施税务筹划，注重防范税务风险。完善财务制度，规范工作流程，落实八项规定和国机集团巡视整改要求，严格执行招待费报销制度，及时修订《出差管理及差旅费报销办法》及《出国（境）费用报销办法》。在内部流程建设和创新方面，编制涵盖出纳业务、票据管理、审核报销等岗位工作流程图200余个。

（2）人力资源管理。2018年度，人力资源雇主品牌建设持续深入，荣膺“第十六届中国大学生最佳雇主汽车行业TOP15”。项目经理综合能力提升的培训项目获“中央企业优秀国际化人才培训项目奖”，首开培训模块获得央企奖项的先河。人才引进的结构性调整取得突破进展，行业人才招聘占年度招聘总人数38%，“三位一体”的校园招聘人才甄选路径延伸初见成效。组织完成项目经理进阶培训，提升了项目经理管理大型复杂项目的能力，拓展了国际化项目的管理视野，增强了系统与战略思维能力。绩效管理项目进入试运行，薪酬改进工作顺利实施，提升绩效管理与薪酬体系的联动，实现了整体工资水平的合理分布。干部管理工作有序推进，大胆起用年轻干部。完善制度建设，编制发布《出国（境）管理办法》《干部管理办法》。高效服务公司海外经营布局，外事管理业务量增幅为167%。积极组织落实员工与公司共享发展成果工程，为员工购买意外伤害商业保险，提高企业年金的缴存比例，增强了员工的获得感和向心力。

（3）总承包管理。制定“项目管理和总承包板块业务战略规划”，明确发展目标、重要任务和实施举措。继续开展总承包管理能力提升活动，现场形象持续改观；项目经理进阶培训、协议采购稳步推进，项目管理水平总体提升。对项目现场费用实行清单管控，规范承包项目现场费用。改进了境内外总承包项目工程款支付及进出口业务付款流程，强化风险防控。积极支持公司国际业务的开展，及时申报各项服务外包数据，获得天津市商务委员会2018年度服务外包专项补贴。

（4）生产管理。从建立和完善两方面着手，进行生产管理体系和制度的建设。逐步实现生产管理体系和制度的精细化，促使各项工作有章可循、有据可查、责任明确、有序进行。加强生产管理流程的完善和改进，在满足功能性要求的基础上，考虑使用方的体验，追求高效实用，简便快捷，力求一次输入，多功能共享使用。加强对外地分院的管理，举办“信息化平台数据录入及合同管理规范化工作交流会”，编制二级机构从公司总部划拨费用申请及结算单。制定文印岗位操作规范，并建立质量例会制度，确保出手产品准确无误；升级设备，提升文印生产能力。

**2. 党建工作** 中汽工程党建工作按照国机集团党委部署要求，以党的政治建设为统领，以强化党建工作的价值创造为导向，以提升组织力为重点，以落实“中央企业党建质量提升年”工作为契机，切实履行全面从严治党主体责任，持续加强党的政治建设、思想建设、组织建设、作风建设、纪律建设和制度建设，努力实现新时代党建工作高质量发展。2018年，中汽工程荣获国务院国资委党委“中央企业先进基层党组织”、国机集团党委“2018年度党建优秀企业”称号。

（1）把政治建设摆在首位，并持续加强。深入学习贯彻习近平新时代中国特色社会主义思想和党的十九大精神，以实际行动坚决做到“两个维护”，认真贯彻落实《国机集团党委贯彻落实〈中共中央政治局关于加强和维护党中央集中统一领导的若干规定〉的实施意见》。深入学习研讨，严格落实“五个全覆盖”，全年召开2次领导班子集中研讨和8次党委中心组学习；班子成员带头开展20余次集中宣讲；各级干部、支部书记在基层讲党课达120余次，各二、三级企业领导班子均开展了集中专题研讨；组织学习十九大精神干部培训班、红旗渠党员干部培训班、党员教育培训班等5期大规模集中教育培训，参训人员达1 000余人。严肃党内政治生活，认真开好党员领导干部民主生活会和基层支部组织生活会，加强帮扶整改，组织各支部严肃认真开展好年底组织生活会和民主评议党员工作。

（2）以党的政治建设为统领，以加强理论武装为重点，落实意识形态工作责任，切实加强党的思想建设。认真落实党委中心组学习制度，全年共进行 8 次集中学习，及时传达学习党中央重要会议和文件精神。牢牢掌握意识形态主动权，做好舆论引导；通过创建公司党建园地和党员之家，加强意识形态阵地建设；全年集中开展党员干部群众形势任务教育培训 3 次，参训达 900 余人次。

以提升组织力为重点，切实加强党的组织建设。深入贯彻落实全国组织工作会议精神，坚持党管干部、党管人才。强化党组织在干部选拔任用中的把关作用，把好选人用人关，大胆起用年轻干部。2018 年，中汽工程任免干部 35 人次，提拔干部 23 人，其中，提任正职 4 人，提任副职 12 人。提任干部中，有 70 后 6 人，80 后 13 人，70 后、80 后干部总计占提拔干部人数的 82.6%。选人用人重点向政治素养过硬、综合能力突出、从事过基层党务工作的优秀人才倾斜，注重让优秀党员业务干部、青年后备人才在党的工作中进行锻炼，培养高素质复合型人才。

加强基层党组织建设、党员队伍建设。持续开展“创先争优”和“五好党支部”创建活动，推进“两学一做”学习教育常态化、制度化。组织支部开展向郑德荣等同志学习、“弘扬爱国奋斗精神、建功立业新时代”等党建活动 20 余项。各支部结合“三会一课”、组织生活会、主题党日等开展活动共达 200 余次。规范程序、严格标准，2018 年中汽工程系统内按计划发展新党员 19 名。通过 5 次公司级大规模党员、干部集中学习培训，党员领导干部 56 学时完成率达 98%，普通党员 32 学时完成率约达 80%。

以落实巡视整改要求为重点，切实加强党的作风建设和纪律建设。按时完成国机集团巡视组对中汽工程的巡视整改任务。针对 7 个方面 38 个具体问题，制定 63 项整改措施，其中建立和修订了 17 项管理制度。以巡视整改为契机，巩固深化整改成果，对印度尼西亚和泰国 2 个海外项目进行党建、廉洁风险工作检查指导，结合集团“一企业一专项”工作，对国内两个总承包项目（合同额合计 11.7 亿元）开展专项抽查检查。

坚持以身作则，以上率下，发挥带头作用。党委书记认真履行企业党的建设第一责任，党委副书记认真履行党的建设直接责任，班子成员认真履行“一岗双责”。2018 年，每位班子成员均完成到基层联系点调研 4 次以上，带头宣讲习近平新时代中国特色社会主义思想和党的十九大精神、讲党课 2 次以上，同每位分管干部谈心谈话 2 次以上。

督促落实中央八项规定精神，坚决惩治“四风”。组织修订《关于进一步改进工作作风的具体措施》等相关制度，进一步严格监督体系，对领导班子成员履职待遇和业务支出情况进行监督检查；制定《开展形式主义、官僚主义问题集中整治工作实施方案》，并有序推进落实；在重要节日前发通知提纪律要求，向中层以上领导干部发送廉洁过节提醒，开展节假日公车检查等，持续加强作风建设。系统推进，不断完善，注重实效，切实加强党的制度建设。制 / 修订《公司党建工作责任制实施意见》《公司基层党建工作责任制考核评价办法》《公司党风廉政建设责任制考核办法》《公司“三重一大”制度》《公司落实“三重一大”决策制度监督管理办法》《公司基层党组织管理细则》《公司基层党组织工作经常性督查指导意见》等 21 项党建制度，并加强执行和监督力度，以务实管用的刚性约束，从根本上动态规范全面从严治党。

（3）以国机集团党建考核评价为契机，全面加强基层党建工作，推动支部工作标准化、规范化。将全面从严治党的要求和党建责任压力真正传导到基层党组织末梢。加强组织领导，专题研究部署，采取一系列党建工作整改提升举措，制定《公司基层党建工作考核评价办法》和考评体系，以党的“六大建设”为基本框架，涵盖 25 项主要内容、113 条考评细则。先后召开多次党建工作考评宣贯会，组成 4 个帮扶小组对 32 个在职党支部开展下沉式面对面党建工作辅导，精准施策、反复排查，确保党建质量提升工作取得最佳效果。建立“正向激励、反向问责”机制。

将党建考核结果与部门评先、干部考核、薪酬评定相挂钩。在薪酬调整中实行动态管理，重点向基层党务干部倾斜。

抓好基层党建工作指导和巡查。建立公司党建巡查制度，以严格落实“三会一课”等制度为抓手，开展党支部党建工作巡查、考核帮扶，现场指导，解答疑问，提出整改要求。通过国机集团党建信息平台和天津市基层党组织信息系统等信息化手段，加强对支部工作的指导和管理。组织汇编《党支部作业指导书》，有效帮助支部建立一套科学、系统的党务工作文件模板、归档管理体系，为下一步支部工作全面实现标准化、规范化奠定了良好基础。

（4）按照国机集团党委部署要求，推动各项党建工作重点任务落实。推动中汽工程及下属二、三级全资或控股公司（共 15 个单位，除境外公司）全部将党建要求写进公司章程；完善重大事项决策程序，建立健全党委会、董事会、总经理办公会议事规则，确保党委研究讨论作为企业决策重大问题的前置程序。结合企业实际谋划和推动党建工作，层层推进责任落实。全年召开 12 次党委会，对公司党建、党风廉政建设和反腐败、意识形态、统战、扶贫攻坚、法治建设、群团工作等进行专题研究和推进。与公司领导班子成员、党支部书记、中层干部分别签订党建责任书，加强过程监督检查，重点开展了党委班子成员党建述职评议及两次基层党支部书记述职评议，进一步落实领导干部“一岗双责”，推动全面从严治党向纵深延伸。

（5）做到临时党支部覆盖符合条件的境外项目现场和分公司。出台规定加强公司临时党支部管理，重点加强项目现场和国外分支机构支部建设。2018 年新设立了上汽宁德项目现场和印度分公司临时党支部。2018 年 5 月 10 日和 12 日，国机集团党委常委、纪委书记雷光华同志为组长的海外工程项目巡察组，分别前往中汽工程上汽通用五菱印度尼西亚项目现场和上汽正大泰国项目现场进行巡察，对两个汽车整车建设项目取得的成绩给予充分肯定，对项目部项目管理和党建及党风廉政建设工作两手抓、两不误表示赞赏。

**3. 信息化建设** 转变部门定位，提升管理职能，结合公司业务发展和《信息化三五规划》要求，全面开展需求调研，初步建立基于顶层设计的信息化建设体系并成立公司信息化平台升级工作组。从战略的高度重新梳理公司信息化管理系统的现状与不足，形成明确架构图和实施计划。开展基于 ITSM 的信息化管理体系建设，保持服务目标与公司业务目标一致，有效支持业务战略。参照 ISO 20000（IT 服务管理体系）完善运维服务管理流程，规范服务内容，形成服务知识库，同时，建立内外部多层级服务保障队，快速应对用户需求，提高信息技术服务和运营效率。开展信息安全管理体系策划工作，搭建信息安全体系框架，推进标准化管理，保障公司业务安全运行。优化信息化人才队伍，打造多层次人力资源体系。借鉴 PMP 项目管理体系建立岗位考核机制，加强公司 IT 团队管理能力建设，培养复合型人才。

**4. 企业文化与品牌建设** 2018 年，中汽工程开展一系列企业文化创新和提升工作。对企业文化核心理念进行了升级，发布了新版《企业文化手册》。组织开展“匠心筑梦、奋斗幸福”主题分享、“践行工匠精神，做最美劳动者”主题征文和“最美劳动者”随手拍摄影活动等一系列主题活动，大力弘扬“劳模精神”和“工匠精神”。坚持办好《中汽工程》文化宣传刊物、公司微信平台和对外宣传网站，积极参加多个国际化行业展会，多途径、多形式展示公司创新成果，打造企业品牌形象。

**5. 群团工作及社会责任** 积极发挥好桥梁纽带作用，进一步促进“和谐中汽”建设。为积极响应《中国制造 2025》行动纲领，发扬工匠精神，举办了“首届职业工种技能大赛”，中汽工程首次将公司级劳动竞赛拓展到制造公司。积极推动公司级对外推优，一批优秀集体和个人获得各级荣誉称号。强化双向维权、依法维权，落实职工代表大会制度，召开第二次会员代表大会，选举产生新一届工会委员会、经费审查委员会和女工委员会。组织各级工会干部深入学习工会经费管理制度并严格经费使用流程。继续开展“关爱一线职工，夏日送清凉”活动，全面升级了职工体检套餐；通过大病互助、解决难题、慰问、单身联谊和EAP项目等工作，帮助员工排忧解难；举办第二届职工田径运动会、首届宪法知识竞赛、“科技梦·劳动美”诗歌创作大赛；天津总部及洛阳职工活动中心365天保障职工的运动健身需求，三八妇女节系列活动、六一亲子活动、台球团体赛、乒乓球团体赛、羽毛球团体赛和棋牌单项赛等活动得到职工的热烈响应；积极践行社会责任，开办“朝天区基层卫生管理干部北大培训班”，定点帮扶河南省洛阳市伊川县酒后镇三王村，结对帮扶天津市宝坻区郭新庄村。

中汽工程团委积极加强对团员青年的培养、教育和引导，强化青年员工的思想引领，组织“匠心筑梦 奋斗幸福”主题分享活动，赴北京组织为期14天的军事训练和素质拓展培训活动，推进蒲公英青年志愿者服务工作，开展学雷锋、志愿帮扶、公益助学等一系列适合青年特点的活动。2018年，中汽工程团委顺利召开第一次代表大会，圆满完成换届工作。

# 第四篇

# 规章制度选编

# 国机集团党委关于在企业改革中进一步坚持和落实党的建设“四同步”“四对接”要求的意见（审议稿）

为深入贯彻落实习近平新时代中国特色社会主义思想和党的十九大精神及全国国有企业党的建设工作会议精神，在企业改革中进一步坚持和加强党的全面领导，持续加强党的建设，根据《中国共产党章程》、党内有关规定和中国机械工业集团有限公司（简称国机集团）党委工作要求，结合国机集团和所属企业实际，就进一步坚持和落实党的建设和企业改革同步谋划、党的组织及工作机构同步设置、党组织负责人及党务工作人员同步配备、党建工作同步开展，实现体制对接、机制对接、制度对接和工作对接（简称“四同步”“四对接”）提出如下意见。

**一、坚持统筹谋划**

要进一步坚持和落实党的建设和企业改革同步谋划、党建工作同步开展。要充分发挥党委的领导作用，把方向、管大局、保落实，加强企业党的建设宏观规划和工作指导，统筹谋划推进企业党的建设和改革发展，做到两手抓、两手硬，要制订党建工作计划和措施，研究党建重要问题，部署党建重点工作，并抓好党建工作的推进、落实和督查，抓好党建工作责任落实检查考核、责任追究等工作，切实做到党建工作和改革发展工作一起谋划、一起部署、一起落实、一起检查，确保党的领导、党的建设在企业改革发展中得到充分体现和切实加强。

**二、健全组织机构**

要进一步坚持和落实党的组织及工作机构同步设置。要综合考虑企业规模、板块特点、历史沿革、职工总量等因素，合理设置党群工作机构和部门。一是规范设立党务工作部门：在岗职工总数 1 000 人以上企业，应单独设立党务工作部门；在岗职工总数 1 000 人以下的企业，党务工作部门可单独设立，也可与职能相近的工作部门合署办公。党务工作部门合署办公的，必须保证职能齐全，岗位设置清晰，人员配备到位；同时明确党务工作部门设置以及负责党务工作的部门负责人。二是根据党章规定设立纪委及工作机构：设立党委的单位，一般应同时设立纪委；也可根据具体情况，经上级党委批准，设立纪律检查委员。在岗职工总数 1 000 人以上的单位，应单独设立纪律检查机构。三是根据相关法律和章程设立工会、共青团及工作机构。

要加强对所属基层党组织的领导和管理，健全基层党组织设置，以提升基层组织力为重点，切实加强基层党组织建设。新建或实行改组、改制、联合、兼并或其他形式改革的，企业的组织形式发生变化，企业党组织要按照党章规定，根据企业的规模、党员人数和工作需要，经上级党组织批准，同步组建、改建或更名党的基层委员会，选配好党组织负责人。企业内部的党组织设置，也要随着企业组织结构和党员分布状况的变化，及时进行调整。建设周期较长、参与单位及人员较多的境外重点工程项目，以及多个单位在境外同一区域工作的，探索建立党的工作委员会。要围绕服务企业发展、服务党员群众，研究加强、改进和创新党建工作的有效措施，统一部署基层党建工作重点任务和重要活动，不断增强企业竞争力和党组织活力。要按照国机集团基层党支部建设的要求，切实加强基层党支部和党员队伍建设，在完成企业生产经营和改革发展任务、维护企业和谐稳定中充分发挥党支部的战斗堡垒作用和党员的先锋模范作用。

**三、加强力量配备**

要进一步坚持和落实党组织负责人及党务人员同步配备。所属基层党组织负责人必须具备党章规定的各项基本条件，符合新时期好干部标准和国有企业领导人员“20 字”要求，熟悉党建思想政治工作，懂生产经营管理，有带队伍的工作经历。针对所属基层党支部，按照宜专则专、宜兼则兼的原则，科学设置党支部书记岗位。要按照不低于在岗职工人数 1% 的比例、不低于同级部门平均编制配备专职党务干部的工作要求，加强党建工作机构和力量配备，确保各级党建工作有机构、有人抓、有人管、有培训。要加强党务人员队伍建设，提高队伍综合素质，拓宽成长晋升通道。要制订实施培训计划，每两年对党务干部进行 1 次轮训。优秀党务干部应列入后备干部培养计划。对新转入党务岗位的行政管理、经营管理和专业技术人员，任职 1 年内应组织岗位培训。要建立党务干部和经营管理干部交流轮岗制度机制，使党务干部合理流动，在不同岗位经受锻炼、增长才干，成为复合型人才。

**四、强化保障措施**

为确保在企业改革中党的建设“四同步”“四对接”要求得到有效落实，从经费、制度、检查考核等多方面予以保障。一是加强经费保障。各所属企业党委要按照《国机集团党组织工作经费管理办法》，严格对党组织工作经费的监督、管理和使用，确保各级企业按照不低于上年度职工工资总额 1% 的比例安排党组织工作经费，纳入企业年度预算。党组织工作经费必须用于企业党的建设，要坚持勤俭节约、规范严格的原则，统筹安排、合理使用好党组织工作经费，并向基层一线倾斜。二是加强检查考核。根据《国机集团党建工作考核评价暂行办法》，将落实“四同步”“四对接”要求的情况列入检查考核内容，考核评价结果同所属企业评优相衔接，同所属企业领导班子成员任免奖惩、绩效薪酬相挂钩。各所属企业党委要加强对所属基层党建工作落实情况的检查考核，并将考核结果作为评价党建工作业绩的主要内容和基层党组织书记任免奖惩的重要依据。三是加强制度保障。各所属企业党委要及时修订完善党建工作制度规则，不断建立与企业生产经营管理制度相衔接的党建工作制度体系，同时抓好党章党规及集团党建工作制度的执行，确保各项制度落到实处。

**五、确保责任落实**

根据《国机集团党建工作责任制实施意见》，要坚决落实党建工作责任制，建立上级党组织履行领导、指导和督导责任，各级企业党委（包括不设党委的总支部委员会）履行主体责任，党委书记承担第一责任，党委专职副书记承担直接责任，党委班子成员分工负责，党委工作部门牵头抓总、相关部门齐抓共管，一级抓一级，层层抓落实的党建工作格局，形成主体明晰、责任明确、有机衔接的党建工作机制。要进一步坚持和加强党的全面领导，持续加强党的建设，坚持围绕中心、服务大局，在企业改革发展中不断坚持和落实党的建设“四同步”“四对接”要求，以企业改革发展成果检验党组织的工作和战斗力，为企业做强做优做大提供坚强组织保证。

# 中国机械工业集团有限公司全资及控股企业党组织换届选举工作实施办法

国机党〔2018〕89 号

## 第一章　总　则

**第一条**　为深入贯彻习近平新时代中国特色社会主义思想，坚持和加强党的全面领导，加强党的基层组织建设，促进中国机械工业集团有限公司（以下简称国机集团）全资及控股企业（以下简称所属企业）党组织换届选举工作制度化、规范化，根据《中国共产党章程》《中国共产党基层组织选举工作暂行条例》中共中央办公厅《关于党的基层组织任期的意见》等有关规定，结合国机集团实际情况，制定本实施办法。

**第二条**　本办法所称所属企业党组织，是指由国机集团党委直接管理的全资及控股企业党委（党总支）。

**第三条**　所属企业党组织换届选举工作接受上级党组织领导。在京所属企业党组织由国机集团党委领导；京外所属企业党组织由所在地上级党组织和国机集团党委双重领导。

**第四条**　所属企业党组织换届选举日常管理工作由国机集团党委组织部负责，党委工作部配合。

**第五条**　所属企业党组织应严格执行任期制度，任期届满按期进行换届选举。如需延期或提前进行换届选举，应报上级党组织批准，延长或提前期限一般不超过 1 年。

## 第二章　基层党组织设置及任期

**第六条**　党组织设置。所属企业根据工作需要和党员人数，经上级党组织批准，一般设立党的基层委员会或总支部委员会(以下分别简称“党委”“党总支”)。

**第七条**　所属企业党委每届任期一般为 5 年，党总支每届任期一般为 3 年。中共中央办公厅《关于党的基层组织任期的意见》印发前已换届的所属企业党委（党总支），原则上从本届任期届满后，开始执行上述规定。

**第八条**　所属企业党委是设立纪律检查委员会（以下简称纪委），还是设立纪律检查委员，由上级党组织根据具体情况决定。所属企业党总支设纪律检查委员。所属企业纪委每届任期和同级党委相同。

**第九条**　所属企业党组织委员职数设置原则

（一）党委一般设委员 5 至 9 名，设书记 1 名，副书记 1 至 2 名；纪委一般设委员 3 至 7 名，设书记 1 名，根据工作需要，可设副书记 1 名。

（二）党委一般不设立常务委员会。规模较大、所属党组织和党员人数较多、工作地点较分散的，为便于工作确需设立常务委员会的，经上级党组织批准，可设立常务委员会。设立常务委员会的所属企业党委，委员名额一般为 15 至 21 名，常委名额一般为 5 至 9 名。

（三）党总支一般设委员 3 至 5 名，设书记 1 名，根据需要可设副书记 1 名。

**第十条**　所属企业党委（党总支）一般由党员大会选举产生。具备以下条件，经上级党组织批准，可以召开党员代表大会进行选举。

（一）党员人数在 500 人以上的或党员人数在 500 人以下，但所辖党组织驻地分散、党员工作流动性较大、集中难度较大的。

（二）离退休党员、待岗等非在岗党员占党员总人数 40% 以上的党组织。

## 第三章 选举工作筹备与报批

**第十一条** 所属企业党组织任期届满之前，应提前 6 个月与上级党组织进行沟通、商讨有关换届选举事宜。人事安排意见与国机集团党委组织部沟通情况。

**第十二条** 经上级党组织同意进行换届选举的所属企业，应召开党委（党总支）会或党委（党总支）扩大会，讨论确定换届选举工作有关事项，并以书面形式向上级党组织呈报《关于召开中国共产党 ××× 党员大会（第 × 次代表大会）的请示》。内容主要包括：

（一）党委、纪委或党总支任期情况，党组织和党员队伍基本情况。

（二）召开大会的时间、形式（党员大会或党员代表大会），主要议程，拟定代表名额、构成比例及分配原则。召开党员代表大会需说明理由。

（三）新一届党委、纪委或党总支委员名额、选举差额比例（一般不少于 20%）以及书记、副书记、常委的配备职数。

（四）工作计划及其他相关事项。京外所属企业按照所在地上级党组织的要求报送换届选举工作请示，并抄报国机集团党委备案。

**第十三条** 所属企业根据上级党组织的批复意见，召开党委（党总支）会或党委扩大会，讨论决定新一届党委、纪委或党总支委员候选人条件及酝酿提名办法等事项，并对换届选举工作进行部署。

**第十四条** 召开党员大会的，筹备工作包括：

（一）召开党委（党总支）会讨论决定召开党员大会有关事宜。

（二）与上级党组织沟通并报送有关情况，获得上级党组织批准。

（三）组织和协助做好委员候选人的酝酿、提名推荐和考察工作。

（四）起草大会工作报告、党费收缴使用情况报告及其他会议文件。

（五）做好党员大会选举准备工作。

**第十五条** 召开党员代表大会的，筹备工作包括：

（一）召开党委会（党委扩大会）讨论决定召开党员代表大会有关事宜。

（二）建立筹备工作机构，制定筹备工作计划。

（三）与上级党组织沟通并报送有关情况，获得上级党组织批准。

（四）对代表选举工作进行部署，组织指导下属单位做好代表选举工作。

（五）组织和协助做好委员候选人的酝酿、提名推荐和考察工作。

（六）提出大会领导机构及其组成人员名单。

（七）起草大会工作报告、代表资格审查报告、党费收缴使用情况报告及其他会议文件。

（八）做好党员代表大会选举准备工作。

**第十六条** 所属企业党组织在召开换届选举党员大会（党员代表大会）前 1 个月，向国机集团党委报送委员候选人预备人选请示，京外所属企业需同时抄报所在地上级党组织备案。请示内容主要包括：

（一）新一届委员候选人预备人选及书记、副书记、常委候选人酝酿讨论情况。

（二）委员候选人预备人选名单，按姓氏笔画为序排列。

（三）干部任免审批表。

（四）委员候选人预备人选考察材料。

**第十七条** 所属企业党组织根据国机集团党委批复，按照《中国共产党章程》《中国共产党基层组织选举工作暂行条例》等规定的程序进行选举。

## 第四章 代表的选举

**第十八条** 经上级党组织批准，召开党员代表大会的所属企业，代表名额一般为 100 名至 200 名，最多不超过 300 名。

**第十九条** 代表名额的分配根据党员人数和

工作需要确定。代表构成应体现广泛性，各类人员构成比例根据企业实际确定。

**第二十条** 对于规模较大、下属单位较多而又分散的所属企业，允许其所在地之外的下属单位党组织选派代表参加党员代表大会，并授予参加会议的代表选举权、被选举权和表决权。

**第二十一条** 代表必须是有选举权的正式党员，而且是党员中的优秀分子。代表应具备的条件：

（一）共产主义信念坚定，在关键时刻和重大原则问题上是非分明，坚定地站在党的立场上。牢固树立政治意识、大局意识、核心意识、看齐意识，对党忠诚，坚决维护习近平总书记党中央的核心、全党的核心地位，坚决维护党中央权威和集中统一领导，严格遵守党的政治纪律和政治规矩，在思想上政治上行动上同以习近平同志为核心的党中央保持高度一致。

（二）认真学习马列主义、毛泽东思想、邓小平理论、“三个代表”重要思想、科学发展观、习近平新时代中国特色社会主义思想，模范执行党的路线方针政策和上级党组织的决议、指示，有较高的政治理论水平和议事能力。

（三）工作中表率作用突出，成绩显著。

（四）公道正派，清正廉洁，密切联系群众，在职工群众中具有较高威信。

（五）坚持党性原则，以对党的事业高度负责的精神，如实反映本单位党组织和党员的意见，正确行使党员权利。

**第二十二条** 代表产生的程序：

（一）代表的选举按照《中国共产党基层组织选举工作暂行条例》有关规定进行，实行无记名投票、差额选举，差额比例不少于应选人数的20%。

（二）代表由所属各选举单位选举产生。选举单位一般按照下一级党委或独立设置的党总支、党支部划分。必要时，也可以将几个基层党组织划分为一个选举单位。

（三）选举单位根据上级党组织分配的代表名额和代表条件，组织全体党员酝酿提名，按照不少于代表名额30%的差额比例提出代表候选人推荐人选。

（四）选举单位按照上级党组织提出的代表构成比例的要求，根据多数党组织或多数党员的意见，从推荐人选中按照不少于代表名额20%的差额比例提出代表候选人初步人选。

（五）选举单位在对代表候选人初步人选考察的基础上，召开党委（党总支、党支部）会进行充分讨论，确定代表候选人预备人选，报上级党组织审查。

（六）选举单位召开党员大会，对代表候选人预备人选进行充分酝酿，根据多数选举人的意见确定代表候选人，进行选举。选举结果应报上级党组织审批。

## 第五章 委员会的选举

**第二十三条** 所属企业党委、纪委或党总支委员由党员大会（党员代表大会）实行差额选举，以无记名投票方式选举产生，按照《中国共产党基层组织选举工作暂行条例》有关规定进行。委员候选人的差额比例不少于应选人数的20%。

**第二十四条** 委员产生的程序：

（一）所属企业党委、纪委或党总支委员候选人按照德才兼备和结构合理的原则提名，由所属企业党委（党总支）提出提名的基本条件，包括：

1. 企业领导人员一般实行“双向进入，交叉任职”。国机集团党委管理的所属企业领导班子成员中的党员，符合条件的一般应当提名为党委委员候选人预备人选。

2. 企业党委、纪委或党总支委员候选人的年龄原则上要能够任满一届。

3. 委员候选人党龄一般不少于5年。所属企业领导班子成员中的专家型人才党龄可适当放宽，但一般至少不少于3年。

（二）所属企业党委（党总支）提出下一届委员会组成的原则意见，与国机集团党委组织部进行沟通。

（三）经国机集团党委原则同意后，所属企业党委组织下属党组织酝酿推荐，根据多数党组织的意见提出委员候选人初步人选，由党委集体讨论确定。

（四）按照干部管理权限，对委员候选人初步人选的德、能、勤、绩、廉进行考察，突出政治标准，把好政治关、品行关、廉洁关。根据考察结果确定委员候选人预备人选，报国机集团党委审批。

（五）根据国机集团党委批复意见，按照选举程序选举委员。

召开党员代表大会的，由大会主席团审议通过候选人预备人选，提请各代表小组酝酿讨论，根据多数选举人的意见确定候选人，提交党员代表大会选举。

召开党员大会的，党委（党总支）向党员大会介绍候选人预备人选酝酿产生情况，提请大会讨论并根据多数选举人的意见确定候选人，提交党员大会选举。

**第二十五条** 书记、副书记、常委产生的程序：

（一）党委（党总支）书记、副书记由新一届党委（党总支）会第一次全体会议等额选举产生。

（二）设立常务委员会的党委，应在新一届党委会第一次全体会议上先差额选举产生常委，候选人数比应选人数多 1 至 2 人，再从当选的常委中等额选举产生书记、副书记。

（三）纪委书记、副书记由新一届纪委会第一次全体会议选举产生，党委会第一次全体会议审议通过。

## 第六章 选举工作的组织实施

**第二十六条** 选举工作按照《中国共产党基层组织选举工作暂行条例》有关规定执行。召开党员大会进行选举的，由本届委员会主持；召开党员代表大会进行选举，由大会主席团主持。

**第二十七条** 进行选举时，有选举权的到会人数超过应到会人数的五分之四，会议有效。

**第二十八条** 选举采用无记名投票的方式。选票上的候选人名单以姓氏笔画为序排列。

**第二十九条** 选举设监票人、计票人。监票人负责对选举全过程进行监督。监票人和计票人应在非党委委员、纪委委员候选人中产生。计票人在监票人监督下进行工作。

**第三十条** 选举收回的选票，等于或少于投票人数选举有效；多于投票人数，选举无效，应重新选举。每一选票所选人数等于或少于规定应选人数的为有效票，多于规定应选人数的为无效票。

**第三十一条** 进行正式选举时，被选举人获得的赞成票，超过实到会有选举权人数的一半，始得当选。

得票超过半数的人数多于应选名额时，以得票多的当选。遇票数相等不能确定当选人时，应就票数相等的被选举人重新投票，得票多的当选。

得票超过半数的人数少于应选名额时，对不足的名额可另行选举。候选人从未当选的得票多的候选人中确定，实行差额选举；如当选人数接近应选名额，也可以减少名额，不再进行选举。

**第三十二条** 投票结束后，监票人、计票人应认真统计核对投票人数和票数，做好记录，由监票人签字并公布候选人得票情况，由会议主持人宣布当选人名单。选票应妥善保存以备核查。

**第三十三条** 选举应尊重和保障党员的民主权利，体现选举人的意志。任何组织和个人不得以任何方式强迫选举人选举或不选举某人。在酝酿候选人和选举过程中，不允许任何非组织活动。

**第三十四条** 在选举中，凡有违反《中国共产党章程》和《中国共产党基层组织选举工作暂行条例》规定的行为，必须认真查处，根据问题的性质和情节轻重，给予有关党组织、党员批评教育，直至给予组织处分。

## 第七章 选举结果的报批

**第三十五条** 党员大会（党员代表大会）结束后，所属企业党组织应及时将选举结果报上级党组织。内容主要包括：

（一）选举情况（应到会人数、实到会人数、每个当选人获得的票数）。

（二）党委、纪委或党总支委员名单。

（三）党委（党总支）书记、副书记、党委常委名单，经同级党委通过的纪委书记、副书记名单。

**第三十六条** 选出的委员，报上级党组织备案；书记、副书记、常委报上级党组织批准。纪律检查委员会选出的书记、副书记，经同级党的委员会通过后，报上级党组织批准。在京所属企业党组织选举结果报国机集团党委批复；京外所属企业党组织选举结果由国机集团党委与企业所在地上级党组织协商办理批复手续。

**第三十七条** 党员大会（党员代表大会）闭会期间，所属企业党委（党总支）书记、副书记、党委常委、纪委书记出缺或需要调整时，按照干部管理权限，由国机集团党委研究后指派或调整。

**第三十八条** 所属企业党委、纪委或党总支委员在任期内由于工作调离、退休等原因出缺的，如果不影响工作，可以不增补委员；如果工作需要，应按照有关规定履行报批程序后，召开党员大会（党员代表大会）进行补选，并将补选结果报上级党组织备案。

### 第八章 附 则

**第三十九条** 本办法由国机集团党委组织部负责解释。

**第四十条** 本办法自发布之日起执行，《关于中国机械工业集团有限公司全资及控股企业党组织换届选举工作实施办法》（国机党〔2009〕19 号）同时废止。

（本文略有修改）

# 中国机械工业集团有限公司<br>干部选拔任用纪实工作办法

国机党〔2018〕71 号

**第一条** 为深入贯彻落实习近平新时代中国特色社会主义思想和党的十九大精神及全国组织工作会议精神、全国国有企业党的建设工作会议精神，进一步规范国机集团干部选拔任用工作，加强选人用人全程监督和倒查追责，坚决防止用人上不正之风，根据《党政领导干部选拔任用工作条例》《党政领导干部选拔任用工作责任追究办法（试行）》《关于加强干部选拔任用纪实工作的若干意见》等有关政策法规，以及《中国机械工业集团有限公司全资、控股企业领导干部管理办法》等有关规定，制定本办法。

**第二条** 干部选拔任用纪实工作，是指在干部选拔任用工作中，组织（人事）部门按照干部管理权限，以写实的方式，对选拔任用工作全过程进行纪实。

**第三条** 选拔任用干部，要严格按照干部管理权限和有关规定进行纪实，做到客观准确、完整具体、简便管用，使每一项选拔任用工作可追溯、可倒查。

**第四条** 各级组织（人事）部门要高度重视干部选拔任用纪实工作，实行“谁办理、谁纪实”，以组织（人事）部门为主，相关工作机构配合，对选拔任用工作的全过程实行实时记载，每履行完一个程序，即开展纪实工作，并最终形成有关资料存档、保管、备查。从事干部工作的人员，要增强纪实意识，养成纪实习惯，以认真负责的精神做好纪实工作。

**第五条** 干部选拔任用纪实的主要内容包括：

（一）拟提拔对象的基本信息。

（二）选拔任用程序动议、民主推荐、组织考察、“凡提四必”、讨论决定、任职等各个环节的执行情况。

（三）公开选拔干部还须记录信息公布、报名与资格审查、测试等程序执行情况。

（四）其他重要情况：选拔任用工作过程中需要说明的其他重要情况。

**第六条** 对违反选拔任用工作条例、搞用人不正之风的情形，组织（人事）部门要坚决抵制，特别是对以下五种情况要记录在案，形成用人上的“负面清单”：说情打招呼、私自干预下级或原任职单位选人用人的；要求提拔本人近亲属、指令提拔身边工作人员的；拉票、跑官要官的；人选不符合资格条件，或廉洁等方面存在影响任用的问题时，仍坚持提拔任用的；阻挠、制止对选人用人问题调查核实和依规依纪处理的。

**第七条** 各级组织（人事）部门要从实际出发，不断建立健全干部选拔任用纪实工作制度，完善纪实方式，要把纪实资料作为开展选人用人监督检查和实行责任追究的重要依据，充分利用好纪实结果，切实发挥好纪实的监督制约作用。

**第八条** 组织（人事）部门要严格按照有关要求填报纪实信息，并对纪实信息的真实性和准确性负责。对不严格执行或弄虚作假的，视情节轻重依规给予相应组织处理。

**第九条** 本办法由国机集团党委组织部负责解释。

**第十条** 本办法自发布之日起施行。

附件：国机集团干部选拔任用纪实工作表（样表）

**国机集团干部选拔任用纪实工作表**（样表）

<table>
<tr><td colspan="19">拟提拔对象基本信息情况记载</td></tr>
<tr><td>姓名</td><td colspan="2"></td><td colspan="2">性别</td><td colspan="2"></td><td colspan="2">民族</td><td></td><td colspan="3">籍贯</td><td colspan="3"></td><td>出生年月</td><td colspan="2"></td></tr>
<tr><td>参加工作时间</td><td colspan="2"></td><td colspan="2">政治面貌</td><td colspan="4"></td><td>入党时间</td><td colspan="5"></td><td>学历学位</td><td colspan="3"></td></tr>
<tr><td colspan="2">现工作单位及职务</td><td colspan="7"></td><td colspan="4">拟任职单位及职务</td><td colspan="6"></td></tr>
<tr><td colspan="19">选拔任用程序执行情况记载</td></tr>
<tr><td rowspan="2">动议</td><td colspan="4">动议起因（划√）</td><td colspan="14">行政领导班子换届（）党委换届（）个别调整（）公开选拔（）其他（）</td></tr>
<tr><td colspan="4">动议情况</td><td colspan="14"></td></tr>
<tr><td rowspan="6">民主推荐</td><td colspan="18">会议推荐</td></tr>
<tr><td colspan="2">推荐时间</td><td colspan="5"></td><td colspan="3">参加推荐<br>人员范围</td><td colspan="8"></td></tr>
<tr><td colspan="2">参加人数</td><td colspan="2"></td><td colspan="3">有效票数</td><td colspan="2"></td><td colspan="4">得票数</td><td colspan="2"></td><td colspan="2">排名</td><td></td></tr>
<tr><td colspan="18">个别谈话推荐</td></tr>
<tr><td colspan="2">推荐时间</td><td colspan="5"></td><td colspan="3">参加推荐<br>人员范围</td><td colspan="8"></td></tr>
<tr><td colspan="2">参加人数</td><td colspan="2"></td><td colspan="3">有效票数</td><td colspan="2"></td><td colspan="4">得票数</td><td colspan="2"></td><td colspan="2">排名</td><td></td></tr>
<tr><td rowspan="4">公开选拔情况</td><td colspan="3">报考职位</td><td colspan="4"></td><td colspan="6">该职位报名人数</td><td colspan="2"></td><td colspan="2">报考时间</td><td></td></tr>
<tr><td colspan="3">资格审查情况</td><td colspan="15"></td></tr>
<tr><td colspan="3">测试情况</td><td colspan="15"></td></tr>
<tr><td colspan="3">其他情况</td><td colspan="15"></td></tr>
<tr><td rowspan="4">组织考察</td><td colspan="3">考察时间</td><td colspan="8"></td><td colspan="4">考察地点</td><td colspan="3"></td></tr>
<tr><td colspan="3">考察谈话范围</td><td colspan="12"></td><td colspan="2">谈话人数</td><td></td></tr>
<tr><td colspan="5">干部人事档案审核情况</td><td colspan="13"></td></tr>
<tr><td colspan="5">个人事项报告核实情况</td><td colspan="13"></td></tr>
</table>

（续）

<table>
<tr><td colspan="8">拟提拔对象基本信息情况记载</td></tr>
<tr><td rowspan="4">组织考察</td><td colspan="2">纪检监察部门意见</td><td colspan="5"></td></tr>
<tr><td colspan="2">反映违规违纪问题线索具体、有可查性的信访举报情况</td><td colspan="5"></td></tr>
<tr><td colspan="2">考察组意见</td><td colspan="5"></td></tr>
<tr><td colspan="2">考察组负责人</td><td></td><td>考察组成员</td><td colspan="3"></td></tr>
<tr><td rowspan="2">讨论决定</td><td>党委会讨论时间</td><td></td><td>主持人</td><td></td><td>应到人数</td><td></td><td>实到人数</td></tr>
<tr><td>同意票</td><td></td><td>不同意票</td><td></td><td colspan="2">弃权票</td><td></td></tr>
<tr><td rowspan="4">任职</td><td colspan="2">任前公示时间</td><td colspan="2"></td><td colspan="2">公示期间有无举报</td><td></td></tr>
<tr><td colspan="2">针对举报查核情况</td><td colspan="5"></td></tr>
<tr><td colspan="2">任前谈话情况</td><td colspan="5"></td></tr>
<tr><td colspan="2">任职文号</td><td colspan="5"></td></tr>
<tr><td colspan="8">其他重要情况记载</td></tr>
<tr><td colspan="8"></td></tr>
<tr><td colspan="8">负面清单</td></tr>
<tr><td colspan="8"></td></tr>
<tr><td colspan="4">记录人（签名）：<br>年　月　日</td><td colspan="4">干部监督机构审核（签名）：<br>年　月　日</td></tr>
</table>

（本文略有修改）

# 中国机械工业集团有限公司<br>关于加强质量风险管控的指导意见（试行）

## 第一章　总　则

**第一条**　为进一步推进中国机械工业集团有限公司（以下简称国机集团）实施质量发展战略，落实质量提升行动要求，建立健全质量风险管控体系，确保国机集团质量风险得到有效管控，根据国家有关法律法规和标准要求，结合国机集团实际情况，特制定本指导意见。

**第二条**　国机集团质量风险管控坚持“以守护企业资产和创造价值为最终目标，以提高质量和效率为工作导向，以制度建设和全过程管理为工作方法，建立预防为主和持续改进的工作机制，努力实现企业质量风险总体可控，不发生重大质量风险事件”的指导思想。

**第三条** 本指导意见适用于集团公司总部及所属企业的质量风险管控工作。

**第四条** 所属企业应参照本指导意见，制（修）订本企业质量风险管控相关制度。

**第五条** 国机集团依据本指导意见对所属企业质量风险管控工作进行指导、监督，并为所属企业做好支持服务。

## 第二章 定义和范围

**第六条** 本指导意见中所称“质量风险”是指质量不确定性对实现企业生产经营目标的影响。风险通常以事件后果和发生可能性的组合来表达，风险带来的影响既包括消极的方面，也包括积极的方面。

**第七条** 质量风险管控是指围绕企业生产经营目标，建立有效的质量风险管控制度，执行质量风险管控流程，全面识别质量风险，开展风险分析和评价，制定风险应对措施，并通过沟通、监控和评审，科学管控生产经营中的质量风险，确保质量风险总体合理可控，同时为企业的质量管理和战略决策提供支持。

**第八条** 质量风险管控是国机集团全面风险管理和内部控制的重要组成部分，也是质量管理体系建设和运行的基础性工作。质量风险管控贯穿于企业生产经营的各个方面，既适用于有形的产品和工程质量，也适用于无形的管理和服务质量，是一种全员参与的、全过程的、覆盖全部相关方的质量管理方法。

## 第三章 质量风险管控程序及方法

**第九条** 质量风险管控工作主要包括风险信息收集、风险识别、风险分析、风险评价、风险应对，以及沟通、监控和评审。

**第十条** 质量风险信息收集：

（一）集团及所属企业应首先开展质量风险信息收集，建立质量风险信息数据库。质量风险信息收集范围应包括内部和外部环境信息，覆盖所有产品、工程和服务中影响或潜在影响质量的风险信息，主要包括行业动态、满意度调查、客户投诉、历史质量问题处理结果，以及企业相关方的沟通和反馈等。

（二）企业通过质量风险信息收集和分析，提出质量风险管控目标，制定合理的质量风险准则。质量风险准则是衡量质量风险的标准，质量风险准则应与企业生产经营目标相匹配。

**第十一条** 质量风险识别：

（一）质量风险识别是依据所收集的质量风险信息，采用相应的风险识别方法，识别质量风险源、影响范围、风险事件及其原因和潜在的后果。

（二）根据企业实际情况，对风险识别结果进行分类，形成质量风险清单。

**第十二条** 质量风险分析：

（一）质量风险分析是对识别出来的风险进一步分析，确定风险发生的概率和后果严重程度，定性或定量地描述风险事件发生将会造成的影响程度。

（二）建议采用定性和定量相结合的方式进行质量风险分析，首先进行定性分析，初步了解风险的等级，必要时进行更具体的定量风险分析。

**第十三条** 质量风险评价：

（一）质量风险评价是将风险分析结果与风险准则比较，或者在风险分析结果之间进行比较，确定风险的等级和排序大小，以便做出风险应对决策。

（二）质量风险评价结果是制定风险应对计划、编制风险应对任务顺序，以及分配应对资源的依据。

**第十四条** 质量风险应对：

（一）质量风险应对是选择并执行一种或多种改变风险的措施，包括完全地规避风险、降低风险发生的可能性、降低风险发生后的影响、转移或分担风险、保留风险并制定计划以降低其影响。

（二）质量风险应对决策应考虑内外部相关方的风险承受度，以及法律、法规和其他方面的要求。

（三）制定质量风险应对措施时，应考虑可能产生的新风险。实施风险应对措施后，应重新评估新的风险水平是否可以承受，从而确定是否需要进一步采取应对措施，风险应对是一个递进的循环过程。

**第十五条** 质量风险沟通、监控和评审：

（一）所属企业应在质量风险管控的各阶段，与内外部相关方保持沟通与协商，发现质量风险、原因和潜在后果，落实国机集团质量风险管控要求，协同相关方制定有效的管控办法和措施，并明确各方质量责任。

（二）随着内外部环境的变化、风险事件发生、监督检查等，质量风险发生动态变化，企业应对全过程风险状态保持监控，通过持续的风险识别、分析、评价和应对，不断提高管控水平和效果。

（三）在质量管控的各关键环节，根据需要组织质量风险专项评审，评审采取书面方式或会议方式，主要作用是保证风险管控的有效性，总结风险管控经验和成果，并对整个流程进行改进。

**第十六条** 常用的质量风险分析方法主要有检查表法、“十新”分析法、头脑风暴法、专家调查法、风险矩阵法、故障模式及影响分析（FMEA）等，具体可参考 GB/T 27921《风险管理 风险评估技术》。其中，检查表法和“十新”分析法是易操作和普遍适用的分析方法。

（一）检查表法是将可能发生的风险事件编制汇总成表，质量风险管控相关人员进行检查核对，判断是否存在表中所列风险。检查表中所列的是类似产品、工程和服务历史上曾发生的和专家依据经验提出重点关注的风险事件。

（二）“十新”分析法主要应用于产品领域质量风险分析所涉及的“十新”问题，工程及服务领域的质量风险分析可参考执行。“十新”即对新技术、新材料、新工艺、新状态、新环境、新单位、新岗位、新人员、新设备、新流程等进行专项风险分析。

（1）新技术分析。对未经过验证的新技术进行梳理，对可靠性设计和试验验证的充分性进行复查和分析。

（2）新材料分析。对未经过验证的新材料（含器件）进行梳理，对选用合理性、验证充分性和使用正确性进行复查和分析。

（3）新工艺分析。对承制单位首次采用的新工艺进行梳理，对工艺设计合理性、验证充分性、文件完备性、工艺稳定性进行复查和分析。

（4）新状态分析。根据产品的技术状态基线，对出现的新状态进行梳理，严格按照技术状态更改控制的要求进行复查；特别对使用状态的变化进行识别、分析和验证。

（5）新环境分析。对产品在生产、装配、测试、试验、贮存、运输和使用等环节中的新环境进行识别，并对其适应性进行分析，对验证充分性进行复查。

（6）新单位分析。对未承担过产品任务的新单位（供应商）进行梳理，对新单位的资质、质量体系运行情况、产品保证措施进行检查和确认。

（7）新岗位分析。对新设岗位的职责、工作规范的完备性进行复查和确认。

（8）新人员分析。对首次上岗人员，要对人员素质、责任意识、上岗培训等情况进行检查，特别对新人员在专业技术、岗位技能等方面进行分析。

（9）新设备分析。对产品制造、装配、测试、试验、运输等过程中使用的新设备进行梳理，对新设备的可靠性、安全性进行分析和确认。

（10）新流程分析。对新设流程进行分析和确认，一般包括工艺流程、技术流程、管理流程、测试流程、试验流程等。

## 第四章 质量风险管控要求

**第十七条** 实施质量风险管控的原则：

（一）以控制损失、创造价值为目标。

（二）应融入企业生产经营和管理活动。

（三）为管理人员决策提供支持。

（四）采用适合的、系统的风险管控方法。

（五）以信息搜集、整理、分析为基础。

（六）时刻关注企业所处的内外部环境。

（七）广泛参与、充分沟通。

（八）质量风险处于动态变化中，应持续改进。

**第十八条** 实施质量风险管控的要求：

（一）结合本企业实际情况，建立质量风险管控制度，明确部门和岗位职责，为实施质量风险管控提供制度和组织保障。

（二）重点关注生产经营活动中的关键环节，准确把握质量风险管控重点，有效分配质量风险管控所需要的各项资源。

（三）对全体职工进行质量风险管控意识和知识教育，对质量风险管控人员（质量管理人员、风险内控管理人员）等进行质量风险管控业务培训。

（四）定期对质量风险管控工作进行评估和总结，并编制总结报告。

（五）质量风险管控过程活动应妥善记录并保存，以便后续不断分析、评价、反馈和总结。

**第十九条** 质量风险管控相关部门和岗位的职责：

（一）审计与法律风控部是国机集团质量风险管控工作的归口管理部门。

（二）所属企业质量管理职能部门牵头负责本企业质量风险管控工作的组织、落实、监督、评价和总结；负责制（修）订质量风险相关制度；负责组织质量风险管控过程中信息的收集；负责对企业质量风险识别、分析和应对措施进行指导和监督落实；负责组织编制质量风险总结报告，组织制定相应的改进措施和计划，并协调各部门予以落实。

（三）所属企业风险管理职能部门负责对本企业质量风险管控工作提供帮助和支持；负责协助质量管理职能部门编制质量风险总结报告；负责协助其他部门开展质量风险管控工作。

（四）所属企业其他各职能部门和生产部门负责分解落实企业质量风险管控目标；负责落实质量风险责任制；负责制定本部门质量风险管控细则；负责本部门质量风险信息汇总和上报；负责组织落实本部门质量风险识别、分析和应对措施的监督与落实。

**第二十条** 质量风险管控工作的监督与改进：

（一）集团及所属企业应建立健全质量风险监督和检查机制，确定监督检查的责任主体。通过监督检查活动，不断发现存在的质量风险和相关管理薄弱环节，并持续改进和完善质量风险管控流程。

（二）监督检查活动应包括定期、不定期的常规检查和专项检查，并建立检查记录和报告制度。监督检查可与其他质量管理活动相结合，如质量管理体系内审、质量月活动等。

## 第五章 附 则

**第二十一条** 国机集团对质量风险管控不到位，发生重大质量风险事件的，视情节轻重，追究相关人员责任。

**第二十二条** 本指导意见由国机集团审计与法律风控部负责解释。

**第二十三条** 本指导意见自印发之日起施行。

# 中国机械工业集团有限公司安全生产管理办法

## 第一章 总 则

**第一条** 为深入贯彻落实习近平总书记关于安全生产的重要指示批示精神，牢固树立安全发展理念，坚守发展决不能以牺牲安全为代价这条不可逾越的红线，坚持生命至上、以人为本，坚持安全第一、预防为主、综合治理的方针，坚持依法合规生产经营，进一步加强中国机械工业集团有限公司（以下简称国机集团）安全生产工作，履行国有资产出资人安全生产监管职责，强化和落实企业安全生产主体责任，构建安全风险分级管控和隐患排查治理双重预防机制，统筹推进安全生产长效机制建设，规范安全生产管理，健全规章制度，改善安全生产条件，深化安全生产标准化建设，夯实安全生产基础，提高安全生产水平，预防和减少生产安全事故，保障集团职工和社会公众生命财产安全，结合国机集团生产经营特点，制定本办法。

本办法的制订依据下列国家法律法规：《中华人民共和国安全生产法》（主席令第十三号）、《中华人民共和国职业病防治法 》（主席令第八十一号）、《中共中央国务院关于推进安全生产领域改革发展的意见》《国务院关于进一步加强企业安全生产工作的通知》（国发〔2010〕23号）、《企业安全生产责任体系五落实五到位规定》（安监总办〔2015〕27号）、《中央企业安全生产监督管理暂行办法》（国资委令第21号）、《中央企业安全生产禁令》（国资委令第24号）、《国务院安委会关于深入开展企业安全生产标准化建设的指导意见》（安委〔2011〕4号）、《中央企业应急管理暂行办法》（国资委令第31号）、《境外中资企业机构和人员安全管理规定》（商合发〔2010〕313号）、《企业安全生产费用提取和使用管理办法》（财企〔2012〕16号）、《关于开展重大危险源监督管理工作的指导意见》（安监管协调字〔2004〕56号）、《危险化学品重大危险源监督管理暂行规定》（国家安全监管总局令第40号）、《安全生产事故隐患排查治理暂行规定》（国家安全监管总局令第16号）、《国务院安委会办公室关于大力推进安全生产文化建设的指导意见》（安委办〔2012〕34号）、《关于开展安全文化建设示范企业创建活动的指导意见》（安监总政法〔2010〕5号）、《生产安全事故应急预案管理办法》（国家安全监管总局令第88号）、《生产安全事故信息报告和处置办法》（国家安全监管总局令第21号）等。

**第二条** 本办法适用于国机集团所属全部独资和控股公司、院、所（以下统称所属企业）。

**第三条** 所属企业依法接受所在地安全生产监督管理部门的监督管理。国机集团按照国有资产出资人的职责，对所属企业的安全生产工作履行以下监管职责：

1. 要求、指导和督促所属企业贯彻落实国家安全生产方针政策及有关法律法规、标准等。

2. 与所属企业主要负责人（党委书记、董事长和总经理）签订《安全生产责任书》，督促所属企业落实安全生产责任制、做到安全生产责任体系五落实五到位，对所属企业安全生产责任目标的完成情况予以考核。

3. 要求、指导和督促所属企业建立健全安全生产管理体系，包括组织体系、制度体系、责任体系、诚信体系、风险控制体系、教育和培训体系、应急体系、监督保证体系等。

4. 要求、指导和督促所属企业健全完善严格的企业安全生产责任制等规章制度和安全操作规程，坚持不安全不生产。

5. 组织开展对所属企业安全生产检查、督查和互查，督促企业落实各项安全防范和隐患治理措施；确保必要的安全生产投入。

6. 组织对所属企业主要负责人、分管安全生产工作负责人、安全生产管理人员进行安全生产培训和交流。

7. 组织所属企业制定并实施本企业生产安全事故及境外突发事件应急预案。监督所属企业及时、如实报告生产安全事故及境外突发事件；负责监督落实事故责任追究的有关规定。

8. 按照国家有关部门要求，发布境外预警通知。

9. 督促所属企业做好统筹规划，把安全生产纳入中长期发展规划，保障职工健康与安全，切实履行社会责任。

10. 督促存在职业危害的所属企业建立、健全职业病防治责任制，加强对职业病防治的管理，提高职业病防治水平，为职工创造符合国家职业卫生标准和卫生要求的工作环境和条件，并采取措施保障职工获得职业卫生保护。

11. 引导所属企业开展安全文化建设示范（标杆）企业创建活动，促进企业落实安全生产主体责任、提高全员安全意识和防范技能，提高预防安全事故事件、控制安全风险的能力。

第四条　国机集团对所属企业安全生产按主营业务（工程承包、生产制造及其他）进行管理，同时依据安全生产风险程度、企业经营规模和在岗职工人数等为标准，对所属企业分类（见附件一），并实行动态管理，适时进行调整。

## 第二章　安全生产工作责任

**第五条**　所属企业是本企业安全生产的责任主体，必须贯彻落实国家安全生产方针政策及有关法律法规、标准，必须落实“党政同责”要求，党委书记、董事长、总经理对本企业安全生产工作共同承担领导责任；必须落实安全生产“一岗双责”，所有领导班子成员对分管范围内安全生产工作承担相应职责；必须落实安全生产组织领导机构，成立安全生产委员会，由董事长或总经理担任主任；必须落实安全管理力量，依法设置安全生产管理机构，配齐配强注册安全工程师等专业安全管理人员；必须落实安全生产报告制度，定期向董事会、业绩考核部门报告安全生产情况，并向社会公示；必须做到安全责任到位、安全投入到位、安全培训到位、安全管理到位、应急救援到位。要按照企业安全生产责任体系“五落实五到位”的规定，逐级建立健全安全生产责任制，逐级建立健全安全生产双向承诺制度。安全生产责任制应当明确各岗位的责任人员、责任范围和考核标准等内容。所属企业应当建立生产经营全过程安全责任追溯制度，加强对安全生产责任制落实情况的监督考核，保证安全生产责任制的落实。

**第六条**　所属企业应当按照以下规定建立以企业主要负责人为核心的安全生产领导负责制。

1. 企业主要负责人（含实际控制人）是本企业安全生产第一责任人，对本企业安全生产工作负总责，应当全面履行《中华人民共和国安全生产法》等法律规定的职责。

2. 企业分管安全生产工作的负责人对本企业安全生产工作负综合管理领导责任，负责协助主要负责人落实各项安全生产法律法规、标准，统筹协调和综合管理本企业安全生产工作。

3. 企业分管生产的负责人对本企业安全生产工作负重要领导责任，负责统筹组织本企业生产过程中各项安全生产制度和措施的落实，完善安全生产条件。

4. 企业主要技术负责人负有安全生产技术决策和指挥权。

5. 企业其他负责人对其分管范围内的安全生产工作负领导责任，负责按照分工抓好分管范围内的安全生产工作。

**第七条**　所属企业应按以下要求建立健全本企业安全生产组织机构并明确具体工作职责，包括：

1. 安全生产工作领导机构—安全生产委员会。负责统一领导本企业的安全生产工作，研究决策本企业安全生产重大事项。安委会负责人由企业主要负责人担任，其成员应包括工会组织代表。安委会应当建立工作制度和例会制度。

2. 安全生产工作监督管理机构。负责本企业安全生产工作的日常综合管理和监督，并对其他部门安全生产管理工作进行综合协调和监督。第一类企业应设置安全生产总监；第一类和第二类企业应设置独立的安全生产管理部门。

3. 安全生产应急指挥机构。负责指挥和组织生产安全事故及突发事件的应急处置。应急指挥机构总指挥由企业主要负责人或分管安全生产工作的负责人担任。

**第八条**　所属企业应当明确本企业各职能部门的具体安全生产管理职责，各职能部门应当将安全生产管理职责具体分解落实到相应岗位。

**第九条**　所属企业专（兼）职安全生产管理人员的任职资格和配备数量，应当符合国家、地方政府和行业有关规定；国家和行业没有明确规定的，应当根据本企业生产经营内容和性质、管理范围、管理跨度等因素自行配齐配足。安全监管等级为第一类至第三类企业应当配备专职安全生产管理人员，其中，第一类和第二类企业专职安全生产管理人员应不少于 2 人。第四类企业应当配备专职或者兼职安全生产管理人员。

所属企业安全生产管理部门专职安全生产管理人员应当以注册安全工程师为主体，其中第一、二、三类企业安全生产管理岗位人员应取得注册安全工程师等安全生产管理执业资格。所属企业应鼓励和支持各级安全生产管理人员通过培训取得注册安全工程师等执业资格，提高安全管理人员素质和管理能力。

**第十条** 所属企业工会依法对本企业安全生产、职业健康和劳动保护工作进行民主监督，维护职工合法权益，有权对建设项目“三同时”（安全设施和职业病防护设施与主体工程同时设计、同时施工、同时投入生产和使用）情况进行监督，提出意见。

**第十一条** 所属企业应当对其独资及控股企业（包括境外企业）、国机集团委托其进行管理的企业（以下简称托管企业）履行如下安全生产监督管理责任，包括：

1. 监督管理独资及控股企业、托管企业安全生产条件具备情况；安全生产监督管理组织机构设置情况；安全生产责任制建立及落实情况；安全生产规章制度和操作规程制定及执行情况；安全生产教育和培训情况；安全生产投入、检查和隐患排查治理情况；安全生产应急管理情况；及时、如实报告安全事故事件情况。

2. 对境内独资和控股企业以及托管企业，应当将其纳入本企业安全生产管理体系，对其项目建设、收购、并购、转让、运行、停产等影响安全生产的重大事项实行报批制度，严格安全生产的检查、考核、奖惩和责任追究。

对控股但不负责管理的子企业，所属企业应当与管理方商定管理模式，按照《中华人民共和国安全生产法》的要求，通过经营合同、公司章程、协议书等明确安全生产管理责任、目标和要求等。

3. 对境外独资和控股企业负有监督管理责任，对境外工程承包项目、分公司、办事处等境外机构的安全生产工作负有直接管理责任，应当按照境外机构所在国家或地区有关要求对境外企业安全生产风险进行评估，保证为境外机构提供必需的安全投入，并与境外机构签订安全生产责任书，履行安全生产监管职责，为派出人员办理意外伤害保险。

对于在香港特别行政区、澳门特别行政区和台湾地区境外机构，参照上述方式进行管理。

**第十二条** 所属企业对其境内外总承包项目的安全生产工作负有总包管理责任，应将总承包项目纳入本企业安全生产管理体系，并负责监督、指导、检查分包方的安全管理工作。境外工程总承包企业，应对分包单位境外安全教育和培训工作负总责。

## 第三章 安全生产工作内容

**第十三条** 所属企业应制定中长期安全生产发展规划，并将其纳入本企业总体发展战略规划，实现安全生产和企业发展的同步规划、同步实施和同步发展。

**第十四条** 所属企业应按照国家有关法律、法规的规定和集团公司有关要求在本企业开展以下安全生产基础性工作：

1. 具备国家有关法律、法规和国家及行业标准规定的安全生产条件，依法取得相关的生产经营资格、安全生产许可和安全管理体系认证等。

2. 结合本企业行业特点和实际情况，实行全员安全生产责任制度，逐级建立健全安全生产责任制，覆盖本企业全体员工和岗位、全部生产和管理过程，落实安全生产“一岗双责”制度。

3. 按照本办法第七条规定建立健全本企业安全生产组织机构，并按照国家、行业和集团公司有关要求配备专（兼）职安全生产管理人员。企业主要负责人、分管安全生产负责人、安全生产总监和其他安全生产管理人员应当接受安全培训，取得相应的培训合格证书，具备与本企业所从事的生产经营活动相适应的安全生产知识和管理能力。

4. 建立企业全过程安全生产和职业健康管理制度。包括（不限于）：

（1）基本规章制度：

● 安全生产责任制度
● 安全生产会议制度
● 安全生产考核奖惩制度
● 安全生产检查制度
● 安全生产投入制度
● 安全生产教育培训制度
● 安全生产事故隐患排查治理和建档监控

制度

● 重大危险源管理和监控制度（如涉及）

● 有限空间作业安全管理制度（如涉及）

● 新建、改建、扩建项目“三同时”制度

● 建设项目职业卫生“三同时”管理制度

● 消防、安保管理制度

● 交通安全管理制度

● 生产安全事故应急预案管理制度

● 相关方安全管理制度

● 领导干部值班制度

●生产安全事故及突发事件报告和调查处理制度

●安全生产档案管理制度

● 下属全资及控股企业、托管企业安全生产管理制度（如涉及）

● 工作场所职业健康管理制度（如涉及）

● 派出人员行为守则（如涉及）

（2）工程总承包企业还应建立：

● 工程总承包项目安全生产管理办法

● 安全防护用品配备管理办法

● 工程现场车辆安全管理办法

（3）生产制造企业还应建立：

● 安全生产五同时管理制度

● 安全技术措施项目管理规定

● 职业病防治管理办法（如涉及）

● 特种设备安全管理办法

● 易燃易爆、危险化学品管理办法（如涉及）

● 班组安全管理办法

● 特种作业人员管理办法

● 安全防护用品配备管理办法

● 厂内车辆安全管理办法

5. 工程总承包企业应建立并持续改进职业健康安全管理体系。生产制造等工贸行业（领域）企业、建筑施工企业应大力推进和深化安全生产标准化建设，实现安全管理、操作行为、设备设施和作业环境的标准化。

6. 所属企业应健全完善安全生产应急管理体系，包括：应急管理组织机构、应急预案、应急管理制度、应急培训演练、应急队伍建设、应急物资保障等方面。加强应急预案的编制、评审和培训，定期进行演练，特别是重大危险源专项应急预案和现场处置方案的演练，加强应急救援队伍的建设、应急物资和装备的落实，提高有效应对各类生产安全事故和突发事件的应急管理能力。

应急预案应全面覆盖本企业生产经营活动所涉及的生产安全事故和突发事件，形成综合应急预案、专项应急预案和现场处置方案预案体系，并与当地政府应急预案以及国机集团的相关应急预案保持衔接。

企业应建立完善安全生产动态监控及预警预报体系。发现事故征兆要立即发布预警信息，落实防范和应急处置措施。

7. 所属企业应按照规定提取和使用安全生产费用，保证满足安全生产条件必须的资金投入，保证安全生产投入的有效实施。其中，建设工程施工、机械制造、交通运输等企业应按照国家和行业有关规定标准，足额提取安全生产费用并在成本中列支，专门用于完善和改进企业或者项目安全生产条件的资金。工程总承包企业应严格执行国家和行业安全投入规定，足额支付安全生产费用并监督施工分包方的安全生产费用投入。

8. 所属企业应依照法律法规要求，严格遵守国家职业卫生标准，落实职业病预防措施，从源头上控制和消除职业病危害。

9. 所属企业应切实加强企业安全文化建设，积极创建“安全文化建设示范企业”，促进企业安全管理工作规范化、制度化和科学化，推动企业安全生产主体责任落实到位，夯实安全生产基层基础工作。逐步实现以文化促管理，以管理促安全，以安全促发展，打造本质安全型企业，实现安全发展、和谐发展。

**第十五条**　所属企业应开展以下日常性工作：

1. 根据国家、行业和国机集团有关部署要求，结合本企业实际情况，制定年度安全生产工作计划，确定本年度安全生产工作目标和具体措施。

2. 根据安全生产工作计划，制定年度安全生产投入计划，明确费用投入的项目内容、额度、完成时限、责任部门和责任人等。

年度安全生产投入预算应涵盖安全生产条件提高与改善、安全设施和设备、安全生产检查及隐患排查治理、安全生产宣传教育和培训、劳动防护用品、安全会议、应急救援器材和物资、安全生产奖励以及其他安全生产工作所需费用。

对于年度安全生产投入预算，应组织有效的实施和检查，并在年终工作总结中对投入情况和实施效果进行总结。

3. 定期召开安全生产工作会议，研究本企业安全生产重大事项，部署安全生产工作。

4. 根据年度安全生产工作目标，逐级签订安全生产责任书，将安全生产工作目标和责任层层分解到所有下属企业、部门、岗位和个人。

5. 对与本企业生产经营活动相关的生产经营资格、安全生产许可和专业管理体系进行检查审验，确保合格有效。

6. 对安全生产组织机构设置、职责分工、人员配备情况进行检查，并根据实际情况及时进行调整，保证安全生产工作有效开展。

7. 按照国家和行业有关规定，结合本企业工作实际需要，及时为本企业从业人员和相关人员办理工伤社会保险、意外伤害保险等安全保险。定期安排接触职业病危害因素人员，进行职业健康检查。

8. 每年对危险源进行动态辨识和风险评估，并实行分级监控。如涉及重大危险源，应按照《关于开展重大危险源监督管理工作的指导意见》等国家及行业要求登记建档，进行定期检测、评估、监控，并制定应急预案，告知从业人员和相关人员在紧急情况下应当采取的应急措施。

企业应当按照国家有关规定将本企业重大危险源及有关安全措施、应急措施报有关地方政府安全生产监督管理部门和有关部门备案。

9. 检查本企业的安全生产状况和职业卫生状况，加强对生产现场和存在职业病危害场所的监督检查。严禁超能力、超强度、超定员组织生产；制止和纠正违章指挥、强令冒险作业、违反操作规程的行为；严禁违反程序擅自压缩工期、改变技术方案和工艺流程；严禁使用未经检验合格、无安全保障的特种设备。经常性开展安全隐患排查，提出改进安全生产管理的建议；对排查出的事故隐患，要立即组织整改；其中对于重大事故隐患，应视具体情况可采取全部或局部停产停业，并应立即制定整改方案，切实做到整改措施、责任、资金、时限和预案“五到位”。建立以安全生产专业人员为主导的隐患整改效果评价制度，确保整改到位。在事故隐患治理过程中，应当采取相应的安全防范措施，防止事故发生。

10. 对从业人员进行安全生产教育和培训，保证从业人员具备必要的安全生产知识，熟悉有关安全生产规章制度和安全操作规程，掌握本岗位的安全操作技能，了解事故应急处理措施，知悉自身在安全生产方面的权利和义务。未经安全生产教育和培训合格的从业人员，不得上岗作业。

企业特种作业人员必须按照国家有关规定经专门的安全作业培训，取得相应资格，确保持证上岗。

企业使用被派遣劳动者的，应当将被派遣劳动者纳入本企业从业人员统一管理，对被派遣劳动者进行岗位安全操作规程和安全操作技能的教育和培训。

对派出人员在出国前应进行必要的安全生产知识、技能、派往国法律法规、风俗习惯和应急处置等方面培训。未经安全培训的人员一律不得派出。

企业应当建立安全生产教育和培训档案，如实记录安全生产教育和培训的时间、内容、参加人员以及考核结果等情况。

11. 加强对与本企业生产经营活动相关的自然灾害、公共卫生、公共安全以及境外相关情况的跟踪和监控，按照有关政府部门和国机集团的要求或根据本企业工作实际需要，及时发布预警信息，制定相应的预防措施和应急预案，防止和减少突发事件对生产经营活动以及职工健康安全造成不利影响。

在国家重大活动、重要节假日期间，应提前对安全生产有关工作做妥善安排，由领导干部带班值班。

12. 发生生产安全事故或突发事件，应立即启动相应应急预案，采取有效措施，组织抢救，防止事故（事件）扩大，减少人员伤亡和财产损失，并按有关规定及时向相关部门和国机集团进行报告；境外机构发生安全事故或突发事件，应立即向我驻外使领馆报告，在使领馆指导下妥善处置。在应急处置工作结束后，应按照“四不放过”原则对事故或事件进行调查处理，并及时总结经验教训，采取针对性措施，预防同类事故或事件的发生。生产安全事故及突发事件的调查处理结果应及时报国机集团备案。

13. 所属企业应自觉接受工会和职工对事故防范和整改措施落实情况等进行监督，鼓励职工对生产安全事故隐患、违反安全生产和职业病防治法律法规、侵犯员工合法权益、违章指挥、冒险作业等行为进行监督和举报，并对有关举报进行认真受理和调查处理。对发现、排除和举报事故隐患的有功人员，应当给予一定的物质奖励和表彰。

14. 所属企业应认真履行本办法第十一条规定的职责，结合实际情况并参照本办法有关内容，加强对下属企业安全生产工作的监督管理和检查，并对下属企业进行安全生产工作业绩考核和奖惩。

15. 在项目、场所、设备发包或者出租等涉及外部单位或个人的生产经营活动中，必须加强对承包方和承租方营业范围、专业资质、安全资格和专业技能的审查，不得将项目、场所、设备发包或出租给不具备安全生产条件或者相应资质的单位或者个人，并应通过与承包、承租单位或者个人签订专门的安全生产管理协议或在承包、租赁合同中约定各自的安全生产管理职责，明确双方安全生产责任，同时指定安全管理人员履行安全生产监督检查职责，对承包或承租单位的安全生产工作进行统一协调和管理。

16. 所属企业应不断完善安全生产考核和奖惩机制，严格安全生产业绩考核，加大安全生产奖励和处罚力度，严肃查处生产安全责任事故，严格追究事故责任人的责任。

17. 所属企业应倡导安全文化，传播安全理念，加强安全管理，营造安全文化氛围，开展以关心、理解、尊重、爱护职工作为基本出发点的安全文化建设工作。

## 第四章 安全生产工作报告制度

**第十六条** 所属企业应按以下要求在国机集团安全生产管理系统上向国机集团安全生产部报送有关报表和资料，包括：

1. 每年 1 月 10 日前，报送企业上年度《安全生产工作总结》、本年度《安全生产工作计划》《年度安全生产数据指标统计表》、上年度《企业职工生产安全伤亡事故季（年度）报表》和《境外突发事件伤亡事故季（年度）报表》。

2. 每年 12 月 5 日前，报送本企业考核年度（上年 12 月 1 日至本年 11 月 30 日）《安全生产责任目标完成情况自查报告》、10 月—11 月《企业职工生产安全伤亡事故季报表》和《境外突发事件伤亡事故季（年度）报表》。

3. 每年 1 月 10 日、4 月 10 日、7 月 10 日和 10 月 10 日（遇法定节假日向后顺延至第一个工作日）前，报送本企业上季度《安全生产工作简报》、《企业职工生产安全伤亡事故季（年度）报表》、《境外突发事件伤亡事故季（年度）报表》《交通运输等重点行业领域企业和单位安全生产隐患排查治理情况季度统计表》《境外工程项目劳务人员使用情况统计表》《境外劳务合作项目劳务人员使用情况统计表》。

4. 每年 3 月 10 日前，报送《安全生产管理机构和人员统计表》《年度注册安全工程师管理部门及注册安全工程师备案信息登记表》。《安全生产组织机构备案表》在初次报送备案后，如对安全生产管理机构设置、职责分工及人员配备等进行调整时，在调整工作完成后 20 个工作日内重新报送备案。

5. 对重大危险源申报表和相关应急预案，在向当地政府安全生产监管部门和其他有关主管部门申报后 15 日内报国机集团安全生产部备案。

6. 对于生产安全事故综合应急预案和专项应急预案，在发布后 15 日内填报《生产经营单位生产安全事故应急预案备案申请表》进行备案。

7. 在安全生产中长期规划发布后 15 日内报国机集团安全生产部备案。

8. 发生生产安全事故或突发事件后，按国机集团有关规定（见附件二）及时报告国机集团安全生产部和有关方面。

9. 生产安全事故调查报告及追责处理文件、突发事件处置总结报告，在收到调查报告或应急处置结束后的10日内报国机集团安全生产部备案。

10. 存在或者发生职业危害的企业，每年在向当地职业卫生监督管理部门申报《职业病危害项目申报表》的同时报国机集团安全生产部备案。

11. 国机集团要求报送的其他文件和材料。

## 第五章 安全生产监督管理

**第十七条** 国机集团每年组织并开展对所属企业及其下属企业的安全生产工作进行监督检查及工作经验交流或互查活动。重点检查本办法第二章、第三章和第四章规定内容的落实情况，针对存在的问题提出整改意见和要求。

**第十八条** 国机集团根据所属企业及其下属企业安全生产工作存在问题的严重程度，对所属企业进行适当处罚。

**第十九条** 对所属企业发生的生产安全事故和突发事件，国机集团视具体情况可以派出工作人员进行工作督查。对较大及以上生产安全事故，国机集团派出工作人员配合相关部门或调查组开展事故调查，并负责落实或监督对事故有关责任企业和责任人的处理。

**第二十条** 国机集团对年度内出现较大及以上生产安全事故的所属企业主要负责人进行诫勉谈话，对企业予以通报批评。

**第二十一条** 国机集团对所属企业安全生产方面的举报进行分析处理，必要时组织调查核实，对负有责任的有关人员将依管理权限进行处理。

## 第六章 安全生产业绩考核与奖惩

**第二十二条** 国机集团每年对所属企业安全生产责任目标完成情况进行考核，主要考核所属企业事故控制指标和安全生产管理工作指标完成情况，并将安全生产责任目标考核结果与所属企业负责人年度经营业绩目标考核挂钩。

**第二十三条** 国机集团对年度评为安全生产优秀的企业给予表彰。对连续3年评为“国机集团安全生产优秀企业”的安全生产管理人员及为应急处置工作做出突出成绩的个人授予荣誉称号，给予表彰奖励。

**第二十四条** 所属企业负责人年度经营考核中因安全生产责任目标考核结果为不合格的，所属企业不得参加国机集团当年度先进单位的评选。

## 第七章 附 则

**第二十五条** 本办法由国机集团安全生产部负责解释，有关内容如与国家法律、法规冲突，以国家法律、法规规定为准。

**第二十六条** 本办法自印发之日起施行。原《中国机械工业集团有限公司安全生产管理办法》（国机安〔2015〕350号）同时废止。

附件一：

**所属企业安全生产监管分类表**（2018年）

| 主营业务<br>类别 | 工程承包 | 产品制造 | 其他 |
|---|---|---|---|
| 第一类 | 中国机械工业建设集团有限公司、中国海洋航空集团有限公司 | 中国恒天集团有限公司、国机重型装备集团股份有限公司、中国一拖集团有限公司、苏美达股份有限公司 | |
| 第二类 | 中国机械设备工程股份有限公司、中工国际工程股份有限公司、中国联合工程有限公司、中国汽车工业工程有限公司、中国中元国际工程有限公司、机械工业第六设计研究院有限公司、中国浦发机械工业股份有限公司 | 中国福马机械集团有限公司、中国地质装备集团有限公司、中国农业机械化科学研究院、中国国机重工集团有限公司、洛阳轴研科技股份有限公司 | 国机汽车股份有限公司 |

（续）

| 类别 \ 主营业务 | 工程承包 | 产品制造 | 其他 |
|---|---|---|---|
| 第三类 | 中国自控系统工程有限公司 | 中国第二重型机械集团有限公司、中国电器科学研究院有限公司、甘肃蓝科石化高新装备股份有限公司、合肥通用机械研究院有限公司、国机智能科技有限公司、济南铸造锻压机械研究所有限公司、沈阳仪表科学研究院有限公司、重庆材料研究院有限公司、桂林电器科学研究院有限公司、天津电气科学研究院有限公司 | 中国机械国际合作股份有限公司 |
| 第四类 | | | 中国机床总公司、国机财务有限责任公司、国机集团科学技术研究院有限公司、国机资产管理有限公司、国机资本控股有限公司 |

附件二：

# 生产安全事故 / 境外安全突发事件报告程序及要求

## 一、生产安全事故报告

1. 所属企业境内发生生产安全事故或者较大涉险事故后，事故现场有关人员应当立即向本企业负责人报告；企业负责人接到报告后，应当于1小时内向事故发生地县级以上人民政府安全生产监督管理部门报告，同时向上一级单位负责人报告；以后逐级报告至国机集团安全生产部，且每级时间间隔不得超过2小时。对于较大及以上生产安全事故，事故单位还应在1小时内向事故发生地省级安全生产监督管理部门和国机集团安全生产部报告，国机集团安全生产部接到报告后，应立即向国资委报告。

2. 境内由于生产安全事故引发的特别重大、重大突发公共事件，国机集团安全生产部接到报告后，应当立即向国资委报告。

3. 所属企业境外发生生产安全死亡事故、交通安全死亡事故等（包括分包方死亡事故），事故现场有关人员应当立即向本企业负责人和我国驻外使（领）馆报告；本企业负责人接到报告后，应当于1小时内向上一级单位负责人报告；以后逐级报告至国机集团安全生产部，且每级时间间隔不得超过2小时。其中，国机集团安全生产部接到境外生产安全死亡事故报告后，应立即向国资委报告。

4. 在所属企业管理的区域内发生生产安全事故，所属企业作为业主、总承包商或者分包商，应当按第1条的规定报告。

5. 报告方式和报告内容：先用电话快报，随后补报书面报告。

电话报告，应当包括下列内容：事故发生单位的名称、地址、事故类型；事故发生的时间、地点；事故已经造成或者可能造成的伤亡人数（包括下落不明、涉险的人数）。

境内生产安全事故书面报告见附表。

境外生产安全事故书面报告以文件方式报告，应当包括下列内容：一是对外总承包单位、项目名称、规模、所在国家及地点、业主、事故单位、合同签订日期、生效日期、合同金额、项目进展、现场人数等项目基本情况；二是事故发生的时间、地点以及事故现场情况，事故的简要经过（包括抢救、救治情况），事故已经造成或者可能造成的伤亡人数（包括下落不明、涉险的人数）和初步估计的直接经济损失；三是事故发生后，向我国使领馆、业主、上级单位等有关方面报告情况；四是已经采取的主要措施，启动应急预案情况；五是其他应当报告的情况。

6. 事故信息报告后出现新情况的，负责事故报告的企业应当依照第 1 条、第 3 条的规定及时续报。较大涉险事故、一般事故、较大事故每日至少续报 1 次；重大事故、特别重大事故每日至少续报 2 次。

自事故发生之日起 30 日内（道路交通、火灾事故自发生之日起 7 日内），事故造成的伤亡人数发生变化的，应于当日续报。

**二、境外安全突发事件报告**

所属企业发生境外安全突发事件后，事件企业应立即向当地警方报警；1 小时内向事件发生所在国政府相关部门、我国驻外使（领）馆、项目相关方报告，在使领馆指导下妥善处置；4 小时内向国机集团安全生产部报告。报告内容包括：对外总承包单位、项目名称、规模、所在国家和地址、业主、事故单位、合同签订日期、生效日期、合同金额、项目进展、现场人数等项目基本情况；事件发生的时间、地点及现场情况；事件简要经过及原因的初步判断；事件已经造成或可能造成的伤亡人数（包括失踪人数），人员姓名、性别、年龄、国内居住地；初步估计的直接经济损失；已经采取的措施；其他应该报告的内容。国机集团安全生产部接到报告后，应立即向国资委、外交部、商务部等部门报告。

安全事件报告后出现伤亡人数增加等新情况的，事件企业应当立即向我国驻外使（领）馆等有关方面续报，并在 2 小时内向国机集团安全生产部续报。

启动了企业境外突发事件应急预案的安全事件，在企业应急处置完成之后的 10 个工作日内，企业应当将应急处置总结报告及企业应急处置有关文件报送集团安全生产部。

附表：

# 国机集团境内生产安全事故快报

**企业名称：**

<table>
<tr><td>事故时间</td><td colspan="3">年 月 日 时 分</td><td>事故地点</td><td></td></tr>
<tr><td>事故单位</td><td colspan="5"></td></tr>
<tr><td rowspan="2">事故现场<br>负 责 人</td><td>姓名</td><td></td><td rowspan="2">事故单位<br>负 责 人</td><td>姓名</td><td></td></tr>
<tr><td>电话</td><td></td><td>电话</td><td></td></tr>
<tr><td colspan="2">事故已死亡（失踪）人数</td><td>死亡：<br>失踪：</td><td colspan="2">事故重伤人数</td><td></td></tr>
<tr><td colspan="6">一、事故简要经过</td></tr>
<tr><td colspan="6">二、事故现场情况及救援采取的主要措施</td></tr>
<tr><td colspan="6">三、其他情况</td></tr>
</table>

# 中国机械工业集团有限公司
# 违规经营投资责任追究实施办法（试行）

## 第一章 总 则

**第一条** 为加强和规范国机集团总部及所属企业（以下简称企业）违规经营投资责任追究工作，完善国有资产监督管理制度，落实国有资产保值增值，防止国有资产流失，根据国资委《中央企业违规经营投资责任追究实施办法（试行）》（国资委令第 37 号）、《国务院办公厅关于建立国有企业违规经营投资责任追究制度的意见》（国办发（ 2016 ）63 号）等相关规定，特制定本办法。

**第二条** 本办法所称违规经营投资责任追究（以下简称责任追究）是指企业经营管理有关人员违反规定，未履行或未正确履行职责，在经营投资中造成国有资产损失或其他严重不良后果，经调查核实和责任认定，对相关责任人进行处理的工作。

前款所称规定，包括国家法律法规、国有资产监管规章制度、集团相关规定和企业内部管理规定等。前款所称未履行职责，是指未在规定期限内或正当合理期限内行使职权、承担责任，一般包括不作为、拒绝履行职责、拖延履行职责等；未正确履行职责，是指未按规定以及岗位职责要求，不适当或不完全行使职权、承担责任，一般包括未按程序行使职权、超越职权、滥用职权等。

**第三条** 责任追究应当遵循以下原则：

（一）坚持依法依规问责。以国家法律法规为准绳，严格执行国有资产监管规章制度和企业内部管理规定，对违反规定、未履行或未正确履行职责造成国有资产损失以及其他严重不良后果的企业经营管理有关人员，严肃追究责任，实行重大决策终身问责。

（二）坚持客观公正定责。认真贯彻落实“三个区分开来”思想，明确错与非错的标准，划定容与不容的界限，结合企业实际情况，充分调查核实违规行为的事实、性质及其造成的损失和影响，既考虑量的标准也考虑质的不同，实事求是地确定国有资产损失程度和责任追究范围。正确把握“容错纠错机制”，既保护企业经营管理人员干事创业的积极性，又恰当公正地处理相关责任人。

（三）坚持分级分层追责。企业原则上按照干部管理权限和国有资本出资关系，界定责任追究工作职责，分级组织开展责任追究工作，分别对企业不同层级经营管理人员进行追究处理，形成分级分层、有效衔接、上下贯通的责任追究工作体系。

（四）坚持惩治教育和制度建设相结合。在对违规经营投资相关责任人严肃问责的同时，加大典型案例总结和通报力度，加强警示教育，发挥震慑作用，逐步推进责任追究工作信息公开，推动企业不断完善规章制度，堵塞经营管理漏洞，提高经营管理水平，实现国有资本保值增值。

**第四条** 在责任追究工作过程中，发现企业有关经营管理人员违反党纪政纪的，移送相应的纪检监察机关依纪查处，涉及犯罪的，移送国家监察机关或司法机关依法查处。

**第五条** 本办法适用于国机集团总部和所属全资、控股及实际控制的子企业，托管企业根据资产管理关系和干部管理权限开展追责工作。

## 第二章 责任追究范围

**第六条** 企业经营管理有关人员违反规定，

未履行或未正确履行职责致使发生本办法第七条至第十七条所列情形，造成国有资产损失或其他严重不良后果的，应当追究相应责任。

**第七条** 集团管控方面的责任追究情形：

（一）违反规定程序或超越权限决定、批准和组织实施重大经营投资事项，或决定、批准和组织实施的重大经营投资事项违反党和国家方针政策、决策部署以及国家有关规定。

（二）对国家有关集团管控的规定未执行或执行不力，致使发生重大资产损失对生产经营、财务状况产生重大影响。

（三）对集团重大风险隐患、内控缺陷等问题失察，或虽发现但没有及时报告、处理，造成重大资产损失或其他严重不良后果。

（四）所属企业发生重大违规违纪违法问题，造成重大资产损失且对集团生产经营、财务状况产生重大影响，或造成其他严重不良后果。

（五）对国家有关监管机构就经营投资有关重大问题提出的整改工作要求，拒绝整改、拖延整改等。

**第八条** 风险管理方面的责任追究情形：

（一）未按规定履行内控及风险管理制度建设职责，导致内控及风险管理制度缺失，内控流程存在重大缺陷。

（二）内控及风险管理制度未执行或执行不力，对经营投资重大风险未能及时分析、识别、评估、预警、应对和报告。

（三）未按规定对企业规章制度、经济合同和重要决策等进行法律审核。

（四）未执行国有资产监管有关规定，过度负债导致债务危机，危及企业持续经营。

（五）恶意逃废金融债务。

（六）瞒报、漏报、谎报或迟报重大风险及风险损失事件，指使编制虚假财务报告，企业账实严重不符。

**第九条** 购销管理方面的责任追究情形：

（一）未按规定订立、履行合同，未履行或未正确履行职责致使合同标的价格明显不公允。

（二）未正确履行合同，或无正当理由放弃应得合同权益。

（三）违反规定开展融资性贸易业务或“空转”“走单”等虚假贸易业务。

（四）违反规定利用关联交易输送利益。

（五）未按规定进行招标或未执行招标结果。

（六）违反规定提供赊销信用、资质、担保或预付款项，利用业务预付或物资交易等方式变相融资或投资。

（七）违反规定开展商品期货、期权等衍生业务。

（八）未按规定对应收款项及时追索或采取有效保全措施。

**第十条** 工程承包建设方面的责任追究情形：

（一）未按规定对合同标的进行调查论证或风险分析。

（二）未按规定履行决策和审批程序，或未经授权和超越授权投标。

（三）违反规定，无合理商业理由以低于成本的报价中标。

（四）未按规定履行决策和审批程序，擅自签订或变更合同。

（五）未按规定程序对合同约定进行严格审查，存在重大疏漏。

（六）工程以及与工程建设有关的货物、服务未按规定招标或规避招标。

（七）违反规定分包等。

（八）违反合同约定超计价、超进度付款。

**第十一条** 资金管理方面的责任追究情形：

（一）违反决策和审批程序或超越权限筹集和使用资金。

（二）违反规定以个人名义留存资金、收支结算、开立银行账户等。

（三）设立“小金库”。

（四）违反规定集资、发行股票或债券、捐赠、担保、委托理财、拆借资金或开立信用证、办理银行票据等。

（五）虚列支出套取资金。

（六）违反规定超发、滥发职工薪酬福利。

（七）因财务内控缺失或未按照财务内控制度执行，发生资金挪用、侵占、盗取、欺诈等。

（八）投、融资信息应披露未披露或虚假披露，造成严重不良后果的。

**第十二条** 转让产权、上市公司股权、资产等方面的责任追究情形：

（一）未按规定履行决策和审批程序或超越授权范围转让或玩忽职守、以权谋私致使国有权益受到侵害。

（二）财务审计和资产评估违反相关规定。

（三）隐匿应当纳入审计、评估范围的资产，组织提供和披露虚假信息，授意、指使中介机构出具虚假财务审计、资产评估鉴证结果及法律意见书等。

（四）未按相关规定执行回避制度。

（五）违反相关规定和公开公平交易原则，低价转让企业产权、上市公司股权和资产等。

（六）未按规定进场交易。

（七）未按相关规定进行资产减值准备财务核销或者账销案存资产核销，在不良资产处置过程中弄虚作假、损害所属企业利益。

**第十三条** 固定资产投资方面的责任追究情形：

（一）未按规定进行可行性研究或风险分析。

（二）项目概算未按规定进行审查，严重偏离实际。

（三）未按规定履行决策和审批程序擅自投资。

（四）购建项目未按规定招标，干预、规避或操纵招标。

（五）外部环境和项目本身情况发生重大变化，未按规定及时调整投资方案并采取止损措施。

（六）擅自变更工程设计、建设内容和追加投资等。

（七）项目管理混乱，致使建设严重拖期、成本明显高于同类项目。

（八）违反规定开展列入负面清单的投资项目。

**第十四条** 投资并购方面的责任追究情形：

（一）未按规定开展尽职调查，或尽职调查未进行风险分析等，存在重大疏漏。

（二）财务审计、资产评估或估值违反相关规定。

（三）投资并购过程中授意、指使中介机构或有关单位出具虚假报告。

（四）未按规定履行决策和审批程序，决策未充分考虑重大风险因素，未制定风险防范预案。

（五）违反规定以各种形式为其他合资合作方提供垫资，或通过高溢价并购等手段向关联方输送利益。

（六）投资合同、协议及标的企业公司章程等法律文件中存在有损国有权益的条款，致使对标的企业管理失控。

（七）违反合同约定提前支付并购价款。

（八）投资并购后未按有关工作方案开展整合，致使对标的企业管理失控。

（九）投资参股后未行使相应股东权利，发生重大变化未及时采取止损措施。

（十）违反规定开展列入负面清单的投资项目。

**第十五条** 改组改制方面的责任追究情形：

（一）未按规定履行决策和审批程序。

（二）未按规定组织开展资产清查、财务审计和资产评估。

（三）故意转移、隐匿国有资产或向中介机构提供虚假信息，授意、指使中介机构出具虚假清产核资、财务审计与资产评估等鉴证结果。

（四）将国有资产以明显不公允低价折股、出售或无偿分给其他单位或个人。

（五）在发展混合所有制经济、实施员工持股计划、破产重整或清算等改组改制过程中，违反规定，导致发生变相套取、私分国有资产。

（六）未按规定收取国有资产转让价款。

（七）改制后的公司章程等法律文件中存在有损国有权益的条款。

**第十六条** 境外经营投资方面的责任追究情形：

（一）未按规定建立企业境外投资管理相关制度，导致境外投资管控缺失。

（二）开展列入负面清单禁止类的境外投资项目。

（三）违反规定从事非主业投资或开展列入负面清单特别监管类的境外投资项目。

（四）未按规定进行风险评估并采取有效风险防控措施对外投资或承揽境外项目。

（五）违反规定采取不当经营行为，以及不顾成本和代价进行恶性竞争。

（六）违反本章其他有关规定或存在国家明令禁止的其他境外经营投资行为的。

**第十七条** 其他违反规定，未履行或未正确履行职责造成国有资产损失或其他严重不良后果的责任追究情形。

## 第三章 资产损失认定

**第十八条** 对企业违规经营投资造成的资产损失，在调查核实的基础上，依据有关规定认定资产损失金额，以及对集团、国家和社会等造成的影响。

**第十九条** 资产损失包括直接损失和间接损失。直接损失是与相关人员行为有直接因果关系的损失金额及影响；间接损失是由相关人员行为引发或导致的，除直接损失外、能够确认计量的其他损失金额及影响。

**第二十条** 企业违规经营投资资产损失500万元以下为一般资产损失，500万元以上5 000万元以下为较大资产损失，5 000万元以上为重大资产损失。涉及违纪违法和犯罪行为查处的损失标准，遵照相关党内法规和国家法律法规的规定执行。

前款所称的“以上”包括本数，所称的“以下”不包括本数。

**第二十一条** 资产损失金额及影响，可根据司法、行政机关等依法出具的书面文件，具有相应资质的会计师事务所、资产评估机构、律师事务所、专业技术鉴定机构等专业机构出具的专项审计、评估或鉴证报告，以及企业内部证明材料等，进行综合研判认定。

**第二十二条** 相关违规经营投资虽尚未形成事实资产损失，但确有证据证明资产损失在可预见未来将发生，且能可靠计量资产损失金额的，经中介机构评估可以认定为或有损失，计入资产损失。

## 第四章 责任认定

**第二十三条** 企业经营管理有关人员任职期间违反规定，未履行或未正确履行职责造成国有资产损失或其他严重不良后果的，应当追究其相应责任。违规经营投资责任根据工作职责划分为直接责任、主管责任和领导责任。

**第二十四条** 直接责任是指相关人员在其工作职责范围内，违反规定，未履行或未正确履行职责，对造成的资产损失或其他严重不良后果起决定性直接作用时应当承担的责任。

企业负责人存在以下情形的，应当承担直接责任：

（一）本人或与他人共同违反国家法律法规、国有资产监管规章制度和企业内部管理规定。

（二）授意、指使、强令、纵容、包庇下属人员违反国家法律法规、国有资产监管规章制度和企业内部管理规定。

（三）未经规定程序或超越权限，直接决定、批准、组织实施重大经济事项。

（四）主持相关会议讨论或以其他方式研究时，在多数人不同意的情况下，直接决定、批准、组织实施重大经济事项。

（五）将按有关法律法规制度或公司相关规定应作为第一责任人（总负责）的事项、签订的有关目标责任事项或应当履行的其他重要职责，授权（委托）其他领导人员决策且决策不当或决策失误等。

（六）其他应当承担直接责任的行为。

**第二十五条** 主管责任是指相关人员在其直接主管（分管）工作职责范围内，违反规定，未履行或未正确履行职责，对造成的资产损失或其他严重不良后果应当承担的责任。

**第二十六条** 领导责任是指企业主要负责人在其工作职责范围内，违反规定，未履行或未正确履行职责，对造成的资产损失或其他严重不良后果应当承担的责任。

**第二十七条** 所属企业违规经营投资致使发生本条第二款、第三款所列情形的，上级企业经营管理有关人员应当承担相应的责任。

上一级企业有关人员应当承担相应责任的情形包括：

（一）发生重大资产损失且对企业生产经营、财务状况产生重大影响的。

（二）多次发生较大、重大资产损失，或造成其他严重不良后果的。

除上一级企业有关人员外，更高层级企业有关人员也应当承担相应责任的情形包括：

（一）发生违规违纪违法问题，造成资产损失金额巨大且危及企业生存发展的。

（二）在一定时期内多家所属子企业连续集中发生重大资产损失，或造成其他严重不良后果的。

**第二十八条** 企业违反规定瞒报、漏报或谎报重大资产损失的，对企业主要负责人和分管负责人比照领导责任和主管责任进行责任认定。

**第二十九条** 企业未按规定和有关工作职责要求组织开展责任追究工作的，对企业负责人及有关人员比照领导责任、主管责任和直接责任进行责任认定。

**第三十条** 企业有关经营决策机构以集体决策形式作出违规经营投资的决策或实施其他违规经营投资的行为，造成资产损失或其他严重不良后果的，应当承担集体责任，有关成员也应当承担相应责任。

## 第五章 责任追究处理

**第三十一条** 对相关责任人的处理方式包括组织处理、扣减薪酬、禁入限制、纪律处分、移送国家监察机关或司法机关等，可以单独使用，也可以合并使用。

（一）组织处理。包括批评教育、责令书面检查、通报批评、诫勉、停职、调离工作岗位、降职、改任非领导职务、责令辞职、免职等。

（二）扣减薪酬。扣减和追索绩效年薪或任期激励收入，终止或收回其他中长期激励收益，取消参加中长期激励资格等。

（三）禁入限制。五年直至终身不得担任国机集团总部及所属企业董事、监事、高级管理人员。

（四）纪律处分。由相应的纪检监察机构查处。

（五）移送国家监察机关或司法机关处理。依据国家有关法律规定，移送国家监察机关或司法机关查处。

**第三十二条** 企业发生资产损失，经过查证核实和责任认定后，除依据有关规定移送纪检监察机构或司法机关处理外，应当按以下方式处理：

（一）发生一般资产损失的，对直接责任人和主管责任人给予批评教育、责令书面检查、通报批评、诫勉等处理，可以扣减和追索责任认定年度50%以下的绩效年薪。

（二）发生较大资产损失的，对直接责任人和主管责任人给予通报批评、诫勉、停职、调离工作岗位、降职等处理，同时按照以下标准扣减薪酬：扣减和追索责任认定年度50%～100%的绩效年薪、扣减和追索责任认定年度（含）前三年50%～100%的任期激励收入并延期支付绩效年薪，终止尚未行使的其他中长期激励权益、上缴责任认定年度及前一年度的全部中长期激励收益、五年内不得参加企业新的中长期激励。

对领导责任人给予通报批评、诫勉、停职、调离工作岗位等处理，同时按照以下标准扣减薪酬：扣减和追索责任认定年度30%～70%的绩效年薪、扣减和追索责任认定年度（含）前三年30%～70%的任期激励收入并延期支付绩效年薪，终止尚未行使的其他中长期激励权益、三年内不得参加企业新的中长期激励。

（三）发生重大资产损失的，对直接责任人和主管责任人给予降职、改任非领导职务、责令辞职、免职和禁入限制等处理，同时按照以下标准扣减薪酬：扣减和追索责任认定年度100%的绩效年薪、扣减和追索责任认定年度（含）前三年100%的任期激励收入并延期支付绩效年薪，终止尚未行使的其他中长期激励权益、上缴责任认定年度（含）前三年的全部中长期激励收益、不得参加企业新的中长期激励。

对领导责任人给予调离工作岗位、降职、改任非领导职务、责令辞职、免职和禁入限制等处理，同时按照以下标准扣减薪酬：扣减和追索责任认定年度70%～100%的绩效年薪、扣减和追索责任认定年度（含）前三年70%～100%的任期激励收入并延期支付绩效年薪，终止尚未行使的其他中长期激励权益、上缴责任认定年度（含）前三年的全部中长期激励收益、五年内不得参加企业新的中长期激励。

**第三十三条** 所属企业发生资产损失，按照本办法应当追究上级企业有关人员责任时，对相关责任人给予通报批评、诫勉、停职、调离工作岗位、降职、改任非领导职务、责令辞职、免职和禁入限制等处理，同时按照以下标准扣减薪酬：扣减和追索责任认定年度 30% ～ 100% 的绩效年薪、扣减和追索责任认定年度（含）前三年 30% ～ 100% 的任期激励收入并延期支付绩效年薪，终止尚未行使的其他中长期激励权益、上缴责任认定年度（含）前三年的全部中长期激励收益、三至五年内不得参加企业新的中长期激励。

**第三十四条** 对承担集体责任的企业有关经营决策机构，给予批评教育、责令书面检查、通报批评等处理；对造成资产损失金额巨大且危及企业生存发展的，或造成其他特别严重不良后果的，按照规定程序予以改组。

**第三十五条** 责任认定年度是指责任追究处理年度。有关责任人在责任追究处理年度无任职或任职不满全年的，按照最近一个完整任职年度执行；若无完整任职年度的，参照处理前实际任职月度（不超过 12 个月）执行。

**第三十六条** 对同一事件、同一责任人的薪酬扣减和追索，按照党纪处分、政务处分、责任追究等扣减薪酬处理的最高标准执行，但不合并使用。

**第三十七条** 相关责任人受到诫勉处理的，六个月内不得提拔、重用；受到调离工作岗位、改任非领导职务处理的，一年内不得提拔；受到降职处理的，两年内不得提拔；受到责令辞职、免职处理的，一年内不安排职务，两年内不得担任高于原任职务层级的职务；同时受到纪律处分的，按照影响期长的规定执行。

**第三十八条** 企业经营管理有关人员违规经营投资未造成资产损失，但造成其他严重不良后果的，经过查证核实和责任认定后，对相关责任人参照本办法予以处理。

**第三十九条** 有下列情形之一的，应当对相关责任人从重或加重处理：

（一）资产损失频繁发生、金额巨大、后果严重的。

（二）屡禁不止、顶风违规、影响恶劣的。

（三）强迫、唆使他人违规造成资产损失或其他严重不良后果的。

（四）未及时采取措施或措施不力导致资产损失或其他严重不良后果扩大的。

（五）瞒报、漏报或谎报资产损失的。

（六）拒不配合或干扰、抵制责任追究工作的。

（七）其他应当从重或加重处理的。

**第四十条** 对中央企业经营管理有关人员在企业改革发展中所出现的失误，不属于有令不行、有禁不止、不当谋利、主观故意、独断专行等的，根据有关规定和程序予以容错。有下列情形之一的，可以对违规经营投资相关责任人从轻或减轻处理：

（一）情节轻微的。

（二）以促进企业改革发展稳定或履行企业经济责任、政治责任、社会责任为目标，且个人没有谋取私利的。

（三）党和国家方针政策、党章党规党纪、国家法律法规、地方性法规和规章等没有明确限制或禁止的。

（四）处置突发事件或紧急情况下，个人或少数人决策，事后及时履行报告程序并得到追认，且不存在故意或重大过失的。

（五）及时采取有效措施减少、挽回资产损失并消除不良影响的。

（六）主动反映资产损失情况，积极配合责任追究工作的，或主动检举其他造成资产损失相关人员，查证属实的。

（七）其他可以从轻或减轻处理的。

**第四十一条** 对于违规经营投资有关责任人应当给予批评教育、责令书面检查、通报批评或诫勉处理，但是具有本办法第四十条规定的情形之一的，可以免除处理。

**第四十二条** 对违规经营投资有关责任人减轻或免除处理，须由做出处理决定的上一级企业或国资委批准。

**第四十三条** 相关责任人已调任、离职或退休的，应当按照本办法给予相应处理。

**第四十四条** 相关责任人在责任认定年度已

不在本企业领取绩效年薪的，按离职前一年度全部绩效年薪及前三年任期激励收入总和计算，参照本办法有关规定追索扣回其薪酬。

**第四十五条** 对违反规定，未履行或未正确履行职责造成国有资产损失或其他严重不良后果的企业董事、监事以及其他有关人员，依照国家法律法规、有关规章制度和本办法等对其进行相应处理。监事会主席应当对履职行为承担相应责任。

## 第六章 责任追究工作职责

**第四十六条** 国机集团及所属企业原则上按照国有资本出资关系和干部管理权限，组织开展责任追究工作。

**第四十七条** 国机集团总部在责任追究工作中的主要职责：

（一）研究制定国机集团责任追究有关制度。

（二）组织开展本级企业发生的一般或较大资产损失，所属二级子企业发生的重大资产损失或产生严重不良后果的较大资产损失，以及涉及所属二级子企业负责人的责任追究工作。

（三）认为有必要直接组织开展的所属企业责任追究工作。

（四）对所属企业存在的共性问题进行专项核查。

（五）督促所属企业落实有关整改工作要求。

（六）指导、监督和检查所属企业责任追究相关工作。

（七）按照国资委要求组织开展有关责任追究工作。

（八）其他有关责任追究工作。

**第四十八条** 所属企业在责任追究工作中的主要职责：

（一）研究制定本企业责任追究有关制度，并上报国机集团。

（二）组织开展本级企业发生的一般或较大资产损失责任追究工作，所属二级子企业发生的重大资产损失或产生严重不良后果的较大资产损失，以及涉及所属子企业负责人的责任追究工作。

（三）按照国资委、国机集团要求组织开展有关责任追究工作。

（四）其他有关责任追究工作。

**第四十九条** 国机集团总部设立违规经营投资责任追究领导小组，负责集团责任追究工作的开展。领导小组组长由国机集团主要领导担任，分管审计与风险管理工作的集团领导担任副组长，集团相关部门负责人担任小组成员。领导小组具体职责包括：

（一）审核责任追究处理方案，对经营损失的度量进行核准。

（二）监督责任追究处理方案的落实。

（三）指导所属企业责任追究工作的开展，处理所属企业对处理意见的申诉。

（四）对审核后的处理方案提交董事会审议。

（五）其他与责任追求相关的工作。

**第五十条** 领导小组下设责任追究工作办公室，负责开展责任追究具体工作。办公室设在审计与法律风控部，审计与法律风控部领导担任办公室主任，成员包括：办公厅、战略投资部（科技发展部、军工管理办公室）、人力资源部（党委组织部）、资产财务部、审计与法律风控部（安全生产部、节能减排办公室）、党委工作部（党委宣传部、党委统战部、企业文化部）、纪检监察部、装备制造事业部、工程承包事业部、贸易服务事业部、科研院所事业部、金融投资事业部。工作办公室具体职责包括：

（一）受理有关方面按规定程序移交的违规经营投资问题和线索，并进行有关证据、材料的收集、整理和分析工作。

（二）初步核实相关资料。

（三）对属于集团层面责任追究职责范围的，予以立项。

（四）对立项事项进行核查，核实资产损失情形，确定资产损失程度，查清资产损失原因，认定相关人员责任等。

（五）根据核查结果，形成处理方案。

（六）将处理方案上报责任追究领导小组审核。

（七）落实责任追究事项处理。

（八）复核下属单位的申诉。

（九）督促企业整改。

（十）按照国资委要求组织开展有关责任追究工作。

（十一）开展其他与经营投资责任追究相关的工作。

**第五十一条** 所属企业应当明确相应的职能部门或机构，负责组织开展责任追究工作，并做好与企业纪检监察机构的协同配合。

**第五十二条** 国机集团及所属企业应当建立责任追究工作报告制度，对较大和重大违规经营投资的问题和线索，国机集团及时向国资委书面报告，所属企业及时向国机集团报告，并按照有关工作要求定期报送责任追究工作开展情况。

**第五十三条** 所属企业未按规定和有关工作职责要求组织开展责任追究工作的，国机集团依据相关规定，对有关企业负责人进行责任追究。

**第五十四条** 国机集团和所属企业有关人员，对企业违规经营投资等重大违规违纪违法问题，存在应当发现而未发现或发现后敷衍不追、隐匿不报、查处不力等失职渎职行为的，严格依纪依规追究纪律责任；涉嫌犯罪的，移送国家监察机关或司法机关查处。

## 第七章 责任追究工作程序

**第五十五条** 开展企业责任追究工作一般应当遵循受理、初步核实、分类处置、核查、处理和整改等程序。

**第五十六条** 企业专门责任追究机构受理下列企业违规经营投资的问题和线索。

（一）全面风险管理工作中发现的。

（二）外派监事会、审计、巡视、纪检监察等有关部门移交的。

（三）有关方面报告的。

（四）其他有关违规经营投资的问题和线索。

**第五十七条** 对受理的违规经营投资问题和线索，及相关证据、材料进行必要的初步核实工作。初步核实的工作内容包括：

（一）资产损失及其他严重不良后果的情况。

（二）违法违规违纪的情况。

（三）是否属于责任追究范围。

（四）有关方面的处理建议和要求等。

**第五十八条** 初步核实的工作一般应于30个工作日内完成，根据工作需要可以适当延长。

**第五十九条** 根据初步核实情况，进行分类处置，对确有违规违纪违法事实的，按照规定的职责权限和程序进行分类处置。分类处理的主要工作包括：

（一）属于国机集团总部追究职责范围的，由其责任追究工作办公室组织实施核查工作。

（二）属于所属企业责任追究职责范围的，移交和督促相关所属企业进行责任追究。

（三）属于其他有关部门责任追究职责范围的，移送有关部门。

（四）涉嫌违纪的问题和线索，移送纪检监察机构。

（五）涉嫌犯罪的问题和线索，移送国家监察机关或司法机关。

（六）涉及中管干部的违规经营投资问题线索，报经中央纪委国家监委同意后，按要求开展有关核查工作。

**第六十条** 结合减少或挽回损失工作进展情况，适时启动责任追究工作。

**第六十一条** 核查工作可以采取以下工作措施核查取证：

（一）与被核查事项有关的人员谈话，形成核查谈话记录，并要求有关人员作出书面说明。

（二）查阅、复制被核查企业的有关文件、会议纪要（记录）、资料和账簿、原始凭证等相关材料。

（三）实地核查企业实物资产等。

（四）委托具有相应资质的专业机构对有关问题进行审计、评估或鉴证等。

（五）其他必要的工作措施。

**第六十二条** 在核查期间，对相关责任人未支付或兑现的绩效年薪、任期激励收入、中长期激励收益等均应暂停支付或兑现；对有可能影响核查工作顺利开展的相关责任人，可视情况采取停职、调离工作岗位、免职等措施。

**第六十三条** 在重大违规经营投资事项核查工作中，对确有工作需要的，负责核查的部门可请纪检监察机构提供必要支持。

**第六十四条** 核查工作一般应于6个月内完成，根据工作需要可以适当延长。

**第六十五条** 核查工作结束后，一般应当听取企业和相关责任人关于核查工作结果的意见，形成资产损失情况核查报告和责任认定报告。

**第六十六条** 根据核查工作结果，形成处理方案，按照干部管理权限和相关审批程序形成处理决定，送达有关企业及被处理人，并对有关企业提出整改要求。

**第六十七条** 相关责任人对处理决定有异议的，可以在处理决定下达之日起15个工作日内，提出书面申诉，并提供相关证明材料。申诉期间不停止原处理决定的执行。

**第六十八条** 国机集团作出处理决定的，相关责任人向国机集团申诉；所属企业作出决定的，向上一级企业申诉。

**第六十九条** 企业应当自接到申诉之日起30个工作内复核，作出维持、撤销或变更原处理决定的复核决定，并以适当形式告知申诉人及其所在企业。

**第七十条** 企业应当按照整改要求，认真总结吸取教训，制定和落实整改措施，优化业务流程，完善内控体系，堵塞经营管理漏洞，建立健全防范经营投资风险的长效机制。

**第七十一条** 企业应在收到处理决定之日起60个工作日内，向作出处理决定的机构报送整改报告及相关材料。

**第七十二条** 企业应当按照国家有关信息公开规定，逐步向社会公开违规经营投资核查处理情况和有关整改情况等，接受社会监督。

**第七十三条** 积极运用信息化手段开展追究工作，推进相关数据信息的归集、共享和综合利用，逐步建立责任追究工作信息报送系统和中央企业禁止限制人员信息查询系统等，加大信息化手段在发现问题线索、辅助调查等方面的运用力度。

### 第八章　附　则

**第七十四条** 国机集团所属企业应根据本办法，结合本企业实际情况，细化责任追究的范围、资产损失程度划分标准等，研究制定责任追究相关制度规定，并报国机集团备案。

**第七十五条** 国机集团参股企业责任追究工作，可参照本办法向股东会提请开展责任追究工作。

**第七十六条** 对发生生产安全、环境污染责任事故和不稳定事件的，按照国家有关规定另行处理。

**第七十七条** 本办法由国机集团审计与法律风控部负责解释。

**第七十八条** 本办法自公布之日起施行。

# 中国机械工业集团有限公司法律工作管理办法

### 第一章　总　则

**第一条** 为加强中国机械工业集团有限公司法律工作管理，防范企业法律风险，促进企业依法治企，维护企业合法权益，根据《中华人民共和国企业国有资产法》《国有企业法律顾问管理办法》等法律法规，制定本办法。

**第二条** 国机集团法律工作以建立健全企业法律风险防范体系为核心，以完善企业法律顾问制度为基础，坚持事先防范、事中控制为主、事后补救为辅、全程参与的工作原则，为企业生产经营提供全面、专业、高效的法律支持和保障。

**第三条** 本办法适用于国机集团总部以及所属全资和控股企业（以下称所属企业）。

## 第二章　法律机构设置

**第四条**　国机集团根据上级主管机构有关要求，在集团总部设总法律顾问。

国机集团推动各级所属企业逐步设立总法律顾问。已设立总法律顾问的企业应充分发挥总法律顾问作用，总法律顾问应认真履职并按照国机集团要求进行年度述职。

**第五条**　国机集团总部设审计与法律风控部，负责集团总部法律事务，制定集团法律工作目标及工作规划，管理、监督和指导所属企业法律工作。

**第六条**　所属企业应当按照国机集团法治建设工作相关要求设立专门法律机构，负责本企业法律事务，接受国机集团的管理、监督和指导。

**第七条**　企业法律机构的职责应当包括：

（一）为企业重大经营决策提供法律意见。

（二）参与起草、审核企业重要规章制度。

（三）参与企业重大合同谈判及法律文件起草工作。

（四）参与企业重组、改制、投融资、对外担保等重大经济活动。

（五）负责企业商标、专利、商业秘密等知识产权法律保护。

（六）负责企业员工法治宣传教育和普法培训。

（七）负责处理企业法律纠纷，代理诉讼仲裁案件。

（八）负责选聘外部律师，并对其工作进行监督评价。

（九）企业负责人交办的其他法律事务。

## 第三章　法律人员配备

**第八条**　企业法律机构应当配备一定数量的专职法律工作人员。

经国机集团批准暂未设立专门法律机构的所属企业，至少应当配备一名法律工作人员，负责本企业法律事务。

**第九条**　企业法律工作人员应当积极参加法律职业资格考试，争取获得律师 / 公司律师执业资格。

**第十条**　参加企业法律顾问职业岗位等级资格评级并被评为一级、二级或三级企业法律顾问的企业法律工作人员，有权享受相应的专业技术职务任职资格待遇。

**第十一条**　企业法律工作人员应当切实履行职责，勇于坚持原则，不断提高专业素质，依法维护企业合法权益。

## 第四章　法律工作管理

**第十二条**　国机集团法律工作遵循统一管理、分级负责的原则，由国机集团审计与法律风控部归口管理。

**第十三条**　国机集团根据上级主管机构关于中央企业法治工作的要求并结合集团实际，制定集团法治工作目标规划，所属企业负责贯彻落实和执行。

**第十四条**　国机集团对所属企业法律机构设置和法律人员配备实行备案管理制度，所属企业应当在规定时间内上报本企业法律机构、人员设置及变动情况。

**第十五条**　国机集团根据国务院国资委有关规定，组建集团企业法律顾问岗位资格评审委员会，组织集团系统企业法律工作人员一级、二级、三级法律顾问资格评审。

**第十六条**　国机集团根据法律工作实际需要，定期组织集团系统法律工作人员进行工作交流和专业培训，提高企业法律工作人员整体专业素质。

**第十七条**　国机集团根据上级主管机构的要求，设立普法机构，组织集团系统内普法宣传教育活动，提高集团全体员工法律意识和法治观念。

**第十八条**　国机集团根据上级主管机构的要求，实行法律纠纷案件管理制度，指导、监督所属企业重大法律纠纷案件的处理、备案和协调工作。

**第十九条**　所属企业应当结合本单位经营管理实际情况，建立健全本单位法律工作各项管理制度，为法律工作人员履行职责提供必要的制度保障。

## 第五章　法律风险防范

**第二十条**　企业法律工作应当坚持以法律风险防范为中心，建立健全事先防范、事中控制为主，事后补救为辅的法律风险控制机制，预防和减少法律纠纷。

**第二十一条**　企业法律工作应当注意防范以下法律风险：

（一）经营合同类法律风险：指企业在招投标、合同签订、生效、履行过程中，由于自身或对方的违约行为导致企业承担违约责任或遭受损失的风险。

（二）对外投资类法律风险：指企业在对外投资过程中，由于缺乏对投资市场、投资对象的前期法律调查，或在投资协议的签订、履行中存在瑕疵等原因导致企业投资受损的风险。

（三）重组改制类法律风险：指由于企业在合并、分立、改制、上市过程中存在不规范或违反法律程序的行为，造成企业资产流失，或违法损害其他人利益引发仲裁诉讼等不利后果的风险。

（四）对外担保类法律风险：指企业在对外担保过程中由于对担保项目潜在风险审查不严、缺乏有效的反担保措施等原因导致企业承担连带赔偿责任的风险。

（五）知识产权类法律风险：指由于企业缺乏适当的法律保护措施导致企业商标、专利、著作权、商业秘密等知识产权被侵权，或由于企业侵犯他人知识产权，导致企业承担不利后果的风险。

（六）企业登记类法律风险：指企业在设立、变更、清算、注销过程中存在企业组织形式选择不当，出资协议、章程等法律文件瑕疵，工商登记手续不规范等问题导致企业遭受经济损失或行政处罚的风险。

（七）人力资源类法律风险：指由于企业在员工招聘、辞退、薪酬及劳动合同管理等环节中存在法律手续不完善或存在违法违规行为，导致发生劳动纠纷并给企业造成不利后果的风险。

（八）仲裁诉讼类风险：指企业在仲裁诉讼过程中违反仲裁诉讼程序规定，或由于证据、答辩理由不充分等原因，导致企业合法利益无法得到法律保护的风险。

（九）其他可能导致企业承担不利后果的风险。

**第二十二条**　企业法律机构应当根据本单位实际情况，识别和确认本企业生产经营管理活动中潜在的法律风险，评估各项风险可能造成的损失，制定控制、化解法律风险的管理制度和工作流程，有效防范各类法律风险。

**第二十三条**　企业法律机构在控制、防范法律风险工作中应当积极与本单位的经营、资产财务、审计、资本运营等相关管理部门协调配合，构筑企业全面风险防范体系。

## 第六章　监督检查

**第二十四条**　国机集团对各所属企业法律机构设置、法律工作人员配备进行检查，对不符合集团要求的单位提出整改意见，各单位应按集团要求进行整改。

**第二十五条**　所属企业忽视企业法律工作，导致本单位法律工作人员无法发挥重大经营决策法律审核把关职责的，国机集团有权要求改正。

**第二十六条**　所属企业未按集团要求建立健全法律风险防范机制，发生重大经营决策失误或发生法律纠纷案件，给企业造成重大经济损失的，国机集团将依法追究企业负责人的领导责任。

**第二十七条**　对恪尽职责、为本单位防范和化解法律风险做出突出贡献的企业法律工作人员，国机集团给予表彰和奖励。

## 第七章　附　则

**第二十八条**　本办法由国机集团审计与法律风控部负责解释。

**第二十九条**　本办法自公布之日起实施。原《中国机械工业集团有限公司法律工作管理办法》（国机法〔2009〕308 号）同时废止。

# 中国机械工业集团有限公司所属企业纪委（纪检组）向集团纪委报告工作管理办法（试行）

国机纪〔2018〕10号

## 第一章　总　则

**第一条**　为规范和加强中国机械工业集团有限公司（以下简称集团）所属企业纪委（纪检组）向集团纪委报告工作，根据《中央企业纪委（纪检组）向中央纪委驻国资委纪检组报告工作办法（试行）》（驻国资纪发〔2018〕11号）的有关规定，结合集团工作实际，制定本办法。

**第二条**　本办法适用于集团所属企业纪委（纪检组）向集团纪委报告工作。

**第三条**　集团所属企业纪委（纪检组）应当坚持应报必报、实事求是、严格时限、格式规范的原则进行定期报告、专题报告和即时报告。

**第四条**　集团所属企业纪委（纪检组）除遵照本办法向集团纪委报告工作外，有关信访管理、线索管理、纪律审查、执纪审理、党风监督等专项工作内容，应当分别按照有关规定另行专门报告。

## 第二章　定期报告

**第五条**　集团所属企业纪委（纪检组）应当于每年12月20日前向集团纪委报告本年度工作情况。

**第六条**　定期报告经所属企业纪委书记（纪检组组长）签批同意后，以纪委（纪检组）文件形式报告集团纪委。

## 第三章　专题报告

**第七条**　集团所属企业纪委（纪检组）应当以专题报告的形式，及时向集团纪委报告重要工作阶段性进展情况和工作特色以及专项工作情况，主要包括：

（一）各企业学习贯彻集团党委、纪委重要会议及领导重要讲话、指示、批示精神情况。

（二）各企业落实集团党委、纪委部署，开展党风廉政建设和反腐败专项工作、阶段性重点工作、重大活动情况。

（三）各企业贯彻落实集团党委、纪委要求，出台党风廉政建设重要文件、重要制度的情况。

（四）其他需要专题报告的事项。

**第八条**　与上述报告内容有关的会议、活动、工作总结后或者文件、制度出台后，集团所属企业纪委（纪检组）应当在10个工作日内向集团纪委专题报告。

## 第四章　即时报告

**第九条**　集团所属企业纪委（纪检组）对本企业发生的属于纪委（纪检组）监督范围内的重大事项、重要情况、敏感问题、突发事件信息，应当及时报告集团纪委，主要包括：

（一）本身较为敏感、已经或可能在社会上形成腐败舆论热点的事件。

（二）党员领导干部失踪、出逃、非正常死亡、涉嫌违纪违法且造成重大社会影响的事件。

（三）涉及纪检监察部门和纪检监察干部的突发事件。

（四）本企业办理的重大案件在执纪审查过程中发现的重要情况或发生的突发事件。

（五）涉外事件。

（六）其他需报告的重要事项。

**第十条** 集团所属企业应当在重大事项、重要情况、敏感问题、突发事件后 3 小时内向集团纪委报告有关信息。

**第十一条** 一般情况下，即时报告应书面报送集团纪委，并电话告知。如遇特别紧急情况，来不及书面报告的，可先电话报告，随后再书面详报。

## 第五章 保障措施

**第十二条** 集团纪检监察部综合处负责接收、登记各所属企业纪委上报的材料，每年初对上一年各企业纪委（纪检组）报告工作情况通报。

**第十三条** 集团纪委对各企业纪委(纪检组）报告工作制度执行情况进行监督检查，对报告不及时、不准确和瞒报漏报的企业予以通报批评，造成严重后果的，追究相关人员的责任。

## 第六章 附 则

**第十四条** 本办法由集团纪委负责解释。

**第十五条** 本办法自发布之日起施行。

# 中国机械工业集团有限公司所属企业纪委书记（纪检组长）履职专项考核暂行办法

国机纪〔2018〕15 号

## 第一章 总 则

**第一条** 为深入贯彻习近平新时代中国特色社会主义思想和党的十九大精神，进一步促进集团所属企业纪委全面履行党章赋予的职责，强化监督执纪问责，推动企业全面从严治党向纵深发展，特制定本考核办法。

**第二条** 考核工作紧紧围绕党中央、中央纪委国家监委重大决策部署和全国国有企业党的建设工作会议要求，坚持以上级纪委考核为主，聚焦职责定位，统筹兼顾、突出重点，定量打分与定性评价相结合、履职专项考核与年度综合考核相衔接、考核结果与所在企业全面从严治党总体情况相印证。

**第三条** 成立考核工作组，集团纪委书记任组长、纪委副书记任副组长，纪检监察部和巡视巡察办负责人及各处处长、集团党风廉政建设和反腐败工作领导小组监督协调组成员单位负责人为成员，负责考核工作的组织实施。

**第四条** 本办法适用于对国机集团所属二级企业纪委书记（纪检组长）履职情况的考核。

## 第二章 考核内容

**第五条** 考核主要内容包括：

（一）对企业党委及领导班子成员落实党中央重大决策部署和集团工作安排、履行全面从严治党主体责任和执行纪律的监督情况。

（二）结合实际贯彻落实《中国共产党纪律检查机关监督执纪工作规则》，深化运用监督执纪“四种形态”的情况。

（三）督促所属企业及部门落实责任及严肃问责的情况。

（四）督促落实中央八项规定精神、坚决惩治“四风”情况。

（五）协助企业党委开展巡视整改及开展内部巡察情况。

（六）在构建“不敢腐、不能腐、不想腐”体制机制方面进行探索创新并取得实效的情况。

（七）加强企业纪检监察组织建设和队伍建设情况。

（八）向上级纪委汇报工作、完成上级纪委交办或转办要结果案件、借用人员、完成交办的调研任务等情况。

## 第三章　考核方式

**第六条**　考核工作每年进行一次。

**第七条**　考核对象根据考核内容于每年年底提交书面述 职报告，考核工作组作出打分评价。

**第八条**　集团纪委组织人员到部分企业实地调研了解纪委书记（纪检组长）履职尽责情况，并对书面述职报告有关 内容进行现场检查。

**第九条**　集团纪委选取一定比例纪委书记（纪检组长）听取当面述职，现场述职测评结果作为履职考核参考。

**第十条**　考核工作组根据书面述职打分情况、现场抽查情况、现场述职测评情况，并结合集团所属企业领导人员年度经营业绩考核情况，进行综合评议，确定年度考核档次。

综合评议实行百分制。其中，对专职纪委书记的评分权重为：集团纪委对所属企业纪委书记的履职专项考核得分占70%，集团所属企业领导人员年度经营业绩考核得分占30%；对党委副书记兼纪委书记的评分权重为：集团年度党建考核和集团纪委对所属企业纪委书记的履职专项考核得分合计占70%，集团所属企业领导人员年度经营业绩考核得分占30%。年度考核结果分为优秀、良好、一般、较差四个档次。

## 第四章　考核结果运用

**第十一条**　年度考核结果与薪酬挂钩。

**第十二条**　年度考核结果为“优秀”的，作为表彰奖励、培训进修、提拔任用的重要依据。

**第十三条**　考核结果为“一般”的，对其进行约谈。

**第十四条**　考核结果为“较差”的，对其进行诫勉谈话，责令限期整改；连续两年结果为“较差”的，对其进行问责，并视情况进行必要组织调整。

## 第五章　监督管理

**第十五条**　所在单位因纪委书记未认真履行职责而发生党风廉政问题在集团范围内被通报的，考核结果不能被评为“良好”和“优秀”。并依据情节轻重，对其进行追责。

**第十六条**　所在单位纪检监察机构在执纪审查过程中未严格按照《中国共产党纪律检查机关监督执纪工作规则》要求监督执纪，造成不良影响的，考核结果不能被评为“良好”和“优秀”。

## 第六章　附　则

**第十七条**　本办法自发布之日起施行。

# 中国机械工业集团有限公司纪委关于查处违反中央八项规定及其实施细则精神问题通报曝光规定

**第一条**　为深入贯彻落实中央八项规定及实施细则精神，严肃党纪政纪，严格干部监督管理，深化运用监督执纪“四种形态”，充分发挥通报曝光的震慑和警示教育作用，加强正面社会舆论引导，根据中央纪委国家监委有关规定，结合集团实际，制定本规定。

**第二条**　查处违反中央八项规定及实施细则精神的案件，不涉及党和国家秘密的都可以通报，尤其是对党的十八大后不收敛、不收手的顶风违纪案件一律通报。

**第三条** 实行“一类一通报”或“一案一通报”。通报内容包括违纪人姓名、工作单位和职务、主要违纪事实、处理结果等。

**第四条** 根据违纪事实和警示教育需要，案件通报采取两种形式：在违纪人所在单位或集团一定范围内通报；向社会公开曝光。

**第五条** 在违纪人所在单位或集团一定范围内通报的，可采用发文或会议通报方式， 通报内容包括违纪概要、查处结果，以及违纪人的思想、作风等方面存在的问题，违纪人所在单位制度与管理方面存在的薄弱环节及应汲取的教训、相应的整改措施等。

**第六条** 对顶风违纪、情节严重、性质恶劣的典型案件和侵害群众利益的案件，除在违纪人所在单位、集团一定范围内通报外，通过网站、报刊、微信等新闻媒体公开曝光。

**第七条** 通报的案件，确定通报方式、层次、时间，形成通报材料，提交纪委会议讨论审定后，由纪检监察机构定期通报，或根据警示教育需要在重要时间节点通报。

**第八条** 坚持惩前毖后、治病救人的方针，准确把握政策，在案件通报曝光前做好沟通、谈话工作，注重通报的政治效果、社会效果。

**第九条** 强化责任追究，对该通报曝光而未通报曝光的，集团党委、纪委将追究相关单位党委、纪委主要负责人责任。

**第十条** 集团纪委及所属企业纪委查处的其他违纪问题的通报曝光，参照本规定执行。

**第十一条** 本规定由集团纪检监察部负责解释。

**第十二条** 本规定自 2018 年 7 月 1 日起施行。

# 国机集团纪委关于回复党风廉政意见的办法（试行）

**第一条** 为进一步做好干部选拔任用工作，科学有效实施回复党风廉政意见工作，根据《党政领导干部选拔任用工作条例》、《党政领导干部选拔任用工作监督检查办法（试行）》及《中共中央纪律检查委员会关于重申和建立党内监督五项制度的实施办法》的有关要求，制定本办法。

**第二条** 本办法适用中国机械工业集团有限公司（以下简称集团公司）拟提拔任用、参选两会代表、各级党代表等需要回复党风廉政意见人员。

**第三条** 回复意见的内容

（一）拟提拔任用干部遵守政治纪律、组织纪律、廉洁纪律、群众纪律、工作纪律、生活纪律的情况和抓党风廉政建设的情况；信访举报及处理情况；是否存在不宜提拔任用的其他问题。

（二）参选两会代表需出具廉洁意见。

（三）参选各级党代表需出具廉洁意见。

（四）其他需要出具廉洁意见的情况。

**第四条** 回复意见的程序

（一）集团公司及各所属企业承办部门对拟提拔任用干部、参选两会代表、各级党代表等人员，在提请纪委出具廉洁意见之前，应将上述类别人员基本情况（含姓名、性别、政治面貌、现工作单位及职务，以及表现情况）以正式函件形式提交集团纪委。

（二）集团纪委收到征求意见函起，一般应在 3 个工作日内，本着客观公正的原则，对上述或其他需要出具廉洁意见人员进行廉洁审查，认真查询干部个人廉政档案、信访举报等问题线索记录、案件初核情况等资料，经纪委负责人审签后，出具书面答复意见送交承办部门。

**第五条** 相关工作纪律

（一）集团纪委有关部门工作人员应严格遵守组织人事纪律和保密纪律。

（二）集团纪委有关部门工作人员与拟选拔任用的领导干部、参选两会代表、各级党代表等人员有以下关系之一的，应该回避：①夫妻关系；②直系血亲关系；③三代以内旁系血亲；④近姻亲关系；⑤有其他关系足以影响选拔任用公平、公正的。

**第六条** 本办法由集团纪检监察部负责解释。

**第七条** 本办法自发布之日起施行。

# 中国机械工业集团有限公司统计工作监督检查办法

## 第一章 总 则

**第一条** 为全面贯彻落实《中华人民共和国统计法》《中华人民共和国统计法实施条例》《统计执法监督检查办法》《统计违纪违法责任人处分处理建议办法》及《关于深化统计管理体制改革提高统计数据真实性的意见》的有关要求，切实提高中国机械工业集团有限公司（以下简称公司或国机集团）统计数据质量，防范和严肃惩戒统计造假和弄虚作假行为，规范统计监督检查工作，制定本办法。

**第二条** 本办法适用于集团公司总部。所属企业需参照 本办法制定相关制度，并负责本企业的统计监督检查工作。

**第三条** 审计与法律风控部是国机集团统计监督检查工作的归口管理部门，承担统计监督检查机构职责。

## 第二章 统计监督检查机构职责及检查内容

**第四条** 统计监督检查机构的主要职责：

（一）对集团公司总部统计工作质量进行监督检查，必要时组织力量成立专项工作组对所属企业统计工作质量进 行监督检查。

（二）受理统计违法、违规举报。

（三）对监督检查中发现的问题线索和违法、违规举报线索进行初步核查。

（四）将初步核查中发现的涉嫌统计工作严重违规、违法问题移交纪检监察部处理。

（五）对所属企业统计监督检查工作进行指导、监督、检查。

（六）承办领导交办的其他工作。

**第五条** 统计监督检查的范围包括集团公司总部及所属企业作为统计调查对象的以下项目：

（一）国家统计调查项目，即全国性基本情况的统计调 查项目。

（二）部门统计调查项目，即国务院有关部门的专业性 统计调查项目。

（三）地方统计调查项目，即县级以上地方人民政府及 其部门的地方性统计调查项目。

（四）企业统计调查项目，即《中国机械工业集团有限 公司经营统计制度》《中国机械工业集团有限公司采购统计管理办法》等统计制度规定的统计调查项目。

**第六条** 统计监督检查具体事项包括：

（一）集团公司总部遵守统计法律法规规章、国家统计规则及政令情况。

（二）集团公司总部按照国家有关规定设置原始记录、统计台账，建立健全统计资料的审核、签署、交接、归档等管理制度的情况。

（三）集团公司总部作为统计调查对象负责搜集、审核、录入、报送的统计资料的真实性、准确性和完整性情况。

（四）集团公司总部开展统计调查的部门、人员依法独立行使统计调查、统计报告、统计分析、统计监督职责情况。

（五）所属企业遵守统计法律法规规章、国家统计规则、 政令及集团公司总部统计制度情况。

（六）国家法律法规规章及企业统计制度规定的其他事项。

## 第三章 统计监督检查方式和程序

**第七条** 统计监督检查方式：

（一）“双随机”抽查，即随机抽查被检查对象、随机选派检查人员。抽查频度为每年不少于两次。

（二）专项检查。不定期对相关部门、相关企业进行实地核查。

**第八条** 统计监督检查工作主要程序：

（一）实施统计监督检查应提前 3 日通知检查对象，告知检查的依据、范围、内容、方式、时间和具体要求。

（二）统计监督专项检查应拟定检查方案，明确检查的依据、时间、范围、内容和组织形式等，经集团公司总部分管统计监督检查工作的公司领导审核批准后实施。

（三）统计监督专项检查结束之日起二十个工作日内，由开展监督检查工作的部门或专项工作组撰写监督检查报告，参与监督检查工作的全部人员签字。监督检查报告应对监督检查中发现的问题提出处理建议和处理依据。

（四）监督检查报告由统计监督检查机构负责人审核后报分管公司领导审阅。

（五）对监督检查中发现的问题，按照分管公司领导的处理意见，可将问题及整改要求反馈至相关部门或所属企业，并对其整改落实情况进行跟踪。

（六）拟移交纪检监察部的问题线索单独形成报告，经分管统计监督检查工作的公司领导批准后移交。

## 第四章 统计工作中违法违规行为的认定

**第九条** 国机集团统计工作中出现以下情形之一的，按照统计违规行为进行处理：

（一）虚报、瞒报统计资料。

（二）伪造、篡改统计资料。

（三）拒报、一年内三次以上无故迟报统计资料。

（四）重大过失导致上报的统计资料严重丧失真实性、准确性和完整性。

（五）上报的统计资料无相关原始记录、内部报表、统计台账等核算依据的。

（六）违反集团公司总部统计制度的其他行为。

**第十条** 在本办法第五条前三款规定的统计调查项目开展过程中，出现以下情形之一的，按照统计违法行为进行处理：

（一）拒绝提供统计资料或者经催报后仍未按时提供统计资料的。

（二）提供不真实或者不完整的统计资料的。

（三）拒绝答复或者不如实答复统计检查查询书的。

（四）拒绝、阻碍统计调查、统计检查的。

（五）转移、隐匿、篡改、毁弃或者拒绝提供原始记录和凭证、统计台账、统计调查表及其他相关证明和资料的。

（六）未按国家有关规定设置原始记录、统计台账，建立健全统计资料的审核、签署、交接、归档等管理制度。

**第十一条** 对统计监督检查机构查实的统计违规行为，由统计监督检查机构对违规单位进行书面警告、责令作出书面检查、通报批评等；对违规个人，按照干部管理权限进行批评教育、通报批评、调整岗位、诫勉，情节严重的，移交纪检监察部立案审查，给予党纪政纪处分；涉嫌违法的，移交司法机关。

## 第五章 附 则

**第十二条** 本办法由审计与法律风控部负责解释，自印发之日起施行。

# 第五篇

# 荣誉汇编

# 2018年全国及省部级，中央企业和国机集团先进集体及先进个人

**中国机械工业集团有限公司主要排名及荣誉**

**一、主要排名**

**1. 综合排名**

世界500强企业排名第250位

中国500强企业排名第65位

**2. 机械行业排名**

中国机械工业企业百强第1名

**3. 对外贸易排名**

中国机械工业最大的出口贸易企业

中国对外贸易企业500强第23位

**4. 汽车贸易和服务**

中国最大的汽车贸易和服务商

**5. 国际工程设计公司排名**

ENR“国际工程设计公司225强”第50位

**6. 国际工程承包商排名**

ENR“全球250家”最大国防工程承包商第19位

**全国及省部级、中央企业和国机集团先进集体及个人**

**一、全国先进集体**

**1. 全国工人先锋号**

经纬纺织机械股份有限公司榆次分公司罗拉厂装配组

中国一拖集团有限公司鲍建军劳模创新工作室

**2.2017—2018年度全国青年文明号**

中国中元国际工程有限公司医疗建筑研究所

国机重装二重装备重机公司重机厂FAF260数控镗床班

**3. 全国“安康杯”竞赛优胜单位**

机械工业勘察设计研究院有限公司

**4. 全国“安康杯”竞赛优胜班组**

二重集团（德阳）精衡传动设备有限公司生产部装配工段装配一班

**5. 全国模范职工之家**

中国三安建设集团有限公司工会

**6. 全国模范职工小家**

中国第二重型机械集团有限公司万航公司模锻厂一工段8万t模锻压机工会小组

中国一拖集团有限公司铸造厂清理车间

**7.2017年度国防科技工业十大创新人物（团队）**

中国第二重型机械集团有限公司万航公司

**8.2018年中国最具创新力企业**

中国第二重型机械集团有限公司

**9.2018年度国家知识产权示范企业**

桂林电器科学研究院有限公司

**10. 国家企业技术中心**

桂林电器科学研究院有限公司

**二、全国先进个人**

**1. 中国共产党十九大代表**

陈学东　合肥通用机械研究院有限公司

**2. 全国五一劳动奖章**

王俊堂　山东华源莱动内燃机有限公司

张景梅　第一拖拉机股份有限公司大拖装配厂

**3. 共青团十八大代表**

冯超良　中国纺织对外经济技术合作有限公司

**4. 中国工会十七大代表**

何巍　中国恒天集团有限公司邯郸宏大化纤机械有限公司

**5. 全国优秀工会积极分子**

赵国忠　一拖（洛阳）柴油机有限公司

**6. 中央企业优秀共青团员**

王子禹　机械工业第六设计研究院有限公司

**7.2016—2017 年度全国青年岗位能手**

郑传经　合肥通用机械研究院有限公司

罗恒军　中国第二重型机械集团有限公司万航公司技术开发部

**8.2018 国际工程杰出人物奖**

罗　艳　中工国际工程股份有限公司

**9. 享受国务院政府津贴人物**

于跃平　徐　鹏　聂德福　王　渭　张德友　合肥通用机械研究院有限公司

**10. 中国纺织大工匠**

何东升　邵阳纺织机械有限责任公司

郭　超　郑州纺机工程技术有限公司加工事业部

**11. 第三届“杰出工程师青年奖”**

范志超　合肥通用机械研究院有限公司

**12. 中国百强杰出企业家奖**

夏闻迪　国机汽车股份有限公司

**13.2018 中国百强上市公司优秀董秘**

谈正国　国机汽车股份有限公司

**14.2018 全国技术能手**

王拥军　国机重工集团洛阳有限公司

**三、中央企业先进集体**

**1.2017—2018 年度中央企业青年文明号**

中国机械设备工程股份有限公司巴基斯坦塔尔煤田Ⅱ区块煤矿和电站项目部

国机汽车股份有限公司中国进口汽车贸易有限公司北京中进捷旺汽车销售服务有限公司

中国联合工程有限公司市政工程设计研究院

合肥通用机械研究院特种设备检验站有限公司承压设备安全评定团队

**2.2017—2018 年度中央企业五四红旗团委**

中国一拖集团有限公司团委

苏美达股份有限公司团委

**3.2017—2018 年度中央企业五四红旗团支部**

中国恒天集团有限公司郑州纺机工程技术有限公司加工事业部团总支

国机财务有限责任公司团支部

中国汽车工业工程有限公司涂装工程院团支部

**四、中央企业先进个人**

**1.2017—2018 年度中央企业青年岗位能手**

霍　达　中工国际工程股份有限公司党群办公室

叶林伟　中国第二重型机械集团德阳万航模锻有限责任公司模锻厂 800MN 三组模

李忠耀　中国电器科学研究院股份有限公司威凯检测技术有限公司机电事业部电器附件工程部

**2.2017—2018 年度中央企业优秀共青团员**

廖文春　中国机械设备工程股份有限公司机械工业勘察设计研究院有限公司水资源环境中心

张佳庆　中国机械工业建设集团有限公司战略投资部（信息中心）信息化推进处

丁祎晨　中国农业机械化科学研究院中机十院国际工程有限公司洛阳分公司建筑工程研究院

王子禹　机械工业第六设计研究院有限公司第六工程院综合二所

**3.2017—2018 年度中央企业优秀共青团干部**

丛　业　中国自控系统工程有限公司

王　森　国机汽车股份有限公司

赵流韵　国机重型装备集团股份有限公司中国重型机械研究院股份公司

**五、省部级先进集体**

**1. 首都文明单位标兵**

中工国际工程股份有限公司

国机汽车股份有限公司

**2. 天津市模范职工之家**

天津电气科学研究院有限公司工会

**3. 湖北省模范职工之家**

中国机械工业第二建设工程有限公司工会

**4. 上海市五一劳动奖状**

中国浦发机械工业股份有限公司

**5. 四川省五一劳动奖状**

二重（德阳）重型装备有限公司

**6. 四川省工人先锋号**

国机重装二重装备铸锻公司炼钢厂

**7. 陕西省工人先锋号**

中国重型机械研究院股份公司液压技术与装

备研究所

机械工业勘察设计研究院有限公司三星桩基工程项目部

**8. 四川省五一巾帼标兵岗**

中国二重铸锻公司炼钢厂化验室

**9. 四川省“安康杯”竞赛**

**优胜单位**

二重集团（德阳）精衡传动设备有限公司

**优胜班组**

二重集团（德阳）重型装备股份有限公司重机公司重机厂装配三班

**优秀组织单位**

中国第二重型机械集团公司企业安全与环境部

**10. 重庆市劳模和工匠人才创新示范工作室**

重庆材料研究院有限公司张忠模劳模创新工作室

**11. 河南省住房和城乡建设厅直属机关“五好党委”**

中共机械工业第六设计研究院有限公司党委

**12. 江苏省青年文明号**

江苏苏美达能源控股有限公司新能源研究院

**13. 河南省五四红旗团支部**

机械工业勘察设计研究院有限公司国际工程院团支部

机械工业勘察设计研究院有限公司工业工程中心团支部

**14. 陕西省五四红旗团委**

机械工业勘察设计研究院有限公司团委

**15. 江苏省五四红旗团委**

苏美达股份有限公司团委

**16. 河南省五四红旗团委**

机械工业第六设计研究院有限公司团委

**17. 河南省机械冶金建材行业劳模及创新人才示范工作室**

中国一拖集团有限公司鲍建军劳模创新工作室

**18. 河南省十佳工会**

机械工业第六设计研究院有限公司工会委员会

**19. 江苏省“慈善之星”**

苏美达股份有限公司

**20. 陕西省青年安全示范岗**

机械工业勘察设计研究院有限公司勘察三公司

**21. 第四届安徽省人民政府质量奖**

合肥通用机械研究院有限公司

**22. 江苏省工会劳动法律监督工作先进单位**

苏美达国际技术贸易有限公司分工会

**23. 陕西省劳动关系和谐企业**

机械工业勘察设计研究院有限公司

**24. 陕西省国资委系统“先进基层党组织”**

中国三安建设集团有限公司西安分公司党支部

**25. 三秦企业文化标兵单位**

机械工业勘察设计研究院有限公司

**26. 重庆市新材料研发制造先进企业**

重庆材料研究院有限公司

**27. 重庆市优秀创新型企业**

重庆材料研究院有限公司

**28. 广西壮族自治区技术创新示范企业**

桂林电器科学研究院有限公司

**29.“2018 年度江苏省专精特新”企业**

江苏林海动力机械集团有限公司

**30. 江苏省工业设计中心**

江苏林海动力机械集团有限公司

**六、省部级先进个人**

**1. 河南省劳动模范**

陈浩然　中国一拖集团有限公司能源分公司

薛志飞　中国一拖集团有限公司技术中心

**2. 四川省五一劳动奖章**

陈红宇　二重（德阳）重型装备有限公司重型压力容器与核电技术研究所焊接热处理室项目负责人

**3. 重庆市五一劳动奖章**

唐　锐　重庆材料研究院有限公司

**4. 山西省五一劳动奖章**

梁玉春　经纬纺织机械股份有限公司榆次分公司罗拉厂

**5. 河南省五一劳动奖章**

郭　超　中国恒天集团有限公司郑纺机加工事业部

任亚严　一拖（洛阳）铸锻有限公司

朱恺真　机械工业第六设计研究院有限公司

**6. 安徽省五一劳动奖章**

李蓉蓉　合肥通用机械研究院有限公司

**7. 江苏省五一劳动奖章**

蔡秋燕　苏美达国际技术贸易有限公司

**8. 江苏省五一创新能手**

唐梦瑶　葛映琳　苏美达国际技术贸易有限公司

**9. 四川省五一巾帼标兵**

曾　菁　中国第二重型机械集团有限公司万航公司技术开发部

**10. 河南省五一巾帼标兵**

任亚严　一拖（洛阳）铸锻有限公司

**11. 河南省五一巾帼奖章**

符　晓　第一拖拉机股份有限公司齿轮厂

**12. 重庆市巾帼建功标兵**

何伦英　重庆材料研究院有限公司

**13. 重庆市三八红旗手**

何伦英　重庆材料研究院有限公司

**14. 河南省三八红旗手标兵**

杨桂香　中国一拖集团有限公司技术中心

**15. 陕西青年五四奖章**

谷瑞杰　中国重型院重型锻压装备研究所高级工程师

**16. 河南省优秀共青团干部**

周灵芝　熊新宇　祁永斌　王　茜　段玉娟

吴　萌　段振宇　霍亚超　温　雅　陈　翔

常钰晖　王子禹　张世豪　李奋邈　胥　琳

黄　铖　机械工业第六设计研究院有限公司

**17. 四川省优秀共青团员**

付田园　中国第二重型机械集团有限公司万航公司综合管理部

**18. 河南省优秀共青团员**

何伟杰　王诗佳　王珺黎　刘　欢　陈　庆

周德扬　张坤鹏　宋　鑫　张　轲　郝　琦

魏佳继　赵珂帆　王翼飞　任永超　袁中华

张　迪　赵　迪　姚　瑞　马　闯　邢胜男

黄　坚　马　瑞　王东君　机械工业第六设计研究院有限公司

**19. 江苏省青年岗位能手**

汪　洋　江苏苏美达五金工具有限公司团委

**20. 陕西省优秀工会积极分子**

严　涛　中国重型机械研究院股份公司

**21.2016—2017 年度四川省“安康杯”竞赛优秀个人**

龙小平　二重集团（德阳）重型装备股份有限公司铸锻公司

**22. 河南省中原大工匠**

高中汉　第一拖拉机股份有限公司大拖装配厂

**23. 第六届中国农业机械学会青年科技奖**

董　昊　中国一拖集团有限公司技术中心

**24. 全省优秀选派帮扶干部标兵**

王　信　合肥通用机械研究院有限公司

**25. 安徽省战略性新兴产业技术领军人才**

于跃平　王永强　聂德福　合肥通用机械研究院有限公司

**26. 安徽省创新争先奖章**

王　渭　合肥通用机械研究院有限公司

**27. 第四批“安徽省创新创业领军人才特殊支持计划”**

王　渭　合肥通用机械研究院有限公司

**28.2018 年度企业军转干部工作先进个人**

高庆安　中国一拖集团有限公司党委工作部

**七、其他**

**1. 绿色会展推广先进单位**

中国机械国际合作股份有限公司所属西麦克国际展览有限责任公司　中国机械国际合作股份有限公司所属北京国机联创广告有限公司

**2. 最具影响力展览主办机构**

中国机械国际合作股份有限公司

**3. 改革开放 40 年，中国会展领军企业**

中国机械国际合作股份有限公司

**4. 最具影响力展览会**

上海国际汽车零配件、维修检测诊断设备及服务用品展览会　中国机械国际合作股份有限公司主办

中国国际机床工具展览会　中国机械国际合

作股份有限公司主办

全国汽车配件交易会　中国机械国际合作股份有限公司所属中国汽车工业配件销售有限公司主办

**5. 最具品牌力展览会**

中国沈阳国际汽车工业博览会　中国机械国际合作股份有限公司主办

全国摩托车配件交易会　中国机械国际合作股份有限公司所属中国汽车工业配件销售有限公司主办

**6. 国家认定企业技术中心 2017 年度评价结果优秀**

合肥通用机械研究院有限公司

**7. 优秀类国家重点实验室**

合肥通用机械研究院有限公司压缩机技术国家重点实验室

**8.2018 中国汽车流通行业企业品牌最具影响力奖**

国机汽车股份有限公司

**9. 财富中国企业 500 强排行榜第 158 位**

国机汽车股份有限公司

**10.2018 中国上市公司诚信企业百佳**

国机汽车股份有限公司

**11.2018 最具社会责任上市公司**

国机汽车股份有限公司

**12. 中国改革开放 40 周年突出贡献上市公司**

国机汽车股份有限公司

**13.2018 中国最具投资价值上市公司**

国机汽车股份有限公司

**14. 国际招标代理机构年度杰出贡献奖**

苏美达国际技术贸易有限公司

**15. 全国十佳钢铁流通企业**

苏美达国际技术贸易有限公司

**16.2018 年全球企业“员工关照义务奖”—最佳偏远地区医疗奖**

中国机械设备工程股份有限公司

**17.2018 对外承包工程企业社会责任绩效评价领先型企业**

中国机械设备工程股份有限公司

**18.2018 海外可持续实践卓越企业奖**

中国机械设备工程股份有限公司

**八、国机集团先进单位、先进个人及单项奖，以及首席专家、首席技师**

**（一）先进集体**

**1.2017—2018 年度国机集团青年文明号**

中国机械设备工程股份有限公司第一工程成套事业部伊拉克萨拉哈丁电站项目海外现场项目团队

中国机械设备工程股份有限公司机械工业勘察设计研究院有限公司测绘四公司

中国机械设备工程股份有限公司中机国际工程设计研究院工程设计研究所总承包工程部

中国机械设备工程股份有限公司天津电气科学研究院有限公司智能装备研究所系统研发部

中工国际工程股份有限公司成套工程五部

中国恒天集团有限公司郑州纺机工程技术有限公司技开中心标准化室

中国恒天集团有限公司山东凯马汽车制造有限公司东风凯马总装车间装配班

中国恒天集团有限公司保定天鹅新型纤维制造有限公司新型纤维分公司中控室

中国福马机械集团有限公司苏州苏福马机械有限公司砂光技术事业部装配一组

中国福马机械集团有限公司镇江中福马机械有限公司磨机事业部技术办公室

中国机械工业建设集团有限公司乌兹别克斯坦纳沃伊 PVC、烧碱、甲醇生产综合体项目部

中国机械工业建设集团有限公司中国三安西安胜利饭店项目部

中国自控系统工程有限公司鲁能九寨丽思卡尔顿酒店智能工程项目组

中国自控系统工程有限公司第一工程事业部

国机重工常林公司特车事业部生产服务保障队

国机重工国际装备有限公司亚太部

国机重工智能化一站式垃圾收运项目组

国机汽车股份有限公司中国进口汽车贸易有限公司业务一部

国机汽车股份有限公司中进汽贸服务有限公司北京本部

国机汽车股份有限公司北京中汽雷日汽车有限公司东风日产销售团队

中国机械国际合作股份有限公司北京国机联创广告有限公司

中国机械国际合作股份有限公司西麦克国际展览有限责任公司

中国农业机械化科学研究院北京卓众出版有限公司

中国农业机械化科学研究院中机十院国际工程有限公司建筑方案工作室

中国中元国际工程有限公司厦门分院结构一所

中国中元国际工程有限公司建筑工程设计研究院二院结构设计所

中国中元国际工程有限公司工程建设发展中心事业二部

中国中元国际工程有限公司北起院起重工程事业部电气部

国机重型装备集团股份有限公司二重装备重机公司重机厂二工段镗床班组

国机重型装备集团股份有限公司二重装备核电石化公司核电容器厂机加工段立车一班

国机重型装备集团股份有限公司二重装备铸锻公司炼钢厂铸锭工段滑动水口乙班

国机重型装备集团股份有限公司中国重型院板带精整与处理研究所

中国第二重型机械集团公司万航公司质量管理部探伤站

中国一拖集团有限公司第一拖拉机股份有限公司中小轮装

中国一拖集团有限公司一拖（洛阳）铸锻有限公司技术质量部

中国一拖集团有限公司一拖（洛阳）汇德工装有限公司刃量实业部车铣班组

中国一拖集团有限公司东方红（洛阳）文化传播中心东方红工业游营销团队

苏美达股份有限公司苏美达国际技术贸易有限公司上海钢铁事业部

中国浦发机械工业股份有限公司中国能源工程集团有限公司电网事业部

中国联合工程有限公司第一建筑工程设计研究院第一结构设计所

中国联合工程有限公司新能源工程设计研究院锅炉所

中国联合工程有限公司中机中联工程有限公司综合七所

中国联合工程有限公司中联西北工程设计研究院有限公司城市规划设计研究所

中国汽车工业工程有限公司上汽正大有限公司泰国工厂项目部

机械工业第六设计研究院有限公司工业与智能中心土建工程院

沈阳仪表科学研究院有限公司汇博检测

合肥通用机械研究院有限公司机电产品检测院制冷家电检测所

合肥通用机械研究院有限公司军品生产部舰船用高压空气动力系统团队

甘肃蓝科石化高新装备股份有限公司海洋装备研究部工艺室

中国电器科学研究院有限公司广州擎天电器工业有限公司国际营销分公司营销部

重庆材料研究院有限公司资产财务部核算组

**2.2017—2018 年度国机集团青年安全生产示范岗**

中国机械设备工程股份有限公司第五工程成套事业部巴基斯坦塔尔煤田二区块露天煤矿项目部

中工国际工程股份有限公司乌兹别克斯坦 PVC 生产综合体建设项目组

中国恒天集团有限公司郑州纺机工程技术有限公司非织造布工程事业部装配 1 班

中国福马机械集团有限公司宁夏振启光伏发电有限公司运维二班

中国海洋航空集团有限公司中海工程建设总局有限公司京津合作示范区市政工程项目经理部

中国地质装备集团有限公司重庆探矿机械有限公司总装车间钳工组

中国机械工业建设集团有限公司肇庆小鹏汽车有限公司

智能网联科技产业园涂装车间建安工程项目部

中国自控系统工程有限公司国家粮食和物资储备工程项目组

中国国机重工集团有限公司国机重工集团常

林有限公司挖掘机车间钳工一班

国机汽车股份有限公司江阴中进雷克萨斯汽车销售服务有限公司售后服务车间

中国机械国际合作股份有限公司国际展览三部

中国农业机械化科学研究院行业技术服务中心车辆公告组

中国中元国际工程有限公司京兴国机工程管理有限公司 JXG2011029 号工程项目组

国机重型装备集团股份有限公司二重装备铸锻公司铸造厂清理工段技术服务组

中国第二重型机械集团有限公司德阳万航模锻有限责任公司

中国一拖集团有限公司第一拖拉机股份有限公司大拖装配厂机一车间 100 后箱班

苏美达股份有限公司江苏苏美达轻纺国际贸易有限公司境外项目安全组

中国浦发机械工业股份有限公司中国空分荣泰项目部

中国联合工程有限公司第一工程建设公司良渚项目群

中国汽车工业工程有限公司中汽系统数控加工班组

机械工业第六设计研究院有限公司林州恒大悦府项目组

沈阳仪表科学研究院有限公司波纹管事业部

合肥通用机械研究院有限公司合肥通用环境控制技术有限责任公司环保工程事业部污水处理项目组

甘肃蓝科石化高新装备股份有限公司上海蓝滨石化设备有限责任公司机电维修班

洛阳轴研科技股份有限公司郑州磨料磨具磨削研究所有限公司制品七部电镀成型班组

中国电器科学研究院有限公司威凯检测技术有限公司消费品事业部化学工程部

国机智能科技有限公司广州机械科学研究院有限公司

设备润滑与检测研究所检测部监测组

重庆材料研究院有限公司质量管理部化学组

（二）优秀个人

**2017—2018 年度国机集团青年岗位能手**

董丽丽　中国机械设备工程股份有限公司第四工程成套事业部

顾佳佳　中国机械设备工程股份有限公司中国成套工程有限公司

贾　宇　中国机械设备工程股份有限公司中国电力工程有限公司孟加拉分公司

关　心　中国机械设备工程股份有限公司哈尔滨电站设备成套设计研究所有限公司能源与环保工程部

李　骞　中工国际工程股份有限公司成套工程六部

王　蕴　中工国际工程股份有限公司工程管理部

张　斌　中国恒天集团有限公司经纬智能纺织机械有限公司

杨庆源　中国恒天集团有限公司郑州恒天重型装备有限公司

蔡世清　中国恒天集团有限公司恒天海龙股份有限公司短丝二分厂

刘丰臣　中国恒天集团有限公司中国纺织科学技术有限公司

张思崇　中国福马机械集团有限公司江苏林海动力机械集团有限公司

王丕朋　中国海洋航空集团有限公司海南榆海实业发展公司营销中心

李芳芳　中国海洋航空集团有限公司上海海虹实业（集团）巢湖今辰药业有限公司

唐　健　中国地质装备集团有限公司重庆探矿机械有限公司研发部

秦　佩　中国地质装备集团有限公司北京奥地探测仪器有限公司

孙　鹤　中国机械工业建设集团有限公司人力资源部

李　彪　中国机械工业建设集团有限公司

胡现满　中国机械工业建设集团有限公司安徽分公司

严元培　中国机床总公司业务三部

雷晓义　中国自控系统工程有限公司中自控自动化技术有限公司客户工程部

唐　薇　中国自控系统工程有限公司中国电缆工程有限公司经营管理与法律事务部

张　淼　中国国机重工集团有限公司天津工程机械研究院有限公司

胡维亮　中国国机重工集团有限公司工程成套公司综合财务部

卢甲猛　中国国机重工集团有限公司国机重工集团常林有限公司

韩志龙　国机汽车股份有限公司中国汽车工业进出口有限公司贸易五部

李高尚　国机汽车股份有限公司中进汽贸服务有限公司衍生业务中心品牌租赁部

谢　伟　国机汽车股份有限公司中进汽贸（天津）进口汽车贸易有限公司进口与物流部

黄　凯　国机汽车股份有限公司中国进口汽车贸易有限公司业务二部

申　琦　中国机械国际合作股份有限公司

温万河　中国机械国际合作股份有限公司西麦克国际展览有限责任公司

孙　姗　中国农业机械化科学研究院

华荣江　中国农业机械化科学研究院中机美诺科技股份有限公司

牛　康　中国农业机械化科学研究院机电技术应用研究所

吴晓光　中国中元国际工程有限公司北京起重运输机械设计研究院索道工程部

刘　建　中国中元国际工程有限公司医疗研究院

王晓霞　中国中元国际工程有限公司上海分院建筑设计一院

冯国钰　中国中元国际工程有限公司能源与环境工程中心

李鹏飞　国机重型装备集团股份有限公司二重装备核电石化公司核电容器厂

罗　雨　国机重型装备集团股份有限公司二重装备重机公司重机厂一工段

刘云飞　国机重型装备集团股份有限公司中国重型院板带轧制装备研究所

黎　滕　国机重型装备集团股份有限公司二重装备动能分公司热力车间

米　晨　中国第二重型机械集团公司德阳万航模锻有限责任公司

张琳峰　中国一拖集团有限公司一拖（洛阳）福莱格车身有限公司焊接工部

柳晓元　中国一拖集团有限公司第一拖拉机股份有限公司大拖装配厂机三车间

张杰琼　中国一拖集团有限公司第一拖拉机股份有限公司质量工程中心材料成型研究室

段华威　中国一拖集团有限公司洛阳拖拉机研究所有限公司液压室

邵　汉　苏美达股份有限公司

卢从薇　苏美达股份有限公司

马　煜　苏美达股份有限公司苏美达机电公司

张　洁　苏美达股份有限公司苏美达技术公司华南机电事业部

余　堃　中国浦发机械工业股份有限公司中机国能江山热电有限公司

樊　星　中国联合工程有限公司团委副书记、电力工程设计研究院汽机所

朱见励　中国联合工程有限公司第三工业工程设计研究院

陈秋宇　中国联合工程有限公司中机中联工程有限公司建筑创作与技术研究院创作研发中心

左森文　中国联合工程有限公司中联西北工程设计研究院有限公司华伟建筑设计研究所

张　亮　中国汽车工业工程有限公司建筑工程二院

卢建坤　中国汽车工业工程有限公司中汽昌兴公司

刘　振　机械工业第六设计研究院有限公司居住商业建筑院

李豪杰　机械工业第六设计研究院有限公司工业与智能中心

师国玮　机械工业第六设计研究院有限公司郑州中兴监理有限公司

孙成旭　沈阳仪表科学研究院有限公司汇博装备公司技术部

陈贤洮　合肥通用机械研究院有限公司特种设备检验站

赵洁利　合肥通用机械研究院有限公司资产财务部

解德甲　甘肃蓝科石化高新装备股份有限公司设计处

孙建勇　洛阳轴研科技股份有限公司洛阳轴承研究所有限公司

朱建辉　洛阳轴研科技股份有限公司郑州磨料磨具磨削研究所有限公司

谢　静　中国电器科学研究院有限公司广州擎天材料　科技有限公司树脂分公司技术部

陈云华　中国电器科学研究院有限公司威凯检测技术有限公司电子与通讯事业部技术质量部

施　慧　中国电器科学研究院有限公司嘉兴威凯检测技术有限公司

吴袁生　国机智能科技有限公司广州机械科学研究院有限公司中汽检测技术有限公司检测部技术

游伟文　国机智能科技有限公司广州机械科学研究院有限公司广州宝力特密封技术有限公司生产部

王春光　重庆材料研究院有限公司特种合金部

阳玉成　桂林电器科学研究院有限公司

# 2018 年全国、机械行业及省部级科学技术奖

**一、国家科学技术进步奖**

**二等奖**

羊肉梯次加工关键技术及产业化　中国农业机械化科学研究院

工业建筑抗震关键技术研究与应用　中国联合工程有限公司

**二、中国机械工业科学技术奖**

**一等奖**

高端陶瓷密封环成套技术开发及应用　合肥通用机械研究院有限公司

核能发电机超大型转子锻件制造关键技术及应用　二重（德阳）重型装备有限公司

3 000kN/7 500kN·m 大型锻造操作机关键技术及应用　中国重型机械研究院股份公司

镀锡板高速精整机组关键工艺及装备研发与应用　中国重型机械研究院股份公司

玉米田间生产全程机械化关键技术与装备　中国农业机械化科学研究院

杭州九峰垃圾焚烧发电工程　中国联合工程有限公司

大型系列动力换挡拖拉机关键技术及产业化　中国一拖集团有限公司

**二等奖**

大型原油储罐基于风险的检验技术及工程应用　合肥通用机械研究院有限公司

矿山大型排水泵站系统节能技术、产品研发与应用　合肥通用机械研究院有限公司

温湿度独立控制空调系统关键设备系列标准　合肥通用机械研究院有限公司

超薄镀锡原板平整及二次冷轧高效精密工艺与装备　中国重型机械研究院股份公司

板坯连铸装备设计理论研究与应用　中国重型机械研究院股份公司

120M 工业铝材高效节能挤压装备关键技术与应用　中国重型机械研究院股份公司

棉种智能精细加工关键技术及装备　中国农业机械化科学研究院

长寿命高性能关节轴承关键技术研发与产业

化 中国农业机械化科学研究院

牵引电机用绝缘轴承关键技术研究 洛阳轴承研究所有限公司

精密刀具高效数控磨削用超硬磨料砂轮开发及应用 郑州磨料磨具磨削研究所有限公司

空调器及热泵热水器高性能试验装备关键技术研究和应用 中国电器科学研究院有限公司试验装备公司

光伏电池组件环境可靠耐久性技术研发与产业应用 中国电器科学研究院有限公司工业产品环境适应性国家重点实验室

神华宁煤 400 万 t/a 煤炭间接液化项目动力站装置 中国联合工程有限公司

大型数据中心基础设施规划设计方法研究与应用 中国中元国际工程有限公司

新型滑雪索道关键技术及工程应用 中国中元国际工程有限公司

中国工程机械走出去标准需求研究 中国中元国际工程有限公司

高品质铂铱合金系列电极材料及元件开发与产业化 重庆材料研究院有限公司

**三等奖**

宽量程螺杆压缩机综合性能测试系统开发及应用 合肥通用机械研究院有限公司

节材代木复合材料电线电缆交货盘系列标准研究 合肥通用机械研究院有限公司

通用和特种全系列自动校直设备研发及产业化 中国农业机械化科学研究院

精密传动件可转位成型刀具研发 成都工具研究所有限公司

万向节十字轴总成仿真技术研究及疲劳寿命计算软件开发 洛阳轴承研究所有限公司

顺丰电商产业园义乌综合服务中心项目 中国联合工程有限公司

南宁市五象湖综合配套工程设计 中国中元国际工程有限公司

双向输送物料的圆管带式输送机技术 中国中元国际工程有限公司

瓶装水大容量产储配系统解决方案 中国中元国际工程有限公司

高透射、锐截止的生物医学光学滤光片 沈阳仪表科学研究院有限公司

变频电机用绝缘材料耐重复脉冲电应力试验方法 (JB/T 12421—2015) 桂林电器科学研究院有限公司

白俄罗斯 40 万 t/a 纸浆项目综合施工技术研究与应用 中国机械工业第一建设有限公司

**三、中国工业大奖**

**表彰奖**

金属挤压与锻造装备技术研发和推广应用项目 中国重型机械研究院股份公司

800MN 大型模锻压机研制 中国第二重型机械集团有限公司

**四、绿色制造科学技术进步奖**

**一等奖**

使用 R32 的新型制冷设备绿色制造关键技术 合肥通用机械研究院有限公司

**二等奖**

高效节能耐腐蚀双金属复合管液胀成型关键技术装备研发及绿色制造产业化应用 中国重型机械研究院股份公司

**五、中国有色科学技术奖**

**二等奖**

核级锆材智能化挤压工艺及设备研究 中国重型机械研究院股份公司

**三等奖**

核用硬铝合金薄壁管材高效精密矫整理论及其工艺装备技术 中国重型机械研究院股份公司

**六、中国标准创新贡献奖**

**一等奖**

GB/T 30579—2014 承压设备损伤模式识别等 7 项标准 合肥通用机械研究院有限公司

**二等奖**

GB/T 30818—2014 石油和天然气工业管线输送系统用全焊接球阀 合肥通用机械研究院有限公司

GB/T 19409—2013 水（地）源热泵机组等 4 项标准 合肥通用机械研究院有限公司

**七、2018 年首届中央企业 QC 小组成果发表赛**

**二等奖**

SAR8 优化 QC 小组 国机智能股份有限公司

**八、2018中国创新创业大赛(广东·广州赛区)**

**优胜奖**

基于在线油液监测的机械装备智能诊断与运维云系统　国机智能股份有限公司

全天候变电站巡检机器人　国机智能股份有限公司

**九、2018年度好设计奖**

**金奖**

科技创新(大型核电转子锻件制造技术)　二重(德阳)重型装备有限公司

**十、国家知识产权局中国专利**

**优秀奖**

玉米果穗剥皮装置及具有该装置的玉米果穗剥皮机　中国农业机械化科学研究院

**十一、中央企业熠星大赛**

**三等奖**

智能推车　国机智能科技有限公司所属广州启帆工业机器人有限公司

**十二、安徽省科学技术进步奖**

**一等奖**

长寿命高可靠性石化加热炉管国产化关键技术及产业化应用　合肥通用机械研究院有限公司

**三等奖**

市政污水提标工程反硝化深度处理关键技术及应用　合肥通用机械研究院有限公司

**十三、广东省科学技术进步奖**

**一等奖**

高端装备大型橡塑密封设计制造关键技术及工业化应用　国机智能股份有限公司

**二等奖**

基于热转印铝型材粉末涂料用新型聚酯树脂的合成与应用研究　广州擎天材料科技有限公司

**三等奖**

汽车湿热环境气候老化试验技术研究与应用　中国电器科学研究院有限公司工业产品环境适应性国家重点实验室

铝型材高性能粉末涂料用聚酯树脂的研究和应用　广州擎天材料科技有限公司

**十四、陕西省科学技术进步奖**

**二等奖**

连铸机结晶器恶劣服役工况下的振动液压缸研制及应用　中国重型机械研究院股份公司

**十五、四川省科技进步奖**

3300+2850mm“1+4”铝板带热连轧机工程成套设备研制　二重(德阳)重型装备有限公司

**十六、吉林省科学技术进步奖**

**一等奖**

东北玉米全价值仿生收获关键技术与装备　中国农业机械化科学研究院

**十七、河南省科学技术进步奖**

**一等奖**

轻量化超高速陶瓷CBN砂轮关键技术开发及应用　郑州磨料磨具磨削研究所有限公司

**十八、浙江省科学技术进步奖**

**二等奖**

杭州海康威视电子有限公司安防产业基地项目(一期)　中国联合工程有限公司

松原市生活垃圾焚烧处理项目　中国联合工程有限公司

郑州航空港实验区进口肉类指定口岸建设项目(首期)　中国联合工程有限公司

东莞中集专用车有限公司数字化涂装车间先进零部件涂装生产线　中国联合工程有限公司

**三等奖**

琥珀安吉天然气热电联产项目　中国联合工程有限公司

中国石油化工股份有限公司广州分公司热电站CFB烟气脱硫脱硝改造项目　中国联合工程有限公司

智利马士基集装箱涂装生产线项目　中国联合工程有限公司

中煤蒙大新能源化工有限公司年产50万t工程塑料项目自备热电站工程　中国联合工程有限公司

哈电集团(哈尔滨)哈锅锅炉制造技术有限公司新建生产基地项目　中国联合工程有限公司

**十九、辽宁省科学技术进步奖**

**二等奖**

新一代火箭发动机用高性能金属波纹管　沈阳仪表科学研究院有限公司

**二十、广西壮族自治区科学技术进步奖**

**二等奖**

双向拉伸聚酯薄膜生产装备关键技术研究与应用　桂林电器科学研究院有限公司

# 2018 年全国及行业、省区市优秀工程奖

**全国及行业奖项**

**一、第十五届中国土木工程詹天佑奖**

杭州市东、西部天然气应急气源站工程　中国联合工程有限公司

泰康之家·燕园　中国电力工程有限公司所属北京兴电国际工程管理有限公司

**二、2016—2017 年度鲁班奖**

南京禄口国际机场二期工程 T2 航站楼　中国中元国际工程有限公司

**三、2017—2018 年度建筑长城杯金质奖**

计算科学及应用研究能力建设　中国中元国际工程有限公司

中关村科技园昌平园东区二期工程 0303-55 地块 1# 商业办公楼　中国中元国际工程有限公司

**四、国家工程建设优秀 QC 小组**

**二等奖**

新型地表沉降监测点埋设构件研发　机械工业勘察设计研究院有限公司

**五、2018 年度工程建设优秀质量管理小组**

**三等奖**

刘亮 QC 小组(提高填充墙施工质量合格率)中国机械工业第二建设工程有限公司

提高房建电气线管预埋一次合格率－胜利饭店项目电气线管预埋 QC 小组　中国三安建设集团有限公司

提高冷媒管道（铜管）焊接合格率－新和站冷媒管道（铜管）焊接质量控制 QC 小组　中国机械工业机械工程有限公司

钢柱吊装垂直度控制－印尼 BATURAJA 水泥生产线机电设备安装工程 QC 小组　中国机械工业第五建设有限公司

**六、机械工业优秀工程咨询成果奖**

**一等奖**

昆明市五华区垃圾焚烧发电厂异地重建项目可行性研究报告　中国联合工程有限公司

综合极端条件实验装置可行性研究报告　中国中元国际工程有限公司

四川大学华西医院锦江院区建设工程可行性研究报告（代项目建议书）中国中元国际工程有限公司

北京大学第一医院城南院区工程可行性研究报告　中国中元国际工程有限公司

地球系统数值模拟装置项目建议书　中国中元国际工程有限公司

模式动物表型与遗传研究设施可行性研究报告　中国中元国际工程有限公司

登封市非晶产业园产业发展规划（2017—2025 年）　机械工业第六设计研究院有限公司

**二等奖**

许昌垃圾焚烧发电（许昌天健易地改建）项目申请报告　中国联合工程有限公司

杭州市萧山区瓜沥小城市总体规划研究（2014—2040）　中国联合工程有限公司

松原市城乡生活垃圾收转运一体化项目可行性研究报告　中国联合工程有限公司

绍兴远东热电有限公司三期扩建工程可行性研究报告　中国联合工程有限公司

煤炭洗选工程技术研究中心建设项目资金申请报告　中国联合工程有限公司

电厂蒸汽余热在前海区域集中供冷项目的应用研究报告　中国中元国际工程有限公司

靖边400MW风光气氢热储牧多能互补系统工程可行性研究报告　中国中元国际工程有限公司

天津航空口岸大通关基地工程一期建设项目可行性研究报告　中国中元国际工程有限公司

**三等奖**

安顺市平坝区航空小镇城市设计及项目策划　中国联合工程有限公司

中车山东公司净化槽技术引进和分散式污水处理设备产业化项目可行性研究报告　中国联合工程有限公司

北京京能上庄热电余热深度回收项目资金申请报告　中国中元国际工程有限公司

北京天仁道和新材料有限公司高速列车基础制动材料研发及智能制造示范生产线项目可行性研究报告　中国中元国际工程有限公司

横琴口岸及综合交通枢纽开发工程可行性研究报告　中国中元国际工程有限公司

吉林农安现代农业建设示范带规划　中国中元国际工程有限公司

**七、机械工业优秀工程咨询勘察设计奖**

**一等奖**

中联西北工程设计研究院有限公司科技办公楼　中国联合工程有限公司（中联西北工程设计研究院有限公司）

FedEx联邦快递中国区转运中心　中国中元国际工程有限公司

神农大剧院　中国中元国际工程有限公司

中国航信高科技产业园区—生产区　中国中元国际工程有限公司

中白商贸物流园首发区项目　中国中元国际工程有限公司

延安新区北区一期综合开发工程岩土工程监测　机械工业勘察设计研究院有限公司

中机国际工程技术研发中心及其配套工程　中机国际工程设计研究院有限责任公司

河南中烟工业有限责任公司许昌卷烟厂易地技术改造项目　机械工业第六设计研究院有限公司

援苏丹屠宰厂项目可行性研究报告及立项建议书　机械工业第六设计研究院有限公司

亳州市中药材现代流通体系建设“十三五”规划（2016—2020年）机械工业第六设计研究院有限公司

**二等奖**

韩城市城区地下综合管廊干线工程　中国联合工程有限公司（中联西北工程设计研究院有限公司）

陕西省斗门水库项目选址论证报告　中国联合工程有限公司（中联西北工程设计研究院有限公司）

榆林职业技术学院神木校区学生活动中心　中国联合工程有限公司（中联西北工程设计研究院有限公司）

宏运·海河湾住宅小区一期、二期项目　中国联合工程有限公司（中联西北工程设计研究院有限公司）

西安国家数字出版基地起步区二期项目 中国联合工程有限公司（中联西北工程设计研究院有限公司）

重庆银行大厦　中国联合工程有限公司（中联西北工程设计研究院有限公司）

唐山市妇幼保健院迁建项目一期工程　中国中元国际工程有限公司

北京海湾半山温泉酒店　中国中元国际工程有限公司

中国食品药品检定研究院　中国中元国际工程有限公司

西安·绿地中心岩土工程勘察、基坑支护设计、桩基试验及检测工程　机械工业勘察设计研究院有限公司

泰豪沈阳电机有限公司泰豪(沈阳)科技产业园一期项目　中机国际工程设计研究院有限责任公司

邵阳市中心医院东院项目一期工程　中机国际工程设计研究院有限责任公司

天津市天发重型水电设备制造有限公司搬迁改造项目　机械工业第六设计研究院有限公司

一重集团大连石化装备有限公司大型石化容器制造基地项目可行性研究报告　机械工业第六

设计研究院有限公司

**三等奖**

中西部商品交易中心 中国联合工程有限公司（中联西北工程设计研究院有限公司）

西安高新创汇社区 C 区小学 中国联合工程有限公司（中联西北工程设计研究院有限公司）

中国工程物理研究院成都科技创新基地配套基础设施项目 中国中元国际工程有限公司

中国移动通信管理学院综合教研楼及配套设施 中国中元国际工程有限公司

兰州新区综合保税区综合服务楼 中国中元国际工程有限公司

秦皇岛黄金假日滨海度假城(C7-2 一期)项目 中国中元国际工程有限公司

绿地集团兰州新区置业有限公司绿地智慧金融城一期岩土工程勘察 机械工业勘察设计研究院有限公司

陕西延长石油靖边能源化工综合利用启动项目灌注桩、砂桩、碎石桩试验及检测 机械工业勘察设计研究院有限公司

新建南宁至广州铁路桥梁基桩完整性检测 机械工业勘察设计研究院有限公司

中农博远农业装备研发制造基地建设项目 机械工业第六设计研究院有限公司

国家专利审查协作河南中心工程业务用房 机械工业第六设计研究院有限公司

援马里巴马科大学卡巴拉校区（教学区）部门校舍项目 机械工业第六设计研究院有限公司

兰德国际中心 机械工业第六设计研究院有限公司

援喀麦隆国民议会大楼项目可行性研究报告及立项建议书 机械工业第六设计研究院有限公司

神华国华孟津发电有限责任公司至洛阳供热西区供热管网工程可行性研究报告 机械工业第六设计研究院有限公司

国投闽光（三明）城市资源有限公司三明城市资源循环利用基地项目可行性研究报告 机械工业第六设计研究院有限公司

**八、中国建筑学会建筑设计奖**（工业建筑）

**一等奖**

新华联合物流中心 中国中元国际工程有限公司

**二等奖**

上海浦东国际机场西货运区 3 号地块国际快件和货运中心 中国中元国际工程有限公司

**三等奖**

中白商贸物流园首发区 中国中元国际工程有限公司

**九、中国建筑学会建筑设计奖**（结构）

**三等奖**

新加坡杭州科技园二期 中国联合工程有限公司

神农大剧院 中国中元国际工程有限公司

**十、中国建筑学会建筑设计奖**（电气）

**三等奖**

密云密溪路 36 号院 中国中元国际工程有限公司

**十一、中国建筑学会建筑设计奖**（给排水）

**一等奖**

北京密云海湾半山温泉酒店 中国中元国际工程有限公司

**十二、中国建筑学会建筑设计奖**（暖通空调）

**二等奖**

中国航信高科技产业区 - 生产区 中国中元国际工程有限公司

**三等奖**

中国食品药品检定研究院迁建工程 中国中元国际工程有限公司

神农大剧院 中国中元国际工程有限公司

**十三、中国建筑学会建筑设计奖**（室内设计）

**二等奖**

A 座写字楼六项工程室内精装修设计(亦城财富中心) 中国中元国际工程有限公司

中元国际工程设计研究院办公楼改扩建工程室内精装修设计 中国中元国际工程有限公司

**三等奖**

合肥普瑞眼科医院装修改造工程 中国中元国际工程有限公司

**十四、第九届“创新杯”建筑信息模型（BIM）应用大赛**

**二等奖**

民航运行管理中心和气象中心工程及民航情

报管理中心工程　中国中元国际工程有限公司

高科技信息园　机械工业第六设计研究院有限公司

**三等奖**

华阴市人民医院门诊楼　机械工业勘察设计研究院有限公司

河南省国道G234焦作至荥阳黄河大桥及连接线工程　机械工业第六设计研究院有限公司

**十五、第十三届优秀建筑创作奖**

**二等奖**

福州滨海新城综合医院　中国中元国际工程有限公司

**三等奖**

厦门国际会展B8B9馆　中国中元国际工程有限公司

厦门市轨道交通2号线东孚站配套项目　中国中元国际工程有限公司

**十六、2018年全国优秀焊接工程**

**一等奖**

澳门上葡京酒店钢结构工程　中机建设（澳门）有限公司

衢州华友钴新材料有限公司10 000t（钴金属量）新材料项目　中国机械工业第二建设工程有限公司

**优秀奖**

阿尔及利亚SIGUS水泥厂项目非标设备及配套部件制作工程　中国机械工业第五建设有限公司

珠海宏昌电子用高科技化学品ISBL制成区管线工程　中国机械工业第一建设有限公司

**十七、北京市结构长城杯**

**金质奖**

北京城奥大厦B4项目　中国电力工程有限公司所属北京兴电国际工程管理有限公司

石景山文化中心　中国电力工程有限公司所属北京兴电国际工程管理有限公司

中关村生命科学园医药科技中心　中国电力工程有限公司所属北京兴电国际工程管理有限公司

新时代健康产业科研基地研发中心B/E楼　中国电力工程有限公司所属北京兴电国际工程管理有限公司

北京师范大学沙河校区　中国电力工程有限公司所属北京兴电国际工程管理有限公司

**十八、北京市建筑（竣工）长城杯**

**金质奖**

泰康健康管理中心　中国电力工程有限公司所属北京兴电国际工程管理有限公司

泰康燕园二期　中国电力工程有限公司所属北京兴电国际工程管理有限公司

**十九、北京市安装工程优质奖**

连云港东港污水处理厂一期机电安装工程　中国机械工业第四建设工程有限公司

**二十、北京市第九届建设工程优秀项目管理Ⅱ类成果奖**

奇瑞捷豹路虎汽车有限公司年产13万辆乘用车合资项目——发动机车间　中国机械工业第四建设工程有限公司

西藏自治区自然科学博物馆第一标段建设工程施工项目　中机建（上海）钢结构有限公司

烟台港西港区村庄搬迁安置小区D区3#住宅楼及地下车库　中国机械工业第二建设工程有限公司

烟台工贸技师学院新校区1#、2#、3#宿舍楼工程　中国机械工业第二建设工程有限公司

东港污水处理厂一期工程项目　中国机械工业第四建设工程有限公司

**二十一、湖南省优秀工程勘察设计奖**

**一等奖**

隆平水稻博物馆　中机国际工程设计研究院有限责任公司

锂离子动力电池、正极材料及机电一体化项目　中机国际工程设计研究院有限责任公司

**二等奖**

电子商务产品创新基地项目一期生产楼　中机国际工程设计研究院有限责任公司

长沙市雨花污水处理厂工程　中机国际工程设计研究院有限责任公司

**三等奖**

湘潭中心大厦项目　中机国际工程设计研究院有限责任公司

南湖一号项目　中机国际工程设计研究院有

限责任公司

师大附中梅溪湖实验中学项目　中机国际工程设计研究院有限责任公司

长沙市餐厨垃圾无害化处理建设项目　中机国际工程设计研究院有限责任公司

湖南省民用建筑信息模型设计基础标准　中机国际工程设计研究院有限责任公司

北京荣之联数据中心燃气分布式能源站　中机国际工程设计研究院有限责任公司

**二十二、陕西省建筑优质结构工程**

胜利饭店项目　中国三安建设集团有限公司

**二十三、2018 陕西省工程建设“优秀质量管理小组”**

**一等奖**

斜屋面模板、混凝土攻关 QC 小组　中国三安建设集团有限公司

电气线管预埋攻关 QC 小组　中国三安建设集团有限公司

**二十四、海南省优秀工程勘察设计奖**（建筑工程）

**三等奖**

南海深海科学与工程技术综合实验研究平台　中国中元国际工程有限公司

**二十五、海南省优秀城乡规划设计奖**

**一等奖**

三亚市中廖村美丽乡村建设规划　中国中元国际工程有限公司

**二十六、河南省优秀工程勘察设计创新奖**

**一等奖**

新乡市中心医院门急诊儿科综合楼　中国中元国际工程有限公司

商都电子商贸城　机械工业第六设计研究院有限公司

2013 年武清商务区自建企业总部区　机械工业第六设计研究院有限公司

禹州市人民医院整体搬迁工程　机械工业第六设计研究院有限公司

援刚果（金）政府综合办公楼项目　机械工业第六设计研究院有限公司

**二等奖**

海马公园住宅二期（B4 地块）　机械工业第六设计研究院有限公司

锦荣盛世名园（A4-20-02）地块　机械工业第六设计研究院有限公司

开封建业森林半岛置业有限公司大宏城市广场一期　机械工业第六设计研究院有限公司

广州白云电器 GIS 工业园项目　机械工业第六设计研究院有限公司

天地湾祥苑　机械工业第六设计研究院有限公司

洛阳市中心医院新建综合病房楼　机械工业第六设计研究院有限公司

嘉亿东方大厦　机械工业第六设计研究院有限公司

安阳义乌国际商贸城住宅　机械工业第六设计研究院有限公司

**三等奖**

天津凯发电器股份有限公司新技术园区环外凯发轨道交通产业化基地综合体　机械工业第六设计研究院有限公司

郑州铁路局铁道京广家园住宅项目　机械工业第六设计研究院有限公司

**二十七、河南省优秀勘察设计创新奖**（设计方案）

**一等奖**

商丘市中医院整体搬迁扩建项目方案设计　机械工业第六设计研究院有限公司

信阳市羊山体育中心及综合体育馆勘察设计项目　机械工业第六设计研究院有限公司

郑州（东部）环保能源工程建筑方案设计　机械工业第六设计研究院有限公司

**二等奖**

中国重型院新区建设工程项目规划设计　机械工业第六设计研究院有限公司

郑州职业技术学院新校区项目建设规划设计　机械工业第六设计研究院有限公司

庆阳市人民医院（扩容提能）陇东医疗中心方案设计　机械工业第六设计研究院有限公司

桐柏县职业教育中心规划设计　机械工业第六设计研究院有限公司

漯河市民之家概念方案设计　机械工业第六设计研究院有限公司

**三等奖**

援冈比亚国际会议中心项目方案设计　机械工业第六设计研究院有限公司

**二十八、浙江省建设工程钱江杯奖（优秀勘察设计）综合工程**

**一等奖**

顺丰电商产业园义乌综合服务中心　中国联合工程有限公司

湖州师范学院新建会堂　中国联合工程有限公司

遂昌县低丘缓坡开发东城龙板山区块一期A地块场地平整及市政配套工程　中国联合工程有限公司

**二等奖**

国遥地块联建产业大楼　中国联合工程有限公司

新加坡杭州科技园数据处理厂房　中国联合工程有限公司

**三等奖**

东莞中集数字化涂装车间先进零部件涂装线　中国联合工程有限公司

**二十九、浙江省优秀工程咨询成果奖**

**一等奖**

开化根缘小镇基础设施建设项目可行性研究报告　中国联合工程有限公司

南浔南太湖热电联产项目可行性研究报告　中国联合工程有限公司

**二等奖**

哈电重装高温气冷堆蒸汽发生器、回热器与试验本体工艺研发及产品制造项目资金申请报告　中国联合工程有限公司

**三等奖**

遂昌县环城南路二期工程（南外环路－园丁路、下南门路－东桥路）可行性研究报告　中国联合工程有限公司

浙江师范大学行知学院迁建工程可行性研究报告　中国联合工程有限公司

**三十、浙江省工程总承包优秀项目**

**一等奖**

哥伦比亚G3燃煤电厂　中国联合工程有限公司

神华集团公司榆神工业区清水煤化学工业园动力供应与高纯洁净气体项目动力装置项目　中国联合工程有限公司

**二等奖**

浙江省地理信息产业园芯片科技大楼　中国联合工程有限公司

**三十一、江省优秀工程咨询成果奖**

**二等奖**

杭州市萧山区义桥镇小城镇环境综合整治规划　中国联合工程有限公司

泰顺县筱村镇东洋村美丽宜居示范村建设规划　中国联合工程有限公司

建德市乾潭小城镇环境综合整治规划　中国联合工程有限公司

**三等奖**

安顺市平坝区航空小镇城市设计及项目策划　中国联合工程有限公司

2019

中国机械工业集团年鉴

CHINA NATIONAL MACHINERY INDUSTRY CORPORATION YEARBOOK

# 第六篇

# 重大经营项目汇编

# 工程承包

（2018年完工，合同金额5 000万美元以上）

## 一、中天合创鄂尔多斯煤炭深加工示范项目

1.承建单位：中天合创能源有限责任公司（中国浦发所属中国能源工程集团有限公司与投资主体签订工程承包合同）

2.签约时间：2014年4月15日

3.项目概况：该项目属于世界级大型煤炭化工联合项目，是目前国内规模最大的煤制烯烃项目，也是国家石油替代战略示范项目，合同金额4.3亿元，尾款在2018年底完成回收。总投资600亿元。

4.经济或社会效益：全面投产后企业可年产360万t甲醇、137万t聚烯烃产品，实现年销售收入近150亿元。

## 二、中煤图克化肥2×40 000N·m³/h空分项目

1.承建单位：中石油东北炼化工程公司总承包负责工程设计，中国空分工程有限公司与中机国能电力工程有限公司联合负责设备采购和施工管理

2.签约时间：2011年6月

3.项目概况：合同金额为6.03亿元，尾款在2018年底完成回收，项目已达标投产。

4.经济或社会效益：该项目于2011年6月开工建设，是目前国内装置规模最大、建设时间最短、投产效率最高、节能环保水平最高的煤制尿素项目。此项目的顺利承接是中国空分工程有限公司EPC总承包业务领域上的一个重要里程碑，大大提升了中国空分工程有限公司在国内空分行业的影响力，对公司后续承接特大型空分EPC成套项目有着深远意义。

## 三、孟加拉国帕德玛水厂项目

1.承建单位：中工国际工程股份有限公司

2.签约时间：2012年9月

3.项目概况：项目合同金额29 080万美元，项目内容为在孟加拉国达卡市建设一座规模为45×104m³/d的净水厂，具体包括取水站、净水厂、输水管线及加压泵站等；项目业主为孟加拉国达卡市供排水局。2012年9月25日，公司与业主签订商务合同；2014年2月27日，合同正式生效；2014年10月1日项目正式开工；2019年1月20日，实现全线通水；2019年1月29—31日顺利完成72h性能考核；2019年2月3日工程取得临时验收证书。该项目的建设内容为建造一处取水泵站，一座日处理能力45万t的净水厂，一处加压泵站及总长33km的大口径原水和净水输水管线。项目工作面多且分散、征地拆迁和施工难度大。

4.经济或社会效益：该项目的竣工有效地提升了孟加拉国达卡市地表水源供水系统的能力，惠及约300万当地居民，为当地居民提供清洁的地表饮用水。同时该水厂的建成将有效遏制当地地下水过度开采导致的地质危害，利用工程手段来实现水安全，改善卫生条件，以达到可持续发展的目标。

## 四、安哥拉库茵巴农场项目

1.承建单位：中工国际工程股份有限公司

2.签约时间：2011年4月18日

3.项目概况：项目合同金额7 956万美元，主要建设内容包括：开垦耕地2 960hm²，配套建设150hm²灌溉耕地；建设配套的主干路、田间路、排水沟等；建设15 000t玉米仓储金属筒仓及配套相应规模的烘干设备和玉米粉加工厂等；项目业主为安哥拉农业部。项目于2011年4月18日签署商务合同。2014年5月，安哥拉财政部与

口行签署融资协议，安方向公司支付预付款，项目生效。2014 年 7 月，项目开始执行。2017 年 12 月，项目完工。2018 年 3—11 月，项目业主分步对主场部、养鸡场、喷灌区等设施进行验收，并于 2018 年 12 月向公司颁发项目验收证书。该项目属于农业种植 + 农产品加工 + 养殖一体化项目，涉及的专业领域较多，需要较强的技术实力。项目地处安哥拉边境，交通不便，土建地材欠缺，施工难度较大。

4. 经济或社会效益：项目在建设中和建成后，促进了库茵巴地区的经济发展，提高了扎伊尔省的农业种植技术水平，保障扎伊尔省的粮食及蛋肉鸡供应，对当地的经济社会发展具有明显的促进作用。

## 五、古巴 MTU 柴油发电机组成套供货项目

1. 承建单位：中工国际工程股份有限公司

2. 签约时间：2016 年 5 月 19 日

3. 项目概况：项目合同金额 9 134 万美元，项目内容是为古巴 4 个应急调峰电站提供总计 90 台（套）柴油发电机组，工作内容包括工艺设备设计、设备供货、安装的技术指导、现场培训、试运行；项目业主为古巴能源进出口公司。项目于 2015 年 2 月收到古巴电力公司下属的能源进口公司询价，2016 年 5 月 19 日与业主签订商务合同，2016 年 11 月 24 日项目全部生效，2017 年 12 月完成全部 90 套柴油发电机组发运，并在 2018 年 1—5 月陆续完成在古巴 5 个场站的安装调试，2018 年 7 月签署全部临时验收证书。该项目供货周期紧，技术要求高，在古巴 5 个现场同时进行安装调试，对于交货和现场调试要求较高。该项目也是我国柴油发电机组单一出口供货台数最多的项目。

4. 经济或社会效益：此项目的实施极大程度地改善了古巴中西部地区电力能源供应紧张现状，加强了工业区及旅游区的电网稳定性，促进了当地工业和旅游业发展，提高了当地居民的生活水平。机组采用最高的噪声、排放和油耗标准，能满足古巴日益严格的环保要求，有效减少了温室效应的污染物排放，并节省大量燃料成本。

## 六、厄瓜多尔波多维耶霍医院建设项目

1. 承建单位：中工国际工程股份有限公司

2. 签约时间：2013 年 2 月 28 日

3. 项目概况：项目合同金额 17 075 万美元，项目内容为在厄瓜多尔波多维耶霍省建设一座拥有 400 张床位总医院，包括设备的采购及安装；项目业主为厄瓜多尔国家工程管理局。2013 年 6 月 14 日收到预付款，项目正式生效，并正式启动。2018 年 5 月项目建成完工并投入营运；2018 年 8 月 22 日项目竣工验收，签署临时验收函；2019 年 4 月 11 日质保期结束，签署最终验收函，项目全部移交业主。该项目占地面积 115 133$m^2$，建筑物为钢结构混凝土混合结构，共四层，建筑面积 62 082$m^2$，为一座拥有 528 张开放床位的医院。

4. 经济或社会效益：该医院并非普通综合医院，而是治疗重大疾病的专科医院，该医院也是厄瓜多尔乃至拉美地区规模最大、技术最先进的公立医院之一。为厄瓜多尔中央政府投资建设，以不断提高当地群众健康和全面提升区域医疗卫生水平。基本满足当地及周边省市各种层次患者的医疗卫生服务需求。整个厄瓜多尔第四大区 MANABI 省和 SANTO DOMINGO 省（整个第四大区人口为 1 806 258 人）的所有居民都可受益。医院建成后投入使用后，将免费为参加社保的民众进行诊疗，体现厄瓜多尔政府免费医疗的政策，改善民众的生活质量。

## 七、厄瓜多尔公园群建设项目

1. 承建单位：中工国际工程股份有限公司

2. 签约时间：2016 年 8 月 24 日

3. 项目概况：项目合同金额 5 130 万美元，建设内容包括足球学校、儿童公园、体育场（馆）等 11 个子项目，分散在厄瓜多尔四个不同的城市。项目业主为厄瓜多尔公共不动产管理局。项目于 2016 年 8 月 23 日开工建设，2017 年 5 月 10 日完工交付。项目建设期间，时任厄瓜多尔总统科雷亚先后 5 次参加子项目的开幕仪式。2018 年 2 月 26 日，工程取得临时验收证书。该项目工期紧张，设计变更较多，施工组织难度较大。

4. 经济或社会效益：项目建设完成后，可极大地促进各项目所在地的休闲娱乐及体育文化教育事业的发展，可提高城市环境质量、美化环境、改善城市面貌。

## 八、印度空调整厂项目

1. 承建单位：中国电器科学院有限公司

2. 签约时间：2018 年 1 月 19 日

3. 项目概况：此项目为空调整厂的设备类交钥匙工程，大量采用工业机器人，完成了从部件生产到最终下线码垛的自动化生产。涉及的智能装备有蒸发器自动化生产设备、冷凝器自动化生产设备、家电智能装配生产线、家电智能检测系统，试验设备、注塑集中供料系统，钣金成形设备，信息化管理系统等。整厂设备自动化程度较高，空调年产量 75 万台。同时也为客户提供空调的工业设计服务。签约金额为 711 万美元。

4. 经济或社会效益：此项目为公司在印度市场首条自动化程度较高的空调整厂项目，该项目提升了印度空调的生产制造能力，增强了中国电器院在印度、埃及、孟加拉国、巴基斯坦等“一带一路”沿线国家家电制造领域影响力。为在这些国家市场推广智能装备奠定了基础。

## 九、孟加拉国冰箱整厂项目

1. 承建单位：中国电器科学院有限公司

2. 签约时间：2017 年 9 月 10 日

3. 项目概况：此项目为冰箱整厂的设备类交钥匙工程，涉及装配、真空成型、发泡、钣金等冰箱生产的各个工艺，涉及的智能装备有智能数控钣金设备、真空成型设备、发泡专用设备、家电智能装配生产线、家电智能检测系统，试验设备、智能涂装线、注塑设备、冲床、污水处理设备、信息化管理系统、空压机等基础设备及管路、围房等配套工程等。同时也为客户提供工业设计、配套的模具以及定制化的零部件。项目签约金额为 800 万美元，年产量为 45 万台。

4. 经济或社会效益：在“一带一路”倡议下，公司大力发展海外家电工厂的工程总承包项目，在家电整厂项目上积累了丰富的经验，不仅帮助海外客户实现了本地化生产的目标，也获得了国际上同行业的认可。该项目为公司在孟加拉国承接的最大项目，具有示范作用。

## 十、合肥国轩高科动力能源有限公司

1. 承建单位：中国电器科学院有限公司

2. 签约时间：2016 年

3. 项目概况：磷酸铁锂电池化成分容生产线，设备总体产能 $60\times10^{-6}$。分容检测设备共计 38 880 通道，化成检测设备共计 24 192 通道。擎天提供的设备，系统须与客户端的全自动物流的数据库系统对接。项目签约金额 5 000 万元

4. 经济或社会效益：该项目为动力电池重大供货合同，巩固了中国电器院下属广州擎天实业有限公司在动力电池化成分容市场的有利地位，在行业中起到标杆示范作用，为后期与国轩高科持续深入合作奠定了基础。

## 十一、深圳市比亚迪锂电池有限公司坑梓分公司（八期）

1. 承建单位：中国电器科学院有限公司

2. 签约时间：2016 年

3. 项目概况：该项目项下设备适用于锂离子二次电池的预充、化成、充电、容量测试等后处理工序。供货范围包含：预充 4 套、化成 144 套、充电 22 套、分容 72 套、OCV 设备 5 套、DCIR 设备 2 套。装载电池托盘自动按照设定工程实施测试工作，并且与 BYD 指定输送线系统通信、协调工作。签约金额为 2 888 万元

4. 经济或社会效益：该项目为动力电池重大供货合同，巩固了中国电器院下属广州擎天实业有限公司在动力电池化成分容市场的有利地位，在行业中起到标杆示范作用。同时进一步加深了与比亚迪的合作关系，为后续双方更多的合作奠定了基础。

## 十二、杭州市三塘单元（XC06）A33/S42-01 地块 54 班九年一贯制学校及地下社会停车库工程设计 - 采购 - 施工（EPC）总承包

1. 承建单位：中国联合工程有限公司

2. 签约时间：2016 年 6 月

3. 项目概况：该项目总建筑面积 116 124m²，其中地上建筑面积 91 134m²，地下建筑面积 24 990m²（含地下社会停车库 15 400m²），项目总投资 56 781 万元。项目特点主要体现在“结构新”和“功能新”上，地上主体结构全部采用装配式建筑，构件生产全部工厂化，大大减少了现场的主体施工的污染。该项目是下城区第一个海绵城市审批的项目，雨水回用系统，屋顶绿化，植被草沟，透水道路一应俱全。

4. 经济或社会效益：项目的建成对下城区学校开建 EPC 总承包模式具有良好的示范效应，建成后将是下城区规格最高的一所实验学校，成为杭州市最具人文标志的窗口名校。

**十三、宁波前洋 E 商小镇电子商务产业基地项目工程总承包**

1. 承建单位：中国联合工程有限公司

2. 签约时间：2016 年 7 月

3. 项目概况：该项目总建筑面积 113 627.66m²，投资额84 217.93万元，签约合同额56 497.5万元。获得："国家海绵城市试点的项目"。

该项目为宁波市区第一个 EPC 工程总承包项目，建成后可大大提升宁波电商园区投资环境，改善园区商务办公环境，打造城市名片，成为集梦创、智慧、海绵城市为一体的新都市到访地。主要技术亮点有：①装配式结构使用率达到 85%，提高了生产效率，绿色、节能、环保；②外围立面铺设铝合金穿孔板遮阳板，以变换角度的手法体现"行云流水"的科技感；③海绵城市建设试点项目，通过透水铺装、下凹式绿地、屋顶绿化、雨水回收系统等设计方案，充分发挥防涝防旱的调节能力；④针对 E 商小镇年轻活力、科技创新的特点，加入了展览馆、运动馆、室内阶梯教室，开敞式中庭，室内羽毛球馆，室外篮球场、亲水休闲区及路演广场等一系列特色空间。

**十四、中安联合煤化有限责任公司煤制 170 万 t/a 甲醇及转化烯烃项目烟气脱硫工程设计采购施工（EPC）总承包**

1. 承建单位：中国联合工程有限公司

2. 签约时间：2014 年 7 月 16 日

3. 项目概况：该项目合同总价为 96 163.7 万元。于 2014 年 8 月 15 日开工，2015 年 10 月 30 日项目因业主原因暂停，2017 年 3 月 23 日项目复工，2018 年 8 月 30 日 1# 锅炉点火一次成功，目前动力中心项目已投产。项目规模：4×465t/h 高压煤粉锅炉 +3×50MW 抽汽凝汽式汽轮发电机组。

在项目实施工程中，始终坚持安全第一的理念，实现了连续 600 万安全人工时，没发生任何安全事故；项目确立了创国家优质工程的目标，整体质量优良，曾获业主质量红旗、焊接管理先进单位、多个工程首件工序样板称号。

4. 经济或社会效益：锅炉烟气达到超洁净排放标准，其性能达到国内、世界一流的水平；动力中心一直正常运行，满足了为整个煤化工项目热电联供的需要，具有规模经济、技术先进和环保领先的鲜明特征，项目环保、安全和职业卫生均比照国际、国内高标准，清洁生产水平达到国际、国内先进水平。

**十五、格尔木会展中心 EPC 总承包项目**

1. 承建单位：中国中元国际工程有限公司

2. 签约时间：2017 年 4 月 20 日

3. 项目概况：格尔木市会展中心总占地面积 61 130m³，总建筑面积 12 214.9m³。项目以展览为主，主要展示以盐湖文化为主题的展览，建成后将成为世界钾盐大会永久性会址，同时兼顾与展览会议有关的展示、演示、表演等功能。项目建设内容包括会展中心及配套设施，建设内容包括工程地质勘察、节能评估、概算编制等前期工作，设计工作（包括方案设计、初步设计、施工图设计）、施工直至竣工、交付使用。项目 2017 年 4 月中标、6 月签约、8 月开工。2018 年 8 月竣工，并于 8 月下旬作为世界钾盐大会主会场投入使用，迎接全国及世界各地的客人。

4. 经济或社会效益：项目提升了格尔木盐湖城的品牌价值，对打造钾盐文化新名片具有重要意义。中国中元能在保证质量和安全的情况下，用一年多时间实现竣工及交付使用，充分体现出中国中元建设团队吃苦耐劳、奋勇拼搏的敬业精神，以及中国中元雄厚的 EPC 项目建设实力。项目将进一步打造中国中元在青海乃至西北地区的良好形象，扩大中国中元的品牌影响力，为后续在该地区开展 EPC 总承包业务奠定基础。

**十六、泰国 TPI PP 垃圾发电厂二期工程**

1. 承建单位：中国电力工程有限公司

2. 签约时间：2014 年 6 月 17 日

3. 项目概况：项目于 2014 年 6 月 17 日签约，2015 年 1 月 13 日正式生效，2016 年 11 月 30 日实现首次并网发电，2018 年 4 月 9 日签署项目接收证书，完成竣工移交。项目总装机容量为70MW，配置2台为焚烧垃圾而特殊设计的，蒸发量为130t/h的循环流化床锅炉，以及1套70MW纯凝汽轮机发电机机组。项目执行全过程管理严谨周密，无任何质量问题和安全事故，完成项目预计进度和质量目标。

4.经济或社会效益：项目是在垃圾发电厂一期工程的执行过程中，基于双方的信任与良好的合作关系，促成的二期扩建工程。这是中国电力工程有限公司战略部署的重要一步，是属地化，滚动开发，深度开发的里程碑项目。由于该项目按期进入运营模式，在给业主创造巨大的经济效益的同时，也解决了周边垃圾的收集和处理问题，改善了周边居民的生活环境。为表彰业主对泰国环保事业做出的贡献，泰国政府为业主颁发了环境保护嘉奖。

**十七、印度尼西亚Awar-Awar 2×350MW电站项目**

1.承建单位：中国电力工程有限公司

2.签约时间：2008年4月25日

3.项目概况：项目是燃煤电站、配备有12 000t卸煤码头和海水淡化设备。项目于2008年4月25日签约，2011年3月11日正式生效。1#机组和BOP部分2013年12月21日投入商业运行，2014年2月25日签署TOC证书，2016年1月18日签署最终接收证书；2#机组2016年7月4日投入商业运行，2016年7月18日签署TOC证书，2018年4月16日签署最终接收证书。

4.经济或社会效益：印度尼西亚Awar-Awar 2×350MW电站项目是该国政府为解决国家缺电状态而制定的第一批10 000MW电力规划十个电站项目之一，该电站2017年、2018年连续被印尼国家电力公司（PLN）评为PLN最佳经济效益电站。该项目是国机集团非实体经营项目，是国机集团打造集团电站板块产业链，加强内部合作的典型项目。

**十八、印度尼西亚Banjarsari 2×135MW电站项目**

1.承建单位：中国电力工程有限公司

2.签约时间：2008年8月14日

3.项目概况：该项目是燃煤坑口电站配置循环流化床锅炉机组。2008年8月14日签约，2011年9月15日正式生效，2015年6月30日投入商业运行，2015年8月31日和10月15日分别签署1#机组和BOP部分、2#机组的TOC证书，2018年2月10日和4月26日分别签署1#机组和BOP部分、2#机组的最终接收证书。

4.经济或社会效益：印尼Banjarsari 2×135MW项目缓解了印尼苏门答腊岛的缺电状态，改善了周边居民的生活环境，为当地居民提供了大量的就业机会，是中国电力工程有限公司在印度尼西亚继INDRAMAYU3×330MW和AWAR-AWAR2×350MW项目后独立承揽的又一重大项目，进一步扩大了公司在印度尼西亚市场的影响力，为该区域市场的滚动开发开创了新局面。

**十九、巴基斯坦帕春水电站项目**

1.承建单位：中国电力工程有限公司

2.签约时间：2011年3月25日

3.项目概况：项目业主为Star Hydro Power Limited（SHPL），监理为DAEKWANG公司。中国电力工程有限公司分包了项目的机电设备和金属结构的设计、供货、安装、调试以及培训部分。分包合同于2011年3月25日生效，2012年12月26日开工，2017年11月7日收到总包方签发的接收证书，质量保证期将于2020年11月7日结束。该水电站系引水式电站，主厂房布置两套混流式机组，发电机为半伞式结构，总装机3×50 MW，有效水头107.3m，电站引用流量为153.66m$^3$/s，单机流量为51.22m$^3$/s。电站主要由拦河坝、溢洪道、引水洞、电站厂房、开关站、进场公路及生活厂区等部分组成。在项目执行过程中无任何质量、安全事故。

4.经济或社会效益：项目的顺利实施有助于改善巴基斯坦的用电紧张问题，为中巴友谊长青做出了积极贡献。

**二十、白俄罗斯维捷布斯克水电站工程**

1.承建单位：中国电力工程有限公司

2.签约时间：2010年12月27日

3.项目概况：该项目于2010年12月27日正式签约，2012年4月11日合同生效。2016年12月1日首台机组并网发电，12月21日电站4台机组全部实现并网投产。2017年7月31日项目完工并验收移交，项目最终于2018年7月31

日质保期结束。项目总装机容量40MW，由4台10MW灯泡式贯流机组构成。项目开发目的以发电为主，兼顾航运。枢纽区主要建筑物为：左岸土坝、船闸、泄洪闸、发电厂房、开关站、右岸土坝。水电站形式为河床式电站。

4. 经济和社会效益：该项目为白俄罗斯最大的水电项目，是"一带一路"建设及中白经济技术合作的重点项目，备受中国和白俄罗斯政府以及社会各界的高度重视和关注。项目发电后可保障整个维捷布斯克州的用电需求。

**二十一、塞尔维亚Kostolac-B电站一期工程项目**

1. 承建单位：中国机械设备工程股份有限公司

2. 签约时间：2010年12月8日

3. 项目概况：该项目2012年6月4日正式生效，同年7月15日开始计算工期。项目业主为塞尔维亚电力公司（PE Electric Power Industry of Serbia，EPS），最终用户为Kostolac煤电联营公司（Thermal Power Plants And Mines Kostolac plc.，TE-KO Kostolac）。CMEC与EPS下属的Kostolac煤电联营公司TE-KO Kostolac组成联合体承包执行该项目。该项目工作范围分为三部分，分别为B1和B2机组大修、新建B1和B2脱硫工程以及铁路、码头和公路的改造。其中，公司承担B1机组的锅炉部件和部分辅机、部分管道、电除尘器改造以及新建B1和B2脱硫工程，其余工作由TE-KO Kostolac承担。目前，B1和B2机组大修、新建B1和B2脱硫工程已完成，并取得业主签发的履约证书。业主负责的码头和公路的改造工程已于2018年11月30日取得了业主签发的临时接收证书，进入了24个月的质保期。预计全部铁路部分的施工将于2020年完工。

4. 经济或社会效益：该项目是中国第一个进入欧洲的电力项目，同时也是CMEC以优惠出口买方贷款方式在东欧地区所承接的EPC电力能源类项目。该项目的脱硫系统是塞尔维亚甚至整个中东欧地区火力发电站的第一套脱硫设备，该脱硫系统的建成大大提高了电站的排放标准，提高了环保等级，并使其可以更好地符合欧盟标准，为塞尔维亚国家环境保护符合欧盟标准要求做出了贡献，同时也保护了塞尔维亚的生态环境。

# 设计、咨询、勘察项目

（2018年完成，合同金额500万元以上）

**一、保定天鹅新型纤维制造有限公司年产60 000t溶剂法纤维素短纤维退城进园技术改造项目一期（30 000t/a）工程**

1. 设计单位：中国恒天集团有限公司

2. 签约时间：2016年8月

3. 项目概况：建设周期24个月，涵盖初步设计、施工图设计与施工合同、设备订货、土建施工、设备与管道安装、投料试生产，恒天（江西）纺织设计院有限公司主要承担初步设计、施工图设计内容，历时超过12个月。

项目生产过程无毒、无污染，且该产品能生物降解或安全燃烧转化成水蒸气、二氧化碳，不会对环境造成二次污染，故该纤维被誉为"绿色环保纤维"。项目建设符合国家产业发展政策：根据《产业结构调整指导目录（2011年）》（2013年修改版），该项目属鼓励类——纺织；根据化纤工业"十二五"发展规划"专栏4：推进生物质纤维及其原料产业化"，符合国家发展规划要求。

4. 经济或社会效益：项目总投资133 448万元，年平均销售收入为63 600万元，年平均销售税金及附加与年平均增值税合计为5 754万元，年均利润总额为 12 246 万元。项目总投资收益率 9.55%，投资利税率 12.98%。项目有较好的盈利和还债能力，各项经济指标较好，产品市场看好。社会效益方面，项目的建设将为纺织工业提供优质原料，属于绿色环保、资源保护项目。

项目获 2018 年纺织行业优秀工程设计一等奖。

**二、杭州来福士广场**（杭政储出〔2007〕56 号地块）

1. 设计单位：中国联合工程有限公司

2. 签约时间：2011 年 1 月

3. 项目概况：该项目位于杭州钱江新城 CBD 的城市主轴线区域，毗邻杭州市民中心、杭州大剧院和杭州国际会议中心。是集 10 万 $m^2$ 的购物中心、甲级写字楼、超五星康莱德酒店、特色办公为一体的城市综合体。项目占地面积 40 355$m^2$，总建筑面积约 384 868$m^2$，建筑高度 250m。杭州来福士广场完全参照美国绿色建筑委员会（USGBC）LEED 金奖标准设计，是浙江省第一家获得 LEED 金奖的综合体项目。项目创新设计理念，以现代美学的表现手法，将借涌潮现象的优美曲线及层层相叠的自然形态，展示出与周边环境相呼应的建筑形态。

4. 经济或社会效益：项目规模大、体型复杂、设计难度大，从设计开始到项目落成、开业都是人们关注的焦点，是钱江新城的地标建筑，同时也是杭州城市的新名片。

**三、德清地理信息创新园项目**

1. 设计单位：中国联合工程有限公司

2. 签约时间：2015 年 10 月

3. 项目概况：该项目位于科技新城核心区块。随着地理信息产业的发展，地理信息应用不断扩大，产业链上的新生事物正在创造奇迹，效益已经显现。创新园的建立，将吸引一批颇具实力的企业进驻园区，强调城市和产业的互动发展。

建筑师从项目整体开发的角度切入，实现规划设计的整体性、连续性，同时也为后续的开发提供足够的空间和灵活性。在单体设计上，也处处遵循园区整体科技感、现代感、构成感的气质定位，从细节处打造一个开阔、舒适、大气的园区。一轴多心理念布局，贯穿南北的空间景观主轴，多栋多层在空间和建筑尺度上相呼应，形成通透的优质办公空间。注重景观与建筑空间共融，强调东侧塔山及西侧河道公共景观的同时，将景观设计融入建筑设计，和共享活动空间的融合交接，构成完整的空间绿化体系，营造内外兼修、一体式的科研景观氛围，为园区提供多样、人性的生活场景和体验方式。

**四、东方电气集团东方汽轮机有限公司 F 级 50MW 燃机整机试验系统建设项目**

1. 设计单位：中国联合工程有限公司

2. 签约时间：2016 年 12 月

3. 项目概况：项目以 50MW 等级 F 级重型燃机技术为突破口进行研发，初步掌握当代主流燃机设计技术、材料技术、试验验证技术、制造技术，达到样机成功运行，形成拥有自主知识产权的燃机技术。

项目建成后，能够具备 F 级 50MW 燃气轮机整机空负荷试验、整机满负荷试验以及 300MW 整机空负荷试验。项目是 F 级 50MW 燃机研发的一个重要组成部分，主要建设内容如下：新建试验厂房两座，建筑物总长 89.32m，总宽 53.16m，新建建筑面积约 4 988$m^2$。其中厂房单层，长 78m，跨度 24m，设有 1 台 160 / 50t 电动双梁桥式起重机，南面和北面贴建试验辅助用房；厂房东端贴建 4 层（宽 10m）的控制室及辅助用房。厂房内建设 1 个 F 级 50MW 燃机整机全负荷（空负荷）试验台。F 级 50MW 燃机研发是一个技术尖端、投入巨大的系统工程，国内目前还没有合适的、可供 50MW 燃机使用的整机试验平台系统。

4. 经济或社会效益：该项目将填补国内重型燃机研发的空白，产品热效率的高效性不仅为节能减排做出贡献，还能节约大量外汇和成本，打破国外燃机核心技术的垄断，改变燃机核心部件长期依赖进口、受制于人的局面，改变许可证制造的代加工现状，促进我国燃机技术自主发展，提高自主创新能力和国际竞争力。

**五、上汽通用东岳动力总成有限公司年产 45 万套 CVT 变速器项目**

1. 设计单位：中国联合工程有限公司

2. 签约时间：2015 年 9 月

3. 项目概况：

（1）先进高效的制造技术。该项目的变速器机械加工采用柔性生产线，把多台可以调整的数控机床联结起来，配以自动运送装置组成生产线，来加工批量较大的不同规格零件；项目的变速器机械加工装配工艺方案达到国内同行业先进水平。

（2）“U”形的工艺布局。车间工艺布局呈“U”字形布置，保证物流顺畅，减少零件迂回，车间物流供应采用看板和物料呼叫系统拉动物料供应。

（3）大幅节能的公用系统。变电所均布设于各自供电设备，靠近负荷中心，供电合理，可降低线路损耗。

（4）双层钢结构厂房基础设计采用一柱一探点，一桩一计算，经济上非常节约，但并不会影响承载力。

（5）采用 BIM 技术进行建筑及公用系统设计。本工程通过采用先进绿色制造技术、精细工艺布置、高效节能的公用系统设计、经济性好的钢结构厂房设计，得到业主和施工单位的好评，成为上汽集团及通用全球的示范工程，受到地方和上级领导的肯定。

4. 经济或社会效益：该项目新增 CVT250 变速器壳体、变矩器壳体、阀体、电磁阀体及槽板加工线、变速器分装及总装配线。将于 2020 年达到纲领产量，达纲时年产 CVT 变速器 45 万台，年销售收入 502 405 万元，年税前利润 59 171 万元，达纲年销售利润率 11.8%。

**六、连云港晨兴环保产业有限公司垃圾干化项目**

1. 设计单位：中国联合工程有限公司

2. 签约时间：2016 年 5 月，

3. 项目概况：项目为新建一套 750t/d 垃圾生物干化和机械分选处理系统，并预留一条 750t/d 的干化及分选处理线的扩建条件。是我国第一个引进 REDWAVE BT-Wolfgang Binder GMBH 德国公司全自动生活垃圾生物干化和机械分选预处理生产线技术和装备的项目，也是国内第一座大规模对生活垃圾进行生物干化并投入商业运行的项目，技术水平国际领先。

项目在厂内新建垃圾卸料大厅、原生垃圾库、垃圾生物干化大厅、机械分选车间、输送转运站及栈桥，以及配套的渗滤液处理站、植物液除臭装置。

4. 经济或社会效益：该工程的建成，有助于解决连云港市生活垃圾等固体废弃物污染的“减量化、无害化、资源化”处理问题；同时，工程还将建成一条国际领先、国内第一的生活垃圾生物干化预处理生产线，在垃圾资源化处理和垃圾焚烧发电行业内产生了极为深远而重大的影响，对我国固废处理项目具有开拓性和示范性意义。

**七、湘潭恒大·养生谷（装配式建筑）**

1. 承建单位：中国机械设备工程股份有限公司（中机国际工程设计研究院有限责任公司）

2. 签约时间：2018 年 4 月

3. 项目概况：项目位于湘潭昭山示范区昭山南路与红易路交叉口东南角和东北角两个地块，总占地面积 314 230.68m$^2$，总建筑面积 694 088.59m$^2$。项目北临沪昆高速，东临京港澳高速，西临昭山站。东南角的娱乐康体地块用地面积 101 025.71m$^2$，建筑面积 138 357.06m$^2$，建筑类型为高层公寓及低、多层配套商业。东北角的居住地块用地面积 213 204.97m$^2$，建筑面积 555 731.53m$^2$，建筑类型包含低、多、高层住宅，沿街商业、幼儿园及综合楼。

4. 经济或社会效益：湘潭恒大养生谷项目设计理念独特，利用充满动感及现代品味的流线型集中绿地、水景，并以贯穿整个小区之中，通过合理布局做到景观价值最大化，同时打造至尊级的园林景观，提升项目品质。各建筑犹如置身于一片绿洲庭院之中。宽敞的主次共享空间，通过中心大花园同主题花园及若干组团绿化形成富有层次的绿化环境。一方面空间的变化产生趣味，另一方面缔造出属于不同区域住户的独有空间。围绕全龄化，首创颐养、长乐、康益、亲子四大园，提供游、学、禅、乐、情、膳、美、住、健、护等 852 项设施设备 867 项全方位服务，打造“一家三代两居”健康养生新生活。

## 八、绿地长沙城际空间站项目

1. 承建单位：中国机械设备工程股份有限公司（中机国际工程设计研究院有限责任公司）

2. 签约时间：2018 年 6 月 1 日

3. 项目概况：绿地长沙城际空间站项目—E16 地块包括地上 1 栋超高层甲级办公楼、1 栋超高层酒店及办公楼、1 栋三层裙房为商业 MALL，6 栋超高层创意办公楼和公寓式办公楼、两栋高层办公楼以及三层地下车库及设备用房。基地总用地面积为 83 734.98$m^2$，西临黎托路，南临湘风路。周边交通便利，配置齐全，地理位置优越。土地性质为商业办公用地。该工程总建筑面积为 676 009.42$m^2$，其中地上建筑面积为 524 876.49$m^2$，地下建筑面积为 151 132.93$m^2$。

4. 经济或社会效益：整个项目容积率为 6.0，建筑高度限高 200m，用地紧张，空间密度大，基地内需摆放 10 栋高层，业态丰富，多种功能复合。建设方与设计方从开始就期望打造一个具有时尚生活、文化风貌、国际一流的主体立体公园街。该项目将被倾力打造成为企业高端人才的智慧办公及生活休闲场所，对整个高铁新城片区的发展具有重要的引领意义。

## 九、绿地湖湘中心项目

1. 承建单位：中机国际工程设计研究院有限责任公司

2. 签约时间：2017 年 7 月

3. 项目概况：绿地湖湘中心项目 S16 地块位于长沙市 5A 级景区岳麓山东北角，总用地面积为 7.75 万 $m^2$，总建筑面积约 38 万 $m^2$，项目包括一栋 20 万 $m^2$ 的超大型商业购物中心，室外商业街及 6 栋公寓式办公楼，致力于打造成为长沙市河西核心区新潮时尚的新地标，集创业、居住、购物、休闲、网红娱乐等功能为一体的商业综合体。

4. 经济或社会效益：

最具人文底蕴 —— 依傍儒、佛、道三教共存的文化名山“岳麓山”，和山脚宋朝年间创建的全国四大古书院之一“岳麓书院”。项目 3km 范围内，教育资源丰富，麓山路沿线依次坐落着中南大学、湖南大学、湖南师范大学等多所著名学府，人文底蕴深厚。

最具商业价值 —— 湘江新区人口最为密集的嵘湾镇黄金商圈，周边校区林立，人流量大，是中部首个国家级新区“湘江新区的核心”，是大河西（溁湾镇）湘江新区发展的桥头堡和引擎。

最具景观资源 —— 坐岳麓山之基，临湘江之畔，瞰橘子洲之景，是“山、水、洲、城”在长沙最美最写意的汇集。

## 十、江西省乐平市南内河综合治理工程

1. 设计单位：中机国际工程设计研究院有限责任公司

2. 签约时间：2017 年 3 月

3. 项目概况：项目所在地为景德镇市乐平市城区，治理对象为南内河—乐平市城区最大的城市内河。项目目标是在沿河截污与初期雨水处理的基础上，通过清淤疏浚、生态驳岸改造、水质改善及沿河景观等措施，改善南内河水体黑臭的现状。工程总投资 71 946.97 万元。主要水质执行《地表水环境质量标准》（GB 3838—2002）中规定的Ⅳ类（河流）标准。

4. 经济或社会效益：南内河东起东湖堰，西至张家桥水闸，全长 5.5km，河宽 96m，沿途经过居民区、企事业单位及近郊乡村等，是一条横穿新老城区，承载着乐平市人民生活点滴和岁月变迁的河流。然而，受城区排水体系建设不完善、管理不到位的影响，多年来城市生活污水、农田灌溉水均直排进入河道，各类垃圾无序堆放在河道沿线，造成河道淤塞，水质恶化，水体黑臭，基本丧失其功能属性，成为严重影响周边居民生活水平和乐平市整体形象的“烂内河”，在此背景下，乐平市委市政府启动该项目的建设。

## 十一、吉首市海绵城市（新区）项目

1. 承建单位：中机国际工程设计研究院有限责任公司

2. 签约时间：2017 年 5 月

3. 项目概况：吉首市海绵城市（新区）项目位于吉首市乾州新区。项目包括滨江路、金坪路、水厂路、燕子路、载福路、荣光路、G209 和朝阳东路（包含一座长 110m 的大桥）等道路排水系统及路面提质改造，构建海绵城市低影响开发雨水系统，总道路里程 12km，总投资约为

47 724.62 万元。2018 年该项目已经竣工，部分子项通过了各项验收并向市民开放。

4. 经济或社会效益：吉首市海绵城市（新区）项目通过构建海绵城市低影响开发雨水系统，最大限度地保护原有的河流、湖泊、湿地、坑塘、沟渠等水生态敏感区，留有足够涵养水源、应对较大强度降雨的林地、草地、湖泊、湿地，维持城市开发前的自然水文特征。同时路面提质改造提高交通安全性、美观性、舒适性等，改善沿线交通运输条件，加快城乡贸易流通，从而促进人民生活水平的提高。道路排水系统的改造从雨、污分流，管径提升，管材优化等方面出发，加强了城市道路雨水和污水通畅地排泄出去，避免城市内涝的同时，达到环境保护的要求。项目的建成对经济发展、社会评价、环境保护、节能减排等起了非常重要的作用。

**十二、某电磁能高端装备产业化基地建设项目**

1. 承建单位：中机国际工程设计研究院有限责任公司

2. 签约时间：2018 年 8 月

3. 项目概况：项目位于长沙市高新技术开发区，建设内容包括新建生产车间、试验站、研发中心及相关配套设施等。

4. 经济或社会效益：该项目是湖南省委全面落实国家军民融合战略，大力发展军民融合产业，带动、加速、深化湖南特色新型工业转型的重大试点工程。项目旨在建成集研发、生产、服务于一体的电磁能高端装备产业化基地，打造军民两用科技成果创新孵化体系，推动湖南省军民融合产业的发展和传统产业的转型升级，促进我国电磁能技术高端装备产业化应用。

**十三、贵州省瓮安县草塘“十二塘”旅游开发区——盛唐樱园景区唐风建筑设计**

1. 承建单位：中机国际工程设计研究院有限责任公司

2. 签约时间：2017 年 7 月

3. 项目概况：盛唐樱园景区总占地面积约 4 000 亩（1 亩 = 666.6$m^2$），其中山地景观占地面积 3 000 亩，水体景观面积 1 000 亩，总投资 35 亿元。其中唐风景观建筑总造价约 15 亿元。该项目于 2016 年 5 月开始启动方案概念化设计直至 2017 年 12 月项目一期一段基本完成，2018 年 5 月相继启动一期 2 段工程建设。

4. 经济或社会效益：盛唐樱园是瓮安县草塘“十二塘”旅游开发五大记忆景区之核心建设区，按照旅游规划总体要求，该景区的景观建筑全部采用传统营造工法进行设计和建设，用材考究，形制规范，保持唐代风貌的同时旁征博引，改良部分构造体系。使建筑地域倾向凸显，视觉冲击力更强。该项目以单体 98 座的规模，数十项考古成果的应用和数百项传统工法的重现，将一举夺得国内同类建筑多项第一，必将成为唐代风貌建筑博览园和集大成者。建成之日，该景区游客高峰期日接待量可达 6 万人次，年综合游客接待量约 200 万人次，创旅游收入约 4 亿元。有望打造成贵州省第四大旅游热点景区和国家级传统建筑营造观摩、实习基地。

**十四、西安阎良国际航空高技术产业基地表面处理中心项目**

1. 承建单位：中机国际工程设计研究院有限责任公司

2. 签约时间：2018 年 3 月

3. 项目概况：项目位于西安市阎良区国家高技术产业基地内，阎良机场西南侧。项目包括办公楼、倒班楼、食堂、标准厂房、仓库和锅炉房，总建筑面积约为 22.8 万 $m^2$。

4. 经济或社会效益：西安阎良国家航空高技术产业基地是国家发改委于 2004 年 8 月批复设立，是我国加快推进航空产业发展、促进军地融合、统筹科技资源的先行先试区。

项目按照高技术起点建设，建成后服务范围覆盖整个渭北工业区，形成辐射整个西北地区的高端装备制造及加工业的表面处理园区。

该项目建成后，依托西安阎良国家航空高技术产业基地表面处理中心进行招商工作，集中西北区域内表面处理企业，为适应西北地区高端装备制造及加工业的高速发展需求，同时解决长期以来电镀废水超标排放，氰化物废水、含重金属废水给周围环境造成的严重污染，特别是由于污染源较为分散不能根治的问题，具有重要的作用和意义。

**十五、西安市地下综合管廊 PPP 建设 I 标段岩土工程勘察**

1. 承建单位：甘肃中建市政工程勘察设计研究院

2. 签约时间：2017 年 6 月 10 日

3. 项目概况：西安市地下综合管廊建设 PPP 项目 I 标段包括新建干支、支线管廊 72 230m，缆线管廊 182 500m。项目全生命周期为 30 年。机械工业勘察设计研究院有限公司于 2017 年中标该项目的勘察分包工作。

西安市地下综合管廊建设 PPP 项目 I 标段的场地主要位于西安市的西端和南端，基本位于现状道路上。经过一年的精心勘察，已经完成了合同内所有勘察工作，并提交了数十本勘察成果报告。

4. 经济和社会效益：地下综合管廊和缆线廊是通过将电力、通信、给水、供热、制冷、中水、燃气、垃圾真空管等两种以上的管线集中设置到道路以下的同一地下空间而形成的一种现代化、科学化、集约化的城市基础设施。地下综合管廊和缆线廊可以节省城市用地、延长管线使用寿命、改善城市环境、降低管线维护成本，实现统一信息系统和智慧管理，增强城市防灾抗灾能力。能够产生很好的经济效益和社会效益。

**十六、西安市幸福林带建设工程岩土工程设计**

1. 承建单位：机械工业勘察设计研究院有限公司

2. 签约时间：2017 年

3. 项目概况：幸福林带跨新城、雁塔 2 个行政区。规划范围北起华清路，南至新兴南路，东起幸福路，西至万寿路。林带规划长度 5.85km，平均宽度 200m。项目总用地面积 117 万 $m^2$（约合 1 755 亩）。涉及改造范围约 30 个社区、15 个城中村，约 25 万人，有东方、秦川、华山、西光、昆仑、黄河六大军工企业和陕汽、杨森等规模以上企业 75 家，占地面积 7 500 亩。建设内容主要为大型地下综合空间、地下综合管廊、城市道路下穿区间、地面市政园林建筑等，是一个大型综合性的地下工程。同时与地铁 6 号线、地铁 7 号线及 8 号线区间和车站相邻或相交。工程建设与地铁施工相互依托与影响。

该项目于 2017 年中标，公司从事项目范围内的相关基坑的支护及降水设计。含地下综合管廊，下穿及下沉道路，地下商业空间，地铁 6、7、8 号线等基坑支护设计；上跨地铁 1 号线段基坑支护、降水及对土方开挖过程中对已有 1 号线保护设计等。

4. 经济或社会效益：幸福林带规划于新中国成立之初的“一五”时期，1953 年由苏联专家规划设计，在西安市历次城市总体规划修编中均予以保留。至今已有 60 多年，但因各种原因，幸福林带建设工程一直未能建成。2012 年底，西安市政府第 35 次常务会议审定通过了《幸福路地区综合改造总体规划》，明确了该地区“一带、两核、两轴、多中心”的功能布局。

2014 年 5 月 5 日，西安市政府通过了《幸福林带核心区控制性详细规划及城市设计》，明确指出幸福林带建设是一项重大的民生工程、生态工程、市政工程和民心工程，承载着西安人的幸福梦想。幸福路地区总体规划改造完成后，一个集总部经济、商贸服务、军品研发、绿色观光、都市休闲、文化创意等为一体的生态怡人之地、智能低碳之所、活力幸福之城的幸福路地区，将展现世人面前，成为西安市城市建设的新亮点和经济发展新的增长点。

**十七、江北新区中心区地下空间一期项目 D 区地质勘查**

1. 承建单位：机械工业勘察设计研究院有限公司

2. 签约时间：2018 年 4 月

3. 项目概况：项目位于南京市横江大道及横江大道两侧，总用地面积约 51$hm^2$，总建筑面积 20 万 $m^2$。D 地块内共 4 条地铁线路经过，设置两个地铁站，每站 3 条地铁换乘，包括 21、22、23、24 地块及相应道路地质勘查以及地铁区间段地质勘查，基坑开挖深度 14.4 ～ 24.4m。

4. 经济或社会效益：江北新区中心区地下空间一期项目 D 区地质勘察是江苏分公司打开江

苏市场的第一步，是江北核心区地下空间的重要组成部分，将打造成为展现国家级新区——江北新区形象、服务江北新区发展的亮点工程。拟建设的地下停车场、地下配建商业、地下慢行交通、地下公交场站、地铁、综合管廊等，能够产生很好的经济和社会效益。

**十八、深圳市城市轨道交通13号线工程控制测量检测**

1. 承建单位：机械工业勘察设计研究院有限公司

2. 签约时间：2018年6月

3. 项目概况：该项目于2018年1月中标，合同金额为1 160.67万元。13号线工程南起深圳湾口岸，终点位于石岩片区的上屋北站，线路全长22.5km，全部采用地下敷设方式，全线设站16座15区间，其中换乘车站11座。本线设一个停车场（内湖），两座主变电所（新建深大和羊台山停车场），预计2022年12月底竣工。

4. 经济或社会效益：深圳市城市轨道交通13号线是深圳轨道交通线网中的区域快线，是支持后海中心、留仙洞总部基地、光明新城等重点建设区域发展的中部地区南北骨干线，是提升城市区域地位和辐射能力的快线。该项目为公司第一个独立承担的地铁第三方测量项目，填补了没有地铁第三方测量业绩的空白。

**十九、深圳市城市轨道交通13号线工程第三方监测和自动化监测13001标**

1. 承建单位：机械工业勘察设计研究院有限公司

2. 签约时间：2018年10月9日

3. 项目概况：该项目于2018年5月中标，合同金额为2 420万元。13号线工程南起深圳湾口岸，终点位于石岩片区的上屋北站，线路全长22.5km，全部采用地下敷设方式，全线设站16座15区间，其中换乘车站11座。本线设一个停车场（内湖），两座主变电所（新建深大和羊台山停车场），预计2022年12月底竣工。

4. 经济或社会效益：深圳市城市轨道交通13号线是深圳轨道交通线网中的区域快线，是支持后海中心、留仙洞总部基地、光明新城等重点建设区域发展的中部地区南北骨干线，是提升城市区域地位和辐射能力的快线。

**二十、延安市新区北区（二期）综合开发工程（岩土工程）监测**

1. 承建单位：机械工业勘察设计研究院有限公司

2. 签约时间：2017年6月30日

3. 项目实施概况：延安市新区北区（二期）综合开发工程（岩土工程）西侧与北区一期搭接，总面积约8.238km$^2$，包括东十里铺沟、刘万家沟、丁家沟和流水沟等区域。场地地势起伏相对较大，地质条件复杂，面临着许多工程地质问题，如软基变形问题、填筑体变形问题、高边坡稳定性问题、不良地质体问题和地下水环境变化的影响及控制问题。针对本工程的特点，对高填方的深部分层沉降、地表沉降、深部水平位移、土压力、孔隙水压力、土体含水量、地下水位、部分填挖高边坡变形、盲沟出水量等进行监测，并将监测结果反馈到高填方工程的设计与施工中，辅助信息化管理与施工。

4. 经济或社会效益：通过岩土工程监测为填筑完成后延安新区各项建设提供了必要的地基变形基础数据；了解了地层中土压力及孔隙水压力的变化及转移情况；了解了填筑过程和竣工后土体内部水分的变化情况，分析了土壤含水量变化对黄土高填方变形的影响；了解了高填方内部地下水位的变化对高填方地基变形的影响；对填挖高边坡的监测，确保了高边坡及高边坡下方建筑构筑物的安全。

**二十一、延安新区北区（一期）综合开发工程（岩土工程）延续监测**

1. 承建单位：机械工业勘察设计研究院有限公司

2. 签约时间：2017年12月6日

3. 项目实施概况：项目是在延安新区北区一期综合开发工程岩土工程监测项目结束后，公司和延安市新区管理委员会签订的2017—2019年度延续监测合同。项目面积10.5km$^2$，建设场地地势起伏相对较大，工程地质条件和水文地质条件复杂，面临着许多岩土工程问题，如黄土高填方软基变形问题、填筑体变形问题、特殊土和不良地质体问题、地下水环境变化的影响及控制等问题。该项目针对延安新区黄土高填方工程的特点，进行了填筑体与原地基体深部分层沉降监测、表面沉降监测、InSAR 监测、深部自动化数据采集、土压力监测、孔隙水压力监测、土体含水量监测、地下水位监测。

4. 经济或社会效益：通过岩土工程监测为填筑完成后延安新区各项建设提供了必要的地基变形基础数据；了解了地层中土压力及孔隙水压力的变化及转移情况；了解了填筑过程和竣工后土体内部水分的变化情况，分析了土壤含水量变化对黄土高填方变形的影响；了解了高填方内部地下水位的变化对高填方地基变形的影响；对填挖高边坡的监测，确保了高边坡及高边坡下方建筑构筑物的安全。

**二十二、韩城市双创扬帆小镇项目工程设计**

1. 承建单位：韩城市人力资源服务集团有限公司

2. 签约时间：2018 年 4 月

3. 项目概况：项目规划用地（含代征路）约 291 亩（1 亩 =666.6m$^2$），规划净用地（含城市绿化带）约 239 亩，总建筑面积 573 409m$^2$，容积率 2.63，绿化率 45.3%。主体建筑地上总建筑面积约 418 547m$^2$。地下面积 154 862m$^2$，设计两层停车。包括创业大厦、五大产业总部、华为数据中心、科技产业总部、人才实训中心、陶瓷产业大厦、高端住宅、创业公寓、星级酒店等。

4. 经济或社会效益：韩城双创园区项目旨在建设一个集创业大厦（创业指导、众创空间、创业孵化等）、五大产业总部（研究院、设计院）、华为数据中心、科技产业总部（创新金融、医疗）、陶瓷产业大厦、高端住宅、众创公寓、星级酒店、精品购物中心（商业、娱乐、餐饮）、园区服务中心、阿里巴巴物流中心、城市展览馆及剧场为一体的综合性园区。项目建成后，将为韩城市大众创业、万众创新提供全方位服务的综合性园区。

**二十三、新能源汽车产业园标准化厂房项目（零部件生产厂房、研发试制中心、综合服务区及相关配套设施）设计**

1. 承建单位：韩城市经济技术开发区建设投资有限公司

2. 签约时间：2017 年 12 月

3. 项目概况：规划区位于经济技术开发区的西塬产业区，范围东至马庄南路，南至 108 国道，西至潘庄街，北至梁山南路，总面积 135.5hm$^2$（约 2 033 亩），建设用地面积约 1 750 亩。新能源汽车产业园区项目分 3 个组团，分别为新能源汽车研发试制区、新能源汽车零部件生产区、配套办公服务区。新能源汽车研发试制区建筑面积 68 425m$^2$，包括新能源汽车研发大楼和新能源汽车的组装实验区。新能源汽车零部件生产区建筑面积为 362 867.1m$^2$，包括新能源汽车各个关键部件的生产厂房。公共配套办公服务区建筑面积为 201 564.8m$^2$，包括综合办公大楼和员工宿舍以及综合服务区。

4. 经济或社会效益：产业园区从零配件加工，动力电池生产及汽车总装的一应俱全，能够带动相关产业链协同发展，并创造大量就业机会，能够产生很好的经济和社会效益。

**二十四、汉中公园天下项目建筑与景观设计**

1. 承建单位：汉中市勇辉房地产开发有限公司

2. 签约时间：2018 年 5 月

3. 项目概况：该建设用地位于汉中市南郑县大河坎，北临江南路及濂水河，南临石燕路，两个地块之间仅隔濂泉路，地势平坦、交通方便、环境优美。项目以高层住宅为主，配套有幼儿园、垃圾中转站、农贸市场、卫生站、社区服务活动用房、社区办公用房、群众健身设施、物业服务用房、沿街商业网点等。该小区是集住宅、商业配套及服务设配套为一体的居住小区项目。规划建设总用地面积 100 721.72m$^2$（约 151.08 亩）。该项目目前处于方案报建阶段。

4. 经济或社会效益：项目所在地是集住宅、商业配套及服务设配套为一体的居住小区项目，该项目的启动将进一步推进汉中城市建设发展，改善该区域的城市面貌，为汉中市的发展提供有力的支撑。

**二十五、中惠 · 紫金城住宅小区项目建设工程设计**

1. 承接单位：青海中惠房地产实业有限公司

2. 签约时间：2018 年 5 月

3. 项目概况：项目位于青海省西宁市老城区城东板块，总用地面积约 224 亩，总建筑面积约 74 万 $m^2$，是集商业、住宅、办公、酒店于一体的综合性项目。

4. 经济或社会效益：以“西宁百万平米现代魅力生活城”为理念，打造西宁城东区时尚、宜居、宜业的新的城市活力中心。定位于西宁城东区核心生活区，综合考虑了整体城市区域性发展，从住宅户型，商业业态，乃至文化定位，做了全方位的打造，旨在提高整个西宁城东区的生活品质。

**二十六、灵宝市 2018 年棚户区改造项目第一批建筑设计项目牛庄村－建设工程设计**

1. 承接单位：灵宝市城市改造投资有限公司

2. 签约时间：2018 年 8 月

3. 项目概况：项目位于河南省灵宝市城关镇牛庄村，占地面积约 184 亩，总建筑面积约 40 万 $m^2$。容积率 2.52。

4. 经济或社会效益：整体设计以新中式风格为主，其中融合了灵宝当地的特色 立面色彩以米黄色、木色、咖色为主要色彩，屋顶形式采用现代汉风屋脊，灰瓦装饰。建筑的外饰面采用真石漆涂料，融合地域文化符号的使用，体现建筑的传统文化品位，彰显地域特色，达到让居民望得见山、看得见水、记得住乡愁的目的。

**二十七、中国西部科技创新港科教板块综合能源工程项目施工图设计－建设工程设计**

1. 承接单位：陕西西咸沣西新城创新港能源服务有限公司

2. 签约时间：2018 年 10 月

3. 项目概况：中国西部科技创新港，是教育部与陕西省合作共建的国家级重点项目。本次项目设计为中国西部科技创新港科教板块提出了一种多能互补的供冷、供热能源配置方案，共设计 6 个能源站，均布置于科教板块两侧绿楔中，热泵机房位于地下二层或地下一层，为之服务的变配电室位于地下一层或地上一层。共设计取热孔 91 个，分别围绕各能源站布置。

4. 经济或社会效益：该项目设计旨在满足供能需求的前提下，遵循生态、绿色、环保、节能的理念，打造生态智慧高地。项目建成后将承担创新港区域内科教板块约 159 万 $m^2$ 建筑的冬季供暖、夏季供冷及全年生活热水供应。

**二十八、贵州省铜仁市梅花湖生态综合治理工程设计**

1. 承办单位：铜仁市万山区梅湖水境生态旅游发展有限公司

2. 签约时间：2018 年 9 月

3. 项目概况：项目建设内容主要包括坝上水库周边的梅花水境风景林地的打造，坝下湿地花海及原有村落的改造。总体来说就是对于场地中“山、水、林、宅、田”五大元素的充分利用。项目整体规划面积约 120$hm^2$。城市滨水景观一直以来是城市建设的重点和亮点。铜仁市把湿地生态建设作为重点民生工程，着力改善城区面貌，优化人居环境，提升城市品位，强势推进国家级山水园林城市建设。依托原有的库区特色风貌，打造具有地域特色的生态涵养地，打造万亩梅花基地、万亩生态草原、成为国内最大最美的梅花观赏场所，成为铜仁乃至外来游客最向往的休闲娱乐及旅游目的地。

4. 经济或社会效益：项目的实施，不仅为万山区发展注入活力，也将促进周边产业结构调整与优化，带动社会多产业的兴盛，有利于社会的稳定。一是为城市居民提供休闲、娱乐和休养生息的胜地，与铜仁市其他景区形成联动模式；二是间接促进万山区经济发展，有利于形成良好的投资环境。

**二十九、韩城国际汽车博览园—汽车配套产业园工程设计**

1. 承建单位：陕西韩城黄河汽车产业投资有限责任公司

2. 签约时间：2018 年 7 月

3. 项目概况：韩城国际汽车博览园一期项目选址位于韩城市黄河新区内，明珠大道以西，新民路以东，汽博园路以南，留芳街以北的地块内，项目总占地面积为 95.56 亩（约 63 705$m^2$），规划建筑面积 14 万 $m^2$，呈长方形地块。韩城至西安城际高铁线从项目地块西侧南北贯穿而过。

4. 经济或社会效益：一期项目是为极速小镇汽车配套项目，计划设置汽车维修、汽车美容、汽车配件、钣金中心及汽车展览销售。采用开放式园区设计理念，致力于打造服务于赛事，形成展览、体验、参观、培训等功能为一体的汽车主题景区，推动产业升级，打造黄河金三角地区标杆园区，形成新的区域经济增长点，促进地居民就业，增加政府财政收入，辐射其他汽配项目落地等方面，均有积极意义。

**三十、平舆县城市河流水污染综合整治项目二期工程**

1. 设计单位：机械工业第六设计研究院有限公司

2. 签约时间：2018 年 1 月

3. 项目概况：项目为平舆县城市河流水污染综合整治项目二期工程设计施工总承包工程，位于驻马店市平舆县城规划区内，包括：①小清河法桐路桥——西王栋桥及上游景观绿化、硬化、亮化；②泰和路桥——挚地大道景观绿化、硬化、亮化；③挚地大道——新东环景观绿化、硬化、亮化；④小草河清河大道——西环景观升级改造、绿化、雨水箱涵工程；⑤挚湖清淤、截污、景观绿化、硬化、亮化工程。

4. 经济或社会效益：该项目在廊道基础上，重视生态廊道对城市的绿色渗透。延续周边绿地，通过对水系和道路景观序列和节奏的梳理，打造观景视廊，将滨水空间、城市公园与道路绿地有机结合，形成绿在城市之间渗透的景观结构，使平舆县草河区域达到真正的景与城完美融合。通过对现状肌理的梳理，空间的整合以及多功能可能性的演绎，设计从空间角度，以二维平面和三维立体角度设计层次鲜明、丰富多样的滨水绿地结构。

**三十一、援喀麦隆国民议会大楼项目**

1. 设计单位：机械工业第六设计研究院有限公司

2. 签约时间：2018 年 1 月

3. 项目概况：该项目位于喀麦隆首都雅温得 NGOAEKELLE 区，场地面积约为 $4.4hm^2$，场地西侧为军事用地、南侧为议长官邸、东侧为法国大使馆、东北侧为独立纪念塔。建筑面积 $37\,500m^2$，主要包括 8 项功能：办公主楼、半圆会议厅、会议厅附属用房、庆典室、消防警卫楼、门卫房、设备用房以及地下车库等辅助空间。

4. 经济或社会效益：当非洲阳光照耀七丘之城，援喀麦隆国民议会大厦形象挺拔，光影流动，必将成就中喀友谊的新标志。

**三十二、黄鹤楼香精香料产业园**（一期）

1. 设计单位：机械工业第六设计研究院有限公司

2. 签约时间：2018 年 10 月

3. 项目概况：该项目位于湖北省武汉市东西湖区工业一路以西，通源北路以北，东流港以南，用地面积 135 亩，总投资额 2.43 亿元。工程建设科研综合楼（含后勤服务楼）、调配车间、提取车间、综合工房、仓库 1、仓库 2、动力中心、仓库 3、污水处理站、地下储罐、大门门卫室等；新增调配、提取等工艺设备；配置物流仓储系统；建设配套的公用动力工程；建设全厂信息化系统等。

**三十三、遂平县城区道路桥梁工程**

1. 设计单位：机械工业第六设计研究院有限公司

2. 签约时间：2018 年 8 月

3. 项目概况：该项目包括 14 条市政道路、5 个十字路口改造、4 座桥梁以及配套的道路景观绿化工程，全长 29 191.31m。

**三十四、援马里巴马科大学卡巴拉校区二期项目**

1. 设计单位：机械工业第六设计研究院有限公司

2. 签约时间：2018 年 5 月

3. 项目概况：在一期校园的建设基础上进行功能的完善和形象的提升，一、二期建筑面积总计达到 $67\,100m^2$，是该公司在援外领域整体规模最大的项目。二期包括工业技术学院教学楼（含孔子学院）、健康科学系教学实验楼、语言中心、专家公寓及餐厅、国家技术研究管理中心、图书馆（含大学出版社）、印刷车间、附属设备用房（含配电室、水泵房、门卫）等。同时包括建设场地内的广场、道路、室外停车场等附属设施，提供相关教室、实验室（含物理、化学及生物实验室）、语言培训教室、图书阅览室、书库、专家公寓、印刷车间等功能的教学家具、客房家具和基本的印刷设备。

4. 经济或社会效益：项目建成后，将服务于马里乃至整个西非地区的高等教育，也将成为公司开拓海外市场的一张靓丽名片。

**三十五、唐河县人民医院搬迁项目**

1. 设计单位：机械工业第六设计研究院有限公司

2. 签约时间：2018 年 1 月

3. 项目概况：该项目规划用地为东至旭升路，南至文化路、西至李季路、北至上海大道，建筑面积 220 000$m^2$。

设计理念：整体建筑布局从功能需要出发，形成大集中小分散的院区格局。北地块将门急诊、医技、住院空间相对集中布置，位于中心，其他功能用房单独成院，功能性强的主体医疗建筑联系紧密，方便资源共享。南地块建筑与庭院延续中轴线有机生长。整体建筑之间高低错落围合形成开放与半开放的庭院，各庭院之间以串通的形式相互联系，形成了“院中院，园中园”的布局模式。

**三十六、援巴巴多斯希望农业学校项目**

1. 设计单位：机械工业第六设计研究院有限公司

2. 签约时间：2018 年 2 月

3. 项目概况：整体建筑造型以适用、经济、绿色、美观为原则，强调建筑的整体性，在建筑手法上沿用当地的连廊与坡屋顶相结合的形式，利用中国院落的布局手法，将分散的建筑围合成一个整体，高低错落坡屋顶使建筑产生韵律感，建筑立面采用现代设计手法，简约大方，体现学校建筑特色。

4. 经济或社会效益：该项目位于加勒比海地区岛国—巴巴多斯，是该国第一所农业技术培训学校，该项目的实施将有效改善当地农业技能教育缺乏的现状，大幅提高受援国农业发展的水平，是当地一项重要的民生工程。

**三十七、安徽合肥技师学院**

1. 设计单位：机械工业第六设计研究院有限公司

2. 签约时间：2018 年 2 月

3. 项目概况：该项目位于安徽省合肥市。项目基地北至关井路、南临岱河路、西依梦溪路、东靠烈山路。项目总建筑面积 26.72 万 $m^2$，设计内容包括教学楼、实训中心、图书馆、食堂、宿舍等。

**三十八、浙江中烟工业有限责任公司宁波卷烟厂“十二五”易地技术改造项目**

1. 设计单位：机械工业第六设计研究院有限公司

2. 签约时间：2018 年 3 月

3. 项目概况：该项目总投资 30.84 亿元，用地面积 111 万 $m^2$，项目总建筑面积 23.33 万 $m^2$，年生产能力达 500 亿支（100 万箱）。

技术特点：联合工房按照“三星级”绿色工房进行建设。以工厂信息模型为载体，项目建设期间建立基于 BIM 技术的设计、施工、管理平台，利用 BIM 技术实现项目建设技术手段的创新。该项目荣获中国建设工程鲁班奖。

**三十九、新蔡县第二人民医院**

1. 设计单位：机械工业第六设计研究院有限公司

2. 签约时间：2018 年 5 月

3. 项目概况：该项目总建筑面积约 18 万 $m^2$，设计床位 1 500 张，包含医疗、养老地产、医疗商业等多种业态。

设计理念：南北两地块均采用“九宫格”的布局形式，将基地划分为 9 个相对独立的地块，各栋建筑呈品字形交错布局，通过架空的连廊相连，建筑之间为宽敞的绿色庭院，庭院里精心培植各种植物，并设置了水池、水渠、涌泉等各种形态的水景，为人们提供丰富的视觉和听觉感受。院落和建筑相互交融，形成了有机的医院建筑群落。

**四十、宁夏汉尧石墨烯储能材料科技有限公司锂离子电池石墨烯三元正极材料及导电浆料项目**

1. 设计单位：机械工业第六设计研究院有限公司

2. 签约时间：2017 年 3 月

3. 项目概况：该项目计划年产 30 000t 石墨烯改性三元正极材料和 10 000t 石墨烯改性导电浆料，该项目的建设可抢占电池材料的技术制高点，整合国际与国内先进技术，开发高技术、高附加值产品，争取发展成国际一流的电池材料制造商，产品具有广泛的市场基础。

4. 经济或社会效益：该项目高端离子电池石墨烯三元正极材料及导电浆料其综合性能好，应用范围涵盖了整个锂离子电池行业，在3C电子领域将可以取代目前常用的钴酸锂材料；在新能源汽车领域正在快速取代磷酸铁锂材料体系，为首先的锂离子电池正极材料体系；在储能领域锂离子电池将是未来主流技术路线，相比其他正极材料三元材料具有明显成本和性能优势。

**四十一、中关村在线共享生态科技产业城**

1. 设计单位：机械工业第六设计研究院有限公司

2. 签约时间：2018年7月

3. 项目概况：该项目位于郑州市金水区科教园，总用地面积约500亩，总建筑面积50万$m^2$

4. 经济或社会效益：该项目是国内首个将共享经济从消费领域扩大到生产及流通领域（产业生态共享）的具体实践，秉承“信息互通、资源共享、能力协同、互利共赢”的理念，设计通过打造基于绿色园区+智能制造+智慧物流+云化服务的支撑体系，实现F2C模式下产业供应链协同及全要素集成。

**四十二、援几内亚中几友好医院二期项目**

1. 设计单位：机械工业第六设计研究院有限公司

2. 签约时间：2018年1月

3. 项目概况：该项目总建筑面积4 976.22$m^2$，包括新建医技楼、医疗综合楼、医疗队功能用房及相应室外工程，同时提供大型医疗设备和必要器具。

4 经济或社会效益：该项目是我国为全面落实中非合作论坛约翰内斯堡峰会成果，在公共卫生援助方面的一项有力举措，对两国建立全面战略合作伙伴关系有积极促进作用。

**四十三、张家口高新区冰雪运动装备产业园示范区**

1. 设计单位：机械工业第六设计研究院有限公司

2. 签约时间：2018年7月

3. 项目概况：该项目分为轻型装备车间、行政办公楼、科研大楼两栋、重型装备车间、展览中心，总建筑面积25万$m^2$。

4. 经济或社会效益：该项目位于张家口高新区中粮大街，是以2022年冬奥会为契机，大力发展我国冰雪产业而建设的。

**四十四、商丘爱琴海购物公园**

1. 设计单位：机械工业第六设计研究院有限公司

2. 签约时间：2018年3月

3. 项目概况：该项目位于商丘凯旋路以东，凯四街以南，向阳路以西，东临步行街，北靠中环广场，整体占地90亩，总投资25亿元。

4. 经济或社会效益：该项目是商丘首个公园体验式高端城市商业综合体，涵盖70多亩绿地公园和30多万$m^2$的公园式体验商业，包含商业、酒店、公寓、高端住宅等业态。

**四十五、郑州华侨城**

1. 设计单位：机械工业第六设计研究院有限公司

2. 签约时间：2018年9月

3. 项目概况：该项目位于郑州中原新区核心起步区，主要为商业和居住功能，总建筑面积约30万$m^2$。

4. 经济或社会效益：项目建成后，将成为一个集居住、休闲、娱乐购物、健身等多种功能为一体的现代高尚社区。

**四十六、郑州临空生物医药产业园**

1. 设计单位：机械工业第六设计研究院有限公司

2. 签约时间：2018年6月

3. 项目概况：该项目总占地面积超过200亩，总建筑面积约24万$m^2$，物业类型包括科研办公、科研厂房、实验、中试、生产厂房、设备配套用房等其他建筑。

4. 经济或社会效益：该项目位于航空港实验区南部高端制造业聚集区，是由政府主导投资建设、河南省内在建的规模最大的生命科学与生物技术研发生产创新创业基地，是第六工程院继中原金融产业园、恒丰电子产业园等项目后在产业园专项技术领域持续深耕的又一成果，亦是公司在生物医药产业园设计领域的又一突破。该项目建成后，将成为实验区承载八大主要产业集聚地的重要组成部分。

# 贸易项目

（2018 年完成，合同金额 5 000 万元以上）

**一、捷豹路虎进口汽车项目**

1. 实施单位：中国进口汽车贸易有限公司（简称中进汽贸）

2. 签约时间：2017 年 7 月 31 日

3. 项目概述：中进汽贸完成与捷豹路虎（中国）投资有限公司（简称捷豹路虎）的外贸进口及物流服务合同续约，为其提供车辆进口、自理 / 代理清关、仓储、物流服务，合同有效期至 2020 年 7 月。在 2017 年拓展港口 CAL（客户接受线）业务基础上，2018 年为捷豹路虎提供 PHEV（插电混动）天津港口的整备维护服务，签署 12 个相关采购订单。包括仓储租赁、场地改造、维修检测支持等服务。

2018 年 6 月 29 日，在现有业务基础上，细钻研、深挖掘，拓展服务链条，与捷豹路虎签订库存缓冲批售服务协议，协议有效期 1 年。首批服务车辆 140 台，该服务项目解决厂家及经销商对特定车型的销售压力，平抑终端零售价格，帮助厂家调控销售节奏，提升品牌形象及经销商满意度。2018 年公司荣获捷豹路虎全球优秀供应商银奖。

4. 经济或社会效益：2018 年共销售捷豹路虎汽车 7 718 台，实现营业收入 46.17 亿元，贸易服务收入 8 892 万元。

**二、阿斯顿马丁认证、进口、物流服务项目**

1. 实施单位：中国进口汽车贸易有限公司

2. 签约时间：2017 年 8 月 15 日

3. 项目概述：中进汽贸作为阿斯顿马丁品牌国内唯一授权进口商，为阿斯顿马丁公司提供车辆的车型认证、一般贸易车辆进口、物流及特殊车辆进口服务，并提供 CCC 认证及目录维护管理服务。2018 年，公司克服时间短、试验样车准备不充分的困难，利用 3 个月的时间，帮助阿斯顿马丁公司取得全系列车型的 CCC 证书，完成全系列车型的国 6b 国家环保信息公开，使得阿斯顿马丁公司成为国内首家全系列车型通过国六排放标准的超豪华品牌，赢得市场先机。

4. 经济或社会效益：2018 年完成 421 台阿斯顿马丁车辆的进口和销售，收入 5.46 亿元，贸易服务收入 1 151 万元。

**三、特斯拉物流服务项目**

1. 实施单位：中国进口汽车贸易有限公司

2. 签约时间：2018 年 11 月 15 日（有效期为 36 个月）

3. 项目概述：特斯拉物流服务项目，在原有天津港物流服务项目基础上，中标上海港物流服务项目， 2018 年 11 月 15 日与特斯拉中国签订物流服务协议，中进汽贸为特斯拉中国提供天津港、上海港进口特斯拉车辆的清关、商检、仓储、检测、车辆维护、运输服务。上海港是特斯拉进口量最大的港口，上海、天津两港特斯拉进口总量占其全国进口量的 80% 以上，中标上海港项目显著增加了中进汽贸对特斯拉的服务份额，为后续深度合作奠定基础。

4. 经济或社会效益：2018 年实现贸易服务收入 6 675.75 万元。

**四、菲克进口汽车项目**

1. 实施单位：中国进口汽车贸易有限公司

2. 签约时间：2018 年 7 月 1 日

3. 项目概述：2018 年，中进汽贸完成菲克进口车项目批发贸易协议（2+1 年）、物流服务协议（3.5 年）的续签工作。在批发贸易方面，积极进行流程优化和效率提升，配合厂家达成批量销售目标；在港口服务方面，深化提升核心竞争力，进一步巩固提升天津港、上海港、广州港整车进口全链条港口服务能力体系，提高作业质量，实现服务品质升级。2018 年 11 月 6 日，在中国国际进口博览会上，中进汽贸与菲亚特克莱斯勒汽车公司就未来三年（2019—2021 年）的战略合作签署协议，助力菲克品牌开拓和深耕中国市场。

4. 经济或社会效益：2018 年，实现批售 11 368 台车辆，批售收入 40.61 亿元；服务收入 1.3 亿元。

**五、新零售项目**

1. 实施单位：中国进口汽车贸易有限公司

2. 项目概述：2018 年，充分发挥“批发 & 仓储物流 & 零售”协同优势，将资金、批售流程管控和经验、仓储物流能力、风控能力等整合为面向各主机厂和新零售平台的一体化供应链服务体系。与 28 个汽车品牌开展合作，建立 38 座区域中心库，覆盖全国 21 个省市；租赁使用北斗定位设备及车辆定位系统，对车辆进行定位跟踪管理。

新零售项目的拓展为中进汽贸贡献了业务规模和利润，探索出比较成熟的业务操作模式和风控体系，与上游主机厂及下游客户形成较为紧密的合作关系。

3. 经济或社会效益：2018 年，国产车批售业务合计实现销售汽车 53 716 台，销售收入超 53 亿元，同比增长分别为 764%、797%。

**六、大众进口汽车项目**

1. 实施单位：中国进口汽车贸易有限公司

2. 签约时间：2018 年 1 月 1 日（有效期为 1+0.5 年）

3. 项目概述：2018 年 1 月 1 日，完成与大众汽车（中国）销售有限公司批发业务合作协议的签订，合同有效期为 1+0.5 年。

4. 经济或社会效益：2018 年完成批售了 41 060 台，实现批售收入 114.7 亿元，服务收入 4 649.45 万元。

**七、进口福特整车批售项目**

1. 实施单位：中进汽贸（天津）进口汽车贸易有限公司（简称中进进口）

2. 签约时间：2018 年 1 月 1 日

3. 项目概述：完成与福特中国的福特进口整车分销合同签订，作为福特全系进口车型国内唯一分销商，从事福特进口车分销工作。合同有效期至 2018 年 12 月 31 日。

4. 社会或经济效益：2018 年采购福特进口汽车 12 455 台，完成批售 15 607 台，销售收入 58.8 亿元。

**八、港口服务项目**

1. 实施单位：中进汽贸（天津）进口汽车贸易有限公司

2. 签约时间：2018 年 1 月 1 日

3. 项目概述：完成与福特中国进口汽车的港口服务合同续签，为福特中国提供报关报检、仓储、整备、维修、物流等服务。中进进口不断完善设施建设和港口布局，打造适合于整车流通的国内外全方位服务与能力体系，具备年操作 6 万台的港口服务与维修能力。

4. 社会或经济效益：2018 年中进进口完成 21 488 台车辆到港操作，31 347 台车辆整备操作，14 692 台车辆维修操作以及 27 895 台车辆的运输操作。

**九、平行进口项目**

1. 实施单位：中进汽贸（天津）进口汽车贸易有限公司

2. 项目概述：中进进口 2015 年取得天津自贸试验区首批平行进口试点企业资质，于 2017 年开展海外直采平行进口业务。目前中进进口拥有天津、广州、海口 3 个自贸试验区平行进口试点资质，具备完整的平行进口全链条操作能力。

3. 社会或经济效益：2018 年较 2017 年业绩大幅增长。2018 年平行进口汽车采购 5 798 台，同比增长 152%；销售 3 888 台，同比增长 265%；销售收入 21.4 亿元，同比增长 246%。

**十、Ranger 车型销售项目**

1. 实施单位：中进汽贸（天津）进口汽车贸易有限公司

2. 签约时间：2018 年 1 月 31 日

3. 项目概述：与 Global Fleet Sales Limited 公司签订福特品牌 Ranger 车型采购合同。Ranger 车型创造性的采用海外直接进口方式，于 2018 年 3 月取得 Ranger 车型 CCC 认证证书，2018 年

6 月首批车辆登录天津港。

4. 社会或经济效益：2018 年采购 Ranger 车型 1 065 台，完成销售 425 台，销售收入 1.02 亿元。福特 Ranger 车型的直接进口是中进进口与跨国公司合作模式的创新，为公司后续业务拓展、扩大与跨国公司合作奠定了基础。

**十一、三菱整车批售项目**

1. 实施单位：国机汽车发展有限公司（简称国机发展）

2. 签约时间：2018 年 7 月 30 日

3. 项目概述：国机发展成功完成与三菱汽车销售（中国）有限公司、北京菱顺汽车销售有限公司三菱整车批售合同的签订工作，为其提供整车批售与供应链融资服务，并在 2018 年 8 月 1 日进行付款与车辆交付，成功开启国机发展与三菱品牌厂家合作的新篇章，2018 年全年共签订两笔批售合同。通过零售业务寻找批售机会，以批售业务促进零售发展，开拓了国机发展的创新业务模式，并通过良好的服务赢得了厂家与经销商的多方赞许，为三菱批售项目的长期合作打下了良好的基础。

4. 经济或社会效益：三菱整车批售项目全年合计实现整车批售 430 台，营业收入 1.4 亿元，利润 426 万元；该项目为国机发展提升了营业规模，创造了经济价值，积累了行业口碑。

**十二、特斯拉全国服务代步车项目**

1. 实施单位：中进汽贸服务有限公司（简称中进租赁）

2. 签约时间：2018 年 12 月 21 日

3. 项目概述：2018 年中进租赁成功入围特斯拉供应商体系并一举中标特斯拉全国服务代步车项目，分别与特斯拉汽车销售服务（北京 / 上海 / 深圳 / 广州 / 杭州 / 武汉）有限公司及拓速乐汽车销售服务（成都）有限公司签订租期为 36 个月的车辆租赁合同。该项目涉及车辆共计 77 台，分别为北京 28 台、上海 15 台、深圳 11 台、广州 7 台、杭州 7 台、武汉 4 台、成都 5 台。中进租赁克服了时间紧、任务重、涉及车辆数量多、分布范围广泛的困难，由北京总部统一指挥，调动各地分公司资源，在尽可能节约公司成本的前提下，合理安排车辆采购、上牌等工作，最终按厂家要求在规定时间内完成了全部 77 台车辆的交付任务。

4. 经济或社会效益：此项目合同签约额总计 5 012 万余元，合同期限 3 年，为公司持续带来良好经济效益。

**十三、出口古巴芸豆项目**

1. 实施单位：中国汽车工业进出口有限公司（简称中汽进出口）

2. 签约时间：2018 年 1 月 4 日

3. 项目概述：2018 年 1 月，中汽进出口与古巴粮食进出口公司签署 16 000t 芸豆合同，合同金额 1 594 万美元。芸豆是古巴国计民生的重要产品，中汽进出口有多年的芸豆出口项目运作经验。2018 年在时间紧任务重的情况下，按合同要求完成了全部产品的加工、包装、检验和发运工作。

4. 经济及社会效益：此项目为关系进口国国计民生的重要产品，对提升中汽进出口信誉和形象有较大作用，得到了客户的好评。2018 年此项目实际出口金额 1 594 万美元，实现利润 1 978 万元。该项目取得了较好的经济效益，进一步巩固了与古巴客户的贸易合作关系。

**十四、出口古巴化肥项目**

1. 实施单位：中国汽车工业进出口有限公司

2. 签约时间：2018 年 5 月 31 日

3. 项目概述：2018 年 5 月，中汽进出口与古巴化工公司签署复合肥 29 818t、1 745 万美元合同，该产品是古巴雪茄（烟叶）生产的重要资料，需定制开发化肥产品，经过指标研究确定、样品试制确认、正式产品试制及大批量生产等过程，按期顺利完成了全部产品的生产和发运工作。

4. 经济及社会效益：此项目得到古巴客户的高度赞誉，并取得了较好的经济效益。2018 年此项目实际出口金额 1 745 万美元，实现利润 1 300 万元。

**十五、国机智骏项目**

1. 实施单位：汇益融资租赁（天津）有限公司

2. 签约时间：2018 年 6 月

3. 项目概述：国机智骏汽车有限公司（简称国机智骏）系国机汽车股份有限公司联合国机集

团内外6家企业合力打造的新能源汽车制造厂商，是汇益融资租赁（天津）有限公司（简称汇益租赁）于2018年拓展的优质增量客户。针对国机智骏不同阶段的资金需求与计划安排，汇益租赁采用售后回租模式为其提供较为灵活的融资服务。

4. 经济或社会效益：该项目于2018年实现投放1亿元人民币，按照4.35%资金成本计算，预计为汇益租赁创造利润约979万元。

**十六、中铁二十三局项目**

1. 实施单位：汇益融资租赁（天津）有限公司

2. 签约时间：2018年8月

3. 项目概述：中铁建金融租赁有限公司（简称铁建金租）及中铁二十三局集团有限公司（简称二十三局）系中国铁建股份有限公司的子公司，是汇益租赁的优质存量客户。针对二十三局的资金需求，汇益租赁与铁建金租通过搭建“租赁+保理”的创新模式，由汇益租赁为二十三局提供保理融资服务。同时，该项目资金由铁建金租通过售后回租模式提供给汇益租赁，并签订补充协议免除汇益租赁还款责任，实质为无自有资金投放、无风险业务。

4. 经济或社会效益：该项目于2018年实现投放6.7亿元，为汇益租赁创造无风险利润约150万元。

**十七、东大化工项目**

1. 实施单位：汇益融资租赁（天津）有限公司

2. 签约时间：2018年11月

3. 项目概述：中国平煤神马集团开封东大化工有限公司（简称东大化工）作为河南省第二大国企中国平煤神马能源化工集团有限责任公司（简称平煤神马集团）的下属子公司，经营状况稳健，发展势头良好，是汇益租赁的优质存量客户。项目能有效地协同兄弟单位开展工程项目，拓展创新“EPC+F”的新型业务模式。同时平煤神马集团和中国机械工业机械工程有限公司作为保证人，对该项目进行连带责任担保，在保证汇益租赁经济效益的前提下，进一步规避了项目风险。

4. 经济或社会效益：该项目已累计投放0.5亿元，按照4.35%资金成本计算，预计为汇益租赁创造利润约386万元。

**十八、大宗物联项目**

1. 实施单位：汇益融资租赁（天津）有限公司

2. 签约时间：2018年6月

3. 项目概述：中建材大宗物联有限公司（简称大宗物联）作为国资委直属企业中国建材集团有限公司下属子公司，经营状况稳健，发展势头良好，是汇益租赁的优质存量客户。该项目针对大宗物联的业务特点，创新采用应收账款池保理融资模式，在综合授信额度内合理投放资金。同时，由中国建材集团有限公司下属二级子公司——中建材集团进出口有限公司作为保证人，对本次保理业务进行连带担保，在保证汇益租赁经济效益的前提下，进一步规避了项目风险。

4. 经济或社会效益：该项目已累计投放3亿元，按照4.35%资金成本计算，预计为汇益租赁创造利润约696万元。

**十九、中建信息项目**

1. 实施单位：汇益融资租赁（天津）有限公司

2. 签约时间：2018年6月

3. 项目概述：中建材信息技术股份有限公司（简称中建信息）作为国资委直属企业中国建材集团有限公司下属子公司，经营状况稳健，发展势头良好，是汇益租赁的优质存量客户。该项目针对中建信息的业务特点，创新采用应收账款池保理融资模式，在综合授信额度内合理投放资金。同时，由中国建材集团有限公司下属二级子公司——中建材集团进出口有限公司作为保证人，对本次保理业务进行无限连带担保，在保证汇益租赁经济效益的前提下，进一步规避了项目风险。

4. 经济或社会效益：该项目已累计投放3亿元，按照4.35%资金成本计算，预计为汇益租赁创造利润约507.8万元。

**二十、广电计量项目**

1. 实施单位：汇益融资租赁（天津）有限公司

2. 签约时间：2018年6月

3. 项目概述：广州广电计量检测股份有限公司（简称广电计量）作为广州市国资委直属企业广州无线电集团有限公司下属子公司，是汇益租赁新开发的优质客户。该项目针对广电计量下属子公司设备到位情况和资金需求，在综合授信额度内合理投放资金。业务模式是由广电计量子公司融资，母公司广电计量提供担保，合理规避了项目风险。

4. 经济或社会效益：该项目已累计投放 1 亿元，按照 4.35% 资金成本计算，预计为汇益租赁创造利润约 635.4 万元。

**二十一、北京中科资源项目**

1. 实施单位：汇益融资租赁（天津）有限公司

2. 签约时间：2018 年 7 月

3. 项目概述：北京中科资源有限公司（简称中科资源）是中国科学院控股的国有企业，成立于 2001 年 12 月 7 日，是由原中国科学院科技物资中心整体转制设立的有限责任公司。中科资源与国机汽车合作多年，并且是汇益租赁的优质存量客户。该项目以国机汽车、中进汽贸与中科资源签订的“房屋租赁合同”中应收房屋租金质押，质押租金可以覆盖汇益租赁本息。

4. 经济或社会效益：该项目已累计投放 5 000 万元，按照 4.35% 资金成本计算，预计为汇益租赁创造利润约 353 万元。

**二十二、平煤北控清洁能源有限公司 20MW 分布式光伏发电项目组件供货**

1. 实施单位：中设无锡机械设备工程有限公司

2. 签约时间：2017 年 5 月 17 日

3. 项目概况：该项目是由 3 个项目共同组成的项目群，3 个项目分别为河南周口 9.979 2MW，山东济宁育达 7.793 28MW 和山东济宁海天 2.144 34MW，共计 20MW。招标方江苏科能电力工程咨询有限公司于 2017 年 4 月公开发布招标公告。公司按招标要求于 2017 年 5 月 9 日在南京参加该项目组件标段的公开现场开标并以第一名中标。公司与招标方江苏科能电力工程咨询有限公司于 2017 年 5 月 17 日正式签订该 3 个项目的组件购销合同，并且帮助客户实现了 630 抢装成功。后期因 3 个项目的实际采购数量有所调整，又进行了 3 个项目购销合同的补充协议签订。

4. 经济或社会效益：江苏科能电力工程咨询有限公司是一家由中国能源建设集团持股成立的以电力技术服务、电力工程咨询、设计、工程承包为主的大型国企。2017 年与公司进行的贸易合作项目较多。为双方保持长期合作培养了基础。该项目有利于可再生能源节能减排。

**二十三、亚美尼亚 ZCMC 200 万 t 铜矿浮选主要设备供货项目**

1. 实施单位：中设通用机械进出口有限责任公司

2. 签约时间：2017 年 11 月

3. 项目概况：该项目于 2017 年 11 月同亚美尼亚 Zangezur Copper Molybdenum Combine CJSC（简称：ZCMC）签署供货合同，合同金额 14 214 384.81 美元。ZCMC 成立于 1952 年，是一个超大型矿山，为亚美尼亚最大的铜矿和钼矿开采企业，本次采购的浮选设备用于新建的 200 万 t 铜精矿浮选厂，主要设备为颚式破碎机、半自磨机、球磨机和铜矿浮选设备。项目于 2018 年 1 月 11 号收到 ZCMC 预付款，1 月 25 号收到中信保特定合同险生效通知书，合同正式开始生效执行。项目分 3 批分别于 2018 年 7 月、8 月和 10 月出运完毕，货物已顺利发送到亚美尼亚，业主顺利签收验收报告和试机报告，接受了设备的质量和数量。

# 第七篇

# 大事记

# 2018 年中国机械工业集团有限公司大事记

**1 月 8 日**

国家科学技术奖励大会在北京隆重举行。由国机集团负责、中国联合工程有限公司主要完成的“工业建筑抗震关键技术研究与应用”、合肥通用机械研究院负责完成的“重型压力容器轻量化设计制造关键技术及工程应用”、成都工具研究所主要完成的“高效切削工具设计、制备与应用”获国家科学技术进步奖二等奖，中国一拖集团主要完成的“复杂铸件无模复合成形制造方法与装备”获得国家技术发明奖二等奖。

**1 月 9 日**

国机集团与法国施耐德电气集团在人民大会堂签署了战略合作备忘录。这是法国总统马克龙首次访华在深化两国经贸合作方面所取得的重大成果之一。

**1 月 11 日**

国务院总理李克强在对柬埔寨进行正式访问期间，同柬埔寨首相洪森在金边共同见证了中国重型机械有限公司与柬埔寨国家电力公司签署柬埔寨 500kV 主网及域网输变电工程项目 EPC 承包合同。

**1 月 20—21 日**

国机集团 2018 年工作会议、2018 年党建工作会暨党风廉政建设和反腐败工作会在集团总部举行。2017 年，国机集团圆满完成国资委和董事会考核目标。

**2 月 11 日**

国机集团、中国东方电气集团、中国西电集团签署全面战略合作协议。三方将积极构建大型企业集团合作新模式，不断提高全面战略合作的凝聚力和竞争力。

**3 月 6 日**

国机集团“新材料产业技术协同创新平台”成立大会在重庆材料研究院有限公司召开。协同创新平台包含协同创新联盟和创新基地，首批成员单位包括中国农业机械化科学研究院等十余家企业。

**3 月 28 日**

国机集团与南方电网签署战略合作协议。双方将在智能电力装备、新能源及储能技术、国际市场拓展等领域开展广泛合作。

**3 月 28 日**

“启航·重装旗舰”国机重型装备集团股份有限公司首场职工文艺汇演举行，标志着国机重装正式运行。

**4 月 14 日**

在第十六届中国国际人才交流大会上，国机集团被评为首批“中央企业国际合作引智创新基地”。

**4 月 24 日**

国机集团与中国核工业集团有限公司签署战略合作协议。双方将在设备研发与制造、国际市场开拓、资本运营等方面开展广泛合作。

**5 月 10 日**

国机集团在总部召开品牌战略规划宣贯大会，正式发布实施《国机集团品牌战略规划（2018—2020）》。

**5 月 17 日**

国际 SOS 在美国芝加哥举行“员工关怀与义务”（Duty of Care）研讨峰会和颁奖会。国机集团所属中国机械设备工程股份有限公司成为获得远程医疗奖(Remote Healthcare)的唯一中国企业。

**5 月 21—23 日**

国机集团智能制造业务发展研讨会在郑州召开，旨在深入落实《中国制造 2025》国家战略，加快培育具有国机特色的智能制造核心竞争力，推进集团产业结构调整与转型升级。

**5 月 27—29 日**

国家副主席王岐山在访问白俄罗斯时强调，中白工业园是两国元首亲自推动的重点项目，双方要努力将其打造为“一带一路”合作的标志性项目。

**5 月 28 日**

中共中央政治局常委、全国人大常委会委员长栗战书率领全国人大常委会执法检查组对国机集团所属中国一拖集团有限公司大气污染防治法实施情况进行了实地检查。

**6 月 4—15 日**

国机集团在京连续举办了两期党的十九大精神集中培训班。

**6 月 5—6 日**

第十三届中国企业社会责任国际论坛暨 2017“金蜜蜂企业社会责任·中国榜”发布典礼在京召开，国机集团荣获“金蜜蜂企业”奖。

**6 月 11 日**

国机集团与山东重工集团有限公司签署战略合作协议。双方将在产业协同发展、科研协同创新、资本运营、国际化经营等方面开展深入合作。

**6 月 30 日**

国机集团在总部隆重召开庆祝中国共产党成立 97 周年暨“一先两优”表彰大会。

**7 月 13 日**

国机集团党委召开会议，传达学习全国组织工作会议和习近平总书记重要讲话精神，研究部署贯彻落实措施。

**7 月 13 日**

中国机械工业联合会和中国汽车工业协会联合发布了 2017 年中国机械工业百强企业、汽车工业 30 强企业名单。国机集团连续 10 年位列机械工业百强榜首。

**7 月 17 日**

国务院国资委公布了 2017 年度中央企业负责人经营业绩考核 A 级企业名单，国机集团连续十年获评 A 级企业。

**7 月 17 日**

国际权威第三方认证机构德国 TÜV SÜD 大中华区副总裁 Mr.Lutz Langguth 到国机集团所属苏美达股份有限公司的江苏苏美达五金工具有限公司，颁发全球首张智能割草机器人产品 RED（无线电及通讯终端指令）认证证书。这标志着苏美达割草机器人，在无线电磁兼容领域实现重要进展，一举突破欧盟设定的无线设备指令技术壁垒，率先获得打入欧盟市场的“通行证”。

**7 月 19 日**

2018 年《财富》世界 500 强排行榜发布，国机集团以 2017 年度 426.38 亿美元的营业收入连续第八年入围该榜单，列第 256 位，比上一年度前进 78 位，创入围该榜单以来最好成绩。

**7 月 19 日**

国机集团2018年年中工作会在集团总部举行。

**7 月 23—27 日**

国机集团党委 4 个巡视组分别完成了对集团所属 6 家企业的进驻工作，十九大后集团党委第二轮巡视全面展开。按照国机集团党委 2018 年第二轮巡视安排，国机集团党委巡视组分别对中国福马机械集团有限公司、中国机械工业建设集团有限公司、中国浦发机械工业股份有限公司、甘肃蓝科石化高新装备股份有限公司、沈阳仪表科学研究院有限公司、桂林电器科学研究院有限公司 6 家企业开展巡视。

**7 月 29 日—8 月 3 日**

国机集团党委书记“学习贯彻习近平新时代中国特色社会主义思想和党的十九大精神”专题培训班在延安举行。

**8 月 13 日**

国机集团正式发布《2017 年社会责任报告》。

**8 月 17 日**

国务院国资委召开国企改革“双百行动”动员部署视频会。此前，国机集团申报的中国恒天集团有限公司、中工国际工程股份有限公司、中国联合工程有限公司、中国中元国际工程有限公司 4 家企业全部入选国企改革“双百行动”。

**8 月 17 日**

国机集团“智能工厂规划与技术标准”课题顺利通过结题验收评审。课题由国机集团智能工厂技术协同创新联盟牵头，集团内 12 家单位共同参与研究，课题形成总体研究报告和 5 项行业研究报告成果。

**8 月 20 日**

国机集团党委书记、董事长任洪斌主持召开国机集团领导班子见面会，通报了中共中央关于高建设同志职务任免的决定：高建设同志任中国机械工业集团有限公司党委常委、副总经理，免去其中国航空工业集团有限公司党组成员、副总经理职务。

**8 月 27 日**

国机集团党委书记、董事长任洪斌代表集团送刘敬桢同志到中国兵器装备集团有限公司履新。中共中央决定：刘敬桢同志任中国兵器装备集团有限公司董事、党组副书记，免去其中国机械工业集团有限公司党委常委、副总经理职务。

**8 月 31 日**

国机集团召开全面深化改革领导小组会议，听取集团深化改革有关情况的汇报。会议调整了集团全面深化改革领导小组名单。

**9 月 1—2 日**

2018 中国 500 强企业高峰论坛在西安举行。国机集团位列 2018 中国企业 500 强榜单第 61 位，比上年前进 11 位。

**9 月 4 日**

国机集团党委书记、董事长任洪斌代表集团送骆家駹同志到中粮集团有限公司履新。中共中央决定：骆家駹同志任中粮集团有限公司党组成员、总会计师，免去其中国机械工业集团有限公司党委常委、总会计师职务。

**9 月 17 日**

国机集团党委书记、董事长任洪斌主持召开党委常委会，通报了中共中央关于宋欣同志职务任免的决定：宋欣同志任国机集团董事、党委副书记，免去其中国航天科工集团有限公司党组成员、副总经理职务。

**9 月 17 日**

国机集团党委书记、董事长任洪斌主持召开党委常委会，通报了中共中央关于郧小蕙同志任职的决定：国机集团党委常委、副总经理郧小蕙同志任国机集团总会计师。

**9 月 19 日**

中国机械工业集团有限公司召开领导班子扩大会议。受中央组织部领导委托，中央组织部有关干部局负责同志宣布了中央关于中国机械工业集团有限公司总经理调整的决定：张晓仑同志任中国机械工业集团有限公司董事、总经理、党委副书记，免去其中国东方电气集团有限公司董事、总经理、党组副书记职务；免去徐建同志中国机械工业集团有限公司董事、总经理、党委副书记职务，退休。

**9 月 20 日**

“2018 中国农业农村科技发展高峰论坛”在北京召开。经行业推荐和专家遴选，国机集团所属中国农业机械化科学研究院研发的“中高密度方草捆捡拾压捆装备”入选 2017 年中国农业农村十大新装备。

**9 月 21 日**

国机集团第六届职工田径运动会在国家奥林匹克体育中心隆重举行。运动会以“和你在一起，共赢新时代”为主题，特别邀请了中国东方电气集团有限公司和中国西电集团有限公司两家兄弟央企参加。共有 38 支代表队的 3 000 多名运动员和观众齐聚北京。

**10 月 8—15 日**

第四届军民融合发展高技术装备成果展览在中国人民革命军事博物馆举办。国机集团携中国第二重型机械集团有限公司、国机重型装备集团股份有限公司、中国农业机械化科学研究院、沈阳仪表科学研究院、洛阳轴研科技股份有限公司、重庆材料研究院有限公司六家成员单位的 13 件（套）展品整体参展，展品涉及大型模锻压机、大型锻件、飞轮储能、表面工程技术、传感器、波纹管、轴承及组件、高性能材料等专业领域，契合了此次展览“先进材料”“先进制造”“新能源”三大主题。

**10 月 29—31 日**

国机集团宣传思想工作会暨所属企业党务干部培训班在京举行，旨在进一步贯彻落实习近平新时代中国特色社会主义思想，深入推动全国宣传思想工作会议和组织工作会议精神落实。

**11 月 5—10 日**

首届中国国际进口博览会在上海举行。国机集团深度参与此次博览会，完成了智能及高端装备馆（3 号馆）的招展工作，与来自 16 个国家的企业签署了 21 个进口采购合同，签约金额达 84 亿美元。

**11 月 26 日**

国机集团召开巡视整改责任集体约谈会。针对第一轮和第二轮巡视整改责任落实情况，特别是对巡视发现的违反中央八项规定精神问题进行整改和严肃处理进行集体约谈。

**11 月 27—28 日**

国机集团深化改革领导小组扩大会议在北京召开，会议贯彻落实全国国有企业改革座谈会精神，剖析改革发展问题，交流改革推进经验，研究部署下一步深化改革工作。

**11 月 28 日**

国机集团召开党建工作推进会，深入贯彻中央企业党的建设工作座谈会精神，推动落实习近平总书记全国国有企业党的建设工作会议重要讲话发表两周年学习座谈会和推进中央企业基层党建座谈会精神，深刻把握新时代国企党建工作新要求，全面提升集团党建工作质量。

**12 月 28 日**

国务院国资委召开 11 家中央企业国有资本投资公司试点启动会。会上，国机集团等 11 家中央企业被确定为国有资本投资公司试点企业。

# 第八篇

# 附录

# 关于加强国有企业资产负债约束的指导意见

为深入贯彻习近平新时代中国特色社会主义思想和党的十九大精神，落实中央经济工作会议、全国金融工作会议和中央财经委员会第一次会议部署，加强国有企业资产负债约束，降低国有企业杠杆率，推动国有资本做强做优做大，增强经济发展韧性，提高经济发展质量，现提出如下指导意见。

**一、总体要求**

（一）总体目标。加强国有企业资产负债约束是打好防范化解重大风险攻坚战的重要举措。要通过建立和完善国有企业资产负债约束机制，强化监督管理，促使高负债国有企业资产负债率尽快回归合理水平，推动国有企业平均资产负债率到2020年年末比2017年年末降低2个百分点左右，之后国有企业资产负债率基本保持在同行业同规模企业的平均水平。

（二）基本原则

——坚持全面覆盖与分类管理相结合。所有行业、所有类型国有企业均纳入资产负债约束管理体制。同时，根据不同行业资产负债特征，分行业设置国有企业资产负债约束指标标准。突出监管重点，对超出约束指标标准的国有企业，结合企业所处发展阶段，在综合评价企业各类财务指标和业务发展前景基础上，根据风险大小采取适当管控措施。严格控制产能过剩行业国有企业资产负债率，适度灵活掌握有利于推动经济转型升级发展的战略性新兴产业、创新创业等领域的国有企业资产负债率。

——坚持完善内部治理与强化外部约束相结合。加强国有企业资产负债约束要与深化国有企业改革、建立现代企业制度、优化企业治理结构等有机结合，建立健全长效机制。同时，通过强化考核、增强企业财务真实性和透明度、合理限制债务融资和投资等方式，加强国有企业资产负债外部约束。

——坚持提质增效与政策支持相结合。各有关方面要积极主动作为，根据总体目标要求进一步明确高负债国有企业降低资产负债率的目标、步骤、方式，并限期完成。国有企业要坚持提质增效、苦练内功，通过扩大经营积累增强企业资本实力，在严防国有资产流失前提下，不断降低资产负债率。同时，要为高负债国有企业降低资产负债率创造良好政策和制度环境，完善资本补充机制，扩大股权融资，支持盘活存量资产，稳妥有序开展债务重组和市场化债转股。

**二、分类确定国有企业资产负债约束指标标准**

国有企业资产负债约束以资产负债率为基础约束指标，对不同行业、不同类型国有企业实行分类管理并动态调整。原则上以本行业上年度规模以上全部企业平均资产负债率为基准线，基准线加5个百分点为本年度资产负债率预警线，基准线加10个百分点为本年度资产负债率重点监管线。国有企业集团合并报表资产负债率预警线和重点监管线，可由相关国有资产管理部门根据主业构成、发展水平以及分类监管要求确定。邮政、铁路等特殊行业或无法取得统计数据行业的企业资产负债率预警线和重点监管线，由相关国有资产管理部门根据国家政策导向、行业情况并参考国际经验确定。

由国务院国资委履行出资人职责的中央企业，资产负债率管控工作继续执行现行要求，实践中再予以调整完善。金融类国有企业资产负债约束按照现有管理制度和标准实施。

**三、完善国有企业资产负债自我约束机制**

（一）合理设定资产负债率水平和资产负债结构。国有企业要根据相应资产负债率预警线和重点监管线，综合考虑市场前景、资金成本、盈利能力、资产流动性等因素，加强资本结构规划与管理，合理设定企业资产负债率和资产负债结构，保持财务稳健、有竞争力。

（二）加强资产负债约束日常管理。国有企业经营管理层要忠实勤勉履职，审慎开展债务融资、投资、支出、对外担保等业务活动，防止有息负债和或有债务过度累积，确保资产负债率保持在合理水平。在年度董事会或股东（大）会议案中，要就资产负债状况及未来资产负债计划进行专项说明，并按照规范的公司治理程序，提交董事会或股东（大）会审议。在企业可能或已实质陷入财务困境时，要及时主动向相关债权人通报有关情况，依法依规与相关债权人协商，分类稳妥处置相关债务。

（三）强化国有企业集团公司对所属子企业资产负债约束。国有企业集团公司要根据子企业所处行业等情况，按照国有企业资产负债率控制指标要求，合理确定子企业的资产负债率水平，并将子企业的资产负债约束纳入集团公司考核体系，确保子企业严格贯彻执行。国有企业集团公司要进一步强化子企业资产、财务和业务独立性，减少母子企业、子企业与子企业之间的风险传染。

（四）增强内源性资本积累能力。国有企业要牢固树立新发展理念，以提高发展质量和效益为中心，着力提升经营管理水平，进一步明确并聚焦主业瘦身健体，通过创新驱动提高生产率，增强企业盈利能力，提高企业资产和资本回报率，为企业发展提供持续的内源性资本。

**四、强化国有企业资产负债外部约束机制**

（一）建立科学规范的企业资产负债监测与预警体系。相关国有资产管理部门要建立以资产负债率为核心，以企业成长性、效益、偿债能力等方面指标为辅助的企业资产负债监测与预警体系。对资产负债率超过预警线和重点监管线的国有企业，相关国有资产管理部门要综合分析企业所在行业特点、发展阶段、有息负债和经营性负债等债务类型结构、短期负债和中长期负债等债务期限结构，以及息税前利润、利息保障倍数、流动比率、速动比率、经营活动现金净流量等指标，科学评估其债务风险状况，并根据风险大小程度分别列出重点关注和重点监管企业名单，对其债务风险情况持续监测。

（二）建立高负债企业限期降低资产负债率机制。对列入重点监管企业名单的国有企业，相关国有资产管理部门要明确其降低资产负债率的目标和时限，并负责监督实施。不得实施推高资产负债率的境内外投资，重大投资要履行专门审批程序，严格高风险业务管理，并大幅压减各项费用支出。依据市场化法治化原则，与业务重组、提质增效相结合，积极通过优化债务结构、开展股权融资、实施市场化债转股、依法破产等途径有效降低企业债务水平。

（三）健全资产负债约束的考核引导。相关国有资产管理部门要加强过程监督检查，将降杠杆减负债成效作为企业考核和评价的重要内容。对列入重点关注和重点监管企业名单的企业，要将企业资产负债率纳入年度经营业绩考核范围，充分发挥考核引导作用，督促企业贯彻落实资产负债管控要求。

（四）加强金融机构对高负债企业的协同约束。对资产负债率超出预警线的国有企业，相关金融机构要加强贷款信息共享，摸清企业表外融资、对外担保和其他隐性负债情况，全面审慎评估其信用风险，并根据风险状况合理确定利率、抵质押物、担保等贷款条件。对列入重点关注企业名单或资产负债率超出重点监管线的国有企业，新增债务融资原则上应通过金融机构联合授信方式开展，由金融机构共同确定企业授信额度，避免金融机构无序竞争和过度授信，严控新增债务融资。对列入重点监管企业名单的国有企业，金融机构原则上不得对其新增债务融资。

（五）强化企业财务失信行为联合惩戒机制。加强企业财务真实性和透明度审核监督。国有企业负责人对企业财务真实性负全责，要确保企业不虚报资产隐匿债务，财务信息真实可靠。会计师事务所等专业中介机构要严格按照会计准则规范出具审计报告，客观准确反映企业资产负债状况。加强社会信用体系建设，完善企业财务失信行为联合惩戒机制，将违法违规企业、中介机构及相关责任人员纳入失信人名单，并依法依规严格追究责任，加大处罚力度。

## 五、加强国有企业资产负债约束的配套措施

（一）厘清政府债务与企业债务边界。坚决遏制地方政府以企业债务的形式增加隐性债务。严禁地方政府及其部门违法违规或变相通过国有企业举借债务，严禁国有企业违法违规向地方政府提供融资或配合地方政府变相举债；违法违规提供融资或配合地方政府变相举债的国有企业，应当依法承担相应责任。多渠道盘活各类资金和资产，积极稳妥化解以企业债务形式形成的地方政府存量隐性债务，保障国有企业合法权益。进一步完善国有企业参与国家或地方发展战略、承担公共服务等的合法权益保障机制。各级政府和社会组织要严格落实减轻企业负担的各项政策，一般情况下，不得强制要求国有企业承担应由政府或社会组织承担的公益性支出责任。国有企业自愿承担的，应严格履行相应决策程序。加快推进“三供一业”分离移交，减轻国有企业办社会负担，协助解决国有企业历史遗留问题。

（二）支持国有企业盘活存量资产优化债务结构。鼓励国有企业采取租赁承包、合作利用、资源再配置、资产置换或出售等方式实现闲置资产流动，提高资产使用效率，优化资源配置。鼓励国有企业整合内部资源，将与主业相关的资产整合清理后并入主业板块，提高存量资产利用水平，改善企业经营效益。鼓励国有企业加强资金集中管理，强化内部资金融通，提高企业资金使用效率。支持国有企业盘活土地使用权、探矿权、采矿权等无形资产，充分实现市场价值。积极支持国有企业按照真实出售、破产隔离原则，依法合规开展以企业应收账款、租赁债权等财产权利和基础设施、商业物业等不动产财产或财产权益为基础资产的资产证券化业务。推动国有企业开展债务清理，减少无效占用，加快资金周转。在风险可控前提下，鼓励国有企业利用债券市场提高直接融资比重，优化企业债务结构。

（三）完善国有企业多渠道资本补充机制。以增加经营效益为前提，进一步完善国有企业留存利润补充资本机制。与完善国有经济战略布局相结合，实现国有资本有进有退动态管理，将从产能过剩行业退出的国有资本用于急需发展行业和领域国有企业的资本补充。充分发挥国有资本经营预算资金的作用，在逐步解决企业历史遗留问题及相关改革成本后，更多作为资本投向关系国家安全、国民经济命脉的重要行业和关键领域。充分运用国有资本投资、运营公司，吸收社会资金转化为资本。积极推进混合所有制改革，鼓励国有企业通过出让股份、增资扩股、合资合作等方式引入民营资本。鼓励国有企业充分通过多层次资本市场进行股权融资，引导国有企业通过私募股权投资基金方式筹集股权性资金，扩大股权融资规模。支持国有企业通过股债结合、投贷联动等方式开展融资，有效控制债务风险。鼓励国有企业通过主动改造改制创造条件实施市场化债转股。

（四）积极推动国有企业兼并重组。支持通过兼并重组培育优质国有企业。鼓励国有企业跨地区开展兼并重组。加大对产业集中度不高、同质化竞争突出行业国有企业的联合重组力度。鼓励各类投资者通过股权投资基金、创业投资基金、产业投资基金等形式参与国有企业兼并重组。

（五）依法依规实施国有企业破产。充分发挥企业破产在解决债务矛盾、公平保障各方权利、优化资源配置等方面的重要作用。支持国有企业依法对扭亏无望、已失去生存发展前景的“僵尸子企业”进行破产清算。对符合破产条件但仍有发展前景的子企业，支持债权人和国有企业按照法院破产重整程序或自主协商对企业进行债务重组。对严重资不抵债失去清偿能力的地方政府融资平台公司，依法实施破产重整或清算，坚决防止“大而不能倒”，坚决防止风险累积形成系统性风险。同时，要做好与企业破产相关的维护社会稳定工作。

## 六、加强国有企业资产负债约束的组织实施

（一）明确各类责任主体。国有企业是落实资产负债约束的第一责任主体，要按照本指导意见要求，明确企业资产负债率控制目标，深化内部改革，强化自我约束，有效防范债务风险，严防国有资产流失，确保企业可持续经营。相关金融机构要根据国有企业资产负债和经营情况，审慎评估企业债务融资需求，平衡股债融资比例，加强贷后管理，开展债务重组，协助企业及时防范和化解债务风险。对落实本指导意见不力和经

营行为不审慎导致资产负债率长期超出合理水平的国有企业及其主要负责人，相关部门要加大责任追究力度。对落实本指导意见弄虚作假的国有企业，相关部门要对其主要负责人及负有直接责任人员从严从重处罚。

（二）建立部门信息共享和社会公开监督约束机制。相关国有资产管理部门要将列入重点关注和重点监管企业名单的企业及其债务风险状况，报送积极稳妥降低企业杠杆率工作部际联席会议（以下简称联席会议）办公室，并由联席会议办公室通报相关部门，为相关部门开展工作提供必要基础信息。各级相关国有资产管理部门要将各类企业资产负债率预警线和重点监管线以及按照规定应公开的企业财务信息，通过“信用中国”等媒介向社会公开，接受社会监督。

（三）加强国有企业资产负债约束实施工作的组织协调。各级相关国有资产管理部门要按照本指导意见确定的降低国有企业资产负债率目标和约束标准，分解落实、细化要求、加强指导、严格考核，有关情况及时报告联席会议办公室。各级审计部门要依法独立开展审计监督，促进国有企业资产负债约束落实到位。相关金融管理部门要按照本指导意见进一步明确规则，加强对金融机构的业务指导和督促。各级政府向本级人大常委会报告国有资产管理情况时，应报告国有企业资产负债情况和资产负债率控制情况。联席会议要加强组织领导、统筹协调、检查督导和监督问责，确保国有企业降低资产负债率取得实效。重大问题要及时报告党中央、国务院。

中共中央办公厅
国务院办公厅
2018-09-13

〔来源：新华社官网〕

# 国务院关于推动创新创业高质量发展打造“双创”升级版的意见

国发〔2018〕32号

创新是引领发展的第一动力，是建设现代化经济体系的战略支撑。近年来，大众创业万众创新持续向更大范围、更高层次和更深程度推进，创新创业与经济社会发展深度融合，对推动新旧动能转换和经济结构升级、扩大就业和改善民生、实现机会公平和社会纵向流动发挥了重要作用，为促进经济增长提供了有力支撑。当前，我国经济已由高速增长阶段转向高质量发展阶段，对推动大众创业万众创新提出了新的更高要求。为深入实施创新驱动发展战略，进一步激发市场活力和社会创造力，现就推动创新创业高质量发展、打造“双创”升级版提出以下意见。

## 一、总体要求

推进大众创业万众创新是深入实施创新驱动发展战略的重要支撑、深入推进供给侧结构性改革的重要途径。随着大众创业万众创新蓬勃发展，创新创业环境持续改善，创新创业主体日益多元，各类支撑平台不断丰富，创新创业社会氛围更加浓厚，创新创业理念日益深入人心，取得显著成效。但同时，还存在创新创业生态不够完善、科技成果转化机制尚不健全、大中小企业融通发展还不充分、创新创业国际合作不够深入以及部分政策落实不到位等问题。打造“双创”升级版，推动创新创业高质量发展，有利于进一步增强创业带动就业能力，有利于提升科技创新和产业发展活力，有利于创造优质供给和扩大有效需求，对增强经济发展内生动力具有重要意义。

（一）指导思想

以习近平新时代中国特色社会主义思想为指导，全面贯彻党的十九大和十九届二中、三中全会精神，坚持新发展理念，坚持以供给侧结构性改革为主线，按照高质量发展要求，深入实施创新驱动发展战略，通过打造“双创”升级版，进一步优化创新创业环境，大幅降低创新创业成本，提升创业带动就业能力，增强科技创新引领作用，提升支撑平台服务能力，推动形成线上线下结合、产学研用协同、大中小企业融合的创新创业格局，为加快培育发展新动能、实现更充分就业和经济高质量发展提供坚实保障。

（二）主要目标

——创新创业服务全面升级。创新创业资源共享平台更加完善，市场化、专业化众创空间功能不断拓展，创新创业服务平台能力显著提升，创业投资持续增长并更加关注早中期科技型企业，新兴创新创业服务业态日趋成熟。

——创业带动就业能力明显提升。培育更多充满活力、持续稳定经营的市场主体，直接创造更多就业岗位，带动关联产业就业岗位增加，促进就业机会公平和社会纵向流动，实现创新、创业、就业的良性循环。

——科技成果转化应用能力显著增强。科技型创业加快发展，产学研用更加协同，科技创新与传统产业转型升级结合更加紧密，形成多层次科技创新和产业发展主体，支撑战略性新兴产业加快发展。

——高质量创新创业集聚区不断涌现。“双创”示范基地建设扎实推进，一批可复制的制度性成果加快推广。有效发挥国家级新区、国家自主创新示范区等各类功能区优势，打造一批创新创业新高地。

——大中小企业创新创业价值链有机融合。一批高端科技人才、优秀企业家、专业投资人成为创新创业主力军，大企业、科研院所、中小企业之间创新资源要素自由畅通流动，内部外部、线上线下、大中小企业融通发展水平不断提升。

——国际国内创新创业资源深度融汇。拓展创新创业国际交流合作，深度融入全球创新创业浪潮，推动形成一批国际化创新创业集聚地，将“双创”打造成为我国与包括“一带一路”相关国家在内的世界各国合作的亮丽名片。

**二、着力促进创新创业环境升级**

（三）简政放权释放创新创业活力

进一步提升企业开办便利度，全面推进企业简易注销登记改革。积极推广“区域评估”，由政府组织力量对一定区域内地质灾害、水土保持等进行统一评估。推进审查事项、办事流程、数据交换等标准化建设，稳步推动公共数据资源开放，加快推进政务数据资源、社会数据资源、互联网数据资源建设。清理废除妨碍统一市场和公平竞争的规定和做法，加快发布全国统一的市场准入负面清单，建立清单动态调整机制。（市场监管总局、自然资源部、水利部、发展改革委等按职责分工负责）

（四）放管结合营造公平市场环境

加强社会信用体系建设，构建信用承诺、信息公示、信用分级分类、信用联合奖惩等全流程信用监管机制。修订生物制造、新材料等领域审查参考标准，激发高技术领域创新活力。引导和规范共享经济良性健康发展，推动共享经济平台企业切实履行主体责任。建立完善对“互联网+教育”、“互联网+医疗”等新业态新模式的高效监管机制，严守安全质量和社会稳定底线。（发展改革委、市场监管总局、工业和信息化部、教育部、卫生健康委等按职责分工负责）

（五）优化服务便利创新创业

加快建立全国一体化政务服务平台，建立完善国家数据共享交换平台体系，推行数据共享责任清单制度，推动数据共享应用典型案例经验复制推广。在市县一级建立农村创新创业信息服务窗口。完善适应新就业形态的用工和社会保险制度，加快建设“网上社保”。积极落实产业用地政策，深入推进城镇低效用地再开发，健全建设用地“增存挂钩”机制，优化用地结构，盘活存量、闲置土地用于创新创业。（国务院办公厅、发展改革委、市场监管总局、农业农村部、人力资源社会保障部、自然资源部等按职责分工负责）

**三、加快推动创新创业发展动力升级**

（六）加大财税政策支持力度

聚焦减税降费，研究适当降低社保费率，确保总体上不增加企业负担，激发市场活力。将企业研发费用加计扣除比例提高到75%的政策由科技型中小企业扩大至所有企业。对个人在二级市场买卖新三板股票比照上市公司股票，对差价收入免征个人所得税。将国家级科技企业孵化器和大学科技园享受的免征房产税、增值税等优惠政策范围扩大至省级，符合条件的众创空间也可享受。（财政部、税务总局等按职责分工负责）

（七）完善创新创业产品和服务政府采购等政策措施

完善支持创新和中小企业的政府采购政策。发挥采购政策功能，加大对重大创新产品和服务、核心关键技术的采购力度，扩大首购、订购等非招标方式的应用。（发展改革委、财政部、工业和信息化部、科技部等和各地方人民政府按职责分工负责）

（八）加快推进首台（套）重大技术装备示范应用

充分发挥市场机制作用，推动重大技术装备研发创新、检测评定、示范应用体系建设。编制重大技术装备创新目录、众创研发指引，制定首台（套）评定办法。依托大型科技企业集团、重点研发机构，设立重大技术装备创新研究院。建立首台（套）示范应用基地和示范应用联盟。加快军民两用技术产品发展和推广应用。发挥众创、众筹、众包和虚拟创新创业社区等多种创新创业模式的作用，引导中小企业等创新主体参与重大技术装备研发，加强众创成果与市场有效对接。（发展改革委、科技部、工业和信息化部、财政部、国资委、卫生健康委、市场监管总局、能源局等按职责分工负责）

（九）建立完善知识产权管理服务体系

建立完善知识产权评估和风险控制体系，鼓励金融机构探索开展知识产权质押融资。完善知识产权运营公共服务平台，逐步建立全国统一的知识产权交易市场。鼓励和支持创新主体加强关键前沿技术知识产权创造，形成一批战略性高价值专利组合。聚焦重点领域和关键环节开展知识产权"雷霆"专项行动，进行集中检查、集中整治，全面加强知识产权执法维权工作力度。积极运用在线识别、实时监测、源头追溯等"互联网+"技术强化知识产权保护。（知识产权局、财政部、银保监会、人民银行等按职责分工负责）

**四、持续推进创业带动就业能力升级**

（十）鼓励和支持科研人员积极投身科技创业

对科教类事业单位实施差异化分类指导，出台鼓励和支持科研人员离岗创业实施细则，完善创新型岗位管理实施细则。健全科研人员评价机制，将科研人员在科技成果转化过程中取得的成绩和参与创业项目的情况作为职称评审、岗位竞聘、绩效考核、收入分配、续签合同等的重要依据。建立完善科研人员校企、院企共建双聘机制。（科技部、教育部、人力资源社会保障部等按职责分工负责）

（十一）强化大学生创新创业教育培训

在全国高校推广创业导师制，把创新创业教育和实践课程纳入高校必修课体系，允许大学生用创业成果申请学位论文答辩。支持高校、职业院校（含技工院校）深化产教融合，引入企业开展生产性实习实训。（教育部、人力资源社会保障部、共青团中央等按职责分工负责）

（十二）健全农民工返乡创业服务体系

深入推进农民工返乡创业试点工作，推出一批农民工返乡创业示范县和农村创新创业典型县。进一步发挥创业担保贷款政策的作用，鼓励金融机构按照市场化、商业可持续原则对农村"双创"园区（基地）和公共服务平台等提供金融服务。安排一定比例年度土地利用计划，专项支持农村新产业新业态和产业融合发展。（人力资源社会保障部、农业农村部、发展改革委、人民银行、银保监会、财政部、自然资源部、共青团中央等按职责分工负责）

（十三）完善退役军人自主创业支持政策和服务体系

加大退役军人培训力度，依托院校、职业培训机构、创业培训中心等机构，开展创业意识教育、创业素质培养、创业项目指导、开业指导、企业经营管理等培训。大力扶持退役军人就业创业，落实好现有税收优惠政策，根据个体特点引导退役军人向科技服务业等新业态转移。推动退役军人创业平台不断完善，支持退役军人参加创新创业大会和比赛。（退役军人部、教育部、人力资源社会保障部、税务总局、财政部等按职责分工负责）

（十四）提升归国和外籍人才创新创业便利化水平

深入实施留学人员回国创新创业启动支持计划，遴选资助一批高层次人才回国创新创业项目。健全留学回国人才和外籍高层次人才服务机制，在签证、出入境、社会保险、知识产权保护、落户、永久居留、子女入学等方面进一步加大支持力度。（人力资源社会保障部、外交部、公安部、移民局、知识产权局等和各地方人民政府按职责分工负责）

（十五）推动更多群体投身创新创业

深入推进创新创业巾帼行动，鼓励支持更多女性投身创新创业实践。制定完善香港、澳门居民在内地发展便利性政策措施，鼓励支持港澳青年在内地创新创业。扩大两岸经济文化交流合作，为台湾同胞在大陆创新创业提供便利。积极引导侨资侨智参与创新创业，支持建设华侨华人创新创业基地和华侨大数据中心。探索国际柔性引才机制，持续推进海外人才离岸创新创业基地建设。启动少数民族地区创新创业专项行动，支持西藏、新疆等地区创新创业加快发展。推行终身职业技能培训制度，将有创业意愿和培训需求的劳动者全部纳入培训范围。（全国妇联、港澳办、台办、侨办、人力资源社会保障部、中国科协、发展改革委、国家民委等按职责分工负责）

**五、深入推动科技创新支撑能力升级**

（十六）增强创新型企业引领带动作用

在重点领域和关键环节加快建设一批国家产业创新中心、国家技术创新中心等创新平台，充分发挥创新平台资源集聚优势。建设由大中型科技企业牵头，中小企业、科技社团、高校院所等共同参与的科技联合体。加大对“专精特新”中小企业的支持力度，鼓励中小企业参与产业关键共性技术研究开发，持续提升企业创新能力，培育一批具有创新能力的制造业单项冠军企业，壮大制造业创新集群。健全企业家参与涉企创新创业政策制定机制。（发展改革委、科技部、中国科协、工业和信息化部等按职责分工负责）

（十七）推动高校科研院所创新创业深度融合

健全科技资源开放共享机制，鼓励科研人员面向企业开展技术开发、技术咨询、技术服务、技术培训等，促进科技创新与创业深度融合。推动高校、科研院所与企业共同建立概念验证、孵化育成等面向基础研究成果转化的服务平台。（科技部、教育部等按职责分工负责）

（十八）健全科技成果转化的体制机制

纵深推进全面创新改革试验，深化以科技创新为核心的全面创新。完善国家财政资金资助的科技成果信息共享机制，畅通科技成果与市场对接渠道。试点开展赋予科研人员职务科技成果所有权或长期使用权。加速高校科技成果转化和技术转移，促进科技、产业、投资融合对接。加强国家技术转移体系建设，鼓励高校、科研院所建设专业化技术转移机构。鼓励有条件的地方按技术合同实际成交额的一定比例对技术转移服务机构、技术合同登记机构和技术经纪人（技术经理人）给予奖补。（发展改革委、科技部、教育部、财政部等按职责分工负责）

**六、大力促进创新创业平台服务升级**

（十九）提升孵化机构和众创空间服务水平

建立众创空间质量管理、优胜劣汰的健康发展机制，引导众创空间向专业化、精细化方向升级，鼓励具备一定科研基础的市场主体建立专业化众创空间。推动中央企业、科研院所、高校和相关公共服务机构建设具有独立法人资格的孵化机构，为初创期、早中期企业提供公共技术、检验检测、财税会计、法律政策、教育培训、管理咨询等服务。继续推进全国创业孵化示范基地建设。鼓励生产制造类企业建立工匠工作室，通过技术攻关、破解生产难题、固化创新成果等塑造工匠品牌。加快发展孵化机构联盟，加强与国外孵化机构对接合作，吸引海外人才到国内创新创业。研究支持符合条件的孵化机构享受高新技术企业相关人才激励政策，落实孵化机构税收优惠政策。（科技部、国资委、教育部、人力资源社

会保障部、工业和信息化部、财政部、税务总局等按职责分工负责）

（二十）搭建大中小企业融通发展平台

实施大中小企业融通发展专项行动计划，加快培育一批基于互联网的大企业创新创业平台、国家中小企业公共服务示范平台。推进国家小型微型企业创业创新示范基地建设，支持建设一批制造业“双创”技术转移中心和制造业“双创”服务平台。推进供应链创新与应用，加快形成大中小企业专业化分工协作的产业供应链体系。鼓励大中型企业开展内部创业，鼓励有条件的企业依法合规发起或参与设立公益性创业基金，鼓励企业参股、投资内部创业项目。鼓励国有企业探索以子公司等形式设立创新创业平台，促进混合所有制改革与创新创业深度融合。（工业和信息化部、商务部、财政部、国资委等按职责分工负责）

（二十一）深入推进工业互联网创新发展

更好发挥市场力量，加快发展工业互联网，与智能制造、电子商务等有机结合、互促共进。实施工业互联网三年行动计划，强化财税政策导向作用，持续利用工业转型升级资金支持工业互联网发展。推进工业互联网平台建设，形成多层次、系统性工业互联网平台体系，引导企业上云上平台，加快发展工业软件，培育工业互联网应用创新生态。推动产学研用合作建设工业互联网创新中心，建立工业互联网产业示范基地，开展工业互联网创新应用示范。加强专业人才支撑，公布一批工业互联网相关二级学科，鼓励搭建工业互联网学科引智平台。（工业和信息化部、发展改革委、教育部、科技部、财政部、人力资源社会保障部等按职责分工负责）

（二十二）完善“互联网+”创新创业服务体系

推进“国家创新创业政策信息服务网”建设，及时发布创新创业先进经验和典型做法，进一步降低各类创新创业主体的政策信息获取门槛和时间成本。鼓励建设“互联网+”创新创业平台，积极利用互联网等信息技术支持创新创业活动，进一步降低创新创业主体与资本、技术对接的门槛。推动“互联网+公共服务”，使更多优质资源惠及群众。（发展改革委、科技部、工业和信息化部等按职责分工负责）

（二十三）打造创新创业重点展示品牌

继续扎实开展各类创新创业赛事活动，办好全国大众创业万众创新活动周，拓展“创响中国”系列活动范围，充分发挥“互联网+”大学生创新创业大赛、中国创新创业大赛、“创客中国”创新创业大赛、“中国创翼”创业创新大赛、全国农村创业创新项目创意大赛、中央企业熠星创新创意大赛、“创青春”中国青年创新创业大赛、中国妇女创新创业大赛等品牌赛事活动作用。对各类赛事活动中涌现的优秀创新创业项目加强后续跟踪支持。（发展改革委、中国科协、教育部、科技部、工业和信息化部、人力资源社会保障部、农业农村部、国资委、共青团中央、全国妇联等按职责分工负责）

**七、进一步完善创新创业金融服务**

（二十四）引导金融机构有效服务创新创业融资需求

加快城市商业银行转型，回归服务小微企业等实体的本源，提高风险识别和定价能力，运用科技化等手段，为本地创新创业提供有针对性的金融产品和差异化服务。加快推进村镇银行本地化、民营化和专业化发展，支持民间资本参与农村中小金融机构充实资本、完善治理的改革，重点服务发展农村电商等新业态新模式。推进落实大中型商业银行设立普惠金融事业部，支持有条件的银行设立科技信贷专营事业部，提高服务创新创业企业的专业化水平。支持银行业金融机构积极稳妥开展并购贷款业务，提高对创业企业兼并重组的金融服务水平。（银保监会、人民银行等按职责分工负责）

（二十五）充分发挥创业投资支持创新创业作用

进一步健全适应创业投资行业特点的差异化监管体制，按照不溯及既往、确保总体税负不增的原则，抓紧完善进一步支持创业投资基金发展的税收政策，营造透明、可预期的政策环境。规范发展市场化运作、专业化管理的创业投资母基金。充分发挥国家新兴产业创业投资引导基金、国家中小企业发展基金等引导基金的作用，支持初创期、早中期创新型企业发展。加快发展天使投资，鼓励有条件的地方出台促进天使投资发展的政策措施，培育和壮大天使投资人群体。完善政府出资产业投资基金信用信息登记，开展政府出资产业投资基金绩效评价和公共信用综合评价。（发展改革委、证监会、税务总局、财政部、工业和信息化部、科技部、人民银行、银保监会等按职责分工负责）

（二十六）拓宽创新创业直接融资渠道

支持发展潜力好但尚未盈利的创新型企业上市或在新三板、区域性股权市场挂牌。推动科技型中小企业和创业投资企业发债融资，稳步扩大创新创业债试点规模，支持符合条件的企业发行“双创”专项债务融资工具。规范发展互联网股权融资，拓宽小微企业和创新创业者的融资渠道。推动完善公司法等法律法规和资本市场相关规则，允许科技企业实行“同股不同权”治理结构。（证监会、发展改革委、科技部、人民银行、财政部、司法部等按职责分工负责）

（二十七）完善创新创业差异化金融支持政策

依托国家融资担保基金，采取股权投资、再担保等方式推进地方有序开展融资担保业务，构建全国统一的担保行业体系。支持保险公司为科技型中小企业知识产权融资提供保证保险服务。完善定向降准、信贷政策支持再贷款等结构性货币政策工具，引导资金更多投向创新型企业和小微企业。研究开展科技成果转化贷款风险补偿试点。实施战略性新兴产业重点项目信息合作机制，为战略性新兴产业提供更具针对性和适应性的金融产品和服务。（财政部、银保监会、科技部、知识产权局、人民银行、工业和信息化部、发展改革委、证监会等按职责分工负责）

**八、加快构筑创新创业发展高地**

（二十八）打造具有全球影响力的科技创新策源地

进一步夯实北京、上海科技创新中心的创新基础，加快建设一批重大科技基础设施集群、世界一流学科集群。加快推进粤港澳大湾区国际科技创新中心建设，探索建立健全国际化的创新创业合作新机制。（有关地方人民政府牵头负责）

（二十九）培育创新创业集聚区

支持符合条件的经济技术开发区打造大中小企业融通型、科技资源支撑型等不同类型的创新创业特色载体。鼓励国家级新区探索通用航空、体育休闲、养老服务、安全等产业与城市融合发展的新机制和新模式。推进雄安新区创新发展，打造体制机制新高地和京津冀协同创新重要平台。推动承接产业转移示范区、高新技术开发区聚焦战略性新兴产业构建园区配套及服务体系，充分发挥创新创业集群效应。支持有条件的省市建设综合性国家产业创新中心，提升关键核心技术创新能力。依托中心城市和都市圈，探索打造跨区域协同创新平台。（财政部、工业和信息化部、科技部、发展改革委等和各地方人民政府按职责分工负责）

（三十）发挥“双创”示范基地引导示范作用

将全面创新改革试验的相关改革举措在“双创”示范基地推广，为示范基地内的项目或企业开通总体规划环评等绿色通道。充分发挥长三角示范基地联盟作用，推动建立京津冀、西部等区域示范基地联盟，促进各类基地融通发展。开展“双创”示范基地十强百佳工程，鼓励示范基地在科技成果转化、财政金融、人才培养等方面积极探索。（发展改革委、生态环境部、银保监会、科技部、财政部、工业和信息化部、人力资源社会保障部等和有关地方人民政府及大众创业万众创新示范基地按职责分工负责）

（三十一）推进创新创业国际合作

发挥中国—东盟信息港、中阿网上丝绸之路等国际化平台作用，支持与“一带一路”相关国家开展创新创业合作。推动建立政府间创新创业多双边合作机制。充分利用各类国际合作论坛等重要载体，推动创新创业领域民间务实合作。鼓励有条件的地方建立创新创业国际合作基金，促进务实国际合作项目有效落地。（发展改革委、科技部、工业和信息化部等和有关地方人民政府按职责分工负责）

**九、切实打通政策落实“最后一公里”**

（三十二）强化创新创业政策统筹

完善创新创业信息通报制度，加强沟通联动。

发挥推进大众创业万众创新部际联席会议统筹作用，建立部门之间、部门与地方之间的高效协同机制。鼓励各地方先行先试、大胆探索并建立容错免责机制。促进科技、金融、财税、人才等支持创新创业政策措施有效衔接。建立健全“双创”发展统计指标体系，做好创新创业统计监测工作。（发展改革委、统计局等和各地方人民政府按职责分工负责）

（三十三）细化关键政策落实措施

开展“双创”示范基地年度评估，根据评估结果进行动态调整。定期梳理制约创新创业的痛点堵点问题，开展创新创业痛点堵点疏解行动，督促相关部门和地方限期解决。对知识产权保护、税收优惠、成果转移转化、科技金融、军民融合、人才引进等支持创新创业政策措施落实情况定期开展专项督查和评估。（发展改革委、中国科协等和各地方人民政府按职责分工负责）

（三十四）做好创新创业经验推广

建立定期发布创新创业政策信息的制度，做好政策宣讲和落实工作。支持各地积极举办经验交流会和现场观摩会等，加强先进经验和典型做法的推广应用。加强创新创业政策和经验宣传，营造良好舆论氛围。（各部门、各地方人民政府按职责分工负责）

各地区、各部门要充分认识推动创新创业高质量发展、打造“双创”升级版对于深入实施创新驱动发展战略的重要意义，把思想、认识和行动统一到党中央、国务院决策部署上来，认真落实本意见各项要求，细化政策措施，加强督查，及时总结，确保各项政策措施落到实处，进一步增强创业带动就业能力和科技创新能力，加快培育发展新动能，充分激发市场活力和社会创造力，推动我国经济高质量发展。

国务院

2018 年 9 月 18 日

（此件公开发布）

〔来源：中国政府网〕

# 改革国有资本授权经营体制方案

国发〔2019〕9 号

按照党中央、国务院关于深化国有企业改革的决策部署，近年来，履行国有资本出资人职责的部门及机构（以下称出资人代表机构）坚持以管资本为主积极推进职能转变，制定并严格执行监管权力清单和责任清单，取消、下放、授权一批工作事项，监管效能有效提升，国有资产管理体制不断完善。但也要看到，政企不分、政资不分的问题依然存在，出资人代表机构与国家出资企业之间权责边界不够清晰，国有资产监管越位、缺位、错位的现象仍有发生，国有资本运行效率有待进一步提高。党中央、国务院对此高度重视，党的十九大明确提出，要完善各类国有资产管理体制，改革国有资本授权经营体制。为贯彻落实党的十九大精神，加快推进国有资本授权经营体制改革，进一步完善国有资产管理体制，推动国有经济布局结构调整，打造充满生机活力的现代国有企业，现提出以下方案。

## 一、总体要求

### （一）指导思想

以习近平新时代中国特色社会主义思想为指导，全面贯彻党的十九大和十九届二中、三中全会精神，坚持和加强党的全面领导，坚持和完善社会主义基本经济制度，坚持社会主义市场经济改革方向，以管资本为主加强国有资产监管，切实转变出资人代表机构职能和履职方式，实现授权与监管相结合、放活与管好相统一，切实保障国有资本规范有序运行，促进国有资本做强做优做大，不断增强国有经济活力、控制力、影响力和抗风险能力，培育具有全球竞争力的世界一流企业。

（二）基本原则

——坚持党的领导。将坚持和加强党对国有企业的领导贯穿国有资本授权经营体制改革全过程和各方面，充分发挥党组织的领导作用，确保国有企业更好地贯彻落实党和国家方针政策、重大决策部署。

——坚持政企分开政资分开。坚持政府公共管理职能与国有资本出资人职能分开，依法理顺政府与国有企业的出资关系，依法确立国有企业的市场主体地位，最大限度减少政府对市场活动的直接干预。

——坚持权责明晰分类授权。政府授权出资人代表机构按照出资比例对国家出资企业履行出资人职责，科学界定出资人代表机构权责边界。国有企业享有完整的法人财产权和充分的经营自主权，承担国有资产保值增值责任。按照功能定位、治理能力、管理水平等企业发展实际情况，一企一策地对国有企业分类授权，做到权责对等、动态调整。

——坚持放管结合完善机制。加快调整优化出资人代表机构职能和履职方式，加强清单管理和事中事后监管，该放的放权到位、该管的管住管好。建立统一规范的国有资产监管制度体系，精简监管事项，明确监管重点，创新监管手段，提升监管水平，防止国有资产流失，确保国有资产保值增值。

（三）主要目标

出资人代表机构加快转变职能和履职方式，切实减少对国有企业的行政干预。国有企业依法建立规范的董事会，董事会职权得到有效落实。将更多具备条件的中央企业纳入国有资本投资、运营公司试点范围，赋予企业更多经营自主权。到2022年，基本建成与中国特色现代国有企业制度相适应的国有资本授权经营体制，出资人代表机构与国家出资企业的权责边界界定清晰，授权放权机制运行有效，国有资产监管实现制度完备、标准统一、管理规范、实时在线、精准有力，国有企业的活力、创造力、市场竞争力和风险防控能力明显增强。

**二、优化出资人代表机构履职方式**

国务院授权国资委、财政部及其他部门、机构作为出资人代表机构，对国家出资企业履行出资人职责。出资人代表机构作为授权主体，要依法科学界定职责定位，加快转变履职方式，依据股权关系对国家出资企业开展授权放权。

（一）实行清单管理

制定出台出资人代表机构监管权力责任清单，清单以外事项由企业依法自主决策，清单以内事项要大幅减少审批或事前备案。将依法应由企业自主经营决策的事项归位于企业，将延伸到子企业的管理事项原则上归位于一级企业，原则上不干预企业经理层和职能部门的管理工作，将配合承担的公共管理职能归位于相关政府部门和单位。

（二）强化章程约束

依法依规、一企一策地制定公司章程，规范出资人代表机构、股东会、党组织、董事会、经理层和职工代表大会的权责，推动各治理主体严格依照公司章程行使权利、履行义务，充分发挥公司章程在公司治理中的基础作用。

（三）发挥董事作用

出资人代表机构主要通过董事体现出资人意志，依据股权关系向国家出资企业委派董事或提名董事人选，规范董事的权利和责任，明确工作目标和重点；建立出资人代表机构与董事的沟通对接平台，建立健全董事人才储备库和董事选聘、考评与培训机制，完善董事履职报告、董事会年度工作报告制度。

（四）创新监管方式

出资人代表机构以企业功能分类为基础，对国家出资企业进行分类管理、分类授权放权，切实转变行政化的履职方式，减少审批事项，强化事中事后监管，充分运用信息化手段，减轻企业工作负担，不断提高监管效能。

**三、分类开展授权放权**

出资人代表机构对国有资本投资、运营公司及其他商业类企业（含产业集团，下同）、公益类企业等不同类型企业给予不同范围、不同程度的授权放权，定期评估效果，采取扩大、调整或收回等措施动态调整。

（一）国有资本投资、运营公司

出资人代表机构根据《国务院关于推进国有资本投资、运营公司改革试点的实施意见》（国发〔2018〕23 号）有关要求，结合企业发展阶段、行业特点、治理能力、管理基础等，一企一策有侧重、分先后地向符合条件的企业开展授权放权，维护好股东合法权益。授权放权内容主要包括战略规划和主业管理、选人用人和股权激励、工资总额和重大财务事项管理等，亦可根据企业实际情况增加其他方面授权放权内容。

战略规划和主业管理。授权国有资本投资、运营公司根据出资人代表机构的战略引领，自主决定发展规划和年度投资计划。国有资本投资公司围绕主业开展的商业模式创新业务可视同主业投资。授权国有资本投资、运营公司依法依规审核国有资本投资、运营公司之间的非上市公司产权无偿划转、非公开协议转让、非公开协议增资、产权置换等事项。

选人用人和股权激励。授权国有资本投资、运营公司董事会负责经理层选聘、业绩考核和薪酬管理（不含中管企业），积极探索董事会通过差额方式选聘经理层成员，推行职业经理人制度，对市场化选聘的职业经理人实行市场化薪酬分配制度，完善中长期激励机制。授权国有资本投资、运营公司董事会审批子企业股权激励方案，支持所出资企业依法合规采用股票期权、股票增值权、限制性股票、分红权、员工持股以及其他方式开展股权激励，股权激励预期收益作为投资性收入，不与其薪酬总水平挂钩。支持国有创业投资企业、创业投资管理企业等新产业、新业态、新商业模式类企业的核心团队持股和跟投。

工资总额和重大财务事项管理。国有资本投资、运营公司可以实行工资总额预算备案制，根据企业发展战略和薪酬策略、年度生产经营目标和经济效益，综合考虑劳动生产率提高和人工成本投入产出率、职工工资水平市场对标等情况，结合政府职能部门发布的工资指导线，编制年度工资总额预算。授权国有资本投资、运营公司自主决策重大担保管理、债务风险管控和部分债券类融资事项。

政府直接授权的国有资本投资、运营公司按照有关规定对授权范围内的国有资本履行出资人职责，遵循有关法律和证券市场监管规定开展国有资本运作。

（二）其他商业类企业和公益类企业

对未纳入国有资本投资、运营公司试点的其他商业类企业和公益类企业，要充分落实企业的经营自主权，出资人代表机构主要对集团公司层面实施监管或依据股权关系参与公司治理，不干预集团公司以下各级企业生产经营具体事项。对其中已完成公司制改制、董事会建设较规范的企业，要逐步落实董事会职权，维护董事会依法行使重大决策、选人用人、薪酬分配等权利，明确由董事会自主决定公司内部管理机构设置、基本管理制度制定、风险内控和法律合规管理体系建设以及履行对所出资企业的股东职责等事项。

**四、加强企业行权能力建设**

指导推动国有企业进一步完善公司治理体系，强化基础管理，优化集团管控，确保各项授权放权接得住、行得稳。

（一）完善公司治理

按照建设中国特色现代国有企业制度的要求，把加强党的领导和完善公司治理统一起来，加快形成有效制衡的公司法人治理结构、灵活高效的市场化经营机制。建设规范高效的董事会，完善董事会运作机制，提升董事会履职能力，激发经理层活力。要在所出资企业积极推行经理层市场化选聘和契约化管理，明确聘期以及企业与经理层成员双方的权利与责任，强化刚性考核，建立退出机制。

（二）夯实管理基础

按照统一制度规范、统一工作体系的原则，加强国有资产基础管理。推进管理创新，优化总部职能和管理架构。深化企业内部三项制度改革，实现管理人员能上能下、员工能进能出、收入能增能减。不断强化风险防控体系和内控机制建设，完善内部监督体系，有效发挥企业职工代表大会和内部审计、巡视、纪检监察等部门的监督作用。

（三）优化集团管控

国有资本投资公司以对战略性核心业务控股为主，建立以战略目标和财务效益为主的管控模式，重点关注所出资企业执行公司战略和资本回报状况。国有资本运营公司以财务性持股为主，建立财务管控模式，重点关注国有资本流动和增值状况。其他商业类企业和公益类企业以对核心业务控股为主，建立战略管控和运营管控相结合的模式，重点关注所承担国家战略使命和保障任务的落实状况。

（四）提升资本运作能力

国有资本投资、运营公司作为国有资本市场化运作的专业平台，以资本为纽带、以产权为基础开展国有资本运作。在所出资企业积极发展混合所有制，鼓励有条件的企业上市，引进战略投资者，提高资本流动性，放大国有资本功能。增强股权运作、价值管理等能力，通过清理退出一批、重组整合一批、创新发展一批，实现国有资本形态转换，变现后投向更需要国有资本集中的行业和领域。

**五、完善监督监管体系**

通过健全制度、创新手段，整合监督资源，严格责任追究，实现对国有资本的全面有效监管，切实维护国有资产安全，坚决防止国有资产流失。

（一）搭建实时在线的国资监管平台

出资人代表机构要加快优化监管流程、创新监管手段，充分运用信息技术，整合包括产权、投资和财务等在内的信息系统，搭建连通出资人代表机构与企业的网络平台，实现监管信息系统全覆盖和实时在线监管。建立模块化、专业化的信息采集、分析和报告机制，加强信息共享，增强监管的针对性和及时性。

（二）统筹协同各类监督力量

加强国有企业内部监督、出资人监督和审计、纪检监察、巡视监督以及社会监督，结合中央企业纪检监察机构派驻改革的要求，依照有关规定清晰界定各类监督主体的监督职责，有效整合企业内外部监督资源，增强监督工作合力，形成监督工作闭环，加快建立全面覆盖、分工明确、协同配合、制约有力的国有资产监督体系，切实增强监督有效性。

（三）健全国有企业违规经营投资责任追究制度

明确企业作为维护国有资产安全、防止流失的责任主体，健全内部管理制度，严格执行国有企业违规经营投资责任追究制度。建立健全分级分层、有效衔接、上下贯通的责任追究工作体系，严格界定违规经营投资责任，严肃追究问责，实行重大决策终身责任追究制度。

**六、坚持和加强党的全面领导**

将坚持和加强党的全面领导贯穿改革的全过程和各方面，在思想上政治上行动上同党中央保持高度一致，为改革提供坚强有力的政治保证。

（一）加强对授权放权工作的领导

授权主体的党委（党组）要加强对授权放权工作的领导，深入研究授权放权相关问题，加强行权能力建设，加快完善有效监管体制，抓研究谋划、抓部署推动、抓督促落实，确保中央关于国有资本授权经营体制改革的决策部署落实到位。

（二）改进对企业党建工作的领导、指导和督导

上级党组织加强对国有企业党建工作的领导，出资人代表机构党组织负责国家出资企业党的建设。国家出资企业党组织要认真落实党中央、上级党组织、出资人代表机构党组织在党的领导、党的建设方面提出的工作要求。在改组组建国有资本投资、运营公司过程中，按照“四同步”、“四对接”的要求调整和设置党的组织、开展党的工作，确保企业始终在党的领导下开展工作。

（三）充分发挥企业党组织的领导作用

企业党委（党组）要切实发挥领导作用，把方向、管大局、保落实，依照有关规定讨论和决定企业重大事项，并作为董事会、经理层决策重大事项的前置程序。要妥善处理好各治理主体的关系，董事会、经理层等治理主体要自觉维护党组织权威，根据各自职能分工发挥作用，既要保证董事会对重大问题的决策权，又要保证党组织的意图在重大决策中得到体现。董事会、经理层中的党员要坚决贯彻落实党组织决定，向党组织报告落实情况。在推行经理层成员聘任制和契约化管理、探索职业经理人制度等改革过程中，要

把坚持党管干部原则和发挥市场机制作用结合起来，保证党对干部人事工作的领导权和对重要干部的管理权，落实董事会、经理层的选人用人权。

**七、周密组织科学实施**

各地区、各部门、各出资人代表机构和广大国有企业要充分认识推进国有资本授权经营体制改革的重要意义，准确把握改革精神，各司其职、密切配合，按照精细严谨、稳妥推进的工作要求，坚持一企一策、因企施策，不搞批发式、不设时间表，对具备条件的，成熟一个推动一个，运行一个成功一个，不具备条件的不急于推进，确保改革规范有序进行，推动国有企业实现高质量发展。

（一）加强组织领导，明确职责分工

国务院国有企业改革领导小组负责统筹领导和协调推动国有资本授权经营体制改革工作，研究协调相关重大问题。出资人代表机构要落实授权放权的主体责任。国务院国有企业改革领导小组各成员单位及有关部门根据职责分工，加快研究制定配套政策措施，指导推动改革实践，形成合力共同推进改革工作。

（二）健全法律政策，完善保障机制

加快推动国有资本授权经营体制改革涉及的法律法规的立改废释工作，制定出台配套政策法规，确保改革于法有据。建立健全容错纠错机制，全面落实“三个区分开来”，充分调动和激发广大干部职工参与改革的积极性、主动性和创造性。

（三）强化跟踪督导，确保稳步推进

建立健全督查制度，加强跟踪督促，定期总结评估各项改革举措的执行情况和实施效果，及时研究解决改革中遇到的问题，确保改革目标如期实现。

（四）做好宣传引导，营造良好氛围

坚持鼓励探索、实践、创新的工作导向和舆论导向，采取多种方式解读宣传改革国有资本授权经营体制的方针政策，积极宣介推广改革典型案例和成功经验，营造有利于改革的良好环境。

各省（自治区、直辖市）人民政府要按照本方案要求，结合实际推进本地区国有资本授权经营体制改革工作。

金融、文化等国有企业的改革，按照中央有关规定执行。

国务院

2019 年 4 月 19 日

（此件公开发布）

〔来源：中国政府网〕

# 国务院关于推进国有资本投资、运营公司改革试点的实施意见

国发〔2018〕23 号

改组组建国有资本投资、运营公司，是以管资本为主改革国有资本授权经营体制的重要举措。按照《中共中央　国务院关于深化国有企业改革的指导意见》、《国务院关于改革和完善国有资产管理体制的若干意见》有关要求和党中央、国务院工作部署，为加快推进国有资本投资、运营公司改革试点工作，现提出以下实施意见。

**一、总体要求**

（一）指导思想

全面贯彻党的十九大和十九届二中、三中全会精神，以习近平新时代中国特色社会主义思想为指导，坚持社会主义市场经济改革方向，坚定不移加强党对国有企业的领导，着力创新体制机

制，完善国有资产管理体制，深化国有企业改革，促进国有资产保值增值，推动国有资本做强做优做大，有效防止国有资产流失，切实发挥国有企业在深化供给侧结构性改革和推动经济高质量发展中的带动作用。

（二）试点目标。

通过改组组建国有资本投资、运营公司，构建国有资本投资、运营主体，改革国有资本授权经营体制，完善国有资产管理体制，实现国有资本所有权与企业经营权分离，实行国有资本市场化运作。发挥国有资本投资、运营公司平台作用，促进国有资本合理流动，优化国有资本投向，向重点行业、关键领域和优势企业集中，推动国有经济布局优化和结构调整，提高国有资本配置和运营效率，更好服务国家战略需要。试点先行，大胆探索，及时研究解决改革中的重点难点问题，尽快形成可复制、可推广的经验和模式。

（三）基本原则。

坚持党的领导。建立健全中国特色现代国有企业制度，把党的领导融入公司治理各环节，把企业党组织内嵌到公司治理结构之中，明确和落实党组织在公司法人治理结构中的法定地位，充分发挥党组织的领导作用，确保党和国家方针政策、重大决策部署的贯彻执行。

坚持体制创新。以管资本为主加强国有资产监管，完善国有资本投资运营的市场化机制。科学合理界定政府及国有资产监管机构，国有资本投资、运营公司和所持股企业的权利边界，健全权责利相统一的授权链条，进一步落实企业市场主体地位，培育具有创新能力和国际竞争力的国有骨干企业。

坚持优化布局。通过授权国有资本投资、运营公司履行出资人职责，促进国有资本合理流动，优化国有资本布局，使国有资本投资、运营更好地服务于国家战略目标。

坚持强化监督。正确处理好授权经营和加强监督的关系，明确监管职责，构建并强化政府监督、纪检监察监督、出资人监督和社会监督的监督体系，增强监督的协同性、针对性和有效性，防止国有资产流失。

**二、试点内容**

（一）功能定位

国有资本投资、运营公司均为在国家授权范围内履行国有资本出资人职责的国有独资公司，是国有资本市场化运作的专业平台。公司以资本为纽带、以产权为基础依法自主开展国有资本运作，不从事具体生产经营活动。国有资本投资、运营公司对所持股企业行使股东职责，维护股东合法权益，以出资额为限承担有限责任，按照责权对应原则切实承担优化国有资本布局、提升国有资本运营效率、实现国有资产保值增值等责任。

国有资本投资公司主要以服务国家战略、优化国有资本布局、提升产业竞争力为目标，在关系国家安全、国民经济命脉的重要行业和关键领域，按照政府确定的国有资本布局和结构优化要求，以对战略性核心业务控股为主，通过开展投资融资、产业培育和资本运作等，发挥投资引导和结构调整作用，推动产业集聚、化解过剩产能和转型升级，培育核心竞争力和创新能力，积极参与国际竞争，着力提升国有资本控制力、影响力。

国有资本运营公司主要以提升国有资本运营效率、提高国有资本回报为目标，以财务性持股为主，通过股权运作、基金投资、培育孵化、价值管理、有序进退等方式，盘活国有资产存量，引导和带动社会资本共同发展，实现国有资本合理流动和保值增值。

（二）组建方式

按照国家确定的目标任务和布局领域，国有资本投资、运营公司可采取改组和新设两种方式设立。根据国有资本投资、运营公司的具体定位和发展需要，通过无偿划转或市场化方式重组整合相关国有资本。

划入国有资本投资、运营公司的资产，为现有企业整体股权（资产）或部分股权。股权划入后，按现行政策加快剥离国有企业办社会职能和解决历史遗留问题，采取市场化方式处置不良资产和业务等。股权划入涉及上市公司的，应符合证券监管相关规定。

（三）授权机制

按照国有资产监管机构授予出资人职责和政

府直接授予出资人职责两种模式开展国有资本投资、运营公司试点。

1.国有资产监管机构授权模式　政府授权国有资产监管机构依法对国有资本投资、运营公司履行出资人职责；国有资产监管机构根据国有资本投资、运营公司具体定位和实际情况，按照“一企一策”原则，授权国有资本投资、运营公司履行出资人职责，制定监管清单和责任清单，明确对国有资本投资、运营公司的监管内容和方式，依法落实国有资本投资、运营公司董事会职权。国有资本投资、运营公司对授权范围内的国有资本履行出资人职责。国有资产监管机构负责对国有资本投资、运营公司进行考核和评价，并定期向本级人民政府报告，重点说明所监管国有资本投资、运营公司贯彻国家战略目标、国有资产保值增值等情况。

2.政府直接授权模式　政府直接授权国有资本投资、运营公司对授权范围内的国有资本履行出资人职责。国有资本投资、运营公司根据授权自主开展国有资本运作，贯彻落实国家战略和政策目标，定期向政府报告年度工作情况，重大事项及时报告。政府直接对国有资本投资、运营公司进行考核和评价等。

（四）治理结构

国有资本投资、运营公司不设股东会，由政府或国有资产监管机构行使股东会职权，政府或国有资产监管机构可以授权国有资本投资、运营公司董事会行使股东会部分职权。按照中国特色现代国有企业制度的要求，国有资本投资、运营公司设立党组织、董事会、经理层，规范公司治理结构，建立健全权责对等、运转协调、有效制衡的决策执行监督机制，充分发挥党组织的领导作用、董事会的决策作用、经理层的经营管理作用。

1.党组织　把加强党的领导和完善公司治理统一起来，充分发挥党组织把方向、管大局、保落实的作用。坚持党管干部原则与董事会依法产生、董事会依法选择经营管理者、经营管理者依法行使用人权相结合。按照“双向进入、交叉任职”的原则，符合条件的党组织领导班子成员可以通过法定程序进入董事会、经理层，董事会、经理层成员中符合条件的党员可以依照有关规定和程序进入党组织领导班子。党组织书记、董事长一般由同一人担任。对于重大经营管理事项，党组织研究讨论是董事会、经理层决策的前置程序。国务院直接授权的国有资本投资、运营公司，应当设立党组。纪检监察机关向国有资本投资、运营公司派驻纪检监察机构。

2.董事会　国有资本投资、运营公司设立董事会，根据授权，负责公司发展战略和对外投资，经理层选聘、业绩考核、薪酬管理，向所持股企业派出董事等事项。董事会成员原则上不少于9人，由执行董事、外部董事、职工董事组成。保障国有资本投资、运营公司按市场化方式选择外部董事等权利，外部董事应在董事会中占多数，职工董事由职工代表大会选举产生。董事会设董事长1名，可设副董事长。董事会下设战略与投资委员会、提名委员会、薪酬与考核委员会、审计委员会、风险控制委员会等专门委员会。专门委员会在董事会授权范围内开展相关工作，协助董事会履行职责。

国有资产监管机构授权的国有资本投资、运营公司的执行董事、外部董事由国有资产监管机构委派。其中，外部董事由国有资产监管机构根据国有资本投资、运营公司董事会结构需求，从专职外部董事中选择合适人员担任。董事长、副董事长由国有资产监管机构从董事会成员中指定。

政府直接授权的国有资本投资、运营公司执行董事、外部董事（股权董事）由国务院或地方人民政府委派，董事长、副董事长由国务院或地方人民政府从董事会成员中指定。其中，依据国有资本投资、运营公司职能定位，外部董事主要由政府综合管理部门和相关行业主管部门提名，选择专业人士担任，由政府委派。外部董事可兼任董事会下属专门委员会主席，按照公司治理结构的议事规则对国有资本投资、运营公司的重大事项发表相关领域专业意见。

政府或国有资产监管机构委派外部董事要注重拓宽外部董事来源，人员选择要符合国有资本投资、运营公司定位和专业要求，建立外部董事评价机制，确保充分发挥外部董事作用。

3. 经理层　国有资本投资、运营公司的经理层根据董事会授权负责国有资本日常投资运营。董事长与总经理原则上不得由同一人担任。

国有资产监管机构授权的国有资本投资、运营公司党组织隶属中央、地方党委或国有资产监管机构党组织管理，领导班子及其成员的管理，以改组的企业集团为基础，根据具体情况区别对待。其中，由中管企业改组组建的国有资本投资、运营公司，领导班子及其成员由中央管理；由非中管的中央企业改组组建或新设的国有资本投资、运营公司，领导班子及其成员的管理按照干部管理权限确定。

政府直接授权的国有资本投资、运营公司党组织隶属中央或地方党委管理，领导班子及其成员由中央或地方党委管理。

国有资本投资、运营公司董事长、董事（外部董事除外）、高级经理人员，原则上不得在其他有限责任公司、股份有限公司或者其他经济组织兼职。

（五）运行模式

1. 组织架构　国有资本投资、运营公司要按照市场化、规范化、专业化的管理导向，建立职责清晰、精简高效、运行专业的管控模式，分别结合职能定位具体负责战略规划、制度建设、资源配置、资本运营、财务监管、风险管控、绩效评价等事项。

2. 履职行权　国有资本投资、运营公司应积极推动所持股企业建立规范、完善的法人治理结构，并通过股东大会表决、委派董事和监事等方式行使股东权利，形成以资本为纽带的投资与被投资关系，协调和引导所持股企业发展，实现有关战略意图。国有资本投资、运营公司委派的董事、监事要依法履职行权，对企业负有忠实义务和勤勉义务，切实维护股东权益，不干预所持股企业日常经营。

3. 选人用人机制　国有资本投资、运营公司要建立派出董事、监事候选人员库，由董事会下设的提名委员会根据拟任职公司情况提出差额适任人选，报董事会审议、任命。同时，要加强对派出董事、监事的业务培训、管理和考核评价。

4. 财务监管　国有资本投资、运营公司应当严格按照国家有关财务制度规定，加强公司财务管理，防范财务风险。督促所持股企业加强财务管理，落实风险管控责任，提高运营效率。

5. 收益管理　国有资本投资、运营公司以出资人身份，按照有关法律法规和公司章程，对所持股企业的利润分配进行审议表决，及时收取分红，并依规上交国有资本收益和使用管理留存收益。

6. 考核机制　国有资本投资公司建立以战略目标和财务效益为主的管控模式，对所持股企业考核侧重于执行公司战略和资本回报状况。国有资本运营公司建立财务管控模式，对所持股企业考核侧重于国有资本流动和保值增值状况。

（六）监督与约束机制

1. 完善监督体系　整合出资人监管和审计、纪检监察、巡视等监督力量，建立监督工作会商机制，按照事前规范制度、事中加强监控、事后强化问责的原则，加强对国有资本投资、运营公司的统筹监督，提高监督效能。纪检监察机构加强对国有资本投资、运营公司党组织、董事会、经理层的监督，强化对国有资本投资、运营公司领导人员廉洁从业、行使权力等的监督。国有资本投资、运营公司要建立内部常态化监督审计机制和信息公开制度，加强对权力集中、资金密集、资源富集、资产聚集等重点部门和岗位的监管，在不涉及国家秘密和企业商业秘密的前提下，依法依规、及时准确地披露公司治理以及管理架构、国有资本整体运营状况、关联交易、企业负责人薪酬等信息，建设阳光国企，主动接受社会监督。

2. 实施绩效评价　国有资本投资、运营公司要接受政府或国有资产监管机构的综合考核评价。考核评价内容主要包括贯彻国家战略、落实国有资本布局和结构优化目标、执行各项法律法规制度和公司章程，重大问题决策和重要干部任免，国有资本运营效率、保值增值、财务效益等方面。

**三、实施步骤**

国有资本投资、运营公司试点工作应分级组织、分类推进、稳妥开展，并根据试点进展情况及时总结推广有关经验。中央层面，继续推进国有资产监管机构授权的国有资本投资、运营公司深化试点，并结合本实施意见要求不断完善试点工作。同时推进国务院直接授权的国有资本投资、运营公司试点，选择由财政部履行国有资产监管职责的中央企业以及中央党政机关和事业单位经营性国有资产集中统一监管改革范围内的企业稳步开展。地方层面，试点工作由各省级人民政府结合实际情况组织实施。

**四、配套政策**

（一）推进简政放权

围绕落实出资人职责的定位，有序推进对国有资本投资、运营公司的放权。将包括国有产权流转等决策事项的审批权、经营班子业绩考核和薪酬管理权等授予国有资本投资、运营公司，相关管理要求和运行规则通过公司组建方案和公司章程予以明确。

（二）综合改革试点

国有资本投资、运营公司所持股国有控股企业中，符合条件的可优先支持同时开展混合所有制改革、混合所有制企业员工持股、推行职业经理人制度、薪酬分配差异化改革等其他改革试点，充分发挥各项改革工作的综合效应。

（三）完善支持政策

严格落实国有企业重组整合涉及的资产评估增值、土地变更登记和国有资产无偿划转等方面税收优惠政策。简化工商税务登记、变更程序。鼓励国有资本投资、运营公司妥善解决历史遗留问题、处置低效无效资产。制定国有资本投资、运营公司的国有资本经营预算收支管理政策。

**五、组织实施**

加快推进国有资本投资、运营公司改革试点，是深化国有企业改革的重要组成部分，是改革和完善国有资产管理体制的重要举措。国务院国有企业改革领导小组负责国有资本投资、运营公司试点工作的组织协调和督促落实。中央组织部、国家发展改革委、财政部、人力资源社会保障部、国务院国资委等部门按照职责分工制定落实相关配套措施，密切配合、协同推进试点工作。中央层面的国有资本投资、运营公司试点方案，按程序报党中央、国务院批准后实施。

各省级人民政府对本地区国有资本投资、运营公司试点工作负总责，要紧密结合本地区实际情况，制定本地区国有资本投资、运营公司改革试点实施方案，积极稳妥组织开展试点工作。各省级人民政府要将本地区改革试点实施方案报国务院国有企业改革领导小组备案。

国务院

2018 年 7 月 14 日

（此件公开发布）

〔来源：中国政府网〕

# 国务院关于加快推进农业机械化和农机装备产业转型升级的指导意见

国发〔2018〕42 号

农业机械化和农机装备是转变农业发展方式、提高农村生产力的重要基础，是实施乡村振兴战略的重要支撑。没有农业机械化，就没有农业农村现代化。近年来，我国农机制造水平稳步提升，农机装备总量持续增长，农机作业水平快速提高，农业生产已从主要依靠人力畜力转向主要依靠机械动力，进入了机械化为主导的新阶段。但受农机产品需求多样、机具作业环境复杂等因素影响，当前农业机械化和农机装备产业发展不平衡不充分的问题比较突出，特别是农机科技创新能力不强、部分农机装备有效供给不足、农机农艺结合不够紧密、农机作业基础设施建设滞后等问题亟待解决。为加快推进农业机械化和农机装备产业转型升级，现提出以下意见。

**一、总体要求**

（一）指导思想

以习近平新时代中国特色社会主义思想为指导，全面贯彻党的十九大和十九届二中、三中全会精神，认真落实党中央、国务院决策部署，紧紧围绕统筹推进"五位一体"总体布局和协调推进"四个全面"战略布局，牢固树立和贯彻落实新发展理念，适应供给侧结构性改革要求，以服务乡村振兴战略、满足亿万农民对机械化生产的需要为目标，以农机农艺融合、机械化信息化融合、农机服务模式与农业适度规模经营相适应、机械化生产与农田建设相适应为路径，以科技创新、机制创新、政策创新为动力，补短板、强弱项、促协调，推动农机装备产业向高质量发展转型，推动农业机械化向全程全面高质高效升级，走出一条中国特色农业机械化发展道路，为实现农业农村现代化提供有力支撑。

（二）发展目标

到 2020 年，农机装备产业科技创新能力持续提升，主要经济作物薄弱环节"无机可用"问题基本解决。全国农机总动力超过 10 亿千瓦，其中灌排机械动力达到 1.2 亿千瓦，农机具配置结构进一步优化，农机作业条件加快改善，农机社会化服务领域加快拓展，农机使用效率进一步提升。全国农作物耕种收综合机械化率达到 70%，小麦、水稻、玉米等主要粮食作物基本实现生产全程机械化，棉油糖、果菜茶等大宗经济作物全程机械化生产体系基本建立，设施农业、畜牧养殖、水产养殖和农产品初加工机械化取得明显进展。

到 2025 年，农机装备品类基本齐全，重点农机产品和关键零部件实现协同发展，产品质量可靠性达到国际先进水平，产品和技术供给基本满足需要，农机装备产业迈入高质量发展阶段。全国农机总动力稳定在 11 亿千瓦左右，其中灌排机械动力达到 1.3 亿千瓦，农机具配置结构趋于合理，农机作业条件显著改善，覆盖农业产前产中产后的农机社会化服务体系基本建立，农机使用效率显著提升，农业机械化进入全程全面高质高效发展时期。全国农作物耕种收综合机械化率达到 75%，粮棉油糖主产县（市、区）基本实现农业机械化，丘陵山区县（市、区）农作物耕种收综合机械化率达到 55%。薄弱环节机械化全面突破，其中马铃薯种植、收获机械化率均达到 45%，棉花收获机械化率达到 60%，花生种植、收获机械化率分别达到 65% 和 55%，油菜种植、收获机械化率分别达到 50% 和 65%，甘蔗收获机械化率达到 30%，设施农业、畜牧养殖、水产养殖和农产品初加工机械化率总体达到 50% 左右。

**二、加快推动农机装备产业高质量发展**

（三）完善农机装备创新体系

瞄准农业机械化需求，加快推进农机装备创新，研发适合国情、农民需要、先进适用的各类农机，既要发展适应多种形式适度规模经营的大中型农机，也要发展适应小农生产、丘陵山区作业的小型农机以及适应特色作物生产、特产养殖需要的高效专用农机。加强顶层设计与动态评估，建立健全部门协调联动、覆盖关联产业的协同创新机制，增强科研院所原始创新能力，完善以企业为主体、市场为导向的农机装备创新体系，研究部署新一代智能农业装备科研项目，支持产学研推用深度融合，推进农机装备创新中心、产业技术创新联盟建设，协同开展基础前沿、关键共性技术研究，促进种养加、粮经饲全程全面机械化创新发展。鼓励企业开展高端农机装备工程化验证，加强与新型农业经营主体对接，探索建立"企业 + 合作社 + 基地"的农机产品研发、生产、推广新模式，持续提升创新能力。孵化培育一批技术水平高、成长潜力大的农机高新技术企业，促进农机装备领域高新技术产业发展。（工业和信息化部、发展改革委、科技部、农业农村部等负责。列第一位者为牵头单位，下同）

（四）推进农机装备全产业链协同发展

支持农机装备产业链上下游企业加强协同，攻克基础材料、基础工艺、电子信息等"卡脖子"问题。引导零部件企业与整机企业构建成本共担、利益共享的新型合作机制，推进新型高效节能农用发动机、大马力用转向驱动桥和农机装备专用传感器等零部件研发，加快关键技术产业化。推动整机企业加强技术创新和内部管理，提升智能化制造水平和质量管控能力，探索开展个性化定制、网络精准营销、在线支持服务等新型商业模式。建立健全现代农机流通体系和售后服务网络，创新现代农机服务模式。（工业和信息化部、发展改革委、科技部、农业农村部、商务部等负责）

（五）优化农机装备产业结构布局

鼓励大型企业由单机制造为主向成套装备集成为主转变，支持中小企业向“专、精、特、新”方向发展，构建大中小企业协同发展的产业格局。根据我国农业生产布局和区域地势特点等，紧密结合农业产业发展需求，以优势农机装备企业为龙头带动区域特色产业集群建设，推动农机装备均衡协调发展。支持企业加强农机装备研发生产，优化资源配置，积极培育具有国际竞争力的农机装备生产企业集团。推动先进农机技术及产品“走出去”，鼓励优势企业参与对外援助和国际合作项目，提升国际化经营能力，服务“一带一路”建设。（工业和信息化部、发展改革委、农业农村部、商务部、国资委、国际发展合作署等负责）

（六）加强农机装备质量可靠性建设

加快精准农业、智能农机、绿色农机等标准制定，构建现代农机装备标准体系。加强农机装备产业计量测试技术研究，支撑农机装备产业技术创新。建立健全农机装备检验检测认证体系，支持农机装备产业重点地区建立检验检测认证公共服务平台，提升面向农机装备零部件和整机的安全性、环境适应性、设备可靠性以及可维修性等试验测试和鉴定能力。对涉及人身安全的产品依法实施强制性产品认证，大力推动农机装备产品自愿性认证，推进农机购置补贴机具资质采信农机产品认证结果。加强农机产品质量监管，强化企业质量主体责任，对重点产品实施行业规范管理。督促农机装备行业大力开展诚信自律行动和质量提升行动，强化知识产权保护，加大对质量违法和假冒品牌行为的打击和惩处力度，开展增品种、提品质、创品牌“三品”专项行动。（市场监管总局、工业和信息化部、发展改革委、农业农村部等负责）

**三、着力推进主要农作物生产全程机械化**

（七）加快补齐全程机械化生产短板

聚焦薄弱环节，加大试验示范和服务支持力度，着力提升双季稻地区的水稻机械化种植、长江中下游地区的油菜机械化种植收获以及马铃薯、花生、棉花、苜蓿主产区的机械化采收水平。加快高效植保、产地烘干、秸秆处理等环节与耕种收环节机械化集成配套，探索具有区域特点的主要农作物生产全程机械化解决方案。大力发展甘蔗生产全程机械化，打造特色农产品优势区样板。按规定对新型农业经营主体开展深耕深松、机播机收等生产服务给予补助，大力推进产前产中产后全程机械化。（农业农村部、发展改革委、财政部等负责）

（八）协同构建高效机械化生产体系

加快选育、推广适于机械化作业、轻简化栽培的品种。将适应机械化作为农作物品种审定、耕作制度变革、产后加工工艺改进、农田基本建设等工作的重要目标，促使良种、良法、良地、良机配套，为全程机械化作业、规模化生产创造条件。支持推进现代农业产业技术体系、科技创新联盟、协同创新中心等平台建设，充分发挥现代农业产业园、农业科技园区、返乡创业园的科技支撑引领作用，提高农业机械化科技创新能力，加强产学研推用联合攻关，推动品种栽培装备等多学科、产前产中产后各环节协同联动，加快主要农作物生产全程机械化技术集成与示范。实施主要农作物生产全程机械化推进行动，率先在粮食生产功能区、重要农产品生产保护区、特色农产品优势区、国家现代农业示范区创建一批整体推进示范县（场），引导有条件的省份、市县和垦区整建制率先基本实现主要农作物生产全程机械化。（农业农村部、发展改革委、科技部、工业和信息化部等负责）

**四、大力推广先进适用农机装备与机械化技术**

（九）加强绿色高效新机具新技术示范推广

围绕农业结构调整，加快果菜茶、牧草、现代种业、畜牧水产、设施农业和农产品初加工等产业的农机装备和技术发展，推进农业生产全面机械化。加强薄弱环节农业机械化技术创新研究和农机装备的研发、推广与应用，攻克制约农业机械化全程全面高质高效发展的技术难题。稳定实施农机购置补贴政策，对购买国内外农机产品一视同仁，最大限度发挥政策效益，大力支持保护性耕作、秸秆还田离田、精量播种、精准施药、高效施肥、水肥一体化、节水灌溉、残膜回收利用、饲草料高效收获加工、病死畜禽无害化处理及畜禽粪污资源化利用等绿色高效机械装备和技术的示范推广。加大农机新产品补贴试点力度，支持大马力、高性能和特色、复式农机新装备示范推广。鼓励金融机构针对权属清晰的大型农机装备开展抵押贷款，鼓励有条件的地方探索对购买大型农机装备贷款进行贴息。积极推进农机报废更新，加快淘汰老旧农机装备，促进新机具新技术推广应用。积极发展农用航空，规范和促进植保无人机推广应用。（农业农村部、科技部、工业和信息化部、财政部、交通运输部、商务部、人民银行、银保监会、民航局等负责）

（十）推动智慧农业示范应用

促进物联网、大数据、移动互联网、智能控制、卫星定位等信息技术在农机装备和农机作业上的应用。编制高端农机装备技术路线图，引导智能高效农机装备加快发展。支持优势企业对接重点用户，形成研发生产与推广应用相互促进机制，实现智能化、绿色化、服务化转型。建设大田作物精准耕作、智慧养殖、园艺作物智能化生产等数字农业示范基地，推进智能农机与智慧农业、云农场建设等融合发展。推进“互联网+农机作业”，加快推广应用农机作业监测、维修诊断、远程调度等信息化服务平台，实现数据信息互联共享，提高农机作业质量与效率。（农业农村部、发展改革委、工业和信息化部、国资委等负责）

（十一）提高农业机械化技术推广能力

强化农业机械化技术推广机构的能力建设，加大新技术试验验证力度。推行政府购买服务，鼓励农机科研推广人员与农机生产企业、新型农业经营主体开展技术合作，支持农机生产企业、科研教学单位、农机服务组织等广泛参与技术推广。运用现代信息技术，创新“田间日”等体验式、参与式推广新方式，切实提升农业机械化技术推广效果。提高农机公益性试验鉴定能力，加快新型农机产品检测鉴定，充分发挥农机试验鉴定的评价推广作用。（农业农村部、工业和信息化部等负责）

**五、积极发展农机社会化服务**

（十二）发展农机社会化服务组织

培育壮大农机大户、农机专业户以及农机合作社、农机作业公司等新型农机服务组织，支持农机服务组织开展多种形式适度规模经营，鼓励家庭农场、农业企业等新型农业经营主体从事农机作业服务。落实农机服务金融支持政策，引导金融机构加大对农机企业和新型农机服务组织的信贷投放，灵活开发各类信贷产品和提供个性化融资方案；在合规审慎的前提下，按规定程序开展面向家庭农场、农机合作社、农业企业等新型农业经营主体的农机融资租赁业务和信贷担保服务。鼓励发展农机保险，加强业务指导，鼓励有条件的农机大省选择重点农机品种，支持开展农机保险。农机融资租赁服务按规定适用增值税优惠政策，允许租赁农机等设备的实际使用人按规定享受农机购置补贴。农业机械耕作服务按规定适用增值税免征政策。（农业农村部、财政部、人民银行、税务总局、银保监会等负责）

（十三）推进农机服务机制创新

鼓励农机服务主体通过跨区作业、订单作业、农业生产托管等多种形式，开展高效便捷的农机作业服务，促进小农户与现代农业发展有机衔接。对于促进农业绿色发展的农机服务，积极推进按规定通过政府购买服务方式提供。鼓励农机服务主体与家庭农场、种植大户、普通农户及农业企业组建农业生产联合体，实现机具共享、互利共赢。支持农机服务主体及农村集体经济组织按规划建设集中育秧、农机具存放以及农产品产地储藏、烘干、分等分级等设施和区域农机维修中心。推动农机服务业态创新，建设一批“全程机械化+综合农事”服务中心，为周边农户提供全程机械作业、农资统购、技术培训、信息咨询、农产品销售对接等“一站式”综合服务。继续落实有关规定，免收跨区作业的联合收割机、运输联合收割机和插秧机车辆的通行费。（农业农村部、发展改革委、财政部、自然资源部、交通运输部等负责）

## 六、持续改善农机作业基础条件

（十四）提高农机作业便利程度

加强高标准农田建设、农村土地综合整治等方面制度、标准、规范和实施细则的制修订，进一步明确田间道路、田块长度宽度与平整度等“宜机化”要求，加强建设监理和验收评价。统筹中央和地方各类相关资金及社会资本积极开展高标准农田建设，推动农田地块小并大、短并长、陡变平、弯变直和互联互通，切实改善农机通行和作业条件，提高农机适应性。重点支持丘陵山区开展农田“宜机化”改造，扩展大中型农机运用空间，加快补齐丘陵山区农业机械化基础条件薄弱的短板。（农业农村部、发展改革委、财政部、自然资源部、市场监管总局等负责）

（十五）改善农机作业配套设施条件

落实设施农用地、新型农业经营主体建设用地、农业生产用电等相关政策，支持农机合作社等农机服务组织生产条件建设。加强县级统筹规划，合理布局农机具存放和维修、农作物育秧育苗以及农产品产地烘干和初加工等农机作业服务配套设施。在年度建设用地指标中，优先安排农机合作社等新型农业经营主体用地，并按规定减免相关税费。有条件的地区可以将晒场、烘干、机具库棚等配套设施纳入高标准农田建设范围。鼓励有条件的地区建设区域农机安全应急救援中心，提高农机安全监理执法、快速救援、机具抢修和跨区作业实时监测调度等能力。（农业农村部、发展改革委、财政部、自然资源部、税务总局等负责）

## 七、切实加强农机人才培养

（十六）健全新型农业工程人才培养体系

加强农业工程学科建设，制定中国特色农业工程类专业认证标准。引导高校积极设置相关专业，培养创新型、应用型、复合型农业机械化人才。支持高等院校招收农业工程类专业学生，扩大硕士、博士研究生培养规模。加大卓越农林人才、卓越工程师教育培养计划对农机人才的支持力度，引导相关高校面向农业机械化、农机装备产业转型升级开展新工科研究与实践，构建产学合作协同育人项目实施体系。推动实施产教融合、校企合作，支持优势农机企业与学校共建共享工程创新基地、实践基地、实训基地。发挥好现代农业装备职业教育集团作用。鼓励农机人才国际交流合作，支持农机专业人才出国留学、联合培养，积极引进国际农机装备高端人才。（教育部、工业和信息化部、农业农村部等负责）

（十七）注重农机实用型人才培养

实施新型职业农民培育工程，加大对农机大户、农机合作社带头人的扶持力度。大力遴选和培养农机生产及使用一线“土专家”，弘扬工匠精神，充分发挥基层实用人才在推动技术进步和机械化生产中的重要作用。通过购买服务、项目支持等方式，支持农机生产企业、农机合作社培养农机操作、维修等实用技能型人才。加强基层农机推广人员岗位技能培养和知识更新，鼓励大中专毕业生、退伍军人、科技人员等返乡下乡创办领办新型农机服务组织，打造一支懂农业、爱农村、爱农民的一线农机人才队伍。（农业农村部、工业和信息化部等负责）

## 八、强化组织领导

（十八）健全组织实施机制

建立由农业农村部、工业和信息化部牵头的国家农业机械化发展协调推进机制，统筹协调农业机械化和农机装备产业发展工作，认真梳理和解决突出问题，审议有关政策、重大工程专项和重点工作安排，加强战略谋划和工作指导，破除发展中的障碍。重大问题及时向国务院报告。（农业农村部、工业和信息化部牵头负责）

（十九）强化地方政府责任

各省级人民政府要认真研究实施乡村振兴战略对农机装备的需求，充分认识加快推进农业机械化和农机装备产业转型升级的重要性、紧迫性，将其作为推进农业农村现代化的重要内容，纳入本地区经济社会发展规划和议事日程，结合实际制定实施意见。深入贯彻落实《中华人民共和国农业机械化促进法》等法律法规，完善粮食安全省长责任制等政府目标考核中的农业机械化内容，建立协同推进机制，落实部门责任，加强经费保障，形成工作合力。（各省级人民政府负责）

（二十）促进政府与市场良性互动

充分尊重农民意愿，从根本上依靠市场力量和农民的创造性，及时发现和总结推广典型做法，因地制宜推进农业机械化发展。更好地发挥政府在推进农业机械化中的引导作用，重点在公共服务等方面提供支持，为市场创造更多发展空间。深入推进农机装备产业和农业机械化管理领域简政放权、放管结合、优化服务改革，推进政务信息公开，加强规划政策引导，优化鉴定推广服务，保障农机安全生产，切实调动各类市场主体的积极性、主动性和创造性。充分发挥行业协会在行业自律、信息交流、教育培训等方面的作用，服务引导行业转型升级。加强舆论引导，推介典型经验，宣传表彰先进，努力营造加快推进农业机械化和农机装备产业转型升级的良好氛围。（农业农村部、工业和信息化部等负责）

国务院

2018 年 12 月 21 日

（此件公开发布）

〔来源：中国政府网〕

# 国家发展改革委关于依法依规加强 PPP 项目投资和建设管理的通知

发改投资规〔2019〕1098 号

为了贯彻落实党中央、国务院关于基础设施补短板、防范化解地方政府隐性债务风险的决策部署，加强 PPP 项目投资和建设管理、提高 PPP 项目投资决策科学性，按照近日国务院颁布实施的《政府投资条例》（国务院令第 712 号），以及《企业投资项目核准和备案管理条例》（国务院令第 673 号）、《国务院办公厅关于保持基础设施领域补短板力度的指导意见》（国办发〔2018〕101 号）等规定，现就有关事项通知如下。

## 一、全面、深入开展 PPP 项目可行性论证和审查

（一）PPP 项目涉及公共资源配置和公众利益保障，其建设的必要性、可行性等重大事项应由政府研究认可。按照国务院关于“加强 PPP 项目可行性论证，合理确定项目主要内容和投资规模”的要求，所有拟采用 PPP 模式的项目，均要开展可行性论证。通过可行性论证审查的项目，方可采用 PPP 模式建设实施。

（二）PPP 项目可行性论证既要从经济社会发展需要、规划要求、技术和经济可行性、环境影响、投融资方案、资源综合利用以及是否有利于提升人民生活质量等方面，对项目可行性进行充分分析和论证，也要从政府投资必要性、政府投资方式比选、项目全生命周期成本、运营效率、风险管理以及是否有利于吸引社会资本参与等方面，对项目是否适宜采用 PPP 模式进行分析和论证。

（三）实行审批制管理的 PPP 项目，在可行性研究报告审批通过后，方可开展 PPP 实施方案审查、社会资本遴选等后续工作。实行核准制的 PPP 项目，应在核准的同时或单独开展可行性论证和审查。实行备案制的 PPP 项目，应单独开展可行性论证和审查。

## 二、严格依法依规履行项目决策程序

（四）PPP 项目要严格执行《政府投资条例》《企业投资项目核准和备案管理条例》，依法依规履行审批、核准、备案程序。采取政府资本金注入方式的 PPP 项目，按照《政府投资条例》规定，实行审批制。列入《政府核准的投资项目目录》的企业投资项目，按照《企业投资项目核准和备案管理条例》规定，实行核准制。

对于实行备案制的企业投资项目，拟采用 PPP 模式的，要严格论证项目可行性和 PPP 模式必要性。

（五）未依法依规履行审批、核准、备案及可行性论证和审查程序的 PPP 项目，为不规范项目，不得开工建设。不得以实施方案审查等任何形式规避或替代项目审批、核准、备案，以及可行性论证和审查程序。

（六）实施方案、招投标文件、合同的主要内容应与经批准的可行性研究报告、核准文件、备案信息保持一致。实施方案、招投标文件、合同或建设中出现以下情形的，应当报请原审批、核准、备案机关重新履行项目审核备程序：（1）项目建设地点发生变化；（2）项目建设规模和主要建设内容发生较大变化；（3）项目建设标准发生较大变化；（4）项目投资规模超过批复投资的 10%。

**三、严格实施方案审核，依法依规遴选社会资本**

（七）加强对 PPP 项目实施方案的审核，通过实施方案审核的 PPP 项目，方可开展社会资本遴选。鼓励各地建立 PPP 项目实施方案联审机制，各级发展改革部门要严格审查实施方案主要内容是否与经批复的可行性研究报告、项目核准文件、备案信息相一致。对建设内容单一、投资规模较小、技术方案简单的PPP项目，可将实施方案纳入可行性研究报告一并审核。

（八）公开招标应作为遴选社会资本的主要方式。不得排斥、限制民间资本参与 PPP 项目，消除隐性壁垒，确保一视同仁、公平竞争。招标文件的主要内容应与经批准的 PPP 项目实施方案保持一致。

**四、严格执行国务院关于固定资产投资项目资本金制度的各项规定**

（九）按照国务院有关规定，“投资项目资本金对投资项目来说是非债务性资金，项目法人不承担这部分资金的任何利息和债务；投资者可按其出资的比例依法享有所有者权益，也可转让其出资，但不得以任何方式抽回”。各行业固定资产投资项目资本金必须满足国务院规定的最低比例要求，防止过度举债融资等问题。

（十）PPP 项目的融资方式和资金来源应符合防范化解地方政府隐性债务风险的相关规定。不得通过约定回购投资本金、承诺保底收益等方式违法违规变相增加地方政府隐性债务，严防地方政府债务风险。

**五、依法依规将所有 PPP 项目纳入全国投资项目在线审批监管平台统一管理**

（十一）严格执行《政府投资条例》、《企业投资项目核准和备案管理条例》，除涉密项目外，所有 PPP 项目须使用全国投资项目在线审批监管平台（以下简称“在线平台”）生成的项目代码分别办理各项审批手续。不得以其他任何形式规避、替代PPP项目纳入在线平台统一管理。

（十二）依托在线平台建立全国 PPP 项目信息监测服务平台，加强PPP项目管理和信息监测。对于通过项目审批、核准或备案，以及可行性论证、实施方案审查的 PPP 项目，要通过平台公开项目信息，实现全国 PPP 项目信息定期发布、动态监测、实时查询等功能，便于社会资本、金融机构等有关方面更好参与 PPP 项目。

（十三）全国 PPP 项目信息监测服务平台信息审核实行属地管理，原则上由项目实施主体所在地同级发展改革部门审核项目单位填报的项目信息。各级发展改革部门要采取在线监测、现场核查等方式，加强对 PPP 项目实施情况的监督检查。未录入全国 PPP 项目信息监测服务平台的项目为不规范项目。

（十四）落实《政府信息公开条例》（国务院令第 492 号）、《国务院办公厅关于推进重大建设项目批准和实施领域政府信息公开的意见》（国办发〔2017〕94 号）等要求，依托在线平台，重点公开 PPP 项目的批准服务信息、批准结果信息、招标投标信息，以及施工、竣工等有关信息。

**六、加强 PPP 项目监管，坚决惩戒违规失信行为**

（十五）依照《政府投资条例》、《企业投资项目核准和备案管理条例》和本通知有关规定，加强 PPP 项目监管。政府应依法依规履行承诺，不得擅自变更合同约定的政府方责任和义务。根据 PPP 项目合同约定，加强对社会资本方履约能力全过程动态监管，防止因社会资本方超出自身能力过度投资、过度举债，或因公司股权、管理结构发生重大变化等导致项目无法实施。依照规定将存在严重失信行为的地方政府、社会资本，通过“信用中国”网站等平台向社会公示，由相关部门依法依规对其实施联合惩戒。

（十六）指导监督 PPP 咨询机构严格执行《工程咨询行业管理办法》（国家发展改革委令 2017 年第 9 号），通过在线平台履行法定备案义务、接受行业监督管理。指导监督 PPP 咨询机构资信评价工作，引导 PPP 咨询机构积极参与行业自律管理，指导有关方面通过充分竞争、自主择优选取 PPP 咨询机构。严禁通过设置“短名单”、“机构库”等方式限制社会资本方、金融机构等自主选择 PPP 咨询机构。对 PPP 咨询机构不履行备案程序和违反合同服务、关联回避、质量追溯、反垄断等规定，以及违反《政府投资条例》决策程序规定、咨询或评估服务存在严重质量问题影响项目决策实施的，要严格按照规定给予处罚。

各级发展改革部门要严格按照《政府投资条例》、《企业投资项目核准和备案管理条例》规定，并参照本通知要求，抓紧完善本地区 PPP 项目管理制度，确保与上位法保持一致。本通知自 2019 年 7 月 1 日起执行。原有政策规定与本通知内容不符的，以本通知为准。

国家发展改革委

2019 年 6 月 21 日

〔来源：国家发展改革委官网〕

# 2018 年降低企业杠杆率工作要点

为深入学习贯彻习近平新时代中国特色社会主义思想和党的十九大精神，认真落实中央经济工作会议、全国金融工作会议和政府工作报告各项部署，深入推进供给侧结构性改革，按照《国务院关于积极稳妥降低企业杠杆率的意见》（国发〔2016〕54 号）及附件《关于市场化银行债权转股权的指导意见》（以下简称《指导意见》）要求，现提出 2018 年降低企业杠杆率工作要点如下。

**一、建立健全企业债务风险防控机制**

（一）充分发挥国有企业资产负债约束机制作用。组织落实《关于加强国有企业资产负债约束的指导意见》，建立国有企业资产负债约束机制，区分不同行业、企业类型设置资产负债率预警线和重点监管线，科学评估超出预警线和重点监管线企业的债务风险状况，根据风险大小程度分别列出重点关注和重点监管企业名单，并明确其降低资产负债率的目标和时限。（国家发展和改革委员会、财政部、国务院国有资产监督管理委员会牵头，中国人民银行、中国银行保险监督管理委员会、中国证券监督管理委员会按职责分工负责，完成时间：持续推进）

（二）加强金融机构对企业负债的约束。通过债权人委员会、联合授信等机制以及银行对企业客户开展债务风险评估等方式，限制高负债企业过度债务融资。（中国银行保险监督管理委员会、中国人民银行牵头，国家发展和改革委员会、财政部、国务院国有资产监督管理委员会、中国证券监督管理委员会按职责分工负责，完成时间：持续推进）

（三）完善国有企业资本管理机制。进一步夯实国有资本，明确国有企业资本补充的条件、标准和资金渠道，支持国有企业通过增加资本积累、增资扩股、引入战略投资者、市场化债转股等方式多渠道筹集资本、充实资本实力、降低企业资产负债率。加强国有企业资本真实性管理，提高财务真实性。规范使用混合型权益融资工具，防止虚假降杠杆。（国务院国有资产监督管理委员会、国家发展和改革委员会牵头，中国人民银行、财政部、中国银行保险监督管理委员会、中

国证券监督管理委员会按职责分工负责，完成时间：持续推进）

（四）健全企业债务风险监测预警机制。分行业、分地区定期对企业杠杆率和债务风险进行动态监测。重点做好大型企业债务风险监测，加强涉企信息整合和共享，对高负债高风险企业建档监控，做好风险防范预案。（国家发展和改革委员会、中国人民银行、财政部、中国银行保险监督管理委员会、国务院国有资产监督管理委员会、国家税务总局、国家市场监督管理总局、中国证券监督管理委员会及各地区按职责分工负责，完成时间：持续推进）

（五）完善大型企业债务风险联合处置机制。对发生债务风险 的大型企业，引导各市场主体及早按照市场化法治化原则协商处置，避免损失扩大。对潜在影响较大的债务风险事件，相关部门要联合开展协调，确保依法合规处置，提高处置效率，防止风险蔓延。（国家发展和改革委员会、中国人民银行、财政部、中国银行保险监督管理委员会、国务院国有资产监督管理委员会及各地区按职责分工负责，完成时间：持续推进）

二、深入推进市场化法治化债转股

（六）壮大实施机构队伍增强业务能力。支持符合条件的银行、保险机构新设实施机构。指导金融机构利用符合条件的所属机构、国有资本投资运营公司开展市场化债转股，赋予现有机构相关业务 资质。研究推动私募股权投资基金更多参与市场化债转股。支持各 类实施机构通过多种方式增强资本实力，推动实施机构与各类股权 投资机构和社会产业资本合作，提高业务能力特别是股权管理能力。（国家发展和改革委员会、中国人民银行、财政部、中国银行保险监督管理委员会、国务院国有资产监督管理委员会、中国证券监督管理委员会按职责分工负责，完成时间：持续推进）

（七）拓宽实施机构融资渠道。支持金融资产投资公司通过发行专项用于市场化债转股的私募资管产品、设立子公司作为管理人发起私募股权投资基金等多种方式募集股权性资金开展市场化债转股。支持符合条件的金融类实施机构发行专项用于市场化债转股的金融债券筹集资金，鼓励符合条件的各类社会资金投向市场化债转股项目。（国家发展和改革委员会、中国人民银行、财政部、中国银行保险监督管理委员会、中国证券监督管理委员会按职责分工负责，完成时间：持续推进）

（八）引导社会资金投向降杠杆领域。运用定向降准等货币政策工具，积极为市场化债转股获取稳定的中长期低成本资金提供支持。完善各类社会资金特别是股权性资金参与降杠杆和市场化债转股的引导机制。（中国人民银行、国家发展和改革委员会、中国银行保险监督管理委员会、中国证券监督管理委员会按职责分工负责完成时间：持续推进）

（九）完善转股资产交易机制。研究依托多层次资本市场集中开展转股资产交易，提高转股资产流动性，拓宽退出渠道。（国家发展和改革委员会、中国人民银行、财政部、中国银行保险监督管理委员会、国务院国有资产监督管理委员会、中国证券监督管理委员会按职责分工负责，完成时间：2018 年底前）

（十）开展债转优先股试点。鼓励依法合规以优先股方式开展市场化债转股，探索以试点方式开展非上市非公众股份公司债转优先股。（国家发展和改革委员会、中国人民银行、财政部、中国银行保险监督管理委员会、国务院国有资产监督管理委员会、国家市场监督管理总局、中国证券监督管理委员会按职责分工负责，完成时间：持续推进）

（十一）推动市场化债转股与完善现代企业制度有机结合。指导债转股实施机构和企业按照《指导意见》要求在债转股协议中对企业未来债务融资行为进行规范，对企业资产负债率作出明确约定；推动将市场化债转股与国有企业混合所有制改革等工作有机结合，推动企业改组改制，形成股权结构多元、股东行为规范、内部约束有效、运行高效灵活的治理结构。（国家发展和改革委员会、中国人民银行、财政部、中国银行保险监督管理委员会、国务院国有资产监督管理委员会、中国证券监督管理委员会按职责分工负责，完成时间：持续推进）。

（十二）加强转股股东权益保障。针对转股企业存在的股东行

为规范和公司治理的特殊性问题，研究加强转股股东权利保护的政策措施。（国家发展和改革委员会、中国人民银行、财政部、中国银行保险监督管理委员会、国务院国有资产监督管理委员会、中国证券监督管理委员会按职责分工负责，完成时间：2018 年底前）

**三、加快推动“僵尸企业”债务处置**

（十三）完善“僵尸企业”债务处置政策体系。研究出台有效处置“僵尸企业”及去产能相关企业债务的综合政策以及金融等相关领域的具体政策，落实好有利于“僵尸企业”出清的税收政策，通过推动债务处置加快“僵尸企业”出清。（国家发展和改革委员会牵头，最高人民法院、财政部、自然资源部、中国人民银行、国务院国有资产监督管理委员会、国家税务总局、中国银行保险监督管理委员会按职责分工负责，完成时间：2018 年底前）。

（十四）破除依法破产实施障碍。推动各地建立政府与法院之间关于企业破产工作沟通协调机制，研究解决破产启动费用问题， 协调解决破产程序启动难实施难、人员安置难等问题。（最高人民法院、国家发展和改革委员会、财政部、人力资源和社会保障部及各地区按职责分工负责，完成时间：持续推进）

（十五）完善依法破产体制机制。研究总结依法破产实践中遇到的问题，建立关联企业破产制度，研究完善庭外重组制度和建立预重整制度，探索建立破产案件快速审理机制，推动破产案件繁简分流；完善重整企业的信用修复机制；开展破产法规修订前期研究，适时提出修改企业破产法。（最高人民法院、国家发展和改革委员会、中国人民银行、中国银行保险监督管理委员会按职责分工负责， 完成时间：持续推进）

**四、协调推动兼并重组等其他降杠杆措施**

（十六）积极推动企业兼并重组。深化产融合作，充分发挥资本市场在并购重组中的主渠道作用；加大对基于产业整合的并购重组的支持力度。（国家发展和改革委员会、中国人民银行、财政部、中国银行保险监督管理委员会、国务院国有资产监督管理委员会、工业和信息化部、中国证券监督管理委员会按职责分工负责，完成时间：持续推进）

（十七）多措并举盘活企业存量资产。指导企业积极利用产权市场转让质量效益不高、与主业协同度低或非主业、亏损企业等相关资产，有效回收资金；继续通过资金集中管理、两金（应收账款和存货）压降等多种手段提高企业整体资金利用效率（财政部、国务院国有资产监督管理委员会按职责分工负责，完成时间：持续推进）

（十八）有序开展资产证券化。按照“真实出售、破产隔离”原则，有序开展信贷和企业资产证券化。（中国人民银行、中国银 行保险监督管理委员会、中国证券监督管理委员会按职责分工负责， 完成时间：持续推进）

（十九）多方式优化企业债务结构。指导企业合理用好各类债务融资工具，形成合理的债务类型和期限结构，降低流动性风险。（国务院国有资产监督管理委员会及各地区按职责分工负责，完成时间：持续推进）

（二十）积极发展股权融资。加强主板、中小板和全国中小企业股份转让系统（新三板）等不同市场间的有机联系。稳步推进股票发行制度改革，深化创业板和新三板改革，规范发展区域性股权市场。积极发展私募股权投资基金。发展交易所债券市场。稳步发展优先股和可转债等股债结合产品，优化上市再融资结构。（中国证券监督管理委员会，完成时间：持续推进）

五、完善降杠杆配套政策

（二十一）稳妥给予资本市场监管支持。对降杠杆及市场化债转股所涉的 IPO、定向增发、可转债、重大资产重组等资本市场操作，在坚持市场“三公”原则前提下，提供适当监管政策支持。（中国证券监督管理委员会，完成时间：持续推进）。

（二十二）提高国有资产处置效率。在严格防止国有资产流失的前提下，对于纳入重点降杠杆范围企业的资产处置进行专题研究，予以支持。严格在法定时限内完成地方国有企业降杠杆涉及的国有资产审批事项，纠正不恰当升高审批层次

的做法或不审批不作为的现象。（国务院国有资产监督管理委员会及各地区按职责分工负责，完成时间：持续推进）

（二十三）加强会计审计业务指导。加强对会计师事务所的业务指导，严格按照相关业务规则提供审计服务。（财政部，完成时间：持续推进）

**六、做好降杠杆工作的组织协调和服务监督**

（二十四）指导重点行业和地区开展降杠杆工作。对重点降杠杆案例做好组织协调工作，克服障碍推动实施；积极鼓励优质资产企业按市场化原则开展债转股；继续推动优化债转股行业结构，引导实施机构对我国经济转型升级、国家安全具有重要意义的行业和企业开展市场化债转股；指导重点地区降杠杆工作并开展深入调研。（国家发展和改革委员会、中国人民银行、财政部、中国银行保险监督管理委员会、国务院国有资产监督管理委员会、中国证券监督管理委员会按职责分工负责，完成时间：持续推进）

（二十五）发挥典型案例的示范带动作用。及时分析总结降杠杆的典型案例及政府引导激励的典型做法，积极稳妥降低企业杠杆率工作部际联席会议办公室以适当方式进行推广复制。（积极稳妥降低企业杠杆率工作部际联席会议成员单位和部际联席会议办公室及各地区按职责分工负责，完成时间：持续推进）

（二十六）强化监督约束确保有序开展。加强企业降杠杆特别是债转股的全过程监督检查，严格禁止对不适当企业进行债转股，防止违法违规操作，建立债转股相关主体记录。（国家发展和改革委员会、中国人民银行、财政部、中国银行保险监督管理委员会及各地区按职责分工负责，完成时间：持续推进）

（二十七）继续做好宣传与舆论引导工作。继续开展降杠杆的正面宣传，及时回应社会关切与热点问题，切实控制不实不良信息传播，加强与有影响力的外媒和有关国际组织沟通，创造良好的内外部舆论环境。（中央宣传部、中央网络安全和信息化委员会办公室及各地区按职责分工负责，完成时间：持续推进）

国家发展改革委
人民银行
财政部
银保监会
国资委
2018 年 8 月 3 日

〔来源：中国政府网〕

# 加快完善市场主体退出制度改革方案

发改财金〔2019〕1104 号

市场主体退出制度是现代化经济体系的重要组成部分。为进一步畅通市场主体退出渠道，降低市场主体退出成本，激发市场主体竞争活力，完善优胜劣汰的市场机制，推动经济高质量发展，经国务院同意，现就加快完善市场主体退出制度提出如下改革方案。

**一、总体要求**

（一）指导思想

以习近平新时代中国特色社会主义思想为指导，全面贯彻党的十九大和十九届二中、三中全会精神，统筹推进“五位一体”总体布局，协调推进“四个全面”战略布局，坚持稳中求进工作总基调，坚持新发展理念，坚持推动高质量发展，坚持以供给侧结构性改革为主线，以促进资源优化配置和提高资源使用效率为目标，按照市场化、法治化原则，建立健全市场主体退出制度，提高市场重组、出清的质量和效率，促进市场主体优胜劣汰和资源优化配置，推动经济高质量发展和现代化经济体系建设。

（二）基本原则

——坚持市场化改革。充分发挥市场配置资源的决定性作用，规范市场竞争秩序，减少市场扭曲，完善优胜劣汰的市场机制，促进生产要素和资源由无效低效市场主体向高效市场主体流动，最大程度发挥各类要素和资源潜力。更好发挥政府作用，创新调控、监管、服务方式，为市场主体依法退出营造良好的制度环境。

——坚持法治化方向。加快完善市场主体退出的法律法规，尊重和保障市场主体自主经营权利。有效衔接各类法律法规和相关政策，有效降低市场主体退出交易成本。在市场机制不能有效发挥作用的领域，通过合理运用公共政策，引导或强制低效无效市场主体依法有序退出，同时畅通退出权利救济途径。

——坚持约束与激励并举。强化市场纪律，促进市场主体审慎经营，防止盲目激进经营和过度负债。对经营失败的诚实市场主体给予适当宽容，使退出市场主体承担合理有限责任，保留再创业机会，保护创新创业的积极性。

——坚持保护各方合理权益。处理好企业职工、各类债权人、股东以及其他利益相关方之间的权利义务关系，切实防范逃废债等道德风险，确保各方依法公平合理分担退出成本，保障市场主体退出稳妥有序、风险可控。同时着眼全局和长期利益，提高退出效率，防止因利益纠葛久拖不决导致多输局面。

（三）总体目标

逐步建立起与现代化经济体系相适应，覆盖企业等营利法人、非营利法人、非法人组织、农民专业合作社、个体工商户、自然人等各类市场主体的便利、高效、有序的退出制度，市场主体退出渠道进一步畅通，市场主体退出成本明显下降，无效低效市场主体加快退出，为构建市场机制有效、微观主体有活力、宏观调控有度的经济体制提供有力支撑。

**二、规范市场主体退出方式**

按照市场化法治化原则，进一步明确市场主体退出方式，完善规范退出的条件、标准和具体程序，使各类市场主体均有适当的退出方式和渠道。

（一）规范自愿解散退出

企业等营利法人、非营利法人和非法人组织在其设立章程中应按照意思自治原则依法对解散事由作出约定，当解散事由出现时，除法律另有规定外，由市场主体按照治理程序决议解散，自愿退出市场。

（二）建立健全破产退出渠道

在进一步完善企业破产制度的基础上，研究建立非营利法人、非法人组织、个体工商户、自然人等市场主体的破产制度，扩大破产制度覆盖面，畅通存在债权债务关系的市场主体退出渠道。

（三）稳妥实施强制解散退出

严格限定市场主体因政府公共政策规定而强制解散退出的条件，稳妥处置退出后相关事宜，依法保护市场主体产权。统一市场主体强制解散退出的标准和程序。对强制解散退出应设定救济程序，依法保障退出市场主体和利益相关方的合法权益。

（四）明确特定领域退出规则

因公共安全、产业调控、区域发展、技术标准、环境保护等公共利益需要，有关机关可以依法强制或引导市场主体从特定生产领域、业务领域退出。研究在相关法规和政策中进一步明确特定领域退出的触发条件、补偿机制。

**三、健全清算注销制度**

市场主体出现解散事由，应按程序依法组织清算组开展清算。市场主体无法就自行清算达成一致或相关责任主体怠于履行清算义务的，企业等市场主体的股东或债权人可以依法申请法院指定清算组进行强制清算。清算结束后，清算组应依法及时申请注销登记。清算过程中符合破产条件的，应依法及时转入破产程序。

（一）完善市场主体清算机制

强化市场主体履行清算义务的责任，根据市场主体不同性质和类型，明确清算程序的启动条件和清算期限、清算义务人的权利义务。建立清算义务人怠于履行清算义务时的法律责任追究机制。完善公司解散清算与破产清算程序的衔接机制。（最高人民法院、国家发展改革委、司法部、市场监管总局等按职责分工负责）

（二）完善注销登记制度

提高注销登记制度的便利程度，加大技术平台投入，利用现代信息技术减少或取消现场办理环节，大幅降低市场主体退出的交易成本。进一步探索简化普通注销程序，研究通过改革清算公告发布渠道、减少公告等待时间、对符合条件的市场主体豁免提交清算报告等方式，进一步完善普通注销制度。研究探索在法律法规中增加关于企业简易注销登记程序等相关规定的必要性和可行性。研究建立市场主体强制退出制度，完善相关法律法规，对因经营异常、违法失信而被吊销营业执照、责令关闭的企业和个体工商户等市场主体，依照法定程序实施强制退出。（市场监管总局牵头负责）

**四、完善破产法律制度**

市场主体达到法定破产条件，应当依法通过破产程序进行清理，或推动利益相关方庭外协议重组，以尽快盘活存量资产，释放资源要素。对陷入财务困境但仍具有经营价值和再生希望的企业，支持债权人、债务人及利益相关方利用破产重整或庭外协议重组等方式，推动企业债务、股权结构和业务重组，恢复生产经营。对丧失经营价值和再生无望的企业，要及时通过破产程序实现市场出清。

（一）完善企业破产制度

完善企业破产启动与审理程序。完善破产程序启动制度，厘清政府、法院、债务人、债权人和破产管理人在破产程序中的权利义务。企业符合破产条件时，应依法及时启动破产程序，不得设定超出法律规定的条件和程序。研究规定企业和企业高级管理人员等相关责任主体在企业陷入财务困境时负有及时申请破产清算或重整义务的必要性和可行性。总结执行转破产实践经验，明确执行转破产制度的法律地位。完善破产程序中债权清偿顺位规则。建立破产简易审理程序，实行破产案件繁简分流。完善跨境破产和关联企业破产规则，推动解决跨境破产、复杂主体破产难题。完善破产企业有关人员法律责任制度，严厉打击恶意逃废债等违法违规行为。（最高人民法院、国家发展改革委、司法部、中国银保监会等按职责分工负责）

研究建立预重整和庭外重组制度。完善金融机构债权人委员会制度，明确金融机构债权人委员会制度和庭内债权人委员会制度的程序转换和决议效力认可机制。研究建立预重整制度，实现庭外重组制度、预重整制度与破产重整制度的有效衔接，强化庭外重组的公信力和约束力，明确预重整的法律地位和制度内容。（最高人民法院、国家发展改革委、司法部、中国人民银行、中国银保监会、中国证监会等按职责分工负责）

完善企业破产重整制度。倡导积极重建的破产重整理念，切实解决企业破产污名化问题，充分利用破产重整制度促进企业重组重生。细化完善重整程序实施规则，明确强制批准重整计划的审查标准和法律依据，规范法院对重整计划的强制批准权。完善重整程序中的分组表决机制。优化管理人制度和管理模式，明确管理人与债务人、债权人之间的权利界限，合理发挥债务人在重整程序中的作用。建立吸收具备专业资质能力的人员参与重整企业经营管理的机制，促进重整企业保持经营价值。（最高人民法院、国家发展改革委、司法部、中国人民银行、中国银保监会、中国证监会等按职责分工负责）

（二）分步推进建立自然人破产制度

研究建立个人破产制度，重点解决企业破产产生的自然人连带责任担保债务问题。明确自然人因担保等原因而承担与生产经营活动相关的负债可依法合理免责。逐步推进建立自然人符合条件的消费负债可依法合理免责，最终建立全面的个人破产制度。（国家发展改革委、司法部、中国人民银行、中国银保监会等按职责分工负责）

（三）加强司法与行政协调配合

完善司法与行政协调机制。地方各级人民政府应积极支持陷入财务困境、符合破产条件的企业进行重整或破产清算。鼓励地方各级人民政府建立常态化的司法与行政协调机制，依法发挥政府在企业破产程序中的作用，协调解决破产过程中维护社会稳定、经费保障、信用修复、企业注销等问题，同时避免对破产司法事务的不当干预。（各地方人民政府负责）

明确政府部门破产行政管理职能。在总结完善司法与行政协调机制实践经验的基础上，进一步明确政府部门承担破产管理人监督管理、政府各相关部门协调、债权人利益保护、特殊破产案件清算以及防范恶意逃废债等破产行政管理职责。（各地方人民政府负责）

（四）加强司法能力及中介机构建设

加强破产审判能力建设。深化破产审判机制改革，根据各地审判实践需要，在条件成熟的中级人民法院积极推动组建破产案件专业审判团队，优化破产案件专业审判团队的职责和内部管理体系。加强对破产审判专业人员的培训和专业队伍的建设，完善对破产审判法官的考核机制。（各省级人民政府、最高人民法院等按职责分工负责）

大力培育破产管理人队伍。进一步细化完善管理人职责，明确管理人履职过程中发现恶意逃废债等违法行为时依法提请法院移送侦查的职责，进一步优化破产管理人名册制度、管理人选任机制和管理人报酬制度，积极开展管理人履职能力培训工作，支持和推动管理人行业自律组织建设，强化对管理人的履职考核和动态监督管理，督促管理人提高责任意识和履职能力。（国家发展改革委、最高人民法院等按职责分工负责）

**五、完善特殊类型市场主体退出和特定领域退出制度**

（一）建立健全金融机构市场化退出机制

完善金融机构市场化退出的程序和路径。完善相关法律法规，明确对问题金融机构退出过程中接管、重组、撤销、破产处置程序和机制，探索建立金融机构主体依法自主退出机制和多层次退出路径。及时有效发挥存款保险制度和相关行业保障基金的作用。（财政部、中国人民银行、中国银保监会、中国证监会等按职责分工负责）

完善金融机构资产、负债、业务的概括转移制度。依托存款保险制度和保险保障基金、证券投资者保障基金、信托业保障基金等相关行业保障基金，进一步完善金融机构强制退出时的储蓄存款合同、保险合同、证券业务合同、资产管理业务合同、信托财产和信托事务等各类合同和业务的转移接续。（中国人民银行、中国银保监会、中国证监会等按职责分工负责）

建立金融机构风险预警及处置机制。明确风险处置的触发条件，制定退出风险处置预案，丰富风险处置工具箱，建立健全信息共享机制。完善金融机构市场化退出损失分担机制，明确股东和无担保债权人应先于公共资金承担损失。（财政部、中国人民银行、中国银保监会、中国证监会等按职责分工负责）

（二）完善国有企业退出机制

推动国有“僵尸企业”破产退出。对符合破产等退出条件的国有企业，各相关方不得以任何方式阻碍其退出，防止形成“僵尸企业”。不得通过违规提供政府补贴、贷款等方式维系“僵尸企业”生存，有效解决国有“僵尸企业”不愿退出的问题。国有企业退出时，金融机构等债权人不得要求政府承担超出出资额之外的债务清偿责任。（各地方人民政府、最高人民法院、国家发展改革委、财政部、中国人民银行、国务院国资委、中国银保监会等按职责分工负责）

完善特殊类型国有企业退出制度。针对全民所有制企业、厂办集体企业存在的出资人已注销、工商登记出资人与实际控制人不符、账务账册资料严重缺失等问题，明确市场退出相关规定，加快推动符合条件企业退出市场，必要时通过强制清算等方式实行强制退出。（国务院国资委、国家发展改革委牵头，有关部门按职责分工负责）

（三）健全非营利法人和非法人组织等退出机制

进一步细化非营利法人、非法人组织解散清算制度，推动非营利法人、非法人组织及时注销。参考企业法人破产制度，推动建立非营利法人、农民专业合作社、合伙企业等非法人组织破产制度。（最高人民法院、市场监管总局、民政部等按职责分工负责）

（四）完善特定领域退出机制

规范特定领域退出程序。建立政策成本效益和成本有效性分析制度，审慎评估因公共利益而要求经营者退出特定生产或业务领域的必要性，按照比例原则以成本最小化的方式达成政策目标，尽量避免影响市场主体正常生产经营活动。（国家发展改革委、工业和信息化部、中国人民银行、中国银保监会等按职责分工负责）

完善特定领域依法退出机制。对竞争性领域，审慎使用强制退出方式，主要通过激励性措施引导实现特定领域退出；因公共利益确需强制退出的，应依法建立补偿机制，保障退出市场主体和其利益相关方的合法权益。对垄断性行业和其他实行许可管理的行业，应在行业监管规则中明确经营者退出标准，并定期开展审查，经营者达到退出标准的，应依法退出特定生产或业务领域；行业监管规则中应同时明确因公共利益需退出的事由、程序和补偿标准，作为经营者准入条件，当事由出现时，应按法定程序退出并按标准进行补偿。（国家发展改革委、工业和信息化部、中国人民银行、中国银保监会等按职责分工负责）

## 六、健全市场主体退出甄别和预警机制

### （一）完善市场主体优劣甄别机制

加强社会信用体系建设。大力弘扬诚信文化，使市场主体树立守法诚实经营理念，自觉遵守商业道德，加强守信联合激励和失信联合惩戒等机制建设，使守信者处处畅通、失信者寸步难行。（国家发展改革委、中国人民银行牵头负责）

完善竞争政策。加强对实施垄断、开展不正当竞争行为的监管，严格依法查处各类垄断行为和滥用行政权力排除、限制竞争行为，提高市场竞争的充分性与公平性。（市场监管总局牵头负责）

规范产业政策。针对市场不能有效发挥作用的领域制定有关政策规定，突出功能性、预测性，审慎使用可能造成市场扭曲的政策工具，对出台涉及市场主体经济活动的政策措施，严格进行公平竞争审查，完善市场竞争环境和营商环境，防止由政府越位和过度干预造成逆向选择。（国家发展改革委、工业和信息化部、市场监管总局等按职责分工负责）

### （二）建立市场主体退出预警机制

强化企业信息披露义务。提高企业财务和经营信息透明度，强化信息披露义务主体对信息披露真实性、准确性、完整性的责任要求。公众公司应依法向公众披露财务和经营信息。非公众公司应及时向股东和债权人披露财务和经营信息。鼓励非公众公司特别是大型企业集团、国有企业参照公众公司要求公开相关信息。强化企业在陷入财务困境时及时向股东、债权人等利益相关方的信息披露义务。（各地方人民政府、国家发展改革委、中国人民银行、市场监管总局、国务院国资委、中国银保监会、中国证监会等按职责分工负责）

建立企业信用综合评价机制。推动信用评级行业规范健康发展，支持信用评级机构开展企业综合信用评价。鼓励引导有关行业主管部门、行业协会商会、高等院校、科研机构以及信息中介机构研究建立反映市场主体财务状况和经营效率的评价指标。（国家发展改革委、中国人民银行牵头负责）

建立企业债务风险监测预警机制。依托全国信用信息共享平台、国家企业信用信息公示系统和金融信用信息基础数据库、失信被执行人数据库等信用信息平台，整合相关数据信息，加强对一定债务规模以上企业债务风险的监测，加快一定债务规模以上企业的负债、担保、涉诉等信息在一定范围内依法公开和部门间共享，鼓励企业自主对外披露更多利于债务风险判断的信息。（国家发展改革委牵头，最高人民法院、中国人民银行、市场监管总局、中国银保监会等按职责分工负责）

建立自然人债务风险监测预警机制。加强对居民部门债务水平和债务结构的分析监测，完善自然人债务风险评价指标和预警机制，建立社会公众财务风险管理及理财能力教育培训机制，防范自然人过度负债风险，处理好债权人权益保护与债务人生存权保护之间的关系。（国家发展改革委、中国人民银行、中国银保监会等按职责分工负责）

## 七、完善市场主体退出关联权益保障机制

### （一）建立健全社会安全网

指导退出企业做好劳动关系处理，积极稳妥解决社会保险关系转移接续、拖欠职工工资等问题，切实保障退出企业职工的合法权益。（各地方人民政府、人力资源和社会保障部等按职责分工负责）

### （二）依法保护金融债权人利益

明确金融债权人委员会法律地位。推动银行、证券、保险、信托等领域的金融债权人组建相对统一的金融债权人委员会。明确金融债权人委员

会的法律地位、议事规则和程序，通过统一的金融债权人委员会加强与债务人的沟通协调，避免金融债务过度累积，防范恶意逃废债，有效监控债务风险，维护金融债权人合法权益。（中国银保监会牵头，中国人民银行、国家发展改革委、中国证监会等按职责分工负责）

促进金融债权人积极推动市场主体退出。鼓励银行、证券、保险、信托等领域的金融债权人积极参与破产程序，支持金融债权人加强对企业等市场主体债务风险的监测，推动金融债权人积极化解市场主体债务风险，促进市场主体及时出清。（中国银保监会牵头， 中国人民银行、国家发展改革委、中国证监会等按职责分工负责）

（三）切实防范国有资产流失

按照市场化法治化原则，完善国有资产价值发现和监督机制， 进一步健全完善国有资产流失责任认定及追究制度，规范国有资产登记、转让、清算、退出等程序和交易行为，发挥专业化中介机构作用，涉及资产评估的，应当依法履行资产评估程序。在市场主体退出过程中，坚持国有资产市场化定价原则，鼓励通过产权、股权、证券市场发现和合理确定资产价格，促进国有资产保值增值。优化国有资产退出审批机制和程序，提高审批效率，强化信息公开，加强社会监督，防止因内部人控制、利益输送等造成国有资产流失。（各地方人民政府、财政部、国务院国资委等按职责分工负责）

**八、完善市场主体退出配套政策**

（一）完善信用记录与信用修复制度

完善重整企业信用修复机制。进一步健全和完善相关制度，使重整成功的企业不再被纳入金融、税务、市场监管、司法等系统的黑名单，实现企业信用重建。（国家发展改革委、中国人民银行牵头负责，最高人民法院、市场监管总局、税务总局等按职责分工负责）

完善市场主体退出责任人信用记录机制。对市场主体退出过程中恶意逃废债特别是恶意逃废职工债务、过失导致国有资产流失、未按规定及时履行清算义务等违法违规行为责任人，建立信用记录，纳入全国信用信息共享平台、国家企业信用信息公示系统和金融信用信息基础数据库。建立直接责任人员失信行为联合惩戒机制。结合自然人破产制度建设，建立健全自然人破产信用记录及信用修复制度，形成以信用为核心的自然人市场行为正向激励约束机制。（国家发展改革委、中国人民银行牵头，最高人民法院、市场监管总局、税务总局、中国银保监会等按职责分工负责）

（二）完善市场主体退出相关财政税收政策

优化企业破产重整税收政策环境。梳理企业破产重整税收支持政策，做好政策宣传解读工作，落实好亏损弥补和特殊性税务处理等税收政策，为企业破产重整营造良好环境。（财政部牵头，税务总局按职责分工负责）

探索研究破产经费筹措机制。鼓励有条件的地方探索建立破产经费筹措机制，对破产财产不足以支付破产费用的市场主体，可通过筹措经费帮助支付有关费用。（各地方人民政府牵头负责）

（三）完善市场主体退出资产资源优化利用制度

构建多元化资产流转平台。引导各类资产进入产权交易市场，充分发挥产权交易市场的价格发现、价值实现功能，为市场主体退出过程中资产流转和变现创造良好市场基础。（各地方人民政府、国家发展改革委、国务院国资委、中国证监会等按职责分工负责）完善市场主体退出涉及的市场交易制度。依法支持上市公司通

过并购重组实现退出。依法支持重整上市公司通过重大资产交易安排、股份发行等方式开展融资，规范上市公司股东减持行为。完善上市公司退市监管制度，畅通市场主体的上市和退市渠道。（中国证监会、最高人民法院牵头负责）

（四）健全社会公示和监督制度

健全社会公示。依托全国信用信息共享平台、国家企业信用信息公示系统，建立健全市场主体主动注销和强制退出的公告、异议等制度。推进部门共享市场主体退出相关信息，完善市场主体退出公示制度和退出后相关责任人失信惩戒记录公示制度。（国家发展改革委、市场监管总局牵头负责）

推动社会监督。对不依法办理注销登记的市场主体、被吊销营业执照的市场主体以及不依法

清算的市场主体，依法及时向社会公示，接受社会监督。（国家发展改革委、民政部、市场监管总局等按职责分工负责）

九、组织实施

（一）加强党的领导

各地区、各部门要充分认识完善市场主体退出制度的重要意义，增强“四个意识”，坚定“四个自信”，做到“两个维护”，认真落实党中央、国务院有关决策部署，加快完善市场主体退出制度，促进市场主体优胜劣汰和资源优化配置。

（二）完善法律体系

市场主体退出制度体系涉及多领域法律法规，要及时启动各相关领域法律法规的立法修订程序，切实形成协同一致、相互支撑的法律体系，为市场主体依法退出提供充分的法律保障。

（三）落实工作责任

国家发展改革委要做好统筹协调工作，各地区、各部门要按照职能划分，抓紧落实改革方案，拟定工作计划，确保相关改革事项按时完成。

国家发展改革委
最高人民法院
工业和信息化部
民政部
司法部
财政部
人力资源社会保障部
人民银行
国资委
税务总局
市场监管总局
银保监会
证监会
2019 年 6 月 22 日

〔来源：国家发展改革委官网〕

# 促进大中小企业融通发展三年行动计划

## 工信部联企业〔2018〕248 号

大中小企业融通发展是落实党中央、国务院为中小企业发展创造更好条件、推动中小企业创新发展的决策部署，贯彻创新驱动发展战略、建设制造强国和网络强国、推动经济高质量发展、促进大企业创新转型、提升中小企业专业化能力的重要手段。为营造大中小企业融通发展产业生态，鼓励大中小企业创新组织模式、重构创新模式、变革生产模式、优化商业模式，进一步推动大中小企业融通发展，制定本行动计划。

一、总体要求

以习近平新时代中国特色社会主义思想为指导，全面贯彻党的十九大精神，统筹推进“五位一体”总体布局和协调推进“四个全面”战略布局，以构建大企业与中小企业协同创新、共享资源、融合发展的产业生态为目标，着力挖掘和推广融通发展模式。通过夯实融通载体、完善融通环境，发挥大企业引领支撑作用，提高中小企业专业化水平，培育经济增长新动能，支撑制造业创新，助力实体经济发展。用三年时间，总结推广一批融通发展模式，引领制造业融通发展迈上新台阶；支持不少于 50 个实体园区打造大中小企业融通发展特色载体；围绕要素汇聚、能力开放、模式创新、区域合作等领域培育一批制造业“双创”平台试点示范项目；构建工业互联网网络、平台、安全三大功能体系；培育 600 家专精特新“小巨人”和一批制造业单项冠军企业。到 2021 年，形成大企业带动中小企业发展，中小企业为大企业注入活力的融通发展新格局。

二、主要行动

行动一：挖掘和推广融通发展模式

聚焦重点行业领域，围绕供应链整合、创新能力共享、数据应用等当前产业发展关键环节，推广资源开放、能力共享等协同机制，为建设融通发展生态提供有益指引和参考。

（一）深化基于供应链协同的融通模式

构建大中小企业深度协同、融通发展的新型产业组织模式，提高供应链运行效率。发挥龙头骨干对供应链的引领带动作用，在智能制造、高端装备制造领域形成10个左右带动能力突出、资源整合水平高、特色鲜明的大企业。推动建立联合培训、标准共享的协同管理体系；打造多方共赢、可持续发展的供应体系，带动上下游中小企业协同发展。

（二）推动基于创新能力共享的融通模式

打造产研对接的新型产业创新模式，提高产业创新效率，提升产业自主创新能力。形成10个左右创新引领效应明显的平台，发挥平台对各类创新能力的集聚整合作用。鼓励大企业建立开放式产业创新平台，畅通创新能力对接转化渠道，实现大中小企业之间多维度、多触点的创新能力共享、创新成果转化和品牌协同，引领以平台赋能产业创新的融通发展模式。围绕要素汇聚、能力开放、模式创新、区域合作等领域，培育一批制造业“双创”平台试点示范项目，促进平台成为提质增效、转型升级、跨界融通的重要载体。

（三）推广基于数据驱动的融通模式

加速构建数据协同共享的产业数字化发展生态，提高中小企业获取数据、应用数据的能力，推动中小企业数字化转型。鼓励企业进一步完善数据平台建设，在云计算、大数据、人工智能、网络安全等领域形成10个左右数据规模大、集聚能力强的企业。集成具有较好数据服务基础的中小企业，支持中小企业依托平台对外提供服务，通过共享平台计算能力和数据资源，扩大数据规模，强化中小企业品牌影响力。鼓励平台为中小企业提供数字化系统解决方案，支撑中小企业智能制造，引领行业数字化转型。

（四）打造基于产业生态的融通模式

选择10个左右创新资源集聚、产业生态完善、协作配套良好的地区，推动基于融通模式的区域产业生态。鼓励建立龙头骨干带动的专业化配套集群。探索建立产学研协同区域创新网络，推动大中小企业针对产业、区域的共性技术需求展开联合攻关，加快共性技术研发和应用。打通区域内外企业信息链和资金链，加速区域内外大中小企业创新能力、生产能力、市场能力的有效对接，推动资源能力的跨行业、跨区域融合互补，提升产业协同效率。强化品牌意识，制定区域品牌发展战略，探索共建共享区域品牌的路径和方式，促进企业品牌与区域品牌互动发展。

行动二：发挥大企业引领支撑作用

鼓励大企业利用“互联网+”等手段，搭建线上线下相结合的大中小企业创新协同、产能共享、供应链互通的新型产业创新生态，促进生产制造领域共享经济新模式新业态发展，重构产业组织模式，推动中小企业高质量发展，降低自身创新转型成本，形成融通发展的格局。

（五）推动生产要素共享

支持制造业龙头企业构建基于互联网的分享制造平台，有效对接大企业闲置资源和中小企业闲置产能，推动制造能力的集成整合、在线共享和优化配置。鼓励大企业为中小企业提供一揽子的信息支持，包括上游产品供给、下游产品需求、产品质量及流程标准，提高全链条生产效率。推进工业强基、智能制造、绿色制造、服务型制造等专项行动，推动制造业龙头企业深化工业云、工业大数据等技术的集成应用，实现制造业数字化、智能化转型。

（六）促进创新资源开放

鼓励大企业联合科研机构建设协同创新公共服务平台，向中小企业提供科研基础设施及大型科研仪器，降低中小企业创新成本。鼓励大企业带动中小企业共同建设制造业创新中心，建立风险共担、利益共享的协同创新机制，提高创新转化效率。鼓励国有企业探索以子公司等形式设立创新创业平台，促进混合所有制改革与创新创业深度融合。

（七）提供资金人才支持

鼓励大企业发展供应链金融，开展订单和应收账款融资、仓储金融等服务，帮助上下游中小供应商提高融资效率、降低融资成本。推动大企业以股权投资、股权质押融资等形式向中小企业提供专业金融服务。推动大企业与中小企业通过建立人才工作站、合作开发项目等方式开展人才培养使用的全方位合作。

行动三：提升中小企业专业化能力

推动中小企业“专精特新”发展，培育600家细分领域专业化“小巨人”和一批制造业单项冠军企业；开展“互联网＋小微企业”行动，提高中小企业信息化应用水平。

（八）培育专精特新“小巨人”企业

以智能制造、工业强基、绿色制造、高端装备等为重点，在各地认定的“专精特新”中小企业中，培育主营业务突出、竞争能力强、成长性好、专注于细分市场、具有一定创新能力的专精特新“小巨人”企业，引导成长为制造业单项冠军。鼓励中小企业以专业化分工、服务外包、订单生产等方式与大企业建立稳定的合作关系。

（九）实施“互联网＋小微企业”计划

实施中小企业信息化推进工程，推动大型信息化服务商提供基于互联网的信息技术应用。推广适合中小企业需求的信息化产品和服务，提高中小企业信息化应用水平。鼓励各地通过购买服务等方式，支持中小企业业务系统向云端迁移，依托云平台构建多层次中小企业服务体系。推动实施中小企业智能化改造专项行动，加强中小企业在产品研发、生产组织、经营管理、安全保障等环节对云计算、物联网、人工智能、网络安全等新一代信息技术的集成应用。

行动四：建设融通发展平台载体

提升载体平台融通发展支撑能力，支持不少于50个实体园区打造大中小企业融通发展特色载体；建设500家国家中小企业公共服务示范平台和300家国家小型微型企业创业创新示范基地；加快推进工业互联网平台体系建设。

（十）建设大中小企业融通型特色载体

依托特色载体打造大中小企业融通发展的新型产业创新生态。支持实体园区打造大中小企业融通发展特色载体，引导行业龙头企业发挥在资本、品牌和产供销体系方面的优势，打造有特色的孵化载体，开放共享资源和能力，推动大中小企业在创新创意、设计研发、生产制造、物资采购、市场营销、资金融通等方面相互合作，形成大中小企业协同共赢格局。

（十一）提升平台融通发展支撑能力

加快构建工业互联网网络、平台、安全三大功能体系，增强工业互联网产业供给能力；加快推进工业互联网平台体系建设，引导培育若干跨行业、跨领域平台和面向特定行业、特定区域的企业级平台；推动建设工业互联网安全公共服务平台，面向广大中小企业提供网络安全技术支持服务。发挥国家中小企业公共服务示范平台、国家小型微型企业创业创新示范基地等平台的资源整合和对接能力，畅通大中小企业融通发展渠道。依托全国信用信息共享平台，为大中小企业提供“信易贷”等创新信用产品和服务。

行动五：优化融通发展环境

进一步夯实网络基础、建立完善的知识产权管理服务体系、深化对外合作，打造有利于大中小企业融通发展的环境和机制，释放融通发展活力。

（十二）夯实网络基础

发挥互联网对融通发展的支撑作用。提升网络速率、降低资费水平，继续推进连接中小企业的专线建设。加快宽带网络基础设施建设与改造，扩大网络的覆盖范围，优化升级国家骨干网络，为实现产业链各环节的互联与数据顺畅流通提供保障。打造工业互联网网络体系，加快工业互联网网络体系建设，组织实施工业企业内网、工业企业外网和标识解析体系的改造升级。

（十三）建立完善的知识产权管理服务体系

发挥知识产权制度对企业创新的引导作用，强化知识产权保护，提高创新成果利用效率。推动建立大中小企业共创、共有、共享知识产权激励机制，提升知识产权转化运用效率。加快推进中小企业知识产权战略推进工程试点城市建设，加强知识产权保护意识、提高知识产权保护能力、降低企业维权成本。

（十四）深化对外合作

鼓励中小企业参与“一带一路”投资贸易合作，在大型跨境电商的带动下充分利用跨境网络交易平台进行跨境产品交易、技术交流、人才流动，融入大型跨国公司的产业供应和产业创新体系。依托中德、中欧等中外中小企业合作区和合作交流平台，围绕绿色制造、生物医药、新材料等重点领域开展国际经济技术交流和跨境撮合，吸引高端制造业、境外原创技术孵化落地，推动龙头企业延伸产业链，带动专精特新“小巨人”企业融入全球价值链，促进单项冠军企业迈向全球价值链中高端，积极参与国际产业竞争。

**三、保障措施**

（一）强化组织保障

建立工业和信息化、发展改革、财政、国资等跨部门协调联动工作机制，调动行业组织、产业联盟和智库形成合力，统筹协调融通发展中的重大问题、重大政策和重大工程，动态跟踪、宣传推广融通发展新模式。各级要结合本地实际，制定推进方案，明确任务分工，加强分类指导，保障顺利实施。要依托大众创业万众创新示范基地、国家新型工业化产业示范基地、国家信息消费示范城市等优势资源，加快模式案例总结和经验推广。

（二）营造公平市场环境

进一步深入推进简政放权、放管结合、优化服务改革，加快政府职能转变，落实中小企业与大型企业平等市场主体地位。清理制约人才、资本、技术、数据等要素自由流动的制度障碍。规范市场主体交易行为，推动开展大企业拖欠中小企业资金调查工作，并清理以政府、大企业为源头的资金拖欠。落实政府采购支持中小企业发展，政府机构应预留本部门年度采购预算总额30%以上面向中小企业，其中预留给小型和微型企业的比例不低于60%（中小企业无法提供的商品和服务除外）。鼓励大型企业与中小企业组成联合体共同参加政府采购，联合体中约定小型、微型企业的协议合同金额占到联合体协议合同总金额30%以上的，可给予联合体2%～3%的价格扣除。推进政府采购信用担保试点，鼓励为小型微型企业参与政府采购提供履约担保和融资担保等服务，营造融通发展良好外部环境。

（三）加大财政支持

充分发挥财政资金的引导带动作用。通过中小企业发展专项资金、国家新兴产业创业投资引导基金、中小企业发展基金等，拉动各类产业基金、社会资本，引导融资担保和再担保机构支持大中小企业融通发展。中央财政连续三年支持实体经济开发区打造大中小企业融通型特色载体，有条件的地方可专门安排资金予以支持，促进涌现更多创新创业企业并不断扩大集聚效应，加快形成“产业创新＋孵化”的共生共赢机制。

（四）加大融资支持

各地相关部门建立融通发展重点企业和重点项目的融资信息对接清单，金融机构增加融资供给。鼓励设立各类创业投资引导基金、风险投资基金，引导股权投资机构加大支持。开展小微企业应收账款融资专项行动，充分发挥应收账款融资服务平台等金融基础设施作用，推动供应链核心企业支持小微企业供应商开展应收账款融资。开展中小企业知识产权质押融资和专利质押融资。

（五）加强宣传推广

组织宣传大中小企业融通发展典型案例，加大对各类融通发展模式、专精特新“小巨人”企业、制造业单项冠军和平台载体的宣传力度。举办大中小企业融通发展模式交流，引导企业树立融通发展观念。

工业和信息化部<br>
国家发展和改革委员会<br>
财 政 部<br>
国务院国有资产监督管理委员会<br>
2018 年 11 月 21 日

〔来源：工业和信息化部官网〕

# 工业和信息化部　国家开发银行办公厅关于加快推进工业节能与绿色发展的通知

工信厅联节〔2019〕16号

为服务国家生态文明建设战略，推动工业高质量发展，工业和信息化部、国家开发银行将进一步发挥部行合作优势，充分借助绿色金融措施，大力支持工业节能降耗、降本增效，实现绿色发展。现将有关事项通知如下：

**一、充分认识金融支持工业节能与绿色发展的重要意义**

推动工业节能与绿色发展，是贯彻落实党中央、国务院关于加快生态文明建设、构建高质量现代化经济体系的必然要求，是深入推进供给侧结构性改革、实现工业转型升级的重要举措。各级工业和信息化主管部门、国家开发银行各分行要充分认识此项工作的重要意义，不断深化合作，发挥政策导向和综合金融优势，按照源头减排、末端治理、技术优化、全程监控的系统性思维，进一步完善政策配套，共同探索机制创新，调结构、优布局、促发展，加快形成新时期工业绿色发展的推进机制，培育经济发展新动能。

**二、突出重点领域，发挥绿色金融手段对工业节能与绿色发展的支撑作用**

按照《工业绿色发展规划（2016-2020年）》（工信部规〔2016〕225号）、《关于加强长江经济带工业绿色发展的指导意见》（工信部联节〔2017〕178号）、《坚决打好工业和通信业污染防治攻坚战三年行动计划》（工信部节〔2018〕136号）等工作部署，以长江经济带、京津冀及周边地区、长三角地区、汾渭平原等地区为重点，强化工业节能和绿色发展工作。重点支持以下领域：

（一）工业能效提升

支持重点高耗能行业应用高效节能技术工艺，推广高效节能锅炉、电机系统等通用设备，实施系统节能改造。促进产城融合，推动利用低品位工业余热向城镇居民供热。支持推广高效节水技术和装备，实施水效提升改造。支持工业企业实施传统能源改造，推动能源消费结构绿色低碳转型，鼓励开发利用可再生能源。支持建设重点用能企业能源管控中心，提升能源管理信息化水平，加快绿色数据中心建设。

（二）清洁生产改造

推动焦化、建材、有色金属、化工、印染等重点行业企业实施清洁生产改造，在钢铁等行业实施超低排放改造，从源头削减废气、废水及固体废物产生。

（三）资源综合利用

支持实施大宗工业固废综合利用项目。重点推动长江经济带磷石膏、冶炼渣、尾矿等工业固体废物综合利用。在有条件的城镇推动水泥窑协同处置生活垃圾，推动废钢铁、废塑料等再生资源综合利用。重点支持开展退役新能源汽车动力蓄电池梯级利用和再利用。重点支持再制造关键工艺技术装备研发应用与产业化推广，推进高端智能再制造。

（四）绿色制造体系建设

支持企业参与绿色制造体系建设，创建绿色工厂，发展绿色园区，开发绿色产品，建设绿色供应链。重点支持国家级绿色制造体系相关的企业和园区。

**三、加大政策支持力度**

（一）加强开发性金融支持

国家开发银行切实发挥国内绿色信贷主力银行作用，根据国家重大规划、重点战略以及地方政府工业发展整体规划和安排，按照“项目战略必要、整体风险可控、业务方式合规”的原则，以合法合规的市场化方式支持工业节能与绿色发展重点项目，推动工业补齐绿色发展短板。拓展中国人民银行抵押补充贷款资金（以下简称PSL资金）运用范围至生态环保领域，对已取得国家开发银行贷款承诺，且符合生态环保领域PSL资金运用标准的工业污染防治重点工程，给予低成本资金支持，主要包括节能环保技术改造升级、工业废气、废水和固体废物治理、资源再生及综合利用、工业企业环保搬迁改造及环境整治等。

（二）完善配套支持政策

工业和信息化部会同国家开发银行统筹用好各项支持引导政策和绿色金融手段，对已获得绿色信贷支持的企业、园区、项目，优先列入技术改造、绿色制造等财政专项支持范围，实现综合应用财税、金融等多种手段，共同推进工业节能与绿色发展。同时，鼓励地方出台加强绿色信贷项目支持的配套优惠政策，包括但不限于在项目审批、专项奖励、税收优惠等方面给予支持。

**四、有关要求**

（一）各省级工业和信息化主管部门要加强与当地国家开发银行分行的对接，掌握开发性金融信贷要求和PSL资金支持政策，选取有融资需求且符合条件的项目，在政策允许的范围内协助企业落实有关贷款条件，用好各项开发性金融支持政策。

（二）国家开发银行各分行要将工业节能与绿色发展作为推动工业高质量发展的重点领域，进一步做好开发性金融信贷政策宣介和项目开发评审工作。对符合绿色信贷、生态环保领域PSL资金支持政策的项目，要按照总行有关要求，及时完成项目识别、申报入库、贷款资金统计报送等工作，落实好贷款资金的发放和支付，并督促企业建立相关管理制度，保证合规。

（三）各省级工业和信息化主管部门、国家开发银行各分行要建立协调工作机制，加强沟通、密切合作，及时共享工业绿色信贷项目信息及调度情况，协调解决项目融资、建设中存在的问题和困难。要及时将相关开发性金融政策运用及工作中遇到的问题和建议，报送工业和信息化部（节能与综合利用司）和国家开发银行（评审二局）。

联系人及电话：

工业和信息化部：莫虹频 010-68205369

国家开发银行：韩　毅 010-68306806

工业和信息化部办公厅

国家开发银行办公厅

2019年3月19日

〔来源：工业和信息化部官网〕

# 工业和信息化部办公厅关于公布2019年国家技术创新示范企业复核评价结果的通知

根据工业和信息化部、财政部《技术创新示范企业认定管理办法（试行）》（工信部联科〔2010〕540号）和《工业和信息化部办公厅关于2019年开展国家技术创新示范企业复核评价工作的通知》（工信厅科函〔2019〕68号）要求，我部对2016年认定及通过复核的148家国家技术创新示范企业组织开展了复核评价。其中，中信重工机械股份有限公司等145家企业通过复核评价；大连机床集团有限责任公司、福建百宏聚纤科技实业有限公司、北京神雾环境能源科技集团股份有限公司等3家企业未通过复核评价。

希望通过复核评价的企业切实发挥示范引领作用，持续完善制度建设，加大技术创新投入，加强关键核心技术攻关，不断提升自主创新能力。

附件：通过2019年复核评价的国家技术创新示范企业名单

工业和信息化部办公厅
2019年6月21日

附件：

**通过2019年复核评价的国家技术创新示范企业名单**

| 序号 | 企业名称 | 序号 | 企业名称 |
|---|---|---|---|
| 1 | 中信重工机械股份有限公司 | 33 | 瑞阳制药有限公司 |
| 2 | 天士力医药集团股份有限公司 | 34 | 天能电池集团股份有限公司 |
| 3 | 扬子江药业集团 | 35 | 华泰集团有限公司 |
| 4 | 泰山玻璃纤维有限公司 | 36 | 广东溢达纺织有限公司 |
| 5 | 连云港中复连众复合材料集团有限公司 | 37 | 浙江吉利控股集团有限公司 |
| 6 | 辅仁药业集团有限公司 | 38 | 泰豪科技股份有限公司 |
| 7 | 湖南机油泵股份有限公司 | 39 | 柳州欧维姆机械股份有限公司 |
| 8 | 株洲硬质合金集团有限公司 | 40 | 安徽全柴动力股份有限公司 |
| 9 | 广州无线电集团有限公司 | 41 | 深圳创维RGB电子有限公司 |
| 10 | 神威医药科技股份有限公司 | 42 | 安徽国星生物化学有限公司 |
| 11 | 吉林东光集团有限公司 | 43 | 青岛明月海藻集团有限公司 |
| 12 | 上海航天设备制造总厂有限公司 | 44 | 南京康尼机电股份有限公司 |
| 13 | 大连船舶重工集团有限公司 | 45 | 江苏上上电缆集团有限公司 |
| 14 | 山东罗欣药业集团股份有限公司 | 46 | 卧龙电气驱动集团股份有限公司 |
| 15 | 康美药业股份有限公司 | 47 | 安徽中鼎控股（集团）股份有限公司 |
| 16 | 北京东方雨虹防水技术股份有限公司 | 48 | 广西博世科环保科技股份有限公司 |
| 17 | 上海汽车集团股份有限公司 | 49 | 武汉启瑞药业有限公司 |
| 18 | 双星集团有限责任公司 | 50 | 悦康药业集团有限公司 |
| 19 | 江阴兴澄特种钢铁有限公司 | 51 | 泸州老窖股份有限公司 |
| 20 | 浙江九洲药业股份有限公司 | 52 | 中国十七冶集团有限公司 |
| 21 | 昆药集团股份有限公司 | 53 | 齐鲁制药有限公司 |
| 22 | 国电南京自动化股份有限公司 | 54 | 郑州机械研究所有限公司 |
| 23 | 上海化工研究院有限公司 | 55 | 昆明云内动力股份有限公司 |
| 24 | 龙蟒佰利联集团股份有限公司 | 56 | 京东方科技集团股份有限公司 |
| 25 | 中车株洲电力机车有限公司 | 57 | 广西田园生化股份有限公司 |
| 26 | 山东洁晶集团股份有限公司 | 58 | 中钢集团邢台机械轧辊有限公司 |
| 27 | 成都硅宝科技股份有限公司 | 59 | 广东坚美铝型材厂（集团）有限公司 |
| 28 | 泰山体育产业集团有限公司 | 60 | 长城汽车股份有限公司 |
| 29 | 山西振东制药股份有限公司 | 61 | 南京南瑞继保电气有限公司 |
| 30 | 晨光生物科技集团股份有限公司 | 62 | 天润曲轴股份有限公司 |
| 31 | 海天塑机集团有限公司 | 63 | 玲珑集团有限公司 |
| 32 | 辽宁恒星精细化工有限公司 | 64 | 黑龙江珍宝岛药业股份有限公司 |

（续）

| 序号 | 企业名称 | 序号 | 企业名称 |
|---|---|---|---|
| 65 | 新疆隆成实业集团有限公司 | 102 | 新疆蓝山屯河型材有限公司 |
| 66 | 金宇保灵生物药品有限公司 | 103 | 中煤张家口煤矿机械有限责任公司 |
| 67 | 青岛蔚蓝生物集团有限公司 | 104 | 福建龙净环保股份有限公司 |
| 68 | 浙江南都电源动力股份有限公司 | 105 | 安徽六国化工股份有限公司 |
| 69 | 郑州宇通客车股份有限公司 | 106 | 宁夏伊品生物科技股份有限公司 |
| 70 | 陕西汽车集团有限责任公司 | 107 | 山河智能装备股份有限公司 |
| 71 | 江麓机电集团有限公司 | 108 | 中国电子工程设计院有限公司 |
| 72 | 大族激光科技产业集团股份有限公司 | 109 | 湖北三宁化工股份有限公司 |
| 73 | 亨通集团有限公司 | 110 | 福建福光股份有限公司 |
| 74 | 风帆有限责任公司 | 111 | 明阳智慧能源集团股份公司 |
| 75 | 安徽叉车集团有限责任公司 | 112 | 上海宝信软件股份有限公司 |
| 76 | 天津银龙预应力材料股份有限公司 | 113 | 厦门市三安光电科技有限公司 |
| 77 | 新疆天山水泥股份有限公司 | 114 | 四川九洲电器集团有限公司 |
| 78 | 天津市天锻压力机有限公司 | 115 | 中国长城科技集团股份有限公司 |
| 79 | 齐鲁制药（海南）有限公司 | 116 | 成都华川电装有限责任公司 |
| 80 | 红豆集团有限公司 | 117 | 哈尔滨锅炉厂有限责任公司 |
| 81 | 加西贝拉压缩机有限公司 | 118 | 歌尔股份有限公司 |
| 82 | 中车青岛四方机车车辆股份有限公司 | 119 | 大唐电信科技股份有限公司 |
| 83 | 天津长荣科技集团股份有限公司 | 120 | 合肥合锻智能制造股份有限公司 |
| 84 | 好孩子儿童用品有限公司 | 121 | 武汉虹信通信技术有限责任公司 |
| 85 | 河北诚信集团有限公司 | 122 | 贵州航天精工制造有限公司 |
| 86 | 荆门市格林美新材料有限公司 | 123 | 深圳迈瑞生物医疗电子股份有限公司 |
| 87 | 北京燕京啤酒股份有限公司 | 124 | 虔东稀土集团股份有限公司 |
| 88 | 山东滨州亚光毛巾有限公司 | 125 | 中国第一汽车集团公司 |
| 89 | 东风柳州汽车有限公司 | 126 | 天水星火机床有限责任公司 |
| 90 | 西陇科学股份有限公司 | 127 | 潮州三环（集团）股份有限公司 |
| 91 | 际华三五四二纺织有限公司 | 128 | 贵州航天林泉电机有限公司 |
| 92 | 重庆齿轮箱有限责任公司 | 129 | 兰州兰石集团有限公司 |
| 93 | 泰尔重工股份有限公司 | 130 | 上海微创医疗器械（集团）有限公司 |
| 94 | 河南中原内配股份有限公司 | 131 | 湖南稀土金属材料研究院 |
| 95 | 上海微电子装备（集团）股份有限公司 | 132 | 内蒙古伊泰煤制油有限责任公司 |
| 96 | 宜宾丝丽雅集团有限公司 | 133 | 福建正大食品有限公司 |
| 97 | 三一重型装备有限公司 | 134 | 天地伟业技术有限公司 |
| 98 | 云南锡业集团（控股）有限责任公司 | 135 | 哈尔滨森鹰窗业股份有限公司 |
| 99 | 辽宁忠旺集团有限公司 | 136 | 深圳科士达科技股份有限公司 |
| 100 | 湖南华联瓷业股份有限公司 | 137 | 上海中信信息发展股份有限公司 |
| 101 | 天津红日药业股份有限公司 | 138 | 厦门华联电子股份有限公司 |

（续）

| 序号 | 企业名称 | 序号 | 企业名称 |
|---|---|---|---|
| 139 | 天津七一二通信广播股份有限公司 | 143 | 武汉高德红外股份有限公司 |
| 140 | 西部矿业股份有限公司 | 144 | 江苏恒瑞医药股份有限公司 |
| 141 | 卡斯柯信号有限公司 | 145 | 启明信息技术股份有限公司 |
| 142 | 三川智慧科技股份有限公司 | | |

〔来源：工业和信息化部官网〕

# 中央企业负责人经营业绩考核办法

国务院国有资产监督管理委员会

第40号

## 第一章 总 则

**第一条** 坚持以习近平新时代中国特色社会主义思想为指导，全面贯彻党的十九大精神和党中央、国务院关于深化国有企业改革、完善国有资产管理体制的一系列重大决策部署，切实履行企业国有资产出资人职责，维护所有者权益，落实国有资产保值增值责任，建立健全有效的激励约束机制，引导中央企业实现高质量发展，加快成为具有全球竞争力的世界一流企业，根据《中华人民共和国公司法》《中华人民共和国企业国有资产法》《企业国有资产监督管理暂行条例》等有关法律法规和《中共中央 国务院关于深化国有企业改革的指导意见》（中发〔2015〕22号）以及深化中央管理企业负责人薪酬制度改革等有关规定，制定本办法。

**第二条** 本办法考核的中央企业负责人，是指经国务院授权由国务院国有资产监督管理委员会（以下简称国资委）履行出资人职责的企业（以下简称企业）中由中央或者国资委管理的人员。

**第三条** 企业负责人经营业绩考核遵循以下原则：

（一）坚持质量第一效益优先。牢固树立新发展理念，以供给侧结构性改革为主线，加快质量变革、效率变革、动力变革，不断做强做优做大国有资本。

（二）坚持市场化方向。遵循市场经济规律和企业发展规律，健全市场化经营机制，充分发挥市场在资源配置中的决定性作用，强化正向激励，激发企业活力。

（三）坚持依法依规。准确把握出资人监管边界，依法合规履行出资人职权，坚持以管资本为主加强国有资产监管，有效落实国有资产保值增值责任。

（四）坚持短期目标与长远发展有机统一。切实发挥企业战略引领作用，构建年度考核与任期考核相结合，立足当前、着眼长远的考核体系。

（五）坚持国际对标行业对标。瞄准国际先进水平，强化行业对标，不断提升企业在全球产业发展中的话语权和影响力，加快成为具有全球竞争力的世界一流企业。

（六）坚持业绩考核与激励约束紧密结合。坚持权责利相统一，建立与企业负责人选任方式相匹配、与企业功能性质相适应、与经营业绩相挂钩的差异化激励约束机制。

**第四条**　年度经营业绩考核和任期经营业绩考核采取由国资委主任或者其授权代表与企业主要负责人签订经营业绩责任书的方式进行。

## 第二章　考核导向

**第五条**　突出效益效率，引导企业加快转变发展方式，优化资源配置，不断提高经济效益、资本回报水平、劳动产出效率和价值创造能力，实现质量更高、效益更好、结构更优的发展。

**第六条**　突出创新驱动，引导企业坚持自主创新，加大研发投入，加快关键核心技术攻关，强化行业技术引领，不断增强核心竞争能力。

**第七条**　突出实业主业，引导企业聚焦主业做强实业，加快结构调整，注重环境保护，着力补齐发展短板，积极培育新动能，不断提升协调发展可持续发展能力。

**第八条**　突出国际化经营，引导企业推进共建“一带一路”走深走实，加强国际合作，推动产品、技术、标准、服务、品牌走出去，规范有序参与国际市场竞争，不断提升国际化经营水平。

**第九条**　突出服务保障功能，引导企业在保障国家安全和国民经济运行、发展前瞻性战略性产业中发挥重要作用。鼓励企业积极承担社会责任。

**第十条**　健全问责机制，引导企业科学决策，依法合规经营，防范经营风险，防止国有资产流失，维护国有资本安全。

## 第三章　分类考核

**第十一条**　根据国有资本的战略定位和发展目标，结合企业实际，对不同功能和类别的企业，突出不同考核重点，合理设置经营业绩考核指标及权重，确定差异化考核标准，实施分类考核。

**第十二条**　对主业处于充分竞争行业和领域的商业类企业，以增强国有经济活力、放大国有资本功能、实现国有资本保值增值为导向，重点考核企业经济效益、资本回报水平和市场竞争能力，引导企业优化资本布局，提高资本运营效率，提升价值创造能力。

**第十三条**　对主业处于关系国家安全、国民经济命脉的重要行业和关键领域、主要承担重大专项任务的商业类企业，以支持企业可持续发展和服务国家战略为导向，在保证合理回报和国有资本保值增值的基础上，加强对服务国家战略、保障国家安全和国民经济运行、发展前瞻性战略性产业情况的考核。适度降低经济效益指标和国有资本保值增值率指标考核权重，合理确定经济增加值指标的资本成本率。承担国家安全、行业共性技术或国家重大专项任务完成情况较差的企业，无特殊客观原因的，在业绩考核中予以扣分或降级处理。

**第十四条**　对公益类企业，以支持企业更好地保障民生、服务社会、提供公共产品和服务为导向，坚持经济效益和社会效益相结合，把社会效益放在首位，重点考核产品服务质量、成本控制、营运效率和保障能力。根据不同企业特点，有区别地将经济增加值和国有资本保值增值率指标纳入年度和任期考核，适当降低考核权重和回报要求。对社会效益指标引入第三方评价，评价结果较差的企业，根据具体情况，在业绩考核中予以扣分或降级处理。

**第十五条**　对国有资本投资、运营公司，加强落实国有资本布局和结构优化目标、提升国有资本运营效率以及国有资本保值增值等情况的考核。

**第十六条**　对科技进步要求高的企业，重点关注自主创新能力的提升，加强研发投入、科技成果产出和转化等指标的考核。在计算经济效益指标时，可将研发投入视同利润加回。

**第十七条**　对结构调整任务重的企业，重点关注供给侧结构性改革、主业转型升级、新产业新业态新模式发展，加强相关任务阶段性成果的考核。

**第十八条**　对国际化经营要求高的企业，加强国际资源配置能力、国际化经营水平等指标的考核。

**第十九条**　对资产负债水平较高的企业，加强资产负债率、经营性现金流、资本成本率等指标的考核。

**第二十条**　对节能环保重点类和关注类企

业，加强反映企业行业特点的综合性能耗、主要污染物排放等指标的考核。

**第二十一条** 对具备条件的企业，运用国际对标行业对标，确定短板指标纳入年度或任期考核。

**第二十二条** 建立健全业绩考核特殊事项清单管理制度。将企业承担的保障国家安全、提供公共服务等事项列入管理清单，对当期经营业绩产生重大影响的特殊事项，在考核时予以适当处理。

## 第四章 目标管理

**第二十三条** 国资委按照企业发展与国民经济发展速度相适应、与国民经济重要支柱地位相匹配、与高质量发展要求相符合的原则，主导确定企业经营业绩总体目标（以下简称总体目标）。

**第二十四条** 企业考核目标值应与总体目标相衔接，根据不同功能企业情况，原则上以基准值为基础予以核定。

**第二十五条** 考核基准值根据企业功能定位，兼顾企业经营性质和业务特点，依据考核指标近三年完成值、客观调整因素和行业对标情况综合确定。

**第二十六条** 年度净利润、经济增加值等指标目标值可设置为三档。

第一档：目标值达到历史最好水平，或者明显好于上年完成值且增幅高于总体目标增幅。

第二档：目标值不低于基准值。

第三档：目标值低于基准值。

经行业对标，目标值处于国际优秀水平或国内领先水平的，不进入第三档。

**第二十七条** 国资委将年度净利润、经济增加值等指标目标值与考核计分、结果评级紧密结合。

第一档目标值，完成后指标得满分，同时根据目标值先进程度给予加分奖励。

第二档目标值，完成后正常计分。

第三档目标值，完成后加分受限，考核结果不得进入A级。

**第二十八条** 净利润等经济效益指标的目标值与工资总额预算挂钩，根据目标值的先进程度确定不同的工资总额预算水平。

## 第五章 考核实施

**第二十九条** 企业负责人经营业绩考核工作由国资委考核分配工作领导小组组织实施。

**第三十条** 年度经营业绩考核以公历年为考核期，任期经营业绩考核以三年为考核期。

**第三十一条** 经营业绩责任书内容：

（一）双方的单位名称、职务和姓名。

（二）考核内容及指标。

（三）考核与奖惩。

（四）责任书的变更、解除和终止。

（五）其他需要约定的事项。

**第三十二条** 经营业绩责任书签订程序：

（一）考核期初，企业按照国资委经营业绩考核要求，将考核期内考核目标建议值和必要的说明材料报送国资委。

（二）国资委对考核目标建议值进行审核，并就考核目标值及有关内容同企业沟通后予以确定。

（三）由国资委主任或者其授权代表同企业主要负责人签订经营业绩责任书。

**第三十三条** 考核期中，国资委对经营业绩责任书执行情况实施预评估，对考核目标完成进度不理想的企业提出预警。

**第三十四条** 建立重大事项报告制度。企业发生较大及以上生产安全责任事故和网络安全事件、重大及以上突发环境事件、重大及以上质量事故、重大资产损失、重大法律纠纷案件、重大投融资和资产重组等，对经营业绩产生重大影响的，应及时向国资委报告。

**第三十五条** 经营业绩完成情况按照下列程序进行考核：

（一）考核期末，企业依据经审计的财务决算数据，形成经营业绩总结分析报告报送国资委。

（二）国资委依据经审计并经审核的企业财务决算报告和经审查的统计数据，结合总结分析报告，对企业负责人考核目标的完成情况进行考核，形成考核与奖惩意见。

（三）国资委将考核与奖惩意见反馈给企业。企业负责人对考核与奖惩意见有异议的，可及时向国资委反映。国资委将最终确认的考核结果在一定范围内公开。

**第三十六条** 落实董事会对经理层的经营业绩考核职权。

（一）授权董事会考核经理层的企业，国资委与董事会授权代表签订年度和任期经营业绩责任书，董事会依据国资委考核要求并结合本企业实际对经理层实施经营业绩考核。

（二）国资委根据签订的经营业绩责任书和企业考核目标完成情况，确定企业主要负责人年度和任期经营业绩考核结果。

（三）董事会根据国资委确定的经营业绩考核结果，结合经理层个人履职绩效，确定经理层业绩考核结果和薪酬分配方案。

**第三十七条** 董事会应根据国资委经营业绩考核导向和要求，制订、完善企业内部的经营业绩考核办法，报国资委备案。

## 第六章 奖 惩

**第三十八条** 年度经营业绩考核和任期经营业绩考核等级分为A、B、C、D四个级别。A级企业根据考核得分，结合企业国际对标行业对标情况综合确定，数量从严控制。

**第三十九条** 国资委依据年度和任期经营业绩考核结果对企业负责人实施奖惩。经营业绩考核结果作为企业负责人薪酬分配的主要依据和职务任免的重要依据。

**第四十条** 企业负责人的薪酬由基本年薪、绩效年薪、任期激励收入三部分构成。

**第四十一条** 对企业负责人实行物质激励与精神激励。物质激励主要包括与经营业绩考核结果挂钩的绩效年薪和任期激励收入。精神激励主要包括给予任期通报表扬等方式。

**第四十二条** 企业负责人的绩效年薪以基本年薪为基数，根据年度经营业绩考核结果并结合绩效年薪调节系数确定。

**第四十三条** 绩效年薪按照一定比例实施按月预发放。国资委依据年度经营业绩半年预评估结果对企业负责人预发绩效年薪予以调整。

**第四十四条** 任期激励收入根据任期经营业绩考核结果，在不超过企业负责人任期内年薪总水平的30%以内确定。

**第四十五条** 对科技创新取得重大成果、承担重大专项任务和社会参与做出突出贡献的企业，在年度经营业绩考核中给予加分奖励。

**第四十六条** 对经营业绩优秀以及在科技创新、国际化经营、节能环保、品牌建设等方面取得突出成绩的，经国资委评定后对企业予以任期激励。

**第四十七条** 连续两年年度经营业绩考核结果为D级或任期经营业绩考核结果为D级，且无重大客观原因的，对企业负责人予以调整。

**第四十八条** 企业发生下列情形之一的，国资委根据具体情节给予降级或者扣分处理；违规经营投资造成国有资产损失或其他严重不良后果，按照有关规定对相关责任人进行责任追究处理；情节严重的，给予纪律处分或者对企业负责人进行调整；涉嫌犯罪的，依法移送国家监察机关或司法机关查处。

（一）违反《中华人民共和国会计法》《企业会计准则》等有关法律法规规章，虚报、瞒报财务状况的；

（二）企业法定代表人及相关负责人违反国家法律法规和规定，导致发生较大及以上生产安全责任事故和网络安全事件、重大及以上突发环境事件、重大质量责任事故、重大违纪和法律纠纷案件、境外恶性竞争、偏离核定主业盲目投资等情形，造成重大不良影响或者国有资产损失的。

**第四十九条** 鼓励探索创新，激发和保护企业家精神。企业实施重大科技创新、发展前瞻性战略性产业等，对经营业绩产生重大影响的，按照“三个区分开来”原则和有关规定，可在考核上不做负向评价。

## 第七章 附 则

**第五十条** 企业在考核期内经营环境发生重大变化，或者发生清产核资、改制重组、主要负责人变动等情况，国资委可以根据具体情况变更经营业绩责任书的相关内容。

**第五十一条** 对混合所有制企业以及处于特殊发展阶段的企业，根据企业功能定位、改革目标和发展战略，考核指标、考核方式可以“一企一策”确定。

**第五十二条** 中央企业专职党组织负责人、纪委书记（纪检监察组组长）的考核有其他规定的，从其规定。

**第五十三条** 国有资本参股公司、被托管和兼并企业中由国资委管理的企业负责人，其经营业绩考核参照本办法执行。

**第五十四条** 各省、自治区、直辖市和新疆生产建设兵团国有资产监督管理机构，设区的市、自治州级国有资产监督管理机构对国家出资企业负责人的经营业绩考核，可参照本办法并结合实际制定具体规定。

**第五十五条** 本办法由国资委负责解释，具体实施方案另行制定。

**第五十六条** 本办法自 2019 年 4 月 1 日起施行。《中央企业负责人经营业绩考核办法》（国资委令第 33 号）同时废止。

国务院国有资产监督管理委员

2019 年 3 月 1 日

（本文略有改动）

〔来源：国务院国有资产监督管理委员官网〕

# 中央企业合规管理指引（试行）

国资发法规〔2018〕106 号

## 第一章 总 则

**第一条** 为推动中央企业全面加强合规管理，加快提升依法合规经营管理水平，着力打造法治央企，保障企业持续健康发展，根据《中华人民共和国公司法》、《中华人民共和国企业国有资产法》等有关法律法规规定，制定本指引。

**第二条** 本指引所称中央企业，是指国务院国有资产监督管理委员会（以下简称国资委）履行出资人职责的国家出资企业。

本指引所称合规，是指中央企业及其员工的经营管理行为符合法律法规、监管规定、行业准则和企业章程、规章制度以及国际条约、规则等要求。

本指引所称合规风险，是指中央企业及其员工因不合规行为，引发法律责任、受到相关处罚、造成经济或声誉损失以及其他负面影响的可能性。

本指引所称合规管理，是指以有效防控合规风险为目的，以企业和员工经营管理行为为对象，开展包括制度制定、风险识别、合规审查、风险应对、责任追究、考核评价、合规培训等有组织、有计划的管理活动。

**第三条** 国资委负责指导监督中央企业合规管理工作。

**第四条** 中央企业应当按照以下原则加快建立健全合规管理体系：

（一）全面覆盖。坚持将合规要求覆盖各业务领域、各部门、各级子企业和分支机构、全体员工，贯穿决策、执行、监督全流程。

（二）强化责任。把加强合规管理作为企业主要负责人履行推进法治建设第一责任人职责的重要内容。建立全员合规责任制，明确管理人员和各岗位员工的合规责任并督促有效落实。

（三）协同联动。推动合规管理与法律风险防范、监察、审计、内控、风险管理等工作相统筹、相衔接，确保合规管理体系有效运行。

（四）客观独立。严格依照法律法规等规定对企业和员工行为进行客观评价和处理。合规管理牵头部门独立履行职责，不受其他部门和人员的干涉。

## 第二章　合规管理职责

**第五条**　董事会的合规管理职责主要包括：

（一）批准企业合规管理战略规划、基本制度和年度报告。

（二）推动完善合规管理体系。

（三）决定合规管理负责人的任免。

（四）决定合规管理牵头部门的设置和职能。

（五）研究决定合规管理有关重大事项。

（六）按照权限决定有关违规人员的处理事项。

**第六条**　监事会的合规管理职责主要包括：

（一）监督董事会的决策与流程是否合规。

（二）监督董事和高级管理人员合规管理职责履行情况。

（三）对引发重大合规风险负有主要责任的董事、高级管理人员提出罢免建议。

（四）向董事会提出撤换公司合规管理负责人的建议。

**第七条**　经理层的合规管理职责主要包括：

（一）根据董事会决定，建立健全合规管理组织架构。

（二）批准合规管理具体制度规定。

（三）批准合规管理计划，采取措施确保合规制度得到有效执行。

（四）明确合规管理流程，确保合规要求融入业务领域。

（五）及时制止并纠正不合规的经营行为，按照权限对违规人员进行责任追究或提出处理建议。

（六）经董事会授权的其他事项。

**第八条**　中央企业设立合规委员会，与企业法治建设领导小组或风险控制委员会等合署，承担合规管理的组织领导和统筹协调工作，定期召开会议，研究决定合规管理重大事项或提出意见建议，指导、监督和评价合规管理工作。

**第九条**　中央企业相关负责人或总法律顾问担任合规管理负责人，主要职责包括：

（一）组织制订合规管理战略规划。

（二）参与企业重大决策并提出合规意见。

（三）领导合规管理牵头部门开展工作。

（四）向董事会和总经理汇报合规管理重大事项。

（五）组织起草合规管理年度报告。

**第十条**　法律事务机构或其他相关机构为合规管理牵头部门，组织、协调和监督合规管理工作，为其他部门提供合规支持，主要职责包括：

（一）研究起草合规管理计划、基本制度和具体制度规定。

（二）持续关注法律法规等规则变化，组织开展合规风险识别和预警，参与企业重大事项合规审查和风险应对。

（三）组织开展合规检查与考核，对制度和流程进行合规性评价，督促违规整改和持续改进。

（四）指导所属单位合规管理工作。

（五）受理职责范围内的违规举报，组织或参与对违规事件的调查，并提出处理建议。

（六）组织或协助业务部门、人事部门开展合规培训。

**第十一条**　业务部门负责本领域的日常合规管理工作，按照合规要求完善业务管理制度和流程，主动开展合规风险识别和隐患排查，发布合规预警，组织合规审查，及时向合规管理牵头部门通报风险事项，妥善应对合规风险事件，做好本领域合规培训和商业伙伴合规调查等工作，组织或配合进行违规问题调查并及时整改。

监察、审计、法律、内控、风险管理、安全生产、质量环保等相关部门，在职权范围内履行合规管理职责。

## 第三章　合规管理重点

**第十二条**　中央企业应当根据外部环境变化，结合自身实际，在全面推进合规管理的基础上，突出重点领域、重点环节和重点人员，切实防范合规风险。

**第十三条** 加强对以下重点领域的合规管理：

（一）市场交易。完善交易管理制度，严格履行决策批准程序，建立健全自律诚信体系，突出反商业贿赂、反垄断、反不正当竞争，规范资产交易、招投标等活动。

（二）安全环保。严格执行国家安全生产、环境保护法律法规，完善企业生产规范和安全环保制度，加强监督检查，及时发现并整改违规问题。

（三）产品质量。完善质量体系，加强过程控制，严把各环节质量关，提供优质产品和服务。

（四）劳动用工。严格遵守劳动法律法规，健全完善劳动合同管理制度，规范劳动合同签订、履行、变更和解除，切实维护劳动者合法权益。

（五）财务税收。健全完善财务内部控制体系，严格执行财务事项操作和审批流程，严守财经纪律，强化依法纳税意识，严格遵守税收法律政策。

（六）知识产权。及时申请注册知识产权成果，规范实施许可和转让，加强对商业秘密和商标的保护，依法规范使用他人知识产权，防止侵权行为。

（七）商业伙伴。对重要商业伙伴开展合规调查，通过签订合规协议、要求作出合规承诺等方式促进商业伙伴行为合规。

（八）其他需要重点关注的领域。

**第十四条** 加强对以下重点环节的合规管理：

（一）制度制定环节。强化对规章制度、改革方案等重要文件的合规审查，确保符合法律法规、监管规定等要求。

（二）经营决策环节。严格落实“三重一大”决策制度，细化各层级决策事项和权限，加强对决策事项的合规论证把关，保障决策依法合规。

（三）生产运营环节。严格执行合规制度，加强对重点流程的监督检查，确保生产经营过程中照章办事、按章操作。

（四）其他需要重点关注的环节。

**第十五条** 加强对以下重点人员的合规管理：

（一）管理人员。促进管理人员切实提高合规意识，带头依法依规开展经营管理活动，认真履行承担的合规管理职责，强化考核与监督问责。

（二）重要风险岗位人员。根据合规风险评估情况明确界定重要风险岗位，有针对性加大培训力度，使重要风险岗位人员熟悉并严格遵守业务涉及的各项规定，加强监督检查和违规行为追责。

（三）海外人员。将合规培训作为海外人员任职、上岗的必备条件，确保遵守我国和所在国法律法规等相关规定。

（四）其他需要重点关注的人员。

**第十六条** 强化海外投资经营行为的合规管理：

（一）深入研究投资所在国法律法规及相关国际规则，全面掌握禁止性规定，明确海外投资经营行为的红线、底线。

（二）健全海外合规经营的制度、体系、流程，重视开展项目的合规论证和尽职调查，依法加强对境外机构的管控，规范经营管理行为。

（三）定期排查梳理海外投资经营业务的风险状况，重点关注重大决策、重大合同、大额资金管控和境外子企业公司治理等方面存在的合规风险，妥善处理、及时报告，防止扩大蔓延。

## 第四章 合规管理运行

**第十七条** 建立健全合规管理制度，制定全员普遍遵守的合规行为规范，针对重点领域制定专项合规管理制度，并根据法律法规变化和监管动态，及时将外部有关合规要求转化为内部规章制度。

**第十八条** 建立合规风险识别预警机制，全面系统梳理经营管理活动中存在的合规风险，对风险发生的可能性、影响程度、潜在后果等进行系统分析，对于典型性、普遍性和可能产生较严重后果的风险及时发布预警。

**第十九条** 加强合规风险应对，针对发现的风险制定预案，采取有效措施，及时应对处置。对于重大合规风险事件，合规委员会统筹领导，合规管理负责人牵头，相关部门协同配合，最大限度化解风险、降低损失。

**第二十条** 建立健全合规审查机制，将合规审查作为规章制度制定、重大事项决策、重要合同签订、重大项目运营等经营管理行为的必经程序，及时对不合规的内容提出修改建议，未经合规审查不得实施。

**第二十一条** 强化违规问责，完善违规行为处罚机制，明晰违规责任范围，细化惩处标准。畅通举报渠道，针对反映的问题和线索，及时开展调查，严肃追究违规人员责任。

**第二十二条** 开展合规管理评估，定期对合规管理体系的有效性进行分析，对重大或反复出现的合规风险和违规问题，深入查找根源，完善相关制度，堵塞管理漏洞，强化过程管控，持续改进提升。

## 第五章 合规管理保障

**第二十三条** 加强合规考核评价，把合规经营管理情况纳入对各部门和所属企业负责人的年度综合考核，细化评价指标。对所属单位和员工合规职责履行情况进行评价，并将结果作为员工考核、干部任用、评先选优等工作的重要依据。

**第二十四条** 强化合规管理信息化建设，通过信息化手段优化管理流程，记录和保存相关信息。运用大数据等工具，加强对经营管理行为依法合规情况的实时在线监控和风险分析，实现信息集成与共享。

**第二十五条** 建立专业化、高素质的合规管理队伍，根据业务规模、合规风险水平等因素配备合规管理人员，持续加强业务培训，提升队伍能力水平。

海外经营重要地区、重点项目应当明确合规管理机构或配备专职人员，切实防范合规风险。

**第二十六条** 重视合规培训，结合法治宣传教育，建立制度化、常态化培训机制，确保员工理解、遵循企业合规目标和要求。

**第二十七条** 积极培育合规文化，通过制定发放合规手册、签订合规承诺书等方式，强化全员安全、质量、诚信和廉洁等意识，树立依法合规、守法诚信的价值观，筑牢合规经营的思想基础。

**第二十八条** 建立合规报告制度，发生较大合规风险事件，合规管理牵头部门和相关部门应当及时向合规管理负责人、分管领导报告。重大合规风险事件应当向国资委和有关部门报告。

合规管理牵头部门于每年年底全面总结合规管理工作情况，起草年度报告，经董事会审议通过后及时报送国资委。

## 第六章 附 则

**第二十九条** 中央企业根据本指引，结合实际制定合规管理实施细则。

地方国有资产监督管理机构可以参照本指引，积极推进所出资企业合规管理工作。

**第三十条** 本指引由国资委负责解释。

**第三十一条** 本指引自公布之日起施行。

国资委

2018 年 11 月 2 日

# 2018 年中国机械工业营业收入 100 强企业名单

| 序号 | 企业名称 | 省市 | 主要产品 | 营业收入（万元） |
|---|---|---|---|---|
| 1 | 中国机械工业集团有限公司 | 北京市 | 机械装备制造与研发，工程承包，国内外贸易，金融与投资 | 30 046 546 |
| 2 | 潍柴控股集团有限公司 | 山东省 | 整车整机，动力总成，豪华游艇 | 23 537 254 |
| 3 | 上海电气（集团）总公司 | 上海市 | 能源装备，工业装备，集成服务 | 11 452 758 |

| 序号 | 企业名称 | 省市 | 主要产品 | 营业收入（万元） |
|---|---|---|---|---|
| 4 | 徐州工程机械集团有限公司 | 江苏省 | 起重机械，挖掘机械，铲土运输机械，桩工机械，路面机械，混凝土机械 | 6 434 137 |
| 5 | 三一集团有限公司 | 湖南省 | 混凝土机械，挖掘机械，大吨位起重机械，港口机械 | 6 419 458 |
| 6 | 新疆特变电工集团有限公司 | 新疆维吾尔自治区 | 电力变压器及电抗器，电线电缆，太阳能硅片及太阳能系统工程，国际成套工程承包 | 5 372 779 |
| 7 | 广州智能装备产业集团有限公司 | 广东省 | 智能数字化电梯及配件，高低压输配电设备，中高速内燃机组 | 4 840 496 |
| 8 | 远东控股集团有限公司 | 江苏省 | 交联电缆，控制电缆，布电线 | 3 721 756 |
| 9 | 卧龙控股集团有限公司 | 浙江省 | 电动机，配件，开关控制设备，电池 | 3 653 562 |
| 10 | 广西玉柴机器集团有限公司 | 广西壮族自治区 | 发动机，工程机械，润滑油 | 3 620 918 |
| 11 | 正泰集团股份有限公司 | 浙江省 | 高低压电器，输配电设备，光伏电池及组件系统 | 3 575 240 |
| 12 | 白云电气集团有限公司 | 广东省 | 高低压成套设备，电容器，套管 | 3 451 106 |
| 13 | 中国东方电气集团有限公司 | 四川省 | 发电设备 | 3 232 450 |
| 14 | 临沂临工机械集团 | 山东省 | 装载机，挖掘机 | 3 177 223 |
| 15 | 中联重科股份有限公司 | 湖南省 | 工程机械，农业机械 | 2 987 031 |
| 16 | 哈尔滨电气集团有限公司 | 黑龙江 | 电机，锅炉，汽轮机，零部件及辅机 | 2 905 845 |
| 17 | 新疆金风科技股份有限公司 | 新疆维吾尔自治区 | GW 2S 全系列智能风机，GW 2.5S 陆地，低风速智能风机 | 2 873 061 |
| 18 | 郑州煤矿机械集团股份有限公司 | 河南省 | 煤矿液压支架，汽车发电机，汽车启停电机 | 2 601 173 |
| 19 | 三花控股集团有限公司 | 浙江省 | 四通阀，电子膨胀阀，截止阀 | 2 529 667 |
| 20 | 广西柳工集团有限公司 | 广西区 | 工程机械，工业车辆，起重机械 | 2 181 538 |
| 21 | 江苏上上电缆集团有限公司 | 江苏省 | 电线电缆 | 2 087 615 |
| 22 | 大全集团有限公司 | 江苏省 | 高低压成套电器，智能元器件，母线，变压器 | 1 788 479 |
| 23 | 人本集团有限公司 | 浙江省 | 轴承 | 1 778 505 |
| 24 | 中国西电集团有限公司 | 陕西省 | 变压器，全封闭组合电器，高压断路器 | 1 742 136 |
| 25 | 海天塑机集团有限公司 | 浙江省 | 注塑机，数控机床，电机 | 1 540 645 |
| 26 | 许继集团有限公司 | 河南省 | 换流阀，变电站保护及综合自动化，电能表 | 1 470 572 |
| 27 | 德力西集团有限公司 | 浙江省 | 配电开关控制设备，低压电器，仪器仪表 | 1 310 499 |
| 28 | 太原重型机械集团有限公司 | 山西省 | 冶金设备，起重、矿山设备，车轮车轴，风电设备 | 1 285 557 |
| 29 | 大连冰山集团有限公司 | 辽宁省 | 制冷空调设备，冷冻冷藏设备，空分装置 | 1 263 703 |
| 30 | 浙江省机电集团有限公司 | 浙江省 | 风力发电机组，液压油缸 | 1 230 203 |
| 31 | 卫华集团有限公司 | 河南省 | 桥式起重机，电动单梁起重机，电动葫芦 | 1 224 171 |
| 32 | 山东时风（集团）有限责任公司 | 山东省 | 三轮汽车，拖拉机，轻型汽车 | 1 103 814 |

（续）

| 序号 | 企业名称 | 省市 | 主要产品 | 营业收入（万元） |
|---|---|---|---|---|
| 33 | 兰州兰石集团有限公司 | 甘肃省 | 炼油化工专用设备，石油钻采专用设备，通用机械专用设备 | 1 056 665 |
| 34 | 杭州杭氧股份有限公司 | 浙江省 | 压力容器，通用机械，化工设备，制氧站 | 1 031 771 |
| 35 | 风帆有限责任公司 | 河北省 | 汽车用铅酸电池，储能电池，锂离子电池 | 1 016 714 |
| 36 | 北京京城机电控股有限责任公司 | 北京市 | 数控机床，气体储运，环保产业，液压设备 | 997 161 |
| 37 | 平高集团有限公司 | 河南省 | 封闭式组合电器，断路器，隔离开关 | 992 991 |
| 38 | 安徽天康（集团）股份有限公司 | 安徽省 | 仪器仪表，电线电缆，医疗器械 | 981 833 |
| 39 | 安徽叉车集团有限责任公司 | 安徽省 | 内燃叉车，电动叉车，集装箱空箱堆高机，集装箱正面吊运机，牵引车 | 972 667 |
| 40 | 云南云内动力集团有限公司 | 云南省 | 柴油发动机及机组，汽车及汽车零部件，机械设备 | 971 346 |
| 41 | 福建龙净环保股份有限公司 | 福建省 | 除尘器，脱硫脱硝设备，电控装置 | 940 230 |
| 42 | 中国四联仪器仪表集团有限公司 | 重庆市 | 工业自动化仪表及控制系统，电子器件，光电子器件 | 924 103 |
| 43 | 沈阳鼓风机集团股份有限公司 | 辽宁省 | 压缩机，水泵，往复压缩机 | 888 104 |
| 44 | 杭叉集团股份有限公司 | 浙江省 | 叉车，仓储车，智能工业车辆 | 844 262 |
| 45 | 南京高精传动设备制造集团有限公司 | 江苏省 | 风电齿轮箱，工业齿轮箱，轨道车辆齿轮箱 | 836 195 |
| 46 | 天津市金桥焊材集团有限公司 | 天津市 | 焊接材料 | 803 064 |
| 47 | 山推工程机械股份有限公司 | 山东省 | 推土机，道路机械 | 800 173 |
| 48 | 中国铁建重工集团股份有限公司 | 湖南省 | 全断面隧道掘进机，隧道施工特种装备，轨道装备，混凝土机械 | 740 722 |
| 49 | 青岛汉河集团股份有限公司 | 山东省 | 电力电缆，海底电缆，电缆附件 | 693 801 |
| 50 | 大连重工·起重集团有限公司 | 辽宁省 | 冶金机械，起重机械，散料装卸机械，能源机械 | 658 871 |
| 51 | 陕西鼓风机（集团）有限公司 | 陕西省 | 风机，工业仪表，气体 | 590 910 |
| 52 | 日立建机（中国）有限公司 | 安徽省 | 液压挖掘机 | 581 549 |
| 53 | 秦川机床工具集团 | 陕西省 | 金属切削机床，金属切削工具，齿轮及齿轮减、变速器 | 576 805 |
| 54 | 山河智能装备股份有限公司 | 湖南省 | 挖掘机械，桩工机械，凿岩设备 | 575 552 |
| 55 | 中信重工机械股份有限公司 | 河南省 | 矿山设备，建材水泥设备，特种机器人 | 520 054 |
| 56 | 杭州汽轮动力集团有限公司 | 浙江省 | 汽轮机 | 516 609 |
| 57 | 烟台冰轮集团有限公司 | 山东省 | 制冷、空调设备 | 504 084 |
| 58 | 济南二机床集团有限公司 | 山东省 | 金属切削机床，金属成形机床，铸造机械，自动化设备，数控切割设备 | 501 566 |
| 59 | 杭州东华链条集团有限公司 | 浙江省 | 链传动产品，农业机械及配件 | 467 770 |
| 60 | 开山集团 | 浙江省 | 压缩机械，螺杆膨胀发电站，钻凿设备 | 464 058 |
| 61 | 杭州电缆股份有限公司 | 浙江省 | 电线电缆，光纤光缆 | 437 898 |
| 62 | 天津大桥焊材集团有限公司 | 天津市 | 电焊条，金属焊丝，药芯焊丝 | 432 353 |

（续）

| 序号 | 企业名称 | 省市 | 主要产品 | 营业收入（万元） |
|---|---|---|---|---|
| 63 | 四川宏华石油设备有限公司 | 四川省 | 钻机，顶驱，电动压裂系统，柔性水罐，压力容器，钢结构 | 407 342 |
| 64 | 瓦房店轴承集团有限责任公司 | 辽宁省 | 轴承，精密机床及精密滚珠丝杠，精密大型锻件及轴承零部件 | 401 815 |
| 65 | 山东电力设备有限公司 | 山东省 | 交直流变压器，电抗器，配电变压器 | 390 970 |
| 66 | 四川空分设备（集团）有限责任公司 | 四川省 | 空气分离及液化成套设备，低温液体贮运设备，工业气体 | 380 464 |
| 67 | 南京汽轮电机（集团）有限责任公司 | 江苏省 | 燃气轮机，汽轮机，发电机 | 380 113 |
| 68 | 江苏华鹏变压器有限公司 | 江苏省 | 电力变压器 | 361 256 |
| 69 | 杭州锅炉集团股份有限公司 | 浙江省 | 余热锅炉，电站锅炉，工业锅炉 | 357 186 |
| 70 | 安徽全柴集团有限公司 | 安徽省 | 内燃机 | 347 874 |
| 71 | 洛阳 LYC 轴承有限公司 | 河南省 | 滚动轴承及零部件 | 334 040 |
| 72 | 上海凯泉泵业（集团）有限公司 | 上海市 | 泵 | 325 063 |
| 73 | 江麓机电集团有限公司 | 湖南省 | 特种装备，工程机械，传动机械 | 312 815 |
| 74 | 沈阳新松机器人自动化股份有限公司 | 辽宁省 | 工业机器人，物流与仓储自动化成套装备，自动化装配与检测生产线及系统集成 | 309 473 |
| 75 | 豫飞重工集团有限公司 | 河南省 | 特种起重机，水利起重机，港口起重机 | 302 294 |
| 76 | 青岛捷能汽轮机集团股份有限公司 | 山东省 | 汽轮机及配套辅机 | 301 043 |
| 77 | 重庆康明斯发动机有限公司 | 重庆市 | 各种系列发动机 | 298 753 |
| 78 | 和利时科技集团有限公司 | 北京市 | 分散式控制系统，可编程逻辑控制器，数据采集系统，高性能高可靠嵌入式控制系统 | 291 508 |
| 79 | 河南森源重工有限公司 | 河南省 | 工程专用设备，环保专用设备 | 289 033 |
| 80 | 金马工业集团股份有限公司 | 山东省 | 汽车配件，型材 | 276 147 |
| 81 | 北京精雕科技集团有限公司 | 北京市 | 精雕高速加工中心，精雕雕刻中心，精雕 CNC 雕刻机 | 265 957 |
| 82 | 南方中金环境股份有限公司 | 浙江省 | 水泵，供水设备，海水淡化泵 | 251 804 |
| 83 | 扬力集团股份有限公司 | 江苏省 | 压力机，激光切割机，热模锻，自动化生产线 | 246 934 |
| 84 | 江苏哈工智能机器人股份有限公司 | 上海市 | 白车身焊装生产线，机器人一站式平台，高端智能装备 | 238 260 |
| 85 | 常熟开关制造有限公司（原常熟开关厂） | 江苏省 | CM 系列塑料外壳式断路器，CW 系列智能型万能式断路器，CA 系列自动转换开关 | 212 890 |
| 86 | 北京电力设备总厂有限公司 | 北京市 | ZGM 型中速辊式磨煤机，干式空心电抗器，工业汽轮机 | 211 136 |
| 87 | 浙江中控技术股份有限公司 | 浙江省 | 自动化控制系统 | 202 785 |
| 88 | 常柴股份有限公司 | 江苏省 | 柴油发动机 | 196 872 |
| 89 | 安徽应流机电股份有限公司 | 安徽省 | 通用设备，工程机械设备，交通运输设备零部件 | 194 284 |
| 90 | 东睦新材料集团股份有限公司 | 浙江省 | 粉末冶金制品 | 191 818 |
| 91 | 华立科技股份有限公司 | 浙江省 | 电力仪器仪表，燃气表，水热表，空分设备 | 190 061 |
| 92 | 人民电器集团有限公司 | 浙江省 | 高低压电器，开关柜，变压器 | 179 201 |

（续）

| 序号 | 企业名称 | 省市 | 主要产品 | 营业收入（万元） |
|---|---|---|---|---|
| 93 | 春兰（集团）公司 | 江苏省 | 空调器，锂电池 | 169 074 |
| 94 | 浙江新柴股份有限公司 | 浙江省 | 柴油机 | 164 599 |
| 95 | 杭州前进齿轮箱集团股份有限公司 | 浙江省 | 船用齿轮箱，工程变速器，风电及工业传动产品 | 163 497 |
| 96 | 哈尔滨轴承集团公司 | 黑龙江 | 轴承 | 159 310 |
| 97 | 环驰轴承集团有限公司 | 浙江省 | 轴承 | 147 990 |
| 98 | 广东电缆厂有限公司 | 广东省 | 裸铜杆，电力电缆，布电线 | 143 792 |
| 99 | 宁波欣达（集团）有限公司 | 浙江省 | 电梯及主关件，螺杆空压机，凹版印刷机 | 140 006 |
| 100 | 山西平阳重工机械有限责任公司 | 山西省 | 液压支架，电液阀 | 139 007 |

〔来源：机经网〕

# 2018 年度我国机械工业 100 强分析

## 一、2018 年机械工业 100 强企业情况

1. 企业规模

2018 年入围机械工业 100 强企业的营业收入合计 17 864 亿元，同比增长 10.25%，增速比上届回落 6.66 个百分点。企业入围规模为 13.9 亿元，其中，最大规模为 3 004.65 亿元；入围企业平均规模为 178.64 亿元。有 35 家入围企业的规模超过 100 亿元，其中，6 家超过 500 亿元，3 家超过 1 000 亿元。100 强企业中，有 80 家企业的主营收入同比增长，20 家同比下降。2004—2018 年机械工业 100 强企业的营业收入及同比增速见图 1。

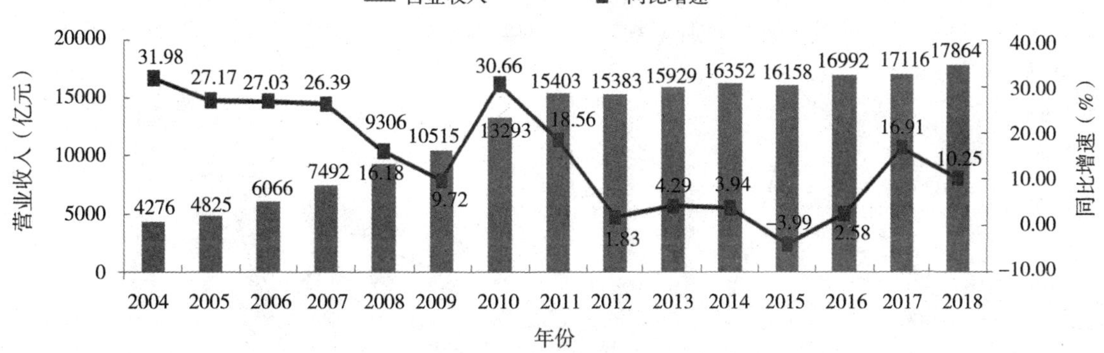


**图 1 2004—2018 年机械工业 100 强企业的营业收入及同比增速**

在入围的企业中，特大型企业（规模超 100 亿元）2004 年有 6 家，特大型企业在“十一五”时期得到快速增长，“十二五”时期有所波动，到 2018 年增加到 35 家。超大型企业（规模超 1 000 亿元），2004 年没有，到 2009 年仅有 1 家，2016 年上升为 3 家，2018 年仍为 3 家。2004—2018 年机械工业 100 强企业规模分布见图 2。2004—2018 年机械工业 100 强营业收入超百亿

元企业数量变化见图 3。

**图 2　2004—2018 年机械工业 100 强企业规模分布**

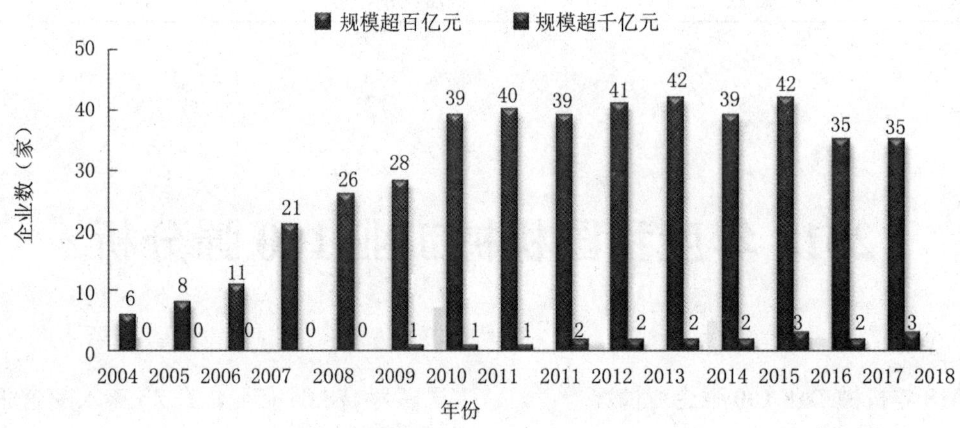


**图 3　2004—2018 年机械工业 100 强营业收入超百亿元企业数量变化**

2. 盈利情况

2018 年机械工业 100 强企业利润总额合计为 993 亿元，同比增长 11.54%，增速比上年（45.58%）大幅回落。其中：71 家企业利润同比增长，29 家同比下滑。2004—2018 年机械工业 100 强企业利润总额及同比增速见图 4。

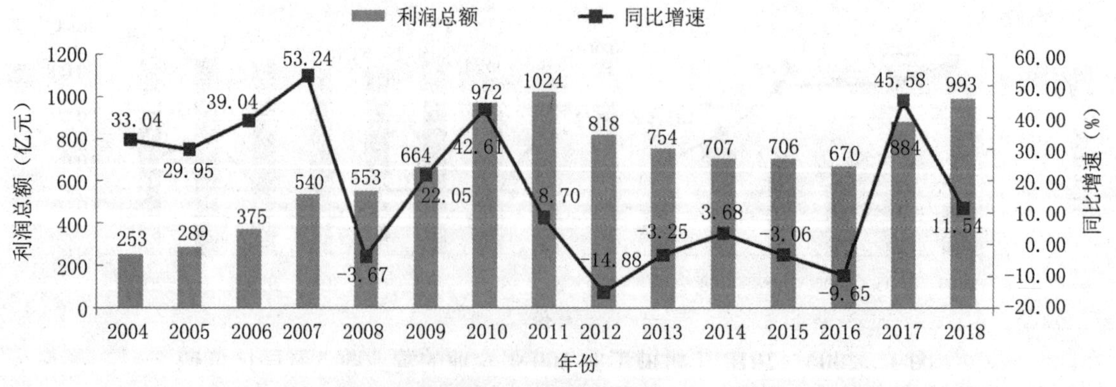


**图 4　2004—2018 年机械工业 100 强企业利润总额及同比增速**

3. 行业分布情况

2018 年入围企业最多的四大行业为电工、工程机械、石化通用、基础件行业，分别入围 30 家、14 家、14 家和 11 家，合计入围 69 家，超过全部入围企业的 2/3。2018 年各主要行业入围机械工业 100 强的企业数量见图 5。

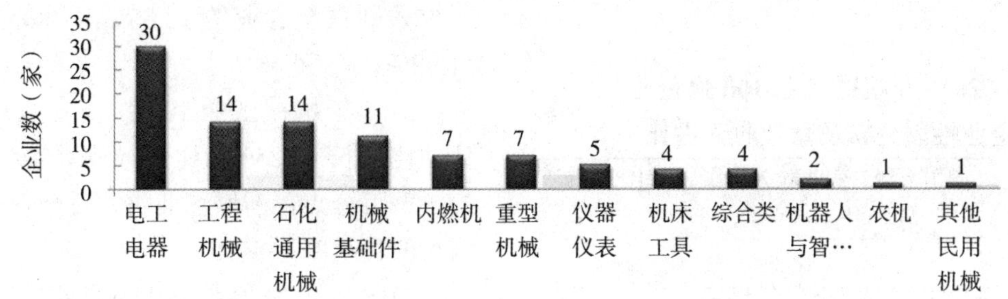


**图 5　2018 年各主要行业入围机械工业 100 强的企业数量**

4. 地区分布情况

从入围企业的地区分布来看，2018 年机械工业 100 强企业的地区分布依然是东多西少，以经济发展水平较高的东部地区为主。东部地区每年入围企业在 60 家以上，中、西部地区合计入围 30 多家。

2018 年机械工业 100 强企业中：东部地区入围 64 家，合计营业收入同比增长 11.54%；中部地区入围 22 家，合计营业收入同比增长 7.90%；西部地区入围 14 家，合计营业收入同比增长 6.24%。

从长期来看，地区分布逐渐向政策调整方向发展，中、西部地区入围企业数量小幅上升，东部地区则略有下降。

2018 年机械工业 100 强企业来自于全国 22 个省、直辖市、自治区，省市分布总体稳定，个别省市小幅波动。入围企业数量前三甲的分别是浙江省、江苏省和山东省，三省均为东部沿海省份，上榜企业数分别为 23 家、11 家和 10 家，合计 44 家，占比 4 成多。2004—2018 年机械工业 100 强企业地区分布变化趋势见图 6。2018 年机械工业 100 强企业地区分布及营业收入增速见图 7。

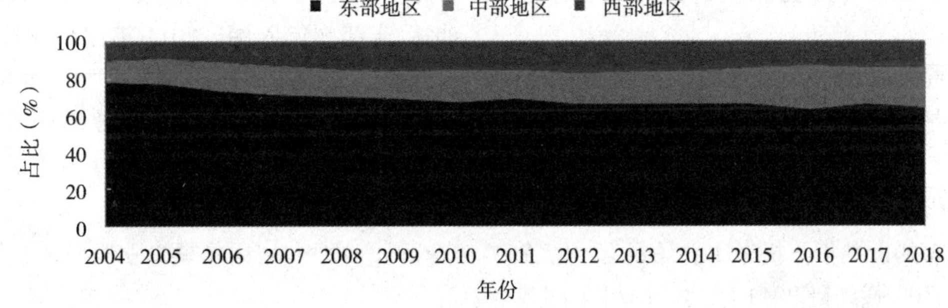


**图 6　2004—2018 年机械工业 100 强企业地区分布变化趋势**

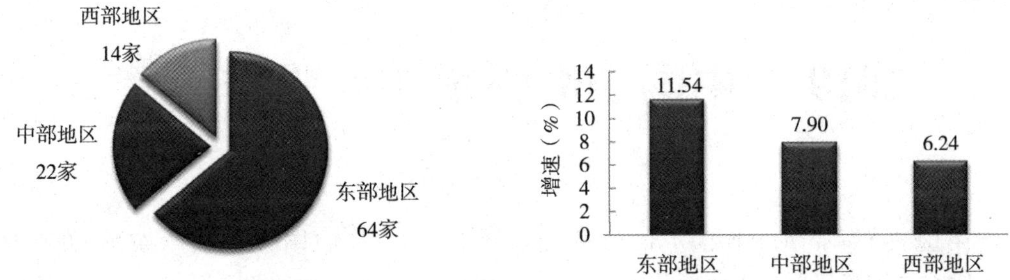


**图 7　2018 年机械工业 100 强企业地区分布及营业收入增速**

5. 企业性质分布情况

机械工业 100 强企业中国有企业入围的数量前些年有波动但总体稳定，近几年又有所上升；民营企业入围的数量前些年在波动上升，近几年又有所下降；三资企业的入围数量一直在波动下降。2018 年机械工业 100 强企业按企业性质分布及营业收入占比见表 1。

**表 1　2018 年机械工业 100 强企业按企业性质分布及营业收入占比**

| 企业性质 | 入围数量（家） | 营业收入占比（%） | 同比增速（%） |
|---|---|---|---|
| 国有企业占比 | 46 | 65.69 | 9.67 |
| 民营企业占比 | 50 | 32.70 | 11.54 |
| 三资企业占比 | 4 | 1.61 | 7.95 |

**三、机械工业 100 强成为行业发展重要支柱**

2018 年机械工业规模以上企业 70 971 家，机械工业 100 强企业仅占全行业的 0.14%，营业收入却占全行业的 13.63%，利润占全行业的 11.99%。

2018 年机械工业 100 强企业的营业收入合计同比增长 10.25%，比全行业增速（8.18%）快 2.07 个百分点，新增营业收入对全行业营业收入增长的贡献率达 17.14%。

2018 年机械工业 100 强企业利润总额合计同比增长 11.54%，比全行业增速（8.35%）快 3.19 个百分点，新增利润对全行业利润增长的贡献率达 16.53%。2004—2018 年机械工业 100 强企业数量、营业收入和利润总额占全行业比重情况见表 2。

**表 2　2004—2018 年机械工业 100 强企业数量、营业收入和利润总额占全行业比重情况**

（单位：%）

| 指标名称 | 2004 年 | 2010 年 | 2011 年 | 2012 年 | 2013 年 | 2014 年 | 2015 年 | 2016 年 | 2017 年 | 2018 年 |
|---|---|---|---|---|---|---|---|---|---|---|
| 企业数量 | 0.20 | 0.11 | 0.16 | 0.15 | 0.15 | 0.15 | 0.14 | 0.14 | 0.14 | 0.14 |
| 营业收入 | 18.67 | 13.79 | 13.31 | 12.21 | 11.31 | 10.74 | 10.33 | 10.49 | 10.89 | 13.63 |
| 利润总额 | 20.05 | 12.56 | 11.75 | 9.32 | 8.50 | 7.52 | 7.27 | 6.73 | 8.73 | 11.99 |

**四、机械工业 100 强企业的国际地位不断提升**

自榜单首发以来，机械 100 强企业都在快速成长，无论是企业规模、效益，还是科技创新、国际竞争力，都有了长足进步，与世界同类企业的差距不断缩小，成长性和运营效率都有较好表现。榜单发布的前几年，机械工业还没有一家企业进入世界 500 强。自 2011 年起，国机集团成为我国机械工业首个进入世界 500 强的企业，此后连续 8 年入围。2011 年国机集团位列世界 500 强第 434 位，2014 年上升至 278 位，2015—2017 年因营业收入下降导致排名有所下降，2017 年排名降至 334 位，2018 年排名再次提升至 256 位。

〔来源：中国机械工业联合会、机经网〕

# 2019 年中国 500 强前 100 强排行榜

2019 年中国 500 强企业上榜的上市公司总营业收入达到 45.5 万亿元，较上年增长 14.8%，再创新高；净利润达到了 3.025 万亿元，较上年增长 4.21%，相比上年 24.24% 的涨幅而言，受宏观经济影响大幅放缓。2019 年上榜公司的年营业收入门槛为 162.38 亿元，比上年提升了 17%。上年中国 GDP 首次突破 90 万亿元，这 500 家上市公司的收入总和也再次超过了中国当年 GDP 的一半。

排在榜单前部的公司依然是：中石化、中石油和中国建筑。中国平安蝉联非国有企业第一位。

2019 年共有 42 家新上榜和重新上榜公司，

其中，小米集团以 1 749 亿元的总收入排名第 53 位。美团点评则以 652 亿元营业收入排名第 140 位。在食品行业，颇受关注的是 2019 年首次进入 500 强（排名第 482 位）的海底捞，2018 年总收入达 170 亿元。此外，好未来（第 483 位）则成为首家上榜中国 500 强的教育行业企业。

在行业方面，由阿里巴巴集团控股有限公司、腾讯控股有限公司领衔的互联网服务行业虽然收入总和仅占到所有 500 家公司的 2%，但是该行业市值却接近 11 万亿元，占中国 500 强总市值的 23.7%。根据中金公司分析：受到经济周期的影响，较为传统的地产和金融业在上年中整体表现较弱。由电子、互联网服务和计算机相关行业组成的新经济板块则延续了此前的高速增长态势，上榜公司数量增加到 37 家，板块收入同比增长高达 29%。

在盈利能力方面，与上年情况相同，最赚钱的 10 家上市公司除了几大商业银行和保险公司之外，仍是中国移动有限公司、腾讯控股有限公司和阿里巴巴集团控股有限公司。这 10 家公司在上年的总利润达到 1.46 万亿，占全部上榜公司利润总和的 40.3%。2019 年，中国 500 强中共计有 30 家公司未能盈利，亏损总额达到 1 771 亿元。2019 年首次上榜的美团点评居亏损榜首位，亏损额接近 1 155 亿元。上年新上榜的爱奇艺，亏损额达到 94 亿元。

在所有上市公司中，广东韶钢松山股份有限公司蝉联 ROE 榜之首。上年前 10 名中的 7 家钢铁行业企业，其中的 5 家 2019 年仍然留在 ROE 榜前 10 名内。

在利润率最高的 40 家上市公司中，贵州茅台酒股份有限公司由上年的第 4 位跃居榜首，利润率高达 45.6%。首次上榜的中通快递以 24.9% 的利润率进入利润率榜。其中值得关注的一点：在净利润率最高的这 40 家公司中，商业银行占据了 21 家。2019 年中国 500 强前 100 强名单见表 1。

**表 1 2019 年中国 500 强前 100 强名单**

| 排名 | 上年排名 | 公司名称 | 营业收入（百万元） | 利润（百万元） |
|---|---|---|---|---|
| 1 | 1 | 中国石油化工股份有限公司 | 2 891 179 | 63 089 |
| 2 | 2 | 中国石油天然气股份有限公司 | 2 353 588 | 52 585 |
| 3 | 3 | 中国建筑股份有限公司 | 1 199 324.53 | 38 241.32 |
| 4 | 4 | 中国平安保险（集团）股份有限公司 | 976 832 | 107 404 |
| 5 | 5 | 上海汽车集团股份有限公司 | 902 194.06 | 36 009.21 |
| 6 | 7 | 中国工商银行股份有限公司 | 773 789 | 297 676 |
| 7 | 8 | 中国中铁股份有限公司 | 740 436.29 | 17 198.14 |
| 8 | 6 | 中国移动有限公司 | 736 819 | 117 781 |
| 9 | 9 | 中国铁建股份有限公司 | 730 123.05 | 17 935.28 |
| 10 | 11 | 中国建设银行股份有限公司 | 658 891 | 254 655 |
| 11 | 10 | 中国人寿保险股份有限公司 | 643 101 | 11 395 |
| 12 | 12 | 中国农业银行股份有限公司 | 598 588 | 202 783 |
| 13 | 14 | 中国银行股份有限公司 | 504 107 | 180 086 |
| 14 | 13 | 中国人民保险集团股份有限公司 | 503 799 | 13 450 |
| 15 | 15 | 中国交通建设股份有限公司 | 490 872.13 | 19 680.42 |
| 16 | 22 | 中国恒大集团 | 466 196 | 37 390 |
| 17 | 18 | 京东商城电子商务有限公司 | 462 019.76 | −2 491.63 |
| 18 | 16 | 中国中信股份有限公司 | 450 252.53 | 42 416.79 |

（续）

| 排名 | 上年排名 | 公司名称 | 营业收入（百万元） | 利润（百万元） |
|---|---|---|---|---|
| 19 | 36 | 碧桂园控股有限公司 | 379 079 | 34 618 |
| 20 | 17 | 中国电信股份有限公司 | 377 124 | 21 210 |
| 21 | 20 | 联想控股股份有限公司 | 358 919.68 | 4 361.53 |
| 22 | 19 | 中国太平洋保险（集团）股份有限公司 | 354 363 | 18 019 |
| 23 | 23 | 绿地控股集团股份有限公司 | 348 732.40 | 11 374.78 |
| 24 | 35 | 阿里巴巴集团控股有限公司 | 345 278 | 69 642 |
| 25 | 25 | 国药控股股份有限公司 | 344 525.82 | 5 835.84 |
| 26 | 21 | 海航科技股份有限公司 | 336 472 | 60.24 |
| 27 | 33 | 腾讯控股有限公司 | 312 694 | 78 719 |
| 28 | 24 | 宝山钢铁股份有限公司 | 305 204.87 | 21 565.16 |
| 29 | 26 | 物产中大集团股份有限公司 | 300 538.25 | 2 397.24 |
| 30 | 31 | 万科企业股份有限公司 | 297 679.33 | 33 772.65 |
| 31 | 28 | 中国电力建设股份有限公司 | 295 280.35 | 7 695.14 |
| 32 | 27 | 中国联合网络通信股份有限公司 | 290 876.78 | 4 080.77 |
| 33 | 30 | 中国冶金科工股份有限公司 | 289 534.52 | 6 371.58 |
| 34 | 39 | 厦门建发股份有限公司 | 280 381.79 | 4 672.02 |
| 35 | 29 | 中国神华能源股份有限公司 | 264 101 | 43 867 |
| 36 | 32 | 美的集团股份有限公司 | 261 819.64 | 20 230.78 |
| 37 | 37 | 中国邮政储蓄银行股份有限公司 | 261 245 | 52 311 |
| 38 | 38 | 招商银行股份有限公司 | 248 555 | 80 560 |
| 39 | 44 | 苏宁易购集团股份有限公司 | 244 956.57 | 13 327.56 |
| 40 | 42 | 厦门象屿股份有限公司 | 234 007.57 | 1 068.05 |
| 41 | 45 | 中国海洋石油有限公司 | 226 963 | 52 688 |
| 42 | 34 | 中国能源建设股份有限公司 | 224 034.35 | 4 570.69 |
| 43 | 40 | 中国中车股份有限公司 | 219 082.64 | 11 305.04 |
| 44 | 66 | 中国建材股份有限公司 | 218 955.19 | 8 067 |
| 45 | 41 | 江西铜业股份有限公司 | 215 289.87 | 2 447.48 |
| 46 | 43 | 交通银行股份有限公司 | 212 654 | 73 630 |
| 47 | 49 | 厦门国贸集团股份有限公司 | 206 597.88 | 2 191.99 |
| 48 | 56 | 珠海格力电器股份有限公司 | 200 024 | 26 202.79 |
| 49 | 58 | 保利发展控股集团股份有限公司 | 194 555.49 | 18 903.72 |
| 50 | 51 | 青岛海尔股份有限公司 | 183 316.56 | 7 440.23 |
| 51 | 47 | 中国太平保险控股有限公司 | 180 394.41 | 5 595.45 |
| 52 | 46 | 中国铝业股份有限公司 | 180 240.15 | 870.23 |
| 53 | — | 小米集团 | 174 915.43 | 13 553.89 |
| 54 | 48 | 上海浦东发展银行股份有限公司 | 171 542 | 55 914 |

| 排名 | 上年排名 | 公司名称 | 营业收入（百万元） | 利润（百万元） |
|---|---|---|---|---|
| 55 | 61 | 上海建工集团股份有限公司 | 170 545.78 | 2 779.87 |
| 56 | 52 | 华能国际电力股份有限公司 | 169 861.16 | 1 438.88 |
| 57 | 50 | 广汇汽车服务集团股份公司 | 166 172.99 | 3 257.42 |
| 58 | 54 | 兖州煤业股份有限公司 | 163 008.47 | 7 908.9 |
| 59 | 57 | 华润医药集团有限公司 | 160 154.51 | 3 409.19 |
| 60 | 53 | 潍柴动力股份有限公司 | 159 255.83 | 8 657.53 |
| 61 | 64 | 上海医药集团股份有限公司 | 159 084.40 | 3 881.06 |
| 62 | 62 | 兴业银行股份有限公司 | 158 287 | 60 620 |
| 63 | 59 | 中国民生银行股份有限公司 | 156 769 | 50 327 |
| 64 | 60 | 新华人寿保险股份有限公司 | 154 167 | 7 922 |
| 65 | 63 | 北京汽车股份有限公司 | 151 920.39 | 4 429.47 |
| 66 | 55 | 万洲国际有限公司 | 149 586.33 | 6 240.21 |
| 67 | 67 | 中国南方航空股份有限公司 | 143 623 | 2 983 |
| 68 | 69 | 中国国际航空股份有限公司 | 136 774.40 | 7 336.33 |
| 69 | 72 | 中国航油（新加坡）股份有限公司 | 136 397.54 | 621.10 |
| 70 | 76 | 比亚迪股份有限公司 | 130 054.71 | 2 780.19 |
| 71 | 103 | 安徽海螺水泥股份有限公司 | 128 402.63 | 29 814.28 |
| 72 | 121 | 融创中国控股有限公司 | 124 745.62 | 16 566.54 |
| 73 | 77 | 华润置地有限公司 | 121 188.93 | 24 237.88 |
| 74 | 74 | 河钢股份有限公司 | 120 956.99 | 3 626.31 |
| 75 | 87 | 中远海运控股股份有限公司 | 120 829.53 | 1 230.03 |
| 76 | 73 | 中国再保险（集团）股份有限公司 | 119 923.72 | 3 729.89 |
| 77 | 110 | 龙湖集团控股有限公司 | 115 798.46 | 16 236.87 |
| 78 | 78 | 中国东方航空股份有限公司 | 114 930 | 2 709 |
| 79 | 71 | TCL 集团股份有限公司 | 113 447.44 | 3 468.21 |
| 80 | 86 | 中国光大银行股份有限公司 | 110 244 | 33 659 |
| 81 | 89 | 复星国际有限公司 | 109 351.64 | 13 403.21 |
| 82 | 90 | 中升集团控股有限公司 | 107 735.66 | 3 636.64 |
| 83 | 65 | 中国华融资产管理股份有限公司 | 107 253.15 | 1 575.50 |
| 84 | 70 | 中国信达资产管理股份有限公司 | 107 026.03 | 12 036.13 |
| 85 | 85 | 吉利汽车控股有限公司 | 106 595.13 | 12 553.21 |
| 86 | 81 | 中国通信服务股份有限公司 | 106 176.64 | 2 901.32 |
| 87 | 82 | 紫金矿业集团股份有限公司 | 105 994.25 | 4 093.77 |
| 88 | 88 | 昆仑能源有限公司 | 105 470 | 4 634 |
| 89 | 92 | 鞍钢股份有限公司 | 105 157 | 7 952 |
| 90 | 68 | 东风汽车集团股份有限公司 | 104 543 | 12 979 |
| 91 | 94 | 中国中煤能源股份有限公司 | 104 140.07 | 3 434.58 |

（续）

| 排名 | 上年排名 | 公司名称 | 营业收入（百万元） | 利润（百万元） |
|---|---|---|---|---|
| 92 | 91 | 百度股份有限公司 | 102 277 | 27 573 |
| 93 | 96 | 上海电气集团股份有限公司 | 101 157.53 | 3 016.53 |
| 94 | 80 | 长城汽车股份有限公司 | 99 229.99 | 5 207.31 |
| 95 | 83 | 京东方科技集团股份有限公司 | 97 108.86 | 3 435.13 |
| 96 | 106 | 上海钢联电子商务股份有限公司 | 96 055.09 | 120.93 |
| 97 | 100 | 中国国际海运集装箱（集团）股份有限公司 | 93 497.62 | 3 380.44 |
| 98 | 122 | 大唐国际发电股份有限公司 | 93 389.63 | 1 234.71 |
| 99 | 101 | 中国粮油控股有限公司 | 91 877.71 | 1 136.48 |
| 100 | 114 | 荣盛石化股份有限公司 | 91 424.66 | 1 607.53 |

注：1. 中国上市公司 500 强排行榜由中金公司财富管理部与《财富》（中文版）合作编制完成。

2. 本排行榜覆盖范围包括在中国境内外上市的所有中国公司。

3. 本排行榜所依据数据为上市公司在各证券交易所正式披露信息。

4. 本排行榜以人民币为统一计价标准；除另有注明外，营业收入与利润所涉及人民币汇率均按 2018 年平均汇率（中国人民银行公布的交易中间价：1 港币 =0.844 3 元人民币，1 美元 =6.617 4 元人民币，1 新加坡元 =4.901 4 元人民币）换算；总资产与股东权益所涉及人民币汇率均按 2018 年最后一个交易日中国人民银行公布的交易中间价换算。

5. 本排行榜所采用的财务数据，以该公司公布的中国国内会计准则核算之数据为首选，以国际会计准则核算之数据为候选。

6. 本排行榜所采用的市值数据，以该公司 2018 年最后一个交易日收盘价数据为准，对于多地上市公司，区分不同地区上市的股份价格和股份数量分别计算市值，然后加总。2019 年新上市公司，采用上市首日收盘价计算市值。

7. 本排行榜排名不构成对相关公司二级市场的任何操作建议。

8. 凡财务年度截至日非 12 月 31 日的公司均按其季报及中报数据调整为自然年度对应数据。

9. 因中国燃气没有季度数据，因此统计口径调整为 2017 年 10 月 1 日至 2018 年 9 月 30 日；因好未来财务年截至日为 2019 年 2 月 28 日，因此统计口径调整为 2018 年 3 月 1 日至 2019 年 2 月 28 日。

10. 本排行榜的统计截止日为 2019 年 5 月 31 日，部分上年上榜公司，如锦州银行等因未发年报未纳入统计范围。

11. 上市公司市值仅供参考。

〔来源：财富中文网〕

# 2019 年世界 500 强 129 家中国上榜公司名单

2019 年，中国大公司数量首次与美国并驾齐驱，但是如何做强变得更为迫切。此次入围企业从数量上看，世界最大的 500 家企业中，有 129 家来自中国，首次超过美国（121 家）。即使不计算台湾地区企业，中国大陆企业（包括香港企业）达到 119 家，与美国数量旗鼓相当。这是一个历史性的变化。

此次，新上榜的中国公司有 13 家，占总数的一半以上。这 13 家首次上榜的中国公司分别是：国家开发银行、中国中车集团、青山控股集团、金川集团、珠海格力电器股份有限公司、安徽海螺集团、华夏保险、铜陵有色金属集团、山西焦煤集团、小米集团、海亮集团有限公司、中国通用技术（集团）控股有限责任公司、台塑石化股份有限公司。其中，受媒体和大众关注的珠海格力电器股份有限公司（第 414 位）和小米集团（第 468 位）均为首次上榜。而成立 9 年的小米则是 2019 年世界 500 强中最年轻的公司。

但是，与其他世界 500 强比较，中国企业盈利指标比较低。世界 500 强的平均利润为 43 亿美元，而中国上榜企业的平均利润是 35 亿美元。中国企业的盈利能力没有达到世界 500 强的平均水平。如果与美国企业相比，则存在的差距更加明显。

其中，销售收益率和净资产收益率两个指标能够体现出企业经营状况的优劣。

2019 年，入榜的中国企业（不计台湾地区企业）119 家，平均销售收入 665 亿美元，平均净资产 354 亿美元，平均利润 35 亿美元。根据这 3 个数据计算，上榜中国企业的平均销售收益率为 5.3%，低于美国企业的 7.7% 和全球平均的 6.6%；平均净资产收益率是 9.9%，低于美国企业的 15%，也低于全球平均的 12.1%。

不过，需要注意的是中国公司在销售收益率和净资产收益率两个指标上已经扭转了近年来的下行趋势。此外，与世界 500 强横向比较，2018 年，中国上榜企业平均销售收入与净资产两项指标也与世界 500 强上榜企业数值基本持平；与传统经济大国的上榜企业相比，上榜中国企业在销售规模和资产规模已经不输日本、英国、法国与德国企业。

在利润方面，中国上榜公司的近半数利润来自银行。但是，中国和美国在银行业之外的大公司利润水平差距显著：如果不计算 11 家银行的利润，其他 108 家中国上榜企业的平均利润只有 19.2 亿美元。如果不计算银行的利润，美国其他 113 家企业平均利润高达 52.8 亿美元。这个数字是中国企业的近 3 倍。

此外，中美大公司在“跨国程度”上的存在差距。全球型大公司形成超强的全球竞争力的真正秘诀：他们吸纳全球各地最佳资源加以整合，把价值链延伸到全球，从而构建起全球价值链。但与全球最大的跨国公司相比，中国最大跨国公司的跨国程度也还是处在初级阶段。

从上榜企业所在产业分析，美国的产业结构是后工业化发展阶段的产业结构，而中国的产业结构还处在工业化阶段。

中美两国企业都集中在能源矿业、商业贸易、银行、保险、航空与防务 5 个产业。但是，中国有数量众多的金属制品企业、工程建筑企业、汽车企业和房地产企业，上榜美国企业在这些产业或者没有，或者极少。同时，上榜美国和世界其他国家大公司中有一批与人的健康、医疗、生活等有关的产业。而除了有两家药企之外，与人的生命、健康和生活密切相关的产业几乎看不到中国大公司的身影。

近年来，中国内需市场迅速扩大，为中国大企业继续做大提供了重要平台。其次，战略重组、中国宏观经济的变化也成为中国公司集体崛起的推手。但是如何集体做强，如何成为有跨国竞争力的全球企业——这些将成为中国公司亟待关注并且更为迫切的话题。2019 年世界 500 强中国上榜公司名单见表 1。

**表 1　2019 年世界 500 强中国上榜公司名单**

| 2019 年排名 | 2018 年排名 | 公司名称（中英文） | 营业收入（百万美元） | 总部所在城市 |
|---|---|---|---|---|
| 2 | 3 | 中国石油化工集团公司（SINOPEC GROUP） | 414 649.9 | 北京 |
| 4 | 4 | 中国石油天然气集团公司（CHINA NATIONAL PETROLEUM） | 392 976.6 | 北京 |
| 5 | 2 | 国家电网公司（STATE GRID） | 387 056.0 | 北京 |
| 21 | 23 | 中国建筑集团有限公司（CHINA STATE CONSTRUCTION ENGINEERING） | 181 524.5 | 北京 |
| 23 | 24 | 鸿海精密工业股份有限公司（HON HAI PRECISION INDUSTRY） | 175 617.0 | 台北 |
| 26 | 26 | 中国工商银行（INDUSTRIAL & COMMERCIAL BANK OF CHINA） | 168 979.0 | 北京 |

（续）

| 2019 年排名 | 2018 年排名 | 公司名称（中英文） | 营业收入（百万美元） | 总部所在城市 |
|---|---|---|---|---|
| 29 | 29 | 中国平安保险（集团）股份有限公司（PING AN INSURANCE） | 163 597.4 | 深圳 |
| 31 | 31 | 中国建设银行（CHINA CONSTRUCTION BANK） | 151 110.8 | 北京 |
| 36 | 40 | 中国农业银行（AGRICULTURAL BANK OF CHINA） | 139 523.6 | 北京 |
| 39 | 36 | 上海汽车集团股份有限公司（SAIC MOTOR） | 136 392.5 | 上海 |
| 44 | 46 | 中国银行（BANK OF CHINA） | 127 714.1 | 北京 |
| 51 | 42 | 中国人寿保险（集团）公司（CHINA LIFE INSURANCE） | 116 171.5 | 北京 |
| 55 | 56 | 中国铁路工程集团有限公司（CHINA RAILWAY ENGINEERING GROUP） | 112 132.7 | 北京 |
| 56 | 53 | 中国移动通信集团公司（CHINA MOBILE COMMUNICATIONS） | 112 096.0 | 北京 |
| 59 | 58 | 中国铁道建筑总公司（CHINA RAILWAY CONSTRUCTION） | 110 455.9 | 北京 |
| 61 | 72 | 华为投资控股有限公司（HUAWEI INVESTMENT & HOLDING） | 109 030.4 | 深圳 |
| 63 | 87 | 中国海洋石油总公司（CHINA NATIONAL OFFSHORE OIL） | 108 130.4 | 北京 |
| 67 | — | 国家开发银行（CHINA DEVELOPMENT BANK） | 103 072.9 | 北京 |
| 80 | 86 | 中国华润有限公司（CHINA RESOURCES） | 91 986.0 | 香港 |
| 82 | 65 | 东风汽车公司（DONGFENG MOTOR） | 90 934.2 | 武汉 |
| 87 | 125 | 中国第一汽车集团公司（CHINA FAW GROUP） | 89 804.7 | 长春 |
| 88 | 98 | 中国中化集团公司（SINOCHEM GROUP） | 89 358.1 | 北京 |
| 93 | 91 | 中国交通建设集团有限公司（CHINA COMMUNICATIONS CONSTRUCTION） | 88 140.9 | 北京 |
| 97 | 96 | 太平洋建设集团（PACIFIC CONSTRUCTION GROUP） | 86 622.6 | 乌鲁木齐 |
| 101 | 113 | 中国邮政集团公司（CHINA POST GROUP） | 85 627.9 | 北京 |
| 107 | 101 | 国家能源投资集团（CHINA ENERGY INVESTMENT） | 81 977.7 | 北京 |
| 111 | 110 | 中国南方电网有限责任公司（CHINA SOUTHERN POWER GRID） | 80 963.6 | 广州 |
| 112 | 109 | 中国五矿集团有限公司（CHINA MINMETALS） | 80 076.4 | 北京 |
| 119 | 111 | 正威国际集团（AMER INTERNATIONAL GROUP） | 76 363.1 | 深圳 |
| 121 | 117 | 中国人民保险集团股份有限公司（PEOPLE'S INSURANCE CO. OF CHINA） | 75 377.3 | 北京 |
| 129 | 124 | 北京汽车集团（BEIJING AUTOMOTIVE GROUP） | 72 677.4 | 北京 |
| 134 | 122 | 中粮集团有限公司（COFCO） | 71 223.3 | 北京 |
| 137 | 149 | 中国中信集团有限公司（CITIC GROUP） | 70 659.0 | 北京 |
| 138 | 230 | 中国恒大集团（CHINA EVERGRANDE GROUP） | 70 478.9 | 深圳 |
| 139 | 181 | 京东集团（JD.COM） | 69 847.6 | 北京 |
| 140 | 140 | 中国兵器工业集团公司（CHINA NORTH INDUSTRIES GROUP） | 68 777.7 | 北京 |
| 141 | 141 | 中国电信集团公司（CHINA TELECOMMUNICATIONS） | 68 709.5 | 北京 |
| 144 | 167 | 中国化工集团公司（CHEMCHINA） | 67 397.5 | 北京 |
| 149 | 162 | 中国宝武钢铁集团（CHINA BAOWU STEEL GROUP） | 66 310.0 | 上海 |
| 150 | 168 | 交通银行（BANK OF COMMUNICATIONS） | 65 644.8 | 上海 |
| 151 | 161 | 中国航空工业集团公司（AVIATION INDUSTRY CORP. OF CHINA） | 65 534.4 | 北京 |
| 161 | 182 | 中国电力建设集团有限公司（POWERCHINA） | 61 224.0 | 北京 |

（续）

| 2019 年排名 | 2018 年排名 | 公司名称（中英文） | 营业收入（百万美元） | 总部所在城市 |
|---|---|---|---|---|
| 169 | 194 | 中国医药集团（SINOPHARM） | 59 980.2 | 北京 |
| 177 | 353 | 碧桂园控股有限公司（COUNTRY GARDEN HOLDINGS） | 57 308.7 | 佛山 |
| 181 | 235 | 恒力集团（HENGLI GROUP） | 56 198.6 | 苏州 |
| 182 | 300 | 阿里巴巴集团（ALIBABA GROUP HOLDING） | 56 147.2 | 杭州 |
| 188 | 213 | 招商银行（CHINA MERCHANTS BANK） | 55 063.5 | 深圳 |
| 189 | 202 | 广州汽车工业集团（GUANGZHOU AUTOMOBILE INDUSTRY GROUP） | 55 037.2 | 广州 |
| 199 | 220 | 中国太平洋保险（集团）公司（CHINA PACIFIC INSURANCE (GROUP)） | 53 572.1 | 上海 |
| 202 | 252 | 绿地控股集团有限公司（GREENLAND HOLDING GROUP） | 52 720.9 | 上海 |
| 203 | 243 | 中国建材集团（CHINA NATIONAL BUILDING MATERIAL GROUP） | 52 610.6 | 北京 |
| 211 | 234 | 山东能源集团有限公司（SHANDONG ENERGY GROUP） | 51 245.6 | 济南 |
| 212 | 240 | 联想集团（LENOVO GROUP） | 51 037.9 | 香港 |
| 213 | 237 | 兴业银行（INDUSTRIAL BANK） | 50 991.4 | 福州 |
| 214 | 239 | 河钢集团（HBIS GROUP） | 50 920.6 | 石家庄 |
| 216 | 227 | 上海浦东发展银行（SHANGHAI PUDONG DEVELOPMENT BANK） | 50 545.7 | 上海 |
| 220 | 267 | 浙江吉利控股集团（ZHEJIANG GEELY HOLDING GROUP） | 49 665.4 | 杭州 |
| 232 | 251 | 中国民生银行（CHINA MINSHENG BANKING） | 47 981.3 | 北京 |
| 237 | 331 | 腾讯控股有限公司（TENCENT HOLDINGS） | 47 272.7 | 深圳 |
| 242 | 312 | 中国保利集团（CHINA POLY GROUP） | 46 207.1 | 北京 |
| 243 | 245 | 中国船舶重工集团公司（CHINA SHIPBUILDING INDUSTRY） | 46 114.4 | 北京 |
| 244 | 280 | 招商局集团（CHINA MERCHANTS GROUP） | 45 925.7 | 香港 |
| 249 | 270 | 物产中大集团（WUCHAN ZHONGDA GROUP） | 45 435.0 | 杭州 |
| 250 | 256 | 中国机械工业集团有限公司（SINOMACH） | 45 424.0 | 北京 |
| 251 | 222 | 中国铝业公司（ALUMINUM CORP. OF CHINA） | 45 383.8 | 北京 |
| 254 | 332 | 万科企业股份有限公司（CHINA VANKE） | 44 912.6 | 深圳 |
| 259 | 285 | 和硕（PEGATRON） | 44 453.3 | 台北 |
| 262 | 273 | 中国联合网络通信股份有限公司（CHINA UNITED NETWORK COMMUNICATIONS） | 43 974.4 | 北京 |
| 263 | 288 | 陕西延长石油（集团）公司（SHAANXI YANCHANG PETROLEUM (GROUP)） | 43 858.1 | 西安 |
| 273 | 185 | 山东魏桥创业集团（SHANDONG WEIQIAO PIONEERING GROUP） | 43 008.4 | 滨州 |
| 277 | 362 | 厦门建发集团有限公司（XIAMEN C&D） | 42 726.3 | 厦门 |
| 279 | 335 | 中国远洋海运集团有限公司（CHINA COSCO SHIPPING） | 42 607.7 | 上海 |
| 280 | 283 | 怡和集团（JARDINE MATHESON） | 42 527.0 | 香港 |
| 281 | 294 | 陕西煤业化工集团（SHAANXI COAL & CHEMICAL INDUSTRY） | 42 418.8 | 西安 |
| 283 | 371 | 中国航空油料集团公司（CHINA NATIONAL AVIATION FUEL GROUP） | 42 370.9 | 北京 |
| 286 | 289 | 中国华能集团公司（CHINA HUANENG GROUP） | 42 280.9 | 北京 |
| 289 | 322 | 中国光大集团（CHINA EVERBRIGHT GROUP） | 41 879.7 | 北京 |
| 291 | 360 | 厦门国贸控股集团有限公司（XIAMEN ITG HOLDING GROUP） | 41 437.5 | 厦门 |

（续）

| 2019 年排名 | 2018 年排名 | 公司名称（中英文） | 营业收入（百万美元） | 总部所在城市 |
|---|---|---|---|---|
| 301 | 361 | 雪松控股集团（CEDAR HOLDINGS GROUP） | 40 640.8 | 广州 |
| 312 | 323 | 美的集团股份有限公司（MIDEA GROUP） | 39 581.6 | 佛山 |
| 318 | 399 | 兖矿集团（YANKUANG GROUP） | 38 887.3 | 邹城 |
| 322 | 346 | 中国航天科工集团公司（CHINA AEROSPACE SCIENCE & INDUSTRY） | 37 869.8 | 北京 |
| 323 | 343 | 中国航天科技集团公司（CHINA AEROSPACE SCIENCE & TECHNOLOGY） | 37 727.6 | 北京 |
| 333 | 427 | 苏宁易购集团（SUNING.COM GROUP） | 37 032.2 | 南京 |
| 338 | 375 | 象屿集团（XMXYG） | 36 503.7 | 厦门 |
| 340 | 364 | 江苏沙钢集团（JIANGSU SHAGANG GROUP） | 36 440.9 | 张家港 |
| 347 | 359 | 冀中能源集团（JIZHONG ENERGY GROUP） | 35 721.3 | 邢台 |
| 352 | 374 | 长江和记实业有限公司（CK HUTCHISON HOLDINGS） | 35 361.2 | 香港 |
| 358 | 370 | 江西铜业集团公司（JIANGXI COPPER） | 34 870.0 | 贵溪 |
| 359 | — | 中国中车集团（CRRC GROUP） | 34 673.0 | 北京 |
| 361 | — | 青山控股集团（TSINGSHAN HOLDING GROUP） | 34 242.2 | 温州 |
| 362 | 395 | 国家电力投资集团公司（STATE POWER INVESTMENT） | 34 229.2 | 北京 |
| 363 | 368 | 台积公司（TAIWAN SEMICONDUCTOR MANUFACTURING） | 34 218.2 | 新竹 |
| 364 | 333 | 中国能源建设集团（CHINA ENERGY ENGINEERING GROUP） | 34 176.5 | 北京 |
| 365 | 354 | 广达电脑公司（QUANTA COMPUTER） | 34 102.6 | 桃园 |
| 367 | 242 | 中国兵器装备集团公司（CHINA SOUTH INDUSTRIES GROUP） | 33 895.8 | 北京 |
| 368 | 464 | 阳光龙净集团有限公司（YANGO LONGKING GROUP） | 33 394.8 | 福州 |
| 369 | — | 金川集团（JINCHUAN GROUP） | 33 391.6 | 金昌 |
| 370 | 388 | 中国电子科技集团公司（CHINA ELECTRONICS TECHNOLOGY GROUP） | 33 323.8 | 北京 |
| 375 | 369 | 中国电子信息产业集团有限公司（CHINA ELECTRONICS） | 33 055.7 | 北京 |
| 385 | 428 | 鞍钢集团公司（ANSTEEL GROUP） | 32 619.4 | 鞍山 |
| 386 | 397 | 中国华电集团公司（CHINA HUADIAN） | 32 421.4 | 北京 |
| 388 | 295 | 友邦保险集团（AIA GROUP） | 32 369.0 | 香港 |
| 390 | 404 | 仁宝电脑（COMPAL ELECTRONICS） | 32 102.8 | 台北 |
| 394 | 436 | 台湾中油股份有限公司（CPC） | 31 928.9 | 高雄 |
| 402 | 431 | 首钢集团（SHOUGANG GROUP） | 31 103.8 | 北京 |
| 414 | — | 珠海格力电器股份有限公司（GREE ELECTRICAL APPLIANCES） | 30 239.4 | 珠海 |
| 424 | 432 | 纬创集团（WISTRON） | 29 509.5 | 台北 |
| 438 | 468 | 中国大唐集团公司（CHINA DATANG） | 28 654.9 | 北京 |
| 439 | 456 | 新疆广汇实业投资（集团）有限责任公司（XINJIANG GUANGHUI INDUSTRY INVESTMENT） | 28 564.0 | 乌鲁木齐 |
| 441 | — | 安徽海螺集团（ANHUI CONCH GROUP） | 28 499.0 | 芜湖 |
| 442 | — | 华夏保险（HUAXIA LIFE INSURANCE） | 28 492.8 | 北京 |
| 448 | 499 | 海尔智家股份有限公司（HAIER SMART HOME） | 27 713.6 | 青岛 |

（续）

| 2019年排名 | 2018年排名 | 公司名称（中英文） | 营业收入（百万美元） | 总部所在城市 |
|---|---|---|---|---|
| 451 | 465 | 中国太平保险集团有限责任公司（CHINA TAIPING INSURANCE GROUP） | 27 485.8 | 香港 |
| 455 | 410 | 国泰人寿保险股份有限公司（CATHAY LIFE INSURANCE） | 27 183.4 | 台北 |
| 461 | — | 铜陵有色金属集团（TONGLING NONFERROUS METALS GROUP） | 26 846.7 | 铜陵 |
| 462 | 495 | 潞安集团（SHANXI LUAN MINING GROUP） | 26 840.5 | 长治 |
| 464 | 497 | 大同煤矿集团有限责任公司（DATONG COAL MINE GROUP） | 26 697.6 | 大同 |
| 465 | — | 山西焦煤集团有限责任公司（SHANXI COKING COAL GROUP） | 26 692.8 | 太原 |
| 468 | — | 小米集团（XIAOMI） | 26 443.5 | 北京 |
| 469 | 494 | 山西阳泉煤业(集团)有限责任公司（YANGQUAN COAL INDUSTRY GROUP） | 26 290.1 | 阳泉 |
| 471 | 479 | 富邦金融控股股份有限公司（FUBON FINANCIAL HOLDING） | 26 276.5 | 台北 |
| 473 | — | 海亮集团有限公司（HAILIANG GROUP） | 26 251.0 | 杭州 |
| 475 | 381 | 新兴际华集团（XINXING CATHAY INTERNATIONAL GROUP） | 26 207.9 | 北京 |
| 482 | 481 | 山西晋城无烟煤矿业集团（SHANXI JINCHENG ANTHRACITE COAL MINING GROUP） | 25 844.7 | 晋城 |
| 484 | 496 | 河南能源化工集团（HENAN ENERGY & CHEMICAL） | 25 781.9 | 郑州 |
| 485 | — | 中国通用技术(集团)控股有限责任公司（CHINA GENERAL TECHNOLOGY） | 25 779.1 | 北京 |
| 492 | — | 台塑石化股份有限公司（FORMOSA PETROCHEMICAL） | 25 462.8 | 麦寮 |
| 498 | 489 | 泰康保险集团（TAIKANG INSURANCE GROUP） | 24 931.7 | 北京 |

〔来源：财富中文网〕

# 2019年度ENR全球最大250家国际承包商中国企业上榜名单

2019年度美国《工程新闻纪录（ENR）》“全球最大250家国际承包商”榜单发布。250家上榜企业在2018年的国际营业总额为4 869.25亿美元，较2017年上升1%，连续2年实现增长。其中，52%的上榜企业国际营业额有所提升，48%的企业业绩出现下滑。

由中国对外承包工程商会组织参评的中国内地企业（简称“中国企业”）中，共有75家企业入围2019年度“全球最大250家国际承包商”，较上年增加6家，数量再创新高。中国上榜企业数量蝉联各国榜首，土耳其以43家上榜企业居第2位，美国位列第3位（37家），意大利与韩国并列第四位（12家）。

从各国别上榜企业国际营业总额来看，中国企业在2018年实现国际营业额1 189.67亿美元，同比增长4.3%，占250家上榜企业国际营业总额的24.4%，较上年提升0.7个百分点。西班牙企业以687.13亿美元位居次席，占比14.1%；法国企业以426.01亿美元列第3位，占比8.7%；美国企业则以342.42亿美元排第四位，占比7%。

3 家中国企业进入榜单前 10 强，分别是中国交通建设集团有限公司（排名第 3 位，国际营业额 227.27 亿美元）、中国电力建设集团有限公司（排名第 7 位，国际营业额 137.75 亿美元）、中国建筑股份有限公司（排名第 9 位，国际营业额 128.13 亿美元）；共有 10 家中国企业进入榜单前 50 强。西班牙企业 ACS 以 380.41 亿美元的国际营业额排名榜首，德国霍克蒂芙（HOCHTIEF）以 277.97 亿美元的国际营业额排名第 2 位。

2019 年度上榜的 75 家中国企业的平均国际营业额为 15.86 亿美元，平均国际业务占比（国际营业额 / 全球营业额）为 15.17%。上榜的前 10 家中国企业平均国际营业额为 82.67 亿美元，平均国际业务占比为 15%；榜单前 10 家外国企业平均国际营业额为 172.13 亿美元，平均国际业务占比为 68.13%。相比上年，前 10 名中外企业平均国际业务占比差距减小了 2.87 个百分点，表明中国企业的国际化水平虽距离顶尖外国同行仍有一定差距，但正在逐年缩小。

在地区市场业务前 10 强榜单中，中国企业除未能进入欧洲、美国、加拿大市场的前 10 强外，在其他市场榜单中均占有席位。在非洲市场，中国企业依旧表现突出，中国交建、中国电建、中国铁建、中国中铁、中国建筑、中国机械工业集团、中国中材国际工程 7 家企业入围前 10 强；在亚洲市场，中国交建、中国建筑、中国电建 3 家企业入围前 10 强；在中东市场，中国企业表现也可圈可点，中国电建、中国建筑 2 家企业上榜；此外，在拉丁美洲和加勒比市场，中国交建、中国电建 2 家企业上榜。各国承包商在各区域市场各有所长，其中，中国企业在非洲市场份额达到 60.9%，在亚洲市场份额为 40.8%，在拉丁美洲和加勒比市场份额为 24.3%；美国企业业务主要集中在加拿大，市场份额为 49.1%；欧洲企业业务在美国与欧洲市场优势较为明显，市场份额分别达到 80.3% 与 77%，在中东、亚洲和加拿大市场，市场份额分别为 31.1%、31.5% 和 44.2%。

在专业业务领域方面，250 家上榜企业在交通运输建设领域的营业额合计 1 521.89 亿美元，占营业总额的 31.2%；其次是房屋建筑、石油化工、电力工程领域，4 个领域营业额合计占 80.8%。表明以上 4 个板块依然是国际基建合作的主要领域。在 2019 年度各业务领域排名前 10 强的企业榜单中，均有中国企业上榜。其中，在交通运输建设领域、电力工程领域、水利工程领域，中国企业均占据 3 个及以上席位。值得一提的是，在通信工程领域，2019 年有中国通用技术（集团）控股有限责任公司入围。

与 2018 年度相比，入围 2019 年“全球最大 250 家国际承包商”的 75 家中国企业中，有 31 家排名上升，其中，上升幅度最大的为中国东方电气集团有限公司，排名从第 155 位上升至第 83 位，其次为中钢设备有限公司，排名从第 157 位上升至 107 位；29 家企业排名下降；4 家与 2018 年度排名持平；新上榜企业 11 家。在新上榜企业中，中国中材国际工程表现较为亮眼，进入排名前 100 强，排名第 51 位。

在 ENR 同期发布的“最大 250 家全球承包商”榜单中（以国内与国际营业额合计排序），中国建筑、中国中铁、中国铁建、中国交建、中国电建包揽前 5 名，共 7 家中国企业进入前 10 强，中冶科工排名第 8 位，上海建工排名第 9 位，体现了中国企业在全球基建行业的领军地位。2019 年上榜中国企业名单见表 1。

**表 1 2019 年上榜中国企业名单**

| 名次 | 2019 | 2018 | 企业名称 |
|---|---|---|---|
| 1 | 3 | 3 | 中国交通建设集团有限公司 |
| 2 | 7 | 10 | 中国电力建设集团有限公司 |
| 3 | 9 | 8 | 中国建筑股份有限公司 |
| 4 | 14 | 14 | 中国铁建股份有限公司 |
| 5 | 18 | 17 | 中国中铁股份有限公司 |

（续）

| 名次 | 2019 | 2018 | 企业名称 |
|---|---|---|---|
| 6 | 19 | 25 | 中国机械工业集团有限公司 |
| 7 | 23 | 21 | 中国能源建设股份有限公司 |
| 8 | 29 | 46 | 中国化学工程集团有限公司 |
| 9 | 43 | 33 | 中国石油集团工程股份有限公司 |
| 10 | 44 | 44 | 中国冶金科工集团有限公司 |
| 11 | 51 | — | 中国中材国际工程股份有限公司 |
| 12 | 54 | 56 | 中信建设有限责任公司 |
| 13 | 56 | 62 | 青建集团股份公司 |
| 14 | 65 | 55 | 中石化炼化工程（集团）股份有限公司 |
| 15 | 74 | 102 | 中国通用技术（集团）控股有限责任公司 |
| 16 | 75 | 89 | 中国中原对外工程有限公司 |
| 17 | 78 | 90 | 中国水利电力对外有限公司 |
| 18 | 80 | 83 | 特变电工股份有限公司 |
| 19 | 81 | 65 | 哈尔滨电气国际工程有限责任公司 |
| 20 | 83 | 155 | 中国东方电气集团有限公司 |
| 21 | 86 | 85 | 中国有色金属建设股份有限公司 |
| 22 | 89 | 87 | 浙江省建设投资集团股份有限公司 |
| 23 | 90 | 88 | 威海国际经济技术合作股份有限公司 |
| 24 | 93 | 92 | 中国江西国际经济技术合作有限公司 |
| 25 | 97 | 94 | 北方国际合作股份有限公司 |
| 26 | 99 | 97 | 江西中煤建设集团有限公司 |
| 27 | 100 | 118 | 中国航空技术国际工程有限公司 |
| 28 | 101 | 80 | 中国电力技术装备有限公司 |
| 29 | 107 | 157 | 中钢设备有限公司 |
| 30 | 108 | 120 | 中国地质工程集团有限公司 |
| 31 | 109 | 110 | 新疆生产建设兵团建设工程（集团）有限责任公司 |
| 32 | 111 | 109 | 上海建工集团有限公司 |
| 33 | 115 | 111 | 中地海外集团有限公司 |
| 34 | 116 | 145 | 中国河南国际合作集团有限公司 |
| 35 | 117 | 125 | 中石化中原石油工程有限公司 |
| 36 | 120 | 123 | 北京建工集团有限责任公司 |
| 37 | 121 | 132 | 云南省建设投资控股集团有限公司 |
| 38 | 122 | 126 | 江苏省建筑工程集团有限公司 |
| 39 | 130 | 129 | 中国江苏国际经济技术合作集团有限公司 |
| 40 | 132 | 130 | 中国武夷实业股份有限公司 |
| 41 | 133 | 133 | 江苏南通三建集团股份有限公司 |
| 42 | 138 | 140 | 烟建集团有限公司 |

（续）

| 名次 | 2019 | 2018 | 企业名称 |
|---|---|---|---|
| 43 | 143 | — | 中国建材国际工程集团有限公司 |
| 44 | 144 | 146 | 中鼎国际工程有限责任公司 |
| 45 | 145 | 144 | 中国成套设备进出口集团有限公司 |
| 46 | 153 | 152 | 沈阳远大铝业工程有限公司 |
| 47 | 154 | 148 | 北京城建集团有限责任公司 |
| 48 | 155 | 162 | 上海城建（集团）公司 |
| 49 | 158 | 174 | 江西省水利水电建设有限公司 |
| 50 | 166 | 143 | 安徽省外经建设（集团）有限公司 |
| 51 | 180 | 192 | 安徽建工集团有限公司 |
| 52 | 182 | — | 山东电力工程咨询院有限公司 |
| 53 | 185 | 175 | 山东德建集团有限公司 |
| 54 | 192 | 185 | 烟台国际经济技术合作集团有限公司 |
| 55 | 194 | — | 浙江省东阳第三建筑工程有限公司 |
| 56 | 196 | 207 | 重庆对外建设（集团）有限公司 |
| 57 | 198 | 158 | 江联重工集团股份有限公司 |
| 58 | 199 | 182 | 南通建工集团股份有限公司 |
| 59 | 200 | — | 山东淄建集团有限公司 |
| 60 | 202 | — | 龙信建设集团有限公司 |
| 61 | 204 | 215 | 浙江交工集团股份有限公司 |
| 62 | 205 | — | 中矿资源集团股份有限公司 |
| 63 | 207 | — | 山东科瑞石油装备有限公司 |
| 64 | 208 | 204 | 中国山东对外经济技术合作集团有限公司 |
| 65 | 209 | 186 | 中铝国际工程股份有限公司 |
| 66 | 212 | 222 | 江苏中南建筑产业集团有限责任公司 |
| 67 | 213 | 216 | 中国甘肃国际经济技术合作总公司 |
| 68 | 214 | 246 | 山西建设投资集团有限公司 |
| 69 | 220 | — | 山东省路桥集团有限公司 |
| 70 | 226 | — | 中机国能电力工程有限公司 |
| 71 | 232 | 242 | 湖南路桥建设集团有限责任公司 |
| 72 | 238 | 219 | 中国大连国际经济技术合作集团有限公司 |
| 73 | 240 | 243 | 北京住总集团有限责任公司 |
| 74 | 246 | — | 四川公路桥梁建设集团有限公司 |
| 75 | 250 | 244 | 蚌埠市国际经济技术合作有限公司 |

备注：“—”表示该企业 2018 年度未入围榜单。

〔来源：中国对外承包工程商会官网〕

# 2018 年度中国机械工业科学技术奖奖励项目

## 2018 年度中国机械工业科学技术奖 特等奖项目（5 项）

| 项目编号 | 项目名称 | 完成单位 |
| --- | --- | --- |
| 1801030 | 精密卧式加工中心关键技术研究及重点领域应用 | 北京机床研究所有限公司、北京工研精机股份有限公司、四川普什宁江机床有限公司、沈机集团昆明机床股份有限公司、天津大学、西安交通大学、北京星航机电装备有限公司 |
| 1806109 | 特大型空气分离设备关键技术开发及应用 | 杭州杭氧股份有限公司、神华宁夏煤业集团有限责任公司、浙江大学 |
| 1809012 | 大型复杂复合材料构件数字化柔性高效精确成形关键技术与装备 | 机械科学研究总院集团有限公司、江苏天鸟高新技术股份有限公司、中国航天科工集团第六研究院四十一所 |
| 1810028 | 海上大型绞吸疏浚装备的自主研发与产业化 | 上海交通大学、中交上海航道局有限公司、长江航道局、中交疏浚技术装备国家工程研究中心有限公司、中国船舶重工集团公司第七一一研究所、江苏科技大学、江苏海新船务重工有限公司 |
| 1811012 | 甲醇燃料乘用车发动机关键技术开发及应用 | 湖南吉利汽车部件有限公司、浙江吉利控股集团有限公司、上海华普汽车有限公司 |

## 2018 年度中国机械工业科学技术奖 一等奖项目（47 项）

| 项目编号 | 项目名称 | 完成单位 |
| --- | --- | --- |
| 1801024 | 大尺寸光学非球面加工技术及装备 | 西安交通大学、秦川机床工具集团股份公司、哈尔滨工业大学、北京空间机电研究所、厦门大学、苏州大学 |
| 1801025 | 高性能航空发动机复杂型面叶片精密砂带磨削技术及其应用 | 重庆大学、中国航发动力股份有限公司、重庆三磨海达磨床有限公司、重庆理工大学、重庆文理学院 |
| 1801028 | 300mm 硅片超精密磨削技术与装备 | 大连理工大学、有研半导体材料有限公司、无锡机床股份有限公司 |
| 1801029 | 异质多元多层高端印制电路板高效高可靠性微细加工技术 | 广东工业大学、深圳市金洲精工科技股份有限公司、深南电路股份有限公司、株洲硬质合金集团有限公司、广州杰赛科技股份有限公司、生益电子股份有限公司、深圳市景旺电子股份有限公司、深圳市柳鑫实业股份有限公司 |
| 1802017 | 特高压直流接入 750kV 交流换流变压器关键设备研发及工程应用 | 特变电工沈阳变压器集团有限公司、大连理工大学、沈阳工业大学 |

（续）

| 项目编号 | 项目名称 | 完成单位 |
| --- | --- | --- |
| 1802041 | 高性能非常速永磁电机系统关键技术及推广应用 | 沈阳工业大学、山东欧瑞安电气有限公司、重庆德马变频电机研发制造有限公司、沈阳蓝光驱动技术有限公司、江苏航天动力机电有限公司、力博重工科技股份有限公司 |
| 1802042 | 千兆瓦级柔性直流背靠背系统装备研发及其应用 | 南方电网科学研究院有限责任公司、清华大学、北京四方继保自动化股份有限公司、荣信汇科电气技术有限责任公司、西安西电电力系统有限公司 |
| 1802060 | 超高压交联聚乙烯绝缘光纤复合海底电缆系统 | 江苏亨通高压海缆有限公司 |
| 1802072 | 智能电网实时数字仿真装备及全自动检测技术研究 | 许昌开普检测研究院股份有限公司 |
| 1802095 | 海上风电发电及输电用高端电缆关键技术及应用 | 上海电缆研究所有限公司、上海国缆检测中心有限公司、中天科技海缆有限公司、宁波东方电缆股份有限公司、福建龙源风力发电有限责任公司 |
| 1802113 | 1 000 兆瓦级超超临界二次再热汽轮机及锅炉研制 | 上海电气电站设备有限公司、上海锅炉厂有限公司 |
| 1802122 | 大型高效直驱永磁风电机组关键技术与装备及应用 | 湖南大学、湘电风能有限公司、中国人民解放军国防科技大学、湘潭电机股份有限公司、株洲时代新材料科技股份有限公司、湖南科技大学 |
| 1803008 | PM2.5 在线源解析质谱监测系统 | 广州禾信仪器股份有限公司、暨南大学、昆山禾信质谱技术有限公司 |
| 1803011 | 实时定姿定位高精度一体化智能载荷技术 | 清华大学 |
| 1804009 | 核能发电机超大型转子锻件制造关键技术及应用 | 二重集团（德阳）重型装备股份有限公司* |
| 1804040 | 煤矿大型高端综采成套装备及其智能制造关键技术 | 天地科技股份有限公司、兖矿集团有限公司、宁夏天地奔牛实业集团有限公司、西安煤矿机械有限公司、山东科技大学、兖矿东华重工有限公司、山东能源重型装备制造集团有限责任公司、北京天地玛珂电液控制系统有限公司 |
| 1804041 | 3 000kN/7 500kN·m 大型锻造操作机关键技术及应用 | 中国重型机械研究院股份公司*、江苏国光重型机械有限公司、燕山大学、西安交通大学、重庆大学 |
| 1804045 | 镀锡板高速精整机组关键工艺及装备研发与应用 | 中国重型机械研究院股份公司*、武钢新日铁（武汉）镀锡板有限公司 |
| 1805018 | 玉米田间生产全程机械化关键技术与装备 | 中国农业机械化科学研究院*、现代农装科技股份有限公司、中机美诺科技股份有限公司、河北中农博远农业装备有限公司、山东巨明机械有限公司、中机北方机械有限公司 |
| 1805020 | 大型系列动力换挡拖拉机关键技术及产业化 | 中国一拖集团有限公司*、第一拖拉机股份有限公司、河南科技大学、中国农业大学、洛阳拖拉机研究所有限公司、洛阳西苑车辆与动力检验所有限公司 |
| 1806013 | 1 500kN 大型往复式压缩机组国产化研制 | 沈阳鼓风机集团股份有限公司、沈阳透平机械股份有限公司、中国石化工程建设有限公司、中化泉州石化有限公司 |
| 1806017 | 基于核电站极端条件的风冷螺杆式冷水机组 | 珠海格力电器股份有限公司、国核工程有限公司 |
| 1806044 | 高效控制 PM2.5 电除尘技术与装备 | 浙江菲达环保科技股份有限公司、浙江大学、申能股份有限公司 |

（续）

| 项目编号 | 项目名称 | 完成单位 |
|---|---|---|
| 1806054 | 高精密高性能塑料注射成形技术及装备 | 华中科技大学、浙江大学、博创智能装备股份有限公司、宁波方正汽车模具股份有限公司、瑞声光电科技(常州)有限公司、深圳市兆威机电股份有限公司 |
| 1806090 | 大型 LNG 储罐内潜液泵 | 大连深蓝泵业有限公司、中海石油气电集团有限责任公司、中海浙江宁波液化天然气有限公司 |
| 1806112 | 基于液态搅拌法制备的中子吸收材料及整体骨 | 中广核工程有限公司、清华大学深圳研究生院、四川聚能核技术工程有限公司 |
| 1807005 | 高性能重载行星齿轮传动装置关键技术与应用 | 重庆大学、太原重工股份有限公司、大连理工大学 |
| 1807016 | 高精低摩轴承的设计制造与评价关键技术及产业化 | 河南科技大学、人本集团有限公司、台州科锦轴承有限公司、浙江陀曼精密机械有限公司、中国航发哈尔滨轴承有限公司 |
| 1807054 | 工程机械液力传动系统高效节能功能集成技术与应用 | 北京理工大学、湖北航天技术研究院特种车辆技术中心、江麓机电集团有限公司 |
| 1807057 | 高端陶瓷密封环成套技术开发及应用 | 宁波伏尔肯科技股份有限公司、合肥通用机械研究院有限公司*、清华大学 |
| 1808022 | 新型柔性车身总拼系统开发 | 东风设计研究院有限公司、江铃汽车股份有限公司、南京依维柯汽车有限公司 |
| 1808039 | 杭州九峰垃圾焚烧发电工程 | 中国联合工程有限公司*、光大环保技术研究院（南京）有限公司 |
| 1809007 | 大型轻质、高强筒形构件旋压设备与工艺 | 中国航空制造技术研究院、西安航天动力机械有限公司、浙江大学 |
| 1809009 | 大型升船机可靠性成套技术与应用 | 机械科学研究总院集团有限公司、郑州机械研究所有限公司、二重（德阳）重型装备有限公司*、中国水利水电科学研究院、三峡机电工程技术有限公司、长江勘测规划设计研究有限责任公司、东北大学、中机生产力促进中心 |
| 1809020 | 复杂工况下高性能减振技术与装置 | 华中科技大学、上海大学 |
| 1809027 | 低摩擦固体润滑碳薄膜关键技术及产业化应用 | 中国科学院兰州化学物理研究所、中国第一汽车集团有限公司、南岳电控（衡阳）工业技术股份有限公司 |
| 1809053 | 高速多并联机器人协同作业系统关键技术与成套装备 | 济南翼菲自动化科技有限公司、清华大学 |
| 1809074 | 深海油气管道和平台高效高性能焊接与评估关键技术及应用 | 天津大学、海洋石油工程股份有限公司 |
| 1809075 | 能场复合激光表面改性关键技术及应用 | 浙江工业大学、哈尔滨汽轮机厂有限责任公司、上海电气电站设备有限公司、杭州汽轮机股份有限公司、杭州博华激光技术有限公司 |
| 1809092 | 高性能特种安全玻璃关键技术与产业化 | 江苏大学、江苏铁锚玻璃股份有限公司 |
| 1810030 | 全断面岩石隧道掘进装备（TBM）自主设计制造 | 中铁工程装备集团有限公司、浙江大学、大连理工大学、山东大学、中铁隧道局集团有限公司 |
| 1810034 | 2 000t 全地面起重机 | 中联重科股份有限公司 |
| 1811040 | 高功率密度内燃机球铁曲轴绿色制造关键技术及产业化 | 天润曲轴股份有限公司、山东理工大学 |
| 1811049 | 内燃机主动抗扰关键技术与应用 | 天津大学、潍柴动力股份有限公司、长城汽车股份有限公司、天津易博达动力科技有限公司 |

（续）

| 项目编号 | 项目名称 | 完成单位 |
| --- | --- | --- |
| 1812031 | 沥青洒布车生产过程中调试检测方法与控制方法 | 徐州徐工养护机械有限公司 |
| 1813035 | 面向数控装备的智能物联数据监测处理关键技术及标准 | 北京航空航天大学、国家机床质量监督检验中心、北京机械工业自动化研究所有限公司、山东大学、广州数控设备有限公司、北京航天万源科技有限公司、北京航天拓扑高科技有限责任公司 |
| 1813052 | 国际标准《公用电网电能质量特性评估》（IEC TS 62749） | 中机生产力促进中心、西安博宇电气有限公司、中国铁建电气化局集团有限公司、华北电力大学、中铁上海设计院集团有限公司 |

# 2018 年度中国机械工业科学技术奖二等奖项目（137 项）

| 项目编号 | 项目名称 | 完成单位 |
| --- | --- | --- |
| 1801021 | GBX2600/5X5 高速智能无卡轴旋切单板生产线 | 山东百圣源集团有限公司 |
| 1801022 | 铸件砂型近净成形成套装备 | 国机铸锻机械有限公司、山东大学、致恒（天津）实业有限公司、济南铸造锻压机械研究所有限公司* |
| 1801026 | 移动终端异形金属结构件高效精密加工技术及应用 | 广东长盈精密技术有限公司、东莞理工学院、广东钶锐锶数控技术有限公司 |
| 1801035 | 精密刀具高效数控磨削用超硬磨料砂轮开发及应用 | 郑州磨料磨具磨削研究所有限公司* |
| 1801037 | 硬脆材料高效高精磨抛划切关键工艺及成套装备 | 湖南大学、大族激光科技产业集团股份有限公司、长沙华腾智能装备有限公司、国防科技大学、长沙纳美特超精密制造技术有限公司 |
| 1802006 | 基于桥臂阻尼的柔性直流输电换流阀关键技术、设备及工程应用 | 许继集团有限公司 |
| 1802011 | 光伏电池组件环境可靠耐久性技术研发与产业应用 | 中国电器科学研究院有限公司*、中山大学、中国质量认证中心、隆基绿能科技股份有限公司 |
| 1802020 | 大型核电、水电站用 550kV 刚性气体绝缘输电线路研发及应用 | 西安西电开关电气有限公司 |
| 1802022 | 交流特高压继电保护关键技术研究及设备研制 | 许继集团有限公司、许继电气股份有限公司、国网浙江省电力有限公司、国网江苏省电力有限公司电力科学研究院 |
| 1802032 | 高井电厂 350 兆瓦级大容量全空冷汽轮发电机组研制与工程应用 | 哈尔滨电机厂有限责任公司、大唐国际发电股份有限公司北京高井热电厂 |
| 1802040 | 大容量固态储热系统及其风电消纳技术与应用 | 沈阳工业大学、沈阳世杰电器有限公司、国网辽宁省电力有限公司、北京科东电力控制系统有限责任公司 |
| 1802043 | 700MV·A 出口型汽轮发电机关键技术研究 | 东方电气集团东方电机有限公司 |
| 1802050 | 高原型架空出线气体绝缘金属封闭开关设备 | 常州太平洋电力设备（集团）有限公司、中铁二院工程集团有限责任公司、常州赛尔克瑞特电气有限公司、四川艾德瑞电气有限公司 |

（续）

| 项目编号 | 项目名称 | 完成单位 |
| --- | --- | --- |
| 1802092 | 超、特高压直流输电 TCU 结构换流阀晶闸管级综合测试设备 | 西安西电电力系统有限公司、西安交通大学 |
| 1802094 | 高可靠性耐高温耐辐射特种电线关键技术与应用 | 上海电缆研究所有限公司 |
| 1802097 | TD34 系列固封极柱用真空灭弧室的开发 | 陕西宝光真空电器股份有限公司 |
| 1802103 | 大型燃机静止变频器关键技术及应用 | 南京南瑞继保电气有限公司、南京南瑞继保工程技术有限公司 |
| 1802107 | 全分支信息高灵敏发电机保护系统关键技术及应用 | 南京南瑞继保电气有限公司、南京南瑞继保工程技术有限公司、北京四方继保自动化股份有限公司、北京交通大学、国网北京市电力公司 |
| 1802115 | 智能变电站关键技术、成套装备及产业化应用 | 国网经济技术研究院有限公司、平高集团有限公司、中国电力科学研究院有限公司、南京南瑞继保电气有限公司 |
| 1802116 | 电弧故障保护电器（AFDD）特性试验装置 | 上海电器科学研究所（集团）有限公司、上海电器科学研究院、苏州上电科电气设备有限公司 |
| 1802120 | 电力系统通信用（超）低损耗、超低温度 OPGW 及附件技术研究及应用 | 中天电力光缆有限公司、上海国缆检测中心有限公司 |
| 1802121 | 低能耗低排放高速拉丝漆包机 | 无锡巨一同创科技有限公司 |
| 1802123 | ZZLW3-100 型直流转换开关关键技术研究 | 平高集团有限公司 |
| 1802124 | 基于三维多物理场耦合的 GIS 温升仿真技术研究 | 平高集团有限公司 |
| 1802131 | ±800kV 直流复合外绝缘技术研究及工程应用 | 南方电网科学研究院有限责任公司、中国南方电网有限责任公司、清华大学、重庆大学、江苏神马电力股份有限公司、长园高能电气股份有限公司 |
| 1802139 | 超临界 600MW 等级机组汽轮机提效减碳关键技术 | 东方电气集团东方汽轮机有限公司 |
| 1802141 | S-C-70000/220 串联变压器技术开发与工程应用 | 西安西电变压器有限责任公司 |
| 1802143 | 30～50MW 超高温超高压高转速一次再热凝汽式工业汽轮机研制 | 东方电气集团东方汽轮机有限公司 |
| 1803004 | 高品质铂铱合金系列电极材料及元件开发与产业化 | 重庆材料研究院有限公司* |
| 1803009 | 静电图像显影剂用磁性载体 | 湖北省鼎龙控股股份有限公司 |
| 1803015 | 空调器及热泵热水器高性能试验装备关键技术研究和应用 | 中国电器科学研究院有限公司*、珠海格力电器股份有限公司 |
| 1804012 | 冷轧硅钢边降及同板差控制技术及工程应用 | 中国第一重型机械股份公司、鞍钢未来钢铁研究院有限公司、鞍钢股份有限公司 |
| 1804014 | MG900/2400-WD 型高速高可靠性电牵引采煤机 | 天地科技股份有限公司上海分公司、天地上海采掘装备科技有限公司 |
| 1804016 | 新型滑雪索道关键技术及工程应用 | 北京起重运输机械设计研究院有限公司* |
| 1804019 | QLK14400.60 型斗轮取料机 | 大连华锐重工集团股份有限公司 |

（续）

| 项目编号 | 项目名称 | 完成单位 |
|---|---|---|
| 1804021 | 特种有色金属板材辊式矫直技术与装备开发及其应用 | 太原科技大学、太原重工股份有限公司、中色科技股份有限公司、江苏江海机床集团有限公司、太原理工大学 |
| 1804028 | 冷带轧制规程、工艺润滑制度及非常态板形控制技术的研究 | 燕山大学、山东冠洲股份有限公司、江苏九天光电科技有限公司 |
| 1804035 | 楼式骨料制备成套设备 | 河南黎明重工科技股份有限公司、郑州机械研究所有限公司、洛阳理工学院 |
| 1804036 | 大升程水力驱动式垂直升船机核心装备研制与工程应用 | 中信重工机械股份有限公司、洛阳矿山机械工程设计研究院有限责任公司、华能澜沧江水电股份有限公司、洛阳中重自动化工程有限责任公司、矿山重型装备国家重点实验室 |
| 1804038 | TZT1200 履带式伸缩臂起重机研制 | 太原重工股份有限公司、大连理工大学 |
| 1804042 | 超薄镀锡原板平整及二次冷轧高效精密工艺与装备 | 中国重型机械研究院股份公司*、海南海协镀锡原板有限责任公司、燕山大学 |
| 1804044 | 板坯连铸装备设计理论研究与应用 | 中国重型机械研究院股份公司*、河北钢铁集团唐山燕山钢铁有限公司、大连华锐重工集团股份有限公司 |
| 1804051 | 现代舞台艺术呈现成套装备关键技术研发与应用 | 甘肃工大舞台技术工程有限公司、兰州理工大学 |
| 1805001 | 高效自动化全喂入联合收获机设计制造技术研究与应用 | 浙江大学、星光农机股份有限公司 |
| 1805005 | 玉米机械化播种技术和装备研究及试验示范 | 黑龙江省农业机械工程科学研究院 |
| 1805014 | 大型高能效灌排泵装置优化策略与关键技术应用研究 | 江苏大学、安徽省水利水电勘测设计院、黑龙江省水利水电勘测设计研究、江苏国泉泵业制造有限公司、利欧集团湖南泵业有限公司 |
| 1805017 | 棉种智能精细加工关键技术及装备 | 中国农业机械化科学研究院*、石河子开发区天佐种子机械有限责任公司、新疆惠远种业股份有限公司、合肥美亚光电技术股份有限公司、酒泉奥凯种子机械股份有限公司 |
| 1806005 | 100t 电炉烟气多重捕集高效除尘技术 | 科林环保技术有限责任公司 |
| 1806011 | 高性能碟式离心机的研究与开发 | 常州大学、江苏巨能机械有限公司 |
| 1806012 | 大功率高分油液力回收透平 | 沈阳鼓风机集团股份有限公司、沈阳鼓风机集团石化泵有限公司 |
| 1806014 | 油气管线用高压大口径压力平衡式旋塞阀 | 中国石油天然气股份有限公司西部管道分公司、四川精控阀门制造有限公司 |
| 1806020 | 矿山大型排水泵站系统节能技术、产品研发与应用 | 合肥通用机械研究院有限公司*、上海电机系统节能工程技术研究中心有限公司、安徽大学、合肥恒大江海泵业股份有限公司、华东理工大学、合肥通用环境控制技术有限责任公司 |
| 1806025 | 石油化工加氢装置关键工艺阀门研发及工程化应用 | 中核苏阀科技实业股份有限公司、中石化洛阳工程有限公司、中国石化工程建设有限公司 |
| 1806026 | 大型矿用多级泵节能降耗关键技术研究与产业化 | 江苏大学、南通大学、济宁安泰矿山设备制造有限公司、山东星源矿山设备集团有限公司、合肥华升泵阀股份有限公司、山西天海泵业有限公司、江苏泰丰泵业有限公司 |
| 1806032 | LNG 海水泵国产化研制及应用 | 上海凯泉泵业（集团）有限公司、中海浙江宁波液化天然气有限公司 |

（续）

| 项目编号 | 项目名称 | 完成单位 |
|---|---|---|
| 1806033 | DM 型 MVR 蒸汽压缩机 | 南通大通宝富风机有限公司 |
| 1806034 | 超大型系列水环真空泵成套设备研发及产业化 | 淄博水环真空泵厂有限公司、山东理工大学、西南交通大学 |
| 1806036 | 大型原油储罐基于风险的检验技术及工程应用 | 合肥通用机械研究院有限公司*、镇海国家石油储备基地有限责任公司、合肥通用机械研究院特种设备检验站有限公司、中石化长输油气管道检测有限公司 |
| 1806038 | 超宽温区高效节能可靠多联机关键技术及产业化 | 广东美的暖通设备有限公司 |
| 1806041 | 丙烷脱氢装置用压缩机组技术开发与应用 | 西安陕鼓动力股份有限公司 |
| 1806049 | 工业汽轮机长扭叶片关键技术研发及产业化应用 | 杭州汽轮机股份有限公司 |
| 1806052 | 利用液化天然气冷能的空气分离技术 | 四川空分设备（集团）有限责任公司 |
| 1806056 | 超高压除鳞系统关键技术研究及工程应用 | 重庆水泵厂有限责任公司、兰州理工大学、重庆大学 |
| 1806060 | 超超临界高端调节阀、安全阀、电磁泄放阀的研制及应用 | 哈电集团哈尔滨电站阀门有限公司 |
| 1806081 | TJT-（F）1320/JJT-（F）1275 碳纤维涂浸胶机组 | 大连橡胶塑料机械有限公司 |
| 1806093 | 石油污染场地热解修复技术集成及撬装式成套装备 | 浙江宜可欧环保科技有限公司、湖州师范学院 |
| 1806096 | PTA 装置高压溶剂进料泵国产化研制 | 北京航天石化技术装备工程有限公司、北京航天动力研究所 |
| 1806097 | WWG 系列双楔式闸阀 | 北京航天石化技术装备工程有限公司 |
| 1807009 | 重型载货汽车轮毂圆锥轴承单元及轮毂总成整体解决方案 | 临沂开元轴承有限公司、河南科技大学、山东轴研精密轴承有限公司 |
| 1807013 | 工业机器人末端气控系统 | 深圳市恒拓高工业技术股份有限公司 |
| 1807023 | 城市轨道车辆轴箱轴承研制 | 宝塔实业股份有限公司 |
| 1807024 | 高速精密机床主轴轴承磨削关键技术及应用 | 浙江优特轴承有限公司、湖南大学、上海瑞伯德智能系统股份有限公司 |
| 1807025 | 长寿命高性能关节轴承关键技术研发与产业化 | 福建龙溪轴承（集团）股份有限公司、广东省新材料研究所、厦门大学、燕山大学、中机试验装备股份有限公司 |
| 1807029 | 小型挖掘机用斜盘式轴向柱塞变量泵关键技术及应用 | 江苏恒立液压科技有限公司 |
| 1807039 | 高承载低启动力矩轴径向集成滚动轴承 | 瓦房店轴承集团国家轴承工程技术研究中心有限公司、瓦房店轴承集团有限责任公司、瓦房店轴承集团特种精密轴承有限责任公司 |
| 1807050 | 高速重载轴瓦界面改性与连接技术及应用 | 郑州机械研究所有限公司、卧龙电气南阳防爆集团股份有限公司、申科滑动轴承股份有限公司、郑州轻工业学院 |
| 1807051 | 大型高速铁路轴箱轴承试验技术及应用 | 洛阳 LYC 轴承有限公司、河南科技大学、中车青岛四方车辆研究所有限公司、浙江大学、中国铁道科学研究院集团有限公司 |
| 1807059 | 牵引电机用绝缘轴承关键技术研究 | 洛阳轴承研究所有限公司* |

（续）

| 项目编号 | 项目名称 | 完成单位 |
|---|---|---|
| 1807066 | 核电等特殊行业 5 000kW 以上减振式齿轮箱机组关键技术研发及产业化 | 盐城工学院、江苏泰隆减速机股份有限公司 |
| 1807067 | 高效节能汽车起重机成套液压元件研发及产业化 | 圣邦集团有限公司、徐州重型机械有限公司 |
| 1808013 | 大型数据中心基础设施规划设计方法研究与应用 | 中国中元国际工程有限公司* |
| 1808017 | 一汽－大众汽车有限公司佛山二期总装车间输送系统研究开发集成应用项目 | 机械工业第九设计研究院有限公司、一汽－大众汽车有限公司 |
| 1808028 | 高水位差地区大型横向下水滑道设计关键技术 | 中船第九设计研究院工程有限公司 |
| 1808030 | 陕鼓分布式能源智能综合利用示范项目 | 西安陕鼓动力股份有限公司 |
| 1808033 | 浙江中烟工业有限责任公司宁波卷烟厂“十二五”异地技术改造项目 | 机械工业第六设计研究院有限公司* |
| 1808037 | 神华宁煤 400 万 t/a 煤炭间接液化项目动力站装置 | 中国联合工程有限公司* |
| 1809013 | 基于汽车轻量化的充液成形工艺关键技术与成套装备及应用 | 安徽江淮汽车集团股份有限公司 |
| 1809022 | 全自动环保铅锭造粒生产关键工艺技术及装备 | 中节能西安启源机电装备有限公司、中节能环保装备股份有限公司 |
| 1809025 | 航空发动机高温合金涡轮叶片定向凝固过程多尺度建模与仿真技术及其工程应用 | 清华大学、中国航发北京航空材料研究院、中国航发沈阳黎明航空发动机有限责任公司 |
| 1809028 | 柴油车尾气后处理系统关键技术及应用 | 南京工程学院、凯龙高科技股份有限公司、南京依维柯汽车有限公司、凯龙蓝烽新材料科技有限公司、江苏卡威汽车工业集团股份有限公司 |
| 1809029 | 超大型环件轧制技术与装备 | 武汉理工大学、张家港中环海陆特锻股份有限公司、浙江天马轴承集团有限公司 |
| 1809030 | 大型客机新型铝锂合金关键制造技术及应用 | 上海飞机制造有限公司 |
| 1809038 | 大尺寸溅射钼靶材关键成型技术及应用 | 河南科技大学、洛阳科威钨钼有限公司、洛阳高新四丰电子材料有限公司 |
| 1809039 | 具有抗拉强度反常温度效应的高强耐热镁合金 | 河南科技大学、洛阳鑫友镁业有限公司 |
| 1809041 | 12 兆瓦级风电叶片全尺寸结构测试平台研发及应用 | 连云港中复连众复合材料集团有限公司、山东理工大学 |
| 1809049 | 基于丝网印刷的晶硅太阳能电池制造自动线成套装备及其关键技术 | 华南理工大学、东莞市科隆威自动化设备有限公司 |
| 1809056 | 高效大吨位精密热模锻关键技术及其智能化生产系统 | 扬力集团股份有限公司 |
| 1809057 | 面向点位操作的高速精密测量与定位关键技术及应用 | 广东工业大学、深圳市大族电机科技有限公司、广东万濠精密仪器股份有限公司、固高科技（深圳）有限公司 |
| 1809071 | 高端制造机器人柔性自动化生产线控制系统及应用 | 湖南大学、威胜信息技术股份有限公司、中国科学院自动化研究所、中国科学院沈阳自动化研究所、中国铁建重工集团有限公司、长沙长泰机器人有限公司、湖南红太阳光电技术有限公司 |

（续）

| 项目编号 | 项目名称 | 完成单位 |
|---|---|---|
| 1809090 | 多材质耦合机械系统非线性动力学防护设计理论与技术应用研究 | 江苏大学、桂林电子科技大学 |
| 1809095 | 钎缝缺欠调控技术与工程应用 | 郑州机械研究所有限公司、安徽工业大学、哈尔滨工业大学 |
| 1809096 | 汽车 AMT 变速器智能化在线检测试验设备 | 北京机械工业自动化研究所有限公司、北京工业大学 |
| 1810006 | QJSYT-094 硬岩土压双模式掘进机 | 北方重工集团有限公司 |
| 1810015 | 面向随机多变负载的工程机械低噪高效关键技术 | 徐州工程机械集团有限公司 |
| 1810016 | 大型举高消防车关键技术研究及产业化 | 徐工消防安全装备有限公司 |
| 1810018 | 大型智能成套矿业机械关键技术研究及产业化 | 徐州徐工矿山机械有限公司 |
| 1810035 | 高水压高智能大直径盾构关键技术开发及应用 | 中铁隧道局集团有限公司、盾构及掘进技术国家重点实验室、河南科技大学、浙江大学 |
| 1810038 | 遥操作履带式越野装运车及其关键技术 | 陆军研究院特种勤务研究所、泸州长起特种起重设备有限公司、河北交通职业技术学院 |
| 1810043 | 沥青纤维碎石同步封层车（系列）关键技术研究及应用 | 浙江美通筑路机械股份有限公司、长安大学 |
| 1810053 | 集装箱港口无人堆场机械群远程控制技术及其应用研究 | 武汉港迪智能技术有限公司、武汉理工大学、深圳妈湾港务有限公司、招商局国际信息技术有限公司 |
| 1811003 | 4A2-88C50 型柴油机 | 安徽全柴动力股份有限公司 |
| 1811005 | 低排放高性能中小功率系列舷外机的研发与产业化 | 苏州百胜动力机器股份有限公司、江苏大学 |
| 1811006 | G 系列农用柴油机关键技术 | 常柴股份有限公司、江苏大学、辽阳新风科技有限公司、宁波威孚天力增压技术有限公司 |
| 1811007 | 乘用车动力系统振动噪声控制关键技术的研发与应用 | 中汽研（天津）汽车工程研究院有限公司、中国汽车技术研究中心有限公司 |
| 1811014 | 柴油机双级油气分离系统的技术研发及应用 | 广西玉柴机器股份有限公司 |
| 1811027 | 重型发动机维保周期延长技术及产业化 | 潍柴动力股份有限公司 |
| 1811030 | 柴油机后处理系统关键技术研究及产业化 | 潍柴动力空气净化科技有限公司、潍柴动力股份有限公司、山东大学、中自环保科技有限公司 |
| 1811031 | 高性能重型车用天然气发动机关键技术及产业化 | 潍柴动力股份有限公司、潍柴西港新能源动力有限公司、山东大学、中国汽车技术研究中心有限公司、北京交通大学、中国汽车工程研究院股份有限公司 |
| 1812018 | 降低纤维颗粒缺陷返修车发生频次 | 一汽轿车股份有限公司 |
| 1812019 | 柴油机泄漏自动检测控制装置关键技术开发与应用 | 道依茨一汽（大连）柴油机有限公司 |
| 1812034 | 常规岛低压转子加工的产业化研究 | 中国第一重型机械股份公司 |
| 1812056 | 50MW 燃机燃烧器制造技术 | 东方电气集团东方汽轮机有限公司焊培站 |
| 1813001 | 钎焊板式热交换器标准（标准号：NB/T 47045—2015） | 甘肃蓝科石化高新装备股份有限公司*、上海蓝滨石化设备有限责任公司、阿法拉伐（江阴）设备制造有限公司、苏州舒瑞普科技有限公司、上海市特种设备监督检验技术研究院 |

（续）

| 项目编号 | 项目名称 | 完成单位 |
| --- | --- | --- |
| 1813003 | 《低低温电除尘器标准（标准号 JB/T 12591—2016）》 | 浙江菲达环保科技股份有限公司、福建龙净环保股份有限公司、中机生产力促进中心、中国电力工程顾问集团有限公司、华能国际电力股份有限公司、浙江大学、中国电力工程顾问集团东北电力设计院有限公司 |
| 1813014 | 交通管理大数据智能研判平台核心关键技术 | 上海电科智能系统股份有限公司 |
| 1813015 | 工业控制系统信息安全（标准号：GB/T 30976.1 ～ .2—2014） | 机械工业仪器仪表综合技术经济研究所、北京东土科技股份有限公司、北京和利时系统工程有限公司 |
| 1813021 | 实车碰撞关键测试技术与成套装备研究及工程应用 | 中国汽车技术研究中心有限公司 |
| 1813024 | 工业锅炉系统能效提升与产业化政策研究 | 机械工业技术发展基金会、机械工业节能与资源利用中心、西安交通大学、上海工业锅炉研究所有限公司、天津宝成机械制造股份有限公司 |
| 1813032 | 温湿度独立控制空调系统关键设备系列标准 | 合肥通用机械研究院有限公司*、珠海格力电器股份有限公司、合肥通用环境控制技术有限责任公司、中国标准化研究院、合肥通用机电产品检测院有限公司、浙江盾安人工环境股份有限公司、合肥天鹅制冷科技有限公司 |
| 1813036 | 中国工程机械走出去标准需求研究 | 中国工程机械工业协会、天津工程机械研究院、北京建筑机械化研究院、北京起重运输机械设计研究院*、杭叉集团股份有限公司 |
| 1813041 | 中央级科研机构改革与发展情况研究 | 中机生产力促进中心 |
| 1813053 | 大型核电机组汽轮机整锻低压转子锻件技术条件（JB/T 12139—2015） | 哈尔滨汽轮机厂有限责任公司、二重（德阳）重型装备有限公司铸锻公司*、中国一重 - 天津重型装备工程研究有限公司 |
| 1813057 | 《直流融冰装置》（GB/T 31487）系列国家标准 | 南方电网科学研究院有限责任公司、南京南瑞继保电气有限公司、中国电力工程顾问集团西南电力设计院有限公、西安高压电器研究院有限责任公司、云南电力试验研究院、贵州电网有限责任公司电力科学研究院、西安西电电力系统有限公司 |
| 1813061 | 水电 / 风电机组状态监测诊断技术及工程应用 | 清华大学、中国人民解放军陆军装甲兵学院、北京科技大学、北京奥技异电气技术研究所有限公司、北京中元瑞讯科技有限公司、北京浩朴科技有限公司 |
| 1814004 | 机械优化设计（第 6 版） | 哈尔滨工业大学、机械工业出版社 |
| 1814008 | 《电力电子系统电磁瞬态过程》（第 1 版） | 清华大学、清华大学出版社 |
| 1814010 | 塑性成形有限元方法 | 哈尔滨工业大学 |

# 2018年度中国机械工业科学技术奖三等奖项目（227项）

| 项目编号 | 项目名称 | 完成单位 |
| --- | --- | --- |
| 1801006 | 精密传动件可转位成型刀具研发 | 成都工具研究所有限公司* |
| 1801015 | 大型高效精密数控锯床及智能生产线研发 | 杭州电子科技大学、浙江晨龙锯床股份有限公司、浙江锯力煌锯床股份有限公司 |
| 1801016 | 固结磨具用绿色高性能酚醛树脂的开发及推广 | 山东圣泉新材料股份有限公司 |
| 1801019 | 柔性高效自动化钻切一体机关键技术研发及产业化 | 浙江万丰科技开发股份有限公司 |
| 1801020 | 滚动功能部件产业化关键工艺技术及装备开发与应用 | 山东博特精工股份有限公司 |
| 1801023 | 通用和特种全系列自动校直设备研发及产业化 | 中机试验装备股份有限公司 |
| 1801031 | FMS63柔性制造系统 | 四川普什宁江机床有限公司 |
| 1801034 | DVT1600×80/600P-NC数控双柱立式车床 | 齐重数控装备股份有限公司 |
| 1801039 | 大规格数控齿轮加工机床精度控制共性技术及应用 | 南京工程学院、南京工大数控科技有限公司 |
| 1801040 | 大规格陶瓷板抛光成套装备关键技术及产业化 | 广东科达洁能股份有限公司 |
| 1802002 | ±500kV直流输电系统电流、电压测量成套装置 | 西安西电高压开关有限责任公司 |
| 1802003 | 1 000兆瓦级环保高效回转式空气预热器 | 哈尔滨锅炉厂预热器有限责任公司 |
| 1802005 | 微风速2.0MW风电机组产品开发及产业化 | 许继集团有限公司、许昌许继风电科技有限公司、机械工业北京电工技术经济研究所 |
| 1802007 | “互联网+”业态下智能高耐候电动汽车充电设施关键技术研究及工程应用 | 许继集团有限公司、国网山东省电力公司、国网河南省电力公司经济技术研究院、许昌许继电动汽车充电服务有限公司 |
| 1802013 | 轨道交通制动再生能量回馈系统用干式变压器研究 | 顺特电气设备有限公司 |
| 1802018 | 特高压用节能型输电材料及产品关键技术研究及应用 | 江苏中天科技股份有限公司、上海中天铝线有限公司、上海交通大学、中天电力光缆有限公司、江东金具设备有限公司 |
| 1802021 | 高压变频调速用高可靠性全水冷干式移相变压器 | 上海核工程研究设计院有限公司、明珠电气股份有限公司 |
| 1802024 | 链条锅炉低氮燃烧、成套装置优化及运行技术 | 中国特种设备检测研究院、哈尔滨工业大学、佳木斯大学 |
| 1802036 | 波黑STANARI 300MW亚临界燃用高水分褐煤循环流化床锅炉 | 东方电气集团东方锅炉股份有限公司 |
| 1802038 | 燃用印度高灰分烟煤25.5MPa/570℃/603℃参数锅炉研制 | 东方电气集团东方锅炉股份有限公司 |

（续）

| 项目编号 | 项目名称 | 完成单位 |
| --- | --- | --- |
| 1802039 | 电动汽车传导充电系统用电缆的研制 | 特变电工（德阳）电缆股份有限公司 |
| 1802044 | ZGW6-408/J6300-25 型高压直流隔离开关 | 河南平高电气股份有限公司 |
| 1802045 | 252kV 弹簧驱动的双动 $SF_6$ 罐式断路器 | 河南平高电气股份有限公司 |
| 1802047 | 大型装备极端复杂气候环境试验系统及应用 | 苏州电器科学研究院股份有限公司 |
| 1802049 | 东风 M105 大功率起动机平台开发与应用 | 东风汽车电气有限公司 |
| 1802055 | 配电网馈线级故障就地处理关键技术研究、设备研制和应用 | 珠海许继电气有限公司、西安交通大学、国网陕西省电力公司电力科学研究院 |
| 1802057 | 特高压直流输电换流阀用绝缘结构件关键技术研发 | 四川东材科技集团股份有限公司、国家绝缘材料工程技术研究中心、西南科技大学 |
| 1802058 | GZK 组装式电控配电柜 | 天津天传电控配电有限公司、深圳市泰昂能源科技股份有限公司、宁波奇奥电器科技集团有限公司、北京潞电电气设备有限公司、中天电气技术有限公司 |
| 1802061 | 高吻合预制式全屏蔽绝缘铜管母线的研发与产业化 | 广东立德电气有限公司、广东电网责任有限公司揭阳供电局、揭阳职业技术学院 |
| 1802062 | 单机 1.25MW 光伏并网逆变器研发及产业化应用 | 特变电工新疆新能源股份有限公司 |
| 1802065 | 特高压直流工程用高端换流变压器关键技术及应用 | 山东电力设备有限公司 |
| 1802069 | 安全环保新型插座关键技术研发及产业化 | 公牛集团股份有限公司、机械工业北京电工技术经济研究所 |
| 1802071 | 智能化保护试验方法及自动测试研究 | 许昌开普检测研究院股份有限公司 |
| 1802073 | 基于需求响应的用户端能效管理关键技术研究及其应用示范 | 上海电器科学研究所（集团）有限公司 |
| 1802085 | 美标机车软电缆 | 远东电缆有限公司 |
| 1802088 | 新型高效节能配电变压器关键技术及应用 | 上海置信电气股份有限公司、上海置信电气非晶有限公司、江苏宏源电气有限责任公司 |
| 1802089 | 高压直流接地极线路故障定位方法研究、装置研发及工程应用 | 中国南方电网有限责任公司超高压输电公司检修试验中心、国网浙江慈溪市供电有限公司 |
| 1802090 | 特高压换流阀触发系统及仿真试验系统研制 | 西安西电电力系统有限公司 |
| 1802091 | 基于高海拔风冷的 ±500kV 光控（LTT）换流阀及阀控系统设备研制 | 西安西电电力系统有限公司 |
| 1802100 | HG-UCCS 型烟煤旋流燃烧器研制及应用 | 哈尔滨锅炉厂有限责任公司、哈尔滨电气国际工程有限责任公司 |
| 1802102 | 百万千瓦等级全容量给水泵汽轮机系列化研制 | 上海汽轮机厂有限公司 |
| 1802110 | 环保型小型化干燥空气绝缘封闭开关设备 | 河南森源电气股份有限公司 |
| 1802117 | （特）高压直流换流阀水冷系统关键技术自主化研究及应用 | 中国南方电网有限责任公司超高压输电公司检修试验中心、广州高澜节能技术股份有限公司、中国南方电网超高压输电公司天生桥局 |
| 1802118 | 含高渗透率分布式光伏的知识自动化配用电调控技术及成套装备 | 国网江苏省电力有限公司电力科学研究院、华南理工大学、国网江苏省电力有限公司淮安供电分公司、国网江苏省电力有限公司盐城供电分公司 |

（续）

| 项目编号 | 项目名称 | 完成单位 |
| --- | --- | --- |
| 1802125 | 新一代高参数小型化环保型 252kV GIS 研制 | 河南平芝高压开关有限公司、平高集团有限公司 |
| 1802128 | 大容量冲击发电机系统并机技术 | 苏州电器科学研究院股份有限公司 |
| 1802133 | 百万核电凝汽器研制 | 上海电气电站设备有限公司 |
| 1802134 | 高温气冷堆压力容器先进制造技术 | 上海电气核电设备有限公司 |
| 1802135 | 高参数电站调节阀在线修复技术与设备 | 上海理工大学、上海电力股份有限公司吴泾热电厂、上海吴泾电力工程有限责任公司、上海平安高压调节阀门有限公司 |
| 1803003 | 高透射、锐截止的生物医学光学滤光器件 | 沈阳仪表科学研究院有限公司 |
| 1803005 | 新型硅纳米材料高灵敏超微压传感器的研发 | 温州大学、江苏大学、温州华信仪表有限公司 |
| 1803006 | 多点抽取式高精度脱硝氨逃逸激光在线分析系统开发与应用 | 北京大方科技有限责任公司 |
| 1803013 | 新型汽车电子控制系统关键技术研发 | 马瑞利汽车电子（广州）有限公司、华南理工大学 |
| 1803019 | 高频大跨距传感器检测系列装备研究及应用 | 上海工程技术大学、上海电器科学研究所（集团）有限公司、美钻能源科技（上海）有限公司 |
| 1803021 | 高压电能直接计量关键技术开发及应用 | 烟台东方威思顿电气有限公司 |
| 1803022 | 10kV 高压电能计量标准装置 | 山东计保电气有限公司、国网技术学院 |
| 1803023 | 高参数智能控制阀研究开发及产业化 | 吴忠仪表有限责任公司 |
| 1803026 | 复杂电网谐波分析与谐波电能计量新技术及应用 | 湖南大学、广西电网有限责任公司电力科学研究院、郑州轻工业学院、杭州海兴电力科技股份有限公司、深圳市科陆电子科技股份有限公司 |
| 1803027 | MFL 型两线制电磁流量计 | 重庆川仪自动化股份有限公司、合肥工业大学 |
| 1803029 | 半导体生产线专用温控系统装置（Chiller） | 北京京仪自动化装备技术有限公司 |
| 1804001 | 特大型铸件全自动翻转起重机关键结构及应用技术研究 | 纽科伦(新乡)起重机有限公司 |
| 1804002 | 起重机专用轻量化新型点线啮合减速机 | 河南蒲瑞精密机械有限公司、武汉理工大学 |
| 1804005 | 基于伺服控制的超高精定位数控起重机 | 河南卫华重型机械股份有限公司 |
| 1804011 | 高效高可靠性智能化筛分技术装备的研究 | 天地（唐山）矿业科技有限公司 |
| 1804015 | 双向输送物料的圆管带式输送机技术 | 北京起重运输机械设计研究院有限公司* |
| 1804017 | 瓶装水大容量产储配系统解决方案 | 北京起重运输机械设计研究院有限公司* |
| 1804020 | 新型条形料场堆取系统关键技术及装备产业化应用 | 华电郑州机械设计研究院有限公司、华北水利水电大学 |
| 1804037 | 立式搅拌磨关键技术研究及产业化 | 中信重工机械股份有限公司、洛阳矿山机械工程设计研究院有限责任公司、矿山重型装备国家重点实验室 |
| 1804039 | XHB-300S 型 360° 液压回转变桨大型风电叶片山地运输装备 | 徐州华邦专用汽车有限公司 |
| 1804048 | WC55E 铲板式搬运车 | 中国煤炭科工集团太原研究院有限公司、山西天地煤机装备有限公司、山西中煤华晋能源有限责任公司 |
| 1804049 | EBZ260W 型小断面岩巷掘进机 | 中国煤炭科工集团太原研究院有限公司、四川省煤炭产业集团有限责任公司、山西天地煤机装备有限公司、广旺能源发展（集团）有限责任公司 |

（续）

| 项目编号 | 项目名称 | 完成单位 |
|---|---|---|
| 1804052 | 室内高速过山车关键技术应用与研究 | 北京中冶设备研究设计总院有限公司 |
| 1805004 | 无人飞机施药关键技术创新与应用 | 农业部南京农业机械化研究所、中国农业科学院植物保护研究所、全国农业技术推广服务中心、安阳全丰航空植保科技股份有限公司、广州极飞科技有限公司 |
| 1805009 | 蔬菜秸秆肥料化处理关键装备技术研究与应用 | 山东省农业机械科学研究院、中国农业大学、农业部南京农业机械化研究所、山东沃泰生物科技有限公司、青岛永正化工机械有限公司 |
| 1805011 | 高茬田油菜轻简化作业关键技术装备研制与应用 | 湖南农业大学、长沙市农旺工程机械有限公司 |
| 1805015 | 传统食品自动化检测与加工装备关键技术 | 江苏大学 |
| 1805022 | 肉制品节能干燥关键技术与智能化装备的创制及产业化应用 | 广东省现代农业装备研究所、广州皇上皇集团股份有限公司肉食制品厂、广东弘科农业机械研究开发有限公司 |
| 1806003 | 高效低能耗一站式工业废水处理技术及网络化系统 | 上海理工大学、上海昊长环保科技有限公司、菏泽市风顺石油环保工程公司、中国石油天然气运输公司土库曼斯坦分公司、长沙维禹环保科技有限公司 |
| 1806004 | 空气式太阳能集热结合低谷电相变蓄热接力供热采暖系统 | 上海理工大学、上海筑能环境科技有限公司 |
| 1806007 | 高效潜水推流式搅拌机 | 中冶华天南京工程技术有限公司 |
| 1806009 | 超大型氯化聚氯乙烯管道制造装备与成型技术 | 江苏理工学院、佑利控股集团有限公司、常州大学 |
| 1806016 | 低环境温度超宽频多联式空调机组的技术研究及应用 | 南京天加环境科技有限公司 |
| 1806019 | 节能降耗的多制式多功能智能双列制袋装备的研究及应用 | 广东中包机械有限公司、广东工业大学、潮州市彩达包装机械有限公司、厦门市蓝雅科技发展有限公司 |
| 1806022 | 宽量程螺杆压缩机综合性能测试系统开发及应用 | 合肥通用机械研究院有限公司*、合肥通用环境控制技术有限责任公司、中山市艾能机械有限公司 |
| 1806023 | 华龙一号 (ACP1000) 主给水隔离阀 | 中核苏阀科技实业股份有限公司、中国核电工程有限公司 |
| 1806027 | 极端高温工况高可靠性熔盐泵关键技术研究与产业化 | 江苏大学、江苏飞跃机泵集团有限公司 |
| 1806028 | 叶片泵高效节能设计与可靠性关键技术及应用 | 江苏大学 |
| 1806035 | 耐热冲击、耐杂质、高精度及高汽蚀性能的核级关键泵研制及应用 | 上海核工程研究设计院有限公司、江苏海狮泵业制造有限公司 |
| 1806037 | 多源均匀加热高效真空干燥设备关键技术及其产业化 | 浙江工业大学、浙江诚信医化设备有限公司、台州职业技术学院 |
| 1806040 | 汽轮驱动高炉鼓风机与电动／发电机同轴机组 | 西安陕鼓动力股份有限公司 |
| 1806050 | 高端多色胶印机外挂上光系统关键技术研究及产品开发 | 北京印刷学院、北京贞亨利民印刷机械股份有限公司、北京米高京毅科技有限公司 |
| 1806053 | 四管制多功能风冷冷热水机组 | 顿汉布什（中国）工业有限公司 |
| 1806059 | 超（超）临界火电机组安全阀 | 上海阀门厂股份有限公司 |
| 1806063 | 压水堆核电站装卸料机载荷试验装置研制 | 中核核电运行管理有限公司 |

（续）

| 项目编号 | 项目名称 | 完成单位 |
| --- | --- | --- |
| 1806067 | 高浓度污水处理用复合反渗透膜研制 | 山东九章膜技术有限公司 |
| 1806069 | 地面驱动螺杆泵采油系统安全运行技术研究及应用 | 大庆油田有限责任公司采油工程研究院 |
| 1806070 | 低温余热回收利用设备——螺杆膨胀动力装置的开发及应用 | 中国船舶重工集团公司第七一一研究所 |
| 1806072 | JWF 1562 E 智能环锭细纱机 | 经纬纺织机械股份有限公司榆次分公司 |
| 1806073 | 高温硬密封球阀 Q947Y -300LbP | 浙江石化阀门有限公司 |
| 1806078 | 双电源式隔爆型阀门驱动装置 | 天津百利二通机械有限公司 |
| 1806082 | 塑料微结构零件注射成型系统及配套设备的研发 | 浙江申达机器制造股份有限公司、浙江大学、杭州科技职业技术学院 |
| 1806085 | 智能数控伺服省电注塑机产业化升级换代 | 佛山市顺德区震德塑料机械有限公司 |
| 1806087 | 数字化控制九层共挤薄膜吹塑机组 | 广东金明精机股份有限公司 |
| 1806089 | 具备冷媒量自适应能力的宽温区空气源热泵系统 | 青岛海信日立空调系统有限公司 |
| 1806103 | 日用青花彩瓷制造新工艺与成套装备技术 | 广东皓明陶瓷科技有限公司、华南理工大学、潮州市潮安区皓强瓷业有限公司 |
| 1807002 | 生物质颗粒机轴承 | 哈尔滨轴承集团公司 |
| 1807011 | 超精密 P2 级单列角接触轴承 7007 | 浙江五洲新春集团股份有限公司 |
| 1807012 | 面向重大装备需求的高性能机械密封及其测试技术研究与应用 | 南京林业大学、江苏华青流体科技有限公司、江苏益通流体科技有限公司 |
| 1807019 | G13Cr4Mo4Ni4V 材料航空发动机主轴轴承 TiN 硬质抗磨涂层技术应用 | 中国航发哈尔滨轴承有限公司 |
| 1807020 | 基于高精度短周期轻量化车身模具开发制造技术 | 保定市精工汽车模具技术有限公司 |
| 1807032 | 高可靠性海上垂直盾构机主轴轴承 | 瓦房店轴承集团国家轴承工程技术研究中心有限公司、瓦房店轴承集团有限责任公司、瓦房店轴承股份有限公司 |
| 1807038 | LT-SPB130-IS 低温升、集成密封稳压轴承 | 瓦房店轴承集团国家轴承工程技术研究中心有限公司、瓦房店轴承集团有限责任公司、瓦房店轴承集团精密传动轴承有限公司 |
| 1807040 | 低摩擦免维护高可靠性航空轴承 | 瓦房店轴承集团国家轴承工程技术研究中心有限公司、瓦房店轴承集团有限责任公司、瓦房店轴承集团特种精密轴承有限责任公司 |
| 1807041 | 高端汽车用长寿命碳氮共渗圆锥滚子轴承的开发 | 瓦房店轴承集团国家轴承工程技术研究中心有限公司、瓦房店轴承集团有限责任公司、瓦房店轴承集团高端汽车轴承有限责任公司 |
| 1807042 | 大型工程机械 YB310 液力变速器的研发与应用 | 杭州前进齿轮箱集团股份有限公司 |
| 1807043 | 比例控制二通动态阀 | 山东泰丰智能控制股份有限公司、山东大学 |
| 1807048 | 智能助力 E-Bike 用薄壁密封球轴承的开发及产业化 | 慈兴集团有限公司、宁波慈兴轴承有限公司、上海中隆轴承有限公司、启东锦桥轴承有限公司、慈溪迅蕾轴承有限公司 |

（续）

| 项目编号 | 项目名称 | 完成单位 |
| --- | --- | --- |
| 1807049 | 基于正向开发技术的汽车紧固系统自主研发与应用 | 广州汽车集团股份有限公司 |
| 1807056 | 高精度数字液压缸同步控制系统在水轮机筒形阀中的应用 | 北京亿美博科技有限公司、天津亿美博数字装备科技有限公司 |
| 1807061 | 万向节十字轴总成仿真技术研究及疲劳寿命计算软件开发 | 洛阳轴承研究所有限公司、万向钱潮股份有限公司 |
| 1807062 | 核电用大型液压阻尼器研制 | 上海核工程研究设计院有限公司、常州格林电力机械制造有限公司 |
| 1807065 | 智能化重载工程机械多通道回转装置制造关键技术及应用 | 江苏大学、江阴市长龄机械制造有限公司 |
| 1807068 | 工业机器人、摆线轮减速器用主轴承 | 上海联合滚动轴承有限公司 |
| 1807069 | 106 电控系列全液压转向器 | 镇江液压股份有限公司 |
| 1808003 | 白俄 40 万 t/a 纸浆项目关键技术研发及应用 | 中国机械工业第一建设有限公司 |
| 1808004 | 核电厂金属保温层 | 上海核工程研究设计院有限公司、浙江创想节能科技有限公司 |
| 1808007 | 天威保变（秦皇岛）变压器有限公司±1 100kV 特高压变压器基地建设项目 | 中国启源工程设计研究院有限公司 |
| 1808008 | 韩城矿务局煤矸石电厂烟气脱硝改造工程 | 中国启源工程设计研究院有限公司 |
| 1808009 | 国家电网许继集团有限公司特高压直流试验中心工程项目 | 中国启源工程设计研究院有限公司 |
| 1808012 | 南宁市五象湖综合配套工程设计 | 中国中元国际工程有限公司* |
| 1808015 | 复合聚苯阻燃保温板应用技术研究 | 北方工程设计研究院有限公司、河北中节能新型材料有限公司、河北惠宁建筑标准设计有限公司 |
| 1808018 | 大众一汽发动机（大连）有限公司 EA888 发动机技术升级改造项目 | 机械工业第九设计研究院有限公司 |
| 1808020 | 东风雷诺汽车有限公司年产 15 万辆乘用车建设项目 | 东风设计研究院有限公司、东风雷诺汽车有限公司 |
| 1808025 | 二重集团大型模锻压机厂房室式电加热炉项目 | 中机第一设计研究院有限公司 |
| 1808026 | 光大生物能源（怀远）有限公司（1×30MW）生物质能发电工程 | 中机第一设计研究院有限公司 |
| 1808031 | 智能环保型废旧五金回收处理成套设备 | 机械工业第六设计研究院有限公司* |
| 1808034 | 节能环保型柴油机颗粒补集器用壁流式蜂窝陶瓷智能烧成装备 | 机械工业第六设计研究院有限公司* |
| 1808041 | 顺丰电商产业园义乌综合服务中心项目 | 中国联合工程有限公司* |
| 1809005 | 拖拉机桥壳类零件清洗工艺及关键清洗设备 | 中国一拖集团有限公司*、第一拖拉机股份有限公司 |
| 1809014 | 水性单涂层工艺关键技术研究及应用 | 安徽江淮汽车集团股份有限公司、武汉材料保护研究所有限公司、武汉材保表面新材料有限公司 |
| 1809015 | 智能生产线在 iEV5 电动汽车上的应用 | 安徽江淮汽车集团股份有限公司 |
| 1809016 | 厢式车涂装线柔性共线关键技术研究及应用 | 安徽江淮汽车集团股份有限公司 |

（续）

| 项目编号 | 项目名称 | 完成单位 |
|---|---|---|
| 1809018 | 高性能低热裂倾向铸造镁合金及其致密成型与轻量化技术 | 沈阳工业大学、有研工程技术研究院有限公司 |
| 1809021 | 钢轨热轧生产的工艺理论及质量控制技术研究 | 燕山大学 |
| 1809024 | 航天特种改性 $MoS_2$ 耐蚀固体润滑膜制备技术 | 上海航天设备制造总厂有限公司、哈尔滨工业大学 |
| 1809035 | 多维度与复杂空间下金属构件抛喷丸清理工艺与装备 | 山东开泰集团有限公司、济南大学、山东大学 |
| 1809037 | 4 000t 智能压铸单元（岛） | 机科发展科技股份有限公司、深圳领威科技有限公司、江苏徐航科技有限公司、上海楷新机器人自动化设备有限公司 |
| 1809060 | 多物理耦合场固液两相磨粒流研抛关键技术及其试验装备 | 长春理工大学、中国航发长春控制科技有限公司 |
| 1809061 | 冲击振动破碎锤创新开发及其产业化 | 上海工程技术大学、上海上鸣机械科技有限公司 |
| 1809068 | 620℃等级超超临界汽轮机关键材料 CB2/FB2 及其铸锻件的开发 | 上海宏钢电站设备铸锻有限公司、上海大学 |
| 1809078 | 大型高效内燃机关键铸铁件产业化 | 共享装备股份有限公司、宁夏共享集团股份有限公司 |
| 1809079 | 电子驻车制动系统 EPB 产品开发及应用 | 万向钱潮股份有限公司、浙江万向精工有限公司 |
| 1809089 | 工程结构细节疲劳件激光冲击与复合强化关键技术及应用 | 江苏大学、中国航空工业集团公司成都飞机设计研究所、成都飞机工业（集团）有限责任公司、安徽工业大学 |
| 1809097 | 环境友好型多功能分级制动陶瓷基刹车片关键技术研发及产业化 | 盐城工学院、上海交通大学、江苏安捷汽车配件有限公司 |
| 1809108 | 铝热熔钎焊技术在新型接地网材料连接中的应用 | 郑州机械研究所有限公司、国网河南省电力公司电力科学研究院、全球能源互联网研究院有限公司 |
| 1809110 | 汽车轻量化构件精确铸造关键技术及产业化应用 | 广东鸿图科技股份有限公司、广东鸿泰科技股份有限公司、广东肇庆动力金属股份有限公司、广东鸿特精密技术股份有限公司、广东鸿劲金属铝业有限公司 |
| 1810001 | 全系列大型内燃叉车技术研究及产业化 | 杭叉集团股份有限公司 |
| 1810005 | 基于圆管带式输送的散料储运系统及成套装备 | 湖南科技大学、泰富重工制造有限公司、泰富国际工程有限公司 |
| 1810009 | 高端矿山型大吨位装载机产品研发 | 徐工集团工程机械股份有限公司科技分公司 |
| 1810011 | 基于北美高端市场的振动压路机系列产品研发及其产业化 | 徐工集团工程机械股份有限公司道路机械分公司 |
| 1810021 | 洗扫车高压清洗及污水回收关键技术研究及应用 | 徐州徐工环境技术有限公司 |
| 1810023 | XR550D 超大型旋挖钻机研发及产业化 | 徐州徐工基础工程机械有限公司 |
| 1810024 | XTR 系列悬臂式隧道掘进机关键技术研究及应用 | 徐州徐工基础工程机械有限公司 |
| 1810025 | 基于正向设计的液压挖掘机控制及节能技术研究与应用 | 徐州徐工挖掘机械有限公司 |
| 1810029 | 环卫机械装备低噪节能气力系统关键技术研究及产业化 | 长沙中联重科环境产业有限公司 |
| 1810031 | 基于智能控制的四向堆高车 | 诺力智能装备股份有限公司 |

（续）

| 项目编号 | 项目名称 | 完成单位 |
|---|---|---|
| 1810033 | 复杂冲击载荷下工程机械防倾翻控制关键技术 | 中联重科股份有限公司 |
| 1810037 | 起重机负载敏感多路阀开发及其上车液压系统匹配应用 | 广西柳工机械股份有限公司 |
| 1810039 | 四向蓄电池平衡重式叉车关键技术及应用 | 宁波如意股份有限公司、陆军研究院特种勤务研究所、沈阳理工大学 |
| 1810042 | NTE150 电动轮矿用自卸车 | 内蒙古北方重型汽车股份有限公司 |
| 1810044 | 基于高效节能和智能化研究的中等功率平地机研究及产业化 | 国机重工集团常林有限公司*、常州湖南大学机械装备研究院 |
| 1810051 | 全液压自举升移动式高空制瓦车 | 河南卫华特种车辆有限公司 |
| 1811001 | CY4SK151 系列柴油机研发及产业化 | 东风朝阳朝柴动力有限公司 |
| 1811009 | 高效径斜流涡轮增压技术研发与应用 | 湖南天雁机械有限责任公司 |
| 1811013 | 6 000kW 级维权执法公务船动力系统集成研制 | 中国船舶重工集团公司第七一一研究所 |
| 1811016 | 桁架式全自动活塞加工装备的研制 | 滨州渤海活塞有限公司 |
| 1811017 | 高效 2.0L 双流道增压直喷汽油机产品开发及产业化 | 长城汽车股份有限公司 |
| 1811018 | 高压比、大流量、高效率系列增压器开发 | 大同北方天力增压技术有限公司 |
| 1811019 | 高压共轨系统清洁度检测技术研究 | 中国第一汽车股份有限公司无锡油泵油嘴研究所 |
| 1811022 | 天然气汽车发动机 HEP 电控增压器研制与产业化 | 宁波威孚天力增压技术股份有限公司 |
| 1811024 | 400kW 分布式能源电站 | 河南柴油机重工有限责任公司 |
| 1811025 | LPG/ 汽油双燃料节能环保高效发电机 | 浙江耀锋动力科技有限公司、天津内燃机研究所（天津摩托车技术中心） |
| 1811035 | 非道路用中型动力开发及产业化 | 潍柴动力股份有限公司 |
| 1811044 | 满足非道路三阶段排放标准柴油机用电控喷射系统项目 | 南京威孚金宁有限公司 |
| 1811045 | 国Ⅴ / 国Ⅵ汽车排气系统关键零部件制造技术的研发与产业化 | 无锡鹏德汽车配件有限公司、南京工程学院 |
| 1811047 | 中硅钼铌球墨铸铁材质研制 | 西峡县内燃机进排气管有限责任公司 |
| 1812001 | QAY500 超起装置电气系统诊断仪 | 徐州重型机械有限公司 |
| 1812006 | 一种基于 GPS 的起重机幅度测量装置 | 徐州重型机械有限公司 |
| 1812007 | 加油站远程供油控制系统改造 | 徐州重型机械有限公司 |
| 1812009 | 薄板结构件攻丝刀具应用 | 徐州重型机械有限公司 |
| 1812011 | 中频焊接设备故障快速诊断仪 | 一汽 - 大众汽车有限公司 |
| 1812012 | 电器元件测试平台 | 一汽大众汽车有限公司 |
| 1812014 | 汽车地毯下漏雨检测仪 | 一汽吉林汽车有限公司 |
| 1812015 | 加油机加油控制位置变更及与 TS42 互锁及防错功能的增加（934F 对应） | 一汽丰田（长春）发动机有限公司 |
| 1812016 | 大型双动式拉延模具改造技术的应用与推广 | 一汽解放汽车有限公司卡车厂 |

（续）

| 项目编号 | 项目名称 | 完成单位 |
|---|---|---|
| 1812024 | 大模数齿轮双频感应淬火工艺研发 | 山推工程机械股份有限公司 |
| 1812030 | 降低挖掘机斗杆装配作业安全隐患的改善活动 | 山东山推工程机械结构件有限公司 |
| 1812035 | 直流遥控便携式随流孕育机设计制作 | 安徽合力股份有限公司合肥铸锻厂 |
| 1812039 | 牵引平板车起升装置研究与应用 | 安徽合力股份有限公司 |
| 1812042 | PLC 远程模块内部电容状态检测仪发明项目 | 北京现代汽车有限公司 |
| 1812043 | 一种刀具检测仪 | 北京现代汽车有限公司 |
| 1812046 | 燃油泵拆卸工具项目 | 北京现代汽车有限公司 |
| 1812050 | 降低大型混流转轮静平衡配重质量比 | 哈尔滨电机厂有限责任公司 |
| 1812051 | 空冷调相机定子机座装配技术 | 哈尔滨电机厂有限责任公司 |
| 1812054 | 叉车差速器新结构开发制造 | 安徽合力股份有限公司 |
| 1812057 | 汽轮机转子加工提质提效 | 哈尔滨汽轮机厂有限责任公司 |
| 1813007 | 热处理温度测量（GB/T 30825—2014） | 广东世创金属科技股份有限公司、北京机电研究所有限公司、中国航发北京航空材料研究院、江苏丰东热技术有限公司、西安福莱特热处理有限公司 |
| 1813010 | 工程机械再制造实验室检测体系及关键技术研究 | 中机科（北京）车辆检测工程研究院有限公司 |
| 1813011 | 《核电厂安全级中压三相异步电动机技术条件》（NB/T 20301—2014）等 2 项标准 | 上海电器科学研究所（集团）有限公司、佳木斯电机股份有限公司、上海电机系统节能工程技术研究中心有限公司 |
| 1813020 | 中重型货车对乘用车及行人的防护技术研究及应用 | 中国汽车技术研究中心有限公司 |
| 1813030 | 《滚动轴承和关节轴承　电子媒体查询结构 用特征词汇标识的特征和性能指标》（JB/T 12264—2015） | 万向钱潮股份有限公司、洛阳轴承研究所有限公司* |
| 1813033 | 节材代木复合材料电线电缆交货盘系列标准研究 | 合肥通用机电产品检测院有限公司*、南京林业大学、远东电缆有限公司、合肥通用机械研究院有限公司、太原重工股份有限公司 |
| 1813038 | 特种设备机械防爆检测与评定关键技术及应用 | 广州特种机电设备检测研究院 |
| 1813039 | 灭弧室开合性能试验回路研究 | 西安高压电器研究院有限责任公司 |
| 1813042 | 《草坪和园艺拖拉机　技术条件》（JB/T 11895—2014） | 龙岩中农机械制造有限公司、江苏常发农业装备股份有限公司、国家拖拉机质量监督检验中心 |
| 1813043 | 《变频电机用绝缘材料耐重复脉冲电应力试验方法》(JB/T 12421—2015) | 机械工业电工材料产品质量监督检测中心、桂林电器科学研究院有限公司*、苏州巨峰绝缘系统股份有限公司、国家绝缘材料工程技术研究中心 |
| 1813044 | 土方机械　轮胎式机器　转向要求（GB/T 14781—2014） | 天津工程机械研究院（现名：天津工程机械研究院有限公司）、陕西同力重工股份有限公司、厦门厦工机械股份有限公司、内蒙古北方重型汽车股份有限公司、中国龙工控股有限公司 |
| 1813047 | 《机械安全　固定式直梯的安全设计规范》（GB/T 31254—2014） | 中机生产力促进中心、天津市金锚集团有限责任公司、南京林业大学光机电仪工程研究所 |

（续）

| 项目编号 | 项目名称 | 完成单位 |
|---|---|---|
| 1813048 | 《兰炭尾气余热回收利用成套装置技术条件》（JB/T 12488—2015） | 陕西省电力设计院有限公司、中信重工机械股份有限公司、重庆大学 |
| 1813049 | 数控船用卷板机（JB/T 12300—2015） | 泰安华鲁锻压机床有限公司、济南铸造锻压机械研究所有限公司* |
| 1813054 | 铸造机械清洁度测定方法（标准号：GB/T 31562—2015） | 济南铸造锻压机械研究所有限公司*、青岛双星铸造机械有限公司、青岛铸造机械有限公司、青岛青锻锻压机械有限公司、青岛中智达环保熔炼设备有限公司 |
| 1813055 | 锻压机械用组合式气动干式摩擦离合制动器（JB/T 12089—2014） | 江苏省无锡振华机器厂、无锡职业技术学院、济南铸造锻压机械研究所有限公司*、扬州锻压集团有限公司 |
| 1813059 | 《高压并联电容器装置的通用技术要求标准》（标准号：GB/T 30841—2014） | 无锡赛晶电力电容器有限公司、西安高压电器研究院有限责任公司 |
| 1813064 | 首台（套）重大技术装备示范应用政策研究 | 机械工业信息研究院 |
| 1814001 | 教育部中等职业学校教师素质提高计划机电类专业教师培训规划教材 | 山东理工大学、山东五征集团有限公司、山东水利职业学院 |
| 1814003 | 《大型发电机组可靠性预测与安全服役的理论及方法》 | 上海发电设备成套设计研究院有限责任公司、上海上发院发电成套设备工程有限公司、中国电力出版社有限公司 |
| 1814005 | 《工业机器人技术及应用》（第 1 版） | 浙江师范大学、机械工业出版社 |

注：标 * 为国机集团子公司。

2019

中国机械工业集团年鉴

CHINA NATIONAL MACHINERY INDUSTRY CORPORATION YEARBOOK

# 第九篇

# 企业风采

树立国机之品牌 展示企业之风采

# 子公司展示

中国机械设备工程股份有限公司
中工国际工程股份有限公司
中国恒天集团有限公司
中国福马机械集团有限公司
中国海洋航空集团有限公司
中国地质装备集团有限公司
中国机械工业建设集团有限公司
中国机床总公司
中国自控系统工程有限公司
中国国机重工集团有限公司
国机财务有限责任公司
国机汽车股份有限公司
中国机械国际合作股份有限公司
国机资产管理有限公司
中国农业机械化科学研究院
国机集团科学技术研究院有限公司
国机资本控股有限公司
国机重型装备集团股份有限公司
中国一拖集团有限公司
苏美达股份有限公司
中国浦发机械工业股份有限公司
中国联合工程有限公司
机械工业第六设计研究院有限公司
沈阳仪表科学研究院有限公司
合肥通用机械研究院有限公司
洛阳轴研科技股份有限公司
中国电器科学研究院有限公司
国机智能科技有限公司
济南铸造锻压机械研究所有限公司
桂林电器科学研究院有限公司
中国中元国际工程有限公司
重庆材料研究院有限公司
中国汽车工业工程有限公司

◎中白工业园起步区俯瞰图

## 传递中国工程价值
## 做国际知名投资发展与工程服务商

中工国际工程股份有限公司（简称中工国际）隶属于中国机械工业集团有限公司，成立于 2001 年 5 月，并于2006 年 6 月在深圳证券交易所挂牌上市，是中国股市实施全流通股改后先期准发行新股（IPO）的公司。

中工国际核心业务是国际工程总承包、海内外投资和贸易，具有丰富的国际工程总承包管理经验。截至目前，已完成近百个大型交钥匙工程和成套设备出口项目，业务范围涉及亚洲、非洲、美洲和东欧地区，业务领域涵盖工业工程、农业工程、水务工程、电力工程、交通工程、石化工程及矿业工程等，已完成的项目获得了所在国家业主的广泛认可和好评。

中工国际拥有广泛的信息获取渠道和高效的管理团队，拥有长期而稳定的战略合作伙伴和良好的融资能力。

展望未来，在广阔的工程、投资及贸易领域，中工国际将积极进取、开拓创新，创造更加辉煌的明天！

◎尼泊尔博卡拉国际机场项目

◎埃塞俄比亚瓦尔凯特糖厂项目

◎厄瓜多尔金融平台项目

◎乌兹别克斯坦 PVC 生产综合体建设项目

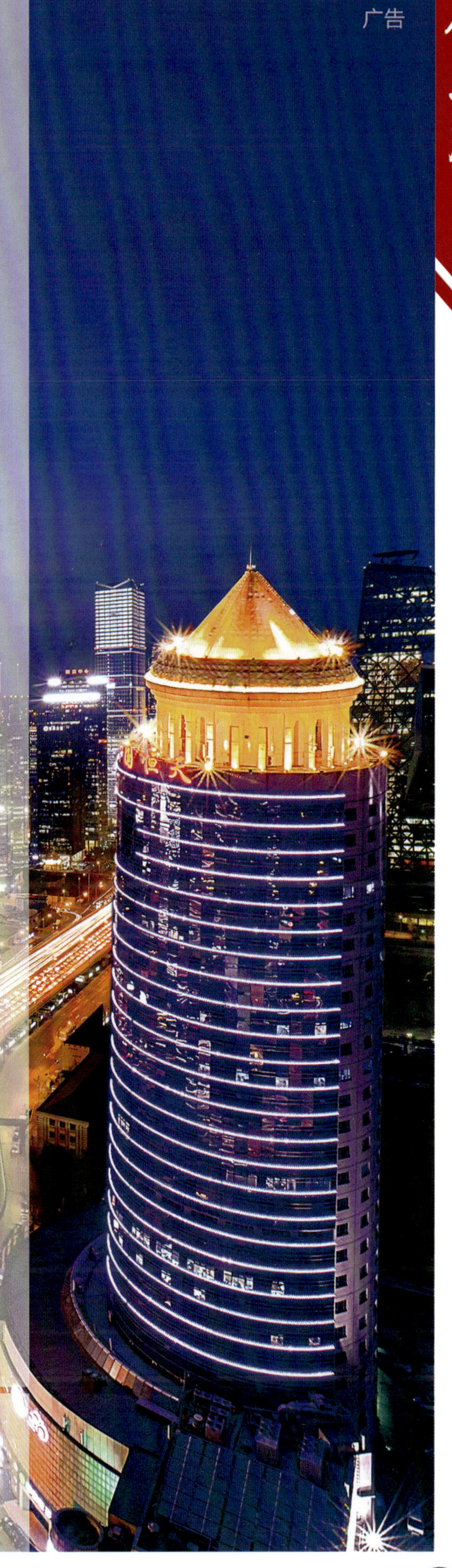

**中国恒天集团有限公司**（简称中国恒天）成立于1998年，是国内以纺织装备为核心主业的中央企业。2017年6月29日，中国恒天整体并入中国机械工业集团有限公司，成为其全资子企业。目前中国恒天拥有二级全资及控股子公司24家，境内外控股上市公司3家，员工4.6万余人，成员企业分布在国内20多个省、市、自治区，及境外近20个国家和地区。已经成为资产规模稳定在900亿元、利润规模在30亿元左右的大型企业集团。

中国恒天组建以来，通过股权划转、并购重组、战略合作等多种方式，整合了境内外20余家纺织机械、商用汽车、纤维材料、纺织服装、金融信托等企业，规模实力迅速增强，业务范围不断拓展，已形成纺织机械、商用汽车、纺织及贸易三大主业，涵盖纺织机械、纺织贸易、新型纤维材料、商用汽车及工程机械、金融投资、文化、资产管理等业务单元。其中，纺机业务在国内综合实力名列前茅，具有较强的行业影响力和话语权；贸易业务具备了细分行业领域内较强的市场地位和影响力，从纺织原料、服装到农产品、化工产品，贸易产业链不断延伸；新材料业务完成了莱赛尔、莫代尔、聚乳酸、碳纤维等新型纤维产品的规划布局、技术储备，形成了生产装备、技术研发和工程设计优势；新能源汽车业务实现了快速发展，成为国内产品种类、资质齐全的新能源汽车企业集团之一；金融投资业务已逐渐发展成为涵盖信托、证券投资、融资租赁、私募股权基金的综合金融业务板块，多功能的恒天金融新格局正逐步形成；文化业务大力推动发展生态、人文、旅游相结合的综合体项目，实现了从传统地产向文化产业的转型。

目前，中国恒天正以“聚焦主业、战略转型、价值创造”为工作方针，逐步构建“高端制造、金融创新、文化服务”一体两翼发展格局，探索“总部+职业经理人+专职董监事”三位一体的专业化管理模式，创新“资本投入+人力资源=资产价值+现金流回报”的总部价值创造模式，运用科技创新与资本运作两个轮子推动企业持续快速增长，努力成为全球具有更强盈利能力和影响力的纺织装备制造企业，全球纺织贸易和新型材料业务细分市场具有较强影响力的供应商，中国具有较高知名度的商用车细分市场的领先者。

中国恒天以“惠悦于民，恒达天下”为使命，秉承“业绩、规则、诚信”的核心价值观和“协同、创新、卓越”的企业精神，努力建设成为具有国际竞争力的世界一流企业。

地址：北京市朝阳区建国路99号中服大厦　邮编：100020
电话：010-65838033　传真：010-65813211
http://www.chtgc.com
E-mail：hengtian@chtgc.com

广告

中国福马机械集团有限公司是中国专用设备研发、制造、销售的大型企业，是中国林业机械协会的会长单位。中国福马以“动力装备、林业装备、工程与贸易”为三大主业，形成了汽油机及配套机械、柴油机及配套机械、新能源动力及配套机械、人造板机械、造纸机械、森林种植采伐机械、机电产品贸易与工程总承包等七大业务板块。中国福马积累了小动力机械、摩托车制造及人造板机械制造几十年的生产经营经验，生产制造的各类人造板机械产品处于国内先进地位，是全国大型的摩托车发动机定点生产企业和摩托车上目录企业，公司产品处于国内领先水平，多次被中国质量协会用户委员会认定为“全国用户满意产品”。产品出口到美国、加拿大、日本、德国、东南亚等130多个国家和地区，享有较高市场声誉。

中国福马机械集团有限公司

地址：北京市朝阳区安苑路20号世纪兴源大厦　邮政编码：100029
电话：010-84898622、84898187　传真：010-84898421　http://chinafoma.com

企业风采

# 中国海洋航空集团有限公司
CHINA OCEAN AVIATION GROUP LIMITED

- 工程承包
- 航运航空
- 研发制造
- 文化旅游
- 区域开发
- 国际经贸

地址：北京市丰台区南四环西路128号
诺德中心2号楼10层
邮编：100070
电话：010-83921899
传真：010-83921898
网址：www.coagi.com.cn

# 中国机械工业建设集团有限公司
CHINA MACHINERY INDUSTRY CONSTRUCTION GROUP INC.

中国机械工业建设集团有限公司(中国建设，SINOCONST)是我国早期成立的大型国有施工企业之一，是国家有关部门批准的工程施工总承包特级企业。拥有建筑工程施工总承包特级资质、建筑行业设计甲级资质、冶金工程施工总承包一级资质、市政公用工程施工总承包一级资质、石油化工工程施工总承包一级资质、机电工程施工总承包一级资质、AAA级资信等级和商务部门批准的对外经营权。公司倡导以高素质的队伍提供高效率的服务，以高效率的服务建设高品质的工程，以高品质的工程发展高效益的企业。我们始终致力于与各界朋友合力同行，创新共赢！

机电工程

电力工程

矿产冶炼工程

化工石油工程

基础设施工程

公共与民用建筑工程

地址 Add： 中国 北京 西城区三里河路南5巷5号
邮编 PostCode：100045 电话 Tel:0086-010-68595600
传真 Fax:0086-010-68524881
网址 Web site： http://www.sinoconst.com.cn

九寨丽思卡尔顿　　科威特300kV交联电缆工程　　青岛港矿石码头

巴基斯坦Zephyr 50MW风力发电项目

北京延庆区行政服务中心

# 中国自控系统工程有限公司

## China CACS Engineering Corporation

中国自控系统工程有限公司（简称中国自控）前身是成立于1981年的原国家机械工业部门直属的中国自动化控制系统总公司，现隶属于中国机械工业集团有限公司，是以工程承包为核心业务，集贸易、研发以及技术服务为一体的国有独资公司。

中国自控自成立以来，完成工程承包、设备成套、进出口贸易、软件开发、技术服务等国内外项目数千余项，遍及亚洲、非洲、美洲等100多个国家和地区，业务范围涵盖输变电工程、新能源与环境工程、自动化工程、智能建筑工程、安防工程及信息系统集成等，业务领域涉及交通、石化、建材、电力、市政、信息处理与应用、智能制造和智慧行业。其工程业绩曾多次荣获国家及省市级各类奖项。

地址：北京市朝阳区团结湖北路2号　邮编：100026
电话：010-65823388　传真：010-65821616
http://www.cacs.com.cn

2018年4月25日，国机财务有限责任公司与中国浦发于井冈山开展党建联合培训班活动。

2018年9月28日，国机财务有限责任公司党总支召开党员大会研究讨论党总支改建党委。

2018年6月28日，国机财务有限责任公司党总支开展“不忘初心、牢记使命，重温入党誓词”主题党日活动。

2018年10月15日，国机财务有限责任公司为集团成员企业提供抵押贷款支持实体经济发展的项目现场。

# 国机财务有限责任公司

国机财务有限责任公司（简称国机财务）是于2003年7月经中国银行业监督管理委员会批准成立的非银行金融机构。公司股东为中国机械工业集团有限公司（简称国机集团）及25家集团成员单位，注册资本15亿元。

国机财务作为国机集团资金集中结算和金融服务平台，坚持“依托集团资源，服务集团发展”的宗旨，坚持“以客户为中心，以服务创造价值”和“精细化、专业化、市场化、团队化”的基本理念，坚持打造“集团产业链金融综合服务商”的发展愿景，认真执行国机集团发展战略规划，不断深化产融结合，努力为国机集团成员企业提供优质的金融服务，推动集团实现高质量发展。

国机汽车股份有限公司（以下简称公司 ）是世界500 强企业中国机械工业集团有限公司（ 以下简称国机集团 ）旗下一家大型汽车贸易服务企业。2018年，在中国汽车流通协会发布的“中国汽车经销商集团百强排行榜”中，公司位列第七；在财富中国发布的中国上市公司500强排名中，位居第158位。

2011 年10 月，根据发展战略，国机集团通过资产置换方式，将其所属中国进口汽车贸易有限公司（ 以下简称中汽汽贸 ）资产，整体注入上市公司，并成立国机汽车（股票代码：600335），公司股本总数10.29亿股，注册资本10.29 亿元。

目前公司业务涵盖多品牌汽车进口贸易服务、汽车平行进口、汽车零售、整车及零部件出口、汽车租赁和二手车、汽车金融服务、新能源汽车制造、车联网等领域。2018 年，公司实现销售收入442.53亿元；利润总额7.91亿元，归属于上市公司股东的净利润5.95亿元，每股收益0.58元。公司以完善的治理结构、高质量的信息披露、良好的投资者关系管理体系、高效的资本运作能力赢得了监管机构及资本市场的广泛认可，树立了合规、透明、高效的“标杆公司”的良好形象以及公司在行业和资本市场的地位与影响力。

2018年，公司继续位列上海证券交易所上证380指数、上证公司治理指数样本股、上证社会责任指数样本股、以及融资券和沪港通标的股；此外还荣获中国上市公司诚信企业百佳、中国改革开放40周年突出贡献上市公司等奖项。

未来，公司将继续秉承“为造车人服务，为卖车人服务，为用车人服务”的理念，以“让汽车生活更美好′为企业使命，致力于成为”贸易、工、技、金一体化的、具有行业综合优势的国际化新型汽车集团”和“优秀的上市公司”，继续为合作伙伴、为员工、为社会创造价值。

## + 业务范围

### 进口汽车贸易服务业务

作为多品牌进口汽车贸易服务商，汽车批售服务业务是公司的核心业务，是公司未来持续发展的基础。

### 汽车及零部件出口贸易业务

构建了整车及零部件、机电产品、大宗货物等出口业务核心能力。出口业务是公司重点发展的业务，打造整车出口公共服务平台。

### 汽车零售服务业务

汽车零售服务发挥“批发+零售”优势业务模式，参股4S店近60家，涉及26个中高端品牌，业务主要覆盖京津唐地区和泛长三角区域。

### 汽车后市场业务

以提供高端化、个性化公务商务车辆为主。在传统优势业务的基础上，创新商业模式，迎接“互联网+汽车后市场”的发展机遇。

### 汽车金融服务业务

资产管理规模超过20亿。拓展直租、回租、保理等多种业务模式，逐步成为公司相关业务发展的重要支撑。

### 新能源汽车研发制造业务

构建新能源整车研发、制造、销售和服务全价值链体系，打造符合大众出行需求的新能源汽车产品。

www.sinomach-auto.com

# 责任 创新 协同 共享

**中国机械国际合作股份有限公司**（中机国际）是大型中央企业集团、世界 500 强企业——中国机械工业集团有限公司的控股子公司。公司坚持商业会展与国际贸易“双擎驱动”的总体定位，致力于打造中外企业技术交流与贸易促进综合服务平台。

商业会展是中机国际的核心主业。公司拥有超过 60 年办展经验的专业化团队，已形成境内外自主办展、代理出国展览、展览工程服务等完整的展览业务体系。每年举办 80 多场高质量展会，总规模超过 350 万 $m^2$。特别是参与主承办的“北京国际汽车展览会”和“上海国际汽车零配件、维修检测诊断设备及服务用品展览会”双双跻身 2018 年世界商展 100 强排行榜前 50 名。同时，中机国际是中国大型的海外组展机构，每年在境外 100 多个国家和地区，组织 180 多场自办展和代理展。每年组织专业买家 50 万人次，拥有广泛的优质客户资源。

全球 A 级车展

行业年度展览规模世界排名第三

世界大型汽配展

2018年12月29日，时任国机集团总经理、党委副书记张晓仑率队来公司调研。

2018年12月10日，公司领导班子调整宣布大会在总部召开，任命张弘为董事长（法定代表人）。

2018年6月25—29日，公司党委举办学习党的十九大精神集中培训班，分层次有重点开展了学习培训。

**国机资产管理有限公司**（简称国机资产）成立于2011年1月26日，是中国机械工业集团有限公司（简称国机集团）的全资子公司，是国机集团的资产管理战略平台，是一家以资产处置、资产运营、资产投资为核心业务的专业化综合性资产管理公司。2017年9月完成公司制改制，更名为国机资产管理有限公司。

国机资产根据国有经济结构布局战略性调整要求，围绕国企改革重组总体部署，坚持市场化、企业化运作原则，积极服务国机集团内部改革发展，主动寻求外部市场机会，有效促进资产流转和资本流动，参与新兴产业孵化培育，广泛开展专业化的资产管理与运营。

秉承“开拓、创新、责任、共赢”的核心价值观，国机资产坚持创新发展、协调发展、绿色发展、开放发展和共享发展理念，积极探索资产管理新方法、新模式，致力于资产价值的提升和创造，力争行业一流经营业绩，努力实现包容性增长。

2018年3月27日，公司与中国农机院签署战略合作框架协议，积极推进中机试验在高端装备制造领域创新发展。

2018年10月18日，公司与中国信达资产管理股份有限公司天津分公司签署意向合作协议，双方将围绕不良资产包收购开展合作。

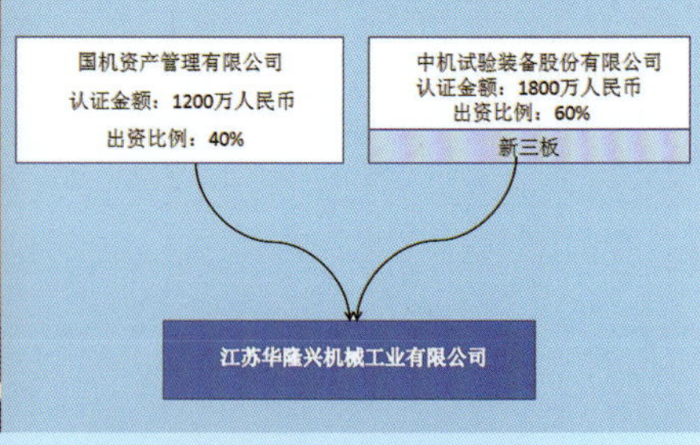


2018年12月10日，完成江苏华隆兴机械工程有限公司的工商变更，江苏华隆兴与中机试验装备股份有限公司股权重组圆满完成。

2018年3月9日，成都市成华区人民政府经济管理部门入驻国机西南大厦，国机西南大厦出租率达到近75%。

2018年9月—12月，公司开展自成立以来首次针对总部全部中层管理岗位的内部公开竞聘工作，10名干部职工竞聘上岗。

2018年4月9日，公司总部于通州大运河森林公园开展了“开卷有益 信步长河”团队长走活动。

地址：北京市朝阳区朝外大街19号华普国际大厦11层 邮编：100020
电话：010-65802288 传真：010-65802010
http://www.sino-capital.com.cn

# 国机集团科学技术研究院有限公司

国机集团科学技术研究院有限公司（简称国机集团中央研究院）成立于2010年，是国机集团向“创新型国机”迈进的战略部署，是集团充分利用科技资源的高层战略执行平台，是增强集团整体技术创新能力的重要创新主体。国机集团中央研究院以打造创新型国机为使命，以助力国机集团“当好制造强国的排头兵”为目标，紧紧围绕“作为国机集团‘国家项目对接平台、高端人才交流平台、科技资源协同平台、院所改革依托平台’等四大平台，完成‘技术发展战略研究、关键共性技术研究、战略新兴技术研究、技术定制服务’等四大任务”的发展定位，协同机械工业领域优质创新要素，聚焦机械工业创新价值链前端技术研发，突破核心瓶颈技术，开拓新兴产业技术，为集团做强做优成为具有国际竞争力的世界一流企业提供技术支撑，在技术创新层面肩负起国机集团“引领机械工业前进方向，创新机械工业发展道路”的使命。

国机集团中央研究院现有全资子公司——北京飞机强度研究所有限公司，控股子公司2个：中国电器科学研究院有限公司、哈尔滨电站成套设计研究所，参股子公司：国机智能科技有限公司。院本部及全资子公司共有职工50余人，其中包括中国科学院院士1人，中国工程院院士1人，博士生导师3人，入选百千万人才工程计划1人，享受政府特殊津贴专家6人。曾获得国家技术发明奖二等奖1项、国家科技进步奖二等奖2项。

地址：北京市海淀区丹棱街3号　邮编:100080
电话：010-82606735
传真：010-82606733
http：//www.sinomast.com.cn
E-Mail：yangfangfei@sinomach.com.cn

# 国机资本控股有限公司

国机资本控股有限公司成立于2015年8月，是由国机集团联合部分所属企业及建信（北京）投资基金管理有限责任公司19家股东单位共同发起设立，注册资本23.7亿元。

国机资本是在当今全球经济深度调整、科技与产业急速变革的大背景下，根据国家产业转型升级的改革思路和国机集团整体发展的战略需要，从完善产业布局、优化配置资源的需要出发，应运而生的专业化资本运作平台和金融服务平台。国机资本将依托国机集团丰富的产业资源和雄厚的科研实力，秉承市场化的商业原则，以提高投资收益与效率为首任，广泛开展专业化的资本运作。坚持"以退为进，进退并重"的投资理念，努力成为发现和创造价值、实现效益增长的行业领军企业。

http://www.sinomach-capital.com

▼国机重装所属二重装备研制的飞轮储能

◀国之重器—8万t模锻压机

▲国机重装自主研制的750t操作机

◀国机重装制造的2400t沸腾床渣油锻焊加氢反应器在国机重装镇江基地发运

国机重型装备集团股份有限公司（简称国机重装）是世界500强企业——中国机械工业集团有限公司（简称国机集团）的控股子公司，是以中国二重核心制造主业为平台，整合中国重机、中国重型院等国机集团重型装备板块优质资源，组建的集科工贸于一体、覆盖全产业链的国家高端重型装备集团。

60多年来，国机重装填补了诸多共和国空白，解决了一系列国家“有与没有”“受制于人”的难题，被党和国家领导人誉为“国宝”。

国机重装拥有16个国家、行业、省级研发创新与产业化平台，创造了近300项“中国首台（套）”，授权专利1 700余件，400余项科研成果获国家和省部级奖励，2 300多台（套）国产化重型成套装备应用在全国各地。

国机重装是国家重大技术装备制造基地，是世界重大技术装备领域少数具备极限制造能力的企业，累计为国家重大工程建设提供了近300万t的重大技术装备，在国民经济和国防建设中发挥着战略性、基础性的重要作用。

国机重装先后承担了以上海宝钢工程为代表的数百项国家重大技术装备成套工程。多年来，坚持“走出去”战略，积极投身“一带一路”建设，在全球40多个国家（地区）的基础设施建设中，以EPC模式承建了百余项海外重点工程，并以BOT 模式进行海外投资。

新时代、新使命、新担当，国机重装将以习近平新时代中国特色社会主义思想和党的十九大精神为指引，不忘初心、牢记使命，倾力打造“国内第一、世界一流”的高端重型装备集成服务商，为推进我国从制造大国迈向制造强国贡献力量。

**国机重型装备集团股份有限公司**

地址：四川省德阳市珠江东路99号　邮编：618000　传真：0838-6159888
http://www.sinomach-he.cn　E-mail：sinomach-he@sinomach-he.cn

**苏美达股份有限公司（SUMEC）是世界500强企业中国机械工业集团有限公司（SINOMACH）的重要成员企业。是专注于贸易与服务、工程承包、投资发展三大领域的现代制造服务业集团。**

发电设备
动力工具

时尚服装

床上用品

伊顿纪德校服

汽车配件

大宗商品

机电设备引进

船舶工程

环境工程

能源工程

高铁附件

地址：江苏省南京市玄武区长江路198号苏美达大厦
邮编：210018 电话：025 84511888 传真：025 84411772
网址：www.sumec.com E-Mail：contact@sumec.com.cn

微信号:sumec_group

# 中国浦发机械工业股份有限公司
# China Perfect Machinery Industry Corp.,Ltd.

1992年10月，原机械电子工业部门相应中央号召，与上海市在“部市共建，开发浦东”的大背景下，中国浦发机械工业股份有限公司（简称中国浦发）应运而生。1997年中央部委体制改革以后，中国浦发隶属于国机集团，国机集团所占股比为54.15%。

**主营业务**

电 力　炼 化　节能环保
基础设施建设　贸易与金融服务　资产运营

继续努力打造以资产经营为统领、以工程建设为主线、以贸易和金融服务为协同的平台化资产经营公司，努力成为国内一流的综合服务企业。

包容　创新　开拓　共赢

做优做强国有企业
为同行者创造价值

地址：上海市普陀区中山北路1759号D座24楼
邮编：200061
电话：021-61397700
传真：021-61390988
网站：www.chinaperfect.com.cn

中国联合工程有限公司是以原机械工业第二设计研究院为核心，联合多家国家甲级勘察设计单位组建的大型科技型工程公司，隶属于中央大型企业集团、世界五百强企业——中国机械工业集团有限公司，总部设在杭州。

作为我国早期组建的国家大型综合性设计单位之一，公司设计了以哈尔滨电气、上海电气和东方电气三大动力基地为代表的一大批国家装备制造业骨干企业，设计了300多座电厂，在省内承接了杭州大厦、杭州国际会议中心、凯德·来福士广场等数以千计的标志性民用建筑，服务领域涵盖20多个行业，是国内率先获得工程设计综合甲级资质的企业。

在继续做精做强设计咨询业务的同时，公司大力提升EPC总承包能力。公司率先成为浙江省EPC工程总承包试点企业，先后承接了浙江美术馆、浙江海外高层次人才创新园、杭州钱江世纪城学军中学附属文渊中学、温州浙南科技城等EPC总承包项目。公司积极参与国际竞争，重点开拓南美、东南亚等总承包市场。

公司具有工程设计综合甲级资质、工程总承包资格、房屋建筑施工总承包一级资质；具有多个行业的工程咨询甲级资质、城市规划编制甲级资质和多个专项设计甲级资质；具有直接对外经营权，多年来完成了20000多项工程；主编或参编标准、规范100余项；获得国家科技进步奖28项（一等奖2项）、国家各类工程技术奖100余项、省部级各类奖1000多项。

公司将凭借强大的综合优势，竭诚为国内外各类工程建设提供全方位、全过程服务。

## 主要项目展示

工程相联　价值相合

■ 东方汽轮机有限公司灾后异地重建项目

■ 沈阳鼓风机集团股份有限公司搬迁改造工程

■ 杭氧集团搬迁项目

■ 浙江海外高层次人才创新园（EPC总承包）

■ 杭州国际会议中心

■ 哥伦比亚G3、G3.2燃煤电站

■ 神华宁煤集团400万t/a煤炭间接液化项目动力站

地址：浙江省杭州市滨江区滨安路1060号　邮编：310052　电话：0571-88151863　http: //www.chinacuc.com

白绍桐副总经理到中机六院调研

副总经理陈学东在郑州召开智能制造业务发展研讨会

国机集团党委书记、董事长张晓仑（时任集团党委副书记、总经理）到中机六院调研

安徽合肥技师学院

宁波卷烟厂

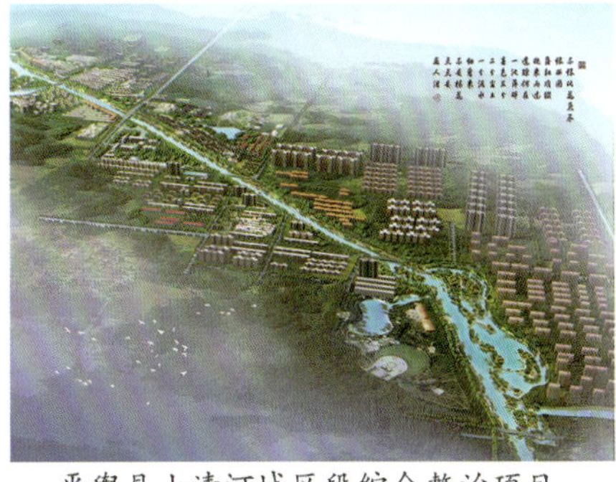
平舆县小清河城区段综合整治项目

## 机械工业第六设计研究院有限公司

（简称中机六院）创建于1951年，是拥有工程设计综合甲级资质的国家大型综合设计研究院，隶属世界500强企业、中央大型企业集团——中国机械工业集团有限公司。

中机六院现有8个职能管理部门、21个生产部门（其中,7个子公司），近2100名员工，其中，中国工程院院士1人、中国工程设计大师1人、英国皇家特许建筑设备注册工程师协会荣誉资深会员1人、享受政府特殊津贴专家22人、研究员级高级工程师75人、高级工程师566人、各类国家注册工程师1 037人。

中机六院拥有国家住房和城乡建设部门颁发的工程设计综合甲级资质、工程监理综合资质、建筑工程施工总承包一级资质、工程造价咨询甲级资质；国家商务部门援外设计、援外监理等资格；质量技术监督部门颁发的压力容器、压力管道设计许可证；同时还拥有城市规划、机电设备安装等资质。可承接工程设计全部21个行业和8个专项资质范围内的所有工程咨询、设计、工程总承包、项目管理和工程监理业务。

中机六院秉承“敢为人先，永争一流”的企业精神，竭力“打造国内一流的绿色与智能工程服务商”，为客户提供工程建设领域的全过程、全方位服务，为社会、客户、员工创造更大价值！

地址：河南省郑州中原中路191号　邮编：450007
业务咨询：0371-67606223/67606088
质量服务：0371-67606010/67606005

唐河县人民医院搬迁项目

援马里巴马科大学卡巴拉校区

张家口高新区冰雪运动装备产业园

2018年，沈阳仪表院获全国创新方法大赛总决赛一等奖

2018年10月24日，张晓仑董事长到沈阳仪表院指导工作

沈阳仪表院汇博热能设备有限公司研制出特高压GIL用波纹补偿器成功助力苏通管廊创新工程

2018年4月28日，沈阳仪表院作为发起人单位之一创建智能传感器创新联盟，党委书记张仕卿当选为副理事长

2018年6月29日，沈阳仪表院牵头组建的沈阳市先进清洗装备产业技术创新战略联盟成立

2018年，沈阳仪表院研制出智能管道机器人

2018年10月16日，沈阳仪表院承担的辽宁省重大专项项目顺利验收

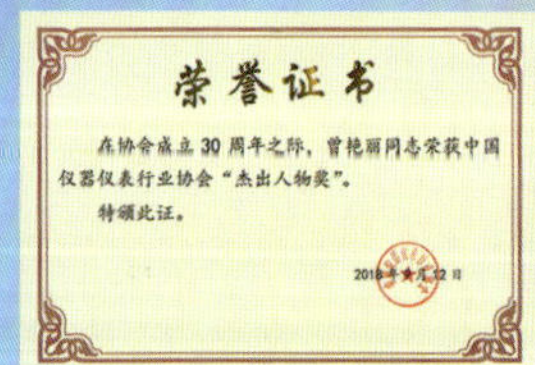

荣誉证书

在协会成立30周年之际，曾艳丽同志荣获中国仪器仪表行业协会“杰出人物奖”。

特颁此证。

2018年9月12日

2018年9月12日，沈阳仪表院董事长曾艳丽获中国仪器仪表行业协会杰出人物奖

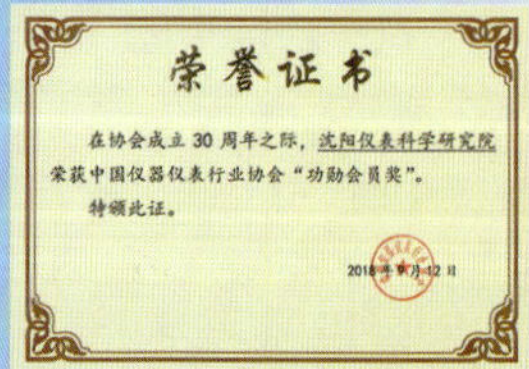

荣誉证书

在协会成立30周年之际，沈阳仪表科学研究院荣获中国仪器仪表行业协会“功勋会员奖”。

特颁此证。

2018年9月12日

2018年9月12日，沈阳仪表院获中国仪器仪表行业协会功勋会员奖

沈阳仪表科学研究院有限公司（简称沈阳仪表院）是辽宁省高新技术企业、辽宁省“守合同重信用”单位，曾荣获全国模范职工之家、国资委先进基层党组织等称号。

沈阳仪表院是全国仪器仪表元器件和仪表工艺的归口单位，“传感器国家工程研究中心”“国家仪器仪表元器件质量监督检验中心”“国家照相机械质量检验中心”“国家真空设备质量监督检验中心”“机械工业仪器仪表元器件标准化技术委员会”“中国仪器仪表学会仪表工艺分会、仪表元件分会”“中国仪器仪表行业协会传感器分会”均挂靠在沈阳仪表科学研究院有限公司。

经过半个多世纪的发展，沈阳仪表院科研开发实力逐步增强，共完成科研项目1780项，获得国家、部、省、市等各项奖励402项，其中，国家发明奖和国家科技进步奖11项，省部级科技进步奖119项。获得授权专利415项，其中，发明专利97项。主持和参与国家和行业标准468项，其中，国家标准97项。作为重点协作配套单位，研制生产多项军工产品，成功应用于“神舟”系列宇宙飞船、“嫦娥”探月工程、“天宫”系列空间实验室以及承担发射任务的“长征”系列运载火箭等重点工程和任务。

## 沈阳仪表科学研究院有限公司

地址：辽宁省沈阳市大东区北海街242号
电话：024-88713979
邮编：110043

# 合肥通用机械研究院有限公司

## Hefei General Machinery Research Institute Co.,Ltd

合肥通用机械研究院有限公司（简称合肥通用院）1956年成立于北京，1969年搬迁至合肥，是原机械部门直属的国家一类科研院所，1999年转制为科技型企业，同年加入国机集团。2018年1月，合肥通用院改制为国机集团独资的有限责任公司。

合肥通用院主要从事石化、能源、冶金、燃气、环保、国防军工等行业通用机械及化工设备的设计开发、产品研制、检验检测、设备监理、工程承包、设备成套和职业教育等，研发领域覆盖压力容器与管道、流体机械、食品与包装机械、石油装备等。拥有上市公司“国机通用”（股票代码：600444）和12家全资及控股子公司。全院在职职工1 300余人，研发人员占80%以上，其中高级职称300余人；博士50人，硕士近300人。

合肥通用院是国家创新型企业、国家高新技术企业、国家技术创新示范企业、国家火炬计划重点高新技术企业，是国家压力容器与管道安全工程技术研究中心、压缩机技术国家重点实验室、国家国际科技合作基地（国际联合研究中心）、工业大数据应用技术国家工程实验室和国家认定企业技术中心的依托单位，是国家中小企业公共服务示范平台、科技部门科技服务业行业试点、工信部门通用机械产业技术基础公共服务平台，是国家“极端环境重大承压设备设计制造与维护技术创新战略联盟”的理事长单位。设有压缩机制冷设备、泵阀和密封件产品等3个国家质量监督检验中心，企业院士工作站和可独立招生的博士后科研工作站，以及20余个省部级科研平台，是1个国际标委会、10个全国标委会和4个全国标委会分会以及10余个行业学会、协会的秘书处的挂靠单位。

建院60多年来，合肥通用院共取得各类科研成果3 000余项，其中获国家科技奖励47项、省部级科技进步奖400余项，项目成果均在石化、能源、冶金、燃气、环保、国防军工等领域得到广泛应用。

2018年，合肥通用院以习近平新时代中国特色社会主义思想为指导，始终坚持创新驱动发展理念，不断完善现代企业制度建设，以党建促进技术创新，以党建、技术创新促进质量提升，以技术创新、质量提升巩固支撑党建工作，推动了全院党建、技术创新和质量提升的有机融合。全年实现利润2.84亿元，超额完成了国机集团下达经济考核指标的争取值，再次被评为国机集团“先进单位”（这是自2009年以来连续第10年获此殊荣），并荣获国机集团“科技创新奖”（这是自2011年以来第7次获此奖项）和“国机质量奖（企业奖）”。

荣获第三届中国质量提名奖

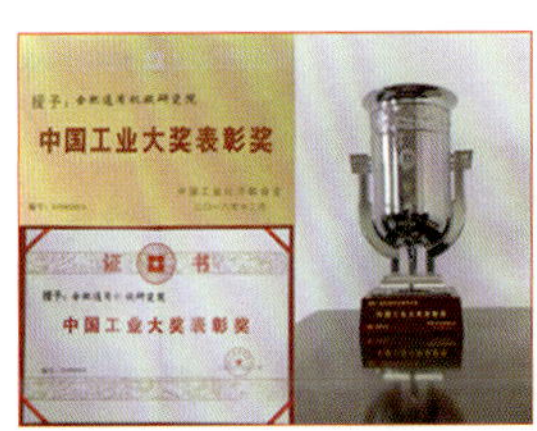


荣获第五届“中国工业大奖表彰奖（企业奖）”

地址：安徽省合肥市长江西路888号
http://www.hgmri.com
ADD:888 West Changjiang Road Hefei,Anhui,China
邮编：230031　联系电话：0551-65335681

**洛阳轴研科技股份有限公司**（简称轴研科技）成立于1958年，2017年与国机精工有限公司成功实现重大资产重组，是涵盖轴承、磨料磨具、精密刀具、贸易与服务等领域的多元化、国际化的科技型、创新型企业。

## 主要应用范围

航空航天、汽车与轨道交通、能源环保、船舶兵器、机床工具、石油化工、电子、冶金、建筑等国民经济重要产业。

## 主要成员企业

国机精工有限公司
洛阳轴承研究所有限公司
中国机械工业国际合作有限公司
郑州磨料磨具磨削研究所有限公司
白鸽磨料磨具有限公司
成都工具研究所有限公司
国机精工（伊川）新材料有限公司
河南爱锐网络科技有限公司

# 中国电器院 China Electric Institute

地址：广州市海珠区新港西路204号　邮编：510300
电话：020-89050888　网址：www.cei1958.com

中国电器科学研究院有限公司（简称中国电器院，CEI）始建于1958年，隶属于中国机械工业集团有限公司。经过半个多世纪的发展，现已成为集科技研发、科技服务和科技产业为一体的拥有近两千名科技人员的国家创新型企业。

2016年11月，中国电器院获准成为中央企业开展员工持股试点的十户企业之一。2017年5月26日，首次股东大会召开，标志着改制的顺利完成，成为由国有独资改制为“国有+民营+员工”的混合所有制企业。

## 科技研发

- 研究领域：环境科学、材料科学、评价科学、能源科学、工程科学、智能科学等六大领域。
- 中央研究院
- 工业产品环境适应性国家重点实验室
- 海南热带环境研究所

## 科技产业

- 能源领域：发电机励磁系统、特种电源、电池试验及检测设备
- 工程领域：家电及机电产品自动化生产线、表面处理生产线成套设备、环境试验设备和实验室。
- 材料领域：粉末涂料、聚酯树脂、油漆涂料
- 电子领域：智能控制器、仪器仪表设备、网络与监控工程

## 国家检测

- 业务范围涉及：家电、电子、轻工、汽车、五金、钢铁、石化、材料、电力九大国民经济发展领域，是国际CB实验室，中国超大的电子电器认证检测中心之一。

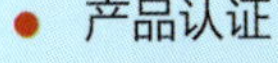

- 产品认证
- 产品质量监督仲裁与鉴定
- 验货服务
- 委托测试
- 管理体系认证与审核
- 仪器设备计量与校准

# 济南铸造锻压机械研究所有限公司

JINAN FOUNDRY&METALFORMING MACHINERY RESEARCH INSTITUTE CO,.LTD.

济南铸造锻压机械研究所有限公司前身为济南铸造锻压机械研究所，始建于1956年，是机械工业部门直属专业从事铸造机械、锻压机械、液压技术等多专业综合性应用技术研究、开发和行业归口管理的国家一类科研机构。

1999年7月，根据国家所属242家重点科研院所改革方案，转制为科技型企业，成为中国机械工业集团有限公司的成员企业。2009年12月，由中国机械工业集团有限公司和中国宝武钢集团有限公司、中国重型机械研究院股份公司、中国浦发机械工业股份有限公司、中机中联工程有限公司共同发起，以增资扩股方式，将济南铸锻所改制为各方共同持股的有限责任公司——济南铸造锻压机械研究所有限公司（简称济南铸锻所）。

济南铸锻所具有教授级高级工程师20余名，高级工程师50余名，已累计完成国家和省市等科技项目3100余项，其中科研与新产品开发项目达1500多项，获国家专利180余项，有170多项成果获得国家、省部级科技进步奖和发明奖。主要从事铸造机械及铸造工程机械化、自动化成套技术及装备；锻压机械及锻压工程机械化、自动化成套技术及装备；数控锻压和激光加工技术及设备、数控板材加工成套装备；各种大型闭式通用和专用机械压力机、液压机及自动化生产线；液压元件及系统的新技术、新产品开发、设计、制造；铸造锻压机械产品质量检测；相关技术的咨询服务。产品主要应用于汽车、钢铁、电力、船舶、能源、航空航天、军工等领域，技术水平国内领先，部分产品达到或接近国际水平。

济南铸锻所还承担着国家铸锻机械行业技术组织和技术服务工作，包括国家铸造锻压机械质量监督检验中心、国际铸造机械技术委员会、全国铸造机械标准化技术委员会、全国锻压机械标准化技术委员会、中国机床工具工业协会铸造机械分会、中国机床工具工业协会锻压机械分会，以及中国机械工程学会塑性工程分会锻压设备学术委员会、国家数控成型冲压装备产业技术创新战略联盟等行业机构，并面向国内外公开发行《中国铸造装备与技术》《锻压装备与制造技术》等科技核心期刊。

济南铸锻所是我国铸锻机械行业协会理事长单位，承担着我国铸锻机械行业科技发展规划编制建议、“高端数控机床与基础制造装备”国家重大专项需求建议、全国铸锻机械行业标准规划制定等重大工作。

济南铸锻所秉承“为顾客创造价值，为卓越不懈追求”的经营理念，以发展高端铸锻机械成套装备为目标，以振兴中国装备制造业为己任，竭诚为国内外新老用户提供铸造机械、数控锻压机械和板材加工领域完整的解决方案及成套加工装备，致力于降低消耗、提高效率和铸锻机械行业可持续发展。

▲清洁高效绿色铸造成套设备

▲高档数控开卷校平生产线

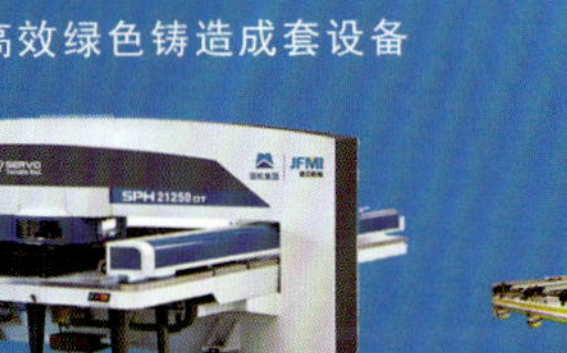

▲数控冲剪折设备

▲高端汽车纵梁成套装备

▲数控激光加工设备

地址：山东省济南市长清区凤凰路500号
邮编：250306
电话：0531-87979115
传真：0531-87964055
E-mail：zds@zds.com.cn
http：//www.zds.com.cn

**桂林电器科学研究院有限公司**（简称桂林电科院）前身为第一机械工业部电器科学研究院，1954年在北京成立，1970年搬迁至桂林，1999年7月转制为科技型企业，2013年1月完成改制，成立桂林电器科学研究院有限公司，注册资本2.2亿元，现为世界500强企业中国机械工业集团有限公司所属企业。桂林电科院自1970年以来，承担了多项国家、部（省）级科研项目和地方经济建设科研项目，取得成果900余项，获得国家、部（省）级科技进步奖140余项，为我国机械、电器工业的发展做出了重要贡献。

桂林电科院经过专业与产业重组，现已发展成为以电触头材料、电工塑料、双向拉伸聚酰亚胺薄膜、薄膜成套装备、特种电机为主导产品的高科技型企业。公司现有职工800余人，其中专业技术人员占职工总人数的50%以上；拥有精良的测试设备，先进的科学仪器和强大的产品开发手段。公司经营范围：新型电工材料（包括触头材料、绝缘材料、磁性材料、薄膜材料、电工塑料等）；特种电机及电动轮毂；电子束装置及真空加热炉；机电一体化设备及模具设计制造；变压器；电工材料产品检测及仪器制造；期刊出版及行业技术培训；相关专业的技术咨询、服务。

机械工业电工材料产品质量监督检测中心（国家进出口商品检验局绝缘材料产品认可实验室）挂靠在公司，为企业提供准确科学的技术依据，是具有第三方公正地位的产品质量监督检验机构和相关材料进出口检验基地。桂林电科院还承担全国电工合金、绝缘材料模具标准化技术委员会秘书处工作，负责国际标准化组织IEC以及ISO国内技术归口管理，参与国际标准的制（修）订工作，并组织制定三个行业的国家标准、行业标准、国家军用标准。桂林电科院是中国电器工业协会电工合金绝缘材料分会秘书处所在地，负责组织行业的技术交流、科技成果的推广应用，编制行业发展规划，建立行业技术和经济信息网络，编辑出版《模具工业》《绝缘材料》《电工材料》三种国内发行的中文核心技术刊物。

桂林电科院拥有国家电工材料行业生产力促进中心、国家认可检测实验室和博士后科研工作站；设有广西院士工作站、广西电器产业工程院、广西电工材料工程技术研究中心等多个省级科研开发平台，被广西壮族自治区认定为高新技术企业、广西创新型企业、企业技术中心，是我国电工合金、薄膜成套装备、绝缘材料重要的研发和生产基地。

地址：广西桂林市七星区东城路8号　邮编：541004
电话：0773-5888346　传真：0773-5813513
E-mail：suoban@glesi.com.cn　http://www.glesi.com.cn

广告
中国中元国际工程有限公司
CHINA IPPR INTERNATIONAL ENGINEERING CO., LTD.
地址：北京市海淀区西三环北路5号　邮编：100089　电话：010-68458355　传真：010-68732688 http://www.ippr.com.cn　E-mail:office@ippr.net

广告

**中国汽车工业工程有限公司**（简称中汽工程）2005年10月28日正式成立，是由国机集团所属的机械工业第四设计研究院、机械工业第五设计研究院合并重组的国际型工程公司，总部设在天津。现拥有国家颁发的工程设计综合甲级资质，及咨询、勘察、监理、施工总承包、环评、造价等涵盖建设工程全领域的国家高等级资质证书，能提供高品质的工程建设全过程服务，是中国机械行业大规模、全业务链的工程公司，同时是中国率先通过ISO9001质量管理体系认证、拥有开展国外经济技术合作业务的公司，是国际FIDIC的成员单位。中汽工程现有职工5 275人，教授级高工77人，高级职称687人，中级职称812人，初级职称1 297人，享受政府特殊津贴的专家9人。

中汽工程以汽车工程项目设计和承包为主要业务内容，是国机集团打造汽车板块、为“造车人”服务的主要业务之一。中汽工程以工程技术为基础、工程设计为龙头、工程承包为主要业务，以汽车生产工艺及专用生产装备的承包为核心竞争力，承担着汽车工程及其他机械、医药、电子、民用等项目的规划设计、工程总承包，具备从咨询、设计到制造、安装、调试、培训服务等完善的技术服务产业链业务。近年来，先后承接了奔驰、宝马、沃尔沃、大众、捷豹、福特、通用等合资企业以及吉利、北汽、江淮、长安、中国重汽、陕西重汽等各大汽车集团（公司）的设计和总承包任务，并积极走出国门，承接美国、俄罗斯、印度、南非、印度尼西亚、泰国等国家的汽车工程设计和总承包任务，是改革开放后我国率先承担国外汽车生产线总承包并获成功的公司。

秉承“共创能力、共享成长”的发展理念，致力于“更高的追求，更好的生活”的企业愿景，中汽工程将全力打造机械工厂建设新理念，把高质低价、绿色节能的科学发展观贯穿工程建设全过程，朝着国际知名的工程系统服务商和业务发展目标不断迈进。

地　址：天津市南开区长江道591号　邮　编：300113　电　话：022-87869299　传　真：022-87869666
http://www.chinaaie.com.cn　E-mail：zqgc@chinaaie.com.cn

中汽昌兴（洛阳）机电设备工程有限公司

西青新型高端汽车涂装设备和汽车后服务基地

静海焊装、总装装备制造基地

国机集团
SINOMACH